卓越法律人才培养计划丛书

刑法

典型案例评析

刘　刚　龙兴盛　主编

王　震　李　斌　副主编

中南大学出版社
www.csupress.com.cn

图书在版编目(CIP)数据

刑法典型案例评析/刘刚,龙兴盛主编.
—长沙:中南大学出版社,2016.8
ISBN 978 - 7 - 5487 - 2382 - 0

Ⅰ.刑...Ⅱ.①刘...②龙...Ⅲ.刑法 - 案例 - 中国
Ⅳ.D924.05

中国版本图书馆 CIP 数据核字(2016)第 168490 号

刑法典型案例评析

主编 刘 刚 龙兴盛

□责任编辑　罗赣虹
□责任印制　易红卫
□出版发行　中南大学出版社
　　　　　　社址:长沙市麓山南路　　　邮编:410083
　　　　　　发行科电话:0731-88876770　传真:0731-88710482
□印　　装　长沙市宏发印刷有限公司

□开　　本　730×960　1/16　□印张 26.25　□字数 467 千字
□版　　次　2016 年 8 月第 1 版　□印次　2016 年 8 月第 1 次印刷
□书　　号　ISBN 978 - 7 - 5487 - 2382 - 0
□定　　价　52.00 元

前 言

　　本案例教材是为了满足高等院校法学本科、研究生的案例教学需要而编写、出版的，同时对公、检、法工作人员办理刑事案件以及律师代理刑事案件也具有一定的参考价值。

　　本案例教材有三个非常鲜明的特点：其一，本书中的案例，或是作者从全国各地浩如烟海的判例中精心挑选出来的案件，或是自己亲自经办的案件。这些案件就发生在我们周围，真实而鲜活。其二，本书所选的案例，大多数是检察院与法院在定罪或量刑上存在分歧的案件。检察院和法院都拥有一批专业素养良好、办案经验丰富的司法工作人员，检察院、法院对同一案件在定罪或量刑上意见相左甚至针锋相对，足以证明所选取的这些案件普遍非常疑难，具有典型性。其三，本书所用的案例，是围绕同一相对特定主题中的不同争议点而精心选取，几乎每一个案例都对应一个独特的争议点，而争议的重心又在于法律的适用。因此，在介绍案情时，并没有将具体案情、证据材料、法院判决巨细无遗地一一列出，而是根据需要言简意赅地阐述案情，并突出案件处理存在的分歧，详略得当。

　　本案例教材分为上、下两篇。上篇是刑法总则，下篇是刑法分则。囿于篇幅，也为了突出重点，上、下两篇分别选取了司法实务中分歧较大或争议较多的问题并通过典型案例进行探讨。具体而言：上篇包括两章，第一章是犯罪论，涉及犯罪构成、故意犯罪停止形态、共同犯罪、罪数形态以及正当防卫的认定与适用，第二章是刑罚论，涉及累犯、自首、立功、缓刑等刑罚制度的具体适用。下篇包括六章，按繁简顺序排列，分别是侵犯人身权利、民主权利罪，侵犯财产罪，贪污贿赂罪，妨害社会管理秩序罪，危害公共安全罪以及破坏社会主义市场经济秩序罪。所选取探讨的均是司法实践中高发常见的罪名。

本案例教材内容编写人员及具体分工如下：

刘　刚：中国政法大学刑法学博士，中南大学法学院副教授，硕士生导师，负责侵犯人身权利、民主权利罪，侵犯财产罪，贪污贿赂罪三章的编写。

龙兴盛：湖南大学法学博士，中国应用法学研究所、中国社会科学院法学研究所联合招收博士后，长沙市中级人民法院研究室主任、一级法官，中南大学法学院"双千计划"兼职教授、研究生导师，负责犯罪论、刑罚论两章的编写。

王　震：中国政法大学刑法学博士，吉林师范大学政法学院副教授，硕士生导师，负责妨害社会管理秩序罪一章的编写。

李　斌：中国政法大学刑法学博士，中国社会科学院诉讼法学博士后，无讼网络科技公司首席研究员，负责犯罪论、刑罚论两章的编写。

臧德胜：中国政法大学刑法学硕士，北京市朝阳区法院刑一庭庭长，负责破坏社会主义市场经济秩序罪一章的编写。

张蔚伟：中国政法大学刑法学博士，中南大学经济法学博士后，中南大学法学院讲师，硕士生导师，负责危害公共安全罪一章的编写。

何舒香：中南大学法学院刑法学硕士研究生，参与侵犯财产罪一章的编写。

王诗晴：中南大学法学院刑法学硕士研究生，参与侵犯财产罪一章的编写。

全书由龙兴盛、刘刚统稿。因时间仓促、水平有限，本案例教材难免存在不足，个别表述可能不够精准，书中有些观点也仅代表一家之言，不代表作者单位的意见。恳请广大读者提出宝贵意见，以便作进一步修正和完善。

《刑法典型案例评析》编写组

2016 年 5 月 25 日

目　录

第一篇
刑法总则

第一章 犯罪论

刑法总则主要由两大块组成：一是犯罪论；二是刑罚论。其中，犯罪论是刑法总则理论研究的重心，包括四大理论，分别是犯罪构成理论、故意犯罪的停止形态理论、共同犯罪理论、罪数理论。此外，中国刑法总则中还有一块无论是在刑法理论研究中还是司法实践中都非常重要，就是正当行为，也称之为"正当化事由"。

第一节 犯罪构成

犯罪构成又称为犯罪构成要件，实际上就是指刑法规定的犯罪成立的条件。犯罪构成理论在刑法学的理论体系中占据核心地位，对刑事司法具有四个方面的重要意义。目前，我国刑法学界已呈现出多元犯罪论体系并存的局面。"在中国，一元犯罪论体系独存的时代已经结束，这是不以任何人的意志为转移的。不管是刑法学者还是司法人员，恐怕只能以平和的心态迎接和面对多元犯罪论体系并存时代的到来。"①在多元犯罪论体系时代，学生们应该掌握最基本的两大犯罪构成理论，一是我国从苏联引进的传统的"四要件"说，另一种是目前德日等大陆法系国家的"三要件"说。

一、"四要件"与"三要件"在个案中的运用

1. 用"四要件"与"三要件"等犯罪构成理论分析具体个案

争议点："四要件"与"三要件"的联系与区别是什么？

---

① 张明楷. 犯罪构成体系与构成要件要素[M]. 北京：北京大学出版社，2010：11.

【案例】2013 年 10 月下旬，被告人夏某与被害人林某(女，殁年 38 周岁)通过微信相识。同年 11 月初，两人发展成为男女朋友关系。两人相处期间，被告人夏某因经济状况不佳，先后三次从林某手中借得现金 2000 元。2013 年 11 月 24 日，被告人夏某打电话给林某，要林到其租住的长沙市岳麓区咸嘉湖桐梓坡路 370 号的"宏亮客房部"二楼 238 房间。当日 16 时 27 分，林某来到该房间，和夏某商谈还钱之事，夏某无钱还账，两人发生争吵。被告人夏某用双手掐住林某的脖子，后由于害怕将手松开。林某用双手抓、挠夏某胸口进行反抗，夏某遂再次用双手掐住其脖子，致使林某完全失去反抗能力。被告人夏某害怕林某醒来后对自己进行报复，遂生杀人灭口恶念，拿起林某的围巾，用力勒住林某脖子直至其窒息死亡。为了防止他人拨打被害人手机，被告人夏某取走被害人林某白色三星 I9505 型手机并将其丢至自家粪坑。被告人夏某后逃离至湖南省郴州市。2013 年 11 月 28 日，被告人夏某在郴州市高铁站附近主动向公安机关投案自首，如实供述了自己的罪行。长沙市中级人民法院经审理认为，被告人夏某因争吵而将林某掐死，故意非法剥夺他人生命，夏某的行为已构成故意杀人罪。对被告人夏某以故意杀人罪，判处死刑，缓期 2 年执行，剥夺政治权利终身。

"四要件"说认为犯罪构成是指依照中国刑法规定，决定某一具体行为的社会危害性及程度，使该行为构成犯罪所必需的一切客观和主观要件的有机统一，是使行为人承担刑事责任的根据。任何一种犯罪的成立都必须具备四个方面的构成要件，即犯罪客体、犯罪客观方面、犯罪主体和犯罪主观方面。①犯罪客体，是指刑法所保护的而被犯罪行为侵害的社会关系。犯罪客体和犯罪对象是不同的，犯罪对象是犯罪行为直接针对的对象，如杀人罪、伤害罪，犯罪对象是具体的被害人，而犯罪客体是指刑法所保护的公民人身权利不受非法侵害的这种社会关系。②犯罪的客观方面，是指犯罪行为的具体表现。比如犯诈骗罪的犯罪人具有虚构事实、欺骗他人的行为，贩毒罪具有贩卖毒品的行为，故意杀人有故意杀人行为，等等。③犯罪主体，是指实施犯罪行为的人。每一种犯罪，都必须有犯罪主体，有的犯罪是一个人实施的，犯罪主体就是一人，有的犯罪是数人实施的，犯罪主体就是数人。④犯罪的主观方面，是指犯罪主体对其实施的犯罪行为及结果所具有的心理状态。犯罪主观方面的心理状态有两种，即故意和过失。比如犯盗窃罪的犯罪人希望将他人财物窃为己有；犯故意伤害罪的犯罪人希望造成他人身体受到损伤的结果；犯故意杀人罪的犯罪人希望造成他人死亡的结果。这些犯罪均是故意性质的。有的犯罪是过失性质的，如失火罪，犯罪人就具有疏忽大意的心理状态。"四要件"说对四种平行的构成要件如何排序并不强调，并将排除犯罪的行为放在理论体系外，单独命名为"排除犯罪的行为"。按照"四要件"说，故意杀人罪的犯罪构成为：①故意杀人罪侵犯的客体是他人的生命权。法律上的生命是指能够独立呼吸并能进行新陈代谢活的有机体，是人赖以存在的前提。②故意杀人罪的客观方面表现为实施了非法剥夺他人生命的行为，行为与结果之间应当有因果关系。③故意杀人罪的主体是一般主体。已满14周岁不满18周岁的人犯故意杀人罪，应当从轻或者减轻处罚。④故意杀人罪在主观上须有非法剥夺他人生命的故意，包括直接故意和间接故意，即明知自己的行为会导致他人死亡的危害后果，仍希望或者放任这种结果的发生。故意杀人的动机是多种多样和错综复杂的，常见的如报复、图财、奸情、拒捕、义愤、气愤、失恋、流氓动机等。动机可以反映杀人者主观恶性的不同程度，对正确量刑有重要意义。

德日等大陆法系国家大多采用"三要件"犯罪构成体系。"三要件"犯罪构成体系包括：①犯罪构成该当性，也称构成要件符合性，是指构成要件的实现，即所发生的事实与刑法条文所规定的构成要件相一致。该当性包括："主体"，即实施犯罪的行为主体，包括自然人和单位；"行为"，即危害行为，是行为人在意识支配下实施的侵犯法益的身体活动；"行为对象"，即犯罪对象、行为客体；"危害结果"和"因果关系"等。②违法性，指犯罪行为不仅是符合构成要件的行为，而且实质上是法律所不允许的行为，即必须是违法的行为。如果客观上不存在违法性，即使责任重大，也不成立犯罪。违法性判断要根据是否有违法阻却事由。违法阻却事由，是指排除符合构成要件的行为的违法性的事由，包括正当防卫、紧急避险、法令行为、正当业务行为、被害人承诺、自救行为等，也称违法性阻却事由或阻却违法性的事由。③有责性，指能够就符合构成要件的违法行为对行为人进行非难、谴责，即非难的可能性。"没有责任就没有刑罚"，只有当行为人存在主观的责任时，其行为才成立犯罪。所谓主观责任，是指只有行为人具有责任能力以及期待可能性，才能对行为人实施的个人行为进行非难。有责性包括对刑事责任能力、刑事责任年龄的判断。有责性的阻却事由，包括缺乏期待可能性等。期待可能性，是指根据具体情况，有可能期待行为人不实施违法行为而实施其他合法行为。如果不能期待行为人实施其他合法行为，就不能对其进行法的非难，因而不存在刑法上的有责性。

本案中，首先从犯罪构成的"四要件"说来进行分析。①主体：夏某，25岁，自然人，需承担刑事责任；②主观方面：夏某认识到掐人可致死，并希望被害人死亡结果的发生；③客体：被害人的生命权或健康权；④客观方面：实施掐人的行为。因此，夏某构成故意杀人罪（既遂）。其次，从犯罪构成的"三要件"说来进行分析。第一步：夏某的行为是否符合故意杀人罪的构成要件——一个人故意剥夺他人的生命？符合。第二步：夏某的行为是否具有违法性？经查，夏某没有正当防卫、紧急避险、执行职务等违法性阻却事由，因此具有违法性。第三步：夏某是否具有有责性？经查，夏某精神正常，年满18周岁。因此，应当负责，具有有责性。三个条件同时具备，夏某的行为构成犯罪。

我们可以看出，无论是我国的"四要件"理论还是大陆法系国家的"三要件"理论，本质都是一样的，如果行为人客观上违反了刑法的规定，实施了违法行为，其不一定要被定罪，只有行为人应该承担责任时该行为才是犯罪。无论是哪种犯罪构成理论，都是刑法理论分析的工具，使用哪个方便就用哪个，但四要件体系在我国司法实践中仍处于通说的地位，大部分司法工作人员均按照四要件体系思考和处理案件。"公安机关侦查、检察机关公诉、人民法院审判，实际上都是围绕犯罪构成四个要件，逐一核实、筛查、证明'四要件'中具体各要素，如客观方面实行的行为究竟是作为还是不作为，主观方面究竟有无特定犯罪目的，等等。当然，对各个要素考查的重点不同，有些要素，如行为方式、因果关系，是要重点查实的；也有些要素，如犯罪时间，在一些犯罪中则显得无足轻重。但不管怎样，各个司法机关是有共同的目标的，即明确各自的证明责任和证明程度。进而言之，'四要件'犯罪构成理论也是为司法机关所认可的。"[①]

二、犯罪客体

1. 对犯罪客体的理解

争议点：犯罪客体与犯罪对象的联系与区别是什么？

【案例】被告人彭某于2009年11月因犯抢劫、盗窃罪被判处有期徒刑2年10个月，2011年9月被减刑释放。2012年6月15日，彭某来到长沙市开福区华夏路华夏大厦福之海物业管理公司当保安。2012年6月22日晚，被告人彭某与同事常某一起值班。23日凌晨3时30分许，被告人彭某来到华夏大厦6楼巡查，并扭动每扇门的门锁，以查看门是否都已锁好。当被告

---

① 高铭暄. 论四要件犯罪构成理论的合理性暨对中国刑法学体系的坚持[J]. 中国法学，2009(2).

人彭某扭动627房的门锁时，发现该门没有锁好，便产生了入室盗窃财物的歹念。于是被告人彭某轻轻地将门推开，发现房内的电风扇正在转，便知道房内有人。被告人彭某进房后，先将桌上一只正在充电的红色手机放入自己的口袋，又走到薛某睡觉的床边，从薛某的裤子口袋里盗窃现金302元。随后被告人彭某出门来到大厦南段3楼时空战线网吧玩电游，在休息过程中，被告人彭某回想起不久前和女朋友分手的事情，心里非常难受，觉得女人都可恶，便产生了要将627房那个女人杀死的恶念。随即被告人彭某又来到627房薛某的床前，用双手紧紧掐住熟睡中薛某的脖子，薛某惊醒后奋力反抗，被告人彭某便将薛某裤子上的皮带抽下来在薛某的脖子上绕了一圈后紧勒了3~4分钟。这时，被告人彭某见薛某呼吸微弱，便产生了奸淫薛某的歹念，随即将其上衣掀至胸部，将其内裤脱至膝盖处。被告人彭某见薛某正处在月经期，便认为这个时候强奸她，可以使她更痛苦。被告人彭某奸淫并将精液射在薛某的体内后又紧勒皮带直至确认薛某已经死亡后才罢手。为焚尸灭迹，被告人彭某又用打火机点燃床单、枕头，后逃离现场。被告人彭某担心自己盗窃了薛某的手机会被别人发现便将手机丢弃在车库的一个垃圾箱内，随后又回到值班室继续值班。早晨6时许，同事常某受保安队长黄某的指派叫被告人彭某一起去6楼起火现场查看。被告人彭某来到627房后，听常某说这个女的裤子被人脱了肯定是被强奸了，等公安法医到了查一下DNA就知道是谁干的了。被告人彭某听后担心罪行败露，随机谎称自己有事逃离现场。当晚11时许被告人彭某被公安机关抓获归案。经法医尸检鉴定，结论为：死者薛某系他人以皮带勒颈致机械性窒息而死亡。经物证鉴定，结论为：死者薛某右手指甲内容物、死者薛某阴道拭子检材在D8S1179、D21S11等15个STR基因型与嫌疑人彭某的基因型相同。依照《中华人民共和国刑法》第232条、第236条、第114条、第69条、第57条、第36条和《中华人民共和国侵权责任法》第16条之规定，法院判决如下：被告人彭某犯故意杀人罪，判处死刑，剥夺政治权利终身；犯强奸罪，判处无期徒刑，剥夺政治权利终身；犯放火罪，判处有期徒刑5年。决定执行死刑，剥夺政治权利终身。

犯罪客体，是指为我国刑法所保护而被犯罪行为侵犯的社会关系。在刑法学中，通常把犯罪客体分为三种，即一般客体、同类客体和直接客体。这三者是按照犯罪所侵犯的社会关系的范围所作的不同层次的概括，是一般与特殊、整体与部分的关系。犯罪客体是抽象的，它总是通过一定的载体表现出来，这一载体就是犯罪对象。犯罪对象是指犯罪行为直接作用的物或者人。物是一定社会关系的物质表现，人则是一定社会关系的主体或者承担者。犯罪分子的行为作用于犯罪对象,就是通过犯罪对象来侵犯一定的社会关系。如果只看到犯罪,而看不到它背后所体现的具体的社会关系,就不能正确地定罪量刑。由此可见,犯罪客体与犯罪对象是两个既有联系又有区别的概念。

犯罪客体与犯罪对象的区别主要有以下四点:①犯罪客体决定犯罪性质,犯罪对象则未必。犯罪对象本身不是社会关系,而是具体物或者具体人。犯罪对象只有通过其所体现的犯罪客体才能确定某种行为构成什么罪。②犯罪客体是任何犯罪构成的要件,犯罪对象则不一定是任何犯罪都不可缺少的,它仅仅是某些犯罪的必要要件。③任何犯罪都会使犯罪客体受到危害,而犯罪对象却不一定受到损害。④犯罪客体是犯罪分类的基础,犯罪对象则不是。刑法分则规定的十类犯罪是根据犯罪客体来划分的,如果按犯罪对象则无法分类。因为同样的对象可能分属于不同类别的犯罪,所以犯罪对象不能成为犯罪分类的根据与标准。当然,在同一类犯罪中,犯罪对象有时可以起到划分各种犯罪之间界限的作用。

本案中,被告人彭某侵害的犯罪对象是被害人薛某及其财产,被侵害的对象单一,但因为被告人彭某侵犯了数个犯罪客体,侵害了刑法保护的不同法益,因此触犯数个不同的罪名,应当数罪并罚。因罪大恶极,主观恶性大,数罪并罚判处死刑立即执行。

三、犯罪客观方面

1. 危害行为的表现形式

争议点:没有义务来源是否构成不作为犯罪?不作为犯罪的义务来源有哪些类型,如何认定?

【案例】被告人洪某系某市出租车汽车公司司机,某日驾驶夏利的士在大街上招客。当行至某市谢家村路口时,遇一中年男子何某招呼自己的汽车,洪某即停车。何某将一大量失血并已昏迷的老人抱上洪某的汽车后座,并说是自己撞伤的老人,要求洪某停车稍候几分钟,称自己去附近找一熟人一并前去医院帮忙,被告人应允,当即停车等候。当时已过深夜,被告人洪某等候几分钟后,见情况不妙,怀疑何某已逃逸,便乘夜深无人之机,将重伤老人弃于附近大街上。第二天交通警察发现老人尸体,经法医鉴定是失血过多致死。后公安机关将何某和被告人洪某一并缉获。检察机关以故意杀人罪对何某和洪某提起公诉,人民法院最后对何某作了故意杀人罪的有罪判决，宣布洪某无罪。

危害行为可归纳为作为和不作为两种。刑法之所以要求行为人对其身体相对静止的消极、无为状态（不作为）承担刑事责任，关键就在于行为人（具有作为义务的保证人）此时负有积极实施特定行为的义务，应为、能为而不为，即违反了作为义务。刑法理论将不作为犯分为纯正不作为犯与不纯正不作为犯。

一般而言，不作为犯罪的作为义务来源主要有以下几个方面：①法律明文规定的积极作为义务。法律明文规定的作为义务是不作为犯罪的作为义务的主要来源之一，是指由其他法律规定并由刑法加以认可的义务，这里的法律包括法律、法规以及规章制度等。如果只由其他法律规定，而未被刑法认可，则不能构成不作为犯罪的作为义务。此外，法律明文规定的义务必须是具体的义务，宪法中所规定的义务属于一般性的抽象义务，有待于各具体法规的确认和细化，一般不适合直接作为不作为犯罪的义务前提。②职业或者业务要求的作为义务。它是指一定的主体由于担任某项或者从事某种业务而依法被要求履行的一定的作为义务。该类型的作为义务有的规定在法律法规中，也有的规定在具体行业的相关规章制度中。行为人只有在具有职业或者业务身份的情况下，才具有相关的作为义务。也就是说，只有在这种情况下行为人才能构成刑法上的不作为犯罪。③法律行为引起的积极作为义务。法律行为如合同行为等，引起一个积极作为的义务（行为人通过合同行为自我创设一个积极作为义务），行为人有义务履行。一般情况下合同一方当事人不履行合同所规定的一定的义务，只产生违约的法律后果，并不会产生不作为犯罪的作为义务；只有在合同一方当事人因不履行合同所规定的义务给刑法所保护的社会关系造成严重侵害的情况下，这一作为义务才能构成不作为犯罪的作为义务。④先行行为引起的积极作为义务。先行行为作为不作为犯罪的作为义务是由德国刑法学家斯特贝尔首倡的。1884 年的德国判例首次确认了先行行为与法律、契约同样是作为义务的来源。我国刑法界的通说认为先行行为只要足以产生某种危险，就可以成为不作为犯罪的义务来源，而不必要求先行行为具有违法的性质。①

不作为犯罪的作为义务中还有一个特例，即道德义务。所谓道德义务是指虽然该义务不属于法律明文规定的范围，但是基于一定事实形成了社会上

---

① 高铭暄，马克昌. 刑法学（第四版）［M］. 北京：北京大学出版社，高等教育出版社，2010：74 – 76.

通常认为的对危险应当予以共同承担、相互照顾的关系，因而在对方发生危险时，应当具有为对方排除危险的作为义务。道德义务是否能够成为作为义务的来源？就目前刑法学界通说而言，不认为道德义务属于作为义务的来源，也不应当对义务的理解过分扩大化，造成实践与法律规定的脱节。道德义务也不属于基于对危险源的支配产生的监督义务、基于与法益的无助（脆弱）状态的特殊关系产生的保护义务、基于对法益的危险发生领域的支配产生的阻止义务，不应当作为义务的发生根据。

就本案来看，刑法漠视洪某的行为且放任不管，伤害了国民的朴素感情并违背了大众主流价值观，但出租车司机与被害人并不存在扶养义务关系。开出租车与开救护车不一样，开出租车没有业务上救助病人的作为义务。另外，洪某的行为与老人的死亡也没有刑法上的因果关系，老人死亡的主要原因是失血过多，加上年事已高，即使洪某将老人送到医院，其死亡的概率也非常大。因此，法院的判决结果是正确的。

四、犯罪主体

1. 犯罪主体中的单位犯罪

争议点：单位犯罪的司法适用及处罚？

【案例】黄花电线公司于2000年5月经企业改制后成立。旭通科技公司于2005年1月成立。被告人胡某某系旭通科技和黄花电线两公司的法定代表人。被告人刘某某原为黄花电线公司的职工，后担任旭通科技公司的财务总监。由于两公司资金短缺，2005年1月至2008年12月20日期间，在未取得《经营金融业务许可证》的情况下，被告人胡某某以两公司购买原材料、土地变性（将旭通科技的工业用地变更为商业用地）等生产经营缺乏资金为由，多次通过公司会议形式，发动员工对外吸收存款，并以旭通科技公司和黄花电线公司的名义，先后以月息1.5%至10%不等的高利率向社会公众吸收存款，吸收粟某华、范某平等101户的存款本金总额174061445.00元（含利息转本金3254330.00元）。被告人刘某某经手吸收柳某兴、曹某等5户存款7904000.00元（含利息转本金50000.00元），并从中获取利息差额94000.00元。其中，通过旭通科技公司账内账外收取粟某华、胡某兴等93户的借款本金总额133271445.00元（含利息转本金3254330.00元），已归还借款本金总额85031521.05元，尚未归还的借款本金总额48269923.95元，支付利息总额31963878.54元。通过黄花电线公司账内账外收取柳某国、周某于等21户的借款本金总额 40790000.00 元，已归还借款本金总额 37711000.00 元，尚未归还的借款本金总额 3079000.00 元，支付利息总额 1913709.56 元。2008 年 12 月 16 日晚，被告人胡某某为躲避吸存户上门讨债而出逃。2008 年 12 月 21 日，在办案民警向被告人刘某某进行询问时，刘某某如实交代了自己经手办理对外吸收存款的情况。2009 年 3 月 19 日，被告人刘某某接到长沙县公安局民警电话通知后，到案接受调查讯问，次日被刑事拘留。法院认为，被告单位旭通科技公司、黄花电线公司违反国家法律法规，非法吸收公众存款，扰乱金融秩序，数额巨大，被告人胡某某作为直接负责的主管人员，被告人刘某某作为其他责任人，均构成非法吸收公众存款罪。被告单位长沙经济技术开发区旭通科技有限公司非法吸收公众存款总额为 133017115.00 元，湖南长沙黄花电线有限公司非法吸收公众存款总额为 40190000.00 元。被告人胡某某为公司董事长，直接组织和实施，对全案负责，被告人刘某某只参与了少数的几笔，且是在胡某某的授意下实施，其只对参与的几笔非法吸收公众存款负直接责任。被告人刘某某系自首，依法可以从轻或者减轻处罚。其认罪态度好，且积极退赃，还可酌情从轻处罚。被告人刘某某认罪、悔罪，对其不关押不致再危害社会，依法可适用缓刑。依照《中华人民共和国刑法》第 176 条、第 67 条、第 52 条、第 64 条、第 72 条、第 73 条第 1 款和第 3 款的规定，判决如下：被告单位长沙经济技术开发区旭通科技有限公司犯非法吸收公众存款罪，判处罚金人民币 40 万元；被告单位湖南长沙黄花电线有限公司犯非法吸收公众存款罪，判处罚金人民币 30 万元；被告人胡某某犯非法吸收公众存款罪，判处有期徒刑 5 年，并处罚金人民币 50 万元；被告人刘某某犯非法吸收公众存款罪，判处有期徒刑 1 年，缓刑 2 年，并处罚金人民币 10 万元。二审维持原判。

单位犯罪的本质是自然人犯罪，单位刑事责任是拟制刑事责任。现代风险社会以及法人主导的社会需要确认法人的刑事责任。我国刑法第 30 条规定，单位犯罪是指公司、企业、事业单位、机关、团体实施的法律规定为单位犯罪的危害社会的行为。处罚单位犯罪有两种不同的基础理论。同一视理论认为只有特定的自然人（如我国司法解释中规定的直接负责的主管人员和直接责任人员）实施了刑法禁止的行为才可能是单位犯罪。比如，单位的法定代表人逃税的，视为单位逃税。而组织模式理论认为应当考虑从单位自身的特征来寻求追究单位刑事责任的根据。比如，因单位领导机关监督不力或单位本身存在制度方面的缺陷，使单位一般工作人员在履行业务的过程中造成重大财产损失或人身伤亡的，除认定自然人犯罪外，还应当认定为单位犯罪，追究单位的刑事责任，比如企业重大环境污染事故。我国刑法关于单位犯罪的规定，是同一视理论与组织模式理论的结合。

我国单位犯罪的构成条件有：①单位犯罪必须是我国刑法明文禁止单位实施的特定犯罪行为。刑法没有特别规定单位可以作为犯罪主体的，只能由自然人实施。单位组织实施非单位犯罪的，不能追究单位的刑事责任，只能追究组织实施犯罪的主观人员和其他直接责任人员个人的刑事责任。②单位犯罪的主体，必须是公司、企业、事业单位、机关和团体。公司、企业、事业单位，既包括国有、集体所有的公司、企业、事业单位，也包括依法设立的合资经营、合作经营企业和具有法人资格的独资、私营等公司、企业、事业单位。单位一般是指依法设立、相对独立的公司、企业、事业单位、机关、团体。但以单位的分支机构或者内设机构、部门的名义实施犯罪，违法所得亦归分支机构或者内设机构、部门所有的，应当认定为单位犯罪。个人为进行违法犯罪活动而设立的公司、企业、事业单位实施犯罪的，或者公司、企业、事业单位设立后，以实施犯罪为主要活动的，不以单位犯罪论处。③单位犯罪，必须是由单位的决策机构或者主要负责人进行决策，成为单位的整体犯罪意志。单位内部成员未经单位决策机构批准、同意或者认可而私自以单位的名义实施的犯罪，由其本人承担刑事责任。④单位犯罪必须是为该单位谋取非法利益，并且单位犯罪行为的实施必须与单位的工作或业务相联系。盗用单位名义实施犯罪，违法所得由实施犯罪的个人私分的，也不能以单位犯罪论处，而应当依照刑法有关自然人犯罪的规定定罪处罚。

我国对单位犯罪以双罚制为原则、以单罚制为补充。我国刑法第 31 条规定，单位犯罪的，对单位判处罚金，并对其直接负责的主管人员和其他直接责任人员判处刑罚，刑法分则和其他法律另有规定的，依照规定处罚。单罚制作为单位犯罪处罚原则的例外，主要用于妨害清算罪、私分国有资产罪、私分罚没财物罪等个别罪名。需要注意的是，在单位故意犯罪中，对其直接负责的主管人员和其他直接责任人员，可不区分主犯、从犯，而按照其在单位犯罪中所起的作用判处刑罚。单位实施单位犯罪后宣告破产或者被注销的，仍然应当追究其刑事责任，但在具体处罚时，不再处罚犯罪的单位，而处罚对单位犯罪负有直接责任的主管人员和其他直接人员。如果单位实施单位犯罪后更名的，仍然应当追究其刑事责任，需要双罚的，仍然应当予以双罚。

根据 2012 年 12 月 20 日《最高人民法院关于适用〈中华人民共和国刑事诉讼法〉的解释》第 283 条的规定，"对应当认定为单位犯罪的案件，人民检察院只作为自然人犯罪起诉的，人民法院应当建议检察机关对犯罪单位补充起诉。检察机关仍以自然人犯罪起诉的，人民法院应当依法审理，对单位犯罪中的直接负责的主管人员或者其他直接责任人员追究刑事责任，并援引刑法分则关于追究单位犯罪中直接负责的主管人员和其他直接责任人员刑事责任的条款"。也就是说，对检察机关以自然人起诉的单位犯罪，人民法院应与检察机关协商，建议检察机关补充起诉。检察机关不予补充起诉的，人民法院只能依法追究被起诉人的自然人的责任，而不能直接追究单位的责任。对于被起诉的自然人，应根据庭审查明的事实，依法确定其是否属于单位犯罪中的直接负责的主管人员或其他直接责任人员。只要被起诉的自然人具备其中一种身份，就应依法按单位犯罪中的直接负责的主管人员或其他直接责任人员追究刑事责任。

本案中，原审被告单位长沙经济技术开发区旭通科技有限公司、湖南长沙黄花电线有限公司违反国家法律法规，非法吸收公众存款，扰乱金融秩序，数额巨大，原审被告人胡某某作为直接负责的主管人员，原审被告人刘某某作为其他责任人，均构成非法吸收公众存款罪。本案系单位犯罪，原审被告人胡某某为公司董事长，直接组织和实施犯罪，对全案负责。原审被告人刘某某在原审被告人胡某某的授意下实施非法吸收公众存款行为，对其直接参与并吸收的存款负责。法院对单位判处罚金，对直接负责的主管人员和直接责任人员判处了有期徒刑及罚金等，体现了我国的单位犯罪双罚制原则。

2. 犯罪主体的刑事责任能力

争议点：吸食毒品能否成为从轻处罚的理由？

【案例】被告人王某系长沙市无业人员，因长期吸食毒品，导致精神恍惚，无端怀疑有人要欺负其女朋友，便产生了要报复他人的恶念。2013 年 3 月 19 日中午 11 时许，被告人王某为寻找作案工具来到长沙市雨花区井奎路农贸市场汤某经营的"福祥放心肉馆"门前，从肉案上拿起一把割肉尖刀就走，正在店内的汤某之父汤某和见状忙追了出去欲要回割肉尖刀，2 人为此发生扭打。被告人王某手持尖刀朝汤某和的头部、肩部、左腋、腰背部等处连续刺击 12 刀。正在各自店内做生意的经营户伍某政、王某田见状，均上前抓住被告人王某，并将其手中的尖刀夺下，被害人汤某和将尖刀放回店内肉案上后倒地死亡。伍某政、王某田等人忙松开被告人王某前去查看汤某和的伤情。被告人王某则继续往市场里走，被闻讯赶来的汤某和晏某华抓住，并移交给接到报警后赶来的长沙市公安局雨花分局雨花亭派出所民警，并当场收缴其作案工具割肉刀。经法医尸检鉴定，鉴定意见为：死者汤某和系因他人持单刃刺器作用于左腋后部致心脏破裂引起急性心包填塞而死亡。经物证鉴定：刀刃上的血迹与死者心血在 D8S1179、D21S11 等 15 个常染色体基因上的基因相同。经司法精神病鉴定，鉴定意见为：根据材料及检查，被鉴定人王某被诊断为精神活性物质导致精神障碍。根据司法鉴定技术规范，对于精神活性物质导致精神障碍的，不予评定刑事责任能力。依照《中华人民共和国刑法》第 232 条、第 57 条、第 36 条和《最高人民法院关于适用〈中华人民共和国刑事诉讼法〉的解释》第 155 条之规定，法院判决如下：被告人王某犯故意杀人罪判处死刑，剥夺政治权利终身。

吸毒问题在我国是一个很严重的社会问题，吸毒与犯罪也有着密切的关系。我国现在每年因吸毒而犯罪的人数日趋上升。让吸毒者承担刑事责任，有以下三个方面理由：①行为人在吸毒状态下，并没有完全丧失辨控能力，只是某种程度的减弱，应当承担刑事责任。②吸毒是吸毒者自己造成的，并不是不可以避免。行为人在吸毒以前应当预见到自己在吸毒后可能会实施危害社会的行为。行为人因可归责自己的原因而使自己陷入吸毒状态，实施了刑法所禁止的行为，理应承担刑事责任。③吸毒是一种违法行为，我们理应加以制止，更何况吸毒后的犯罪行为，更应受到刑法上的制裁。

刑事责任能力的概念产生于刑事古典学派的意志自由说，现已被各国认可，但在刑事立法中通常没有明确规定刑事责任能力的定义。通说认为，刑事责任能力的本质是行为人的辨认和控制能力。从我国刑法第 16 条至第 19 条的规定可以看出，在我国限制刑事责任能力人和完全无刑事责任能力人在立法上已得到明确规定，即未成年人、精神障碍和生理缺陷者三种，但是吸毒的人却未加规定。因吸毒自陷于无刑事责任能力状态或限制刑事责任能力状态，并实施了危害社会的行为，都必须承担刑事责任。吸毒后犯罪不是法律上所规定的减轻情节，吸毒后犯罪的人应和正常人一样承担责任。

本案中，被告人王某臆想报复他人，持刀故意非法剥夺他人生命，且致人死亡，其行为已构成故意杀人罪。被告人王某的辩护人辩称："王某是在精神障碍的情况下致被害人死亡的。"法院审理查明，由于被告人王某长期吸食毒品导致精神障碍，被告人王某持刀朝被害人汤某和全身连续刺击 12 刀，致其死亡，手段残忍，后果严重，且由于吸毒导致精神障碍，不属法定从轻或减轻处罚的理由，故对其辩护理由不予采纳。根据王某供述，2013 年 3 月 19 日下午 2 时许，其到井湾子菜市场右边第 3 个卖肉的店子门口，在摊子上拿了一把卖肉的刀就往外走。一个卖肉的出来将其拦住，王某便用左手抓住他的衣服，右手拿刀对他的左边太阳穴捅，捅了5~6下，有两个人从后面抓住其双手，抢走了刀子。因为长沙市的人欺负了其老婆，其要去报复，不知道要捅谁，看见哪个人就捅哪个。由此可见，被告人王某完全失去理智，不是以一个正常人的心智实施犯罪，犯罪的动机与目的已与正常人有重大的差异，而导致犯罪结果出现的一个重要原因是其主动吸毒，吸毒的人犯罪不仅要负刑事责任，而且因其吸毒而不能从轻处罚。

五、犯罪主观方面

1. 直接故意与间接故意的界限

争议点：直接故意与间接故意如何认定？

【案例】2012年11月22日凌晨1时许，被告人彭某某与陈某、张某某三人在长沙县泉塘街道泉塘小区的杨裕兴面馆吃夜宵、喝酒。其间，彭某某建议嫖娼，陈某、张某某同意。随后，三人到星沙二区一家按摩店叫了两名女性，带到泉塘安置区A区2栋206号的天缘宾馆开房。彭某某、张某某与其中一名女性在301室开房，后该女性反悔离开。彭某某、张某某再次来到星沙二区，在何某经营的一家按摩店，以"包夜"形式将被害人刘某（女，殁年23岁）带至天缘宾馆301室。三人进入房间后，张某某先与刘某发生性关系，彭某某随后与刘某发生性关系。在发生性关系的过程中，彭某某见刘某不耐烦，便心生愤怒，用手掐住刘某的颈部，直至刘某不再动弹。彭某某后告知张某某，自己已将刘某打晕，要张某某再次与刘某发生性关系，之后，彭某某也又一次与刘某发生了性关系。当日7时许，张某某、彭某某先后离开房间。当日13时30分许，天缘宾馆业主发现刘某死亡并报警。经鉴定，刘某系因他人徒手扼颈致机械性窒息而死亡。2012年11月24日，公安民警在长沙县第一中学附近一家麻将馆内将彭某某抓获。

刑法理论将故意分为直接故意与间接故意两种类型，有助于实务界认识故意犯罪在主观方面的复杂情况。直接故意杀人和间接故意杀人由于认识因素尤其是意志因素的不同，影响和决定了行为人主观恶性以及行为的客观危害程度有所不同。区分直接故意杀人和间接故意杀人也具有十分重要的实践意义。司法实践中，正确区分直接故意杀人与间接故意杀人，应当结合案件的具体情况，从以下两方面予以把握：其一，在认识因素上，对直接故意杀人与间接故意杀人行为导致被害人死亡结果发生的认识在程度上有所不同。

直接故意的杀人既可以是行为人明知自己的行为必然导致被害人死亡的结果，也可以是明知其行为可能导致被害人死亡的结果。如果足以认定行为人明知自己的行为必然导致他人死亡，则可以排除行为人构成间接故意杀人的可能，行为人只可能构成直接故意杀人。其二，在意志因素上，直接故意杀人与间接故意杀人对他人死亡结果发生的心理态度显然不同。在直接故意中，行为人是希望即积极并追求他人死亡结果的发生。在这种心理支配下，行为人就会想方设法，克服困难，创造条件，排除障碍，积极甚至顽强地实现非法剥夺他人生命的目的，造成他人死亡的结果。在间接故意杀人中，行为人对他人死亡的发生不是持希望态度，而是持放任的心理态度。放任，就是对结果的发生与否采取听之任之、任其发展的态度。在放任心理的支配下，行为人就不会想方设法排除障碍来积极追求或是努力争取他人死亡结果的发生。

间接故意杀人在司法实践中主要有以下几种表现形式：一是行为人追求一个直接故意杀人的犯罪目的而放任另一个被害人死亡结果的发生。二是行为人追求一个非犯罪目的而放任他人死亡结果的发生。三是突发性的犯罪，不计后果，放任他人死亡结果的发生。例如：一些青少年临时故意，动辄行凶，不计后果，捅人一刀即扬长而去并致人死亡的案件，就属于这类情况。在这种案件里，行为人用刀扎人必致人伤害是明知和追求的，属于直接故意的范畴；但对于其行为致人死亡的结果而言，他虽然预见到可能性，但持的却不是希望其发生的态度，而是放任的态度，这样，对于其行为造成他人死亡的结果而言，其认识特征是明知可能性，其意志因素是放任结果的发生，构成间接故意杀人。

本案中，彭某某徒手掐被害人刘某颈部，致其窒息死亡，被告人彭某某的行为构成故意杀人罪。公诉机关指控罪名成立。对于辩护人提出的"彭某某的行为构成故意伤害罪"的辩护意见，法院认为，用手掐脖子可能导致死亡是社会基本常识，彭某某应当预见到了自己的行为可能造成的后果，具有杀人的主观故意，因此对该辩护意见不予采纳。被告人与被害人本无过节，是酒后临时起意杀死被害人，其主观心态属于间接故意，不是积极地追求被害人死亡的结果，且被告人归案后认罪态度好，法院对其判处死刑，剥夺政治权利终身，缓期 2 年执行。但由于被害人家属强烈要求判处死刑，对本案被告人限制减刑。

2. 疏忽大意的过失与意外事件的区分

争议点：疏忽大意的过失与意外事件的根本区别在哪里？

【案例】2011 年 8 月 14 日下午，被告人黄某以及李某、邓某（另案处理）相约在长沙市望城区乔口镇打鸟，坐在驾驶室后座的邓某负责捡鸟。16 时许，李某将车停在长沙市望城区乔口镇大垅围村新堤路刘某家前路段，被告人黄某将高压气枪架在越野车左后窗玻璃上，瞄准车左边电线上的一只斑鸠，恰遇被害人刘某骑自行车从左侧经过，被告人黄某开枪打鸟时，不慎击中被害人头部。被告人黄某等人发现被害人被枪击中倒地后，随即由李某驾车迅速逃离现场。2011 年 8 月 29 日 8 时许，被害人因伤势过重抢救无效死亡。经法医学尸体检验鉴定，被害人刘某系被他人用枪弹击中头部致开放性颅脑损伤死亡。2011 年 8 月 15 日 17 时许，被告人黄某到长沙市望城区公安局投案自首，如实供述了犯罪事实。案发后，被告人黄某赔偿被害人刘某的全部医疗费用及事故处理费用，取得了被害人家属的谅解。长沙市望城区人民法院认为，被告人黄某疏忽大意，过失致一人死亡，其行为已构成过失致人死亡罪。案发后，被告人黄某自动投案，如实供述了犯罪事实，系自首。被告人黄某自首，依法可以从轻处罚，其赔偿了被告害人的损失，并取得了被害人家属的谅解，可酌情从轻处罚。依照《中华人民共和国刑法》第 233 条、第 67 条第 1 款之规定，判决如下：被告人黄某犯过失致人死亡罪，判处有期徒刑 3 年，缓刑 3 年。

从司法实践来看，判断行为人是否具有疏忽大意过失的关键是确定应当预见的前提（在何种情况下应当预见）与应当预见的内容（应当预见什么）。应当预见的前提是能够预见。判断预见义务的基础（或资料）应包括主客观方面的事实，即应当把行为人的知能水平与行为本身的危险程度以及行为时的客观环境结合起来判断能否预见。有些行为人，按其本身的知能水平来说，能够预见危险程度高的行为可能发生危害结果，但不能预见危险程度低的行为可能发生危害结果；有些行为人，在一般条件下能够预见某种行为可能发生危害结果，但在某种特殊条件下，由于客观环境的限制，却不能预见某种行为可能发生危害结果；在同样客观环境下或对危险程度相同的行为，有的行为人知能水平高因而能够预见，有的行为人知能水平低因而不能够预见。可见，离开行为本身的危险程度与行为时的客观环境，仅仅考虑行为人的知能水平，是不能得出正确结论的；只有将这些主客观事实结合起来进行判断，才能得出正确结论。

犯罪过失是指行为人应当预见自己的行为可能发生危害社会的结果，却因为疏忽大意而没有预见，或者已经预见而轻信能够避免，以致发生这种结果的心理态度。我国刑法第15条第1款规定："应当预见自己的行为可能发生危害社会的结果，因为疏忽大意而没有预见，或者已经预见而轻信能够避免，以致发生这种结果的，是过失犯罪。"依据此规定，过失犯罪是在过失心理支配下实施的犯罪。刑法对过失犯罪的规定不同于故意犯罪。首先，过失犯罪均以发生危害结果为要件，而故意犯罪并非一概要求发生危害结果；其次，刑法规定"过失犯罪，法律有规定的才负刑事责任"，"故意犯罪，应当负刑事责任"，这体现了刑法以处罚故意犯罪为原则、以处罚过失犯罪为特殊的精神，说明刑法分则没有明文规定罪过形式的犯罪只能由故意构成；再次，刑法对过失犯罪规定了较故意犯罪轻得多的法定刑。

我国刑法根据行为人是否已经预见危害结果，将过失分为疏忽大意的过失与过于自信的过失。疏忽大意的过失在司法实践中的案件数量占到全部过失犯罪的90%以上。疏忽大意的过失，是指应当预见自己的行为可能发生危害社会的结果，因为疏忽大意而没有预见，以致发生这种结果的心理态度。这是一种典型的过失。疏忽大意的过失是一种无认识的过失，即行为人没有预见自己的行为可能发生危害社会的结果；没有预见的原因并非行为人不能预见，而是在应当预见的前提下由于疏忽大意才没有预见；如果行为人小心谨慎、认真负责，就会预见进而避免危害结果。应当预见是前提，没有预见是事实，疏忽大意是原因。应当预见但由于疏忽大意而没有预见，就是疏忽大意过失的认识因素。疏忽大意过失的意志因素是反对危害结果发生或希望危害结果不发生，至少可以说是既不希望也不放任危害结果发生。因为行为人没有预见危害结果，故其实施行为时不可能希望或放任危害结果发生。

疏忽大意的过失与意外事件的相同点是这两种心态的行为人对危害结果的发生没有预见（无认识）。二者的根本区别是行为人是否应当预见、能够预见。如果行为人应当预见、能够预见而没有预见的，属于疏忽大意的过失；如果行为人根本不可能预见的属于意外事件。疏忽大意的过失行为人通常违反了一般的注意义务。这涉及行为人是否负有注意义务和具有注意能力。如果行为人有违反法律、法规和一般规章制度的行为，通常应当属于疏忽大意的过失。违反社会一般常规，违反社会一般注意义务，通常可解释为疏忽大意。判断是否"应当预见、能够预见"，应当采取一般人标准或者是折中说的标准。

本案中，被告人黄某违反治安管理处罚法的规定，携带高压气枪打鸟，打鸟位置位于居民区,应该能预见到打鸟可能会误伤到人,此时其应该尽到注意义务,但由于疏忽大意,黄某没有尽到一般人应尽的义务,导致被害人死亡,应该是疏忽大意的过失,而不是意外事件。

3. 对象错误与打击错误的界限

争议点:对象错误与打击错误的区分?

【案例】2011 年 6 月,被告人田某在网上谎称自己是有钱人,与被害人(女)夏某某通过网络聊天确立了恋爱关系。田某与夏某某在夏某某租住的长沙市岳麓区老虎岭社区牌楼湾 3 号楼 103 室同居的几天期间,田某获得房门钥匙一片,夏某某在与被告人田某短暂的恋爱期间,知道被告人田某并不是有钱人后,提出分手,田某遂产生杀害夏某某的念头。2011 年 7 月初,夏某某的朋友被害人刘某某(女,殁年 19 岁)住到夏某某租住的长沙市岳麓区老虎岭社区牌楼湾 3 号楼 103 室。2011 年 8 月 7 日凌晨 1 时许,被告人田某用钥匙打开房门,潜入长沙市岳麓区老虎岭社区牌楼湾夏某某的租住房内,误将躺在床上熟睡的刘某某当成夏某某,用手巾捂住刘某某口鼻,刘某某在反抗中将被告人田某的脸抓伤,被告人田某使用双手掐住刘某某的脖子至刘某某死亡。被告人田某在搬动刘某某尸体到床底下时,发现其所杀害的人不是夏某某。随后,被告人田某用刘某某的手机,以刘某某的名义给夏某某发手机短信,要夏某某早点回来。当日上午 9 时许,夏某某回到房中,被告人田某又起杀念,将夏某某推倒在地,一边勒住夏某某的脖子,一边捂住夏某某的嘴,在夏某某哭泣求饶下,被告人田某放开了夏某某。2011 年 8 月 8 日 9 时许,夏某某设法通过移动电话与朋友张某取得联系,将情况告诉了张某。2011 年 8 月 8 日 10 时许,张某在岳麓区老虎岭社区"望星家族旅馆"303 房将被告人田某控制,经张某报警,被告人田某被抓获归案。经法医鉴定,被害人刘某某系被他人扼(掐)颈部及捂(闷)口唇部致机械性窒息死亡。被害人夏某某面部、下颌部及颈部皮肤软组织挫、擦伤,符合钝性外力作用所致,其损伤程度评定为轻微伤。被告人田某采取暴力手段,故意非法剥夺他人生命,其行为已构成故意杀人罪。被告人田某犯故意杀人罪,判处死刑,缓期 2 年执行,剥夺政治权利终身。

所谓对象错误,或称客体错误,是指行为人意图侵害甲对象,因对对象在认识上发生错误,视乙为甲而实际侵害乙对象的情况。所谓打击错误,或称行为失误、行为误差或者行为偏差,是指认识之犯罪事实与发生之犯罪事实不相符合,而其不符的原因是由于在行为的实施过程中有错误。如行为人故意侵害甲对象,由于客观条件的限制,使行为发生偏离以致侵害乙对象,所侵害的对象并非行为人意图侵害的对象的情形。

打击错误与对象错误有相似之处,即二者被侵害的对象,都不是行为人意图侵害的。但二者的法律意义不同:打击错误,是行为实施中行为的实际指向发生误差,以致被侵害的并非意图侵害的对象;而对象错误则完全是行为人认识错误选错了对象,以致被侵害的并非所意图侵害的,但行为指向是正确的。打击错误,是由客观原因所造成的,对意图侵害的对象本身并无错误认识,而对象错误是由行为人本人主观上对事实的认识错误原因所造成的,是对侵害对象本身有错误认识。具体而言:①错误的内容不同。对象的错误属于行为人对对象的同一性发生的错误认识,也就是说,行为人在着手实施行为时,这种错误一直存在。正是由于这种错误认识,决定了行为从一开始就不可能对预定的对象产生侵害。而在打击错误中,错误的内容是行为错误,即行为人在实施行为前,对自己所要侵害的对象有明确和正确的认识,只是由于其他客观因素的存在,才使行为人的行为产生偏离,出现行为人没有预见到的结果。如果没有其他因素的产生,行为是能够完成对特定对象的侵害的。②错误的性质不同。在对象错误中,发生的结果是行为人所追求的结果,行为人的错误只涉及所认识的行为对象的同一性。而在打击错误的情况下,其特征是事实与行为人的想象发生了双重偏离。首先是打击未达到其预想的目标;其次,打击行为误击(偶然地)行为人未预见的人或物。③对罪过的影响不同。对象错误中,犯罪结果的发生不违背行为人的本意;而在打击错误中,由于行为人对该结果的发生没有预见到,且行为人是否定该结果的,因此才能否定故意的成立。在打击错误中,行为人的故意实现的程度,不像对象错误那样单纯。如果将二者加以比较,打击错误认为从行为人失手时就产生了认识和事实的不一致,对于所实施的行为本身,难以认定故意,也可以说故意实现的程度较低。④罪过的形式不完全相同。从具有罪过的意义上说,在对象错误的情况下,行为人对于错误侵害的对象,可以是(间接)故意的心理,也可以是过失的心理;而在打击错误的情况下,行为人对于错误打击的对象,只能是过失心理,如果行为人对对象已经认识到有可能是错误的侵害,放任侵害发生仍然实施行为的,应为对象错误而非打击错误。

本案中,田某在实施犯罪前,对自己所要侵害的对象即夏某某是有明确认识的,但田某在着手前以及实施过程中,将刘某某误认为是夏某某。田某在犯罪前以及实施过程中,没有杀刘某某的故意,间接故意都没有,所以应否定田某有杀刘某某的故意。之所以田某没有杀死夏某某,而杀死了其本意中没有预见的刘某某，是由于其对犯罪对象的同一性有错误认识，田某是没有预见到的。从上述对于对象错误和打击错误的分析看，二者之间有本质区别，本案应为对象错误。

4. 特殊体质案件的归责问题

争议点：特殊体质案件如何定罪量刑？

【案例】2007年9月19日下午3时许，被告人冯某在长沙某大学附属中学内与同班同学周某发生口角，并扭打在一起。在此过程中，被告人冯某用拳头朝被害人周某面颊部、肩部打了几拳。被害人周某当即倒地昏迷不醒。被害人周某被送医院后，因抢救无效死亡。经法医鉴定，被害人周某死亡原因为在患有冠状动脉左前降支肌桥形成的先天畸形基础上，由于纠纷诱发心肌急性缺血缺氧致心源性猝死。案发后，被告人冯某主动向公安机关投案。公安机关以故意伤害罪将其移送检察机关审查起诉，长沙市开福区人民检察院审查后认为，被告人冯某不构成故意伤害罪，以过失致人死亡罪将该案起诉至长沙市开福区人民法院。法院经审理后认为被告人冯某过失致人死亡，应以过失致人死亡罪追究其刑事责任。被告人冯某犯罪时未满18周岁，遂判处被告人冯某有期徒刑1年，缓刑2年。

刑法学视野里所谓"特异体质者"，是指具有潜在致命性疾病或者具有其他足以致命的个体条件的人。体质特异者具有特定的敏感性、易感性体质，对外来刺激的反应异常剧烈，并往往会由此产生一般人身上不会发生的病理反应，该病理反应常常会迅速引起死亡。致特异体质者死亡问题的实质是，同样的行为不会导致非特异体质者死亡，却导致特异体质者死亡，能否按照正常对象处理而认定为故意伤害（致死）罪？特殊体质案件在司法实践与理论上都存在争议。一般认为，致特异体质者死亡案件，关键不在于判断行为人对于被害人具有特异体质本身是否存在明知或者预见，而在于应根据打击的手段、部位、力度等看导致死亡的行为本身能否评价为伤害行为，行为人是否具有伤害故意，若得出肯定结论，即便行为人没有实际预见到被害人存在特异体质，也应承担故意伤害致死的刑事责任；若得出否定结论，则因为不存在伤害行为与伤害故意，既不成立故意伤害（致死）罪，也不能成立故意伤害（轻伤）罪，而可能成立过失致人死亡罪；如果缺乏过失致人死亡罪的实行行为，则过失致人死亡罪也不能成立，结果不得不认为属于意外事件。

本案属于特殊体质被害人死亡案件。本案从一般认知水平上看，被告人冯某对被害人生前患有疾病无法预见。但其用拳头朝被害人周某面颊部、肩部打了几拳，应当知道自己的行为可能会对被害人身体产生危害结果，但因疏忽大意没有预见，因此本案不是意外事件。从法医病理学鉴定上看，被害人死亡的原因，外伤是主要诱因。本案中，死者的病患是条件，被告人的危害行为是原因，行为作用在一个病患者身上，它和病患者死亡结果之间就存在着内在的合乎规律的因果联系。根据本案具体情况应认定冯某构成过失致人死亡罪。

第二节　正当行为

　　法定的正当行为包括正当防卫与紧急避险。在司法实践中，以正当防卫最为常见。本书着重讨论分析正当防卫。正当防卫是指为了使国家、公共利益、本人或者他人的人身、财产和其他权利免受正在进行的不法侵害，采取的制止不法侵害而对不法侵害人造成损害的行为。正当防卫明显超过必要限度造成重大损害的，应当负刑事责任，但是应当减轻或者免除处罚。对正在进行行凶、杀人、抢劫、强奸、绑架以及其他严重危及人身安全的暴力犯罪，采取防卫行为，造成不法侵害人伤亡的，不属于防卫过当，不负刑事责任。正当防卫属于违法阻却事由，其与紧急避难、自助行为皆为权利的自力救济的方式。

1. 正当防卫的成立要件

　　争议点：正当防卫的构成要件有哪些？与防卫过当、假象防卫如何区别认定？

　　【案例】2009 年 5 月 10 日晚上 8 时许，时任巴东县野三关镇招商办主任的邓某大和副主任黄某智等人酗酒后到巴东县野三关镇"雄风宾馆梦幻城"玩乐。黄某智进入"梦幻城"5 号包房，要求正在该房内洗衣的宾馆服务员邓某娇为其提供异性洗浴服务。邓向黄解释自己不是从事异性洗浴服务的服务员，拒绝了黄的要求，并摆脱黄的拉扯，走出该包房，与服务员唐某一同进入服务员休息室。黄某智对此极为不满，紧随邓某娇进入休息室，辱骂邓某娇。闻声赶到休息室的邓某大，与黄某智一起纠缠、辱骂邓某娇，拿出一叠人民币向邓某娇炫耀并搐击其面部和肩部。在"梦幻城"服务员罗某建、阮某凡等人的先后劝解下，邓某娇两次欲离开休息室，均被邓某大拦住并被推倒在身后的单人沙发上。倒在沙发上的邓某娇朝邓某大乱蹬，将邓某大蹬开。当邓某大再次逼近邓某娇时，邓某娇起身用随身携带的水果刀朝邓某大刺击，致邓某大左颈、左小臂、右胸、右肩受伤。一直在现场的黄某智见状上前阻拦，被刺伤右肘关节内侧。邓某大因伤势严重，在送往医院抢救途中死亡（殁年 45 岁）。案发后邓某娇主动向公安机关投案，并如实供述案件事实。法院判决认为，被告人邓某娇属于防卫过当，依照《中华人民共和国刑法》第 234 条、第 18 条第 3 款、第 20 条第 2 款、第 67 条第 1 款和《最高人民法院关于处理自首和立功具体应用法律若干问题的解释》第 1 条规定，判决如下：被告人邓某娇犯故意伤害罪，免于刑事处罚。

正当防卫的成立要件有：①侵害现实存在。正当防卫的起因必须是具有客观存在的不法侵害。对于精神病人所为的侵害行为，一般认为可实施正当防卫。但是并非针对所有的犯罪行为都可以进行正当防卫，例如贪污罪、渎职罪等不具有紧迫性和攻击性的犯罪，一般不适用正当防卫制度。不法侵害应是由人实施的，对于动物的加害动作予以反击，原则上系紧急避险而非正当防卫。不法侵害必须现实存在。如果防卫人误以为存在不法侵害，那么就构成假想防卫。假想防卫不属于正当防卫，如果其主观上存在过失，且刑法上对此行为规定了过失罪的，那么就构成犯罪，否则就是意外事件。②侵害正在进行。不法侵害正在进行的时候，才能对合法益造成威胁和紧迫性，因此才可以使防卫行为具有合法性。不法侵害的开始时间，一般认为以不法侵害人开始着手实施侵害行为时开始，但是在不法侵害的现实威胁十分紧迫，且待其实施后将造成不可弥补的危害时，可在侵害行为即将实施前就认为侵害行为已经开始。而不法侵害的结束时间，一般认为当合法权益不再处于紧迫现实的侵害威胁的时候，不法侵害已经结束。具体表现在：不法侵害人被制服，丧失了侵害能力，主动中止侵害，已经逃离现场，已经造成危害结果且不可能继续造成更严重的后果。在上述开始时间之前或者结束时间之后进行的防卫，属于防卫不适时。具体分为：事前防卫（事前加害）或者事后防卫（事后加害）。防卫不适时不属于正当防卫，有可能还会构成犯罪行为。③具有防卫意识。正当防卫要求防卫人具有防卫认识和防卫意志。前者是指防卫人认识到不法侵害正在进行；后者是指防卫人出于保护合法权益的动机。防卫挑拨、相互斗殴、偶然防卫等都是不具有防卫意识的行为。防卫挑拨是指为了侵害对方，故意引起对方对自己先行侵害，然后以正当防卫为由，对对方施以侵害。这被俗称为"激将法"，因行为人主观上早已具有犯罪意识，所以不可能实施正当防卫，仍为不法加害行为。相互斗殴则是双方都有侵害对方身体的意图。这种情况下，双方都没有防卫意识，因此不属于正当防卫，而有可能构成聚众斗殴、故意伤害等罪名。但是，在斗殴结束后，如果一方求饶或者逃走，另一方继续侵害，则有可能构成正当防卫。偶然防卫是指一方故意侵害他人的行为，偶然符合了防卫的其他条件。例如，甲正欲开车撞死乙，恰好乙正准备对丙实施抢劫，而且甲对乙的犯罪行为并不知情。这种情况下，甲不具有保护法益的主观意图，因此也不构成正当防卫。④针对侵害人防卫。正当防卫只能针对侵害人本人防卫。由于侵害是由侵害人本人造成的，因此只有针对其本身进行防卫，才能保护合法权益。即使在共同犯罪的情况下，也只能对正在进行不法侵害的人进行防卫，而不能对其没有实行侵害行为的同伙进行防卫。如针对第三人进行防卫，则有可能构成故意犯罪或者假想防卫亦或是紧急避险。⑤没有明显超过必要限度。防卫行为必须在必要合理的限度内进行，否则就构成防卫过当。只有"明显"超过必要限度且造成重大损害的，才是防卫过当。针对严重危及人身安全的暴力犯罪所进行的防卫，不会构成防卫过当。

防卫过当是指正当防卫行为超越了法律规定的防卫尺度，因而应当负刑事责任的情况。正当防卫在鼓励公民更好地利用防卫权，保护合法权益，维护社会秩序方面，有其积极的意义。而防卫过当是一种轻微的犯罪行为，它的社会危害性较轻。这是因为，从防卫过当的整个过程来看，防卫人虽然以制止正在进行的不法侵害为目的，但是有一定的罪过心理，在主观上对自己反击和制止不法侵害的行为和结果持放任态度或疏忽大意、过于自信的态度，客观上防卫人的行为明显超过了制止不法侵害所必需的限度。损害了不法侵害人被刑法所保护的部分利益，防卫行为也就由最初的正当防卫转化为犯罪行为，而正当防卫的本质是社会的有益性，犯罪的本质是社会危害性，因此，防卫过当既具有社会有益性，又具有社会危害性，但其社会危害性是主要的，所以说防卫过当是轻微的犯罪行为。

根据刑法第20条第2款的规定，对防卫过当"应当减轻或者免除处罚"。这是因为防卫过当的防卫人主观上是出于保护合法权益免受不法侵害的动机，其主观恶性小，其客观上是在进行防卫的前提下造成的损害结果，所以只有当造成了重大损害的结果时，行为人才承担刑事责任。防卫过当的主客观因素决定了其社会危害性较通常犯罪的危害性小，刑法对防卫过当的处罚原则，体现了罪刑相适应的原则，从审判实践看，防卫不法侵害超过必要限度而造成重大损害的情况是极为复杂的，应当根据案件的具体事实和情节进行具体的分析，确定是减轻处罚还是免除处罚，一般来说，对防卫过当致人轻伤的依法不负刑事责任，如果具备缓刑的，可以适用缓刑，如果犯罪情节轻微不需要判处刑罚的，可以免予刑事处罚。但究竟是减轻还是免除处罚以及如何减轻处罚则应综合考虑以下因素：①防卫目的，为保护国家、公共利益和他人的合法权益而防卫过当，比为保护自己合法权益而防卫过当处罚应更轻。②过当程度，比较行为的危险程度与防卫必要的最低限度，即考虑采用其他轻微防卫手段的容易程度，防卫过当所造成的损害差距越轻微，处罚相应轻微，严重过当，处罚相对较重。③罪过形式，按疏忽大意的过失、过于自信的过失、间接故意等罪过形式的先后，减轻乃至免除处罚的幅度应是依法递减。④权益的均衡性及其性质，比较所要侵害的权益与所要保护的权益，是否明显有失均衡，为保护重大权益而防卫过当，比为保护较小权益而防卫过当，处罚应当更轻。⑤考虑侵害者不正当程度，例如，防卫以采用重大侵害方式，所侵害的利益超出应保护的利益的正当防卫，只有其他手段相当困难的情况下，才可能认可其必然性。

　　本案是一个具有争议性的案例。对本案的处理形成了三个鲜明的派别。一种观点认为邓某娇是"巾帼英雄"，其行为属于正当防卫，且属于无过当防卫，不构成犯罪；一种观点认为对邓某娇的侵害并非紧迫，其不构成正当防卫；还有一种观点认为邓某娇的行为属于防卫过当。法院最终判决认定，被告人邓某娇在遭受邓某大、黄某智无理纠缠、拉扯推搡、言行侮辱等不法侵害的情况下，实施的反击行为具有防卫性质，但明显超过了必要限度，属于防卫过当，邓某娇的行为构成犯罪。经法医鉴定，邓某娇为心境障碍（双相），属于部分（限定）刑事责任能力人。鉴于邓某娇是部分（限定）刑事责任能力人，并具有防卫过当和自首等法定从轻、减轻或者免除处罚情节，对邓某娇免除处罚。

2. 正当防卫的限度

争议点：超过正当防卫时空条件的能否认定为正当防卫？

【案例】2004 年 8 月 1 日 22 时，被告人黄某权驾驶一辆捷达出租车，在长沙市远大路军凯宾馆附近搭载姜某和另一青年男子。当车行至南湖市场的旺德府建材超市旁时，坐在副驾驶位置的姜某要求将车停靠在旺德府超市后面的铁门边。当车尚未停稳时，姜某持一把约 20 公分长的水果刀与同伙对黄某权实施抢劫，从其身上搜走现金 200 元和一台 TCL2188 手机。两人拔下车钥匙下车后，姜某将车钥匙丢在汽车左前轮旁的地上，与同伙朝车尾方向逃跑。黄某权拾回车钥匙上车将车左前门反锁并发动汽车，准备追赶姜某与姜某同伙。因两人已不知去向，黄某权便沿着其停车处左侧房子绕了一圈寻找。当车行至市场好百年家居建材区 d1－40 号门前的三角坪时，黄某权发现姜某与其同伙正搭乘一辆从事营运的摩托车欲离开，便驾车朝摩托车车前轮撞去。摩托车倒地后，姜某与其同伙往市场的布艺城方向逃跑。黄某权继续驾车追赶，姜某边跑边拿出水果刀回头朝黄某权挥舞。当车追至与两人并排时，姜某的同伙朝另一方向逃跑，姜某则跑到旺德府超市西北方向转角处由矮铁柱围成的空坪内，黄某权追至距离姜某 2 米处围栏外停车与其相持。大约十秒钟后，姜某又向距围栏几米处的布艺城西头楼梯台阶方向跑，黄某权快速驾车从后面撞击姜某，将其撞倒在楼梯台阶处，姜某倒地死亡。随后，黄某权拨打"110"报警，并向公安机关交代了案发经过。长沙市芙蓉区法院认为，被告人黄某权的行为不构成正当防卫，其自动投案并如实供述，系自首，应依法减轻处罚；本案被害人姜某有重大过错，可酌情对黄某权从轻处罚，对其判处有期徒刑 3 年 6 个月。

正当防卫的一个重要条件是侵害正在进行。不法侵害正在进行的时候，才能对合权益造成威胁和紧迫性，因此才可以使防卫行为具有合法性。不法侵害的开始时间，一般认为以不法侵害人开始着手实施侵害行为时开始，但是在不法侵害的现实威胁十分紧迫，且待其实施后将造成不可弥补的危害时，可在侵害行为即将实施前就认为侵害行为已经开始。而不法侵害的结束时间，一般认为当合法权益不再处于紧迫现实的侵害威胁的时候，不法侵害已经结束，"不法侵害已经结束，是指法益不再处于紧迫、现实的侵害、威胁之中，或者说不法侵害已经不可能（继续）侵害或者威胁法益"①。具体表现在：不法侵害人被制服，丧失了侵害能力，主动中止侵害，已经逃离现场，已经造成危害结果且不可能继续造成更严重的后果。在上述开始时间之前或者结束时间之后进行的防卫，属于防卫不适时。

本案中，死者姜某与其同伙实施抢劫后逃离现场，针对黄某权的不法侵害已经结束。此后黄某权驾车寻找、追赶姜某及其同伙，姜某一边跑一边持刀对坐在车内的黄某权挥刀，其行为是为阻止黄某权继续追赶，并未形成且不足以形成紧迫性的不法侵害，故黄某权始终不具备正当防卫的时间条件。黄某权作为普通公民，可以采取抓捕、扭送犯罪嫌疑人的自救行为，但其所采取的方法必须与自救行为的性质、程度相适应。以交通工具高速撞人的严重暴力伤人行为，显然超出自救范畴，具有社会危害性，应承担刑事责任。法院根据我国刑法规定，考虑自首等情节，对其以故意伤害罪判处 3 年 6 个月有期徒刑是正确的。

---

① 张明楷. 刑法学(第四版)[M]. 北京：法律出版社，2013：195.

第三节　故意犯罪的停止形态

故意犯罪的停止形态，是指故意犯罪在其产生、发展和完成的过程及阶段中，因主客观原因而停止下来的各种犯罪状态。故意犯罪的停止形态，按其停止下来时犯罪是否已经完成为标准，可以区分为两种基本类型：一是犯罪的完成形态，即犯罪的既遂状态，指故意犯罪在其发展过程中未在中途停止下来而得以进行到终点，行为人完成了犯罪的情形。二是犯罪的未完成形态，即故意犯罪在其发展过程中居于中途停止下来，犯罪未进行到终点，行为人没有完成犯罪的情形。在犯罪未完成形态这一类型中，可以根据犯罪停止下来的原因或者其距犯罪完成的距离等情况的不同，进一步分为犯罪的预备形态、未遂形态和中止形态。

1. 犯罪未遂与犯罪预备的区分

争议点：犯罪行为着手如何认定？

【案例1】马某军利用邪教破坏法律实施案。被告人马某军、杜某军于2001年7月至2002年5月间，在北京市朝阳区制作题为《中国大法弟子致全体大陆同胞的"劝善书"》《被非法关押在辽宁沈新教养院的一位女大法弟子的呼声》等宣扬法轮功邪教的宣传品，并以邮寄方式向北京市及全国其他省市企业、单位、公司等散发共计3958份被截获。被告人马某军、杜某军被抓获归案，同时起获二被告人的法轮功宣传品90张、法轮功书籍3本、小册子3本、磁带2盘、复印机1台（佳能FC－220）、墨粉盒3个、复印纸2包等物。公诉机关认为：被截获的邮寄邪教宣传品数量达到《最高人民法院、最高人民检察院关于办理组织和利用邪教组织犯罪案件具体应用法律若干问题的解释（二）》第1条第1款第一项规定数量标准的，按犯罪未遂处理。

【案例2】冯某盗窃案。冯某伙同陈某仓经预谋后，于2005年5月1日凌晨携带手电、手套、刀子、锥子、钳子、剪子、绳子、背包等作案工具，到北京市东城区安定门立交桥西南角中复电讯商场屋顶，准备破坏屋顶进入商场盗窃（大厅内物品约合20万元人民币）。因被群众发现，陈某仓独自逃走，被巡逻民警在安外大街抓获，当日23时许，冯某独自到中复电讯商场屋顶，破坏屋顶石棉瓦，并用锯条将瓦下的木板锯坏，被商场值班人员杨某锡发现，冯某遂逃跑。2005年5月3日21时30分许，冯某再次到该处屋顶准备实施盗窃，被杨某锡发现并对其进行抓捕，冯某反抗，并对杨某锡进行言语威胁，后自房顶上掉下被抓获。检察机关认为：冯某的行为应当属于犯罪预备。其用锯条锯木板的行为应当属于着手实施犯罪，是其秘密窃取手段的一个组成部分。陈某仓第一次到达犯罪现场被人发现，没有着手实施犯罪就停止了犯罪，转身下房准备回暂住地。后其因形迹可疑被北京市东城公安分局安定门派出所抓获。其停止犯罪的原因是因为其意志以外的原因，所以不属于犯罪中止，而是犯罪预备。法院则认定冯某系犯罪未遂。

犯罪未遂与犯罪预备均是行为在达既遂之前由于行为人意志以外的原因被停止，二者的区别在于行为人是否着手实施犯罪。理论界对于实行着手的认定有客观说、主观说、折中说等不同标准。客观说主张应当以行为自身的客观性质为依据，不应以行为人的主观意思为标准，其中对于"行为"的认定又有"危险说""密接说""接近结果说""不可缺说""构成要件说"之分①，但这些标准忽视了行为人的主观意志，而且很难把握，在实践中无法区分未遂行为和预备行为；主观说则恰恰相反，认为犯罪是行为人危险性格的发现，因此行为人意思的危险性或者说犯罪意思被发现时就是实行的着手②，其中也有"犯罪计划说""法官认定说"，但这种过于关注行为人主观意思的观点，容易导致着手时期过于提前，而且具体判断起来也并不明确；由此有人提出了折中说，主张同时从客观和主观两个方面判断是否着手，即从行为人的整体犯罪计划来看，侵害法益的危险性迫切时，就是着手③，但折中说所提出的"危险迫切"在认定时也难以把握，往往会导致根据行为人的犯罪计划来认定的主观说的结果，因此也不能将未遂、预备区分开来。

经过上述分析，我们认为正确认定实行行为的着手，应当以符合犯罪构成要件的客观行为为基础并结合行为人的犯罪意图综合加以判断，尤其要注意的是，实行行为及预备行为与犯罪构成要件的关系以及着手行为与预备行为所反映的犯罪意思的具体内容。具体而言，可以通过以下方法认定着手实行犯罪：

（1）基于预备行为与实行行为的区别来排除掉不可能存在着手实行犯罪的情形。预备行为一般表现为为犯罪准备工具、创造条件，并非罪状中的直接针对法益侵害的行为，如果认定某一行为是为犯罪创造条件的行为，也就排除了着手成立的可能。实务中分歧主要表现在对杀人、抢劫、强奸等暴力

① 赵秉志. 犯罪停止形态适用中的疑难问题研究[M]. 长春：吉林人民出版社，2001：30-32.
② 张明楷. 未遂犯论[M]. 北京：法律出版社，东京：成文堂出版社，1997：50-51.
③ 张明楷. 未遂犯论[M]. 北京：法律出版社，东京：成文堂出版社，1997：63.

犯罪中的尾随、守候、寻找被害人的行为应当如何认定。尾随行为是指在杀人、抢劫、强奸等犯罪案例中，被告人尾随被害人（有的还带着凶器），准备寻找时机或到预定的地点再加害。尾随过程中，由于犯罪分子意志以外的原因，未能开始直接加害，这种尾随行为往往发生在针对特定被害人的杀人、抢劫、强奸等侵犯人身或侵犯财产的犯罪中，即使是其他犯罪条件都已经具备，只等合适的机会（时间、地点）下手，但毕竟还未实施罪状中要求的暴力、威胁、伤害、杀人等行为，因此只能说是一种犯罪的预备行为。守候行为，又称埋伏行为，是指被告人埋伏或守候在预定地点准备实施杀人、强奸、抢劫、抢夺等犯罪，但是由于被害人始终没有出现，或出现时伴随着不适于犯罪的情况（如有人同行或周围有人），或者行为人在守候期间因形迹可疑被抓获等，因而未能开始直接加害的情况。这种守候行为对犯罪对象只是一种间接的潜在威胁，尚未直接危及犯罪对象的安全，只有当其发展到直接针对犯罪对象、造成了实际威胁或危害时，才能视为犯罪实行的着手。守候行为由于缺乏对于法益侵害的直接性，因此只能作为预备行为。

（2）根据犯意的确定状态来认定着手。如前所述，着手在主观上以直接实施犯罪为目的，因此，其犯罪故意已经得到了充分的表现，即行为人的犯罪故意，已达到了确定的识别状态。在诉讼中对于犯意的证明除根据行为人供述外，还应当结合其实施的具体行为和发生的时间、地点、周围环境等综合判断。如行为人侵入住宅的行为、其入室后走动的行为，并不能完全表明是盗窃罪着手。同样的道理，对于故意杀人罪，如果仅仅是磨刀，既可说是杀人，又可说是生活需要或恐吓，仅此还不能确定实行行为有杀人的意思；但如果行为人开始挥刀砍人时，则可认定其有杀人的故意，因此是故意杀人罪的着手。

（3）根据行为是否可以直接引起危害结果来认定着手。着手是实行行为的组成部分，其与危害结果发生之间有直接的因果关系。因此，在着手的情况下，行为已经具有造成客体损害的现实可能性，如果让他无阻碍地发展下去，必然引起危害结果的发生。与此相反，预备行为是为侵害客体创造方便条件，行为本身不能引起结果的发生。

（4）以作案的时间、地点作为判断的参照物。对于同一种犯罪，由于作案的时间不同，判断犯罪着手时应加以相应的区别。如同样的盗窃行为，会因为行窃时间的不同，导致认定是否着手的标准不同。

案例1中，二犯罪嫌疑人供述是从2001年7月开始邮寄法轮功宣传品的，同时根据市安全局的技术鉴定证实，截获的邮寄宣传品也是从2001年

7月19日开始邮寄的,但被截获的宣传品最后的邮寄日期是2002年5月27日,而杜某军是在2002年7月3日正在散发宣传品时被抓获的;虽然其供述"到自己被抓前一直在邮寄宣传品",但从5月27日至6月13日马某军被抓获、至7月3日杜某军被抓,没有证据证实两名犯罪嫌疑人仍在继续邮寄宣传品。因此根据《最高人民法院、最高人民检察院关于办理组织和利用邪教组织犯罪案件具体应用法律若干问题的解答》第7条,对两名嫌疑人邮寄法轮功宣传品即被截获的行为,以犯罪未遂论处;法院则认为:其邮寄被查获的法轮功宣传品行为系犯罪预备。本案中,马某军伙同他人邮寄法轮功邪教宣传品的行为属于传播邪教宣传品,构成利用邪教组织破坏法律实施罪,认定其邮寄被截获的尚未散发的邪教宣传品属于犯罪未遂还是犯罪预备,不应单纯根据有关司法解释的规定处理,而是应结合该被截获的行为是否可以直接引起危害后果来判断。由于行为人的持有、携带邪教宣传品行为只能是其传播行为的准备阶段,其在被抓获时尚未来得及寄出的部分,只能是传播行为的预备阶段,没有造成法律实施被破坏的现实危险,因此只能认定为犯罪预备。公诉机关只是片面地理解了司法解释对于邮寄邪教宣传品被截获的行为并将其认定为犯罪未遂,而忽视了此处认定未遂是因为行为人的邮寄行为(本身也是传播行为)已经造成了法益侵害的现实危险,因此属于着手实行,而本案中没有证据表明马某军存放在家中的邪教宣传品就是用来邮寄,马某的行为客观上只是一种持有行为,法院认定为犯罪预备是合理的。

案例2中,如果冯某选择白天的营业时间到商场盗窃手机,那么只有当其进入商场内、接近被盗财物,并开始秘密窃取的行为,如破坏货柜或者把手伸向货柜等,才可以认定为盗窃的着手,而本案中,冯某是在晚上商场停止营业后,采用撬天花板的方式意图进入商场实施盗窃,因为这种非法入室的行为已经对财产所有人的财产控制权造成了实际的侵害,因此其破坏屋顶的行为即应认定为盗窃的着手,因意志以外原因未得逞的,属犯罪未遂。另外还要注意对犯罪发生的时间、地点相同的犯罪认定着手成立与否,必须借助于犯罪行为的情况来衡量,不能将其作用过分地夸大。如非法入室行为对非法侵犯他人住宅罪来讲一入室就是既遂,不存在预备与未遂的问题;对盗窃来说,非法入室就是着手实行犯罪;如果入室是为了诈骗、强奸、杀人或伤害,这种入室仅仅是表现为实施这些犯罪的预备行为。

2. 不同犯罪类型未遂的认定

争议点：入户盗窃、扒窃、携带凶器盗窃是否存在未遂？

【案例】龙某寿盗窃案。被告人龙某寿，男，32周岁，苗族，小学文化程度，贵州人，农民。龙某寿曾因犯盗窃罪，于2010年12月被判处有期徒刑3年，罚金人民币4000元，2012年9月21日被释放。2013年11月6日2时许被告人龙某寿携带作案工具撬锁、手套、手电筒等钻窗进入海淀区马连洼百旺家苑小区25号楼4单元202号封闭阳台，意图盗窃。因事主及时发现并打开阳台灯，龙某寿逃离现场。后龙某寿又钻窗进入该楼2单元102号室内，意图盗窃，因被巡逻保安发现而再次逃离现场。海淀检察院于2014年4月30日以龙某寿犯盗窃罪向海淀法院提起公诉。海淀法院于2014年5月14日作出一审判决，认定了起诉书指控的龙某寿两起入户盗窃（既遂）的事实，且系累犯，但该判决对起诉书认定的龙某寿盗窃系未遂的情节不予认定。据此判决龙某寿犯盗窃罪，判处有期徒刑1年，罚金人民币2000元。海淀检察院于2014年5月29日以一审判决"未认定犯罪未遂显系错误"为由，对一审判决书提出抗诉。2014年5月18日，龙某寿以一审判决"量刑过重"为由对一审判决书提出上诉。后北京市人民检察院第一分院支持抗诉，北京市第一中级人民法院全面采纳了抗诉意见。北京市第一中级人民法院二审判决书撤销一审法院判决，改判龙某寿犯盗窃罪，判处有期徒刑10个月，并处罚金人民币1500元。

刑法修正案（八）对盗窃罪进行了较大修改，不仅延续了以往犯罪数额和犯罪次数的入罪方式，还规定了特殊盗窃行为，如多次盗窃、入户盗窃、携带凶器盗窃、扒窃的，以犯罪行为方式作为入罪方式。对于上述特殊盗窃行为，由于入罪不以数额大小为准，是否存在犯罪未遂问题，存在较大争议。

关于入户盗窃等特殊盗窃行为是否存在未遂状态存在不同观点。有人认为，入户盗窃系行为犯，即使未窃得财物，也应认定为盗窃既遂。[①] 相反观点则认为，入户盗窃仍系结果犯，仅有入户行为但未实际窃得任何财物的，应当以盗窃未遂论处。[②]

我们认为特殊盗窃行为仍要遵守盗窃罪的既遂认定标准，对于没有获取财物的入户盗窃、扒窃、携带凶器盗窃，仍可认定为未遂。理由如下：第一，

---

①　王强军，李莉. 新型盗窃行为研究[J]. 河南省政法管理干部学院学报，2011(5－6).

②　黄祥青. 盗窃罪的认定思路与要点[J]. 人民司法，2014(7).

盗窃罪侵犯的是财产权益，入户盗窃虽然作为独立的入罪条件，但只有实现实际的法益侵害，才能构成既遂。作为财产犯罪的盗窃罪，根据传统认识、社会一般观念，财产损失自然属于犯罪得逞的标准，故入户盗窃也应达到盗窃的法益侵害结果，才能实现既遂。第二，入户是判断入户盗窃犯罪成立与否的关键因素，但犯罪成立与犯罪既遂不能同日而语。第三，并非所有的入户盗窃未遂，均需动用刑罚手段，只有情节严重的才应承受刑事处罚。而是否达到"情节严重"，需要结合主观恶性、作案次数、社会影响力、其他损害等多种因素综合判断。刑法第 13 条"情节显著轻微危害不大的，不认为是犯罪"的规定，是入户盗窃未遂的出罪依据。而《关于办理盗窃刑事案件若干问题的解释》第 12 条规定，盗窃未遂，具有下列情形之一的，应当依法追究刑事责任：①以数额巨大的财物为盗窃目标的；②以珍贵文物为盗窃目标的；③其他情节严重的情形。该司法解释同样适用于入户盗窃未遂情形，但是对于第三种情形，实践中还需要综合案件情况作出合理判断。本案中龙某寿虽然属于盗窃未遂，但是其实施了两次入户盗窃行为，危害性显然高于普通盗窃，且该人系盗窃惯犯，主观恶性较大，符合上述司法解释第 12 条第三项的规定，应当依法追究刑事责任。

综上，盗窃犯罪是侵财型犯罪，不能以行为人只要实施了入户盗窃就认定为盗窃既遂。对于实施了入户盗窃未窃取到财物的，应以盗窃罪未遂认定。对于入户盗窃的未遂情形，应当综合考虑全案情况，具有《关于办理盗窃刑事案件若干问题的解释》第 12 条规定的三种情形的，依法追究刑事责任。

当然，也不能简单将其理解为行为犯，认为一旦行为实施完毕就是犯罪既遂，需要结合盗窃罪作为侵财犯罪的法益保护理论来看，无论是何种特殊情形，如果最终未取得财物或者未能使财物脱离被害人控制，就不能以犯罪既遂论处，如情节轻微、危害不大的，可以不作为犯罪处理，其中情节严重的可以作为盗窃罪的未遂处理。

本案中，龙某寿第一次意图盗窃，因事主及时发现并打开阳台灯迫使其逃离现场，第二次意图盗窃，因被巡逻保安发现再次逃离现场，未实际窃得任何财物，可认定为犯罪未遂。

3. 特殊犯罪形态的未遂问题

争议点：转化犯是否存在未遂？

【案例1】张某抢劫案。2004 年 5 月 13 日 16 时许，被告人张某携带凶器刀子 2 把，在北京市朝阳区高碑店华润饭店东侧 100 米路边，趁途经此处的孔某珍不备，抢其挎包后逃跑，孔随后追赶，张某边跑边将包内东西往外扔，并从其身上掉下匕首一把，后张某又将包扔掉，孔将刀和包以及包内物品捡起，继续追赶张某，后巡逻保安队员发现此情景即将张某拦住，孔追上指认其为抢包男子。后民警到场将张某抓获。查明孔挎包内有人民币 679 元及西门子手机等价值人民币 238 元的物品。检察机关认定张某系携带凶器抢劫，构成抢劫罪。且暴力劫取财物的行为已使财物脱离被害人控制，所以系犯罪既遂。法院认为：鉴于被告人张某此次抢劫犯罪系未遂，故对其所犯抢劫罪依法予以减轻处罚。被告人张某犯抢劫罪，判处有期徒刑 2 年，罚金人民币 4000 元。

【案例 2】 李某勇抢劫案①。被告人李某勇于 2000 年 6 月 30 日晚到某县黄某某家行窃，黄某某夫妇发觉便进行抓捕，李某勇拿起门旁钢筋猛击黄某某头部，致其倒地，黄妻上前厮打并呼救，邻居赶来与该夫妇一起将李某勇抓获，扭送至公安机关。经法医鉴定，黄某某头部受轻伤。检察机关认定系转化型抢劫，且系既遂。法院认为系抢劫罪（未遂），判处李某勇有期徒刑 3 年，并处罚金 5000 元。检察院以"判决李某勇抢劫罪（未遂）属定性不准，量刑不当"提出抗诉，二审法院经过审理后裁定维持原判。

实践中，较为多见的转化型抢劫行为，即犯盗窃、抢夺、诈骗等行为，为了窝藏赃物、隐匿罪证、抗拒抓捕，而使用暴力或以暴力相威胁的，构成转化型抢劫罪，此时的犯罪形态是以前面的盗窃、抢夺、诈骗行为认定还是以抢劫罪的既遂标准进行认定，涉及转化犯既未遂的认定。

关于转化型抢劫的既遂标准，存在以下观点：①事后抢劫属于法律拟制规定，其既遂、未遂的标准应与一般抢劫罪相同。因此主张以最终是否取得财物作为事后抢劫既遂、未遂的标准。即便是盗窃既遂，若采用暴力、胁迫手段没有达到目的，财物还是被他人夺回，这仍属事后抢劫未遂；若盗窃未遂，为免受逮捕、湮灭罪迹而实施暴力、胁迫行为，尽管达到了这样的目的，但是由于没有取得财物，自然只能算事后抢劫未遂。② ②应以暴力、胁迫行为本身作为认定既遂、未遂的标准，只要行为人基于刑法规定的三种目的而实施了暴力、胁迫行为，即使是盗窃未遂，事后抢劫也算既遂。③③判断转化型抢劫罪的既遂还是未遂，应当建立两种判断标准，即在不同情形适用不同

① 胡斯筠. 李小勇抢劫案[J]. 公检法办案指南，2001(9)：163.
② 戴有举. 转化型抢劫罪若干问题探讨[J]. 人民检察，2003(1).
③ 甘雨沛. 犯罪与刑罚新论[M]. 北京：北京大学出版社，1991：655.

标准进行判断。一是转化前行为已经取得财物，后使用暴力或以暴力相威胁行为，构成抢劫罪既遂。在这种情况下可以认为此时的转化实际是一种行为犯，即只要实施暴力或以暴力相威胁，就构成抢劫罪。二是如果盗窃、诈骗、抢夺未遂后转化为抢劫，则只能构成转化型抢劫罪的未遂。抢劫罪的转化是行为犯，但抢劫罪本身仍然是结果犯，应当以财物的取得为既遂标准[①]。④基于犯罪目的不同导致的其他方面犯罪构成要件的不完全相同，有理由对典型抢劫罪和转化型抢劫罪按不同的标准划分既遂和未遂。典型抢劫罪以非法占有公私财物为目的，以是否非法取得财物为既遂和未遂标准。从犯罪目的出发，转化型抢劫罪自然可以考虑以是否窝藏了赃物、是否因抗拒而逃脱了抓捕或者是否已将犯罪证据毁灭作为既遂和未遂标准。凡是具有在当场"窝藏住了赃物""因抗拒而逃脱了抓捕"或者"毁灭了罪证"的情形之一，便可认为是转化型抢劫罪的既遂，否则是未遂[②]。

转化犯的认定是以转化前行为的最终犯罪形态为准，还是以转化后的犯罪的最终形态认定，如果是以抢劫罪的既遂标准，根据 2005 年最高院的两抢司法解释，应当是劫取到财物或者造成轻伤以上损害为准，而在抗拒抓捕型的转化抢劫中，往往是行为人获取财物的目的没有实现，劫取的财物不是被行为人因遭遇抗拒而放弃就是未能继续护住赃物，最终没能得手。此种情况下如果没有造成他人轻伤的危害后果，是否认定为既遂。对上述问题，实践中存在不同的判罚。

我们认为转化型抢劫，往往是在当场被抓获的场合，这种情况下，嫌疑人根本就不可能获得赃物，或者已经被事主夺回，或者在被抓获的同时被公安机关扣押，也就是说行为人"窝藏赃物、抗拒抓捕、毁灭罪证"的目的都没有实现，如果按照第四种观点，只能认定为未遂，这无疑是违背刑法保护法益、打击犯罪的目的的。而第二种观点将转化型抢劫视为行为犯，即只要行为人实施了"暴力、胁迫"行为，就认定构成犯罪既遂，这样也失之过宽，容易造成罪刑不相适应，有违一般民众的正义感。第一种观点与第三种观点实质上是一样的，都是以抢劫罪所保护的主要法益是否被侵犯作为认定抢劫罪既未遂的标准，不同的是第一种是通过将转化型抢劫视为法律拟制，从而适用与普通抢劫一样的既未遂标准，而第三种观点表面上是通过划分不同的场合来加以认定，其实际上也是以普通抢劫行为的既未遂标准来认定的。在

---

①　陈凌. 论事后抢劫的既遂与未遂[J]. 人民检察，2005(11).
②　徐丽萍，李海用. 正确认识转化型抢劫罪的适用条件及犯罪形态[J]. 经纪人学报，2005(2).

此，我们也同意将转化型抢劫作为法律的拟制，从而适用普通抢劫行为的既未遂标准。转化型抢劫罪之所以形成，是因为行为人在先行行为(如盗窃、诈骗、抢夺)的基础上，由于特定的主客观方面的变化，即以使用暴力或以暴力相威胁，使得整个行为的性质发生了恶化，并使得整个行为的结构超出了先行行为所具备的构成要件的范围。从整个行为的要件看，其已为先行行为所不能包容，而与抢劫罪的构成要件更为相近或相当。转化前后的两个行为在构成要素上具有重合性与延展性，具体表现为先行行为的构成要素可以被抢劫罪的构成要素所包容、先行行为的构成要素可以发展成为抢劫罪的构成要素。可以说，构成要素上的重合性与延展性既是罪质转化的内在基础，也是转化型抢劫罪作为一罪的理论基础。① 这种转化是后行行为扩大了先行行为的社会危害性、加重了社会危害程度，超出了先行行为在法律上仅限于侵财的属性，行为的不法性发生由轻向重的变化，法律为实现罪刑相当和处理上的简洁，对先行行为和后行行为作出统一的评价，拟制为重罪——抢劫罪，要求按照变化后的行为性质(即抢劫罪)适用刑法、定罪科刑。

　　抢劫罪作为侵犯他人财产权益和人身权益的犯罪，被规定在刑法分则第五章"侵犯财产权利犯罪"中，表明立法者更加着眼于其对他人财产权益的侵害，因此认定其既遂的标准也应当以法律所保护的财产权益是否被侵害为标准。而《关于审理抢劫案件具体应用法律若干问题的解释》第 10 条规定"抢劫罪侵犯的是复杂客体，既侵犯财产权利又侵犯人身权利，具备劫取财物或者造成他人轻伤以上后果两者之一的，均属抢劫既遂；既未劫取财物，又未造成他人人身伤害后果的，属抢劫未遂"，显然这一规定是将财产权益与人身权益放在了同样重要的地位。同时第 5 条又认为前面的盗窃、诈骗、抢夺行为没有达到"数额较大"的标准，但接近较大或者入户或在公共交通工具上盗窃、诈骗、抢夺后在户外或交通工具外为窝藏赃物、抗拒抓捕或者毁灭罪证当场使用暴力或者以暴力相威胁，或者使用暴力致人轻微伤以上后果的以及使用凶器或以凶器相威胁的，也同样构成转化型抢劫，这一方面表明司法者不要求转化前的行为达到够罪的程度，只要对人身造成轻微伤以上损害以及有其他较大危险性的情节(如入户、在交通工具上、使用凶器等)均认定为转化型抢劫，这种情况下也同样要适用第 10 条规定的抢劫罪既遂标准——劫取到财物或者造成轻伤损害。因此对于转化型抢劫而言，即使前面的盗窃、抢夺、诈骗行为已经达到既遂，即行为人已经控制了财物，但因为抗拒

---

① 周少华. 现行刑法中的转化犯之立法检讨[J]. 刑事法学, 2000(11)：24.

抓捕、窝藏赃物、毁灭罪证的暴力、暴力威胁行为未能得逞，导致财物最终被追回，同时也未造成他人轻伤的，这种转化型抢劫的危害后果比较小（未造成他人轻伤以上损害、财物被当场追回），如果单纯从转化前的行为已经既遂来认定最终犯罪既遂，行为人将受到 3 年以上有期徒刑的刑罚，很多场合会有罚过其罪的结果。因此，从罪刑均衡的角度出发，司法者变通的解释法律，将整个转化型犯罪作为一种法律的拟制，转化前的行为只是转化的前提，其是否构成犯罪、是否达到既遂，对于最终转化后的犯罪是没有影响的，只有转化后的行为也实现了转化罪所要求的基本既遂标准，才能认定为转化罪的既遂，否则应当认为犯罪未遂，这也是法律拟制条款的特点所决定的。

　　另外还要注意的是如果行为人未取得他人财产，但有刑法第 263 条第一、二、三、四、六、七、八项规定的加重情节的，这属于情节加重犯，表明如果抢劫行为的场所、对象、手段、次数、数额等发生了变化，其社会危害性增大，法定刑的档次也相应升高，但这并不意味着其根本脱离了抢劫罪的基本犯罪构成。一般而言，只要具有此种情节，就应直接适用法律规定的刑罚（10 年以上有期徒刑、无期徒刑、死刑），但是由于法律所保护的财产基本法益未被侵犯，因此不能认定为抢劫的既遂。

　　法律拟制"是将原本不同的行为按照相同的行为处理（包括将原本不符合某种规定的行为也按照该规定处理）"①。法律拟制作为法律的特别规定，只限于刑法限定的情形，不具有普遍意义，学者考证刑法设置法律拟制的理由在于：形式上基于法律经济性的考虑，避免重复，实质上基于两种行为对法益侵害的相同性或相似性。②

　　基于上述立法理由，我们认为刑法中的转化犯常见的有：

　　(1)刑法第 196 条第 3 款规定的"盗窃信用卡并使用的，依照本法第 264 条的规定定罪处罚"，是将原本符合信用卡诈骗罪的构成要件，拟制为盗窃罪的法律后果，因此认定犯罪既遂的标准也应当以盗窃罪为准，但这又涉及金融财产的特殊性，因此与普通的盗窃财物犯罪有所不同，在下面会有论及。

　　(2)刑法第 289 条规定"聚众'打砸抢'，致人伤残、死亡的，依照本法第 234 条、第 232 条的规定定罪处罚。毁坏或者抢走公私财物的，除判令退赔外，对首要分子，依照本法第 263 条的规定定罪处罚"，此条中规定的聚众打

---

① 张明楷. 刑法分则的解释原理[M]. 北京：中国人民大学出版社，2004：253.
② 张明楷. 刑法分则的解释原理[M]. 北京：中国人民大学出版社，2004：255.

砸抢毁坏或抢走财物的，认定为抢劫罪也是一种法律的拟制规定，将毁坏财物、抢夺的行为拟制为抢劫罪，认定是否既遂，也应遵从普通抢劫罪的标准（劫取到财物或造成轻伤以上损害）。另外对于过失致人重伤、死亡的情况也拟制为故意伤害、故意杀人罪，这种情况下就是以结果定罪，推定行为人故意的存在，因此不存在犯罪未遂的问题。类似的条款还有刑法第238条第2款规定的"……使用暴力致人伤残、死亡的，依照本法第234条、第232条的规定定罪处罚"、第247条、第248条规定的"致人伤残、死亡的，依照本法第234条、第232条的规定定罪从重处罚"，第333条第2款规定的"有前款行为，对他人造成伤害的，依照本法第234条的规定定罪处罚"，即非法拘禁、刑讯逼供、暴力逼取证人的证言或殴打、体罚被监管人以及以暴力、威胁方法强迫他人出卖血液，这些基本罪的犯罪行为如果造成受害人人身的伤害，就直接适用相关故意伤害、故意杀人的条款，但同样不存在犯罪未遂的问题。

（3）刑法第362条规定"旅馆业、饮食服务业、文化娱乐业、出租汽车业等单位的人员，在公安机关查处卖淫、嫖娼活动时，为违法犯罪分子通风报信，情节严重的，依照本法第310条的规定定罪处罚"，该条将窝藏、包庇不构成犯罪的卖淫、嫖娼违法人员的行为也拟制为窝藏、包庇罪。

（4）刑法第267条第2款规定"携带凶器抢夺的，依照本法第263条的规定定罪处罚"的转化犯。由于携带凶器实施抢夺对他人的人身安全构成更严重的威胁，给被害人维护自身权益增加了精神障碍，这一条件足以改变一般抢夺行为的性质，使一般抢夺罪转化为抢劫罪，因此也应适用抢劫罪的既遂判断标准。

案例1中，被告人张某携带凶器刀子2把，趁途经此处的孔某珍不备，抢其挎包后逃跑，其携带凶器抢夺，未实际劫取到财物，也未造成轻伤以上损害，应认定为抢劫未遂。

案例2中，李某勇入室盗窃，为抗拒抓捕而当场使用了暴力。最高人民法院《关于审理抢劫案件具体应用法律问题的解释》第1条第2款明确规定："对于入户盗窃，因被发现而当场使用暴力或者以暴力相威胁的行为，应当认定为入户抢劫。"根据这个解释和刑法的规定，李某勇实施盗窃并为抗拒抓捕而当场实施暴力，应成立转化型抢劫罪，并具有"入户抢劫"的加重情节。一审法院经审理后，判决认定李某勇的行为由盗窃转化为抢劫罪，并具有加重情节，但未取得财物，属犯罪未遂，在"3年以上10年以下有期徒刑"的基础上从轻处罚。如果根据2005年的司法解释，这应当构成普通抢劫罪的既遂,又具备了入户的加重情节,应当对其判处 10 年以上有期徒刑、无期徒刑或死刑,并处罚金或没收财产,检察院也以判决李某勇抢劫罪(未遂)属定性不准,量刑不当提出抗诉,但是某市中级人民法院却最终裁定维持原判,这个裁定实际上反映了司法者只重视罪刑相适应,而忽视了刑法理论以及司法适用的统一性。在已将抢劫罪的法益(财产、人身)做同等保护的前提下,我们只能以此作为衡量各种抢劫行为既未遂与否的唯一标准,不否认转化型抢劫罪的情节加重犯也存在犯罪未遂的情况,但这种未遂也只能是没有劫取到财物也没有造成轻伤以上危害后果时才能存在的。

4. 警方参与的侦查活动中犯罪形态的认定

争议点:诱惑侦查中是否存在犯罪未遂?

【**案例 1**】隋某敲诈勒索案。2004 年 10 月间,被告人隋某以要将其与王某某(女,33 岁)的裸照公开为由,多次向王某某索要钱财。2004 年 11 月 1 日 12 时许,王某某前男友隋某打电话给王某某,用裸体照片向其敲诈人民币 10 万元,并说好在朝阳区远洋宾馆交易。王某某报案后民警立即开展工作,王某某根据民警安排委托陈某去远洋宾馆交付现金,后在隋某接受钱款时被民警当场抓获,并当场起获裸体照片及人民币 10 万元。本案中侦查机关的诱惑侦查并不十分明显,他们只是在暗中静观事态发展,未人为干预敲诈勒索行为过程,但这种过程是在侦查机关的控制之下,也就是说一般情况下行为人的目的是不能实现的。对此法院认定其行为系未遂。

【**案例 2**】郭某厂、于某涛涉嫌盗窃案。2004 年 2 月 18 日 18 时许,犯罪嫌疑人于某军、蒋某军(二人均在逃)来到海淀区四季青乡敬老院新楼工地,向当时正在值班的保安高某提出要"高价"收购该工地"废品"。高某因于某军、蒋某军以前曾经盗窃过该工地的东西,遂假意答应,约于某军、蒋某军二人晚上 23 时再来。高某在嫌疑人于某军、蒋某军离开后,当即将此情况向保安队长王某汇报,称晚上有收废品的人来工地偷钢管。王某随即从其他地方调来十余名保安,并安排四名保安在院墙外巡逻。于某军、蒋某军回暂住地后又纠集了于某涛、郭某厂,要二人帮助去偷钢管,并答应事后给每人 100 元钱。当日晚 23 时许,于某军、蒋某军、于某涛、郭某厂翻墙进入四季青敬老院工地。经与高某见面后,于某军等四人进入该工地内二楼,使用自备的工具拆卸钢管、手脚架等物,然后将赃物从墙上扔出。此时,高某假意向蒋某军要钱,蒋某军则称要将钢管全部装上三轮车后才能给钱,四人随即准备出去装车。一直在暗处监视四人的王某见状,随即发出信号,在工地内埋伏的保安从四面涌出，将郭某厂、于某涛抓获，于某军、蒋某军逃逸。经鉴定，于某涛等人盗窃的钢管、铁夹等物品共价值人民币 2067 元。

诱惑侦查是指侦查机关或者受雇于国家追诉机关的人员，通过特意设计的某种诱发犯罪的情景，或者为实施犯罪提供诱惑性条件或机会，鼓动、诱使他人实施犯罪并以此为根据提起刑事指控的侦查手段，是警方为了追惩"隐蔽性无被害人犯罪案件"而采取的特殊侦查方式之一。[1] 被广泛频繁适用于那些具有高度隐蔽性、组织性、智能化的犯罪中，如贩毒、行受贿、网络犯罪等。根据我国的司法实践，受聘于公安机关的保安人员也常常进行类似的侦查活动，因此警方参与的侦查活动，并不限于公安等国家侦查人员。但本书所论及的诱惑侦查，与理论界严格意义上的诱饵侦查行为不太一样。为了与刑法理论保持一致性，同时也为了能够说明更多的类似行为（如毒品犯罪中使用特情人员、侦查人员进行侦查的），我们在此也使用这一概念加以论述。

案例 1 和案例 2 是一种机会提供型的诱惑侦查，侦查人员通过自己的配合行为使被诱惑者已有的犯罪意图及倾向暴露出来，或者只是强化其固有的犯罪倾向，促使其实施具体的犯罪行为。有论者将诱惑侦查划分为机会提供型诱惑侦查和犯罪诱发型诱惑侦查，认为前者只是使被诱惑者已有的犯罪意图及倾向暴露出来，或者只是强化其固有的犯罪倾向，促使其实施具体的犯罪行为，因而是合法的侦查行为；后者是对原无犯罪倾向的人实施诱惑，引诱其形成犯意，并促使其付诸实施，因而是非法的[2]。从客观上看，在诱惑侦查破获的案件中，被告人一般都实施了犯罪行为，但是这与诱惑行为的结果有关。因为在诱惑侦查过程中，主动权掌握在侦查机关手中，它可以决定案件发展的方向和程度，可以决定被告人犯罪情节的轻重。在追究被告人的刑事责任时，如果不考虑排除诱惑者对被告人犯罪所起的作用，要求被告人承担全部罪责，有违公平合理。

诱惑侦查对被告人的刑事责任的影响主要有：①对犯罪形态的影响，没有诱惑者的作用，被告人可能不至于将犯罪进行到被抓获时的形态；②对犯罪情节的影响，诱惑者掌握主动权，可以决定案件发展的方向和程度，可以决定被告人犯罪情节的轻重；③对犯罪地位的影响，侦查人员即使在实施时起主要作用，其"犯罪事实"也不会被认定，被告人即使起的是次要或辅助作

---

① 宋英辉，吴宏耀. 刑事审判前程序研究[M]. 北京：中国政法大学出版社，2002：256.

② 龙宗智. 诱惑侦查：在合法与非法之间[J]. 检察日报，2000（3）.

用，也不会作为从犯来认定。

因此我们认为侦查机关在发现犯罪后诱导被告人继续犯罪，那么可能能够停止下来的各种状态，如犯罪预备、犯罪未遂和犯罪中止的形态就会发展成为犯罪未遂和犯罪既遂的形态；可能只会发生一罪、少罪的形态就会发展成为数罪、多罪的形态；可能只会一人单独犯罪或者只会一般共同犯罪的形态就会发展成为共同犯罪的主犯或者犯罪集团的首犯和主犯。如果发生这些情况，被告人只能承担其犯罪的本来形态的刑事责任，无论如何不能认定为犯罪既遂。上述两个案例中，隋某的行为认定为犯罪未遂并无争议，而对于郭某厂、于某涛的盗窃行为应认定为未遂还是既遂存在不同意见，一种意见认为，犯罪嫌疑人多次将赃物搬运到楼下并扔到工地墙外，又多次返回到楼内继续实施盗窃，这一客观事实证明犯罪嫌疑人认为已经取得了对这些赃物的实际控制。如果以墙外有保安就认为工地未失去对赃物的控制显然不妥。所以，二人的行为已经构成了盗窃既遂。另一种意见认为，犯罪嫌疑人于某涛、郭某厂伙同他人翻墙进入作案地点，以非法占有为目的，使用自备的工具实施了盗窃的行为，但盗窃未遂。因为在本案中，抓捕的保安人员在案发地早有准备，上述嫌疑人的所有活动均在保安的监视控制之下，虽然赃物已被越墙扔出，但盗窃犯罪仍未完成，赃物并未实际脱控，犯罪形态仍属于未遂。最终检察机关还是采纳了认定犯罪未遂的观点，对郭某厂、于某涛作出不予批准逮捕决定。

从保障人权的角度出发，我们认为对诱惑侦查行为应当慎用，尤其是犯罪诱发型诱惑侦查更应当绝对禁止，因为侦查权同司法权一样应当是被动、消极的，只能是被动地发现犯罪，而不能是为了打击而制造犯罪。但是对于特殊的危害较大的犯罪，由于其取证困难、隐蔽性强等原因，也可以在履行专门程序后使用诱惑侦查，但要严格遵守条件，并且对由此发现的犯罪分子的刑事责任予以适当的减免。例如毒品犯罪、贿赂犯罪、有组织犯罪、恐怖活动犯罪，对于"特情人员"的使用应当严格把握，严禁"特情"诱人犯罪。其作用只应限于向侦查机关传递有关犯罪的信息，不能挑动犯罪①。毒品犯罪中的"控制下交付"也已经作为联合国法则被各国所认同，《联合国禁止非法贩运麻醉药品和精神药物公约》第1条第g项规定了"'控制下交付'系指一种技术，即在一国或多国的主管当局知情或监督下，允许货物中非法或可疑的麻醉药品、精神药物、本公约表一和表二所列物质或它们的替代物质运

---

① 马滔. 诱惑侦查之合法性分析[J]. 中国刑事法杂志，2000(5)：69-72.

出、通过或运入其领土,以期查明涉及按本公约第 3 条第 1 款确定的犯罪的人"①。

5. 侵财型犯罪未遂的认定(以盗窃罪为例)

争议点:侵财型犯罪未遂的认定标准。

【案例】孔某盗窃案。被告人孔某于 2004 年 8 月 21 日 16 时许,在北京市东城区东方新天地 AA37A 号慕诗女装店内,趁售货员不备将 1 件连衣裙(价值人民币 1500 元)装入其所背挎包内,后走出店门。该店售货员听到警报器报警后,追到门外将被告人孔某拦住,后将其扭送至北京市公安局东城分局东方广场派出所。上述赃物被追缴并发还被害人。

关于侵犯财产罪的既遂标准,学界通常有控制说、失控说、失控加控制说、双重控制说、隐匿说、损失说等观点,通说采取了失控加控制说的观点,但是有学者认为控制说能够较好地体现盗窃等侵犯财产犯罪构成要件的特点,认为既遂即犯罪构成要件全部具备,只有控制说才能同时满足盗窃罪既遂对主观和客观两方面的要求。根据控制说,只有行为人实际控制所窃财物,才能构成盗窃罪既遂,否则为未遂。我们认为认定犯罪是否既遂应当从刑法罪状的表述以及刑法所保护的法益是否被侵犯为标准。一般而言,财产犯罪所侵犯的是他人合法的财产权益,这种财产权益不单指所有权,而且包括事实上的占有、支配、控制权,即财产犯罪的法益是权利人对财产的占有而非限定于所有,因此一旦行为人的行为对这种事实上的占有予以破坏,无论是否形成了一个新的占有控制关系,都应当认定刑法所保护的法益遭到侵犯,而不能以行为人的占有财产的目的是否实现为认定既遂的标准。但要注意不能因此将财产犯罪既遂标准过于提早,接触说更是不可取,应当结合法益被侵害的现实性以及被侵害的程度来认定是否既遂。即一般情况下,行为人控制了财物,就意味着权利人丧失了对财物的占有,因此犯罪既遂,但如果权利人通过防盗设备、保卫人员、场所管理者等方式扩大了自己的控制范围时,只有行为人将财物带离这种控制范围时,才能认定财物最终脱离了权利人的控制,犯罪既遂。有学者批评失控说不具备普适性,认为在某些场合即使行为人控制了财物,权利人也并未失去控制权,但行为人的行为已经给权利人造成损失的,仍应认定既遂。这类学者主张此时采取损失说,并提出盗窃电信码号使用的场合的例子。我们认为,在电信服务盗窃的场合,表面

---

① 杭正亚.“警察圈套”:律师进行合法辩护的新思路[J]. 中国律师, 2001(6).

上看行为人、权利人均享有对该电信服务的控制权,但这种无形服务在特定时间是具有排他性的,即如果行为人盗窃他人的电信码号上网,必将排除权利人此时享受电信服务的权利,因此造成权利人的财产权益受到损失,也符合我们失控说的观点。由此判断侵犯财产罪既遂的标准与判断权利人实际控制范围大小密切相关,司法实践中常见的由于安装防盗报警装置使窃贼刚一得手即被发觉并抓获的情形。

对于本案,一种观点认为孔某系未遂,理由是:商店雇用店员及安装防盗器的目的都是防止店内财物失窃,二者都是商店对其财物控制的方式,是商店对其财物控制的具体体现。店员对财物控制是一种有形的控制,防盗器对店内财物的控制是一种无形的控制。被告人带未付款的店内商品出店门时,防盗器报警,即商店的无形控制发挥作用,此时商店并未丧失对连衣裙的控制,后通过有形的控制即售货员的追赶,将被盗财物追回。在整个过程中,商店并未丧失对被盗物品的控制,因此应属盗窃未遂。相反观点则认为,孔某的行为属于盗窃既遂,理由是:在特定场所内盗窃,应以是否把财物带出该场所作为既遂与未遂的界限。本案中,被告人孔某将商店内财物装于其包内走出商店门时,即已脱离了物主的控制,为盗窃既遂。商店是有特定范围的场所,对其店内财物的控制范围限于其店内,将店内物品带出店外即事实上使商店失去了对其财物的控制,盗窃行为即为既遂。售货员因警报器响,发现被告人并追出店外将其抓获,并不影响犯罪形态的认定。我们认为这种"报警器的报警",只是财物被窃后的提示,其本身并不是权利人对财物的控制手段,不能起到对财物有效控制的作用,也就不能作为认定控制范围的依据。

但是对于除了权利人对财物直接控制,还有场所的管理者、保安员等进行间接控制的场合,这种间接控制应视为权利人实际控制能力的延伸。但要注意,只有在权利人的直接控制让渡给间接控制者的情况下,才能以间接控制范围作为权利人的实际控制范围。举例而言,商场打烊后各个商铺的管理者就将财物的控制权让渡给商场的管理者,此时,即使行为人将财物带离了权利人的实体店,但只要没有离开此商场,就应认为财物仍处于商场管理者的控制之下,如果此时被发现并将其抓获,只能认定为犯罪未遂。同理可以解释为什么盗窃有人值守的仓库与无人值守的仓库认定犯罪既遂的标准不同,原因都在于这种控制权在不同场合的让渡。

6. 侵财型犯罪既遂的认定

争议点："瞬间失控"的情况能否认定犯罪既遂？

【案例】郭某飞盗窃案。被告人郭某飞于2004年11月6日17时许，在北京市朝阳区华堂商场亚运村店一层电梯口处，趁王某某(男，43岁)不备，将其放在腰间皮套内的摩托罗拉V600型移动电话(价值人民币2700元)一部盗走，其刚出电梯门2米远，王某某发现手机丢了，冲出电梯叫郭站住，郭惧，将偷来的手机扔到旁边的鞋架子上。王某某冲过来将其抓住并在商场保安的协助下将郭扭送至派出所。

本案中郭某飞在电梯内盗窃被害人手机后刚离开电梯门2米远，即被事主发现并将其抓获，赃物也当时被收缴，由于行为人对财物控制的能力、控制的程度较弱，很快就被权利人恢复占有，由此如果认定犯罪既遂，从危害后果而言，有失之过苛之弊。因此，法院在处理此类案件时往往从量刑的角度出发，认定为未遂，从而从轻或减轻适用刑罚，这也是实质正义主义对于刑法理论的合理性变更，检法分歧的存在也反映了检察机关侧重于追究犯罪，而法院则更注重刑罚适用效果的特点。应该说，这也是司法裁量权的应有之义，但不可避免的就是容易导致司法的不平衡以及理论与实践的矛盾冲突，这一方面需要司法者通过判例指导确立统一适用标准，另一方面需要改变财产犯罪唯数额主义的现状，变僵化、固定的数额标准为外延更广、内涵更大的情节标准，赋予司法者合理的裁量权。

7. 金融侵财型犯罪既遂的认定

争议点：金融侵财型犯罪既遂如何认定？

【案例】龙某诈骗案①。1995年4至6月间，被告人龙某伙同他人，虚构"北海万诚公司"，通过伪造巴陵石化公司的图章以及巴陵石化公司"关于同意设立北海万诚公司的批复"、北海市审计事务所的审计报告书、"北海万诚公司"的图章以及资信能力等手段，骗取长沙民乐厂及其主管部门的信任，兼并了资产总值为1780万余元的长沙民乐厂。兼并后，龙某伙同他人利用职务上的便利将长沙民乐厂的资金转入由其个人控制、掌握的三宇公司、三

---

① 最高人民法院刑事审判一庭、二庭. 刑事审判案例[J]. 法律出版社，2002(12).

宇集团及个人开设的账户上，并将其中的67万余元由自己直接控制使用。1996年10月18日，长沙市经济委员会下文解除兼并后，龙某带走蓝鸟汽车等物资以及"借支"费用等共计36万余元。后追回价值14万余元的物资，其他款物均未追回。据长沙市审计局的审计意见书，龙某控制长沙民乐厂经营1年多，造成亏损536万余元，所有者权益减少486万余元。一审法院认定，龙某行为构成诈骗罪，但由于长沙民乐厂职工发现其欺骗行为，长沙市经济委员会在案发前已下文解除兼并，故认定为诈骗1780万元（犯罪未遂）。检察机关以龙某诈骗财物数额达1780万余元，给长沙民乐厂造成480万余元的损失，属犯罪既遂为由提起抗诉。二审法院认定龙某诈骗既遂数额为103万余元。

金融财产体现了金融信用对财产控制双重、多元的特点，即银行和客户对账户及信用凭证的控制，银行对财物本体的控制。金融财产的本体虽然总是在银行实力支配之下，但是持有权利凭证的人（包括权利人和非权利人），经过一定的验证程序有权随时支配、支取有关账户上的财产，他们在一定程度上也控制着权利凭证上载明的财产①。这种双重、多元的对金融财产控制的特点，决定了行为人单纯地占有金融财产实物，并不一定会导致权利人丧失对金融财产的控制，而且由于金融系统不断加强安全防范措施，对资金的支取、转移进行严格的验证和严密的监控、记录、追踪，即使行为人通过转账等方式将他人的金融财产划归自己名下，但在其提现或者直接消费之前，金融机构作为财产的间接控制者，可以迅速采取冻结、挂失、追索等措施，并且由于电子系统能够完备地记录钱款的去向，可以有效地监控非法转出的钱款。因此不能以财产转移到罪犯控制的账户或者罪犯获取的票证面额、信用卡余额为标准判断既遂的金额，而应当以罪犯提现或者实际消费的金额为标准判断既遂的金额。

本案中，被告人龙某骗取长沙民乐厂及其主管部门的信任，兼并了资产总值为1780余万元的长沙民乐厂，兼并后，龙某伙同他人利用职务上的便利将长沙民乐厂的资金转入个人开设的账户上，并将其中的67万余元由自己直接控制使用；解除兼并后，龙某带走蓝鸟汽车等物资以及"借支"费用等共计36万余元，二审法院认定既遂金额为103万元是正确的。

---

① 阮齐林. 金融财产控制的特点与侵犯财产罪的认定[J]. 法学，2001(8)：31-35.

8. 加重犯未遂的认定

争议点：加重犯是否存在未遂？

【**案例**】邹某强奸案。2006年11月9日，邹某见一小女孩邓某独自一人在路上行走，且四周无人，遂产生强奸邓某的念头。于是，邹某窜至邓某身后，用右手小臂猛勒邓某颈部，后将邓某摔倒在地。由于邹某用力过猛，邓某当场死亡。邹某遂掩埋好尸体，逃离现场。后经查，邓某未成年。

加重犯中的一个重要问题就是结果加重犯是否存在未遂。与情节加重犯只有成立与否不同，对结果加重犯进行考查应当结合基本罪的既遂标准以及立法规定结果加重犯的法理。关于结果加重犯的既遂、未遂问题，学者基于对罪过内容、结果的地位等问题有不同认识，得出的结论也各异。① 我们赞同将结果加重犯限定在"结果加重犯之加重结果已经超出基本犯罪的罪质范围"②的场合。考察结果加重犯是否存在未遂，是要解决以下两个问题：第一，加重结果未发生时，能否按未遂适用结果加重犯的加重法定刑；第二，在发生加重结果但基本犯未遂的情况下，适用加重法定刑时是否能按未遂犯从轻或减轻处罚。

对于第一个问题，根据我们对结果加重犯的理解以及对犯罪既遂的界定，行为的完成形态只能是针对基本法定刑而言的，加重结果的出现是适用加重法定刑的必要条件，如果没有这种结果，无论如何不能认为行为的罪质已经发生了改变，故只要以基本罪的法定刑规制之。而且未遂犯与结果加重犯从性质上都属于量刑情节，相互排斥，不可能出现能被重叠适用的情况。所以加重结果未发生时，即使对加重结果的发生出于故意的心态（例如，图财害命的场合），只要加重结果没有如行为人所期望地发生或者说没有出现法定的加重结果，无论如何都不能以行为人主观上存在恶意而要求其对未出现的加重结果承担刑事责任，这违反了主客观相统一的原则，而且有主观归罪的嫌疑，容易导致国家刑罚权的恣意化。

对于第二个问题，还是根据我们判断犯罪既遂的标准是同一罪名下适用基本法定刑条件的充足化③，这就意味着无论对基本法定刑所对应的法益侵害以外的其他法益是否造成了侵害、这种侵害是否重大等，都不能改变认定

---

① 刘之雄. 犯罪既遂论[M]. 北京：中国人民公安大学出版社，2003：147 – 149.

② 陈兴良. 刑法哲学[M]. 北京：中国政法大学出版社，2000：269.

③ 李斌. 可罚未遂之框定[D]. 中国政法大学硕士论文，2005.

该罪完成形态的标准。只要基本法定刑所规制的法益侵害的结果没有出现，那么就应当认为属于未遂行为。同时由于出现了另外的严重结果，这种未遂行为的可罚性也就不言自明了，因此构成基本犯的未遂。但要注意，加重结果的出现是适用加重法定刑的前提，所以只要出现了加重结果就应当在加重法定刑的范围内裁断刑罚。此时基本犯的未遂对于量刑也是有意义的，基本犯结果具备的行为与基本犯结果不具备的行为都会导致加重结果，但两个行为的社会危害程度是不同的，在法律评价上（指适用刑罚时）应有所区分，具体到实际案件时，应全面考量案件情况，如果这种未遂情节相对于加重结果而言对行为的社会危害程度的制约较小，也可以考虑不减免之，这也是符合总则中对未遂犯处罚原则的（即可以比照既遂犯从轻、减轻处罚。"可以"只是表明了一种立法倾向，具有适用和不适用的两种可能）。也有学者从法律文化的角度为这种情形认定为犯罪未遂做了绝好的注释："从法律文化上看，在我国刑法中，基本犯与结果犯是同一个罪名，基本犯未遂时又说该结果加重犯既遂，则存在不适合之处。例如，行为人为了强奸妇女而实施暴力，致妇女重伤，但由于行为人意志以外的原因未能奸淫妇女。在这种情况下，也只是强奸罪成立。但说强奸罪既遂则不适合，这既不符合社会大众的基本观念，也难以被被害妇女接受。"①

另外从犯罪发展的进程来看，只有当基本犯罪为复合行为犯时才可能出现结果加重犯的未遂，即结果加重犯的未遂仅可能存在于基本犯罪为复合行为犯之中。单一行为犯（如盗窃罪中的秘密窃取行为）和复合行为犯（例如抢劫罪中的暴力行为和劫财行为）的划分是根据其行为手段要素的不同，复合行为犯中的手段包括结果行为（直接侵害法益的行为）和手段行为，而单一行为犯中不存在这种区分。从刑法规范的目的看，手段行为往往是表征结果行为社会危害性程度的一个重要方面，而且其本身也涉及对基本法益以外的其他法益的侵害。因此，对单一行为犯的基本犯罪而言，必须在达到既遂之后才可能进一步构成结果加重犯；当基本犯罪（如故意伤害）处于预备、中止或未遂的状态下是不可能引起加重结果（如死亡）的发生。但复合行为犯的基本犯罪则不同，即使基本犯罪处于未遂状态下仍然可能引起法定加重结果的发生，从而成立结果加重犯。例如，抢劫罪，当其处于未遂（未劫到财物）时，只要行为人先前的暴力行为引起了法定重结果（致人重伤或死亡）就可以构成结果加重犯，而根据我们上面的讨论，这种基本犯未遂的情形是可以在

① 张明楷. 未遂犯论[M]. 北京：法律出版社，东京：成文堂出版社，1997：20.

加重法定刑的场合酌情予以考虑的。

本案中，被告人邹某未实施奸淫行为，而是用力过猛致被害人死亡，属于强奸罪基本犯未遂但发生了加重结果，是强奸罪结果加重犯的未遂。

第四节　共同犯罪

二人以上共同故意犯罪称为共同犯罪。成立共同犯罪，必须具备三个条件：行为人为二人以上；具有共同的犯罪行为；具有共同的犯罪故意。共同犯罪从不同的角度、用不同的标准可以分为：任意的共同犯罪与必要的共同犯罪；事前通谋的共同犯罪与事中通谋的共同犯罪；简单的共同犯罪与复杂的共同犯罪；一般的共同犯罪与特别的共同犯罪等。共同犯罪在刑法理论中占据重要的地位，实践中大量出现的共同犯罪中，争议比较大的是实现过限、主从犯的认定及身份犯共同犯罪罪名的认定。

1. 实行过限的界限

争议点：共同犯罪中实行过限如何认定？

【案例1】湖南某房地产开发有限公司在长沙市岳麓区望岳街道办事处楠木沟开发"丽都桃源公寓"项目。该项目由湖南湘荣建筑工程有限公司（以下简称湘荣公司）中标承建后，被告人侯某等人挂靠在湘荣公司名下分别承建"丽都桃源公寓"项目2号、3号、4号栋住宅。在施工过程中，被告人侯某等人与金峰公司总经理被害人伍某因工程款结算存在分歧而发生纠纷，双方经多次协商未果。2011年10月16日，被告人侯某在得知伍某将从北京坐飞机回到长沙的信息后，和被告人谢某、邱某商议，由谢某、邱某纠集人员到长沙市黄花机场截住伍某，将其带至河边，侯某再以一起跳河的方式相威胁，逼伍某支付工程款。之后，被告人谢某与邱某纠集了13人，与被告人侯某一起分别乘坐三辆车于当晚赶至黄花机场。当晚23时许，被告人侯某、谢某、邱某等人在机场大巴处强行把刚下飞机的伍某及同行的公司会计周某带上车，将二人带至长沙市岳麓区湘江二桥潇湘大道往南100余米处，由被告人邱某等人在马路旁看守车内的周某，被告人侯某则与被害人伍某下车至湘江河边观景台处交涉工程款结算问题，被告人谢某等人亦跟随在旁。被告人侯某与伍某面对面跨坐于观景台护栏上，两人在协商工程款结算中因意见不合发生争吵，被告人侯某将伍某按倒在护栏上。被告人李某将一啤酒瓶扔至两人所在的水泥护栏上，并用言语威胁伍某，后被告人李某因要归还所借面包车而离开现场。而后，被告人侯某让伍某坐起来继续交涉工程款结算事宜，后两人再次发生争吵，被告人侯某用双手将伍某往观景台下推挤，伍某则抓住侯某，最终两人一起从护栏上摔下，被害人伍某当场死亡，侯某受伤后不能动弹。被告人谢某随即拨打报警和急救电话，并留在现场等待警察到来。被告人邱某见状则指使唐某等人将周某送回家，其余被告人遂逃离现场。经刑事科学技术鉴定，被害人伍某死亡原因为生前高坠致胸部多处骨折、双侧胸腔积血、肺出血、肾包膜下出血，终因创伤性、失血性休克死亡。法院判决：①被告人谢某犯非法拘禁罪，判处有期徒刑 2 年 6 个月；②被告人邱某犯非法拘禁罪，判处有期徒刑 3 年。

【**案例 2**】谭某忠等人抢劫案。2003 年 7 月 5 日，被告人谭某忠、杜某洪、汪某斌商量一同出去偷狗，杜某洪向他人借了一支单筒猎枪。次日凌晨 3 时许，三被告人持猎枪未找到狗，便窜至某村村民高某家偷鸡。谭某忠、汪某斌进院偷鸡，杜某洪持猎枪在院外望风。当他们偷出两只鸡一只鸭时，被高某家人发现，房内亮了灯，谭、汪二人立即跑出院外。杜某洪见状，即向房门开了一枪后逃跑，枪弹击中高家房门的门框。高某及其弟闻声跑出房外，追撵三被告人未果。返回时，高某在院门外拾得猎枪护木一块，高家两兄弟即蹲在院内守候。谭某忠等三人逃离现场后，杜某洪发现猎枪的护木丢失，担心无法还枪，便提出返回寻找。三人返回高家途中，汪某斌害怕被抓，未敢继续前行。到高家院门口时，杜某洪将猎枪交给谭某忠保管，自己进院寻找护木，杜某洪刚一进院，被正欲抓捕他们的高家兄弟发现。高某刚一起身，谭某忠即向他开了一枪，枪弹击中高某下颌部，致其颈部动脉、静脉及周围组织严重破损，随即死亡。

共同犯罪中的实行过限，又称共同犯罪中的过剩行为，一般是指实行犯实施了超出共同犯罪人事先预谋或临时协议范围的犯罪行为。实行过限基本行为的构成包括：一是须存在共犯关系，这是构成实行犯的前提。二是须实施实行行为。"无行为则无犯罪"，实行行为的实施，是实行犯得以成立并被追究刑事责任的客观要件。三是须具备实行故意。无罪过就没有犯罪，当然无刑罚。此处所说的"故意"包括直接故意和间接故意。实现过限行为的构成包括：①过限行为的实施者与基本行为的实施者具有同一性，即为共同犯罪中的实行犯。②过限行为必须发生在共同犯罪过程中，实行过限可能发生于共同犯罪的预备阶段，也可能发生在共同犯罪的实行后阶段。③实行犯实施过限行为时须有罪过，实行犯实施的行为超出了共同故意的范围，则必然与其他共犯的犯意相悖，不为其他共犯所认同。

　　关于实行过限判定途径的标准，一是客观途径，即侧重于从行为的客观方面，特别是从构成要件上判断实行犯实施的行为与其他共犯谋议的犯罪行为是否重合。如果二者在构成要件上完全重合，则为共同犯罪行为；如果完全不重合或仅是部分重合，则异质的部分或超出的部分即为过限行为。二是主观途径，即侧重于从行为人的主观方面，特别是从行为人的认识和意志方面判断其是否与共同犯罪的故意相吻合。如果实行犯实际实施犯罪的罪过与共同谋议犯罪的罪过相同，则未超出共同犯意，属于共同犯罪行为；否则，则为过限行为。

　　案例 1 中，被告人侯某因与伍某之间存在工程款结算纠纷而纠集他人对被害人伍某实施非法拘禁行为。在拘禁伍某的过程中，被告人侯某再次与伍某发生争吵，在两人面对面跨坐于护栏上时，被告人侯某应当预见到推挤被害人伍某会导致其摔下护栏而发生死亡的后果却放任其发生。公诉机关起诉书指控除被告人侯某以外的其他被告人均应对被害人伍某死亡的结果承担责任。从本案发生的过程来看，被告人侯某、谢某、邱某因与被害人伍某之间存在工程款结算方面的纠纷，多次发生矛盾。在本案发生之前，被告人侯某、谢某、邱某等人在随和饭店吃饭时，被告人侯某向谢某、邱某表示过如果伍某不还钱，就要带其一起跳河拼命。因此，被告人谢某、邱某对于被告人侯某在拘禁被害人伍某之后的后果应当是有预见性的。被告人侯某因与伍某存在工程款结算纠纷，故表示要和伍某一起跳河。从本案侯某等人拘禁被害人伍某之后的情况来看，侯某确实将被害人伍某带至湘江边上，并且实施了将伍某推下河堤的行为，而被告人谢某、邱某在讯问笔录中供述其以为侯某说这样的话只是为了吓唬伍某。从本案实际情况来看，被告人谢某、邱某没有具体实施其他过激的行为，那么被告人谢某、邱某是否应当对被告人侯某的故意行为承担责任呢？虽然认定被告人侯某为故意杀人行为，且被告人谢某、邱某在案发前明知被告人侯某有拉被害人伍某跳河的言语，但是从本案的起因及各被告人纠集人员拘禁被害人伍某系向其索要债务的目的来看，不宜认定被告人谢某、邱某系为被告人侯某实施"跳河"的行为而拘禁被害人伍某。被告人侯某的行为应当认定为实行过限，被告人谢某、邱某不应当对被害人伍某的死亡结果承担责任。

　　被告人侯某因工程款结算纠纷而纠集他人对被害人伍某非法限制人身自由，并在拘禁的过程中将被害人伍某推下足以致命的河堤，造成被害人伍某死亡的严重后果，其行为构成故意伤人罪。被告人谢某、邱某因工程款结算索取债务，分别纠集他人非法限制被害人伍某的人身自由，且在明知被告人侯某有造成被害人伍某生命危险的情况下，仍然积极纠集他人实施非法拘禁行为，致被害人伍某死亡，其行为构成非法拘禁罪。被告人李某为帮助他人索取债务而对非法限制被害人伍某的人身自由，其行为构成非法拘禁罪。在非法拘禁的共同犯罪中，被告人谢某、邱某积极纠集他人，起主要作用，系主犯。而被告人李某等人系被他人纠集参与非法拘禁行为，被害人伍某死亡的结果系被告人侯某故意行为所造成，李某等人不应当对被害人死亡的结果承担责任。本案被害人伍某的死亡系因为被告人侯某的故意杀人行为导致，对其他被告人而言属于过限行为，被告人谢某、邱某不应当对此承担责任。

对于案例2，一种观点认为，三被告人的行为均已构成抢劫罪。由于谭某忠、杜某洪、汪某斌是盗窃的共犯，他们既有共同盗窃的故意，又有共同盗窃的行为，都应对共同犯罪的后果承担责任。三被告人虽是以秘密窃取财物的目的到达现场，但在实施盗窃的过程中，发现失主（高某）房内灯亮，即开枪威胁，抗拒抓捕。根据刑法第269条的规定，其行为的性质已由盗窃转化为抢劫，三被告人均已构成抢劫罪的共犯。谭某忠、杜某洪在寻找猎枪护木时，与正欲抓捕他们的高家兄弟相遇，谭某忠开枪打死高某，也应视为他们抗拒抓捕，毁灭罪证而当场使用暴力，谭、杜二人同样构成抢劫罪的共犯。第二种意见认为，谭某忠的行为构成故意杀人罪，杜某洪的行为构成抢劫罪，汪某斌的行为不构成犯罪。该观点对谭某忠、杜某洪、汪某斌三人盗窃过程中，因事主发现为抗拒抓捕，杜某洪开枪的行为属于抗拒抓捕因而转化为抢劫罪不存异议，但杜开枪的行为已超出了共同的故意，属于共同犯罪之外的实行过限行为，应当由杜自己承担责任。而在谭某忠、杜某洪返回寻找护木时，与失主高家兄弟相遇，谭某忠开枪将高某打死，因为前述的盗窃转化为抢劫的过程已经结束，故谭某忠的行为构成故意杀人罪，也是过限行为。因此只能由谭个人承担刑事责任，因此认为本案系基于共同盗窃的事实而在发展过程中出现了两个实行过限行为，对超出共同故意范围外的行为只能由行为人直接承担责任，因而被告人谭某忠的行为构成故意杀人罪，杜某洪行为构成抢劫罪，汪某斌的行为不构成犯罪。

由于共犯过限是由实行犯在实施共同犯罪过程中实施的超出共同谋议范围的行为，其他共犯对这种行为在主观上没有罪过，因此，过限行为的刑事责任只能由该实施犯承担，而其他共犯只承担谋议之罪的刑事责任。但组织犯、犯罪集团中的首要分子、概括教唆犯①等场合，如果实行犯所实施的行为系其制定、组织的犯罪计划的组成部分，是为实现整个犯罪计划所必需的，不论行为的性质、危害的范围及程度，都不违背其主观意志，均应承担刑事责任。只有在组织犯、首要分子或教唆犯对所组织、计划的犯罪行为有明确要求，尤其是表明禁止性要求的情况下，如果实行犯的行为明显违背这种要求时才构成共犯过限，其刑事责任由实行犯独自承担。

另外认定是否实行过限，应当结合行为前的共同故意以及发展过程中各行为人是否有犯意沟通。其中要重点审核共同谋议的内容，如果共同谋议明确地以某种犯罪为内容，而且对犯罪的具体目标、对象、程度等都有比较明确的意思表示，一旦发生了超出共同谋议范围的情况，比较容易认定为共犯过限，其刑事责任只能由该实行犯独自承担；但如果共同谋议内容并不明确具体，而是很概括，在实施过程中一般体现为见机行事、随机应变等，实行犯的行为只要不是明显超出共同谋议范围，就应视为整个共同犯罪行为的一部分，不存在共犯过限问题，按照一般共同犯罪的处罚原则进行处罚即可。

对于主观心态的认定还应结合当时的客观行为表现，确定在行为发展过程中各行为人是否存在犯意沟通。例如行为人均在场的情况下，一方实施了事先共谋犯罪以外的行为，而他方不但没有制止，反而积极参与或予以协助，或者不予制止、袖手旁观，从而对实行犯产生精神支持或鼓励，对被害人形成心理压力或恐惧的，表明他方主观上对同伙的过限行为是积极追求或放任的状态，行为性质已经转化为临时起意的共同犯罪，不属于共犯过限，凡参与实施的实行犯都应承担刑事责任。还有论者指出即使在"如果其他实行犯当时不在场，但事后对这种行为予以认可，如大加称赞，参与分赃等，说明这种行为并不违背他们的主观意志，不属于共犯过限，应与该实行犯一起承担刑事责任"②，我们认为认定行为人的主观心态应当以其实施行为时为准，对于并未参与实行的行为人，不能根据其事后得知同伙的超出共同谋议范围的行为没有反对为由，推定其在场就一定会同样实施这种行为，这种推定是缺乏事实基础的，违背了行为与罪过同在的刑法基本理念，因此不能成立。

综上所述，在司法实践中，只有从不同角度认真分析各共犯对共同犯罪

---

① 教唆犯只是概括地以某种犯罪为教唆内容，对犯罪的具体目标、程度等没有明确的意思表示的情况。

② 赵丰琳，史宝伦. 共犯过限的司法认定[J]. 人民检察，2000(8).

中有关行为的主观意志状态，才能正确认定共犯过限及相应的刑事责任，做到罚当其罪、不枉不纵，保证司法公正。

2. 主从犯的区别

争议点：共同犯罪中主从犯在司法实践中如何区分和认定？

【案例1】刘某雷等三人盗窃案。被告人任某中、刘某庆、刘某雷预谋盗窃残疾人专用车转卖后从中渔利，并商定由刘某雷驾驶其松花江牌面包车（车牌号：京F03000）搭载任某中、刘某庆前往事先探明的地点，由任某中、刘某庆采取用加力钳剪断车锁并拧坏点火开关的方法实施盗窃行为。三被告人先后多次盗窃残疾人专用车共4辆（经鉴定共价值人民币18650元）。检察机关认为：刘某雷在整个犯罪中主要实施运送同案犯罪嫌疑人"踩道"、前往犯罪地点、望风的行为，并未参与具体盗窃，可以认定其在共同犯罪中起次要、辅助作用，为从犯。法院则认为：被告人刘某雷在共同犯罪中，虽未直接实施盗窃行为，但其地位及作用，尚不符合从犯的构成要件，对公诉机关的此点公诉意见，未予采纳。

【案例2】2011年11月27日19时许，长沙县黄兴长轴工业园恒茂人造板厂晚班工人陈家某、陈淼某等人与该造板厂白班工人陈大某、郑某等人因交接班问题发生争执。在争执过程中，陈家某上前推搡了郑某肩部，又持一铁棍朝陈大某扔过去，但被陈大某躲开。被告人郑某即赶回宿舍找同班工友被告人郭某要刀，并纠集郭某前去帮忙。被告人郭某从其宿舍内拿出两把尖刀，自己持双刃尖刀，将单刃尖刀交给被告人郑某，两人持刀赶到干燥车间。对陈家某进行殴打。陈家某一边持铁耙对峙，一边往旁边的制胶车间门外逃跑，被告人郭某、郑某在后追赶。陈家某跑过干燥车间和制胶车间之间的门口时，拿起放在门边的废机油桶将机油倒在追过来的郑某身上，郑某滑倒在地，其所戴的眼镜也掉在地上，郭某则穿过机油地面，继续追打陈家某。与此同时，被害人陈淼某接到工友通知，获悉白班的工友持刀追打过来，其在逃离干燥车间时，与正爬起来的郑某相遇，郑某即左手持刀朝陈淼某挥舞，混乱中刺中陈淼某的左腹部两刀，致陈淼某主动脉及下腔静脉断裂引起急性失血性休克而死亡。

主犯是指组织、领导犯罪集团进行犯罪活动或者在共同犯罪中起主要作用的犯罪分子。在共同犯罪中起次要或者辅助作用的，是从犯。主从犯的区别是：第一，在事前共谋的共同犯罪中，首先提出犯意者通常为主犯，随声附和、表示赞同者通常为从犯。但这个标准并不是一成不变的，仅仅在犯罪共谋阶段随声附和，而在具体犯罪行为实施过程中起主要作用的犯罪分子亦属于主犯，而不构成从犯。第二，在事前共谋的共同犯罪中，策划、指挥犯罪活动者通常为主犯，被动接受任务、服从指挥者通常为从犯。第三，从参加共同犯罪的频率来看，多次参加共同犯罪者或者参加全部共同犯罪活动者通常为主犯，而首次参加共同犯罪或者参加次数少于其他犯罪分子的，以及仅参加了部分共同犯罪的犯罪分子通常为从犯。第四，从参加共同犯罪的强度来看，主犯的实行行为通常强度较大、手段残忍、技巧熟练，而从犯的实行行为通常强度较小，或者技巧不够熟练。第五，从对犯罪结果的作用来看，主犯由于行为强度大或者技巧熟练，通常对犯罪结果的作用较大，是造成犯罪结果的主要原因；而从犯由于初次作案、行为强度小，或者技巧不熟练，通常对犯罪结果只起很小的作用，甚至根本未起任何作用。

根据刑法第 24 条的规定："在共同犯罪中起次要或者辅助作用的，是从犯。"从中可以看出我国刑法中的从犯涵括了按犯罪分子在共同犯罪中的分工对共同犯罪人进行分类的帮助犯，但又不限于帮助犯，还包括在共同犯罪中起次要作用的实行犯，并且从在共同犯罪中起辅助作用上来说明帮助犯，这样就把帮助犯纳入了以犯罪分子在共同犯罪中的作用为标准的分类法。从词义上来说，辅助一词有二义：一是从旁帮助，二是非主要的[1]。第一层含义是从行为的分工上揭示辅助的内涵，第二层含义是从行为的作用上揭示辅助的内涵。因此，"辅助一词本身就具有这种双重的含义，选用该词本身就体现了立法者独具的匠心[2]"。

区别于上述将帮助犯视为从犯的观点，有论者认为，我国刑法中的从犯是相对于主犯和胁从犯而言的，而帮助犯只是我国刑法理论上的概念，而且二者适用的是不同的划分标准，因此可以存在交叉的关系，即如果帮助犯在共同犯罪活动起主要作用就构成主犯，如果帮助犯在共同犯罪活动中不起主要作用就构成从犯，同时认为帮助犯也可以成立主犯（在其成为其他共同犯罪中起主要作用的犯罪分子的情况下）[3]。上述分歧是实务中对主从犯认定分歧的理论根源，即有的司法者认为实施帮助行为的就一定是从犯，而有的则认为实施帮助行为的也可能在共同犯罪中起的是主要作用，不认为是从

---

① 中国社会科学院语言研究所词典编辑室. 现代汉语词典［M］. 北京：商务印书馆，1979：335.
② 陈兴良. 共同犯罪论［M］. 北京：中国人民大学出版社，1987：218.
③ 曾赛刚. 从犯与帮助犯的关系分析——以对刑法第 27 条第 1 款的理解为基础［J］. 台声，2005
（7）.

犯，在共同盗窃犯罪中比较常见的就是对于实施望风、踩点等行为的被告人是否认定为从犯。从我们目前掌握的判例看，大部分案件中对于并非发起者、且在现场只是把风、放哨并未实施具体盗窃行为的，一般多认定为起次要作用，系从犯，而予以适当的从轻处罚；但也有的判例认为各犯罪人事前通谋，并有分工，事后均分得赃款赃物的，各行为人在共同犯罪中所起的作用是相当的，即使是把风行为也对具体盗窃行为的实施提供了便利条件，强化了犯罪的成功可能，因此不区分主从，均认定为主犯。

我们认为立法对共犯人分类标准的交叉所带来司法实践中的混乱是一个应当正视的问题，但究竟应当如何正确适用法律、裁量事实，则需要司法人员统一认识、正确把握。我国的作用分类法很大程度上是为了解决量刑问题（但也有个别情况下兼及罪名的认定，如关于不同身份者利用各自职务便利实施犯罪的，以主犯定罪）和由此产生的身份犯共同犯罪如何认定罪名问题，我们在前面已经探讨，基本观点就是以身份犯决定说为主，以实行行为决定说为辅，由此解决了定罪问题后再研究主从之分，从而裁量适用刑罚，这样也是符合刑事司法认识的一般规律的。由此在不涉及身份问题的普通共同犯罪中，不存在定罪上的问题，只是分工不同的各行为人以何标准如何来确定各自所起作用，这是作用分类法无法解决的，由此容易导致司法者对于非实行犯所起的作用认定不统一。

立法规定了起次要作用和辅助作用的是从犯，由此认为从犯包括次要实行犯和帮助犯，这也是学界通说的观点，而上述第二种观点认为帮助犯也可以起到主要作用，因而不一定是从犯，这是二者对于帮助犯的概念理解不同而产生的分歧。通说的观点是从实行行为和非实行行为的区分基础上来理解帮助犯和实行犯属于相互对立的地位，而第二种观点则是从对犯罪实现所起的作用的角度来理解帮助犯和从犯可以有重合的部分。我们认为通说的观点更加符合各国的普遍观点，且对于认定共犯类型也是更方便把握的，如盗窃罪的实行行为就是秘密窃取行为，除此之外的把风、踩点、提供作案工具等只能是非实行行为中的帮助行为（非实行行为中还有教唆行为、组织行为等），对于犯罪的实施只起到次要或者辅助作用。虽然我们不同意极端的共犯从属性说，但是从法益侵害的角度考虑，非实行犯的行为并未直接对法益造成损害，在刑罚裁量上应当得到与实行犯不同的评价。而我国立法基于教唆犯特殊的主观恶性（造意者），规定了对于被教唆人未实施所教唆之罪的，对教唆犯也要以其所教唆之罪定罪处罚，这既有我国处罚造意者的立法传承问题，也体现了立法的主观主义倾向。但是就帮助行为而言，立法未规定对单独的帮助行为进行独立的处罚，只有在成立共同犯罪的情况下才可以追究未对法益造成直接侵害，而只是促进了侵害发生的行为人之刑责，并予以适当的从轻处罚，这既符合打击犯罪的需要，也体现了区别对待的刑事政策。因此我们应当坚持实行行为定型理论，对未实施实行行为的共犯人在其不是犯意发起者的情况下，认定其起辅助作用，适用从犯的减免规范。具体到盗窃案件中，对把风、踩点行为一般应认定为帮助行为，系从犯；但把风者同时是犯意的发起者、倡导者时，尤其在幕后指使的情况下，即使行为人没有具体实施犯罪的实行行为，但可以认为其系教唆犯，对犯罪成立起主要作用的，认定为主犯加以惩罚。这样可以对不同分工者的作用进行清晰界定，便于正确地适用刑罚。

案例 1 中，被告人任某中、刘某庆、刘某雷事先就预谋盗窃残疾人专用车转卖后从中渔利，被告人刘某雷在共同犯罪中负责运送同案犯、望风等，虽然未直接实施盗窃行为，但其属于犯意的倡导者，宜认定为主犯。

案例 2 中，案发的原因为被告人郑某与被害人的交接班争执。争执发生后，被告人郑某纠集郭某前去帮忙。打斗过程中，被告人郑某用左手持刀朝陈淼某挥舞，混乱中刺中陈淼某的左腹部两刀，致陈淼某主动脉及下腔静脉断裂引起急性失血性休克而死亡。从犯罪预谋来看，打架斗殴的策划、指挥犯罪活动者为郑某；从对犯罪结果的作用来看，郑某由于行为强度大，对被害人陈淼某死亡结果的作用较大，是造成犯罪结果的主要原因。综合两方面的情况，认定郑某为本案的主犯。而被告人郭某受被告人郑某的纠集，提供两把尖刀，参与了打斗。从犯罪预谋来看，郭某主动接受任务、服从指挥；从对犯罪结果的作用来看，郭某提供了凶器，对造成犯罪结果只起很小的作用，郭某应认定为本案的从犯。

3. 身份犯共同犯罪

争议点：身份犯罪名应当如何认定？

【案例】刘某武等人职务侵占、盗窃案。2004 年 7 月，江油钢铁厂保卫科工作人员刘某武、吴某金、王某其与该厂工人王某刚、陈某、杨某勇等人相互勾结，谋划盗窃钢材。3 人利用看守厂门、巡逻厂区的职务之便开厂门、望风放哨，而王某刚等人则利用卡车、面包车、拖拉机等将厂内堆放的生铁盗运出厂销赃。在一个月时间内共盗窃价值 65100 余元的 32 吨生铁，销赃得款 37200 元。另查明，刘某武、王某刚、陈某等 6 人又于 2005 年 2 至 4 月间再次与陈某国等 7 人相互勾结，先后 6 次采取翻墙入厂或以厂区火车机车藏运等方式,将炼铁车间、高站台处的价值15450元的6.5吨生铁偷运出厂,销赃马某处,共获赃款11300元。公诉机关以犯盗窃罪与职务侵占罪,分别对刘某武等人提起公诉。法院判决被告人陈某、王某刚、刘某武等6人犯职务侵占罪与盗窃罪,决定分别执行有期徒刑1年至5年6个月不等,并分别处罚金6000元至2万元不等;判决被告人吴某金、王某其犯职务侵占罪,分别判处拘役5个月至有期徒刑2年6个月不等;判决被告人陈某国、谢某、邓某康、冯甘非等7人犯盗窃罪,均判处拘役6个月,并处罚金8000元至1.3万元不等,其中,谢某、邓某康、冯某非3人被决定缓刑1年执行。

目前对于身份犯与无身份犯之间的共同犯罪定罪量刑问题,实务界存在较大分歧,尤其是在职务侵占罪、贪污罪、盗窃罪这三种行为方式相似,仅因主体身份不同而导致不同刑法适用,甚至由于立案标准的不同导致不同法律评价的情况下,对于何谓"利用职务之便""身份犯共同犯罪罪名的认定"①等问题仍有不同认识,各地判例也是十分混乱。

理论界对于身份犯的共同犯罪定罪问题有分别定罪说、实行行为决定说、身份犯决定说、主犯决定说、折中说之分,2000年6月30日最高人民法院公布的《关于审理贪污、职务侵占案件如何认定共同犯罪几个问题的解释》第2条规定:"行为人与公司、企业或者其他单位的人员相勾结,利用公司、企业或者其他单位人员的职务便利,共同将该单位财物非法占为己有,数额较大的,以职务侵占罪共犯论处。"即采用了身份决定说。而第3条"公司、企业或者其他单位中,不具有国家工作人员身份的人与国家工作人员勾结,分别利用各自的职务便利,共同将本单位财物占为己有,按照主犯的犯罪性质定罪",则是采用了主犯决定说。上述司法解释对于实务中罪名的认定起到了一定的指导作用,但其弊端也是非常明显的,因为根据我国刑法的规定,确定主犯的意义主要在于量刑而不在于定罪,而确定行为性质的唯一根据应该是犯罪构成。如果以主犯的行为性质来确定共同犯罪的行为性质,那就相当于在先认定罪名(因为主犯的认定就应是某一犯罪的主犯)的情况下再来选择犯罪构成,违背了定罪量刑的客观规律。而且在共同犯罪中,主犯中包括有身份者与无身份者,或者各自具有不同的身份,这时应根据哪一个主犯的性质定罪,也是解释中无法解决的。

所以我们认为对于上述问题应当区分不同情形:

(1)无身份者勾结有身份者共同作案。在这种情况下,由于身份已不再

---

① 我们在此只讨论身份犯共同犯罪的认定问题,对于"职务之便"如何理解在分则罪名中另有解析。

是共犯的主体要件，无身份者因与有身份者联结而具备了身份犯罪的主体资格，对各共犯人应统一以该身份犯罪处罚。例如，无身份者与具备职务侵占罪主体身份的人勾结作案，利用后者职务便利侵吞单位财物，无身份者在共犯中连带地具备了职务侵占罪的主体资格，因而构成职务侵占罪的共犯。

（2）不同身份者勾结作案。由于各共犯人具有不同的身份，从身份犯罪的修正构成出发，他们在共犯中都获得了对方的身份犯罪的主体资格。如具有贪污罪身份的人和具有职务侵占罪身份的人勾结作案，各自利用职务便利共同侵吞单位财物，双方都同时具备了贪污罪和侵占罪的主体资格。由于各共犯都获得了对方的身份犯罪的主体资格，那么对于每个共犯人而言均具备了双重的主体资格。这种情形属于一个主体竞合了双重犯罪的主体资格，其行为触犯了两个罪名，适用想象竞合的原则处理，择一重罪论处，一般情况下均认定为贪污罪。[1]

本案中法院认为刘某武参与的第一起犯罪事实，系利用看守厂门、巡逻厂区的职务之便开厂门、望风放哨，勾结其他工人将厂内堆放的价值65100余元的32吨生铁盗运出厂销赃，因此构成职务侵占罪；第二起事实则是通过翻墙入厂或以厂区火车机车藏运等方式，将炼铁车间、高站台处的价值15450元的6.5吨生铁偷运出厂，没有利用职务之便，因此构成盗窃罪。而由案情所表述的刘某武身为单位的保卫人员，无论其是直接打开厂门予以协助还是通过厂区火车机车藏运，应当都是利用了其从事保卫工作的便利条件，因为后一种方式能够得以实施，也是借助于其未履行相应的审查监管职能所造成的，可以说是一种消极的便利条件，由此区分其性质相当的行为构成不同的罪名，是不科学的。从刑罚适用的结果看，也有违罪刑相适应的原则：在第一起犯罪事实中，刘某武等人盗窃价值65100余元的生铁，而第二起事实中，盗窃了15450余元的生铁，无疑第一起的行为危害后果更大，而从法院对分别参与各起事实的犯罪人判处的刑罚来看，吴某金、王某其因第一起构成职务侵占罪，被分别判处拘役5个月至有期徒刑2年6个月不等；陈某国、谢某、邓某康、冯某非等7人因第二起构成盗窃罪，均判处拘役6个月，并处罚金8000元至1.3万元不等，主刑上的区别并不明显，但是由于盗窃罪规定了并处罚金刑，而职务侵占罪没有规定，从而导致危害性更大的第一起案件反而被轻判，从个案上已经有违刑法的平等适用。

---

[1] 王作富，庄劲. 共同犯罪与构成身份新论[J]. 人民检察，2003(11)：8.

4. 部分犯罪人未遂的是否成立加重情节(以轮奸为例)

争议点: 部分犯罪人未遂的是否成立加重情节(以轮奸为例)?

【案例】 张某忠等人强奸案。张某忠、杨某和姜某富都是二十多岁的无业青年。2003 年 8 月 5 日凌晨 2 时许,三人在江西省吉水县城吃完夜宵后,寂寞无聊。张某忠提议"搞个女人玩玩",姜、杨二人表示赞同。而后三人在一黑暗小巷中途遇下夜班的女工赖某某,三人强行拦住赖某某,说要与她"玩玩",赖不同意,张便用刀威胁赖说"不走就捅死你"。三人挟持赖某某到张某忠租住的房间。在张的房间内,张、姜二人先后强奸了赖某某。接着杨某不顾赖的哭泣,趴到她身上欲行强奸,但因饮酒过多而未能得逞。而后,三人将赖某某放走,并警告赖不要去报警,否则就杀死她全家。案发后,杨某的认罪态度较好。

实践中,强奸案中部分行为人由于意志以外或者意志以内的原因未实施奸淫行为,但其他人均实施完毕的,对未完成者能否认定强奸,进而能否认定轮奸,是否适用未遂得减的规定,存在不同认识。一种观点认为,强奸罪属于自手犯,一般只有行为人奸淫行为完成了才能认定既遂,否则只能认定为未遂,对于轮奸情节的认定,更要各个行为人均实施完毕奸淫行为方能认定。另一种观点认为应当从共同犯罪的特点来考虑,即共同实行犯应当以最高的犯罪形态为全体的犯罪形态,只要部分行为人的行为达到犯罪既遂,则全体认定为既遂。

本案中,由于涉嫌三人共同强奸的轮奸情节的认定,对于杨某的行为是否适用轮奸的法律适用,以及是否存在未遂问题都有很多争议。我们认为轮奸是指两个以上男子出于共同的奸淫认识,在同一段时间内,先后对同一妇女(或幼女)轮流实施奸淫的行为。轮奸要求每人都必须与被害妇女发生性关系才能构成,只有一人实施强奸行为,其他人实施教唆、帮助行为的,可以构成强奸妇女的共同犯罪,但不构成轮奸。但在数人共同实行的情况下,无论其中是否全部既遂,对于妇女性权利的侵犯都是多个的,这也是刑法予以重点打击的用意所在,因此我们认为轮奸不是独立的罪名,只是法律所明确规定的强奸罪的加重量刑情节之一,故轮奸只存在构成与不构成的问题,而不存在既遂未遂的问题。具体到本案中,我们认为杨某的行为系强奸,而且应当适用 10 年以上刑罚,但是在具体裁量刑罚时应当与另外两名犯罪分子的刑罚有所区别,体现酌情从轻。

第五节　罪数形态

罪数形态是指表现为一罪或数罪的各种类型化的犯罪形态。一罪的类型可以分为实质的一罪、法定的一罪与处断的一罪。数罪的类型可以分为实质数罪与想象数罪、异种数罪与同种数罪、并罚数罪与非并罚数罪等。对罪数形态的准确认定有助于刑事审判活动的准确定罪和正确适用刑罚。

1. 法条竞合的法律适用原则

争议点：在司法实践中如何认定法条竞合？

【案例】2005 年 12 月至 2008 年 6 月期间，被告人章某某在无电力工程施工资格与施工能力的情况下，以长沙市第五建筑安装公司（以下简称市五建安装公司）电力工程处的名义，利用曾用名"张军"与他人签订电力工程合同或用电报建委托协议，骗得工程预付款或报建费 283.5 万元，另以借款或合作开发名义骗取他人款项 320 万元，被告人章某某共实施合同诈骗犯罪 6 起，共计诈骗金额 603.5 万元。其中骗取长沙市雨花区洞井镇板塘村村委会 117 万元，骗取湖南恒丰置业公司 43.7 万元，骗取湖南豪瑞投资开发有限公司 122.8 万元，骗取被害人张华明借款 100 万元，骗取被害单位湖南傲峰机电贸易公司借款 70 万元，骗取被害人周建文合作款 150 万元。其具体犯罪事实如下：一、2005 年 12 月 10 日，被告人章某某利用曾用名"张军"，挂靠无电力施工资质与电力工程承揽能力、且系改制过程中的市五建安装公司，以该公司电力工程处的名义通过冷某武介绍与雨花区洞井镇板塘村村委会签订《板塘村生活安置小区配电工程合同书》。合同约定：板塘村以大包干的形式将电力工程承包给市五建安装公司电力工程处，市五建安装公司电力工程处负责该工程的申报用电手续及包工、包料等一切供电费用，工程总价 396 万元，工期 60 天。合同签订后，板塘村村委会通过冷某武分三次向被告人章某某陆续支付 170 万元现金工程款。被告人章某某在此期间，仅雇用黄某乐的临时施工队伍进场施工，该施工队伍同样无任何施工资质，仅能做部分基础施工。在施工过程中，被告人章某某支付 13 万元材料钱，工资未付。合同约定的施工期满后，板塘村村委会多次要求并催促被告人章某某如约履行合同，但由于章某某及其挂靠的市五建安装公司电力工程处没有施工能力与资质，故该工程向长沙市电力局的报建审批工作及后续施工工作均无法进行。2007 年 2 月，板塘村村委会多次寻找被告人章某某未果，遂将该工程通过冷某武与具备施工资质的湖南星电集团配网公司重新签订合同，工程的报建、设备费用的支付、施工队伍工资支付都由冷某武完成，工程增加了40余万的费用才得以完工。被告人章某某得款170万元后除支付给黄某乐13万材料费以及给冷某武40万的工程介绍费外，剩余117万元工程款被其用于个人开支。被告人章某某以非法占有为目的，在与单位及个人签订、履行用电工程合同及借款合同过程中，采取没有实际履行能力以先履行小额合同或者部分合同的方法诱骗他人继续签订和履行合同，收受他人财物，骗取他人钱财，数额特别巨大，其行为构成合同诈骗罪，且有600万余元赃款未能追回。被告人章某某系累犯，应当从重处罚。被告人章某某及其辩护人辩称，被告人章某某无诈骗他人的犯罪故意，该案系民事纠纷，请求宣判被告人章某某无罪。经查，被告人章某某在没有实际履行能力，即市五建安装公司电力工程处并无任何施工资质的情况下，隐瞒事实真相，以先履行小额合同或者部分履行合同的方法，骗取工程预付款、报建费、合作款或个人借款，其并没有将这些款项用于电力工程建设方面，而是大部分用于个人消费和还款，且被告人章某某收受对方当事人给付的工程款后逃匿，章某某的行为在主客观方面符合合同诈骗罪的构成要件。该事实有被害人陈述、证人证言、相关书证以及被告人章某某在公安机关的供述予以证实，足以认定。被告人章某某及其辩护人的辩解辩护意见与事实不符，法院不予采纳。依照《中华人民共和国刑法》第224条第三项、第四项，第57条第1款，第65条第1款的规定，判决如下：被告人章某某犯合同诈骗罪，判处无期徒刑，剥夺政治权利终身，并处没收个人全部财产。

　　法条竞合，指一个犯罪行为同时触犯数个具有包容关系的具体犯罪条文，依法只适用其中一个法条定罪量刑的情况。对"法条竞合犯"的处理原则是：特别法优于普通法。如我国刑法规定了盗窃罪，一般情况下普遍适用。同时又规定了盗窃枪支、弹药罪，属于特别规定。特别法与普通法的竞合，是在一个犯罪行为同时侵犯了两种社会关系的情况下发生的。如"盗窃枪支罪"，既侵犯了枪支的所有权，又侵犯了国家对枪支的管理秩序，所以，在刑罚上对竞合犯选择对社会关系侵犯性质严重的罪定罪，一般适用特别法。

　　"想象竞合"与"法条竞合"总体上都是行为人犯一罪而不是数罪，在司法实践中二者容易混淆。二者的区别在于竞合犯触犯的法条之间是否存在重合或交叉关系，存在重合或交叉关系的是"法条竞合"，不存在重合或交叉关系的是"想象竞合"。想象竞合所触犯的数个罪名没有必然的联系，法条之间不存在相互包容和交叉的关系。例如：行为人用枪支射击的方法故意杀人，子弹击中被害人后又射进某博物馆，损毁了国家级文物。行为人实施的是故意杀人的一个行为，同时危害了两个社会关系，造成故意剥夺他人生命和损毁国家文物两个危害后果。这是典型的"假想的数罪"，即"想象竞合"。虽然行为人造成两个以上的危害后果，在审判实践中也只能定一个本罪，而不能定两个罪。之所以是"想象竞合"而非"法条竞合"，是因为刑法规定的"故意杀人罪"与"故意损毁文物罪"之间没有必然的联系，法条之间不存在相互包容和交叉关系。对想象竞合犯的处罚原则是"择一重处"，不适用数罪并罚，即比较其所触犯罪名规定的法定刑，选择法定刑较重的罪名处罚。"择一重处"体现了罪刑相适应原则。正确把握想象竞合犯的认定和法律适用，在司法实践中对于正确认定被告人所犯罪名和正确裁量刑罚具有重要的意义。

综上所述，法条竞合的本质是单纯一罪，而想象竞合犯则是观念上的数罪、实质上的一罪。两者之间可列出四点共同特征：一个犯罪行为；触犯规定不同罪名的数个法条；两者的法律本质都是一罪，而非数罪；最终都适用一个法条并且按照一罪予以处罚。两者之间又存在着四点差异：第一，想象竞合犯是犯罪行为或犯罪行为所触犯的不同罪名的竞合，属于犯罪数之单复的形态；法条竞合是法律条文的竞合，属于法条之关系的形态。第二，想象竞合犯是观念的竞合（观念上的数罪），即想象竞合犯是实质一罪，法规竞合是客观存在的或现实的竞合，即法条竞合本就为单纯一罪。第三，想象竞合不存在重合或交叉关系；法条竞合所涉及的规定不同种罪名的数个法条之间，必然存在重合或交叉关系。第四，想象竞合犯中规定不同种罪名的数个法条发生关联，是以行为人实施特定的犯罪行为为前提或中介；法条竞合所涉及的规定不同种罪名的数个法条之间的重合或交叉关系，并不以犯罪行为的实际发生为转移。

具体到诈骗与合同诈骗罪而言，合同诈骗罪作为特殊诈骗犯罪在诈骗方法和对象上有其特定性，普通诈骗罪与合同诈骗罪在犯罪构成上是一般与特殊的关系，即两罪形成了法条竞合，在此情况下，适用法律的原则是特殊法优于普通法，即一般适用合同诈骗罪。这已是刑法理论和司法实践的共识。本案中，章某某所有的诈骗行为均依托于合同，其采取隐瞒真相的手段，诱骗他人签订工程合同、借款合同，后骗取他人财物非法占有，故章某某的行为虽然存在合同诈骗与诈骗罪的法条竞合，但是根据特殊法优于普通法的法条竞合处理原则，应以合同诈骗罪一罪定罪处罚。

2. 牵连犯的认定

争议点：在司法实践中如何认定牵连犯？

【案例】2010年2月下旬，被告人王某从黑龙江省来到长沙后，借住在同学即被告人王某鑫位于长沙市营盘街吉景小区的出租屋内，因缺钱花，遂产生在长沙市区抢劫黄金柜台的念头。为了实施抢劫，被告人王某首先通过网络购买了弹壳、弹头、底火、催泪瓦斯以及射钉弹等物品，自制了子弹、烟雾弹和炸弹，后又通过他人的介绍，以2万元人民币的价格购买了一把仿"六四"式手枪。2010年3月底，被告人王某在长沙市区内寻找作案目标，通过踩点，确定长沙市开福区东风路华银旺和超市金大福珠宝柜台作为抢劫目标。同年4月8日上午，被告人王某为便于抢劫，欲找一搭档实施抢劫，便与被告人王某鑫商量，被告人王某鑫推荐并联系了被告人刘某，后被告人王某与王某鑫两人一起来到了被告人刘某位于长沙市中山亭附近的出租屋内，见面后，被告人王某要被告人刘某参与其抢劫。为了打消被告人刘某参与抢劫的顾虑，被告人王某将随身带来的一把仿"六四"式手枪、子弹、炸弹、催泪瓦斯、烟雾弹等作案工具拿出显示。见此，被告人刘某表示愿意抢劫。之后，被告人王某鑫先行回家，被告人王某、刘某则来到了长沙市开福区烈士公园北门，后被告人王某又联系朋友即被告人董某某，要其赶到烈士公园北门，不久，被告人董某某等人来到了烈士公园北门。被告人王某、刘某、董某某共同商议抢劫，由被告人王某、刘某携带作案工具进入华银旺和超市金大福珠宝柜台实施抢劫金器，被告人王某、刘某进行了作案分工。为使被告人王某、刘某便于抢劫，被告人董某某从药店买来两副口罩交给被告人王某。2010年4月8日15时30分许，被告人王某、刘某携带一把仿"六四"式手枪、催泪瓦斯、烟雾弹、铁锤等作案工具窜至华银旺和超市金大福珠宝柜台，由被告人刘某手持铁锤将内装黄金饰品的玻璃柜砸烂，被告人王某持仿"六四"式手枪一边威胁商场工作人员及顾客，一边从已砸烂的柜台内拿出黄金装进手提袋，共抢得黄金项链12根。经价格鉴定，被抢24K黄金项链12根，共重687.12克，价值人民币164923.2元。案发后，被抢黄金饰品均已发还失主。被告人王某、刘某、王某鑫、董某某以非法占有为目的，采取持枪抢劫方式劫取他人财物，且数额巨大，均应当以抢劫罪追究其刑事责任。在共同抢劫犯罪中，被告人王某、刘某有预谋，有分工，积极实施抢劫犯罪，均起主要作用，均系主犯；被告人王某鑫、董某某起次要作用，系从犯，可减轻处罚。被告人王某配合公安机关抓获同案人，具有立功表现，可从轻处罚。王某、刘某、王某鑫、董某某认罪态度均较好，均可酌情从轻处罚。依照《中华人民共和国刑法》第 263 条、第 125 条、第 128 条、第 25 条第 1 款、第 26 条第 1 和第 4 款、第 27 条第 1 和第 2 款、第 56 条第 1 款、第 65 条第 1 款、第 68 条第 1 款的规定，判决如下：①被告人王某犯抢劫罪，判处有期徒刑 15 年，剥夺政治权利 3 年，并处罚金人民币 10 万元；②被告人刘某犯抢劫罪，判处有期徒刑 12 年，剥夺政治权利 2 年，并处罚金人民币 5 万元；③被告人王某鑫犯抢劫罪，判处有期徒刑 6 年，并处罚金人民币 1 万元；④被告人董某某犯抢劫罪，判处有期徒刑 6 年，并处罚金人民币 1 万元。

牵连犯是指出于一个犯罪目的，实施数个犯罪行为，数个行为之间存在手段与目的或者原因与结果的牵连关系，分别触犯数个罪名的犯罪状态。构成牵连犯，必须具备以下条件：①数罪必须出于一个犯罪目的。过失犯罪不成立牵连犯。②必须实施了两个以上独立的犯罪行为。行为人必须实施了两个以上独立的犯罪行为且触犯不同的罪名。如果只有一个犯罪行为，即使触犯了不同罪名，也不是牵连犯而是想象竞合犯。犯罪行为的个数可根据犯罪构成判断。触犯不同的罪名，即行为的异质性，也就是说，方法行为与目的行为、原因行为与结果行为是异质数罪。如只触犯同一罪名，是连续犯而不是牵连犯。③数个犯罪行为须有牵连关系，要坚持主客观一致，综合考虑行为人的主观因素与客观因素，既要求牵连意图，又要求行为之间内在因果联系的折中说比较科学。牵连犯是裁判上的一罪，因而实行从一重罪处断的原则。也就是说，对牵连犯应当采用吸收的原则，按照数行为所触犯的罪名中最重的罪论处。吸收犯与牵连犯的区别在于：①数罪独立性不同。吸收犯的一罪不具有独立性，而牵连犯数罪都具有独立性；②成立原因不同。成立吸收犯是由于重行为吸收轻行为，或者完成行为吸收未完成行为，例如既遂行为吸收预备行为；而成立牵连犯是由于方法行为与目的行为或原因行为与结果行为有牵连关系。

本案中，被告人王某从黑龙江省来到长沙，产生在长沙市区抢劫黄金柜台的念头后，为了实施抢劫，被告人王某通过网络购买了弹壳、弹头、底火、催泪瓦斯以及射钉弹等物品，自制了子弹、烟雾弹和炸弹，后又通过他人的介绍，以 2 万元人民币的价格购买了一把仿"六四"式手枪。被告人王某的这些行为构成非法制造、买卖枪支、弹药、爆炸物罪。被告人王某前后共实施了非法制造、买卖枪支、弹药、爆炸物罪和抢劫两个犯罪行为，并且分别侵害了各自的犯罪客体。进一步分析，王某的非法制造、买卖枪支、弹药、爆炸物行为不能包括在抢劫罪的法律评价之内，王某的两个行为是独立成罪的。从主观方面来说，牵连犯的各个行为必须出于一个犯罪目的，这个目的就是最终目的。因为在牵连犯中，各个行为都有自己独立的犯罪目的，有的是直接的，有的是更进一步的，但贯穿始终的是一个核心的犯罪目的。在手段行为和目的行为中，目的行为的犯罪目的是最终目的。本案王某抢劫得逞才是非法制造、买卖枪支、弹药、爆炸物的最终目的，因此，王某的行为构成了非法制造、买卖枪支、弹药、爆炸物罪与抢劫罪的牵连犯罪，从一重处罚认定为抢劫罪。

3. 牵连犯的处断原则

争议点：在司法实践中如何认定连累犯？

【案例】2010 年 11 月 25 日 10 时许，被告人姜某分、张某某、姜某、肖某决定实施抢劫。由被告人姜某分驾驶起亚轿车伙同被告人张某某、姜某、肖某携带事先准备的作案工具从黄材镇往宁乡县城的张万福金店方向行驶。途中，被告人姜某分等人又购买了水果刀一把。被告人姜某分、张某某、姜某、肖某分别戴好头套、帽子、手套。12 时 50 分许，被告人姜某分将车停靠到了张万福金店门口，被告人张某某、姜某、肖某一齐冲出汽车越过马路上隔离栏杆，从张万福金店的大门直接冲到店内右边的黄金柜台，被告人张某某、肖某各持手枪威胁店内工作人员，被告人姜某则用铁锤砸烂黄金柜台玻璃，被告人张某某、姜某分别将柜内的黄金手圈、项链、耳环等首饰装入各自携带的旅行袋中，共抢得黄金吊坠 3 个、黄金耳环 47 个、黄金手镯 37 个、黄金手链 28 条、黄金镶钻手链 9 条、黄金项链 89 条。一分多钟后，停在张万福金店外的被告人姜某分驾驶的汽车遭另外一台汽车碰撞，听到撞击声，被告人张某某、姜某、肖某即跑出张万福金店冲上了停在门口的汽车，与被告人姜某分驾车逃离现场。在汽车上，被告人张某某、姜某将各自行李包中的黄金首饰归总到了一黑色皮包中。经价格鉴定，被抢黄金首饰合计重量 2825.542 克，价值人民币 873528 元。在途经宁乡黄材镇南坪桥附近地段时，被告人姜某分发现前方有设卡的警察便掉头行驶。仓皇逃跑中，被告人姜某分所驾车辆轮胎爆裂，四被告人弃车分别逃离。被告人姜某背了抢劫金器的黑色皮包。随后，被告人张某某、姜某分别将作案用的手套、帽子、头套丢进渠道中。被告人姜某分、姜某逃至宁乡县黄材镇的山坳中躲藏。2010 年 12 月 2 日，被告人姜某分打电话给姜某强联系，要被告人姜某的父亲姜某宗（另案处理）送衣服和食物到被告人姜某的外婆家去。姜某宗便与被告人姜某分母亲即被告人金某某商量，后将准备好的衣服和一部手机以及一内容为

"15220118200 这是新号码，打这号码，刚买的，两只手机都不受任何影响，另外，路面上经常有警方出入，如果是关机，不必乱打，切记"的纸条送到了被告人姜某的外婆家。同年 12 月 4 日凌晨 1 点多，被告人姜某分、姜某在被告人姜某的外婆家取走了上述物品。法院认为：被告人姜某分、张某某、姜某、肖某以非法占有为目的，采取暴力、威胁方法持枪抢劫他人财物，数额巨大，被告人姜某国明知被告人姜某分等人实施抢劫犯罪，仍提供食宿、帮助购买作案工具，其行为均已构成抢劫罪。被告人姜某分明知是犯罪所得赃车仍予以销售，被告人姜某国明知是犯罪所得赃车而予以收购，被告人姜某明知是犯罪所得赃车仍为被告人姜某分提供帮助，其行为均已构成掩饰、隐瞒犯罪所得罪。被告人黄某、宁某非法运输枪支，其行为均已构成非法运输枪支罪。被告人金某某明知是犯罪的人而为其提供财物并通风报信，帮助其逃匿，其行为已构成窝藏罪。在共同抢劫犯罪中，被告人姜某分、张某某、姜某、肖某有预谋，有分工，均积极实施犯罪，均系主犯，被告人姜某国起辅助作用，系从犯。在共同掩饰隐瞒犯罪所得犯罪中，被告人姜某分为主实施犯罪，系主犯，被告人姜某起辅助作用，系从犯。在共同非法运输枪支犯罪中，被告人黄某、宁某均系主犯。被告人姜某国揭发他人犯罪行为，查证属实，有立功表现；被告人肖某刑罚执行完毕后 5 年内再犯应当判处有期徒刑以上刑罚之罪，但前罪犯罪时未满 18 周岁，故虽有前科但不构成累犯。被告人姜某分在缓刑考验期限内犯新罪，应当撤销缓刑。被告人姜某分、姜某、姜某国均一人犯数罪，应数罪并罚。被告人姜某分、张某某、姜某、肖某、姜某国、黄某、宁某、金某某认罪态度均较好，均可酌情从轻处罚。被告人肖某、姜某国、黄某、宁某犯罪后自动投案，如实供述自己的罪行，系自首，均可从轻或减轻处罚。被告人金某某犯罪情节较轻，其所在的村委会或居委会均出具材料愿对其进行帮教和社区矫正，对其适用缓刑确实不致再危害社会，可以宣告缓刑。法院判决如下：①被告人姜某分犯抢劫罪，判处无期徒刑，剥夺政治权利终身，并处没收个人全部财产；犯掩饰隐瞒犯罪所得罪，判处有期徒刑 4 年，并处罚金人民币 2 万元；撤销湖南省宁乡县人民法院〔2010〕宁刑初字第 233 号刑事判决书对被告人姜某分判处的缓刑；决定执行无期徒刑，剥夺政治权利终身，并处没收个人全部财产。②被告人张某某犯抢劫罪，判处有期徒刑 15 年，剥夺政治权利 2 年，并处罚金人民币 5 万元。③被告人姜某犯抢劫罪，判处有期徒刑 14 年，剥夺政治权利 2 年，并处罚金人民币 4 万元；犯掩饰隐瞒犯罪所得罪，判处有期徒刑 6 个月，并处罚金人民币 1 万元；决定执行有期徒刑 14 年 6 个月，剥夺政治权利 2 年，并处罚金人民币 5 万元。④被告人肖某犯抢劫罪，判处有期徒刑 12 年，剥夺政治权利 2 年，并处罚金人民币 3 万元。⑤被告人姜某国犯抢劫罪，判处有期徒刑 4 年，并处罚金人民币 2 万元；犯掩饰隐瞒犯罪所得罪，判处有期徒刑 1 年，并处罚金人民币 1 万元；决定执行有期徒刑 4 年 6 个月，并处罚金人民币 3 万元。⑥被告人黄某犯非法运输枪支罪，判处有期徒刑 1 年 6 个月。⑦被告人宁某犯非法运输枪支罪，判处有期徒刑 1 年 6 个月。⑧被告人金某某犯窝藏罪，判处有期徒刑 1 年，宣告缓刑 1 年(缓刑考验期限从判决确定之日起计算)。

所谓连累犯，简而言之，是指因受到他罪的牵连或者连累而实施的犯罪。这里所称受他罪牵连或者连累的关系在时间段上不受限制，包括事先、事中以及事后，故连累犯曾被作为共同犯罪处理。根据刑法理论，刑法第 312 条规定的掩饰、隐瞒犯罪所得、犯罪所得收益罪属典型的连累犯。连累犯是在共同犯罪范围的历史演变过程中，从共同犯罪中排除出来的那些与共同犯罪有一定牵连的犯罪行为。这些犯罪行为曾经被纳入共同犯罪的范畴，而现在各国刑法和刑法理论一般都认为它是单独犯罪。我国刑法总则对连累犯未加规定，只在分则中规定了窝藏、包庇、掩饰、隐瞒犯罪所得、犯罪所得收益罪等连累犯。

连累犯的特征有三：一是在主观上是事先与他人先前犯罪没有通谋，但在他人犯罪既遂以后提供帮助，并且对他人的犯罪情况是明知的。这是其与共同犯罪中的帮助犯相区别的重要标志。事前如果与他人具有犯罪的通谋，就意味着两者之间在主观上存在共同犯罪的故意，构成共同犯罪。二是在客观上是先前他人犯罪的事后帮助犯，这是其与他人先前犯罪发生牵连或者连累关系的客观原因，故从这点上讲，我们现在所称的连累犯其实是专指事后连累犯。在牵连或者连累关系的情况下，先前犯罪人已经将自己实施的前一犯罪行为实施完毕，对之后逃避法律追究的行为只是前一犯罪行为的一种状态或者延续，被刑法理论称之为不可罚的事后行为，刑法对先前犯罪人犯罪既遂以后未将其逃避法律追诉的行为进一步规定为犯罪，故其不再构成单独的犯罪。三是连累犯必须由法律明文规定，这是连累犯的法律特征。如果没有法律规定，那些与犯罪具有连累关系的行为就不能作为犯罪论处。

本案被告人姜某兮明知是犯罪所得赃车仍予以收购或销售，被告人姜某国明知是犯罪所得赃车而予以收购，被告人姜某明知是犯罪所得赃车仍为被告人姜某兮提供帮助，分别符合刑法第 312 条掩饰、隐瞒犯罪所得罪罪状中"收购""销售"犯罪所得等特征，认定其行为均已构成掩饰、隐瞒犯罪所得罪。作为事后连累的帮助行为，认定收赃人构成掩饰、隐瞒犯罪所得罪，符合事后连累犯构成单独犯罪的刑法理论，因而是正确的。被告人金某某明知是犯罪的人而为其提供财物并通风报信，帮助其逃匿，其行为已构成窝藏罪。从案情我们可以看到，被告人姜某兮为逃避法律制裁，行踪飘忽不定。被告人金某某不主动向司法机关检举窝藏者的犯罪行为，公安机关抓获窝藏者的难度更大，对连累犯被告人金某某定罪处罚而又判处轻刑可以取得较好的法律社会效果。

第二章　刑罚论

刑罚是刑法规定的由国家审判机关依法对犯罪人适用的限制或剥夺其某种权益的最严厉的强制性制裁方法。根据我国刑法第 32 条、第 33 条、第 34 条的规定，刑罚分为主刑和附加刑。主刑的种类如下：①管制；②拘役；③有期徒刑；④无期徒刑；⑤死刑。附加刑的种类如下：①罚金；②剥夺政治权利；③没收财产。附加刑也可以独立适用。刑罚裁量，是指人民法院依法确定对特定犯罪人刑罚的活动。刑罚裁量制度包括累犯、自首与立功、数罪并罚、缓刑等。刑罚执行，是指将生效的判决所确定的刑罚付诸实际的活动。刑罚执行制度包括减刑与假释。

第一节　刑罚的体系和种类

刑罚体系是指由刑法依照一定的标准对各种刑罚方法进行排列而形成的刑罚序列，我国的刑罚体系由主刑和附加刑组成，主刑包括管制、拘役、有期徒刑、无期徒刑和死刑五种，附加刑包括罚金、剥夺政治权利和没收财产等。其中死刑是剥夺犯罪分子生命的刑罚方法，我国刑事法律对死刑的适用作了多方面的规定，如何正确适用死刑，坚持少杀、慎杀，是司法实践中必须把握的重点问题。

1. 死刑的存废之争

争议点：死刑立即执行如何适用，标准是什么？

【案例】被告人王某与被害人张某某于 2007 年相识，相识后双方并无交往。2011 年 5 月 2 日，被告人王某从山东赶赴山西参加张某某的舅舅郭某华的婚礼时，与正在某高校读书前来参加婚礼的张某某相遇，王某向张某某表白爱意遭张某某拒绝,王某随即产生杀死张某某的念头。2011年5月5日,被告人王某在青岛市家中通过手机发短信,表示要来长沙看望张某某,再次遭到张某某拒绝,王某便决心杀死张某某。为此,王某通过网络查询了致人死亡的最有效方法和人体的致命部位,决定用刀杀的方法,并预谋以送快递为名接近张某某。在预订了张某某所在高校附近的宇庭酒店客房后,2011年5月7日15时许,被告人王某乘飞机从老家山东省青岛市来到湖南省长沙市。抵达长沙后,根据预先联系,王某的网友(长沙市某快递公司员工)李某华将王某从机场接到市区并入住提前预订好的某高校附近的宇庭酒店405房。当天王某骗取李某华的陪同,在街上购买了书和两个礼品盒后李某华离开,王某则窜至长沙市天心区黄兴路王府井百货商场,购买了一组包括一把菜刀、二把尖刀的刀具,并准备了礼品盒,将其中一把锐利尖刀藏于礼品盒内。5月8日上午,被告人王某叫李某华打电话给张某某,以收快递为由欲将张某某从学生公寓宿舍里骗出,因张某某未接电话,李某华遂与王某分开后回快递公司上班。5月8日下午3时许,李某华接张某某电话后告知王某张某某在宿舍,王某遂让李某华以收快递为由将张某某约至其宿舍楼下草坪栅栏旁,张某某如约下楼后见到已在此处等候的被告人王某。王某谎称送礼物给张某某,要张某某转过身去。张某某听信后转身,王某迅速从礼品盒中抽出事先准备好的一把尖刀,朝张某某的颈部、胸部、肩部、背部猛刺数刀,致张某某当场死亡。作案后,被告人王某欲自杀,其用同一把刀朝自己面部、颈部、肋部、腹部等部位猛刺数刀后倒在张某某身旁。公安机关接报警后到达案发现场将王某抓获并送往医院抢救。经鉴定:张某某颈部切割创,环状软骨断裂,胸部、肩部、背部多处刺创和裂创,其系锐器具捅、刺胸部致心、肺破裂而死亡。依据《中华人民共和国刑法》第232条、第57条之规定,法院判决如下:被告人王某犯故意杀人罪,判处死刑,剥夺政治权利终身。经最高人民法院核准,被告人王某于2014年3月26日被执行死刑。

死刑的刑事制裁方法可谓历史悠久,是人类史上领衔的主刑。死刑的主导地位在18世纪被贝卡利亚打破,其在《论犯罪与刑罚》的第十八章"关于死刑"论述道:"一种正确的刑罚,它的强度只要足以阻止人们犯罪就够了。没有哪个人经过权衡之后还会选择那条使自己彻底地、永久地丧失自由的道路,不管犯罪能给他带来多少好处。因而,取代死刑的终身苦役的强度足以改变任何决意的心灵。"①在长达250余年死刑存废激烈争论后的今天,废除

---

① [意]贝卡利亚. 论犯罪与刑罚[M]. 黄风,译. 北京:中国大百科全书出版社,1997:47.

死刑已成为国际趋势。"二战后，由于对保障人权和对人的尊严的重视，在国际上引起对废除死刑的关注。1947 年意大利《宪法》第 27 条、1949 年联邦德国《基本法》第 102 条均规定废除死刑。以后许多国家陆续完全或对普通犯罪废除了死刑。"①目前世界上已经有 140 多个国家和地区废除了死刑。根据相关统计数据，截至 2012 年，有 57 个国家还存在死刑，但实际仍在执行死刑的国家仅 20 个，越来越多的国家废除了死刑，例如最近的立陶宛和蒙古。

死刑只适应于罪行极其严重的犯罪分子。刑法规定犯罪应判死刑是指犯罪分子的罪行极其严重。而从主客观相统一来看，罪行极其严重，应指犯罪的性质和危害后果特别严重、情况特别恶劣或者特别严重。罪行极其严重具体表现为以下几种情形：①犯罪性质特别严重，即从整体上看是具有特别严重社会危害性的重罪；②危害后果特别严重，即客观上导致众多人员死亡、被害人多、财产损失巨大或者有其他特别严重的后果；③情节特别恶劣（或特别严重），即犯罪的手段特别残忍、在犯罪中起主要的作用、具有卑劣的犯罪目的或者其他特别恶劣或者特别严重的情节。我国刑法对死刑的主体限制性规定有：①犯罪时不满 18 周岁的未成年人不适用死刑，也包括死缓。②审判时怀孕的妇女。审判时怀孕包括在立案调查、起诉、审判的全过程中怀孕，同时，在此过程中流产的妇女也不得适用死刑。③审判时已满 75 周岁的老年人，不适用死刑，但手段特别残忍的除外。

有学者认为，死刑应该逐步废除，这是因为：①死刑的现实功能决定其不能用来制裁所有违法犯罪行为。适用死刑的目的一般在于一般预防和特殊预防，这是死刑的一类现实功能。通过剥夺犯罪人的生命而特殊预防，死刑无疑是最有效、最彻底的。特殊预防是预防犯罪人重新犯罪，任何犯罪行为都表明行为人具有危害社会的危险趋向，犯罪人具有再犯的可能性，因而需要特殊预防。特殊预防的机能是通过刑事制裁，从外部来限制、消除行为人再次犯罪的条件，使之永远不能再犯或者在一定时期内不能再犯。这是刑事制裁实现特殊预防所必需的最根本、最直接、最基础的功能。对于犯罪行为而言，不仅自由刑可以实现特殊预防，对于特定的犯罪行为，比如经济违法行为而言，剥夺行为的经济资格就可以实现特殊预防。死刑的另一类现实的功能就是满足人们的报应心理。以眼还眼、以牙还牙，杀人偿命都是原始社会同态复仇所留下来的传统刑事制裁理念。死刑的报复现实功能不能适用全

---

① 马克昌，莫洪宪. 近代西方刑法学说史[M]. 北京：中国人民公安大学出版社，2008：471.

部犯罪。"刑罚的目的只有一个，即尽最大可能地制止和排除危害社会的行为。刑事处罚不应当成为报复和复仇的工具。犯罪作恶的人应该落入法网，受到法律制裁，但他们不应当成为法官、警察以及某些有私刑拷打欲的民众发泄其仇恨，满足其虐待欲的对象。"①　②死刑有时没有有效的威慑力。死刑支持论者的坚实依据就是死刑具有最大的威慑力，阻吓犯罪效果最为强烈。社会学家赛林对死刑的威慑作了比较全面的检验。赛林比较了存在死刑的州和不存在死刑的州的谋杀犯罪率，发现两者并没有差别；其又比较了同一个州死刑废止前后的谋杀犯罪率，发现两者并没有显著差异；其还发现死刑执行前后谋杀犯罪率也没有差别。②　赛林得出的总体结论是死刑并不能威慑谋杀犯罪。另外，埃里奇的犯罪预防模型发现，谋杀犯罪最大的威慑效应源于逮捕概率的提高，其次是证明有罪的概率大小，最后才是死刑执行率的上升。泰勒和帕塞尔研究发现，死刑执行数与谋杀犯罪之间的威慑关系统计上不再显著。因此，没有研究能够得出令人信服的结论证明死刑存在超乎寻常的威慑效应。③死刑的废止是人类文明发展的必然结果。"无论在哪个国家，死刑都是从原始社会以血复仇制度演变而来的，它绝对不会随着人类文明的发展而发扬光大。死刑的最终废止是历史的大势所趋，是人类文明发展的必然结果。"③死刑存在错案的可能，"近年频频见诸媒体的错案报道唤醒了民众的错案意识，陆续浮出水面的一系列刑事错案如云南的杜培武案、河北的聂树斌案、湖南的滕兴善案、湖北的佘祥林案等，引起了各界的轩然大波和民众对死刑案件正确性的关注"④。人头不是韭菜，割了不能再长。司法适用死刑过程中错案的可能性是排除生命刑对经济违法行为的介入的另一个因素。十八届三中全会《中共中央关于全面深化改革若干重大问题的决定》指出应当"逐步减少适用死刑罪名"，这里的"减少"既包括立法上减少适用死刑的罪名，也包括司法上减少死刑的适用两方面，应当说逐步废除死刑已经成熟。

有的学者则认为应该保留死刑，这是因为：①死刑具有强大的威慑力。从一般人的感受来说，刑罚越严厉，有理性的人就会越害怕，死刑是最严厉的一种惩罚措施。②对人身危险性极大的犯罪分子适用死刑能起到特殊预防

①　[奥]路德维希·冯·米瑟斯. 自由与繁荣的国度[M]. 韩光明，潘琪昌，李百吉，等，译. 北京：中国社会科学出版社，1995：96.
②　Thorsten Sellin. The Penalty of Death[M]. London：SAGE Publications Inc，1980：79.
③　马克昌. 刑罚通论[M]. 武汉：武汉大学出版社，2011：91.
④　马长生. 变革时期的刑法理论与实践[M]. 北京：法律出版社，2013：463.

的作用。极少数犯罪分子具有严重的暴力倾向,对该部分罪行极其严重的犯罪分子处以死刑可以从根本上预防其重新犯罪。③严格限制死刑但是不予废除更适合我国的国情。"杀人偿命"是我国传统的死刑观念,部分保留死刑可迎合大部分民众的意见与情绪。④死刑可以安抚被害人家属。死刑这种原始的"同态复仇",可以在一定程度上填补、抚慰被害人家属的精神和心灵创伤。

我国刑法贯彻保留死刑、坚决少杀、防止错杀的政策,刑法修正案(九)对走私武器、弹药罪,走私核材料罪,走私假币罪,伪造货币罪,集资诈骗罪,组织卖淫罪,强迫卖淫罪,阻碍执行军事职务罪,战时造谣惑众罪等 9 个罪的刑罚规定作出调整,取消死刑,就体现了这一政策。适用死刑必须非常慎重,把判处死刑立即执行的范围缩小到最低限度。根据这些原则,死刑的适用条件主要包括:①死刑只适用于罪行极其严重的犯罪分子,即所犯罪行对国家和人民的利益危害特别严重和情节特别恶劣的。刑法分则对于可以适用死刑的条文作了严格的限制,如对可以判处死刑的,都规定了"对国家和人民危害特别严重、情节特别恶劣的""致人重伤、死亡或者使公私财产遭受重大损失的""造成严重后果的""情节特别严重""数额特别巨大并且给国家和人民利益造成特别重大损失的"等。②为了限制适用死刑,刑法还规定,对于应当判处死刑的犯罪分子,如果不是必须立即执行的,可以判处死刑同时宣告缓期 2 年执行,即死刑缓期 2 年执行的制度。死刑缓期 2 年执行并不是一个独立的刑种,而是死刑的一种执行方式。判处死刑缓期 2 年执行的前提同判处死刑立即执行一样,必须是"罪行极其严重",应当判处死刑的。如果法律没有规定死刑条款,或者所犯罪行不该判处死刑,就不能适用"死缓"。判处"死缓",是根据案件的具体情况和犯罪分子的悔罪表现等情况确定的。

本案中,被告人王某故意杀人,致一人死亡,其行为已构成故意杀人罪。辩护人提出被告人的作案动机值得进一步查明,并申请重新进行司法精神病鉴定。法院审理查明,被告人王某长期沉迷网络游戏,受游戏影响,其恋爱观占有欲极强,在求爱不成后,便产生以毁灭方式杀人泄愤动机;被告人王某并无精神病家族史,其作案计划周密,亦能完整供述杀人动机、过程,司法机关已进行司法精神病鉴定,鉴定结论客观、程序合法,依法应采纳为定案依据,该辩护意见法院不予采纳。被告人王某犯罪动机十分卑劣,手段特别残忍,后果极其严重,虽如实供述罪行,但不足以从轻处罚。法院对其判处并执行死刑符合宽严相济的刑事政策与现阶段的死刑政策。

2. 死刑的执行制度

争议点：死刑限制减刑如何适用？

【案例】被告人谢某某与被害人王某均系浏阳市蓝思科技公司员工，两人经常一起玩老虎机赌博。2011年8月26日13时许，谢某某与王某一起玩了老虎机后同去浏阳市工业园变电站北侧小树林内睡觉，王某睡着后，谢某某因认为王某玩老虎机赢了不少钱连饭都没有请吃，心理不平衡，又因地方偏僻，遂起意杀害王某，从而劫取王某身上的财物。趁王某睡着，谢某某用双手掐压、用皮带勒压王某的颈部，并用随身携带的折叠刀刀柄敲击王某头部两侧太阳穴位置，直至王某窒息死亡。之后，被告人谢某某将被害人王某身上的银行卡、身份证、手机、钥匙、一百多元现金等财物劫走。当日下午，谢某某将王某邮政储蓄卡上的2600元转至女友戴某的账户，将王某中国银行卡上的60元钱转至自己的中国银行卡账户，随后将劫得的王某的银行卡、身份证、钥匙等物品丢弃。之后谢某某返回其位于浏阳市洞阳镇的出租屋，并将劫得的王某的手机送给其朋友周某辉。同月27日凌晨2时许，谢某某再次来到案发现场，用其从浏阳市洞阳镇东方红超市购得的固体酒精焚烧被害人王某的尸体。经鉴定，被害人王某系被他人用手掐压颈部和条形物勒压颈部机械窒息死亡。2011年8月29日下午1时许，被告人谢某某在浏阳市洞阳镇南阳小区其暂住屋附近被民警抓获。2012年10月17日，被害人家属与被告人家属就附带民事部分达成调解，被害人家属对被告人谢某某的行为表示谅解。依照《中华人民共和国刑法》第263条、第48条第1款和第2款、第50条第2款、第57条第1款、第67条第3款，判决如下：①被告人谢某某犯抢劫罪，判处死刑，缓期2年执行，剥夺政治权利终身，并处没收个人全部财产；②对被告人谢某某限制减刑。

简单通俗地说，限制减刑就是——因为你的判决里有"限制减刑"，所以在服刑时，同等条件下，别人可以减刑而你不能减。刑法修正案(九)将刑法第50条第1款修改为："判处死刑缓期执行的，在死刑缓期执行期间，如果没有故意犯罪，2年期满以后，减为无期徒刑；如果确有重大立功表现，2年期满以后，减为25年有期徒刑；如果故意犯罪，情节恶劣的，报请最高人民法院核准后执行死刑；对于故意犯罪未执行死刑的，死刑缓期执行的期间重新计算,并报最高人民法院备案。""对被判处死刑缓期执行的累犯以及因故意杀人、强奸、抢劫、绑架、放火、爆炸、投放危险物质或者有组织的暴力性犯罪被判处死刑缓期执行的犯罪分子，人民法院根据犯罪情节等情况可以同时决定对其限制减刑。"其中第 1 款的规定表明死刑缓期执行可以获得减刑的情形，是一般情况；第 2 款的规定旨在说明，在杀人、强奸等暴力犯罪的情形下人民法院可以在一定期限内严格适用第 1 款减刑的规定。限制的程度应当由法官自由裁量，不应当理解为不适用减刑，只是实现的条件可能要更苛刻一些，减刑的时间会更长。但不排除实践中有可能出现法官不适用减刑的情况而导致罪犯终生监禁。

最高人民法院《关于死刑缓期执行限制减刑案件审理程序若干问题的规定》作出如下解释：根据修正后的刑法第 50 条第 2 款的规定，对被判处死刑缓期执行的累犯以及因故意杀人、强奸、抢劫、绑架、放火、爆炸、投放危险物质或者有组织的暴力性犯罪被判处死刑缓期执行的犯罪分子，人民法院根据犯罪情节、人身危险性等情况，可以在作出裁判的同时决定对其限制减刑。被告人对第一审人民法院作出的限制减刑判决不服的，可以提出上诉。被告人的辩护人和近亲属，经被告人同意，也可以提出上诉。司法解释规定，高级人民法院审理或者复核判处死刑缓期执行并限制减刑的案件，认为原判对被告人判处死刑缓期执行适当，但判决限制减刑不当的，应当改判，撤销限制减刑。高级人民法院审理判处死刑缓期执行没有限制减刑的上诉案件，认为原判事实清楚、证据充分，但应当限制减刑的，不得直接改判，也不得发回重新审判。确有必要限制减刑的，应当在第二审判决、裁定生效后，按照审判监督程序重新审判。高级人民法院复核判处死刑缓期执行没有限制减刑的案件，认为应当限制减刑的，不得以提高审级等方式对被告人限制减刑。高级人民法院审理判处死刑的第二审案件，对被告人改判死刑缓期执行的，如果符合刑法第 50 条第 2 款的规定，可以同时决定对其限制减刑。高级人民法院复核判处死刑后没有上诉、抗诉的案件，认为应当改判死刑缓期执行并限制减刑的，可以提审或者发回重新审判。判处死刑缓期执行的，在死刑缓期执行期间，如果没有故意犯罪，2 年期满以后，减为无期徒刑；如果确有重大立功表现，2 年期满以后，减为 25 年有期徒刑；如果故意犯罪，查证属实的，由最高人民法院核准，执行死刑。

该案判决生效后，根据刑法修正案（八）对被限制减刑的死缓犯罪分子实际执行的刑期的规定，谢某某的最高服刑年限：具备刑法第 50 条第 1 款的减刑条件，根据第 2 款限制减刑的规定，减刑的时间滞后会很长，即使被依法减为无期徒刑，将不能少于 25 年；被依法减为 25 年有期徒刑，将不能少于 20 年。也就是说，谢某最轻都要服满 20 年以上的徒刑加上减刑滞后的时间。

本案中，被告人谢某某故意杀害被害人王某，从而劫取王某的财物，后又焚烧王某的尸体,案发后,法院在谢某某取得被害人家属谅解的情况下,对谢某某判处死刑,缓期2年执行,因被告人谢某某犯罪情节严重,人民法院根据该案犯罪情节决定对其限制减刑。

第二节 刑罚裁量制度与刑罚执行制度

刑罚的裁量即量刑,就是依法对犯罪人裁量刑罚。具体地说,是指审判机关在查明犯罪事实、认定犯罪性质的基础上,依法对犯罪人裁量刑罚的审判活动。量刑对应于定罪,是整个审判工作的两个环节之一。刑罚裁量制度包括累犯、自首与立功、数罪并罚、缓刑等。刑罚执行,是指将人民法院生效的判决所确定的刑罚付诸实施的刑事司法活动。我国刑罚执行制度则主要是指减刑与假释。刑罚制度部分实践中争议比较大的主要在于自首与立功的具体认定。此外,在累犯的认定上,也有一些分歧。

一、累犯

1. 累犯的构成要件

争议点:累犯在司法实践中如何认定?怎么处理?

【案例】 2008年10月6日9时许,被告人刘某某伙同向某窜至长沙市开福区茅亭子荷花池幼儿园宿舍旁边的巷子,发现该处有个单车棚,两人商议盗窃单车棚内的电动车。刘某某先探路查看盗窃的目标,告知向某,后向某用自带的一串钥匙撬开电动车,盗取了黄某栋停放在该处的"乖乖兔"牌电动车一台。经鉴定,被盗电动车价值2745元。案发后,刘某某赔偿被害人黄某栋经济损失3000元。湖南省长沙市开福区人民法院认为,被告人刘某某以非法占有为目的,秘密窃取他人财物,数额较大,其行为已构成盗窃罪。在共同犯罪中,被告人刘某某起主要作用,系主犯。被告人刘某某系初犯,赔偿被害人经济损失,可酌情从轻处罚。故依法判决,被告人刘某某犯盗窃罪,判有期徒刑6个月,缓刑6个月,并处罚金5000元。长沙市人民检察院提出抗诉:原审被告人刘某某因两次犯出售非法制造的发票罪,分别于2002年2月、2005年7月5日被判处有期徒刑4年、有期徒刑3年。2008年10月6日犯盗窃罪时,系在刑罚执行完毕后5年内故意再犯判处有期徒刑以上刑罚之罪,依法构成累犯,应从重处罚,不能适用缓刑。一审未查明该事实,认定刘某某为初犯,对其从轻处罚,并适用缓刑,导致判决错误。同时,一审对其宣告缓刑 6 个月，违反了刑法缓刑考验期不能少于 1 年的规定，判决明显错误。故提出抗诉，请依法判处。原审被告人刘某某对检察机关的抗诉予以认可，请求法院从轻处罚。长沙市中级人民法院审理认为，湖南省长沙市开福区人民法院〔2009〕开刑初字第 238 号刑事判决书认定原审被告人刘某某盗窃电动车的犯罪事实属实，情节没有出入，且刘某某当庭予以承认，法院予以确认。另查明，刘某某因犯出售非法制造的发票罪，于 2002 年 2 月被长沙市雨花区人民法院判处有期徒刑 4 年。因犯出售非法制造的发票罪，于 2005 年 7 月 5 日被长沙市芙蓉区人民法院判处有期徒刑 3 年，并处罚金 50000 元。刘某某构成累犯，应撤销缓刑。被告人刘某某犯盗窃罪，判有期徒刑 6 个月，并处罚金 5000 元。

累犯，是指受过一定的刑罚处罚，刑罚执行完毕或者赦免以后，在法定期限内又犯被判处一定的刑罚之罪的罪犯。累犯分为一般累犯和特殊累犯两种。累犯具有以下特征：①累犯是一种再犯罪的事实；②累犯是一种犯罪人的类型；③累犯是一种从重处罚的刑罚制度。一般累犯的构成要件有：根据刑法第 65 条的规定，被判处有期徒刑以上刑罚的犯罪分子，刑罚执行完毕或者赦免以后，在 5 年以内再犯应当判处有期徒刑以上刑罚之罪的，是累犯，应当从重处罚，但是过失犯罪和不满 18 周岁的人犯罪的除外。前款规定的期限，对于被假释的犯罪分子，从假释期满之日起计算。

一般累犯的构成条件为：①主观条件：前罪和后罪都必须是故意犯罪。这是对应第 65 条第 1 款的但书的，也就是说，过失不存在累犯，累犯的主观方面排除过失。立法上控制累犯的重点就在于惩治那些主观上处于故意而实施犯罪的行为。②刑度条件：前罪所判刑罚和后罪所判刑罚都是有期徒刑以上的刑罚。"有期徒刑以上"包括有期徒刑、无期徒刑和死刑。逻辑上无期徒刑和死刑不存在执行完毕的情况，但是根据我国减刑和假释的制度，以及宪法中规定的赦免的制度，以上两个刑种有可能出现累犯的情况。应当指出，前罪刑罚是已经被实际判处并执行完毕的，是种已然刑罚，而后罪刑罚是尚未被实际判处的，只是种估计，如果后罪没有被实际判处有期徒刑以上的刑罚，犯罪人不能构成累犯。③时间条件：后罪必须发生在前罪执行完毕或者赦免以后 5 年以内。这里最主要的问题是起算的时间点，这里的执行完毕是指主刑执行完毕，对于被同时判处附加刑的，附加刑是否执行完毕不影响累犯的构成；刑罚执行完毕，既包括有期徒刑实际执行完毕，也包括假释考验期满；被判处缓刑的犯人，在缓刑考验期内犯新罪的，不能构成累犯，因为缓刑考验期满意味着刑罚不再执行而不是执行完毕。

特殊累犯构成要件。根据刑法第 66 条的规定，危害国家安全犯罪、恐怖活动犯罪、黑社会性质的组织犯罪的犯罪分子，在刑罚执行完毕或者赦免以后，在任何时候再犯上述任一类罪的，都以累犯论处。危害国家安全罪、恐怖活动犯罪、黑社会性质的组织犯罪受过刑罚处罚，刑罚执行完毕或者赦免后，在任何时候再犯上述任一类的犯罪分子被称为特殊累犯。这里对成立累犯的时间条件没有任何限制，体现了对构成特殊累犯更加从重处罚的精神。构成特殊累犯的条件为：①前罪和后罪必须都是危害国家安全罪、恐怖活动犯罪、黑社会性质的组织犯罪。如果前后罪都不是这三类犯罪，或者其中之一不是这三类犯罪，则不能构成危害国家安全罪的特别累犯。但这并不影响可成立一般累犯。②前罪被判处的刑罚和后罪应判处的刑罚的种类及其轻重不受限制。即使前后两罪或者其中之一罪被判处或者应判处管制、拘役或单处某种附加刑的，也不影响其成立。③前罪的刑罚执行完毕或者赦免以后，任何时候再犯此三类罪，即构成特殊累犯，不受前后两罪相距时间长短的限制。

本案中，原审被告人刘某某因两次犯出售非法制造的发票罪，分别于 2002 年 2 月、2005 年 7 月 5 日被判处有期徒刑 4 年、有期徒刑 3 年。2008 年 10 月 6 日犯盗窃罪时，系在刑罚执行完毕后 5 年内故意再犯判处有期徒刑以上刑罚之罪，依法构成累犯，应从重处罚，不能适用缓刑。一审未查明该事实，认定刘某某为初犯，对其从轻处罚，并适用缓刑，导致判决错误。同时，一审对其宣告缓刑 6 个月，违反了刑法缓刑考验期不能少于 1 年的规定，判决明显错误。长沙市中级人民法院依照审判监督程序予以改判。

二、自首

自首是指行为人在犯罪后，主动投案或者在被动归案后，如实交代自己的犯罪事实（被动归案的情况限于交代司法机关尚未掌握的犯罪事实，之所以作如此限定，是因为行为人不具有投案的自主性），自愿将自己交付司法机关审判，从而可以从轻或减轻处罚的制度，体现了鼓励犯罪人改过从新、从而节约诉讼资源的精神，与犯罪过程中的中止制度具有同样的刑事制度意义。

关于自首的价值以及功能问题已经多有讨论，且目前达成的共识就是认为自首制度兼有鼓励犯罪人悔过自新以及节约诉讼资源的双重价值，但这是否就是自首制度的本质，尚存在不同观点。一种观点认为自首的本质是悔罪、悔改。该种观点认为"悔罪贯穿于自首的全过程，自首成立的每一要件都是悔罪的表现。不悔罪就无所谓自首"①，因为只有悔罪方能反映犯罪人人身危险性减小，才可以适用从宽处罚的规定。另一种观点认为，自首的本质是自动归案，即自首是犯罪人犯罪后将自己交付国家追诉的行为。②

我们认为第二种观点较为可取，因为一方面第一种观点将悔罪作为自首的本质，无疑会不恰当地限定自首成立范围，容易将虽无悔改之心但慑于法律和刑罚威慑或亲友规劝而主动投案的行为排除在自首认定范围之外，有违自首设立的初衷；另一方面也无助于区分自首和坦白、供认等法律现象之间的界限，因为行为人的坦白、供认也可能出于悔改、悔罪之意。而"将自己交付国家追诉"作为自首的本质，可以很好地把握司法解释中规定的代首、陪首、送首、逃跑后再次投案的行为均认定为自首的合理之处，另外，在被动归案情况下如实供述尚未掌握的其他罪行也可以认定为自首，无疑也是因为行为人具备了将自己交付国家追诉的自愿性，因此将这种"接受国家追诉"的自愿性作为自首的本质是我们正确认定自首的前提条件。

1. 嫌疑身份、犯罪事实"未被司法机关发觉"的理解

争议点：被发现、抓获的行为不构成犯罪，又主动供述其他同种行为构成犯罪的，是否未被司法机关发觉？

【案例】葛某盗窃案。被告人葛某因入室盗窃被事主发现并将其抓获，此次盗窃数额未达较大标准，在接受讯问时又如实供述了其于2003年10至11月间，先后在北京市东城区、宣武区等地，采用破窗、撬锁入室等手段，窃得人民币4230元及金银首饰、照相机、手表等物品（上述物品共计价值人民币15114元）以及于2003年11月25日9时许，在北京市崇文区天坛路2号院4排6号，破窗进入惠某家中，窃得惠某的人民币300元及摩托罗拉牌手机等物品（共价值人民币900元），后适遇惠某回家，葛某随即持刀相威胁，并携赃物夺路逃离现场。

实践中，对于盗窃、诈骗、抢夺等数额犯，嫌疑人往往涉及多次犯罪，在多次犯的场合，犯罪嫌疑人被发现或被抓获时的行为单独不构成犯罪（未达追诉标准或者犯罪未遂的情况），其又如实供述了其他同种犯罪事实，因而构成犯罪的情况（达到追诉标准），对此是否认定为自首，经调研发现，司法分歧较为多见。

① 席卫东. 自首和立功制度探微[M]. 北京：法律出版社，1998：534.
② 周振想. 自首制度的理论与实践[M]. 北京：人民法院出版社，1989：40.

对于本案，公诉机关认为：抢劫行为(转化型抢劫)系自首，盗窃罪系坦白。而法院认为，鉴于被告人葛某因涉嫌盗窃行为被抓获后，如实供述司法机关还未掌握的本人盗窃罪行及抢劫罪行，应以自首论，故可依法对其减轻处罚。2005 年以后因为相关会议纪要的形成①，检法逐渐就此问题达成一致，认为在相关法律未作明确规定的情况下，从有利于鼓励、促使犯罪嫌疑人如实供述本人罪行的角度理解"罪行"为宜，对于"司法机关已掌握的罪行"，可限定为司法机关已掌握的行为人依照法律规定构成犯罪的行为，且需经法院判决认定。侦查机关和检察机关掌握的行为人涉嫌犯罪的行为，如果人民法院经审理认为不构成犯罪，均不属于"罪行"。据此，司法机关依据已掌握的行为人涉嫌犯罪的行为对其进行审查时，行为人主动供述了司法机关不掌握的本人其他同种罪行的，如果司法机关掌握的其涉嫌犯罪的行为最终未被认定为犯罪，对行为人如实供述其他罪行的行为应认定为自首。

我们认为多次犯罪作为实务中较为多见的犯罪类型，在侦查手段单一、破案率低、犯罪暗数较高的司法环境中，为了鼓励犯罪人主动供述罪行、核实相关证据、及时破案，上述会议纪要的精神是值得肯定的，即行为人被抓获的行为没有达到法定的定罪标准时，只能算作一般的违法行为，其如实供述了本人其他犯罪事实，无论与被抓获的罪行是否同种罪行，只要因其供述达到了定罪量刑的标准(如盗窃罪所要求的数额、多次盗窃)，就应当认定为自首。

2. 排查时如实供述自己罪行的认定

争议点：在接受排查时供述自己罪行的，是否"未被司法机关发觉"？

【案例】张某盗窃案中，民政部李某办公室被盗，保卫处根据规定对进出该办公室的人员进行排查，后在女厕所发现被盗财物，因此对负责清洁工作的两名女保洁员张某、肖某分别进行专门谈话，张某承认了盗窃事实，后保卫处报警，张某在派出所也如实供述了自己的盗窃事实。公诉机关认为：张某是在已被列为怀疑对象被单位保卫部门人员询问时承认自己的犯罪事实，不属于"罪行尚未被司法机关发觉，仅因形迹可疑，被有关组织盘问、教育后，主动交代自己的罪行"的情形，不认为是自动投案，其在被公安机关传唤带回派出所后如实供述了自己当日的犯罪事实以及公安机关尚未掌握的其他盗窃事实，其供述行为可以认定为坦白。法院认为：张某系仅因形迹可疑，被有关组织盘问、教育后，主动交代自己的罪行，系自首。

---

① 参见北京市东片法院、检察院联席会议纪要。

　　对于在排查过程中，被排查对象如实供述了自己罪行的应当如何认定，是否可以认定为自动投案，尚存在一定分歧。

　　本案否认自首的观点认为，被列为排查对象的人应是有作案条件的人，对他们的怀疑不是无根据的怀疑而是犯罪嫌疑，对于犯罪嫌疑人的如实供述只能以坦白论。而肯定自首的观点则认为，排查作为侦查工作中广泛使用的排查手段，其确定的只是犯罪嫌疑人的大致范围，一般人数较多，且不能将犯罪嫌疑人特定化，在被排查人供述之前，公安机关所能掌握的只是他具有实施违法犯罪的可能性，如果被排查人不主动承认，这种排查难有结果。因此，对本案中的如实供述可认定为是"形迹可疑"情况下的自首。如果在排查过程中，公安机关发现了一些证据，足以在某一排查对象与正在侦查的犯罪之间建立起特定的联系，在这种情况下，被排查对象已经变为犯罪嫌疑人，对其如实供述，只能以坦白论，不能认定为自首。

　　我们认为排查作为搜集犯罪线索、查找犯罪嫌疑人的侦查手段，在实践中广泛适用，但不具有强制性和法定性。对于侦查机关使用排查等非法定强制手段对不确定范围的人进行询问，从而发现线索，缩小或者圈定犯罪嫌疑人的场合，如果嫌疑人在接受侦查机关排查询问时，如实供述了自己的犯罪事实，无论侦查机关排查的规模大小，只要没有确实的证据证明被排查人有犯罪嫌疑的，即应认定嫌疑人属于与"形迹可疑"类似的情形，应当认定为自动投案。而且也不能将成立自动投案的时间限定在嫌疑人首次接受侦查机关询问之时，即使在首次被询问时没有如实供述、不说或者抵赖，从而混淆侦查视线、阻碍侦查工作开展的，如果其在以后的询问中如实供述了犯罪事实，只要侦查机关没有对其采取强制措施就意味着侦查机关尚未掌握确实的证据，嫌疑人再次如实供述的，均会使侦查工作顺利进行，从而节约司法资源，也体现出嫌疑人将自己交付审判的自愿性，符合自首制度的本质，可以认定为自首。在2010年的最高人民法院发布的《关于处理自首和立功若干具体问题的意见》中对此也予以认可，其中第1条关于"自动投案"的具体认定中规定"在司法机关未确定犯罪嫌疑人，尚在一般性排查询问时主动交代自己罪行的"也应视为自动投案。

3. 尚未受到讯问或未被采取强制措施的认定

　　争议点： 电话传唤到案的情况是否认定自动到案？

　　【案例1】 刘某故意伤害案。被告人刘某于2005年3月1日23时许，因琐事与栗某发生口角，刘某对栗某冲撞并击打，致栗轻伤。被告人刘某于当晚被其父电话叫至北京市公安局东城分局朝阳门派出所接受讯问，同年3月29日刘某被朝阳门派出所再次电话传唤到案。公诉机关未认定自首。法院认定：被告人刘某犯罪以后自动投案，如实供述自己的罪行，系自首，其犯罪较轻，判决被告人刘某犯故意伤害罪，免予刑事处罚。

【案例2】被告人余某东伙同许某凡、许某俊通过贪污、挪用巨额公款用于潭江公司、友协公司的经营，从中获得公司分红等非法利益67302859.85港元。案发后，余某东逃往美国。2002年12月19日，余某东在美国洛杉矶被美国移民局拘押。2003年9月，美国政府将查扣的余某东转移到美国的赃款3552701美元返还给我国，该款已于2003年10月11日移交广东中行。2004年4月16日，余某东自愿选择被美国联邦执法机构遣返回我国。被告人余某东归案后主动交代行贿行为，帮助司法机关侦破其他犯罪案件。本案检察机关未认定自首，法院认为：余某东案发后，未受有关机关或部门的讯问及未被采取强制措施前，即仓促经由香港逃往美国，并被美国司法机关扣押及判处刑罚。由于中美之间并无遣返条约，也并未参加关于贪污、挪用公款罪遣返的国际公约，美方不存在将余某东交由中国政府的国际义务。尽管中国政府做了大量工作，但余的归国最重要仍是来自其个人意愿。此外，余投案后，对法庭调查中犯罪事实毫无保留地承认，并交代了其同案犯许某凡、许某俊等共同作案的全部事实。认定余某东系自首。

最高院关于自首的司法解释第1条第一项规定了"虽被发觉，但犯罪嫌疑人尚未受到讯问、未被采取强制措施时，主动、直接向公安机关、人民检察院或者人民法院投案"也视为自动投案，如何理解这里的未被采取强制措施在实务中存在较大争议。

案例1反映了在电话传唤等非强制到案情形中，行为人根据有关机关的要求自行到案接受审查的，是否认定为自动投案。这在检、法两家有不同看法，法院倾向于认定自动投案，从而可以裁量较轻刑罚。我们认为虽然司法解释中明确规定了"主动、直接"是这种非强制到案认定为自动投案的限定条件，但是这种主动、直接在现实中的表现只能通过行为人是否到案为认定标准，不能强调行为人内心的主动性、悔过性，而应从自首的本质"接受国家裁判的自愿性"这一点衡量行为人是否自动到案。现实中侦查力量的薄弱或者必要法律手续不能及时完成等因素导致侦查机关在发现犯罪事实后，也不一定能及时采取强制措施将犯罪人抓获归案（有时也是不必要的，如没有逃跑可能的轻微刑事案件），公安人员只是通过口头、电话通知的方式将犯罪人传唤到案，而犯罪人根据这种非强制性的要求到案接受审查的，均反映了其接受国家裁判的自愿性，因此应当认定为自动投案。需要注意的是，两高于2009年3月发布的《关于办理职务犯罪案件认定自首、立功等量刑情节若干问题的意见》中，对"自动投案"进行了限制解释，即"犯罪事实或者犯罪分子未被办案机关掌握，或者虽被掌握，但犯罪分子尚未受到调查谈话、讯问，或者未被宣布采取调查措施或者强制措施时，向办案机关投案的，是自动投案"。同时规定，"没有自动投案，在办案机关调查谈话、讯问、采取调查措施或者强制措施期间，犯罪分子如实交代办案机关掌握的线索所针对的事实的，不能认定为自首"，将职务犯罪自动投案的时间限定在采取调查措施之前。

司法机关对于未被采取强制措施的情况下自动投案的认定，在某些涉及跨国追逃的职务犯罪中得到了极端的体现。

案例2中，余某东在境外已经被公开审判的情况下，自愿选择被引渡回国受审，法院认为其系自动投案，又如实供述自己罪行，故认定为自首，说明法院对被引渡回国的情况也视为"尚未被采取强制措施"，因此认定为自动归案的自首，体现了自首从宽的刑事政策，对于鼓励外逃贪官回国接受审判具有示范效果。

4. 前期接受调查后未采取强制措施后被传唤的认定

争议点：互殴案件中双方均到派出所供述互殴事实，后被放归回家，但在伤情鉴定后一方被警方传唤的是否为被动到案？

【案例】郝某某故意伤害案。被告人郝某某伤害他人被抓获后，在被害人伤检鉴定作出之前，公安机关依法对郝某某予以行政拘留处罚。三个月后，伤检鉴定为轻伤，公安机关遂将郝某某进行传唤，郝某某自动投案。

在故意伤害、寻衅滋事等当事人较为明确、但定罪时需要一定危害结果（价格鉴定、伤情鉴定）的案件中，公安机关在嫌疑人是否构成犯罪不能确定的情况下，将互殴双方放归，待伤情鉴定等定罪证据查明后再次传唤嫌疑人的情况是否认定为自动投案，也有一定争议。

公诉机关认为：被告人郝某某在案发后经公安机关传唤，自动投案，系自首。本案被告人两次到案第一次是行政上的处罚，第二次是刑事上的处罚，对于刑事处罚来说，郝某某自动到公安机关接受传唤的行为，也应当认定为自首。法院判决则认为：自动投案是自首的首要条件，而确定自动投案的前提是投案行为必须发生在犯罪人尚未归案之前，犯罪人被动归案后，即使公安机关再次传唤时其能随传随到，也不能就此认定犯罪人自动投案。据此，被告人郝某某初次归案系被动归案，并非出于被告人意志自愿归案，故不能认定其投案自首，其再次被公安机关传唤到案也不是自动投案，因此不能认定被告人郝某某有自首情节。

司法实践中，司法机关以口头方式（如通过打电话或者委托他人捎带口信等）通知犯罪人到指定的地点接受调查是较为常见的，如果犯罪人如约前往，并主动交代其犯罪事实，是否认定为自首，检法存在较大分歧。司法解释中尚未被讯问或者采取强制措施之前，犯罪嫌疑人主动供述自己罪行的也应当认定为自动投案。根据刑诉法及检察院诉讼规则的有关规定，传唤犯罪嫌疑人，必须向其出示传唤通知书和有关证件，因此，口头传唤，即便在某些情况下确实包含了传讯的意图，但其不是法定的传唤方式，不属于强制措施，因此上述情况不应属于被动到案的情况，一般应当认定自首。这就要通过审查案卷中传唤证、拘留证、逮捕证等法律手续的时间，以及与初次有罪供述之间的次序性以及相关到案经过等来进行判断。

另外在法定强制措施（应限定于传唤、拘留、逮捕这些限制人身自由的强制措施）及有权部门的调查措施（纪检、监察部门的"两规""两指"措施）以外的其他限制人身自由的方式，如在司法拘留、行政拘留、取保候审后潜逃又自动投案并如实供述所犯罪行的，从准自首制度的设立意旨看，是为了解决——对于已被关押、已丧失人身自由而不可能再有"自动投案"条件的犯罪分子，主动交代司法机关还未掌握的本人其他罪行的，也以自首论——的问题，现行刑法增设准自首制度，规定对这种虽不具备"自动投案"要件、但仍具备自首本质特征的行为"以自首论"，因此上述未被关押的、仅处于限制人身自由状态的犯罪分子来说，其完全具有自动投案的条件，存在成立一般自首的余地，而且其自动投案行为与其他犯罪分子的自动投案行为在本质上亦没有任何区别，因此应当直接以一般自首认定。《最高人民法院关于处理自首和立功若干具体问题的意见》中也采取了上述观点，规定"因特定违法行为被采取劳动教养、行政拘留、司法拘留、强制隔离戒毒等行政、司法强制措施期间，主动向执行机关交代尚未被掌握的犯罪行为的"，应认定为自动投案。

在互殴引起的故意伤害案件中，由于伤情鉴定一时不能作出，因而判断各方是否构成犯罪的证据不足，双方在开始均到案如实供述案情，民警接警后及时到现场处理，并制作了笔录，因不能确定被害人受伤程度让犯罪嫌疑人回去等候处理。被害人伤情被鉴定为轻伤以上后，民警打电话或者捎口信传唤犯罪嫌疑人到派出所，嫌疑人到派出所如实交代罪行的，应认定为自首。

本案中，虽然被告人郝某某初次归案并非出于被告人意志自愿归案，但再次被公安机关传唤时系自动投案，可认定郝某某有自首情节。

5. 形迹可疑与犯罪嫌疑之间的界分

争议点： 如何理解"仅因形迹可疑被盘查"？

【案例】吴某某盗窃案。被告人吴某某采用拆下点火开关连线打火的手段，盗窃白色昌河面包车 1 辆。后吴某某在路过一收费站时被收费员发现车内打火器外露，遂报警。民警接报后，经检查发现打火器电线外露，且吴某某无法提供车辆钥匙，在进一步盘问下，吴某某承认了自己的盗窃行为。

为解决自动投案证据认定方面的局限性，司法解释规定"仅因形迹可疑被盘查"后如实供述自己罪行的，视为自动投案，适当地降低了自首的认定标准，但随之而来的就是如何判断"形迹可疑"。

本案中，公诉机关认为吴某某属于仅因形迹可疑被盘查后如实供述自己的罪行，系自首，而法院判决则认为，吴某某所盗车辆被拆下点火开关，有明显盗窃痕迹，不属于仅因"形迹可疑"受到公安机关盘问后即坦白犯罪事实的投案自首情节，故未认定自首。

目前法院对"形迹可疑"的掌握体现在下述几点①：①"形迹可疑"是基于一些表象对行为人具有违法犯罪的可能性作出的一种判断；②作出判断并不是以确切的证据为依据，也没有把行为人可疑的表象与某一或某种具体的犯罪联系起来；③对于形迹可疑人的盘问是为了验证上述判断，而不是基于特定的目的进行审查。我们认为，如何认定"形迹可疑"在理论上和实践上确有争议，但结合本案实际情况，法院的判决较为妥当。根据收费员及民警证言（收费员："我借着灯光看见打火器外落着电线，我感到可疑就报警了。"民警："我们接报后对该车进行检查，发现打火器坏了，并且电线落在外面，在对司机进行盘问时，其不能提供该车钥匙，并承认车不是自己的，是偷的。"）可知，民警在吴某某坦白之前发现点火开关被拆，电线外露，已就此掌握了一定的犯罪线索，不属于"仅因形迹可疑"的情形。《最高人民法院关

---

① 参见《关于审理刑事案件若干问题的研讨意见——北京市东片法院刑事审判 2005 年工作座谈会纪要》，而这种法院内部针对一定时期的一定社会现实所作出的内部处理意见，能否超越法律的有关规定、能否为检察机关所认可都存在疑问。

于处理自首和立功若干具体问题的意见》中也采取了此观点，认为"罪行未被有关部门、司法机关发觉，仅因形迹可疑被盘问、教育后，主动交代了犯罪事实的，应当视为自动投案，但有关部门、司法机关在其身上、随身携带的物品、驾乘的交通工具等处发现与犯罪有关的物品的，不能认定为自动投案。

总之，"形迹可疑"是一种没有根据的怀疑，所体现出来的只是行为人实施某一或某种违法犯罪行为的可能性，不管这种可能性有多大，都不能把它与"犯罪嫌疑"等同。"形迹可疑"与"犯罪嫌疑"的区别，应当以怀疑是否有根据以及这种根据是否足以把行为人与某一或某种具体的犯罪联系在一起为标准。如果足以将被查询者身上的可疑物品（如赃物、毒品等）与某一或某种具体的犯罪相联系，被查询者即已成为犯罪嫌疑人，其再做供述也不能"视为自动投案"①。

而有的学者认为判断是否因形迹可疑被盘问、教育，应从司法机关是否掌握其基本犯罪事实或者断定其实施某种犯罪的重要证据两个方面把握，如果不具备上述两个方面，仅凭工作经验或个别线索，对被怀疑对象进行盘查或询问的，就应当认定为因形迹可疑被盘问、教育。并列举了"仅因形迹可疑被盘问、教育"的通常表现：一是有关组织没有掌握任何犯罪事实或犯罪证据，仅凭直觉和工作经验对被怀疑对象进行查询；二是有关组织虽已获取一定犯罪线索或证据，但据此并不知悉犯罪的基本事实（或过程），也不能重点确定犯罪的嫌疑对象而对有关人员进行查询。②

也有实务工作者提出应从"质""量"两个方面来综合认定是否形迹可疑。所谓"质"的标准，是指赃物或犯罪工具的性质或种类可与犯罪直接联系；所谓"量"的标准，是指赃物或犯罪工具的数量可与犯罪直接联系。

上述几种观点虽然看上去很合理，但这种界定"形迹可疑"的标准比较抽象，或者说是一种实质标准，均是已经经过案件承办人自由裁量后的事实，无论是"一定根据的怀疑"还是"工作经验"抑或"质、量标准"，都会因侦查人员的办案经验、责任心密切相关而各不相同的，因此这种"根据"的判断也

---

① 制约司法部门对自首认定范围标准的另外一个可能的法外因素就是法院内部的错案追究制，某基层法院法官因为两件案件被上级法院增定自首情节，因此被取消审判长资格，由此导致该院其他法官对于自首认定的范围日益广泛、标准降低，也是自首制度"异化"的一个因素。

② 陈麒，曾昭. "盘问下的自首"之理解及相关问题[J]. 综合来源, 2005(5): 219.

使检、法的承办人很难把握，也是仁者见仁、智者见智的，即使如有的学者提出的"以一般司法人员的认知水平"为标准①，如何判断这种认知水平也是不得而知的，也是不可能实际操作的。例如，半夜巡逻的民警发现甲骑的三轮车上面有一台电脑，上前对其进行询问时，甲当即承认了盗窃他人电脑的事实，对此，是否应当认为属于形迹可疑被盘查，不同的承办人就有不同的理解。认为不属于形迹可疑的理由是：在当时的环境下（半夜），甲拉着电脑在街上走，根据一般人的判断就是来历不明，甲面对侦查人员的盘问，在无法抵赖的情况下供述自己的犯罪事实，属于犯罪线索已经被掌握，缺乏自首的主动性条件，因此自首不成立。而认为属于形迹可疑的情况就是民警当时进行盘查时并没有确切的证据证明甲有违法犯罪嫌疑，只能认为甲当时的行为不合乎情理，只是因为其形迹可疑而受到教育、盘问，其如实供述的，应当认定为自首。所以，同样的情形因为承办人生活经验的不同，就会有不同的认定结果，这就违反了刑事制度的客观性、公平性的要求。

因此我们提出应当统一认定形迹可疑自首的形式证据标准，来避免上述实质性标准适用可能会造成的不公平现象。该形式证据认定标准的认定也要满足以下要求：①必须体现自首制度的本质，即必须体现出嫌疑人接受国家追诉的自愿性的行为才可以认定为自首，故在侦查活动中，有可以证明行为人没有逃避追查的证据方具有认定为自首标准的价值；②同时为达到弥补坦白从轻法定化缺失的立法漏洞，使"坦白从宽、抗拒从严"的刑事政策能够得以体现，此类自首的认定标准能容纳诉讼开始阶段的坦白行为，即并非对犯罪线索一概不掌握的情形才认定为形迹可疑，对掌握了一定的线索，但是还没有直接的证据能够证实的情形，也应当认定为"仅因形迹可疑"；③从合理处理案件、切实保障犯罪人的行为能够得到同质评价的角度出发，认定是否"形迹可疑"应在发现犯罪嫌疑的证据形式上进行统一，这样才能真正实现法律面前人人平等、公平适用刑法。

实践中犯罪嫌疑人的到案形式一般是以侦查机关出具的到案经过来表现的，这通常是认定自首的主要证据，但往往被"经工作发现"等模糊性词句概括，对到案方式进行审查应当结合接受案件登记、立案决定书、110 报警记

---

① 认为一般社会公众欠缺查证犯罪的专业性知识和经验，而不同司法人员的办案水平和能力各有不同，因此既不应当以一般社会公众的认知水平，也不应当以直接负责对行为人进行盘查工作的特定司法人员或其他有关组织人员的认知水平作为判断所掌握的线索、证据是否已达到足以将行为人合理怀疑为某宗罪行的犯罪嫌疑人的标准。参见：周加海. 自首制度研究[M]. 北京：人民公安大学出版社，2004：53.

录、扣押物品清单等案发情况证明，以及盘问通知书、继续盘问通知书、传唤证、拘留证等司法文书的制作时间、盘问笔录、继续盘问笔录的制作时间、内容等到案情况证明来判断。一般可以分为：

（1）没有事主或相关报案记录的情况，经盘问行为人如实供述罪行的，应当认定为形迹可疑型自首。即司法人员没有接到事主报案等案件线索（往往通过接受案件登记、立案决定书、110 报警记录等在案卷中有所体现），在日常巡逻中发现形迹可疑人，无论是因为嫌疑人神色表情（看到警察后撒腿就跑或者语无伦次）、衣着特征（如身上有血迹或破损）、随身携带可疑物品（如撬痕明显的车辆、多把万能钥匙等法律不禁止公民持有的物品，但其来源有待进一步确认是否为合法持有的场合）等要求其接受盘问，对这种可疑进行合理的解释，被询问人在盘问中主动供述自己罪行的，一般应当认定为自首。这种情况下被询问人都不知道自己的罪行是否被司法机关掌握以及被掌握的程度，其在接受盘问、询问的时候，当即承认了自己的犯罪事实，并自愿接受司法机关的处理，即使当时侦查机关已经根据一定的线索确认了犯罪嫌疑人的特征或者有可能有违法犯罪行为，但是因为没有即时采取强制措施的根据，采用的是盘问笔录的形式固定口供，应视为一般性的询问，可以认为此时被询问人的犯罪事实尚未被公安机关掌握，其如实供述并愿意接受公安机关的进一步处理的，一般应当认定为自首。

（2）采取强制措施不适时的情况下，统一以是否在盘问笔录中供述罪行作为认定自首的标准。实践中存在侦查人员应当采取强制措施的情况下，但由于强制措施要达到严格的程序和证据要求，在当场发现犯罪嫌疑时，往往来不及请示而先适用普通的询问措施，我们认为此时如果嫌疑人如实供述的，在盘问笔录而非讯问笔录中体现了这种如实供述的，均可以被认定为自首。但笔录的性质不能仅靠形式上的笔录首部来认定，而应根据侦查人员的问话内容是询问还是讯问。因为根据《刑事诉讼法》第 93 条的规定，侦查人员在讯问犯罪嫌疑人的时候，应当首先讯问犯罪嫌疑人是否有犯罪行为，让他陈述有罪的情节或者无罪的辩解，然后向他提出问题。如果侦查人员在对被调查对象问话时是为了通过这种问话获得被问者的有罪供述或者是自我归罪的证据，并且让被问者回答是否有犯罪行为，那么这种问话就是讯问，从这一刻起，被问者的法律身份就是犯罪嫌疑人了，此时即使其如实供述了犯罪事实，也因不具备主动性要求而不能认定为自首。

也许有人认为如果以此来界定自动投案的范围，无疑会有失之过宽之嫌，但在此种刑事程序刚刚开始的情况下，因嫌疑人承认犯罪事实从而明确了犯罪方向，并且也表明了犯罪嫌疑人将自己交付国家机关审判的意愿，合于自首制度设立的目的，对比犯罪嫌疑人在被通缉、追捕过程中主动投案的情形，其无疑更加节约司法资源，没有逃跑情节也更加体现了嫌疑人的将自己交付国家审判的自愿性，对后者尚能认定为自动投案，从而认定为自首，对于前者反而不能认定，这就丧失了刑法的均衡性和公平性。因此我们认为确立认定是否"形迹可疑"的形式标准，扩大自首的认定范围，无疑更加具有实质合理性。

还有一种情况就是在没有采取或尚未采取强制措施的案件中，司法人员已经将某人当作犯罪嫌疑人进行了侦查或者讯问，但出于规避《刑事诉讼法》关于诉讼时限的规定，仅将这种讯问说成是询问或一般的调查，借此摆脱《刑事诉讼法》有关时限的约束，这种变通处理的方式变相剥夺了犯罪嫌疑人在讯问后获得相应法律帮助等诉讼权利，但因其只是一般性的询问，被询问人如实交代的即应认定为自首，这也是对这种变相剥夺嫌疑人权利的一种补偿。

6. 投案对象的认定

争议点："有关组织、司法机关"的范围如何认定？

【案例】 聂某盗窃案①。被告人聂某系北京市科技大学学生，于 2004 年 2 至 10 月在北京科技大学学生宿舍先后盗窃与其同宿舍的被害人申某的手机四部。后申某当面向聂某质问其手机是否是聂某所偷，聂某向申某承认了盗窃四部手机的事实。被害人申某向学校保卫部门报告，学校保卫部门报警后将被告人聂某抓获。

根据司法解释中的规定，"罪行未被司法机关发觉，仅因形迹可疑被有关组织或者司法机关盘问、教育后，主动交代自己的罪行的"，应当视为自动投案。这里的有关组织或者司法机关应当包括公、检、法等司法机关以及犯罪嫌疑人"所在单位、城乡基层组织或者其他有关负责人员"，对这里的"负责人员"应当做宽泛理解，包括所有负责刑事案件侦查、起诉、审判职责的一般司法人员、犯罪人所在单位的直接主管人员（如部门领导、保卫人员等），以及城乡基层组织中具体负责治安保卫事宜的主管领导及一般工作人员，且无论上述人员是否处于执行职务期间，因为一旦犯罪人向上述机关、人员投案，这些单位、组织或人员所充当的就是犯罪人与司法机关的中介角色，其作用就在于对犯罪人采取暂时的控制措施并及时将犯罪人及其罪行移交给司

---

① 向被害人承认自己的罪行并不妨碍被害人报案的行为可否认定为自首。

法机关处理①。因此实践中比较多见的行为人在接受单位领导或保安、联防等负有保护安全、预防犯罪的机关、人员的盘问、教育时，能如实交代的，也应当视为自动投案，因此时罪行尚未被司法机关发觉，行为人受到刑罚追究的危险性尚不大，其如实交代，且事后没有阻碍有关组织的报案，能进一步配合司法机关工作，反映了其主观恶性较小，应该作为自动投案处理。两高关于职务犯罪自首、立功的司法解释中也明确了这一点，即认为"犯罪分子向所在单位等办案机关以外的单位、组织或者有关负责人员投案的，应当视为自动投案"。

在公诉案件中，犯罪人向被害人投案并且在被害人报案时不予以阻止，并接受司法机关的侦查和讯问；或者是自诉案件中，犯罪人直接向有告诉权的被害人或其法定代理人、近亲属等如实供述自己的罪行②，并不阻碍其向司法机关告诉并接受审查、裁判的，是否可以认定为自首，在理论界尚有争议。肯定说认为，向被害人自首可以具有自首之效力。理由在于自首在原则上须向有侦查犯罪权之公务员为之……惟对于不有此权之公务员自首，而经其移转于有权之公务员，又或向犯罪之被害人或告诉权人自首，经其告诉或自诉，而受裁判，亦非无此作用，故仍不失为刑法上之自首……对于所向自首之人，并未加限定，就立法精神观之，自以从宽解释为妥，自首之处所及方法并无限制，无论在官署内或官署外行之，亦无论以书面为之，亲自投案为之，或委托他人为之，只须到达于所首之人，即生效力③。而否定说则认为，向被害人自首不具有自首之效力。理由在于，自首以对于未发觉之罪投案而受裁判为要件，其方式虽不限于自行投案，即托人代理自首或向非侦查机关请其转送，亦无不可，但须有向该司法机关自承犯罪而受裁判之事实，始生效力。若于犯罪后仅向被害人或非有侦查犯罪职务之公务员陈述自己犯罪事实，而无投案受裁判之表示，即与自首之条件不符。④ 但实务界的检法处理，往往出于罪刑相均衡的目的，对此加以认定。

本案中，法院、检察机关均认定聂某系自首。我们认为从设立自首的立法本意而言，从罪刑相适应的原则出发，自首往往代表了犯罪人的人身危险性的降低，理应在刑罚适用中对于愿意弃恶从善、改过自新、回归社会的犯

① 周振想. 自首制度的理论与实践[M]. 北京：人民法院出版社，1989：54.
② 这种情况在我国古代刑法以及日本的刑法中均有规定，称为"首服"。
③ 韩忠谟. 刑法原理[M]. 北京：中国政法大学出版社，2002：301.
④ 马克昌. 刑罚通论[M]. 武汉：武汉大学出版社，2000，7：376.

罪人的量刑的降等或降序，这符合正义的要求；同时从提高司法效率、节约司法成本的角度看，自首打破了有关犯罪信息传递的障碍，有利于案件的及时侦破和处理，应当受到刑法的肯定和奖励。无论是向有关组织投案还是向被害人投案，只要行为人没有阻碍对方将其交付有关司法机关，就体现了其接受国家审判的自愿性，符合自首的本质要求，应当认定为自首。

7. 亲属陪同、规劝、代为自首行为的认定

争议点： 陪首、送首的情况是否可以视为自动投案？

【案例1】 计某故意杀人案①。被告人计某到被害人家中向被害人借钱未果，双方发生争执、厮打，厮打过程中，计某用斧子、菜刀砍被害人头、颈，致被害人当场死亡，后计某进入被害人的卧室，搜得人民币5000余元后逃跑。其逃至外地舅舅家，告知其舅杀人情形，其舅劝计某投案自首，计表示同意，其舅担心计某反悔，于当晚让计的舅妈向公安机关报案，公安机关遂将计某抓获归案，计某归案后如实供述了其杀人事实。一审法院认定计某有自首情节，可以从轻处罚，犯故意杀人罪，判处死刑，缓期2年执行。检察机关以被告人计某系家属向公安机关举报被抓获，本人并未主动投案，且其在公安机关抓捕时报的是假姓名、假地址，不具有投案的真实意思表示，不能认定为自首，量刑畸轻为由，提起抗诉。二审认为计某在亲属的规劝下，虽同意自首，但并无自动投案行为，且其在被捕时报假姓名、假地址，旨在逃避法律制裁，不能认定为自首，原审计某的舅妈向公安机关举报，系大义灭亲。判决犯抢劫罪，判处死刑。最高法死刑复核，鉴于计某亲属在计某作案后积极规劝其投案自首，并主动到公安机关报案，计某归案后亦能坦白其犯罪事实，故对其以故意杀人罪，判处死刑，缓期2年执行。

【案例2】 姜某伙同沈某于2004年9月间盗窃两次，窃得财物价值人民币1万余元。案发后，公安人员根据沈的供述，至姜的住处欲抓捕姜而未遇，遂又找到姜父（公安派出所社保队员）。姜父知道警方找其子，当场打电话至家中，并让姜某待在家。随后，姜父带领公安人员至住处抓获姜某，姜亦没有拒捕，且到案后能够如实供述罪行。法院确认，姜某的行为构成准自首，从轻处罚②。

---

① 最高人民法院刑事审判一庭、二庭. 刑事审判参考[M]. 北京：法律出版社，2002(1).
② 张华. 自首制度的若干司法疑难问题探讨——以若干起涉及自首情节的案例为视角[J]. 法律适用，2005(6).

　　自首认定中其他常见的情况，如并非出于主动而是经亲友陪同、规劝投案的或者在公安机关通知其亲友，或亲友主动报案后，其亲友将其送去投案的，是否一概认定为自首，也有一定的分歧意见。

　　对于陪首、送首的，能否认定为自首，应当从自首的本质出发，即行为人接受国家追诉的自愿性。只有在犯罪人不阻碍其亲友的报案、对其亲友将其送交有关司法机关的行为不予反抗，这样才表明其存在接受追诉的自愿性，视为自动投案具有合理性。因此处理此类案件中，不能从表面形式出发，仅以犯罪人的亲友对犯罪人采取了哄骗、捆绑、麻醉等手段为由，就一概认定其亲友送其归案行为违背了他本人的意志，也不能不加区别将"亲友的主动性视为犯罪分子的主动性"①，而应当通过分析犯罪人在其亲友送其归案前后以及此过程中的种种表现，并重点结合其在归案后是否如实供述了所犯罪行，如果仍有报假姓名、假地址的行为，则说明其旨在逃避法律制裁，不符合自首"自愿接受国家追查和审判"的立法本质，故不认定为自首。《最高人民法院关于处理自首和立功若干具体问题的意见》虽然未将送首、陪首行为直接认定为自首，但也认为应参照自首的规定处理，"犯罪嫌疑人被亲友采用捆绑等手段送到司法机关，或者在亲友带领侦查人员前来抓捕时无拒捕行为，并如实供认犯罪事实的，虽然不能认定为自动投案，但可以参照法律对自首的有关规定酌情从轻处罚"。

　　另外还有犯罪人的亲友带领司法人员抓获犯罪人的情形，能否视为自动投案也应当从自首的本质出发，如有证据证明或据之推定犯罪人反对其亲友将其送交归案的，因为缺乏接受国家裁判的自愿性，不宜认定为自动投案；如果缺乏上述证据，那么即使不符合一般意义上的"陪""送"行为，也应当认定属于自动投案。

　　案例1和案例2实际上均带有"陪"或"送"的因素，也应以自动投案论；如果犯罪人亲友曾劝犯罪人投案，但犯罪人不同意，后犯罪人的亲友采取诱骗手段将犯罪人送交司法机关带走的，因为犯罪人的到案根本违背了其本人意志，故不能认定为自动投案。《最高人民法院关于贯彻宽严相济刑事政策的若干意见》(2010年2月28日)中规定，"对于亲属以不同形式送被告人归案或协助司法机关抓获被告人而认定为自首的，原则上都应当依法从宽处罚；有的虽然不能认定为自首，但考虑到被告人亲属支持司法机关工作，促使被告人到案、认罪、悔罪，在决定对被告人具体处罚时，也应当予以充分考虑"。

① 叶巍. 自首制度新视界[J]. 东吴法学，2001：80.

8. 网上通缉情形中自首的认定

争议点：被网上通缉的是否还存在"司法机关还未掌握的本人其他罪行"？

【案例】李某涛故意伤害、抢劫案。2005年12月29日凌晨1时许，被告人安某波伙同李某涛、王某哲，经预谋后携带刀具，行至北京市东城区新中街伺机抢劫时，因形迹可疑被民警盘查，经盘问，三名男子交代自己身份，均供认携带刀具，准备抢劫路人，后民警将三人带回公安机关处理。后在讯问过程中李某涛又供述了自己曾于2005年6月12日在河北省石家庄市新华区警安路与西三庄交叉口，因琐事与同学任某备发生矛盾，后持刀将任某备扎成重伤的事实。公诉机关认为：李某涛因抢劫（预备）行为被公安机关抓获后，又如实交代了司法机关尚未掌握的故意伤害他人的事实，系自首。法院认为：李某涛因抢劫被抓获后，由于其系网上追逃人员，公安机关完全可以根据李某涛供述的自己身份，查明其被通缉的罪行，因此其供述自己伤害他人事实，不属于司法机关尚未掌握的其他罪行，不能认定为自首。

这里的司法机关以及司法解释余罪自首规定的尚未被"司法机关"掌握，对于如何认定"司法机关"的外延存在不同观点。有人认为应当泛指全国所有的司法机关，有人认为应当仅指直接办案机关①，还有的认为原则上既可以是直接办案机关，也可以是符合一定条件的其他司法机关。认为"司法机关尚未掌握的罪行"，是指"侦查、起诉或审判犯罪嫌疑人或被告人的司法机关（即直接办案机关）和其他司法机关均未掌握的非同种犯罪事实，如果先行发生的犯罪事实已被犯罪地的司法机关掌握，但因地处偏僻、路途遥远（如境外）或通信不便等原因，客观上使羁押地的司法机关在侦查、起诉或审判过程中通常难于发现该先行的犯罪事实的，可以视为'司法机关尚未掌握'。如果犯罪嫌疑人主动交代的是被其他或异地公安机关通缉的犯罪事实的，因该种犯罪事实在侦查、起诉或审判阶段一般均能得到查实，故不属于主动交代'司法机关尚未掌握'的罪行，不能以自首论"。

实务中出现的主要问题就是对于网上通缉的情况，是否能认为尚未被司法机关掌握。《最高人民法院关于处理自首和立功若干具体问题的意见》对此问题有了初步的认定，即"如果该罪行已被通缉，一般应以该司法机关是

---

① 2001年会议纪要，第5条"司法机关"的范围应当做限定解释，即理解为被采取强制措施的犯罪嫌疑人、被告人被抓获地和已宣判的罪犯服刑地的直接办案的司法机关。

否在通缉令发布范围内作出判断，不在通缉令发布范围内的，应认定为还未掌握，在通缉令发布范围内的，应视为已掌握；如果该罪行已录入全国公安信息网络在逃人员信息数据库，应视为已掌握。如果该罪行未被通缉、也未录入全国公安信息网络在逃人员信息数据库，应以该司法机关是否已实际掌握该罪行为标准"。

与本案中检法分歧相对应，一种观点认为，只要被侦查机关通缉或者被列为"上网追逃"的对象，就应从广义上认为司法机关已经掌握，不论抓获地、服刑地的司法机关是否将有关信息与如实供述人相联系，均不存在"以自首论"的问题；也有观点提出将"有无特定联系"作为确定司法机关是否"掌握"的一般性标准[①]，即不以是否已上网或者是否发布了全国范围的通缉令作为认定司法机关是否已经"掌握"的标准，而是以抓获地或者服刑地直接办案的司法机关是否实际掌握为准。所谓实际掌握，就是看办案机关是否将如实供述人与网上、通缉令上的特定信息联系起来。如果联系起来，就认为已经掌握了其罪行；反之则应认为其罪行尚未被司法机关掌握，而且对于司法机关可以查证而未去查证的事实，应当掌握（或轻易可掌握）但实际上并未掌握的事实，应认为是司法机关"尚未掌握"。

第一种观点是片面的，甚至会得出一旦犯罪人在犯罪后潜逃，被列为追逃人员或者通缉的，对其被追查的罪行永远不能成立自首的结论，违背了自首制度设立的初衷，不足取。而第二种观点显然是建立在如果地域相近、信息互通，一旦犯罪人的罪行已为其他司法机关掌握，就应当认为直接办案的司法机关也已掌握该罪行的推定之上，但是这种不区分采取强制措施的原因以及直接办案机关掌握犯罪事实的程度而一概认定只要司法机关实际掌握了，就排除认定自首的可能，也有失之过苛之嫌，因为即使执行公务的司法人员已经通过通缉材料等了解某犯罪人的前罪，但在具体执行职务时，该信息未必能为该司法人员清晰把握，如果是在其没有意识或尚未怀疑眼前被询问人就是其了解的通缉在逃犯，就很难说其已掌握了犯罪人的前罪事实，此时如果犯罪人能如实供述前罪事实的，就很难认为其供述不具有主动性，如果不认定为准自首的话，不利于鼓励犯罪分子主动交代余罪，不利于及时有效地查处积案，不利于体现自首从宽的政策，因此我们认为对于网上通缉的情况，只要不是直接办案机关根据通缉材料记载的犯罪人的体貌特征将其抓

---

① 《关于认定、处理自首立功若干问题的意见——2001 年北京市东片法院刑事审判座谈会纪要（二）》

获的，而是在追查其他犯罪时将犯罪人抓获，即使根据犯罪人所报的身份情况查明其被通缉的事实，犯罪人对此并不知情，而主动供述了自己被通缉之罪的，均应认定为如实供述尚未被司法机关掌握的罪行，以自首论。

9. 如实供述自己罪行的认定

争议点： 共同犯罪中自己罪行是否包括全部共同犯罪事实？

【案例】崔某涛盗窃、禹某随、禹某志收购赃物案。被告人崔某涛于2004年12月26日凌晨4时许，在北京市东城区和平里和平新城工地内，盗窃北京城乡建设集团有限责任公司建兴建筑工程分公司存放在该工地内的配重铁6块，被告人禹某随伙同被告人禹某志在明知配重铁为赃物的情况下，以人民币200元的价格向崔某涛收购；崔某涛于2005年1月1日凌晨4时许，再次在该工地内盗窃配重铁10块，并由禹某随、禹某志二人以人民币300元的价格收购。被盗配重铁共计16块，物品共价值人民币1440元。被告人禹某志于2005年1月1日在运输配重铁时，被民警盘问后，交代了收购赃物的事实，并于同日带领民警将崔某涛抓获。被告人禹某随于同年1月11日到北京市公安局东城分局投案。部分赃物已起获并发还被害人。检察机关认为：禹某志拉配重铁离开过程中，遇到联防和民警巡查，其如实供述了本人收购赃物的事实，但是谎称与其一同收废品的人叫"二哥"，却又在1月1日晚上供述了其与父亲收购赃物的事实，而此时崔某涛只是说两个人买他的铁，不知道两人的关系，应当还是属于禹某志主动如实交代了共同犯罪分子的犯罪事实，属于仅因形迹可疑，被司法机关教育盘查后，如实供述罪行。其随后又带领民警，指认抓获了崔某涛，应当属于立功。禹某随接到公安机关要求其前来的电话后，自动到案，如实供述，应属自首。法院认为：被告人崔某涛被抓获后，主动供述了司法机关尚未掌握的本人其他罪行，应以自首论；被告人禹某随犯罪以后自动投案，如实交代自己的罪行，系自首；被告人禹某志被抓获后，主动供述了司法机关尚未掌握的本人其他罪行，且能协助司法机关抓捕其他犯罪嫌疑人，具有自首及立功表现，故本院对三被告人依法从轻处罚。

对协助司法机关抓捕其他犯罪嫌疑人的情形认定为自首，检法不存争议，但是究竟认定为抓捕的是同案犯还是提供犯罪线索、抓捕他案犯则有所分歧，也就是对于共同犯罪以及某些形似共同犯罪的关联犯罪中，自己罪行与揭发他人罪行的区分检法尚有争议，表现在量刑情节上就是自首和立功的区分问题。

　　根据北京市的审判经验①，共同犯罪中的如实供述自己罪行是指：参与共同犯罪的从犯，在如实供述自己的罪行时，须供出所知的同案犯；对于主犯，则在此基础上还应供述所知的同案犯的共同犯罪事实。鉴于共同犯罪的特殊性，如果犯罪嫌疑人只供述自己的罪行，而不供述或有意回避任何同案犯的情况或犯罪事实，一般不认定为"如实供述"。

　　我们认为上述对于共同犯罪中自己罪行的规定，不能套用在某些形似共同犯罪但实非共同犯罪的案件中，即对共同过失犯罪人、同时犯、实行过限、连累犯、对向犯等关联犯罪等，因为涉及与立功的交叉，对关联犯罪中自己罪行和揭发他人罪行的区分我们在立功的认定部分予以论证，在此我们仅就上述案例，对连累犯中"自己罪行"进行分析。连累犯是指事前与他人没有通谋，在他人犯罪以后，明知他人犯罪情况，而故意以各种形式予以帮助，依法应受处罚的犯罪行为或其犯罪之形态。② 由于连累犯与其帮助的人之间并不存在共同犯罪故意，因此，属于形似共同犯罪而实非共同犯罪的情况。连累犯虽然不属于共同犯罪，但是往往是行为人在明知他人犯有罪行的情况下为之提供事后帮助，他人的罪行是其罪行的构成要件要素，但对于他人的罪行，只要行为人明知即可，不需要对具体的犯罪情节了解。有人认为此类犯罪人若不能将与其存在连累关系的其他犯罪人的犯罪事实供述清楚，就势必不能将自己的罪行交代清楚，因此不能查证其犯罪事实是否存在，没有节约诉讼资源，也未体现出其接受国家裁判的自愿性，因此不能认定为自首。我们认为连累犯作为事后帮助犯，其对本犯的罪行往往是概括性的明知或者是应当知道其实施了犯罪行为，认定其构成连累犯，不仅应当从其供述中查明其是否明知对方是犯罪之人，而且更为重要的是要通过其客观行为、案发时间、地点、犯罪对象等附随条件推定其明知对方是犯罪人。因为仅凭口供是不能认定犯罪的，尤其是对于"明知"的证明，更要结合客观行为，以社会一般人的观点考虑行为人实施法定的行为时是否知道或者应当知道，这里的"应当知道"就是根据已经查明的基础事实作出的一种推定结论。有学者考证分则中有近30条规定的犯罪，事实上包含着主观故意内容的推定成分③，而且在司法实践中也广泛存在着对明知的推定，例如2007年最高人民法院、

① 《关于认定、处理自首立功若干问题的意见——2001年北京市东片法院刑事审判座谈会纪要（二）》。
② 陈兴良. 共同犯罪论[M]. 北京：中国社会科学出版社，1992：464.
③ 应建廷，黄河. 刑事推定与金融诈骗犯罪非法占有目的的证明[J]. 刑事司法指南，2001(4).

最高人民检察院《关于办理与盗窃、抢劫、诈骗、抢夺机动车相关刑事案件具体应用法律若干问题的解释》第6条规定，行为人实施本解释第1条、第3条第3款规定的行为，涉及的机动车有下列情形之一的，应当认定行为人主观上属于上述条款所称"明知"：①没有合法有效的来历凭证；②发动机号、车辆识别代号有明显更改痕迹，没有合法证明的。也就是说在上述情况下是不要求证明行为人对于所收购的赃车知道系何人通过何种方式取得的，其构成自首的条件只要供述自己买赃的事实即可，不应当将本犯的犯罪事实也作为其如实供述的范围，否则就会不正当地限制连累犯成立自首的空间，从而减弱自首制度的功能。

本案中，被告人禹某志被抓获后，协助司法机关抓捕其他犯罪嫌疑人，具有自首及立功表现；被告人禹某随自动投案，如实交代收购赃物的罪行，系自首；被告人崔某涛被抓获后，主动供述了司法机关尚未掌握的本人其他罪行，应以自首论，法院的判决是正确的。

10. 多次犯罪中自己罪行的认定

争议点： 如何认定行为人多次犯罪中"如实供述自己罪行"的范围？

【案例】 许某某敲诈勒索案。2013年1至5月底，被告人许某某先后对被害人严某、冯某、关某进行敲诈勒索，敲诈勒索数额分别为100元、300元、200元，据此认为被告人许某某多次敲诈勒索他人财物，其行为构成敲诈勒索罪，提请法院依法判处。被告人许某某投案自首后，对于该指控，只供述自己实施了对冯某、关某的敲诈勒索，否认实施对严某的敲诈勒索，没有多次敲诈勒索，不构成犯罪。但结合其他证据，能证实被告人许某某实施对严某的敲诈勒索，能够对其进行定罪。

多次犯是一种以犯罪次数为定罪标准①或者适用更高法定刑格②的犯罪类型。对于多次犯的审查和证明，在目前的侦查条件下，往往要结合犯罪嫌疑人的供述，仅凭间接证据认定多次犯罪的场合是很少见的，因此犯罪人如实供述自己多次犯罪事实，会成为认定其是否构成犯罪以及适用何等刑罚的依据。另外由于多次犯罪的数额可以累计计算，因此在犯罪数额作为适用更高法定刑的犯罪中，多次犯的认定起着至关重要的作用。前面我们已经讨论了被抓获行为不构成犯罪，但犯罪人如实供述了其他多次罪行，因而构成犯

---

① 如盗窃罪中多次盗窃的，也是构成犯罪的一个标准。

② 如抢劫、强奸罪中对于多次抢劫、强奸多人的，依法应当适用更重法定刑。

罪的,应当认定为自首,这已经在司法实践中得到了统一。《最高人民法院关于处理自首和立功若干具体问题的意见》中规定,犯罪嫌疑人多次实施同种罪行的,应当综合考虑已交代的犯罪事实与未交代的犯罪事实的危害程度,决定是否认定为如实供述主要犯罪事实。虽然投案后没有交代全部犯罪事实,但如实交代的犯罪情节重于未交代的犯罪情节,或者如实交代的犯罪数额多于未交代的犯罪数额,一般应认定为如实供述自己的主要犯罪事实。无法区分已交代的与未交代的犯罪情节的严重程度,或者已交代的犯罪数额与未交代的犯罪数额相当,一般不认定为如实供述自己的主要犯罪事实。

　　上述解释虽然确立了比较的原则,但仍未解决在多次犯罪是影响量刑档次的情节时,如何认定行为人成立自首时"如实供述自己罪行"的范围。这就涉及对自己罪行的理解,司法解释将自己罪行限制为自己的主要犯罪事实,而不要求按照公诉机关指控犯罪的要求进行供述。而主要犯罪事实的理解也存在不同观点,一种观点认为"是足以证明行为人的行为构成犯罪的基本事实①",另外还有一种观点认为"是指影响犯罪性质和量刑的犯罪事实②",这些观点均失之泛泛。对于属于定罪情节的主要事实目前都已经达成共识,认为其就是构成要件内的事实,而对于影响量刑的事实在何种程度上属于主要犯罪事实没有具体的阐述,只是列举了行为人未能如实交代"主要犯罪事实"的种种情形进行了列举,大多概括为:①为了使自己逃避惩罚,将自己实施的犯罪行为嫁祸于他人的;②在共同犯罪中,大包大揽,意图包庇同伙的;③歪曲真相,将自己罪行作有利于自己的解释,将犯罪行为说成是有利于社会的行为;④捏造犯罪,自陷于罪的;⑤遮遮掩掩,避重就轻,意图减轻罪责的。③ 上述归纳仅就行为人未如实供述的心态进行了分析,对影响量刑情节的事实并未说明,由此有学者提出了较为明确的标准:①该事实情节决定着对犯罪嫌疑人应适用的法定刑档次是否升格;②,该事实情节在总体危害程度上比其他部分事实、情节更重大,应当从已供述部分占全部查证属实部分的比例来把握。④ 我们认为第一个标准较为明确,而且便于司法操作,第二个标准涉及比例问题,掌握起来容易标准不一,如是以过半数还是以绝对多数为准,论者也没有进一步论证。因此在无具体规则可循的情况下,要么会

---

①　周振想. 自首制度的理论与实践[M]. 北京:人民法院出版社,1989:69.

②　刘凌梅,司明灯. 我国刑法中自首制度司法适用若干问题研究[M]//姜伟. 刑事司法指南. 北京:法律出版社,2002:15.

③　周振想. 自首制度的理论与实践[M]. 北京:人民法院出版社,1989:69 – 73.

④　周加海. 自首制度研究[M]. 北京:中国人民公安大学出版社,2004:93.

导致该标准的滥用，要么会导致被弃之不用，因此我们认为应当均以该情节是否决定对行为人最终适用的法定刑格为标准。

具体到多次犯的场合，如果多次违法作为某一犯罪够罪标准之一的，只要行为人如实供述的事实达到定罪程度的，即使行为人供述次数的多少与实际查证属实的不一致的，也应当认定为自首。如果多次犯罪是作为加重处罚的情节之一的，由于犯罪次数决定了适用刑罚的档次，只有在行为人供述的犯罪次数（根据司法实践，一般为三次以上）可以达到适用升格法定刑的程度时，才能认定自首，即使尚未供述的部分仍有多次的，只要尚未供述部分不足以影响其适用更高刑格，即应当认定为自首。总的原则就是将行为人供述的部分与查证属实没有供述的部分相比较，若其供述部分已经足以决定其最终适用的刑格，则应认为已经如实供述了主要犯罪事实，属于自首；如果供述部分较未供述部分为轻，且未供述部分决定了其适用更高刑格，则认为其对影响定罪量刑的主要犯罪事实没有如实供述，不认为自首，但在量刑时也应对其归案并如实供述部分犯罪事实的情节予以考虑①。

本案中，被告人许某某承认两起犯罪事实，否认一起犯罪事实，其意在否认自己的行为符合本罪的构成要件。被告人许某某没有在自己所犯的一个罪行中的关键事实和情节作较为全面并符合客观实际的供述，并且未如实供述的事实和情节直接影响到了定罪量刑，不符合"如实供述自己主要犯罪事实"的要求，不应认定为刑法的"如实供述自己的犯罪事实"，不能认定为自首。

11. 自首的理解与适用

争议点：案发后没有逃离现场并主动报警能否认定为自首？

【案例】2005 年 10 月 11 日 8 时许，被告人林某来到长沙市开福区群芳园小区 14 栋 802 房邱某家中，因被告人林某与邱某存在同性恋关系，被告人林某向邱某索要补偿费。邱某不从，被告人林某遂趁另一房东外出之机，持水果刀和胶带对被害人邱某实施抢劫。在抢劫过程中，被告人林某用水果刀向邱某的耳部、肩部、腿部等部位连刺。因被害人邱某的极力反抗，被告人林某抢劫未遂。经法医鉴定，被害人邱某的损伤程度为轻微伤。案发后，被

---

① 对于多次犯数额累计计算，并且以数额大小决定刑罚轻重的犯罪中，这种情况较为多见，如多次贪污，数额累计计算，行为人供述了自己 3 次贪污，累计贪污 4 万元，而对于第四次贪污 12 万元的事实没有供述，由于全部犯罪数额应当适用 10 年以上刑罚，而行为人供述部分只能适用 10 年以下刑罚，行为人未供述部分对于量刑有重要决定作用，因此不能认为其如实供述了主要犯罪事实，不认为自首，但是在具体裁量刑罚时应当考虑其供述部分，酌情从轻。

告人林某呆在案发现场，并拨打110电话报警直至公安民警将其抓获。

一般自首必须具备以下条件：首先，成立自首的前提是自动投案。自动投案，是指犯罪事实或者犯罪嫌疑人未被司法机关发觉，或者虽被发觉，但犯罪嫌疑人尚未受到讯问、未被采取强制措施时，主动、直接向公安机关、人民检察院或者人民法院投案。犯罪嫌疑人向其所在单位、城乡基层组织或者其他有关负责人员投案的；犯罪嫌疑人因病、伤或者为了减轻犯罪后果，委托他人先代为投案，或者先以信电投案的；罪行尚未被司法机关发觉，仅因形迹可疑，被有关组织或者司法机关盘问、教育后，主动交代自己的罪行的；犯罪后逃跑，在被通缉、追捕过程中，主动投案的；经查实确已准备去投案，或者正在投案途中，被公安机关捕获的，应当视为自动投案。并非出于犯罪嫌疑人主动，而是经亲友规劝、陪同投案的；公安机关通知犯罪嫌疑人的亲友，或者亲友主动报案后，将犯罪嫌疑人送去投案的，也应当视为自动投案。犯罪嫌疑人自动投案后又逃跑的，不能认定为自首。自动投案的认定可以从两个方面来进行审查：一是时间；二是方式和动机。自动投案的时间既可以是犯罪事实发觉以前，也可以是犯罪事实被察觉之后，关键在于犯罪分子须自动投案。犯罪分子自动投案说明其有认罪悔改之意，愿意接受惩处。自动投案的方式多种多样，犯罪分子出于真诚悔罪自动投案的自首，犯罪分子虽有投案的诚意，但由于伤病不能投案的而委托他人代为投案，或首先信电投案的等一切方式，总之不论采取何种方式和出于何种动机都属于投案自首。至于被公安机关、群众围攻，走投无路，当场投案的，以及经司法机关传讯，采取强制措施归案的，都不是自动投案。

其次，犯罪分子必须如实供述自己的罪行。这是自首的本质特征。犯罪分子供述的必须是自己实施并由自己承担刑事责任的犯罪事实。共同犯罪案件中的犯罪分子自首时，不仅要求供述自己的犯罪事实，而且要交代所知的共同犯罪，如果是主犯必须揭发同案犯的罪行，否则不构成自首。如果犯罪人交代的是自己耳闻目睹的他人的罪行，是检举揭发，而不是自首。犯罪人如犯数罪的，投案时只交代了一罪，则可视为这一罪有自首情节。如果数罪中的一罪已被发觉，犯罪人在侦查、起诉、审判过程中或被判决以后，又将尚未被司法机关发现的其他罪行供述出来，对其交代的部分罪行可以视为自首。犯罪分子如果只交代次要罪行，隐瞒主要罪行，或者以虚假情况，掩盖其真实罪行，都不能认定为自首。

符合上述条件，才可以认定为自首，且以上两个条件必须同时具备，缺一不可，只有这样认识自首才是完整的、系统化的。一般自首的本质是犯罪分子在犯罪之后主动认罪，通过将自己交由国家司法机关控制，承受国家追诉，进而达到节约司法成本的目的，同时犯罪分子也能获得从轻或减轻刑罚的机会。刑法总则规定的自首制度适用于一切犯罪，旨在通过鼓励犯罪人自动投案，一方面有利于案件的及时侦破与审理，另一方面促使犯罪人悔过自新，不再继续作案。①

最高人民法院法发〔2010〕60 号《关于处理自首和立功若干具体问题的意见》第 1 条规定，犯罪嫌疑人具有以下情形之一的，也应当视为自动投案：①犯罪后主动报案，虽未表明自己是作案人，但没有逃离现场，在司法机关询问时交代自己罪行的；②明知他人报案而在现场等待，抓捕时无拒捕行为，供认犯罪事实的；③在司法机关未确定犯罪嫌疑人，尚在一般性排查询问时主动交代自己罪行的；④因特定违法行为被采取劳动教养、行政拘留、司法拘留、强制隔离戒毒等行政、司法强制措施期间，主动向执行机关交代尚未被掌握的犯罪行为的；⑤其他符合立法本意，应当视为自动投案的情形。

本案被告人林某于案发后主动用手机拨打 110 报警，犯罪后主动报案，表明自己是作案人，且没有逃离现场，抓捕时无拒捕行为，在公安机关询问时主动交代自己的罪行，符合自首的构成条件，应认定为自首。

12. 自首的认定

争议点：明知邻居已拨打报警电话，仍陪同被害人前往医院，未抗拒抓捕，归案后如实供述自己的罪行能否认定为自首？

【案例】被告人周某与被害人邓某于 2003 年前后相识后一直同居。案发前，周某和邓某在位于长沙市雨花区的红星服饰广场共同经营一服装店，并租住在附近的涟源百货城 18 栋 5 楼 329 房东北位置的卧室。2012 年 5 月左右，周某生病后，见邓某不关心自己，又不愿单独经营服装店，便提出分手，邓某不同意。周某认为邓某对自己不好，产生了将其杀死的想法。2012 年 9 月 4 日下午，周某在其租住地附近购买了一把长约 30 厘米的单刃木柄尖刀和一块磨刀石，回家磨刀后将刀藏于床上枕头下。同时，周某还买了一瓶啤酒和两根鸭脖，准备让邓某吃后睡得更好，方便自己杀人。当日晚上，邓某

---

① 高铭暄，马克昌. 刑法学（第四版）[M]. 北京：北京大学出版社，高等教育出版社，2010：304 - 307.

回来喝了啤酒后入睡。2012 年 9 月 5 日凌晨 3 时许，周某见邓某睡熟，拿出单刃木柄尖刀捅刺邓某胸部数下，邓某惊醒后大声呼救并往卧室外的客厅跑，周某追上邓某将刀架在邓某的脖子上。同住 329 房的戴某红、卢某钉、曾某晴等人听到邓某呼救后来到客厅，戴某红、卢某钉抢下周某手中的刀，邓某倒在客厅地上。戴某红按住邓某的伤口，卢某钉拨打 120 急救电话，周某又从客厅餐桌上拿起一把长 10 多厘米的单刃胶柄水果刀刺了邓某胸部一下。卢某钉抢下水果刀，周某回到自己卧室拿起单刃木柄尖刀欲割腕自杀，被戴某红劝阻。曾某晴随后拨打 110 报警。不久，120 急救人员赶到后将邓某送往长沙市中心医院抢救，周某乘坐急救车一并前往医院。邓某在被送抢救的途中死亡。公安民警接到报警后前往长沙市中心医院抓获周某。法院判决：被告人周某犯故意杀人罪，判处死刑，缓期 2 年执行，剥夺政治权利终身。

刑法总则规定的自首制度适用于一切犯罪，旨在通过鼓励犯罪人自动投案。一方面有利于案件的及时侦破与审理，另一方面有利于促使犯罪人悔过自新，不再继续作案。司法实践中，自首的范围应当做更加宽泛的理解，以利于自首制度功能的实现。自动投案应当具备主观上的自动性和客观上的自动投案两个方面。自动投案的时间既可以是犯罪事实发觉以前，也可以是犯罪事实被察觉之后。关键在于犯罪分子须有认罪悔改、愿意接受惩处的主观意思。

本案被告人周某作案后，明知邻居已拨打报警电话，仍陪同被害人前往医院，未抗拒抓捕，归案后如实供述自己的罪行，可认定为自首。《最高人民法院关于处理自首和立功具体应用法律若干问题的解释》规定，明知他人报案而在现场等候，抓捕时无拒捕行为，可以视为自动投案。本案中，被告人周某没有在案发现场等候，但是仍然可以视为自动投案。理由如下：①周某的本意是留在现场，是医生和邻居要求其去医院，协助抢救被害人的。②法律规定"现场等候"的目的是为了让侦查机关能够在不耗费司法资源的情况下直接抓获嫌疑人，周某在医院这一信息，公安机关接警后已知晓，周某在医院等候和在案发地等候起到了同样的法律效果。"现场"可以作扩大解释，将被害人抢救地视为现场。③从立法本意上说，法律应当鼓励嫌疑人参与抢救被害人，在案发现场等候都可视为投案，参与抢救的周某更加应当被视为投案。因此，被告人周某的行为可以认定为自首。

13. 交通肇事案件中自首的认定

争议点： 对于交通肇事后没有逃跑，主动向公安机关报案的，是否成立自首？

【案例1】 卢某交通肇事案中，检法均持此种观点。被告人卢某于2006年1月7日5时许，酒后驾车，因超速行驶致小客车失去控制，冲入道路东侧主辅路隔离带，将行人郭振侠撞倒，致郭当场死亡。卢某当即报警，民警接报警后赶到事故现场，当事人卢某已被送往北京军区总医院，办案民警赶至医院于2006年1月7日10时将卢某带回东城交通支队进行调查，其对饮酒后驾车发生交通事故供认不讳。后经交通事故责任认定，卢某在此次事故中负全部责任。

【案例2】 被告人邓某法于2005年5月10日19时许，驾车过程中恰遇行人杨某挺由南向北横过马路，由于被告人邓某法在驾驶时精神不集中、没有发现险情，使机动车从杨某挺身上扎过，致杨某挺当场死亡。被告人邓某法当场报警，经交管部门进行交通事故处理后，认定邓某法在此次事故中负主要责任。

有人认为交通肇事之后，不论肇事者是主动投案，还是积极抢救被害人，或是保护现场、等候处理，都不是自首。因为《城市道路交通规则》《道路安全法》等交通运输管理法规明确规定，交通肇事后，必须立即设法抢救被伤害的人，并及时报告交通管理机关或者公安机关，听候处理。对违章肇事后畏罪潜逃的人，应当加重处罚。由此，肇事者在肇事后将事故有关情况报告给交通管理机关或者公安机关的行为，实际上是在履行交通法规所规定的特定义务，因此，不能将这种履行应尽义务的行为认定为自首。①

案例1和案例2均系同一法院审理，案情相似，但结论却迥异。卢某案中检法均未对卢某的行为认定为自首。而邓某法案中，法院认为：邓某法具有法定从轻处罚的自首情节。理由是：根据法律的效力等级，基本法优于行政法规，因此当二者发生冲突时，后者应当服从前者，应当以刑法规定为准，而且交通肇事后不逃跑而主动报案的行为兼具履行法定义务和自动投案的双重法律性质，因此应认定为自首。持相同观点的学者进而将交通肇事案件中认定自首的情形分为：①交通肇事后能够逃匿而不逃匿，并积极抢救伤者及财产，保护现场，自动投案，如实交代自己的罪行和接受审判的；②肇事后

---

① 高铭暄. 新中国刑法学研究综述[M]. 石家庄：河北人民法院出版社，1986：479.

能逃匿而不逃匿，并积极抢救伤者，保护现场，虽来不及到规定机关投案的，但被司法机关抓获、传讯或采取强制措施后，能如实供述罪行、接受审判的。其认为只有同时履行了交通肇事后的救助义务并自动投案、如实供述的方可认定为自首，否则即使主动投案，但消极等待司法机关处理或者拒绝履行救助义务的，都不能认定为自首①。

我们认为对于交通肇事罪自首的认定，仍应以刑法的有关规定为根据，不能受有关交通运输管理法规的约束，即使行为人的行为违反了有关交通管理运输法规设定的义务，只要其符合刑法所规定的自首的成立条件，就应认定为自首。具体而言，下列情形应当认定为自首：①交通肇事后，在并非迫于过往群众围追或者有关执法人员抓捕的情况下，肇事者出于其本人意志自动投案，并如实供述罪行的。至于案发的场合、是否抢救伤者、行为人自身是否丧失行动能力等均不能影响；②交通肇事后，因抢救伤者、财产或者保护现场而未及时报案便被抓获的肇事者，如查明其确实准备投案，且其在到案后能如实供述罪行的；③交通肇事后逃逸，后又能出于本人意志自动投案，并如实供述罪行的；④因犯他罪而被采取强制措施的犯罪嫌疑人、被告人或者正在服刑的罪犯，主动供述司法机关尚未掌握的其所犯有的交通肇事罪的。② 上述观点也得到了《最高人民法院关于处理自首和立功若干具体问题的意见》的支持，该意见认为，交通肇事后保护现场、抢救伤者，并向公安机关报告的，应认定为自动投案，构成自首的，因上述行为同时系犯罪嫌疑人的法定义务，对其是否从宽、从宽幅度要适当从严掌握。交通肇事逃逸后自动投案，如实供述自己罪行的，应认定为自首，但应依法以较重法定刑为基准，视情况决定对其是否从宽处罚以及从宽处罚的幅度。

三、立功

1. 协助抓捕行为的有效性认定

争议点：协助司法机关抓捕同案犯中协助行为的认定。

【案例1】宁某伪造事业单位印章案。被告人宁某于 2005 年 1 月 22 日 11 时许，在北京市朝阳区孙河乡西向村村口处，以人民币 160 元的价格向胡某红（男，29 岁，河南人）贩卖伪造的"北京第二外国语学院"毕业证书一个，

---

① 李志平. 论道路交通肇事犯自首的标准[J]. 中外法学, 1992(6)：42-44.
② 周加海. 自首制度研究[M]. 北京：中国人民公安大学出版社, 2004：188-189.

被当场抓获。其供述在暂住地还有一个同伙臧某生，后民警在北京市朝阳区孙河乡西甸村将臧某生抓获。检察机关认为：根据公安机关出具的工作说明，在抓获制作假证嫌疑人宁某的过程中，该人并未主动带领民警抓获同伙的臧某生。法院认为：鉴于被告人宁某案发后，协助公安机关抓捕同案犯，有立功表现，故对被告人宁某所犯罪行依法从轻处罚。

【案例2】林某平贪污、挪用公款案中，与林某平同监室的刘某要求林某平通过辩护律师寄信，信中详细叙述了刘某与张某（另案处理）共同实施抢劫的具体情节、手段等过程。林某平将该信件交给检察机关，刘某涉嫌抢劫的案情因刘某拒不认罪、证据不足在侦查阶段一直陷入僵局，因林某平提供的信件使侦查工作取得突破性的进展，最终破获此案，刘某以抢劫罪被判处死刑。

司法解释中规定了协助司法机关抓捕同案犯的，构成立功，其中"协助司法机关抓捕同案犯"的协助行为如何理解，存在一定争议：①是否只有行为人亲自到现场直接参与抓捕其他嫌疑人（包括同案犯）的行为才能满足立功表现中"协助司法机关抓捕其他犯罪嫌疑人（包括同案犯）"的要求；②只提供抓捕嫌疑人的线索，而未直接参与抓捕行动，是否属于协助；③如实供述同案犯的身份情况是否属于坦白的范畴。

在一般情况下，"协助"的构成，既要司法机关认为有协助的必要，又要实施了具体的协助行为，而且该行为对抓捕同案犯确实起到了直接的重要作用。两高在新近的司法解释中更是进一步明确为"协助行为对于侦破案件或者抓捕犯罪嫌疑人要有实际作用"。在2010年的自首立功意见中将"协助抓捕其他犯罪嫌疑人"的具体认定情况进行了明确列举，包括以下情形：①按照司法机关的安排，以打电话、发信息等方式将其他犯罪嫌疑人（包括同案犯）约至指定地点的；②按照司法机关的安排，当场指认、辨认其他犯罪嫌疑人（包括同案犯）的；③带领侦查人员抓获其他犯罪嫌疑人（包括同案犯）的；④提供司法机关尚未掌握的其他案件犯罪嫌疑人的联络方式、藏匿地址的，等等。同时规定，犯罪分子提供同案犯姓名、住址、体貌特征等基本情况，或者提供犯罪前及犯罪中掌握、使用的同案犯联络方式、藏匿地址，司法机关据此抓捕同案犯的，不能认定为协助司法机关抓捕同案犯。

在实践中，协助行为主要表现为直接带路、指认，采用各种方式诱捕等。对于犯罪分子以提供信息的方式配合抓捕同案犯是否认定为立功的问题，一种观点认为只有到场协助抓捕的情况才能认定为立功，否则其提供线索的重要程度、该信息对于抓获同案犯的作用大小不好衡量。为了便于司法掌握，应当将协助抓捕同案犯的情况限于到场协助、指认、直接带路等，仅仅提供同案犯的个人信息不能认定为立功，这种观点可以称之为到场说。另一种观点认为应当从是否与共同犯罪事实相关联的角度，区分提供信息的作用：①对于犯罪嫌疑人提供的线索系其在如实供述共同犯罪罪行时必然涉及的同案犯的一般情况，如姓名、绰号、体貌特征、联系方式、户籍所在地等，侦查机关依据上述线索将在逃同案犯抓获的，不能认定犯罪嫌疑人具有"协助司法机关抓捕同案犯"的立功情节；②如果犯罪嫌疑人提供的是侦查机关不掌握的，与共同犯罪事实无关的同案犯潜逃的线索，如同案犯的藏匿地、临时租住地、经常活动区域等，侦查机关依据上述线索直接将同案犯抓获的，即使其没有诱捕、带抓等直接协助行为，亦应认定其具有"协助司法机关抓捕同案犯"的立功情节；③对于犯罪嫌疑人从相同姓名的户籍材料中辨认出同案犯的户籍信息、照片，公安机关发布通缉令后将其同案犯抓获的，或被告人在归案后提供同案犯亲戚、朋友的住所、工作场所，公安机关通过对上述人员布控、跟踪后抓获在逃同案犯的，鉴于犯罪嫌疑人提供的信息仅为侦查机关提供了抓捕线索，侦查机关还必须通过其他工作，如使用技术手段，进行排查工作，跟踪相关人员获取进一步线索等，才能抓获在逃犯罪嫌疑人，抓获在逃同案犯的决定性因素是侦查人员所做的工作，并非犯罪嫌疑人提供的有关线索，不宜认定犯罪嫌疑人具有"协助司法机关抓捕同案犯"的立功情节。对其提供线索的行为，一般可作为酌予从轻处罚情节，在量刑时予以考虑。①

司法实践中，犯罪分子提供什么样的线索才为"重要线索"，在认识上存在分歧，虽然司法解释同样将其限定为"对于侦破案件具有实际作用"，但仍缺乏明确的判断标准。笔者认为，根据现行刑法第 68 条"提供重要线索，从而得以侦破其他案件"的规定，对重要线索的理解应是足以侦破其他案件的线索。结合司法实践，犯罪分子提供的下列线索都足以影响其他案件的侦破，可以考虑作为"重大线索"对待。①对侦查方向产生较大影响的线索。侦查机关据此确立或重新调整了侦查方向，经实践证明围绕此侦查方向展开的侦查工作积极有效，从而侦破了其他案件的，例如吕高峰抢劫案②，被告人吕高峰因犯抢劫罪(预备)被抓获后，向公安机关交代了自己的网名、QQ 号

---

① 《关于审理刑事案件若干问题的研讨意见——2005 年北京市东片法院刑事审判工作座谈会纪要》。

② 王颖. 从本案谈立功认定的两个问题[N]. 人民法院报，2006 – 06 – 07.

及同案人孙胜的网名，公安人员根据该线索并借助技术手段将孙胜抓获，据此法院认定吕高峰系立功。②对查获犯罪嫌疑人起到了较大帮助作用的线索。司法机关在犯罪嫌疑人不明的情况下，据此及早地发现了犯罪嫌疑人，从而侦破了其他案件①。③对搜集定案关键证据起决定性作用的线索。司法机关据此将核心证据搜集到位，促成了案件侦破，或者根据该证据证实了司法机关尚未掌握的被揭发人的其他罪行的，无论被揭发人是否在押，也无论提供的线索与司法机关掌握的被揭发人的罪行是否同种罪行，只要最终对案件的定罪量刑起到关键作用，均应认定为提供了"重要线索"。因为侦破案件并不完全依赖于某一线索，有时会是诸多线索综合作用的结果，这种情况下的"重要线索"只是在侦破案件中(有时是侦破余罪中)发挥作用较大的线索而已。对犯罪分子提供这样的线索，只要其明显有效，也可以认定犯罪分子有立功表现。

案例 1 中，宁某当场被抓获后，供述其暂住地还有一个同伙，提供查获同案犯的重要线索，协助民警将其抓获，可认定为有立功表现。

案例 2 中，在侦查机关尚未掌握刘某的主要犯罪事实、侦查程序因证据不足无法继续的情况下，林某平提供的信件对刘某抢劫一案的侦破起到了突破性的关键作用，应当认定为"重要线索"，故法院认定林某平构成重大立功表现，进行了相应的从宽处罚。

2. 揭发他人犯罪是否需要达到刑事处罚的程度

争议点：揭发他人犯罪但是未移送司法机关处理是否可以认定为立功？

【**案例**】马某全非法持有毒品案。被告人马某全于 2005 年 4 月 28 日 2 时许，被公安人员查获，当场从其身上和驾驶的汽车内起获甲基苯丙胺、大麻等数量较大的毒品。另被告人马某全到案后检举并配合民警于 2005 年 4 月 28 日 15 时左右在朝阳区劲松桥(三环)下将犯罪嫌疑人王某丰抓获，并从住处起获摇头丸及冰毒、K 粉等毒品，未达数量较大的标准。公诉机关认为：犯罪嫌疑人马某全虽然揭发王某丰，但是王某丰的行为不构成犯罪，故其行为不具有立功情节。法院则认为被告人马某全的揭发行为构成立功。

对于揭发他人犯罪型立功中，对他人犯罪的理解，也存在不同认识。一种观点认为此处的他人"犯罪"必须经过法院审判确定，因为根据我国《刑事诉讼法》的有关规定，未经人民法院判决，任何人不得确定有罪，因此只有当

---

① 季黎明. 对立功认定中争议问题的探析[J]. 人民检察，2003(8)：50.

揭发的罪行被法院最终作出有罪判决，才能认为行为人揭发的他人犯罪已经查证属实，构成立功。

本案例反映出对被揭发犯罪程度的理解不同，影响了立功情节的认定。在揭发犯罪未被审结之前，对于揭发人涉及案件的处理也有不同观点，有的主张应当诉讼中断，被告人被羁押的应当变更为取保候审、监视居住等非限制人身自由的强制措施，待揭发罪审判终结后，再就认定的是否构成立功来裁量行为人的刑罚；也有观点认为这样容易引起诉讼拖沓、损害了被告人获得快速审理的权利，因而认为诉讼仍应进行，法院在排除该立功情节成立的情况下裁量刑罚，且不影响判决生效、执行，如果在二审期间揭发犯罪被裁判有罪、行为人构成立功的，应当在终审判决中予以体现，如果是在判决生效后才被确定属实的，可以作为刑罚执行过程中的立功，对实际执行的刑罚进行减免，这样既保护了行为人的诉讼权利，也有助于维护法制的统一，并且最终仍体现了立功受奖的刑事政策①。

我们认为上述认定他人犯罪的做法均过于严苛，在实际操作中也存在很大问题。根据《刑事诉讼法》的规定，检察机关负有全面指控犯罪的职责，包括对罪轻情节的证明责任，如果认为只有当揭发的犯罪经法院判决才属于查证属实的情况，在相当多的场合（如揭发的犯罪因为超过诉讼时效等符合法定不起诉条件或者因为情节轻微、根据刑法规定不需要判处刑罚或者可以免除刑罚处罚的符合酌定不起诉的场合，以及对揭发的犯罪审理程序因诉讼障碍如精神病鉴定等原因暂时中止、中断的）势必导致检察机关的举证不能，而只能由法院来最终裁决，这既违反了法官消极、中立的角色，又不利于发挥立功制度的奖励功能，因此我们认为应当结合立功制度的本质以及方便司法操作的角度，来认定"他人罪行"以及"经查证属实"的情形。首先，鼓励犯罪人立功，提供他人的犯罪线索，主要是基于功利主义考虑，对犯罪人而言，可以因为这种检举、揭发获得从轻处罚的褒奖，这也是对其有违道德标准的背叛行为的补偿；对国家而言，也可以从检举、揭发中及时侦破其他的犯罪，从而节约了诉讼成本，提高了诉讼效率，对于双方是双赢。因此认定犯罪人揭发的他人罪行是否犯罪，应当以侦查终结是否达到了移送起诉的要求为标准。

修改后的《刑事诉讼法》规定侦查终结的条件是："犯罪事实清楚，证据确实、充分。"侦查部门侦查终结的案件依照法律可以做出以下两种决定：

① 韦宝镇. 判决生效前立功、漏罪或新罪程序问题研究[J]. 中国刑事法杂志, 2000(5).

一是对经过侦查，认为犯罪事实清楚、证据确实、充分，足以证实犯罪嫌疑人有罪的案件，作出侦查终结，移送起诉的意见。二是对侦查过程中，发现不应当对犯罪嫌疑人追究刑事责任的，如犯罪嫌疑人没有实施犯罪行为或者具有《刑事诉讼法》第15条规定情形之一，应当终止侦查，做撤案处理。以侦查终结是否移送起诉作为认定是否犯罪行为的标准，一方面可以较为及时地把握立功是否成立，而且也符合为提高破案率而设立立功制度的初衷。但要注意揭发的罪行必须是以被立案侦查的对象能够接受裁判为前提，这也是立功制度的有效性要求，因为如果其揭发的犯罪嫌疑人长期外逃，在一段时间内不能抓获，或通过侦查，获取的证据既不足以认定犯罪嫌疑人构成犯罪，又不能排除犯罪嫌疑人构成犯罪可能，行为人的检举揭发并未导致案件的及时处理，而且在是否能够移送起诉也未决的情况下，对于揭发罪行是否属实就无法查证，因此不能认定为立功。也有观点认为应当以公诉机关是否提起公诉为准认定经揭发的罪行查证属实，我们认为由于法律赋予公诉机关较大的自由裁量权，其往往可以根据社会形势的需要，从刑事政策的角度考虑，将一些依法应当追究刑事责任的罪行做酌定不起诉处理。例如根据北京市的有关规定，轻伤害案件中公诉机关有权进行调解，对于被告人、被害人双方达成和解协议，被害人放弃追究被告人刑事责任的权利的，公诉机关可以对被告人不起诉或者由移送机关将案件撤回，这就是从宽严相济的刑事政策角度，公诉机关对于形式上不属于酌定不起诉裁量范围的案件予以不起诉处理。如果仅以是否提起公诉为标准认定揭发的是否是犯罪事实，就容易导致衡量标准不一致的情况。例如甲同时揭发乙、丙伤害他人致人轻伤的犯罪事实，均有侦查机关移送审查起诉，但在检察机关审查起诉阶段，乙与被害人达成调解协议，被害人对其不再追究责任，公诉机关由此将案件退回公安机关做撤案处理，而丙因没有赔偿能力不能达成调解协议，公诉机关依法对其提起公诉。对于甲而言，其揭发的事实均得到了侦查机关的确认，如果仅以乙、丙是否被提起公诉来认定是否是犯罪事实，会受到众多的法外因素的影响，对甲而言是不公正也是不合理的。实务中很多人主张应以是否提起公诉为标准，既有"以判决作为判断标准"的容易导致诉讼拖沓之弊，又有违"立功受奖"的刑事政策精神，其中的司法惰性也是非常明显的。①

上述观点也可以在职务犯罪自首立功司法解释中得到印证，该解释中对

---

① 因为以是否提起公诉为标准，被揭发罪与行为人被审之罪往往是由同一个检察机关进行审理，公诉机关调查核实比较方便，而且便于统一思路，但是这并不利于对检举、揭发人权利的保护。

于重大立功的理解，认为"犯罪嫌疑人、被告人依法可能被判处无期徒刑以上刑罚的，应当认定为有重大立功表现。其中，可能被判处无期徒刑以上刑罚，是指根据犯罪行为的事实、情节可能判处无期徒刑以上刑罚。案件已经判决的，以实际判处的刑罚为准。但是，根据犯罪行为的事实、情节应当判处无期徒刑以上刑罚，因被判刑人有法定情节经依法从轻、减轻处罚后判处有期徒刑的，应当认定为重大立功"。这种不以案件宣告刑为判断依据的解释思路，与本书认定立功标准的解题方式不谋而合。最高法的自首立功意见中进一步对此予以明确规定，"侦查机关出具材料，表明在3个月内还不能查证并抓获被检举揭发的人，或者不能查实的，人民法院审理案件可不再等待查证结果。根据被告人检举揭发破获的他人犯罪案件，如果已有审判结果，应当依据判决确认的事实认定是否查证属实；如果被检举揭发的他人犯罪案件尚未进入审判程序，可以依据侦查机关提供的书面查证情况认定是否查证属实。检举揭发的线索经查确有犯罪发生，或者确定了犯罪嫌疑人，可能构成重大立功，只是未能将犯罪嫌疑人抓获归案的，对可能判处死刑的被告人一般要留有余地，对其他被告人原则上应酌情从轻处罚。被告人检举揭发或者协助抓获的人的行为构成犯罪，但因法定事由不追究刑事责任、不起诉、终止审理的，不影响对被告人立功表现的认定；被告人检举揭发或者协助抓获的人的行为应判处无期徒刑以上刑罚，但因具有法定、酌定从宽情节，宣告刑为有期徒刑或者更轻刑罚的，不影响对被告人重大立功表现的认定"。

3. 关联犯罪中揭发他人罪行的理解

争议点：他人罪行的理解(本犯和赃物犯之间)。

【**案例1**】杜某昌窝藏赃物案，被告人梁某营于2004年5月13日3时许，在北京市东城区朝阳门内大街危改小区工地605号楼地下室内，乘被害人王某伟熟睡之机，盗窃其手机1部(价值人民币700元)，后又于6月4日凌晨1时许，在该工地地下车库通道内，盗窃被害人张某达手机1部(价值人民币650元)；被告人杜某昌明知上述2部手持电话机为梁某营盗窃所得而予以窝藏。2004年6月8日，北京市公安局东城分局朝阳门派出所民警将被告人杜某昌查获，并依据其供述将被告人梁某营抓获。检察机关认为：杜某昌系立功，通过办案经过可以证实，民警是以杜某昌涉嫌盗窃罪将其抓获的，但民警经过对其的讯问，得知其中一部手机是工地中另一保安员梁某营盗窃所得。故于次日根据杜某昌提供的线索在工地将犯罪嫌疑人梁某营抓获，并传唤到派出所，梁某营被抓获后供认了自己盗窃两部手机的犯罪事实。据此，认定犯罪嫌疑人杜某昌构成立功。而法院却未予认定。

【**案例2**】被告人樊某故意杀人后，逃至朋友李某处并告知自己杀人的事实，要求借住李处以躲避公安机关的追捕，李答应其请求对其予以窝藏。后樊某投案自首并揭发了李曾窝藏自己的犯罪事实，公安机关据此将李以窝藏罪拘捕①。

实务中，赃物犯与本犯往往由同一审判机关按照同一审判程序进行审判，且互相揭发的情况较为多见，对于此种类似共同犯罪的关联犯罪，如何认定各犯的罪行以及他人罪行的界限，是正确认定自首、立功的关键之处。

在前述连累犯自己罪行的认定中，我们已经初步论及并得出结论：连累犯作为非共同犯罪，其如实供述罪行不应包括本犯的罪行，因此其供述自己窝藏、包庇犯罪分子，收买、代为销售、转移赃物等情形，即应认定为自首；供述的本犯的犯罪事实，如果确实查证属实的，应当认定为揭发他人罪行的行为，构成立功。因此我们认为案例1中，检察机关认定杜某供述梁某盗窃他人手机的事实已经超出了其窝藏赃物的构成要件范围之外，构成立功，应属恰当，法院未予认定，有失偏颇。由此扩展到对于其他关联犯罪的情形，对于自己罪行和他人罪行的区分也是实务中的一个难点。

由于在犯罪对象为人的情况下，犯罪行为人与犯罪对象存在一定的互动关系，除被害—加害这种较为常见的互动关系以外，还存在互为行为对象的关系，即对合关系。刑法中的对合犯罪分为：①彼此俱罪，又包括彼此同罪和彼此异罪两种情形，前者如重婚罪与非法买卖枪支、弹药、爆炸物罪，后者如受贿罪与行贿罪、洗钱罪与毒品犯罪等；②非彼此俱罪，如销售侵权复制品罪与购买侵权复制品行为、倒卖文物罪与购买文物行为、贩卖淫秽物品牟利罪与购买淫秽物品行为等②。我们认为对于彼此同罪、非彼此俱罪的情形由于行为人或者罪名、犯罪事实具有一致性，或者一方不构成犯罪，行为人如实供述己方事实的同时也就将对方的犯罪事实交代清楚了，所以在构成自首的同时不能再认定为立功。比较典型的就是买卖型犯罪，如果卖方与买方的罪名一致，刑法对这两种行为均给予否定评价，买卖行为作为一个事实整体，在认定买方、卖方犯罪构成时都起决定作用，因此无论是买方还是卖方，只有如实供述买卖过程的，方可认定为供述了自己的全部罪行。在共

---

① 王安，王立华. 立功若干问题研究[J]. 人民司法，2004(10).
② 陈兴良. 论犯罪的对合关系[J]. 法制与社会发展，2001(4).

同犯罪内容以外再检举、揭发共同犯罪以外的买卖行为的，方可认定为揭发他人罪行，查证属实的，可成立立功。但是司法实践中有时也出于侦查犯罪的需要，针对某些比较重大、查证比较困难的上下线买卖型犯罪，即使在彼此同罪的情况下，自己罪行与他人罪行有时也可以重复评价，例如，最高人民法院《关于执行全国人大常委会关于禁毒的决定的若干问题的解释》(以下简称《禁毒解释》)根据毒品案件难以侦破的特殊性，规定揭发其他毒品犯罪分子(含同案犯)罪行得到证实的，属于有立功表现，虽然该《禁毒解释》没有明确规定揭发毒品同案犯的共同罪行属于立功，但司法实践中一般都据此认定为立功。这是由于毒品犯罪活动具有高度隐秘性、组织性，公安机关在抓获毒品犯罪分子之后，往往很难追溯到该犯罪分子的上线或者下线。毒品犯罪是一种危害极大的犯罪，为了及时侦破此类案件，公安机关采取了一些特殊的侦破手段，如特情引诱等，所以对毒品案件中的上下线相互揭发的认定为立功，也是打击此类犯罪的需要。① 同样也可以说明在买卖伪造的增值税发票案件中，有成立自首和立功的双重评价可能。

对于彼此异罪的情况，由于不同于共同犯罪，因此在认定自己罪行与对合方罪行的区分上不应一概而论。这种彼此异罪的情况也可以称之为关联犯罪，是指一种犯罪的存在附随于另一种犯罪的存在，彼此之间存在依附与被依附关系的犯罪群(注：即相互之间有一定关系的数罪)②。我们认为这种关联犯罪由于其互相之间的依附关系，导致如果被依附的犯罪不成立或不存在，其他依附的犯罪也不能成立和存在，由此将关联犯罪分为主犯罪和从犯罪两部分，其中依附于他犯罪存在的犯罪是从犯罪，不依附于他犯罪或被依附的犯罪是主犯罪。按照此种标准在我国现行刑法中主要有以下 13 组关联犯罪：

(1)受贿罪(第 385 条，主犯罪)与行贿罪(第 389 条，从犯罪)及单位行贿罪(第 393 条，从犯罪)；

(2)单位受贿罪(第 387 条，主犯罪)与对单位行贿罪(第 391 条，从犯罪)；

(3)非国家工作人员受贿罪(第 163 条，主犯罪)与对非国家工作人员行贿罪(第 164 条，从犯罪)；

① 赵志华. 立功制度的法律适用[J]. 国家检察官学报，2003，11(4).
② 杨子良. 论关联犯罪[J]. 中国刑事法杂志，2000(4).

(4)洗钱罪(第191条,从犯罪)与毒品犯罪(刑法第六章第七节规定之犯罪,主犯罪)、黑社会性质的组织犯罪(第294条,主犯罪)及走私犯罪等(刑法第三章第二节规定之犯罪,主犯罪);

(5)组织、领导、参加黑社会性质的组织罪(第294条第1款,主犯罪)和入境发展黑社会组织罪(第294条第2款,主犯罪)与包庇、纵容黑社会性质的组织罪(第294条第4款,从犯罪);

(6)窝藏、转移、收购、销售赃物罪(第312条,从犯罪)与为获得赃物而实施的犯罪(刑法中规定的大多数犯罪,主犯罪);

(7)包庇毒品犯罪分子罪(第349条第1款、第2款,从犯罪)和窝藏、转移、隐瞒毒品、毒赃罪(第349条第1款,从犯罪)与毒品犯罪(刑法第六章第七节规定之他罪,主犯罪);

(8)逃离部队罪(第435条,主犯罪)与战时窝藏逃离部队军人罪(第379条,从犯罪)及雇佣逃离部队军人罪(第373条,从犯罪);

(9)非法收购盗伐、滥伐林木罪(第345条第3款,从犯罪)与盗伐林木罪(第345条第1款,主犯罪)及滥伐林木罪(第345条第2款,主犯罪);

(10)资助危害国家安全犯罪活动罪(第107条,从犯罪)与背叛国家罪(第102条)、分裂国家罪(第103第1款)、煽动分裂国家罪(第103条第2款)、武装叛乱、暴乱罪(第104条)、颠覆国家政权罪(第105条第1款)、煽动颠覆国家政权罪(第105条第2款)等危害国家安全犯罪(主犯罪)。

(11)收买被拐卖的妇女、儿童罪(第241条第1款,从犯罪)与拐卖妇女、儿童罪(第240条,主犯罪);

(12)窝藏、包庇罪(第310条,从犯罪)与被窝藏、包庇之罪犯所犯罪行(除包括毒品犯罪、黑社会性质的组织犯罪及逃离部队罪等特殊犯罪之外的所有犯罪,主犯罪);

(13)帮助犯罪分子逃避处罚罪(第417条,从犯罪)与现行刑法规定之所有犯罪(主犯罪);

其中(4)(5)(6)(7)(8)(9)(12)(13)均属于我们前面讨论的连累犯的情形,即从犯罪的行为人在事前没有通谋的情况下,在主犯罪行为人实施了犯罪行为以后,明知他人的犯罪情况,而故意地以各种形式予以帮助,如为走私犯提供资金账户帮助其转移违法所得、对毒品犯罪分子予以包庇等情形,均是以事后帮助行为为其承担刑事责任的依据,其犯罪构成事实是其为主犯罪行为人提供的各种帮助。因此，我们认为此种情况下的关联犯罪，主犯罪与从犯罪的内容是各自独立的，不能要求从犯罪人对其帮助的主犯罪人罪行的构成要件事实均了解，只要其知道或应当知道其所帮助的人系犯某罪的犯罪分子即可，其只要将提供的帮助行为如实交代，就应当属于如实供述了自己罪行，对于其帮助的犯罪分子究竟构成何罪，则属于公诉机关举证责任的范围。即使其没有供述知道他人的罪行，但是根据其他证据足以推定其知道的，同样构成从犯罪，所以主犯罪的具体犯罪事实是属于从犯罪构成要件事实之外的，如果行为人对主犯罪行为人的犯罪事实进行检举揭发、提供线索，经查证属实的，应当认定为有立功表现。

案例2中樊某揭发他人对自己的窝藏等行为经查证属实，由于此行为已经超出了樊某故意杀人罪构成要件之外，因此应当将其认定为立功。由于事后帮助行为的隐蔽性，如果主犯罪人不主动向司法机关检举事后帮助者的犯罪，事后帮助者的罪行很难被司法机关掌握，一旦主犯罪人主动交代了他人对自己犯罪的事后帮助行为，可以及时侦破从犯罪，节约了诉讼资源。因此对主犯罪人认定为立功并给予从宽处理，既有利于鼓励犯罪分子积极勇敢地揭发他人的窝赃、销赃、窝藏、包庇等犯罪行为，也给了揭发者改过从新的机会，可以取得较好的社会效果。

对于(10)资助危害国家安全犯罪活动罪与相关危害国家安全的犯罪之间的关系，由于资助行为可以是事先、事中、事后资助，属于刑法中提供物质支持型的相关危害国家安全犯罪的帮助犯，作为一个独立的罪名予以评价，二者仍属于共同犯罪的范畴。因此认定从犯罪成立的前提就是要证明从犯罪人、主犯罪人之间有通谋，其构成要件事实是包容与被包容的关系。资助犯只供述自己提供资金帮助、未供述他人用以实施危害国家安全活动的，不能认为如实供述了自己罪行，反之，即使其供述了所资助的对象所实施的犯罪，也不能认定为检举、揭发他人犯罪事实，不成立立功。

问题主要集中在行贿、受贿型以及买卖型关联犯罪中主犯罪人与从犯罪人之间的犯罪事实应当如何区分。我们认为此种情况与上述主犯罪、从犯罪发展有先后顺序的关联犯罪不同，行贿、受贿型犯罪往往是基于同一事实同时成立的。但出于打击犯罪的需要，刑法对行贿方的自首行为予以特别奖励，即行贿人"在被追诉前主动交代行贿行为的，可以从轻或者减轻处罚"，这样就意味着公诉机关在审查起诉时可以根据行贿人行贿行为的严重程度，酌情不起诉，在行贿人未被定罪的前提下，受贿人单独定罪似乎表明其必要共犯的关系在有些情况下不成立。但是我们认为这只是刑事政策选择的结果，从客观行为上看，行贿人的行贿行为与受贿人的受贿行为具有对应性、共存性，因此行贿人的犯罪事实与受贿人的犯罪事实相当一部分是重合的。不同的是，构成行贿罪还要求行贿人谋取不正当利益，构成受贿罪要求受贿人利用职务之便且为他人谋取利益，但从司法实践及国际立法趋势看，对于不正当利益的理解日益宽泛，而且国际反贪污贿赂条例中也不将贿赂罪中的为他人谋取利益作为客观要件，而是只要存在收受贿赂的行为即推定其为他人谋取利益，减轻了控方的举证责任，也扩大了受贿罪的认定范围。由此可以看出受贿、行贿行为在构成犯罪方面有日益重合的趋势，因此我们认为应当将受贿罪的犯罪构成与行贿罪的犯罪构成视为同一犯罪构成内的事实，双方系必要共犯，因此对自己罪行、他人罪行的区分，应依照共同犯罪的原则进行。对于行贿人未如实交代自己行贿、他人受贿事实的，不能认定为如实供述全部罪行，对于其如实交代了他人的受贿事实的，也不能认为属于揭发他人罪行，只能作为自首或者坦白处理，反之亦然。

4. 共同犯罪中立功情节的认定

争议点：检举、揭发同案犯是否成立立功？

【案例】张某盗窃案①，张某因涉嫌盗窃被公安机关拘留，审讯时，张某向公安机关检举本村刘某与尚某曾抢劫邻村王某，并否认自己参与了该抢劫案。公安干警根据张某提供的线索一举侦破了此案，但经侦查证实，张某与刘某、尚某共同实施了整个抢劫行为，后张某对其抢劫犯罪事实供认不讳。

这也是自首和立功相交叉的一个领域，《关于当前处理自首和有关问题具体应用法律的解答》明确规定，"供述所知的同案犯，以及主犯供述其他同案犯的犯罪事实的，应属自首的性质，不能以立功对待"。

关于本案，第一种意见认为：张某因涉嫌盗窃被审查时主动向公安机关交代了其他罪行，虽然是事后才承认自己也参与了，但毕竟是在公安机关掌握其罪行之前主动交代的，且已供认不讳，应以自首论。第二种意见认为：张某向公安机关主动检举他人犯罪，提供了重要线索，正是因张某的检举，公安干警才得以侦破该抢劫案，所以符合立功表现的认定条件。第三种意见认为：张某在向公安机关提供线索时不如实供述，回避自己参与抢劫的事

---

① 李英. 张某的行为属自首还是立功表现[J]. 检察实践，2004(3).

实，没有向公安机关完全如实供述，所以既不能认定为有立功表现，也不能以自首论，但是法官在对张某量刑时应充分考虑这一情节。

从自首认定的本质出发，必须是要将自己置于司法机关的审判之下，张某虽然提供了自己伙同他人的抢劫事实，但是刻意隐瞒了自己参与其中的事实，并没有将自己置于司法机关审判的自愿性，不能成立自首。而立功必须是提供他人的犯罪事实，即与自己没有共犯关系的事实，张某的行为也不符合这一条件，因此也不能构成立功。上述第三种观点符合自首、立功认定的相关法律规定。但我们也不否认特定情况下揭发同案犯犯罪行为也可以成立立功，如我们前述论证的毒品上下线买卖型犯罪①，另外也有观点从充分发挥立功功能的角度出发，提出对于揭发重大犯罪集团同案犯的共同罪行，并使该犯罪集团得以破获的，或者揭发同案犯危害国家安全的共同罪行，应以立功论处。因为上述犯罪，均具有极大的社会危害性和危险性，对此类犯罪规定揭发同案犯犯罪行为以立功论处，可以较好地起到分化瓦解、各个击破的作用，从而使整个案件得以尽快侦破，有力地打击此类犯罪。② 上述观点虽然较为合理，但是在立法没有修改、司法实践尚无惯例可循的情况下，应当严格把握立功的认定范围，防止法制过于弹性带来的司法流弊。

有学者指出对于犯罪分子以提供信息的方式配合抓获同案犯情况是否认定为立功，应当区分情况：①对犯罪分子在如实供述中必然要涉及的同案情况如姓名、绰号、衣着、体征等一般性信息，即使信息明确具体，也不是立功，这是其应当如实供述的义务，并未实施具体的协助行为。②对犯罪分子提供司法机关无法掌握的，且确实据以直接抓获同案犯的信息，如活动地点、规律、藏匿地点、住址，并非其供述交代的基本信息，鉴于这些信息的重要性，可认为是一种特殊的协助行为而认定为立功。③坦白自己的罪行交代了"共犯"，该共犯构不成共犯（非共犯，或者未作为共犯处理），但是查明该"共犯"是另一通缉重案的嫌疑人，实践中应视为立功。④嫌疑人为发泄私愤举报同案犯并主动交代自己参与犯罪的事实，不是立功，符合自首条件的，是自首。

---

① 赵志华. 立功制度的法律适用[J]. 国家检察官学报，2003，11（4）.

② 刘源远. 揭发同案犯犯罪行为在特定情况下应以立功论处[J]. 人民检察，2003（7）：59.

5. 立功的认定

争议点： 被告人亲属协助公安机关抓获同案是否属于立功？

【案例】2009 年 1 月，被告人傅某某、邱某、黄某某伙同刘某华（另案处理）共同商量利用签订货物运输协议的方式实施诈骗。2009 年 1 月 3 日，被告人傅某某、邱某、黄某某伙同刘某华驾驶悬挂"赣 E36532"假牌照（真实车牌为赣 K20448）的红色东风牌货车来到长沙。2009 年 1 月 6 日，被告人傅某某与黄某某来到长沙汽车南站万通物流信息部，由傅某某用伪造的"驾驶证""行驶证"并以"曾志松"的名义与长沙市万通物流信息部签订货物运输协议书，将一批西瓜子从湖南省湘潭市运送到江西省南昌市，运费为每吨 110 元。签好协议后，被告人傅某某、邱某、黄某某伙同刘某华来到湖南省湘潭市，由黄某某与邱某到被害人廖某武的仓库将西瓜子装好，被害人廖某武的西瓜子共重 24.13 吨，后 4 人共同将西瓜子运至江西省新余市。2009 年 1 月 9 日，被告人傅某某将该批西瓜子卖给他人，得赃款 260000 元。销赃后被告人傅某某通知刘某华、邱某、黄某某来到嘉华宾馆商量分赃，其中被告人傅某某分得 77000 元，被告人邱某、黄某某各分得 60000 元，刘某华分得 63000 元。经物价部门鉴定，该批新疆产西瓜子重 24.13 吨，价值为人民币 294030 元。案发后，公安机关从被告人傅某某处追回赃款人民币 6000 元，被告人黄某某家属代为退还赃款 60000 元，其余赃款均被各被告人挥霍。被告人黄某某家属协助公安机关抓获了被告人邱某。原审判决认为，被告人傅某某、邱某、黄某某伙同他人以非法占有为目的，在签订、履行合同过程中，骗取对方当事人财物，且诈骗数额特别巨大，其行为均已构成诈骗罪。在共同犯罪中，被告人傅某某、邱某、黄某某共同策划并分工实施犯罪行为，均起主要作用，均系主犯，应按照其所参与的全部犯罪处罚。被告人傅某某、邱某、黄某某均自愿认罪，其中被告人黄某某还积极退赃，可酌情从轻处罚。根据《中华人民共和国刑法》第 224 条第一项、第四项，第 25 条第 1 款、第 26 条第 1 款、第 4 款，第 55 条第 1 款，第 56 条第 1 款，第 68 条第 1 款，第 64 条及最高人民法院《关于处理自首和立功具体应用法律若干问题的解释》第 5 条以及最高人民法院、最高人民检察院、司法部《关于适用普通程序审理"被告人认罪案件"的若干意见（试行）》第 9 条之规定，法院作出如下判决：①被告人傅某某犯合同诈骗罪，判处有期徒刑 11 年，剥夺政治权利 1 年，并处罚金人民币 6 万元；②被告人邱某犯合同诈骗罪，判处有期徒刑

10年，剥夺政治权利1年，并处罚金人民币6万元；③被告人邱某犯合同诈骗罪，判处有期徒刑7年，并处罚金人民币4万元；④继续追缴赃款，返还被害人。

根据刑法第68条规定，犯罪分子有揭发他人犯罪行为，查证属实的，或者提供重要线索，从而得以侦破其他案件等立功表现的，可以从轻或者减轻处罚；有重大立功表现的，可以减轻或者免除处罚。最高人民法院《关于处理自首和立功具体应用法律若干问题的解释》、最高人民法院《关于处理自首和立功若干具体问题的意见》以及最高人民法院、最高人民检察院《关于办理职务犯罪案件认定自首、立功等量刑情节若干问题的意见》都对立功相关事项作了相应的规定。

对于认定立功要求具备下列四个条件：①立功的主体只能是犯罪分子，是实施了危害社会的行为依法应当负刑事责任的自然人以及已经被判处刑罚或正在执行刑罚的人。凡是构成犯罪的人，无论犯何种性质的罪，被判何种刑罚，皆可以构成我国刑法中规定的立功主体。②立功的时间始于犯罪分子到案之后和刑罚执行完毕之前。根据刑法和1998年《最高人民法院关于处理自首和立功具体应用法律若干问题的解释》的规定，立功的开始时间是犯罪分子到案后，当犯罪分子在被有关机关或个人控制之下或其自愿置于有关机关或个人的控制之下时开始，犯罪分子从被司法机关和有关部门或个人对其控制之下时起到刑期届满或者执行死刑之前为止，不论其处于哪个诉讼阶段，均可成立立功。③立功的实质条件是有揭发他人犯罪行为或者提供重要线索。④立功的认定条件是根据犯罪分子的线索或协助查证属实的或得以侦破其他案件的。如果具备上述四个要件，则可以认定为构成立功。但是立功还分为一般立功和重大立功。一般立功的内容是：①检举揭发他人犯罪行为，查证属实的；②提供侦破其他案件的重要线索，查证属实的；③阻止他人犯罪活动的；④协助司法机关抓捕其他犯罪嫌疑人的；⑤其他有利于国家和社会的突出表现的。犯罪分子实施的除上述五种以外的其他有益行为都不属立功。属于重大立功的具体情形有：①犯罪分子揭发他人重大罪行，查证属实的；②提供侦破重大案件的重要线索，经查证属实的；③阻止他人的重大犯罪活动的；④协助司法机关缉捕其他重大犯罪嫌疑人的；⑤对国家和社会有其他重大贡献等突出表现的。而"重大案件""重大犯罪嫌疑人""重大罪行"的标准，根据相关规定和司法实践，一般是犯罪嫌疑人、被告人可能被判处无期徒刑以上刑罚，或者是在本省、自治区、直辖市或者在全国范围内有较大影响的案件等情况。

通过上述分析,对于本案中黄某某家属协助公安机关抓获同案是否属于黄某某立功,本书认为,根据《最高人民法院关于处理自首和立功具体应用法律若干问题的解释》第5条规定,犯罪分子到案后有检举、揭发他人犯罪行为,包括共同犯罪案件中的犯罪分子揭发同案犯共同犯罪以外的其他犯罪,经查证属实;提供侦破其他案件的重要线索,经查证属实;阻止他人犯罪活动;协助司法机关抓捕其他犯罪嫌疑人(包括同案犯);具有其他有利于国家和社会的突出表现的,应当认定为有立功表现。根据2009年3月20日最高人民法院、最高人民检察院《关于办理职务犯罪案件认定自首、立功等量刑情节若干问题的意见》第二点"立功必须是犯罪分子本人实施的行为。为使犯罪分子得到从轻处理,犯罪分子的亲友直接向有关机关揭发他人犯罪行为,提供侦破其他案件的重要线索,或者协助司法机关抓捕其他犯罪嫌疑人的,不应当认定为犯罪分子的立功表现"。本案中抓获同案犯的协助行为是黄某某的亲属完成的,而非黄某某本人的行为。不能认定黄某某构成立功。但是黄某某亲属的协助行为可以体现黄某某的悔罪表现,黄某某的要求及黄某某亲属的协助行为直接导致抓获同案犯,对案件的侦破、起诉有重要意义。故上诉人黄某某不能认定为有立功表现,且又无其他减轻情节,应当判处有期徒刑10年以上,但一审法院判处有期徒刑7年,量刑明显畸轻。但根据上诉不加刑原则以及最高人民法院关于执行《中华人民共和国刑事诉讼法若干问题的解释》第257条第五项"对事实清楚、证据充分,但判处的刑罚畸轻,或者应当适用附加刑而没有适用的案件,不得撤销第一审判决,直接加重被告人的刑罚或者适用附加刑,也不得以事实不清或者证据不足发回第一审人民法院重审。必须依法改判的,应当在第二审判决、裁定生效后,按照审判监督程序重新审判"。故该案上诉后应当驳回上诉,维持原判。

四、缓刑

1. 缓刑的执行

争议点:缓刑考验期内犯罪应当如何处理?

【案例】2012年6月底,"志宝"(具体情况不详)借了原审被告人谭某5万元现金,同时打牌欠5万元,共10万元,并约定3天后归还,支付利息5000元。此后,"志宝"一直躲避,谭某经几次要债未果。于是,谭某便指使原审被告人李某及杨某文(另案处理)等人去要账。李某等人提出,为气势上压住"志宝",讨债的时候要携带枪支、刀具,谭某同意,并授意他们只求财不要惹出祸来,并出钱让李某租住在名都花园小区 18 栋 803 房。此后,李某叫来了邓某建、刘某来帮忙,并从朋友处借来雷鸣登(来福枪)3 支、仿"六四"手枪 2 支及子弹 5 发。谭某又支付给杨某文 5000 元现金作为搞枪和租车的费用。2012 年 8 月 3 日,杨某文从邵阳搞来了仿"六四"手枪 1 支及子弹 3 发、猎枪子弹 2 发、仿左轮枪 1 支、鸟铳 1 支、杀猪刀 4 把、警棍 2 根,连同李某携带过来的枪支弹药,一同藏匿在名都花园小区 18 栋 803 房内。2012 年 8 月 6 日,杨某文从邵阳租来了一台本田商务车开到长沙。同年 8 月 8 日谭某授意李某等人携带枪支去星沙找"志宝"讨债。当晚 8 时许,李某带着邓某建、刘某和绰号"老鼠"的人开着商务车携带上述枪支弹药、刀具去星沙。晚上 9 时 40 分许,当李某等人开车行至长沙市远大一路汽车东站旁的警务站时,被民警依法盘查,"老鼠"乘机逃走,李某、邓某建、刘某被当场抓获。公安民警从车上缴获仿"六四"手枪 3 支及子弹 8 发、雷鸣登(来福枪)3 支、仿左轮手枪 1 支、猎枪子弹 14 发、杀猪刀 4 把、警棍 2 根、弹簧刀 2 把。后又从名都花园小区的租住房中收缴鸟铳 1 支、猎枪子弹 6 发。2012 年 8 月 9 日凌晨 5 时许,公安民警将谭某抓获。经鉴定,被查获的 8 支枪型物均具备以火药为动力发射金属弹丸的非军用枪支结构,认定为枪支;20 发猎枪子弹为 12 号猎枪弹,8 发手枪子弹为"六四"式 7.62 毫米手枪弹。另查明,2008 年 9 月 4 日,谭某涉嫌犯危险方法危害公共安全罪及非法拘禁罪,被刑事拘留。湖南省邵阳市双清区人民法院于 2009 年 1 月 15 日,以〔2008〕双法刑初字第 97 号刑事判决书判决:谭某犯以危险方法危害公共安全罪,判处有期徒刑 2 年 6 个月;犯非法拘禁罪,判处有期徒刑 1 年;决定执行有期徒刑 3 年,缓刑 5 年。同日,谭某被取保候审在家。原审被告人谭某、李某、邓某建、刘某犯非法持有枪支罪一案,湖南省长沙市芙蓉区人民法院于 2013 年 3 月 8 日作出〔2012〕芙刑初字第 731 号刑事判决,认定被告人谭某犯非法持有枪支罪,判处有期徒刑 3 年 6 个月;被告人李某犯非法持有枪支罪,判处有期徒刑 3 年 3 个月;被告人邓某建犯非法持有枪支罪,判处有期徒刑 3 年;被告人刘某犯非法持有枪支罪,判处有期徒刑 3 年。湖南省长沙市检察院认为一审判决遗漏法定情节,适用法律不当,判决错误,于 2013 年 7 月 5 日以长检刑抗字〔2013〕第 2 号刑事抗诉书向长沙市中级人民法院提出抗诉。长沙市中级人民法院审理后认为,原审被告人谭某与原审被告人李某、邓某建、刘某违反国家枪支管理法律的规定，非法持有以火药为动力发射金属弹丸的非军用枪支，其行为均构成非法持有枪支罪，且情节严重。在共同犯罪中，谭某、李某、邓某建、刘某均起主要作用，是主犯。李某、邓某建、刘某系初犯，均可酌情从轻处罚。谭某在缓刑考验期间犯本罪，依法应撤销其缓刑，实行数罪并罚。检察机关对谭某的抗诉理由成立，法院予以支持。据此，依照《中华人民共和国刑事诉讼法》第25条第三项，《中华人民共和国刑法》第128条、第69条、第77条之规定，判决如下：①撤销长沙市芙蓉区人民法院作出的〔2012〕芙刑初字第731号刑事判决中对被告人谭某量刑部分的判决；维持对被告人谭某的定罪和对被告人李某、邓某建、刘某定罪量刑部分的判决。②原审被告人谭某犯非法持有枪支罪，判处有期徒刑3年；撤销〔2008〕双法刑初字第97号刑事判决中对谭某宣告缓刑5年的执行部分；与原判有期徒刑3年实行数罪并罚，决定执行有期徒刑4年。

缓刑考验期，是指法律规定的对宣告缓刑的犯罪分子在社会上对其进行考察的期限。法律规定的缓刑考验期有两种：拘役的缓刑考验期限为原判刑期以上1年以下，但是不能少于2个月；有期徒刑的缓刑考验期限为原判刑期以上5年以下，但是不能少于1年。缓刑考验期限，从判决确定之日起计算。判决确定之日是指判决发生法律效力之日。如果提出上诉或者抗诉后，经二审维持原判的，则应从二审判决确定之日起计算。被宣告缓刑的犯罪分子，需要在缓刑考验期限内进行考察，判决前先行羁押的日期，不予折抵缓刑考验期。如果一审宣判后，被宣告缓刑的犯罪分子仍在押的，应先作出变更强制措施的决定，改为监视居住或者取保候审，待判决生效后再依法交付考察。

缓刑考验期的长短以原判刑期长短为依据，可以和原判刑期时间相等，也可以适当长于原判刑期。缓刑考验期不能短于原判刑期，否则不利于充分发挥缓刑的作用。缓刑考验期，并不意味着对判缓刑的犯罪分子免除刑事处罚。是否不执行刑事处罚，取决于犯罪分子在考验期的表现，如果表现符合法律规定的执行原判决的规定，撤销缓刑，执行刑罚。根据刑法第76条，对宣告缓刑的犯罪分子，在缓刑考验期限内，依法实行社区矫正，如果没有本法第77条规定的情形，缓刑考验期满，原判的刑罚就不再执行，并公开予以宣告。被宣告缓刑的犯罪分子，在缓刑考验期限内犯新罪或者发现判决宣告以前还有其他罪没有判决的，应当撤销缓刑，对新犯的罪或者新发现的罪作出判决，把前罪和后罪所判处的刑罚，依照本法第69条的规定，决定执行的刑罚。被宣告缓刑的犯罪分子，在缓刑考验期限内，违反法律、行政法规或者国务院有关部门关于缓刑的监督管理规定，或者违反人民法院判决中的禁止令，情节严重的，应当撤销缓刑，执行原判刑罚。

本案中，湖南省邵阳市双清区人民法院于 2009 年 1 月 15 日，判决谭某犯以危险方法危害公共安全罪，判处有期徒刑 2 年 6 个月；犯非法拘禁罪，判处有期徒刑 1 年；决定执行有期徒刑 3 年，缓刑 5 年。2012 年 8 月 8 日发生本案的时候谭某仍在缓刑考验期，依法应该撤销其缓刑，实行数罪并罚。谭某的本意是要债，对李某等人用枪持有放任的态度，并嘱咐他们只求财，不要惹出事来，自己并没有直接持有枪支，故对其量刑上判处 3 年有期徒刑，与之前的 3 年有期徒刑数罪并罚，决定执行有期徒刑 4 年。

第二篇
刑法分则

第一章　侵犯公民人身权利、民主权利罪

　　侵犯公民人身权利、民主权利罪，是指侵犯公民的人身权利、民主权利以及与人身有直接关系的其他权利的犯罪行为。这类犯罪，侵犯的是公民的最基本的权利——人身权利和民主权利，以及公民其他与人身有关的权利。根据我国刑法的规定，侵犯公民人身权利、民主权利罪包括以下几部分犯罪：侵犯他人生命的犯罪，侵犯他人身体健康的犯罪，侵犯性自由的犯罪，侵犯他人人身自由的犯罪，侵犯他人名誉、人格的犯罪，司法工作人员侵犯他人权利的犯罪，侵犯民主权利的犯罪，侵犯婚姻家庭权利的犯罪等。

第一节　侵犯生命权利、身体健康权利的犯罪

　　生存权是公民的首要人权，生命、身体健康也因此被认定为个人法益中最重要的部分。为体现国家对公民生命权、身体健康权的保护，俄罗斯、西班牙、瑞典、瑞士等国纷纷将侵犯公民生命权、身体健康权的犯罪规定在刑法分则的首章。在我国现行刑法中，对公民生命、身体健康的犯罪共有四个罪名，分别为：故意杀人罪、故意伤害罪、过失致人死亡罪、过失重伤罪。我国司法实践中，这几种犯罪的发案率是非常高的，而刑法分则条文第232条至第235条对这些罪名的罪状均只作简单的表述，让人们根据生活常识去理解。因此，深入了解司法实践中对个案处理产生的分歧、积累的经验，是深入把握这些犯罪的特征并进行准确司法认定的有效途径。

一、故意杀人罪

1. 间接故意杀人与故意伤害致人死亡的界分

争议点：在他人将被害人致残的授意下枪击被害人，致被害人死亡，构成间接的故意杀人罪还是故意伤害（致人死亡）罪？

【案例】麻某（案发后自杀身亡）因故对被害人范某产生怨恨，并产生将范某致残的念头，于是与被告人姬某某商议，由麻某出钱给姬，让姬用火枪将范某打残。之后，麻某多次催促姬实施。1999 年某晚，在麻某的再次催促下，姬某某持火枪爬到范家窖房顶，待范某关牲口圈门时，朝范某背部开了一枪，致范某中枪倒地死亡。姬某某乘夜色逃走。经法医鉴定，范某系火枪霰弹从后背部射入伤及胸腹腔致急性失血性休克死亡。检察院以故意杀人罪对姬某某提起公诉，法院判决姬某某犯故意杀人罪，判处死刑，剥夺政治权利终身。①被告人以定性错误为由提起上诉。二审法院驳回上诉，维持原判。②

对故意杀人罪与故意伤害罪从客观方面很难区分。二者在客观上均可表现为对人身进行暴力攻击的行为，都可能发生死亡结果，如在故意杀人既遂与故意伤害致人死亡的场合；也都可能不发生死亡结果，如在故意杀人未遂与故意伤害仅造成伤害结果的场合。区别的要点在于行为人主观故意的内容不同：故意杀人罪有非法剥夺他人生命的故意，而故意伤害罪的故意内容仅仅是想损害他人的健康。

在能够确认行为人具有杀人直接故意的场合，司法实务上一般不会发生分歧。如果能认定行为人有确切的剥夺他人生命的直接故意的，即使未造成死亡结果，依然认定为故意杀人罪；如果能确认只有伤害他人的直接故意而没有剥夺他人生命的故意的，即使发生了死亡结果，依然只能认定为故意伤害罪。而在间接故意的场合，案情往往会显得扑朔迷离。因此，欲准确认定行为人故意的内容，需要根据行为人犯罪的起因及其在犯罪过程和事后的表现等客观事实进行分析判断。

在本案审理中，被告人姬某某辩称自己只是受麻某之托将范某致残，"只想教训他一下，没有要故意打死他"，认为不应该定故意杀人罪。就案情

---

① 山西省忻州地区中级人民法院刑事判决书〔2000〕忻中刑初字第 79 号。
② 山西省高级人民法院刑事判决书〔2001〕晋高刑终字第 14 号。

来看，麻某的初衷只是要将范某致残，而在被告人开枪时，或许也是想将范某致残。在被告人能将范某致残就完成任务并获得报酬的情况下，一味根据结果推定被告人希望将范某打死，这多少显得有些牵强和武断。问题在于，故意杀人罪不仅仅包括直接故意杀人，还包括间接故意杀人的情形。如果行为人明知自己的行为会造成他人死亡的结果，而放任这种结果发生的，成立间接的故意杀人罪。可见，在死亡结果已经发生的场合，如何认定行为人"对死亡结果持放任态度"尤为关键。而认定是否有放任死亡结果的故意，关键看两点：其一是行为方式，即是否属于使用致命工具、打击致命部位；其二是事后态度，即对被害人是否有施救等措施显示出避免死亡结果的态度。就本案而言，被告人使用致命工具（火枪）打击了致命部位（背部），对范某死亡结果的可能发生应当知晓，也存在放任的态度，枪击后又乘夜色逃逸，检察院以故意杀人罪提起公诉是正确的。

　　司法实践中，间接的故意杀人罪和故意伤害（致人死亡）罪的区分十分微妙，因为都是故意的主观，都有死亡的结果。但严格来说，在这两种情形下，行为人故意行为的指向以及对死亡结果发生的心理态度是有区分的。就故意行为的指向而言，间接的故意杀人罪直接指向的是被害人的生命；而故意伤害（致人死亡）罪直接指向的是被害人的身体健康。就行为人对死亡结果发生的心理态度而言，在间接故意杀人的场合，行为人对可能导致被害人死亡的结果是放任的态度，不积极追求也不设法避免，听之任之；而在故意伤害致人死亡的场合，行为人对伤害被害人的身体健康是故意的，对被害人最终死亡的结果却是过失的。在本案中，被告人对范某的死亡显然既不是因疏忽大意没有预见，也不是过于自信而轻信能够避免，把其心理状态认定为放任，相对合情合理得多。当然，主观方面的心理态度只有行为人自己知道，对司法工作人员而言，唯有从客观方面的表现予以揣摩、把握和认定。值得一提的是，在刑法分则各罪的定性中，有些侧重于主观方面，有些侧重于客观方面。而在对于类似本案的犯罪定性上，鉴于主观方面的微妙和难以认定，司法部门一般会侧重于客观方面，包括最终的危害结果。不妨这么设想，如果在该案中，范某虽然背部中枪，但并没有死亡，检察院和法院一定会认定为故意伤害罪，并会搬出麻某和被告人约定将范某致残这一证明材料加以佐证。

　　综上所述，我们可以将故意杀人罪与故意伤害罪的界分归纳如下：①行为人故意（包括直接故意或间接故意）杀死他人，并发生他人死亡的结果，成立故意杀人罪既遂；②行为人故意（直接故意）杀死他人，因意志以外的原因未得逞，没有发生他人死亡的结果，成立故意杀人（未遂）罪；③行为人故意（间接故意）杀死他人，造成他人轻伤或者重伤，但没有发生他人死亡的结果，以故意伤害罪论处；④行为人故意（包括直接故意或间接故意）伤害他人，造成他人轻伤或者重伤，但没有发生死亡结果的，成立故意伤害罪；⑤行为人故意（包括直接故意或间接故意）伤害他人，但同时对可能造成他人死亡的结果持放任态度，并最终发生了死亡结果的，成立间接的故意杀人罪；⑥行为人故意（包括直接故意或间接故意）伤害他人，对可能造成他人死亡的结果为过失心理态度，并最终发生了死亡结果的，成立故意伤害（致人死亡）罪。

2. 故意杀人罪与以危险方法危害公共安全的犯罪的界分

争议点：出于报复将剧毒农药倒入他人宅院内饮用水井中，但被及时发现未造成严重后果，构成故意杀人罪（未遂）还是投放危险物质罪？

【案例】被告人陈某某因与其丈夫的姐夫林某（两家相距 30 米左右）互相指责对方生活作风问题发生争吵，并互相毁坏过对方家庭的生活用品。某晚，怀恨在心的陈某某窜入林某宅院内，将约 250 毫升的甲胺磷乳油（剧毒农药）倒入林家饮用水井内。后因林某及其女儿发现井水有异味不敢饮用未造成严重后果。检察院以故意杀人罪提起公诉，认为被告人为泄愤报复，采取投毒的方法企图毒杀他人，其行为应构成故意杀人罪，只是由于犯罪分子意志以外的原因而未得逞，属于犯罪未遂。原一审法院认为，被告人为泄愤报复，用投毒方法毁坏他人的水井，使之不能使用，手段恶劣，情节严重，判定故意毁坏财物罪，判处有期徒刑 2 年。对于公诉机关指控的故意杀人罪，法院认为因被告人主观上缺乏杀人的故意，指控不成立①。检察院以一审定性错误导致量刑畸轻为由提起抗诉。法院二审认为原判部分事实不清，适用法律不当，裁定撤销原判，发回重审。② 法院重审一审认定的事实和证据与原审一审的事实和证据相同，但认为，被告人陈某某为了泄愤报复，明知甲胺磷乳油有毒，故意将毒物投放到林家饮用的水井中，威胁到林某全家人员等多人的生命、健康，其投毒行为已不再是针对林某一人，而是对不特定多

---

① 福建省泉州市鲤城区人民法院刑事判决书〔1995〕鲤刑初字第 162 号。

② 福建省泉州市中级人民法院刑事裁定书〔1995〕泉刑终字第 177 号。

人的生命、健康安全造成威胁，已成立投毒罪①。鉴于被告人的行为尚未造成严重后果，归案后能坦白交代，酌情予以从轻处罚。判决陈某某犯投毒罪，处有期徒刑 5 年。② 被告人不服提起上诉。二审法院裁定驳回上诉，维持原判。③

故意杀人罪是侵犯公民生命权的犯罪，而以放火、爆炸、投毒、开车撞等危险方法故意危害公共安全的犯罪也可能造成他人的死亡，对于二者的区分，通常以是否危害了公共安全进行划分：没有达到危害公共安全程度的，以故意杀人罪论处，否则，适用危害公共安全犯罪的相关规定。对于"危害公共安全"的界定，就人身权来说，是指"危害到不特定多人的生命、健康"。而如何理解"不特定"？危害公共安全犯罪内容的重心是在于"不特定性"还是在于"多人"？这些都是容易导致检法分歧的关键点。

本案的处理可谓一波三折。

首先，本案涉及对被告人主观故意的认定。本案客观事实极其简明，即被告人因为与他人有矛盾而向他人宅院内饮用水井中投放了 250 毫升剧毒农药，但却经过一审、二审、再审。定性分歧涉及三个不同的罪名：检察院认为构成故意杀人罪、法院一审和辩护人认为构成故意毁坏财物罪、重审认定构成投毒罪。根据同一事实，作出三种不同认定，这主要不是事实和法律问题，而是对被告人主观故意的认定问题，即被告人投毒入井有无"害人"的恶意？检察院指控构成故意杀人罪，显然认为被告人具有危害人身的恶意，重审认定构成投毒罪，也是建立在认定被告人具有危害人身恶意基础上的。二者在认定有"害人"恶意上是一致的。而一审法院和辩护人认为构成故意毁坏财物罪，显然是认为被告人没有或者不能证实其有"害人"的恶意。那么，哪种认定更合乎情理呢？这只能根据普通人的常识或生活的常理来判断。与他人发生争执后，竟将多达 250 毫升的剧毒农药暗中投入到他人院内水井中，明显会对水井使用人的人身安全构成威胁。作为被告人应当是"明知"的。明知自己的投毒入井行为会危害他人的生命、健康而为之，由此认定被告人具有侵害人身的恶意，这是十分合理的。可见，持故意毁坏财物罪的观

---

① 即现行刑法中的投放危险物质罪。投放危险物质罪是 2001 年 12 月颁布的《中华人民共和国刑法修正案（三）》对 1997 年刑法第 114 条、第 115 条规定的投毒罪修改而成的。2002 年 3 月最高人民法院与最高人民检察院联合颁布的《关于执行刑法确定罪名的补充规定》将该犯罪的罪名确立为投放危险物质罪。

② 福建省泉州市鲤城区人民法院刑事判决书〔1995〕鲤刑初字第 197 号。

③ 福建省泉州市中级人民法院刑事裁定书〔1995〕泉刑终字第 258 号。

点和判罚是不正确的。至于被告人"投毒并非为了杀人，而是要让林家的水井不能使用"的辩解，只是一厢情愿的说法，不能接受。更不能因为之前双方曾相互毁坏过对方家庭的生活用品，就通过机械类比得出被告人投毒仅仅是为了毁坏被害人家用水井的结论。

其次，本案还涉及故意杀人罪和投毒罪的区别。应当肯定的是，这两种意见在被告人主观故意的认定上基本一致，没有实质差异。差别主要存在于客体方面，即是否危害到公共安全。如果在公共饮用水井中投毒，无疑具有危害公共安全的性质，应当认定为投毒罪。可本案中的情形是投毒于"宅院内的饮用水井"，危及的只是使用该水井的家庭成员的生命、健康，不涉及其他的人。这种投毒行为针对特定家庭并且危害范围限于特定家庭成员的情形，是否属于危害"不特定多人"的生命、健康，实在是见仁见智的问题。针对特定家庭的多人实施的投毒行为，有判例认为不具有"不特定"性，也有判例认为具有"不特定"性，并未达成共识。重审判决认为"非针对林某一人，而是对不特定多人"，据此认定构成投毒罪。这理由并不充分，因为重审判决把"不止针对一人"（即针对多人）简单等同于"针对不特定人"。这表明对危害公共安全的含义的理解不够全面。危害公共安全的主要内容是危害"不特定多人"的生命、健康，其重心在"不特定性"而不在于"多人"，毒杀特定多人的，未必就具有危害公共安全性，未必不能认定为故意杀人罪。投毒于"宅院之内的饮用水井"其实与投毒于人家的水缸之中相近，而对投毒于他人家用水缸的行为，认定为故意杀人罪并无多少疑问。因此，鉴于投毒危害特定家庭多名家庭成员的行为是否具有不特定性存在认识分歧，对本案被告人的行为认定为故意杀人罪还是投毒罪，属于认识分歧问题。

再回到主观故意内容的认定上来。应当注意，认定为故意杀人罪还是投毒罪对故意内容的要求有细微的差别。认定故意杀人罪，故意的范围限于有危害"生命"的意思；而认定为投毒罪，故意的范围稍宽，不仅包括有危害"生命"的意思还包括有危害"健康"的意思。就本案而言，在被害人没有饮用的情况下，证明投毒故意比证明杀人故意相对容易一点。因为，即使行为人只有危害不特定多人"健康"意思，也可认定具有投毒罪的故意。重审法院判决构成投毒罪估计也与此有关。就犯罪形态问题而言，犯罪既遂的类型不同，结论也随之而异。检察院起诉故意杀人罪，认定是犯罪未遂。重审判决投毒罪，则没有认定未遂，实际是按照犯罪既遂处理。在形态上看似二者结论不一致，一个认为是未遂，另一个认为是既遂，其实都是正确的。因为犯罪形态是"因罪而异"的，故意杀人罪既遂的特点是必须事实发生死亡结果，即所谓结果犯，投毒杀人但未发生死亡结果的，应是故意杀人罪未遂；投毒罪既遂的特点是只要发生足以危害公共安全的危险，即所谓危险犯，投毒未造成死伤结果但造成危险的，对投毒罪而言就成立既遂。

3. 间接故意杀人与过失致人死亡罪的区分

争议点：因工作矛盾用斧背砸塔吊司机，致其因躲避而坠亡，构成间接故意杀人罪还是过失致人死亡罪，还是故意伤害(致人死亡)罪？

【案例】被告人周某(木工)在工地作业时因为塔吊司机宋某未能及时为其进行吊运作业，持木工斧爬上塔吊驾驶室(距地 37 米)，斥责宋某为何不将木材吊过去，说完抢起斧子用斧背砸向宋某后背，致使宋某为躲避而摔出塔吊驾驶室死亡。公诉机关以过失致人死亡罪对周某提起公诉。法院判决周某构成故意杀人罪，处有期徒刑 12 年，剥夺政治权利 3 年。①

在本案件中，法院的判决理由是：被告人因不能正确处理工作矛盾，竟持板斧违章进入高空危险作业区内，对正在作业的宋某行凶，被告人明知自己在特定的高空危险作业区内对他人的行凶行为会造成他人高空坠地死亡的后果，但其放任这种结果发生，致使宋某高空坠地死亡，因而构成故意杀人罪。从推理过程来看，这是一种典型的三段论推理。问题在于：小前提是否真实？在本案中，被告人周某的行为造成了宋某死亡的结果，但从起因、过程分析，被告人对造成被害人死亡的结果应是过失的，不宜认定为具有杀人的间接故意。因为起因不过是作业中配合不好，方式上使用斧背也比较节制，过程是瞬间发生的，被害人坠亡的主要因素是躲避暴力攻击所致，而不是斧头直接造成的。因此，周某对宋某发生坠亡结果认定为过失较为符合生活常理。判决认为"被告人明知自己在特定的高空危险作业区内对他人的行凶行为会造成他人高空坠地死亡的后果，但其放任这种结果发生"，并据此认定被告人对死亡结果是间接故意。判决作出这种认定的前提，与案件的起因、案情的过程和生活常理不符。因为，木工并不熟悉吊塔驾驶室的环境，没有料到会致使被害人坠亡，判决推断的小前提可能就是不真实的。

应当注意，即使认为本案被告人对坠亡结果是过失的，也不排除认定为故意伤害(致人死亡)罪。其要点是被告人的行为本身是否具有故意伤害的性质。如果足以认定具有故意伤害的性质，则可认定为故意伤害致人死亡；如果不足以认定有故意伤害性质，则只能认定为过失致人死亡罪。

---

① 北京市朝阳区人民法院刑事判决书〔1999〕朝刑初字第 1126 号。

本案较为典型地揭示了在暴力行为造成死亡结果的场合定性的疑难点，即故意杀人罪、过失致人死亡罪、故意伤害（致人死亡）罪三者之间的界分。区分的要点是：①足以认定对死亡结果具有故意（直接故意或间接故意）时，认定为故意杀人罪；②不足以认定对死亡结果具有故意但足以认定行为具有故意伤害性质时，认定为故意伤害（致人死亡）罪；③不足以认定行为具有故意伤害性质时，通常考虑是否构成过失致人死亡罪。这虽然一般不影响认定有罪，但是不同定性对处罚有重大影响。在同样是发生死亡结果的情形下，对于故意杀人的，处罚比较严厉，在造成死亡结果的场合（既遂），判处死刑立即执行或者死缓属于较为普通的处罚；对于故意伤害致人死亡的，处罚相对较轻，判处死刑立即执行或者死缓属于例外情况；对于过失致人死亡的，则处罚更轻，一般为 3 年以上 7 年以下有期徒刑。因此，在定性分歧的背后，涉及被告人人身权利的保护问题。

4. 故意杀人（未遂）罪与故意伤害罪的区分

争议点：出于报复用水果刀将对方小孩刺割成轻伤，构成故意杀人（未遂）罪还是故意伤害罪？

【案例1】被告人赖某某与朱某某夫妻系工友。朱某某因怀疑赖某某与其丈夫有不正当男女关系，打电话将怀疑之事告知了赖某某的丈夫何某某，导致赖某某夫妻不和，并因处理此事方法不妥，赖某某被工厂解雇。赖某某因而产生杀掉朱某某儿子以达到报复朱某某的目的。2005 年 9 月 1 日上午，赖某某携带一把水果刀来到幼儿园，找到了朱某某 4 岁的儿子廖某某，然后将其带至该园厕所，用刀在廖某某脖子上刺割了 5 刀，廖某某在挣扎时又被割伤了手、脸部。后赖某某在行凶时被该幼儿园员工发现并抓获。廖某某经送医院抢救脱离危险，经鉴定其损伤程度为轻伤甲级。①

【案例2】被告人黄某某因被害人黄某曾打过其胞弟，黄某某本人也曾打过黄某的小舅子陈某某，当得知黄某要对其报复而怀恨在心，所以要先找黄某报复。2003 年 11 月 13 日 23 时许，黄某某纠集张某某等四人，持事先准备的两支火药枪及一把长剑，找到正在游戏店里观看别人玩游戏的黄某。黄某某喝令黄某不准动，并站在店门口处持枪对准黄某开枪，黄某情急中持一张塑料椅将枪口挡住，塑料椅被射出的铁砂弹丸击穿，黄某身上所穿的衣裤也被铁砂弹丸击破。紧接着，张某某也从门口将手中的火药枪伸入要对黄

---

① 江西省赣州市中级人民法院刑事判决书〔2006〕赣中刑一终字第 5 号。

某射击，被黄某用塑料椅将枪口架高，张某某扣动扳机后，射出的铁砂弹丸击中电子游戏机店卷闸门上方。尔后，黄某某、张某某等人逃离现场。被害人黄某的右手中指关节被火药枪击伤，经法医鉴定属轻微伤。①

从理论上讲，故意杀人(未遂)罪与故意伤害罪的区分并不困难。如果行为人意图杀害他人而实施不法侵害行为，但是由于其意志以外的原因而未能得逞的，造成被害人轻微伤、轻伤、重伤的，一律认定为故意杀人罪(未遂)；如果行为出于伤害他人身体健康的目的而实施不法侵害行为，造成被害人轻伤、重伤甚至死亡(对死亡的后果必须为过失的心理态度，如果对死亡的结果持放任态度，并最终导致他人死亡结果的，为间接故意杀人)的，认定为故意伤害罪。当然，这里所要区分的故意杀人罪(未遂)与故意伤害罪，特指造成被害人轻伤、重伤结果的故意杀人罪(未遂)和造成被害人轻伤、重伤结果的故意伤害罪。在司法实务中，由于它们的区分取决于行为人的主观犯罪意图，因此，在认定上容易产生分歧。在此类案件的处理中，很多事实是必须虑及的，例如：案件的起因、使用的工具、打击的部位、犯罪行为有无节制、行为人与被害人平时的关系、行为人的一贯表现、行为人犯罪后的态度，等等。需要对这些因素进行全面的考虑和综合的评价。

在案例1的处理中，检察院以故意杀人罪(未遂)提起公诉，法院一审判决赖某某犯故意杀人罪(未遂)，处有期徒刑10年。被告人不服，提起上诉。在二审法院审理过程中，辩护人指出，赖某某完全具备杀死被害人的条件，而未出现死亡的结果，其原因是赖某某在实施犯罪过程中见被害人哭喊，动了恻隐之心，主观故意发生了变化，由杀人故意变化为伤害的故意，因此其行为应为故意伤害而非故意杀人。当然，这种情形也是司法工作人员颇为头疼的。如果说赖某某积极追求将被害人廖某某杀死的犯罪目的，她是完全具备这种条件的，因为她手中拿着的是刀，面对的是一个4岁的稚童，最后的结果却仅仅是轻伤。她当时的犯罪故意内容到底是杀害被害人还是伤害被害人？或许她自己都不太清楚。当然，我们也可从另一个方面对此作出推测，即被告人并不想一下就将被害人杀死，而是像"猫抓老鼠"一样延长这个过程以充分发泄自己的怨恨。然而，这种猜测是难以认定的。对于司法机关来说，能认定的就是根据赖某某的供述，她当时就有杀死廖某某，然后自杀的意图；凶器是足以致人以死地的水果刀；被害人被刺、被割的8刀中，有5刀在颈部；其行凶行为被制止时，被害人身上有很多血。相对认定其只有故意

---

① 海南省海南中级人民法院刑事裁定书〔2005〕海南刑终字第81号。

伤害意图的说法而言,认定其具有故意杀人的意图更具有说服力。

就故意杀人(未遂)罪与故意伤害罪的区别而言,有些问题是值得探讨的。例如,在有些案件中,行为人虽然使用了足以致命的凶器,但种种迹象表明行为人只是对被害人可能发生的死亡结果持一种放任的态度,其主观故意是一种故意杀人的间接故意。但如果行为人的行为被他人制止,或者被害人被有效抢救过来了。如果根据其主观心理态度定故意杀人罪(未遂)则不妥。不妥的原因在于:间接故意犯罪不存在犯罪未遂。对于这种情形,定故意伤害罪是一种合理的选择。司法实践中,常会遇到行为人故意的内容是杀人还是伤害这种不确定的情况。例如,甲、乙二人素不相识,只因为乙瞪了下自己,甲不服气,上去朝乙某的要害部位就是数刀。对于这样的情况,从动机上分析,甲究竟是杀人故意还是伤害故意,恐怕甲自己也说不清楚。司法实践对这种情况的解决办法是:行为人携带凶器、动辄行凶、不计后果的,一般认为行为人对自己的行为可能造成的死亡结果和伤害结果均持放任态度,即如果实际发生了死亡结果的,认为对该死亡结果具有间接故意,认定构成故意杀人罪;如果仅仅发生伤害结果的,认为对该伤害结果具有间接故意,认定为故意伤害罪。因为行为人"不计后果",表明对死、伤结果都具有间接故意。这种做法也可以说是一种特定情形下对行为人主观心理的推定。

在司法实践中,对故意杀人罪(未遂)和故意伤害罪的对待还有一个区别,即如果有足够的证据证明行为人有杀人的直接故意,即使只造成被害人轻微伤,也要以故意杀人罪(未遂)论处;而虽然有足够的证据证明行为人有伤害的直接故意,但只造成被害人轻微伤的,一般不认定为犯罪,即不会以故意伤害罪(未遂)论处。

在案例2中,公诉机关以故意杀人(未遂)罪提起公诉,一审法院认定为故意杀人(未遂)罪。被告人不服上诉,二审法院裁定驳回上诉,维持原判。法院之所以认定是故意杀人(未遂)罪,而不是因为被害人仅受了轻微伤就不对不法行为人黄某某予以刑事追究,是因为黄某某使用的凶器是足以致命的火枪,并实施了射击。如果不是被害人情急下用塑料椅挡住,很可能已中弹身亡。判定其故意杀人(未遂)罪是正确的。设想一下,如果黄某某手持的是皮鞭或者木棍,最后造成被害人轻微伤,通常是不会进行刑事立案的,更别说定故意伤害(未遂)罪。然而从理论上来说,故意伤害罪当然是存在未遂状态的。为什么会出现这种理论与实践的脱节,这与故意伤害罪的危害程度、起诉标准、入刑程序有着很大的关联。

二、故意伤害罪

1. 司法实务中故意伤害(预备)罪与故意伤害(未遂)罪的界分

争议点：故意伤害罪(预备)是否需要定罪量刑？

【案例】被告人胡某因房产纠纷与姐夫李某发生矛盾，被人殴打后怀疑是李某指使所为，便伙同白某某等人预谋打李某出口气，并交代主要是想吓唬李某，别打太狠了。后胡某又带白某某等人一块到李某经营的装饰门店指认了地点。不久，白又找到郑某，让其帮忙砍一个人，并许诺给 700 元钱。次日上午，白某某在没有接到胡某通知动手打李某的情况下，指使郑某携刀窜到李某门店。因李某不在，郑某打电话问白某某："李某不在咋办？"白某某说："砍干活的也中。"郑某再次回到李某店内，持刀将工人张某某砍伤后逃走。事后，白某某向胡某索要报酬 2000 元，其中付给郑某 500 元，其余自用。张某某的损伤经法医鉴定为轻伤。公诉机关以寻衅滋事罪对胡某提起公诉，一审法院认定胡某犯故意伤害罪(预备)，判处拘役 6 个月。①

　　故意伤害罪是一种常见高发的犯罪，也是人民法院可直接受理的刑事案件之一(在造成轻伤的情形下)。合理掌握罪与非罪的尺度，对于化解邻里矛盾、维护社会治安具有重要的意义。从司法实践的情况来看，伤害行为造成了轻伤以上危害结果的，才追究刑事责任。无论是检察院公诉还是公民自诉的故意伤害案件，通常需要经合法程序鉴定的轻伤以上的伤情鉴定结论，法院才予受理。如果伤害行为造成的结果没有达到轻伤程度，又不构成其他犯罪的，通常由公安机关当作一般违法行为，给予治安处罚或者劳动教养。即使是造成了轻伤的结果，如果是由被害人自诉的，也允许当事人之间和解。特别需要提醒的是，是否造成了轻伤的结果、达到了起诉的要求，绝不是仅依靠常识判断就能解决的，而必须有经合法程序依据《人体损伤程度鉴定标准》作出的鉴定结论，才具有法律效力。正因为法院受理伤害案件要求提供轻伤以上的伤情鉴定，所以等于是从程序上实际否定了伤害未遂的可罚性，或者说对于这种只造成轻微伤的故意伤害案，通常在立案这一环节就被过滤掉了。这或许考虑到了行为人主观恶性不大及危害结果的轻微，或许还考虑到，即使进入了刑事审判程序，刑法第 13 条的但书还可以提供保障，不以犯罪论处。与其最终被宣告无罪，还不如在立案环节就将之拒之门外，这也是

① 河南省新蔡县人民法院刑事附带民事判决书〔2002〕新刑初字第 88 号。

节省司法资源的需要。不过，在学说上还是认为，对于故意伤害未遂（结果不够轻伤）的，不排除定罪处罚的可能性。例如，明显具有重伤害意图并实施了相应的行为，只是由于行为人意志以外的原因没有造成轻伤以上结果的；或者使用特别危险的物质如浓硫酸损害他人健康，只是由于行为人意志以外的原因没有造成轻伤以上结果，还是可以考虑追究刑事责任的。

　　本案判处被告人胡某故意伤害（预备）罪，并处以 6 个月拘役的实刑。这在全国的司法实践中是极为少见的。原因很简单，因为在司法工作人员心目中，故意伤害造成轻微伤的都不用定罪，故意伤害的预备行为就更不用说了。然而，本案判决后，被告人胡某并未提起上诉，检察院也未因此提出抗诉，社会舆论也未对此提出质疑。为什么呢？原因在于这种判罚符合刑法总则的相关规定，并且，在刑法理论界和司法实务界许多人的认识中，刑法总则指导着刑法分则的适用。在中国刑法理论界，一直有一种倾向，即重总则而轻分则，很多人通常会脱离分则去讨论总则问题，从而陷入空谈。而实际情况却是，在中国司法实务中，刑法总则和刑法分则成了"两张皮"，刑法总则名义上是指导性规定，而实际上只是刑法分则的注释，甚至可以说，在有的时候，相对于刑法分则而言，刑法总则显得有些微不足道。对于犯罪预备行为来说，总则规定应当定罪，但原则上不处罚。而具体到分则的个罪，犯罪预备几乎就不会定罪，更别谈量刑了。一如故意伤害罪，作为侵犯人身权利的严重犯罪，不仅极少出现故意伤害（预备）罪，也极少出现故意伤害（未遂）罪。就本案而言，被告人胡某被定罪判刑，完全是多种因素促成的。首先，被告人白某某与郑某之所以犯故意伤害罪，与胡某当初的召集行为是有关系的，尽管胡某并不需要对白、郑二人的故意伤害罪负刑事责任。其次，也许是促成最终定故意伤害罪（预备）的最重要的因素，是人民检察院直接以寻衅滋事罪对胡某提起公诉，而寻衅滋事罪是不以造成被害人轻伤以上危害结果为必要的，这就直接跳过了立案等程序环节的筛选，而法院又直接作出了判决。

　　这个案件的判罚，也让我们重新审视中国刑法对犯罪预备的规定。刑法总则的规定应以刑法分则的规定为基准。刑法规定对于预备犯应当定罪，尽管刑法第 22 条第 2 款又规定，"对于预备犯，可以比照既遂犯从轻、减轻处罚或者免除处罚"，似乎拟定了一条预备犯原则上不处罚的不成文规则，但只要确定为犯罪，就已经非常严厉了，因为犯罪就像标签一样，会紧紧贴在犯罪人的额头，并留下"后遗症"。从一定程度上说，犯罪预备的设立，更多的是起到一种一般预防的效果。

2. 故意伤害（致人死亡）罪与过失致人死亡罪的界分

争议点：因邻里纠纷在扭打过程中击中对方脸部使得对方颈椎脱位导致高位截瘫，并进而引起呼吸衰竭而死亡，应认定为故意伤害罪（致人死亡）还是过失致人死亡罪？

【案例】被告人许某某与其母亲、妻子在家就餐时，同村村民朱某某夫妇为蚕桑中毒一事，到被告人住处交涉。许、朱二人在交涉中发生争吵，继而互相扭打。被告人许某某与朱某某在扭打过程中，用右手击打朱某某的脸部，朱某某受击打后当即觉得头昏、身体不适并瘫倒在地。事发后，朱某某的亲属及被告人许某某将朱某某送往医院抢救，后因病情严重又转往浙江医科大学附属第二医院抢救。10天后，朱某某死亡。经法医鉴定，朱某某头面部外伤致第五、六颈椎脱位，第五颈椎骨折，压迫颈髓、导致高位截瘫，伤情构成重伤；并进而导致呼吸衰竭而死亡。检察院以故意伤害罪对许某某提起刑事附带民事诉讼。一审法院判处被告人许某某犯过失致人死亡罪，处4年有期徒刑①。检察院提起抗诉。二审法院改判为故意伤害罪，判处有期徒刑10年。②

司法实践中，在已经发生被害人死亡的结果且能够排除故意杀人的场合，通常会涉及故意伤害致人死亡与过失致人死亡的区分。故意伤害（致人死亡）罪与过失致人死亡罪有两点是相同的：①客观上都发生了死亡结果；②行为人主观上对死亡结果的发生都不是故意的。二者区别的要点在于造成死亡结果的行为性质不同：一个是行为本身具有伤害性质；另一个是行为本身不具有伤害性质。如果行为人具有伤害的故意并实施了相应的伤害行为，过失（或非故意地）导致死亡结果的，认定为故意伤害罪；如果行为本身不具有伤害性质，而是由于日常生活、工作中粗心、轻率行为不慎造成他人死亡结果的，是过失致人死亡。

本案缘起邻里纠纷，因小事争吵而相互扭打进而造成其中一人重伤并最终导致死亡。一审法院把关注的重点放在了被害人死亡的结果以及被告人对被害人死亡结果所具有的过失心理态度上，从而认定被告人成立过失致人死亡罪。这也似乎在量刑方面达成了一种潜在的平衡，因为被害人对于案件的发生也有一定过错，被告人犯罪情节并不恶劣，犯罪手段也不残忍，被告人

---

① 浙江省湖州市德清县人民法院刑事附带民事判决书〔2000〕德刑初字第16号。

② 浙江省湖州市中级人民法院刑事附带民事判决书〔2000〕湖中法刑终字第15号。

积极参与对被害人的抢救，被害人的死亡具有一定的延缓性，如果定故意伤害（致人死亡）罪，量刑幅度为 10 年以上有期徒刑、无期徒刑或者死刑，这似乎有些偏重。这时，认定被告人的打击行为本身是否具有伤害性质，是定性的关键所在。从案情来看，二人当时在进行扭打，其行为都具有伤害的性质，尽管被告人有许多值得同情和宽恕的理由，终究他实施了打击行为，并且被害人因为他的打击行为而最终命丧黄泉。定故意伤害（致人死亡）罪应是正确的。当然，针对故意伤害罪的法定刑，是值得提出疑问的。根据刑法第 232 条规定，犯故意杀人的，如果情节较轻，处 3 年以上 10 年以下有期徒刑。这充分体现了罪责刑相适应性原则和刑法人性化的一面。然而，对于故意伤害罪而言，根据刑法第 234 条的明确规定，故意伤害他人身体，致人死亡或者以特别残忍手段致人重伤造成严重残疾的，处 10 年以上有期徒刑、无期徒刑或者死刑。这就意味着，故意伤害他人身体，只要造成了他人死亡的结果，尽管行为人对被害人死亡的结果是过失，尽管犯罪情节是较轻的，也必须至少处 10 年有期徒刑。反而是情节较轻的故意杀人罪处 3 年以上 10 年以下有期徒刑。这种法定刑之间的落差颇令人费解。

3. 故意伤害罪与寻衅滋事罪的界分

争议点：行为人在下班高峰期于繁华的马路附近持刀致他人轻伤（偏重）构成故意伤害罪还是寻衅滋事罪？

【案例】被告人郭某某与被害人付某曾是北方商用电信北京分公司的同事。2000 年郭某某被公司辞退了。郭某某认为是付某在公司里说过他的坏话所导致的，于是纠集被告人李某及吴某（在逃）、郭某（在逃）在北京市海淀区万寿路宾馆北墙外拦截下班回家的付某，对付某进行殴打，并持刀将付某扎伤，致付某创伤性血气胸，肺裂伤，经鉴定为轻伤（偏重）。检察院以故意伤害罪对郭某某、李某提起公诉。一审法院判处被告人郭某某、李某寻衅滋事罪。① 检察院提起抗诉。二审法院改判为故意伤害罪。②

寻衅滋事罪与聚众斗殴罪都是从 1979 年刑法中的"流氓罪"中分离出来的。1997 年刑法第 292 条第 2 款规定，聚众斗殴及致人重伤、死亡的，以故意伤害（重伤）罪或故意杀人罪定罪处罚，这就意味着聚众斗殴罪不能包容致人重伤或死亡的结果。虽然立法对寻衅滋事罪并无类似的规定，但既然以前

---

① 北京市海淀区人民法院刑事附带民事判决书〔2001〕海刑初字第 2918 号。
② 北京市第一中级人民法院刑事附带民事判决书〔2002〕京一中刑终字第 719 号。

的流氓罪和如今的聚众斗殴罪的内容中不能包容重伤或死亡的结果，同样脱胎于流氓罪而且法定刑比聚众斗殴罪更低的寻衅滋事罪，其内容应该也不能包容重伤或死亡的结果。寻衅滋事致人重伤或者死亡的，也应以故意伤害（重伤）罪或故意杀人罪定罪处罚。关于这一点，几乎已达成了共识，实践中也通常是这样判罚的。相对于故意伤害罪而言，寻衅滋事罪并不强求轻伤后果，对于多次殴打他人危害社会秩序的，即使没有造成轻伤结果也可以定罪处罚。可以说，寻衅滋事罪通常涵盖了多个小的犯罪结果，通过综合评价达到犯罪的程度并予以刑事制裁，具有拾遗补缺的功能。

　　司法实践中，由于对只造成轻微伤结果的伤害行为在程序上就基本排除了定故意伤害（未遂）罪的可能，因此，检法关于故意伤害罪与寻衅滋事罪之间的分歧，往往存在于人身伤害致人轻伤的情形。在刑法第 293 条规定的四种寻衅滋事行为中，"随意殴打他人，情节恶劣"与故意伤害罪有相似之处，都表现为对他人人身进行攻击。区别主要在于犯罪客体、行为动机、行为对象的不同。寻衅滋事罪侵犯社会公共管理秩序，而故意伤害罪侵犯他人身体健康；寻衅滋事罪往往是无端寻衅，打人取乐或者显示威风，因此侵害的对象往往是不特定的人，具有"随意性"，而故意伤害罪通常源于一定的事由或者恩怨，因此对象一般也是特定事情的关系人。这些区别是界分二罪的切入点，在此之上，结合案件的其他情节通常就能够准确定罪。在本案中，被告人郭某某与被害人付某原本是同事，被告人殴打被害人也不是无端寻衅、打人取乐、寻求刺激或者显示威风，而是出于报复，事出有因。从整个殴打事件来看，被告人的殴打行为有预谋，有特定的殴打对象，无论是在起因、对象还是殴打的手段上，都不具有随意性。以故意伤害罪定罪处罚是合理的。

　　在前几年的司法实务中，由于检法涉及寻衅滋事罪与故意伤害罪分歧的案件居高不下，引起了检察机关的注意。《2005 年北京市检察机关公诉案件复查报告》专门就这一问题进行了分析，该报告指出，"寻衅滋事里的'滋事'包含有故意伤害的行为"，二者区别的关键在于是否"随意殴打他人"，"随意可分为无事生非型和小题大做型两种类型，无事生非型的犯意早已产生，其对象是'不特定'的，即已经有了一个概括的、模糊的殴打故意之后再去寻找殴打对象；小题大做型的犯意是在他人的刺激下自己借题发挥而形成的，是由于该他人的行为而产生犯意并进而殴打该他人，对象针对的就是该他人，是'特定'的，即因其先行行为引起犯罪人的殴打故意并进而被殴打的人"。而且该报告还特意指出认定"随意"标准是以"社会正常人"为基准，即常人在该情形下不会殴打他人而行为人却殴打他人，表明其随意性。我们认为，该报告以丰富的司法经验为基础对寻衅滋事随意殴打他人与故意伤害罪的界限进行了精辟的分析，表明检察机关不仅重视这个问题，而且提出了合理的解决标准，将对公诉机关与法院在这方面达成共识起到重要的作用。

综上所述，我们认为，认定寻衅滋事罪还是故意伤害罪，有以下三点值得重视：①对案情必须进行综合评价。在被告人造成一人轻伤外还造成一人轻微伤，但难以认定是否属于"随意殴打他人"的情形下，认定为寻衅滋事罪相对合理些。②在行为人没有造成轻伤以上结果的情况下，通常不能指控故意伤害罪，但在情节恶劣的情况下（比如造成数人轻微伤或多次随意殴打他人造成轻微伤），不排除追究行为人寻衅滋事罪的责任。在这样特定的情况下涉及罪与非罪问题，因此，一方面，应当领会、发挥寻衅滋事罪在刑法中的特殊作用，对于即使没有造成轻伤以上结果但情节恶劣的随意殴打他人的行为，以寻衅滋事罪起诉追究刑事责任；另一方面，防止把没有造成轻伤以上结果的故意伤害性质行为按照寻衅滋事罪起诉以规避故意伤害罪的罪量要件。③寻衅滋事过程中，行为人殴打他人不计后果，出现致人重伤、死亡的结果的，应择一重罪以故意伤害罪或者故意杀人罪起诉、判决，而不应只定寻衅滋事罪或者数罪并罚。

4. 故意伤害与防卫过当的界分

争议点： 在被他人持刀砍伤后夺过刀将对方砍成重伤是防卫过当还是故意伤害？

【案例】 被告人陆某某之弟陆某因向被害人冯某某索要赌债而发生争执。被告人陆某某见状上前劝阻，冯某某持菜刀将被告人陆某某砍伤（轻微伤）。当见到陆某某流了许多血时，冯一下慌了，提着刀看着他们。陆某某马上抢过菜刀，连砍冯头面部、右臂、左右手共 7~8 刀，冯双手抱头蹲下，陆某也上前对他拳打脚踢。后经法医鉴定，冯"左颞顶左右各一长约 5 厘米的皮裂伤，深及颅骨，外鼻处砍伤，缝合 10 余针""因损伤致面部遗留 24.5 厘米较明显疤痕"，属重伤。检察院以故意伤害罪对陆某某提起公诉。一审法院认定被告人陆某某防卫过当，犯故意伤害罪，判处有期徒刑 7 个月。① 检察院抗诉称被告人的行为不属于防卫过当，原判适用法律错误，量刑畸轻。二审法院经审理认定不构成防卫过当，判决陆某某犯故意伤害罪，处有期徒刑 3 年，

---

① 北京市朝阳区人民法院刑事判决书〔2004〕朝刑初字第 315 号。

缓刑 3 年。①

本案的处理很有意思。虽然一审、二审都是判定为故意伤害罪，但适用的法律并不相同。一审法院认为被告人的行为属于防卫过当，成立故意伤害罪，但适用刑法第 20 条第 2 款规定，予以减轻处罚，判处有期徒刑 7 个月。而在二审法院的改判中，还是以故意伤害罪定罪，但适用刑法第 234 条第 2 款和刑法第 72 条之规定，判处有期徒刑 3 年，缓刑 3 年。检察院和法院的分歧在于：被告人陆某某的行为是否成立防卫过当并适用减免处罚规定？

防卫过当脱胎于正当防卫，却又与正当防卫制度的立法精神背道而驰，被认定为是一种犯罪行为。随着 1997 年修订的现行刑法对正当防卫限度条件的放宽，防卫过当的成立条件也变得更为严格。然而，如何从正当防卫制度的立法精神出发，正确认定防卫过当的成立，在当前依然具有重要的理论与实践意义。从正当防卫的立法精神和立法目的来看，国家赋予公民正当防卫权，主要是为了在"公力救济"鞭长莫及的特定情形下，借助于公民个人的力量进行"私力救济"，以求使国家、公共利益、本人或者他人的人身、财产和其他权利免遭正在进行的不法侵害行为的侵害。其立法的落脚点在于保护合法权益免遭不法侵害，而不是借助公民的手以达到惩罚不法侵害人的目的。"私力救济"只是"公力救济"的一种必要的补充方式，它并不能取代"公力救济"。正因为如此，国家刑事立法对正当防卫的成立给予了严格的限定，以防止防卫权的滥用与泛化。这其中就包括防卫人必须具有防卫的意图，并且主张以有效制止不法侵害为必要限度。

在本案中，被害人冯某某先用刀将被告人陆某某砍成轻微伤，可见被害人是有过错的，也必须对自己的过错承担相应的责任。陆某某开始作为一个受害人，将刀夺过去，这完全是一种正当防卫的行为。然而，陆某某夺刀后，其本人的人身安全应不存在危险性，因现场有与陆某某同来的三人对被害人形成了围攻之势，且陆某某已持有菜刀，而冯某某却赤手空拳，陆某某举刀对冯某某连砍七八刀，其真实意图不再是为了防卫，而是出于一种报复的心理。其正当防卫行为戛然而止，取而代之的是一种故意伤害。这也可从陆某某在预审期间供述"不能让他白砍两刀"得到佐证。一审法院认为被告人陆某某"已失去正当防卫的本意，明显超过了正当防卫的必要限度"。这种表述本来就自相矛盾：既然陆某某已经失去了正当防卫的本意，那么就不能得出防卫过当的结论。由此可见，检察院的抗诉及二审法院的改判是正确的。而

---

① 北京市第二中级人民法院刑事判决书〔2004〕京二中刑终字第 531 号。

二审法院在改判故意伤害罪并判处原审被告人 3 年有期徒刑之余，又针对被害人在案件起因上存在过错、被告人悔罪态度好、被告人亲属积极赔偿被害人经济损失等事实，适用刑法第 72 条规定，对其适用缓刑。"判三缓三"，这是对故意伤害致人重伤的最轻量刑。这一变化，可谓巧妙。既因宣告刑提高而对检察院抗诉"量刑畸轻"作出了回应，又因宣告缓刑让被告人一方满意而归。至于被害人一方，因自己本有过错在先，且经济损失的赔偿早已达成协议并获得赔付，加上法院判处缓刑完全符合刑法相关规定，可能也不会心存不满。判决此起而彼伏，呈现皆大欢喜的局面，不可谓不高明。

5. 故意伤害罪与滥用职权罪的界分

争议点： 晚上值勤巡逻的公安警察面对不顾示意停车的摩托车，在开枪警告后向摩托车射击，造成车上人重伤，是构成滥用职权罪还是故意伤害罪？

【案例】被告人吉某某（某派出所副所长，案发当时穿新式警服未戴警帽）带领联防队员欧某某（穿便服）、刘某某（穿便服）、何某某（穿旧款公安衬衣）在其辖区内值勤巡逻，吉某某交代联防队员拦截来往车辆进行盘查，主要是拦截摩托车。晚 11 时许，全某某开一辆无牌摩托车路过，被拦住，经检查后扣押该车。在双方交涉过程中，彭某开着一辆摩托车载着刘某某与其弟彭某某（被害人）经过。吉某某等见到后用手势和手电筒示意停车，彭某因不明其身份而加速从中间冲了过去。吉某某见状就掏出佩带的"七七"式手枪朝天鸣一枪，在追赶的过程中又朝摩托车方向开一枪，坐在摩托车后尾的彭某某被一颗子弹击中后腰部。彭某听到其弟说被枪击中后停车为其检查，后将被害人送往医院抢救。吉某某开枪后还继续和其他队员一起原地拦车。被害人彭某某接受医院手术抢救时被切除受枪伤的左肾、胆、部分肝叶及进行横结肠修补术，经鉴定为重伤。检察院以滥用职权罪对吉某某提起公诉。原一审法院认定被告人滥用职权罪，免于刑事处罚。[1] 被告人以不构成犯罪为由提出上诉，检察院以一审判决量刑畸轻为由提起抗诉。二审法院裁定撤销原判决，发回重审。[2] 一审法院重审判决被告人吉某某犯故意伤害罪，处有期徒刑 3 年，缓刑 4 年。[3] 被告人吉某某不服，再次上诉。二审法院维持

---

[1] 海南省三亚市城郊人民法院刑事判决书〔2001〕城刑初字第 310 号。
[2] 海南省三亚市中级人民法院刑事裁定书〔2002〕三亚刑终字第 3 号。
[3] 海南省三亚市城郊人民法院刑事判决书〔2003〕城郊初字第 114 号。

故意伤害罪定罪，但鉴于其有自首情节，在量刑上有所宽缓，判处有期徒刑2年，缓刑3年。①

　　司法实践中，因滥用职权罪与故意伤害罪发生检法分歧的案例并不多见，滥用职权罪与故意伤害罪的区分似乎也很明朗：前者的犯罪主体是特殊主体，而后者为一般主体；前者侵犯的客体是国家的正常活动，而后者侵犯的是他人的身体健康权；前者滥用职权虽通常是故意的，但对于危害结果的发生则是一种过失，而后者对危害结果的发生为故意的心理②。

　　其实，就本案而言，单从危害结果来看，并不构成滥用职权罪。根据2006年公布施行的《最高人民检察院关于渎职侵权犯罪案件立案标准的规定》，滥用职权"造成死亡一人以上，或者重伤二人以上，或者重伤一人、轻伤三人以上，或者轻伤五人以上的"，才予以立案。本案发生在2001年，当时并无关于滥用职权罪成立的必要条件"致使公共财产、国家和人民利益遭受重大损失"的具体立法和司法解释，通常是以最高人民法院1999年9月发布的《关于人民检察院直接受理立案侦查案件立案标准的规定（试行）》作为办理滥用职权罪中衡量"重大损失"的参考依据。但即便如此，本案危害结果也未达到该《规定》所要求的"造成死亡一人以上，或者重伤二人以上，或者轻伤五人以上"的标准。但案例给我们提出了一个问题：国家机关工作人员在执行职务过程中违法造成他人伤亡达到滥用职权罪立案的标准，是否一律定滥用职权罪？抑或是滥用职权罪与故意伤害罪、故意杀人罪存在竞合而从一重论处？

　　本案的关键在于吉某某的行为是否属于"滥用职权"。所谓"滥用职权"，是指违反法律规定的权限和程序，非法地行使本人职务范围内的权力，或者超越其职权，擅自决定或处理没有具体决定、处理权限的事项。吉某某拦截可疑摩托车辆进行盘查，这是其职权所及。当彭某骑着摩托车不顾停车示意

---

①　海南省三亚市中级人民法院刑事判决书〔2003〕三亚刑终字第23号。
②　关于滥用职权罪的罪过形式，学界存在三种不同的观点，分别为：1."过失说"。其认为"行为人滥用职权行为本身往往是故意的，但对损害结果则是过失的"。参见：何秉松. 刑法教科书（下卷）[M]. 北京：中国法制出版社，2000：1142 – 1143. 2."故意说"。参见：赵秉志. 刑法新教程[M]. 北京：中国人民大学出版社，200：853 – 854；刘艳红. 刑法学各论[M]. 北京：北京大学出版社，2004：328；曲新久. 刑法学[M]. 北京：中国政法大学出版社，2006：324；张明楷. 刑法学[M]. 北京：法律出版社，2007：897. 3. "过失、间接故意并存说"或"间接故意、过失并存说"。前者参见：欧阳涛，等. 中华人民共和国新刑法注释与适用[M]. 北京：人民法院出版社，1997：875；周道鸾，张军. 刑法罪名精释[M]. 北京：人民法院出版社，2007：848 – 849. 后者参见：黄太云，滕炜. 中华人民共和国刑法释义与适用指南[M]. 北京：红旗出版社，1997：596.

一冲而过后，吉某某鸣枪后向被害人射击，不符合《中华人民共和国人民警察使用警械和武器条例》第9条关于人民警察在紧急情况下经警告无效可以使用武器的任何一种情形，属于违法使用武器。并因其违法使用武器，导致被害人重伤。根据该条例第14条规定，应予追究刑事责任。就滥用职权造成他人伤亡的情形而言，行为人滥用职权是故意的，但对于造成他人伤亡则是过失的。如果说，滥用职权致人伤亡包含滥用职权故意使用武器造成被害人死亡的情形，其在没有徇私舞弊的情形下，7年的最高法定刑显然是无法做到罪责刑相适应的。刑法第247条规定司法工作人员刑讯逼供或者暴力取证致人伤残、死亡的，依照故意伤害罪、故意杀人罪定罪并从重处罚，这也体现了这一原则。再回到本案中来。作为一名配备有公务用枪的派出所副所长，吉某某当然知道执行公务过程中使用武器的许可情形和禁止情形。在彭某不听其示意且其已经追不上彭某的情况下，吉某某公然违背《中华人民共和国人民警察使用警械和武器条例》第9条规定，对摩托车进行射击，这已不是违法行使职权，而是对对方不听"指挥"的一种发泄和报复，是他恼羞成怒的表现，放任了他人伤亡结果的发生，应以故意伤害罪定罪处罚。可以说，无论是否符合滥用职权罪的立案标准，本案都谈不上想象竞合，而只能以故意伤害罪论处。

三、过失致人死亡罪

1. 过失致人死亡罪与故意杀人罪共犯的区分与认定

争议点：旁观凶手杀人，并协助凶手将误以为死亡的被害人沉入河中导致昏迷的被害人窒息身亡，成立过失致人死亡罪还是故意杀人罪共犯？

【案例】被害人张某某是精神病人，经常到被告人李某某家里吵闹，李不胜其烦，于是叫上被告人张培某、李某，想将张某某打一顿，给其一个教训。三人来到张某某家里后，用拳头、木棍将张某某打了一阵子后离开。当晚11点多，被告人张培某想，张某某可能死了，为避免麻烦，不如将尸体抛入河中。于是叫上了被告人张秋某、张某二人到了张某某家，发现地上有一摊血，但张某某竟然没死，还在痛苦地呻吟。张培某想，反正张某某大概也活不成了，同时为了免被告发，就举起一块石头猛砸张某某的胸口，直至其不再动弹。期间，张秋某、张某在一旁站着。后张培某叫张秋某、张某将张某某的尸体装入纤维袋，与另一个装有石块的纤维袋绑在一起沉入河底。案发后，五名被告人被逮捕。经法医鉴定，张某某开始被三人殴打的伤为轻伤，张某某实为入水后窒息身亡。检察院提起公诉。法院认定被告人李某某、李某为故意伤害罪共犯，认定被告人张培某、张秋某、张某成立故意杀人罪共同犯罪。①

在本案处理中，检法并无分歧。但该判罚存在两个问题：第一，被告人张培某是否应该以故意伤害罪与故意杀人罪数罪并罚？第二，被告人张秋某和张某该定何罪？

对于第一个问题，我们认为被告人张培某应该以故意伤害罪和故意杀人罪数罪并罚。从案情的发展来看，被告人李某某纠集张培某、李某殴打被害人张某某，目的是通过殴打给张某某"一个教训"，如果是将对方打死，也就谈不上什么"教训"了。另外，三被告打人时用的是拳头、木棍，事后的法医鉴定也证实当时张某某所受的伤只是轻伤。可见，李某某、张培某、李某三人成立故意伤害罪共同犯罪。法院对李某某、李某以故意伤害罪论处，这无可厚非。张培某殴打后猜测张某某可能死亡，为避免不必要的麻烦而决定"抛尸"，并带领张秋某、张某二人再次来到作案现场。在意外地发现被害人张某某仍未死时，张培某决定"一不做，二不休"致张某某于死地。此时，张培某的犯罪意图不再是故意伤害，而是杀人灭口。虽然两次行凶张培某都参与其中，而且施暴的对象是同一个被害人，施暴的时间间隔也不长，但两次犯罪行为并不存在牵连或者竞合关系，而是在不同的犯罪故意内容下实施了不同的犯罪行为，应该数罪并罚。至于第二次行凶时，被害人张某某死亡的原因与被告人张培某预料的不一致，但只成立故意杀人既遂，而不是以故意杀人（未遂）罪与过失致人死亡罪数罪并罚。

对于第二个问题，我们认为被告人张秋某和张某应成立过失致人死亡罪而不是故意杀人罪。从整个案件进展来看，被告人张秋某与张某一直就不存在杀人的故意。当他们跟随张培某前往作案现场时，是准备帮助张培某将被害人张某某的"尸体"抛入河中；当他们最后将被害人张某某装入纤维袋沉入河中导致未死的被害人窒息身亡时，他们和张培某一样以为被害人已经死亡。可见，在整个案发过程，张秋某和张某始终没有杀人的故意，而只是因疏忽大意没有预见被害人还活着，属于过失致人死亡。为什么检察院以故意杀人罪起诉二人，而法院也最终以故意杀人罪判罚呢？唯一的解释就是认为张秋某、张某与张培某成立故意杀人罪的共犯。为什么张秋某和张某没有实施暴力行为也构成故意杀人既遂呢？理由一是"一部行为，全部责任"；理由

---

① 湖南省永州市中级人民法院刑事判决书〔2006〕永中刑初字第 67 号。

二是"不作为故意杀人"。果真如此吗？诚然，面对张培某的杀人行为，二人袖手旁观、无动于衷，"放任"了故意杀人行为的发生。但这里的"放任"显然与刑法中故意犯罪心理状态的"放任"大相径庭。他们构成不作为杀人吗？答案也是否定的。不作为构成犯罪的条件之一是行为人负有实施某种积极行为的义务，例如：法律、法规所规定的特定义务；或者职务上或业务上要求履行的义务；或者法律行为所引起的义务；或者先前行为所引起的义务。而本案中，张秋某与张某显然不具备这几种义务。他们的冷漠无情确实应该受到道德的谴责，但他们并不因见死不救而构成故意杀人罪共犯。他们因疏忽大意导致被害人入水窒息死亡，必须为其过失致人死亡罪承担相应的刑事责任，但判定他们故意杀人罪属于定性错误。

2. 过失致人死亡罪与防卫过当的关联

争议点： 在小偷手持起子进行攻击时，用木棍劈头盖脸一通乱打，后小偷因没能得到及时救助而死亡，行为人该定何罪？

【案例】被告人王某某（1990 年因盗窃罪被判刑，1999 年减刑释放）2000 年某日骑自行车回家，半小时后，发现停放在坪里的自行车不见了，便在院内寻找。后见煤房小巷内有一小偷正在撬自行车的锁。当小偷发现王去抓他时，便用手中的起子对着王的肋部刺来。王躲过后，从地上捡起一根木棒打过去。因小偷手中的起子一直没丢，王继续一顿乱打，后小偷跌坐在煤房的墙边。被告人王某某扔下棍子推车去外面吃午饭。王吃完午饭回来，看见小偷仍坐在那里，觉得其可怜，便拿出身上仅有的 20 元钱叫人用板车将小偷拉到诊所去治病。诊所医生听说是小偷，没有给他看病。其间市公安局110 曾派干警到现场，也没有管就走了。小偷在当晚死亡。经鉴定：死者系因他人用表面较光滑的钝器打击头部及腰背部致脾破裂大出血，颅内蛛网膜下腔广泛出血而死亡。检察院以故意伤害罪提起起诉。一审法院判定被告人行为为防卫过当，以故意伤害罪判处被告人王某某有期徒刑 3 年。检察院以量刑畸轻为由提起抗诉，被告人以正当防卫为由上诉。二审法院裁定驳回抗诉、上诉，维持原判。①

该案件有两个问题值得探讨：其一，被告人的行为是正当防卫还是防卫过当？其二，如果被告人的行为构成防卫过当，那么是以故意伤害（致人死亡）罪论处还是以过失致人死亡罪论处？

---

① 湖南省郴州市中级人民法院刑事裁定书〔2000〕郴中刑终字第 105 号。

就第一个问题而言，我们认为被告人的行为属于防卫过当。防卫过当之所以区别于正当防卫，在于它违背了正当防卫成立的限度条件，也就是说，防卫过当的成立条件是原受害人或者第三人的防卫行为"明显超过必要限度造成重大损害"。防卫行为只有同时符合"明显超过必要限度"和"造成重大损害"，才构成防卫过当。对于"防卫限度"的标准，"必要说"是占主导地位的，即正当防卫以有效制止不法侵害为必要限度，具体而言为：①为了避免强度较轻的不法侵害，就不允许防卫行为采取过重的强度。如果较轻的强度不足以制止不法侵害，可以采取较重的防卫强度。②采用较缓和的防卫手段足以制止不法侵害，就不允许采取激烈的防卫手段。在"必要限度"的具体判断标准上，国内外刑法学界存在"主观说"和"客观说"。英美法系国家和地区刑法在此问题上大多采用"主观说"，而我国刑法采取"客观说"。但这种客观的判断，必须考虑防卫人与侵害人的年龄、性别、体力的差异和力量的差别、攻击的缓急程度、法益的比较等，根据具体情况作出综合的判断。

在本案中，当王某某面对小偷手持作案的起子刺来时，拿起木棍进行反击，这本是一种正当防卫。只不过起子短而木棍长，王某某一下就占了上风。看到小偷仍不"束手就擒"，不丢掉手中的起子，在"负隅顽抗"，王某某继续一通乱打。或许因为打的是小偷，而且是手拿作案工具兼凶器的小偷，王某某一直认为自己的行为是正当的，这也可从他的辩解中得到证实。只是他打过了，明显超过了限度造成重伤并引发死亡，应该属于防卫过当。本案审理中，辩护人认为小偷的行为已转化为抢劫，因此王某某的行为属于无限防卫。这是对刑法第20条的误读。虽然国家鉴于严峻的治安形势放宽了一般正当防卫的限度条件，并第一次以立法形式将无限防卫纳入刑法，但并不意味着国家意图通过这种私力救济权借防卫人之手去给不法侵害人以更严厉的惩罚，其真正用意在于使守法公民在面临正在进行的不法侵害时能更好地行使防卫权，维护合法权益。无限防卫是相对而言的，有其成立的严格条件，即使是面对抢劫，也必须在严重危及人身安全的情形下才能使用，在危险结束或者微不足道时，仍痛下杀手，仍声称是正当防卫，只是对防卫权的误解和滥用。

关于第二个问题，这涉及一个重要的问题，即防卫过当的罪过形式问题。关于防卫过当的定性，各国刑法几无分歧而言。与一般犯罪相比，防卫过当尽管有起因上的特殊性，但仍然被认定是一种犯罪。然而，对于防卫过当罪过形式的认定，则一直存在很大的分歧。目前，只有少数国家或者地区通过刑事立法对防卫过当的罪过形式加以明文规定。而即使是在刑法中明确规定防卫过当罪过形式的国家，其规定的内容也不尽一致。①就我国而言，同大多数国家一样，我国刑法也未对防卫过当的罪过形式作具体规定，且没有相应的司法解释而仅停留在学理解释的层面，分歧很大，大体有以下几种观点：①认为防卫过当的罪过形式只能是过失②；②认为防卫过当只能是间接故意犯罪③；③认为防卫人对于防卫过当的心理态度有三种情况：故意（可能是直接故意，也可能是间接故意）、过失（可能是疏忽大意的过失，也可能是过于自信的过失）、没有罪过④；④认为只能是疏忽大意的过失⑤；⑤认为防卫过当在通常情况下属于过失犯罪，有的也可能属于间接故意犯罪，但不可能是直接故意犯罪⑥，这也是我国刑法理论界的主流观点。

关于防卫过当罪过形式的分歧，对我国司法实践的影响是非常大的。例如，我国刑法第 65 条规定："被判处有期徒刑以上刑罚的犯罪分子，刑罚执行完毕或者赦免以后，在 5 年以内再犯应当判处有期徒刑以上刑罚之罪的，是累犯，应当从重处罚，但是过失犯罪除外。"而根据刑法第 74 条与第 81 条第 2 款规定，累犯不能适用缓刑或者假释。如此一来，倘若行为人犯有被判处有期徒刑以上刑罚的故意犯罪，在刑罚执行完毕或者赦免以后，在 5 年内再因防卫过当犯应当判处有期徒刑以上刑罚之罪。如果说防卫过当的罪过形式只能是故意，则构成累犯，应当从重处罚，并且不能适用缓刑或者假释；如果只能是过失，则不符合累犯构成条件，可以适用缓刑和假释。可见，对

---

① 例如：有的以总则规范规定防卫过当的罪过形式为过失。如奥地利刑法第 3 条第 2 款规定、巴西刑法第 21 条附款规定、意大利刑法第 55 条规定等。也有的国家以分则规范将防卫过当规定为过失犯罪的。如蒙古刑法第 72 条规定、第 74 条规定。有的国家则以刑事立法形式规定防卫过当的罪过形式为故意。如 1954 年阿尔巴尼亚刑法第 153 条规定、俄罗斯刑法第 37 条第 3 款规定。德国、日本等国刑法虽没有对防卫过当的主观罪过形式加以明文规定，但其刑法学界也把它归之于故意。其通说认为，只有当行为人对过当这一事实有认识时，才是防卫过当；如果对过当没有认识，即过失的防卫过当情形，则是一种假想防卫。

② 何秉松. 刑法教科（上卷）[M]. 北京：中国法制出版社，2000：408；张明楷. 刑法学（上）[M]. 北京：法律出版社，1997：234；曾宪信，江任天，朱继良. 犯罪构成论[M]. 武汉：武汉大学出版社，1988：134.

③ 王政勋. 正当行为论[M]. 北京：法律出版社，2000：195.

④ 马克昌. 犯罪通论[M]. 武汉：武汉大学出版社，1991：737 – 738；苏惠渔. 刑法学[M]. 北京：中国政法大学出版社，1994：185 页.

⑤ 利子平. 防卫过当罪过形式探讨[J]. 法学评论，1984(2).

⑥ 高铭暄. 新编中国刑法学[M]. 北京：中国人民大学出版社，1998：286；陈兴良. 论我国刑法中的正当防卫[M]//赵秉志. 全国刑法硕士论文荟萃. 北京：中国人民公安大学出版社，1989：300；赵长青. 新编刑法学[M]. 重庆：西南师范大学出版社，1997：184 – 185；王作富. 中国刑法研究[M]. 北京：中国人民大学出版社，1988：211 – 212.

防卫过当罪过形式认定上的分歧势必会使司法机关在涉及防卫过当如何定罪、是否构成累犯、应否从重处罚、能否适用缓刑和假释等问题的处理上陷入混乱。

我们认为，要正确揭示防卫过当的罪过形式，首先必须区分刑法上的"故意""过失"与一般生活意义上的"故意""过失"的含义。刑法上的"故意"是指"行为人明知自己的行为会造成危害社会的结果并且希望或放任这种结果发生的一种心理态度"。而一般生活意义上的"故意"是指"有意识地（那样做）"。毫无疑问，在防卫中，防卫人的反击行为是他"有意识地"反击，而不是因疏忽所做出的行为，但这只是从一般生活意义上的"故意"而言的。不能因为正当防卫出于一般生活意义上的"故意"就推定防卫过当是一种故意犯罪。防卫过当的前提是必须存在正当防卫，这一点从刑法第 20 条对防卫过当的规定可以推定。刑法第 20 条第 2 款明确规定："正当防卫明显超过必要限度造成重大损害的，应当负刑事责任，但是应当减轻或者免除处罚。"可见，防卫过当脱胎于正当防卫，只是因为该防卫行为违背了法定的限度条件，才构成防卫过当。严格说来，在所有最终构成防卫过当的事发过程中，防卫人在前一阶段的行为是正当防卫行为，但随着事态的进一步发展，防卫行为最终明显超过了"必要限度"这个临界点并造成重大损害，因而构成防卫过当。若对整个过程进行剖析，是前期行为合法而后期行为违法，但法律并不会也把这整个过程分割开来分别进行法律认定，而只会将它看成一个整体，即防卫过当。而在实际的防卫过当案件中，我们也很难认定哪一段是正当防卫，哪一段是防卫过当，因为这个点几乎是瞬间即逝的。另外，有一种情况是必须注意并与防卫过当加以区分的，即刚开始也是正当防卫，然而在侵害的紧迫性已经排除后仍继续攻击（注意：这里用的词是"攻击"而不是"防卫"），从而造成重大损害结果。表面上看，这种情形与防卫过当似乎一模一样，其实不然。在防卫过当中，防卫人一般对侵害的紧迫性已经排除并不知晓，也就是说应当预见侵害的紧迫性已经排除，如果再继续反击可能会造成危害社会的结果，但由于疏忽大意而没有预见或者以为这仍然是正当防卫。因此，他仍然抱着防卫的意图进行"防卫"，最终导致防卫过当。在少数情况下，防卫人对侵害的紧迫性已经排除以及自己再行反击可能会造成危害社会的结果已经有所预见，但轻信能够避免，仍然怀着防卫的意图进行"防卫"，终于导致防卫过当。可见，在正当防卫进展到防卫过当的过程中，这种防卫意图一直贯穿其中。反观后一种情况，防卫人对侵害紧迫性的排除已经知晓，但出于一种故意的报复心理进行攻击，其防卫的意图已为报复的欲望所代替，虽然最终与防卫过当一样造成重大损害，但其主观上的意图已有所差异。因此，这不是防卫过当，而是事后防卫，是一种故意犯罪。在法律上，这种情形不再像防卫过当那样当成一个整体进行法律评价，而应该分割开来认定，即其前段的行为是正当防卫行为，而后段的行为是故意犯罪。

除了这两种情形外，其实还有第三种情形，即防卫人虽然对侵害的紧迫性已经知晓，而不再处于"应当预见"状态，但是他以为自己的继续攻击是法律所允许的正当防卫行为，最终造成重大损害。这种情况应当归于"行为人的认识错误"，属于"违法性错误"中的"消极错误"，应根据"消极错误"的认定原则，不排除其违法性，以过失犯罪论处。但这种过失犯罪与因防卫过当而被判定的过失犯罪是不能被混为一谈的。当然，防卫人在出于制止不法侵害的意图而进行防卫时，这种防卫的意图完全有可能不是纯粹的，其中可能夹杂着对防卫行为可能造成重大损害的放任，但既然在正当防卫进展到防卫过当的过程中防卫意图一直贯穿其中，就很难认定防卫人明知自己的行为会发生危害社会的结果。而倘若行为人明知自己的行为会发生危害社会的结果，并希望或放任重大损失的发生，这也不再是防卫过当了，而是一般的故意犯罪，尽管它与防卫过当一样有着正当防卫的开端。①司法实践中，由于执法人员往往将上述三种情形不加区分混为一谈，一律认定为防卫过当，从而造成定罪量刑的混乱，这是值得警觉和防范的。

由此可见，防卫过当的罪过形式应该是过失，而且大多数是疏忽大意的过失，而不可能是故意。对于本案被告人的判罚，我们认为属于防卫过当，应当定过失致人死亡罪，被告人不构成累犯。

第二节　侵犯性自由权利的犯罪

我国刑法规定的侵犯公民性自由权利的犯罪共有三个，分别为强奸罪，强制猥亵、侮辱罪以及猥亵儿童罪。其中，强奸罪的犯罪对象通常是妇女，对于奸淫幼女的，依照强奸罪定罪并从重处罚；强制猥亵、侮辱罪的犯罪对象是儿童以外的其他人；猥亵儿童罪的犯罪对象是 14 周岁以下的男女儿童。由此可见，我国刑事立法在性犯罪问题上多关注对妇女、儿童的保护。就相关司法实践来看，所要面临的问题更多，例如：婚内强奸是否成立？乱伦强

---

① 刘刚. 论防卫过当的成立及其罪过形式[J]. 经济与社会发展, 2006(7).

奸是否属于刑法第 236 条第 3 款规定的"强奸妇女、奸淫幼女情节恶劣"并适用该款法定刑？强奸案中部分犯罪嫌疑人奸淫完毕，部分犯罪嫌疑人放弃奸淫，是否一律认定为强奸既遂？强奸案中，两人既遂，一人未完成奸淫，是否全部适用轮奸规定？14 周岁以上的男子受到强制性肛交该如何认定？奸淫卖淫女后给对方钱而对方也收下的，是否还构成强奸罪？被害人是强奸犯的前妻的事实能否作为从轻处罚的酌定情节？层出不穷并千奇百怪的性犯罪案件给我国刑事立法以及司法部门提出了挑战，也容易导致检、法部门在定罪量刑方面的分歧。

一、强奸罪

1. 对"违背妇女意志"的认定

争议点：：妇女在被控制的情况下，提出发生性关系的某种前提条件，行为人是否为违背妇女意志？

【案例】被告人肖某伙同葛某(在逃)到西宁市某 KTV 歌厅娱乐，坐台小姐吴某某、谈某作陪。次日凌晨 2 时许，被告人肖某和葛某结完账，葛某要求吴某某送其回家，吴未答应，葛某便向肖某要过刀子，并划破吴的手指。肖某也以黑社会对歌厅工作人员进行恐吓，致使其不敢报警。葛某将被害人吴某某带回家，肖某随后也来到葛家，睡在另一房间。葛某强奸吴后，叫肖某，肖某欲与吴某某发生关系，吴提出"你让我回家，我答应你"的条件，随后二人发生了性关系。公诉机关以强奸罪提起公诉。一审法院宣告被告人肖某无罪。① 原公诉机关的上一级检察院以一审判决定性错误为由提出抗诉。法院二审认定被告人肖某构成强奸罪，且属轮奸，改判原审被告人肖某犯强奸罪，处有期徒刑 10 年，剥夺政治权利 1 年。②

本案一审法院与检察院的分歧在于对强奸罪中"违背妇女意志"的理解和认定。刑法第 236 条关于强奸罪的罪状中，并无"违背妇女意志"的规定，这并不表明强奸罪的成立不需要该要件，而是因为在强奸案中，行为人是否"违背妇女意志"，这是昭然若揭、不言而喻的。在涉嫌强奸的案件中，行为

---

① 青海省西宁市城中区人民法院刑事判决书〔1998〕中刑初字第 60 号。
② 青海省西宁市中级人民法院刑事判决书〔1998〕宁刑终字第 163 号。

人是否违背了妇女意志，是认定强奸罪的关键所在。而确认行为人是否违背了妇女意志，又必须把行为人所使用的暴力、胁迫或者其他手段联系起来加以考虑，否则，是否违背妇女意志就失去了客观依据。①本案的被害人是坐台小姐，根据人们一般的认识，坐台小姐在某种程度上类似于"不正当职业女性"，甚至等同于卖淫女。在司法实践中，司法工作人员切忌因被害人的特殊身份而在审理案件时戴上"有色眼镜"。在对本案的处理过程中，一审法院认定吴某某与肖某发生性关系时有"配合"行为，从而认定其是自愿发生性行为，这是孤立看问题所致。从案件的发展来看，当犯罪人葛某对被害人吴某某实施暴力、胁迫、劫持过程中，肖某就在现场，并积极配合，不仅将随身携带的刀递给葛某，致使葛某进一步持刀威胁和殴打吴某某，将吴的手指划破，还以黑社会恐吓歌厅工作人员，使其不敢报警，导致吴某某陷入孤立无援的境地，导致葛某更加有恃无恐地将吴某某挟持回家。葛某挟持一个坐台小姐深夜回家，意欲何为？肖某肯定是心知肚明的。可以说，即使后来肖某没有强奸吴某某，他也难逃罪责。当肖某欲与吴某某发生关系时，吴没有表现出明显的反抗与拒绝。从当时的案发环境来看，是符合情理的。深夜面对一个挟持并强奸了自己的罪犯的同伙，自己又陷入孤立无援的境地，一种巨大的精神压力包围着被害人，为避免因拒绝而挨打甚至引发更大的不测，被害人只有假装顺从，才能尽快脱身。被害人吴某某提出"你让我回家，我答应你"的"条件"，恰恰说明了其主观上的不愿意。这是不敢反抗，而不是不想反抗，认定其违背了被害人意志，合情合理。这一点也可从被害人事前的拒绝、反抗以及事后的立即报案得到佐证。如果避开肖某的协助挟持行为，不虑及具体的案发环境，仅将目光锁定在被害人没有拒绝和反抗并进而认定被害人是自愿的，这就犯了"形而上学"的错误，导致静止、孤立地看待问题，有失公允。在此类案件的审理过程中，不能把"妇女能抗拒而不抗拒，或者不作真正的抗拒"，作为构成强奸罪的基本特征，它只是判断是否违背妇女意志的客观条件之一。因为，不少犯罪分子对作案的时间、地点、环境等条件都进行了选择，以便对被害妇女进行精神强制，削弱以至消除被害妇女的反抗意志和反抗能力，使其不敢反抗或不能反抗。对被害人未作反抗或者

---

① 周道鸾，张军. 刑法罪名精释——对最高人民法院最高人民检察院关于罪名司法解释的理解和适用[M]. 北京：人民法院出版社，2007：424.

反抗表示不明显的，应通观全案，具体分析，精心区别。否则，苛求于被害妇女，就可能轻纵犯罪人。而且，认定是否违背妇女意志，也不能以被害妇女作风好坏来划分。① 即使被害人是卖淫女，如果行为人违背其意志，强行与之性交的，也应以强奸罪论处。

2. 强奸罪主观目的的认定

争议点：以特殊方式实施体外性行为，导致对方死亡，是否属于强奸中止？

【案例】被告人姜某某与黄某是一对恋人。2002 年 8 月至 2003 年 1 月，两人曾在海南、长沙游玩，并多次同宿一室。2003 年 2 月 23 日，姜某某与黄某回到黄某的宿舍同宿。姜某某与黄某亲吻、抚摸后，提出与黄性交。黄将双腿夹紧，姜即用双手扳黄的双下肢，黄不依，表示等结婚时再行其事，姜便改用较特殊方式骑跨在黄的胸部进行了体外性活动，之后两人入睡。熟睡中黄某吐气、喷唾液、四肢抽搐，姜惊醒询问，黄未作答，姜便又睡。早上 6 时许，姜某某起床离开黄某的宿舍回到父母家。约一小时后，姜某某多次拨打黄某的手机无人接听，后回到黄的宿舍敲门没有应答，且发现黄某又未在单位上班，姜便将此情况向其单位领导反映。单位派人从楼顶坠绳由窗户进入黄某的宿舍，发现黄某裸体躺在床上，已经死亡。经法医鉴定，黄某死于肺梗死引起急性心力衰竭与呼吸衰竭，系在潜在病理改变的基础下，因姜某某采用较特殊方式进行的性活动促发死亡。检察院以强奸（中止）罪提起公诉，法院判决被告人无罪，但须对死者死亡后果负 50% 的民事责任。②

本案中，检察院与法院的分歧涉及强奸罪的定性问题。检察院认为，被告人姜某某虽然与黄某是恋人关系，但在黄某不肯婚前发生性行为的情况下，违背黄某的意志，强行用双手扳黄某下肢。虽然被告人最终放弃了强行性交的行为，只是改用特殊方式进行了体外性活动，但这一系列的行为最终引发了黄某的死亡，足以构成强奸罪犯罪中止。从表面上看，被告人的行为似乎符合强奸罪的犯罪构成，如：违背了妇女的意志；使用了暴力；试图强行性交。但却忽视了强奸罪成立的主观要件——直接故意，并具有强行奸淫的目的。从本案来看，被告人姜某某与黄某本是一对热恋中的情人，相处也

---

① 周道鸾，张军. 刑法罪名精释——对最高人民法院最高人民检察院关于罪名司法解释的理解和适用 [M]. 北京：人民法院出版社，2007：424.

② 湖南省湘潭市雨湖区人民法院刑事附带民事判决书〔2004〕雨刑初字第 6 号。

有几年的时间。事发当日，姜某某留宿于黄某的房间并进行了亲吻、抚摸等亲热的行为后，提出性交的要求，这是恋人之间感情发展的自然要求，是人性的本能表现。虽然在黄某不肯发生婚前性行为的执意下，姜某某也试图强行为之，但只是希望因此而使对方放弃执意而答应体外性活动。我们可以把这看成是恋人之间的嬉闹或者执拗，而不应视同为试图强行奸淫。这也可以从黄某承诺婚后发生性关系，被告人随即放弃体现出来，被告人实际上尊重对方的意愿并压制着自己的性欲。

检察院之所以会提起公诉，重要的原因恐怕不是被告人为发生婚前性行为而用强或者采用骑跨黄某胸前的特殊方式进行了体外性活动，而在于黄某的死亡。人一死，事态就扩大了。死者的家属在悲伤之余，会要求查清黄某的死因。在查得姜曾试图发生婚前性行为并用了强还采用特殊方式进行了体外性活动，起诉强奸似乎可行。而实际上，如果执意要将被告人的行为往犯罪上靠的话，过失致人死亡似乎更接近。但由于黄某是在潜在的病理改变的基础下死亡的，而被告人不可能预见到这一情况，因此，定过失致人死亡缺乏主观罪过。相对而言，反倒是强奸(中止)罪可以挂靠得上。平心而论，如果黄某没有意外死亡，或许没有一个人会认为这是一种情节显著轻微的强奸行为，因为这种行为不符合人们对强奸的认知。但或许因为黄某的死亡以及死者家属的不依不饶，许多因素如"黄某不愿意发生婚前性行为"(违背妇女意志)、"姜某某强行去扳开黄某的双腿"(使用暴力强行性交)、"姜某某放弃强行性交后采用特殊方式进行体外性活动"(使用其他方式发泄性欲)、"黄某死亡"(造成严重后果)便被人为地串联在一起了，先前不被认为是强奸的行为也就成了强奸，甚至是"致使被害人死亡"的强奸罪。然而，这种思维方式一开始就错了。司法机关在认定强奸罪时，首先是看犯罪嫌疑人的行为是否符合强奸罪的法定犯罪构成，然后再通过情节、结果等因素看是否达到定罪的程度，达到犯罪程度的就定罪，情节显著轻微、危害不大的就不以犯罪论处。而不是先看是否存在严重的后果，再倒过来看哪个罪挂靠得上。是沿着"人—意识—行为—结果"的方式，而不是"结果—行为—意识—人"。否则就可能会忽视本质性的犯罪构成要素，如本案中被告人无强行奸淫的目的，而在定性上牵强附会。

3. 强奸妇女、幼女"情节恶劣"的认定

争议点：乱伦强奸是否属于强奸妇女、奸淫幼女"情节恶劣"？

【案例】被告人陆某某于2004年11月某晚，当着偏瘫在床的父亲的面，

将其生母拉到自己屋内实施猥亵并强奸。检察院以强奸罪对陆某某提起公诉。一审法院认定构成强奸罪，且属于情节恶劣，判处有期徒刑14年。被告人不服上诉。二审法院认为不属于"情节恶劣"，改判为有期徒刑9年。①

这是一起典型的乱伦强奸案。案件的焦点在于乱伦强奸是否属于"情节恶劣"，而"情节恶劣"是否成立，又最终涉及对被告人量刑所适用的幅度。根据刑法第236条第3款规定："强奸妇女、奸淫幼女，有下列情形之一的，处10年以上有期徒刑、无期徒刑或者死刑：（一）强奸妇女、幼女情节恶劣的；（二）强奸妇女、幼女多人的；（三）在公共场所当众强奸妇女的；（四）二人以上轮奸的；（五）致使被害人重伤、死亡或者造成其他严重后果的。"

对于强奸妇女、幼女"情节恶劣"的含义，并无相关立法规定，司法实践对其有一定的把握，认为主要是指利用十分残忍的暴力手段如捆绑、吊打、猛力卡压等对妇女、幼女身体实行强制或是在强奸过程中以十分下流的手段肆意蹂躏妇女、幼女，如强迫妇女、幼女吸吮自己的生殖器、用木条插捅女性阴道等；或者对特殊对象如孕妇、重病妇女等实施强奸以及长期多次强奸某一女性等。②对于乱伦强奸是否属于刑法第236条第3款规定的"情节恶劣"，实则是见仁见智的问题，认为属于或者不属于的都大有人在。持肯定观点的，自有其道理，因为中国自古以来十分重视家庭伦理道德，《路史·前纪》卷五《遂人氏》记载："父老而慈，子寿而孝，著之姓世，而法自作，礼由此显矣。"③这就是说：到燧人氏时代才开始划分世代，实行族内行辈婚，禁止父女、母子性交。从此有了世代、父子和亲疏的区别。《唐律》规定："诸奸父祖妾、谓曾经有父祖子者，伯叔母、姑、姊妹、子孙妇、兄弟之女者，绞。"宋承唐旧，无改变。④可见，对于乱伦强奸者，处罚重于一般的强奸。肯定者之所以主张乱伦强奸应归属于"情节恶劣"，也主要是从伦理方面来考虑的，因为这种行为简直"难以启齿"，犯罪人"猪狗不如"，其对被害人的打击、对家庭伦理道德的冲击几乎是毁灭性的。虽然伦理道德在立法和司法中不能起决定作用，但其作用也不容忽视。另外，从刑法第236条第3款对加重情节的其他规定以及司法实践中对"情节恶劣"的把握来看，被害人被亲生儿子当着丈夫的面拖走并奸淫，其所受到的伤害程度并不亚于被陌生人轮

---

① 宁夏回族自治区中宁市中级人民法院刑事判决书〔2005〕宁刑终字第25号。

② 王作富. 刑法分则实务研究（上）［M］. 北京：中国方正出版社，2003：1035 – 1036.

③ 蔡枢衡. 中国刑法史［M］. 北京：中国法制出版社，2005：11.

④ 蔡枢衡. 中国刑法史［M］. 北京：中国法制出版社，2005：131.

奸，而该行为所造成的社会影响也可能比长期多次强奸某一女性更恶劣。因此，将乱伦强奸认定为"情节恶劣"予以加重处罚，并不违背人们的公平正义感，也符合罪责刑相适应原则。而持否定观点的也有一定理由：其一，对这种乱伦强奸，虽不必要纳入加重处罚情节之中，但在量刑时可以作为一个酌定情节考虑，在3至10年内予以从重处罚，这并不会违背罪责刑相适应原则。其二，从司法实践中对"情节恶劣"的把握来看，虽然也将对特殊对象如孕妇、重病妇女的强奸认定为"情节恶劣"，但这是因为对这种对象实施的奸淫可能会侵犯性自由外的另一个重要法益，例如，因强奸造成孕妇流产或者造成重病妇女的死亡，这与乱伦强奸是有一定区别的。其三，如果把乱伦强奸作为"情节恶劣"看待，则在司法实践中也不容易把握，因为对"乱伦"外延大小的理解不同。因此，对该案判罚上出现不同的结果，实则是一个观念的分歧问题。

4. 强奸罪共犯与犯罪形态的关联与认定

争议点：在共同强奸中部分共犯人放弃奸淫，是否成立强奸罪犯罪中止？

【案例】冯某(在逃)纠集本案被告人张某、施某某等人强行将被害人曹某(女，21岁)带至某宾馆，进入以施某某名义租用的客房。冯某、张某、施某某等人使用暴力、威胁等手段，强迫曹某脱光衣服站在床铺上，并令其当众小便和洗澡。嗣后，被告人张某对曹某实施了奸淫行为，在发现曹某有月经后停止奸淫；被告人施某某见曹某有月经在身，未实施奸淫，而强迫曹某采用其他方式使其发泄性欲。约一小时后，张某和施某某等人又对曹某进行猥亵，直至发泄完性欲。施某某在父母的规劝下到公安机关投案。检察院以强奸罪、强制猥亵妇女罪(刑法修正案(九)修改为强制猥亵、侮辱罪)对张某、施某某提起公诉。一审法院认为：被告人张某、施某某的行为均已构成强奸罪和强制猥亵妇女罪，应予数罪并罚。被告人张某在强奸共同犯罪中起主要作用，系主犯。被告人施某某在被告人张某实施强奸的过程中，先用语言威逼，后站在一旁，对被害人有精神上的强制作用，系从犯；其本人有奸淫的故意，后自动放弃奸淫意图而未实施奸淫行为，是强奸犯罪中止；其经父母规劝后向公安机关投案，如实供述自己的罪行，应当认定为自首。据此判决被告人张某犯强奸罪、强制猥亵妇女罪，判处有期徒刑15年，剥夺政治权利2年；被告人施某某犯强奸罪、强制猥亵妇女罪，判处有期徒刑7年。一审宣判后，两被告人均以猥亵行为已包含在强奸犯罪的过程中、数罪并罚不当为由，提起上诉。检察院以认定施某某犯罪中止不当、导致量刑畸轻为由提起抗诉。法院二审驳回上诉，维持一审法院数罪的判决；同时采纳了抗诉意见，认为施某某不成立犯罪中止，改判施某某犯强奸罪、强制猥亵妇女罪，判处有期徒刑9年。

本案检察院和一审法院的分歧在于：施某某的行为是否成立强奸罪的犯罪中止并适用于减免规定？

该案涉及共犯责任的基本理论问题。在我国，司法机关对这样的问题屡次发生纷争的根本原因在于缺乏对中国共犯制度特点的了解。在国外的分类的共犯制度中，根据行为分为正犯与帮助犯，尤其是对强奸这类所谓的"自手犯""亲身犯"，强调必须有严格意义的实行行为才能成立"正犯"，否则只能是"帮助犯"（从犯）。按照国外的这种共犯制度，应当承认施某某自动放弃（中止）了"实行行为"（正犯行为），成立"正犯"之犯罪中止。仍属正犯，享受正犯中止的待遇，但不能享受从犯比照正犯减等处罚的待遇。而在我国的共犯制度中，不以有无实行行为划分共犯人的种类，而是根据实质作用大小分主犯、从犯，因此不存在所谓正犯中止的问题。无论是实行犯还是仅有帮助行为的帮助犯，都随共犯的整体进展而确认犯罪的形态，共同犯罪由一人实行既遂，其他没有实行行为的人，也随之成立既遂。其中某一个共犯人放弃了预定的实行行为，没有单独评价为实行行为终止的意义和必要。这可以作为在共同犯罪（比如强奸）中作用大小的依据予以考虑，成为认定为从犯的重要事实根据。换言之，分类的共犯制度看重的是有无实行行为的区别，即看重正犯与帮助犯的差别，帮助他人强奸而未亲自实行强奸的，永远是帮助犯（从犯），不可能成为正犯，放弃实行行为具有独立评价的意义。而在中国的共犯制度中，看中的是作用大小，有无实行行为，也通过"作用"来落实。因其没有实行行为，可评价为作用较小，被认定为从犯，给予宽大处理。对施某某放弃亲自强奸的行为，这两种共犯制度其实都考虑给予区别对待。只不过，在分类的共犯制度中，根据放弃实行行为也就是没有正犯行为而认为不成立正犯，成立帮助犯，以与正犯区别对待；或者认为虽然成立正犯，但是属于正犯的犯罪中止，通过中止制度给予区别对待。在中国的共犯制度中，不走帮助犯或正犯中止的途径，而走作用较小、从犯的途径区别对待，对其放弃亲身强奸的行为在处罚上予以考虑。在中国的共犯制度中，如果承认施某某的行为成立中止，将会产生对仅有帮助意思和行为（如女性帮助强奸）的强奸共犯的处理的不公平。因为即使他根本不想也不可能亲身实行强奸，也断然无成立中止的机会。由此可见，正因为忽视中国共犯制度的特点,套用国外的分类的共犯理论和制度,所以产生了某种误解。而试图引入亲身犯概念解决此问题也会导致对实行犯与帮助犯之间犯罪形态认定上的不统一。

综上所述,对于本案的处理,应在中国采取实质的共犯制度前提下(即不是德日刑法严格区别正犯与从犯的体制),坚持"一人既遂,全体既遂"的定罪方法,最后根据在强奸共同犯罪中的作用大小通过主犯、从犯的区分来体现区别对待,即被告人施某某成立强奸罪既遂,但属于从犯,根据刑法第27条规定,应当从轻、减轻或者免除处罚。

5. 强奸罪共犯与罪数的关联与认定

争议点:伙同他人将被害人强行带入房间,在他人已实施强奸后也欲行奸淫,由于被害人谎称腹痛而放弃奸淫,改为强制猥亵,该定何罪?

【案例】被告人赵某某伙同井某(已判刑)将被害人王某某强行带至一出租房内。在二人的胁迫下,王被迫与井某发生了性关系。后赵某某欲与王发生性关系,因王称腹部痛,赵某某遂强制王对其进行口淫。经鉴定,王某某四肢多处小面积软组织挫伤,属轻微伤。检察院以强奸罪对赵某某提起公诉。一审法院判定被告人赵某某犯强制猥亵妇女罪(刑法修正案(九)修改为强制猥亵、侮辱罪),并属于累犯,处有期徒刑3年。[①] 检察院提起抗诉,认为被告人赵某某成立强奸罪共犯,应以强奸罪论处。法院二审采纳抗诉意见,改判被告人赵某某犯强奸罪,系累犯,处有期徒刑5年。[②]

本案有两个问题需要明确:第一,被告人赵某某是否成立强奸罪共犯?第二,如果赵某某构成强奸罪,其强制猥亵行为是否另行成立一罪而与强奸罪数罪并罚?

就第一个问题而言,检察院抗诉称:井某、赵某某均有强奸的犯意表示,有犯意的沟通,并实施了胁迫行为,井某强奸被害人是井、赵二人共同犯罪的主要表现,所以,赵某某的行为构成强奸罪。而辩护人的意见则是:赵某某未与被害人发生性关系,与井某不构成强奸罪的共犯,其行为应定性为强制猥亵妇女罪(刑法修正案(九)修改为强制猥亵、侮辱罪)。根据我国共犯理论制度,共犯是犯罪的扩张态,各共犯人的定罪遵循"一人既遂,全部既遂"原则,而对于没有亲身实行奸淫的行为人,通常作为从犯对待,即在定罪

---

① 北京市丰台区人民法院刑事判决书〔2006〕丰刑初字第1213号。
② 北京市第二中级人民法院刑事判决书〔2006〕京二中刑终字第2033号。

上没有区别，但在量刑上则区别对待。本案中，赵某某与井某有共同的强奸犯罪故意，并共同对被害人实施了胁迫行为，造成了被害人被强暴的后果，赵某某虽未与被害人发生性关系，但依然成立犯罪既遂。再进一步延伸，哪怕赵某某后来没有实施逼奸或者强制猥亵行为，都构成强奸罪共犯，认定为强奸既遂。据了解，我国司法实践中，对于此类共同强奸案件中部分放弃奸淫的犯罪人，不同的法院存在判罚的不一致。有的法院认定为强奸既遂，有的法院认定为强奸中止。判定为强奸中止，或许是试图依据刑法第 24 条规定将自己放弃奸淫行为的被告人与已实行奸淫行为的其他被告人在量刑上区别开来，以求兼顾刑罚的个别化。但这与我国共犯理论制度并不协调。其实，根据我国共犯理论制度，对自己放弃奸淫行为的共犯人认定为强奸既遂，但适用刑法第 27 条关于从犯处罚规定或者将未亲身奸淫作为一个量刑的酌定情节，同样能谋求刑罚的个别化，达到一种实质的公正。

第二个问题值得探究。在本案处理中，一审法院或许为了避免对被告人赵某某数罪并罚，仅以强制猥亵妇女罪（刑法修正案（九）修改为强制猥亵、侮辱罪）追究其刑事责任，这就引发一种奇怪的现象：如果行为人仅仅协助他人实施强奸，成立强奸罪共犯，构成强奸既遂；而如果行为人（如本案被告人赵某某）协助他人实施强奸后自己又实施强制猥亵却只成立强制猥亵妇女罪，这不合常理。其实，严格来说，本案被告人赵某某前后有不同的犯罪故意：前为强奸的故意，后为猥亵的故意；而且其也实施了不同的犯罪行为：前为协助他人强奸并实施胁迫逼奸行为，后为强制猥亵行为。前后行为各自独立，并不存在牵连，应以强奸罪与强制猥亵妇女罪数罪并罚。但这样一来，就显得有些不合常理：实施强奸的人只定强奸罪既遂，而放弃强奸后实施强制猥亵的人反而要以强奸罪既遂和强制猥亵妇女罪既遂并罚。虽然法院在量刑中，可能会对后者酌情从轻处罚，但多少有些别扭。

6. 强奸罪共犯与轮奸①的关联与认定

争议点： 四人伙同对被害人实施轮奸，其中三人奸淫完毕，第四人奸淫未遂，第四人的行为应如何定罪量刑？

【案件】被告人高某、林某某、林某（案发时三人均为未成年人）及"阿

---

① 所谓"轮奸"，是指二男以上出于共同强奸的故意，在同一段时间内，对同一妇女（或幼女）连续地轮流或同时强奸（或奸淫）的行为。参见：张明楷．刑法学[M]．北京：法律出版社，2007：656．

华"(另案处理)等人将被害人罗某某强行带到楼顶上,对罗进行轮奸。先由
林某某第一个上去强奸了罗某某,完后,高某和"阿华"接着上去强奸。轮到
林某时,因生理原因,林某只用手抚摸罗的乳房后便穿好自己的衣服下楼去
了。高某接着又走过来再一次强奸罗某某。后来,被告人林某在家长的陪同
下投案自首。检察院以强奸罪对各被告人提起公诉。一审法院经审理认定被
告人高某、林某某、林某三人成立强奸罪共犯,分别以强奸罪判处有期徒刑
8年、7年、4年。被告人林某不服,以自己不成立强奸罪为由提起上诉。二
审法院作出终审判决,认定林某构成强奸罪,判处有期徒刑3年,缓刑
4年。①

　　本案是一起强奸案件,其中涉及三个问题:第一,林某是否构成强奸罪?
第二,如果构成强奸罪,是强奸既遂还是强奸未遂? 第三,如果林某成立强
奸共犯,是否属于轮奸并按照刑法第236条第3款处刑。对于第一、二个问
题,在前面的类似案件中,我们已作详细分析,即根据我国现行共犯理论制
度,应成立强奸罪共犯,为强奸罪既遂。至于第三个问题,分歧很大。第一
种观点认为:既然在共犯问题上采用"一部行为,全部责任"的做法,那么林
某就应该对轮奸的后果负责,何况他当时也是具有轮奸意图的,只是由于自
身生理原因无法得偿所愿而已。因此,应根据刑法第236条第3款规定,适
用"10年以上有期徒刑、无期徒刑或者死刑"的量刑幅度。至于林某最终没
有奸淫的事实,只能作为一个酌定情节考虑从轻处罚,从量刑上区别开来。
第二种观点认为:林某虽然成立强奸罪,但不存在轮奸的犯罪情节,也不需
要对其他人的轮奸负责。我们赞同第二种观点。对于共犯理论中的"一部既
遂,全部既遂",应当是针对定罪而言的。本案中,林某虽然最终由于生理原
因没有与被害人发生性行为,但主观上有强奸被害人的故意,客观上全程参
与了劫持被害人的过程,在强奸共同犯罪中起了辅助作用,属于强奸罪的共
犯,这是毫无疑问的,但轮奸属于量刑上的加重处罚情节,而不是一个独立
的罪名。可以说,量刑更多的是考虑不同犯罪人之间不同的行为、表现,如
果只要构成共同犯罪,就必须对其他人的犯罪情节负相同责任,这就成了刑
事责任的连带。从共同犯罪中各犯罪人的罪—责—刑关系来说,各共犯人在
"罪"上往往是一致的,但在"责"即须承担的刑事责任上并不相同,并最终在
"刑"即量刑上有所区分。

---

① 海南省三亚市中级人民法院刑事判决书〔2006〕三亚刑终字第53号。

的法律规定和私人领域的客观实际不相符合。家庭本应是幸福安宁的港湾，有时却沦落为性别歧视、家庭暴力的滋生地。当然，我们也不能无视家庭伦理的存在以及夫妻关系的特殊性而机械性地照搬法条。我们建议，认定婚内强奸，应符合以下几个条件：①符合强奸罪的犯罪构成；②被害人坚持要告发，即实行不告不理原则，并允许被害人中途撤诉；③时间条件应比较特殊，例如双方正闹离婚并已分居；④告发的期限应较之一般的强奸罪缩短；⑤被害人承担主要的举证责任。另外，在此类案件的处理上，可在定罪前进行调解，调解不成必须定罪的，在量刑上一般也要较之普通强奸犯轻。虽然这样做或许会冒着毁掉一个家庭的风险，但强制性地以牺牲妇女的正当权利为代价来换取对一个不健全婚姻家庭的维系，又有什么值得欣喜的呢？

8. 强奸与嫖娼的界分

争议点：在歌舞厅强行与女性发生性关系后给对方钱，对方收下并没有上缴，该行为成立强奸还是嫖娼？

【案例】某日凌晨4时许，被告人路某同汪某（已判刑）、胡某等三人窜至某歌舞厅，以查房为名，强行敲开歌舞厅小姐沈某某（化名李某）、孙某某休息的5号包房房门，要与二人发生性关系，二人拒绝后即遭到三人的打骂。胡某将孙某某带到了6号包房。随后，路、汪二人先后对沈某某实施了性行为。在歌厅老板等人的干预下，胡某出面硬塞给沈、孙二人各200元。当日下午，被害人沈某某到公安机关报案。检察院以强奸罪对路某提起公诉。一审法院认定被告人路某犯强奸罪，判处有期徒刑10年，剥夺政治权利2年①。被告人路某不服，提出上诉。二审法院经审理认为原判认定事实不清，证据不足，裁定撤销一审刑事判决，发回重审。原一审法院依法另行组成合议庭重新审理后，认定被告人路某犯强奸罪，判处有期徒刑10年，剥夺政治权利2年。② 路某不服，再次提出上诉。二审改判无罪。③

强奸与嫖娼在通常情况下是容易区分的：强奸违背了妇女的意志，而嫖娼则是嫖客与卖淫女之间的一场达成合意的性交易；强奸的对象包括妇女和幼女，而嫖娼行为所针对的对象则是14周岁以上的卖淫女。司法实践中，我们会遇到一些行为对象是卖淫女的强奸案件。强奸卖淫女是否构成强奸罪？

① 蚌埠市怀远县人民法院刑事判决书〔2004〕怀刑初字第322号。
② 蚌埠市怀远县人民法院刑事判决书〔2005〕怀刑初字第088号。
③ 安徽省蚌埠市中级人民法院刑事判决书〔2005〕蚌刑终字第123号。

答案是肯定的。但有些案件中，由于行为对象特殊的"行业"和身份，有时很难判定是强奸还是嫖娼，尤其是事先存在双方的讨价还价，或者行为人强行完事后扔给对方钱而对方也最终收下的情形。对于这一类案件，检察院和法院很容易产生分歧，所以，应综合全案进行细致、准确的判断。

本案是一起涉嫌共同强奸的案件。在案件的处理中，不仅存在检察院和法院的分歧，一审法院和二审法院的判罚也南辕北辙。一审、再审认定被告人路某成立强奸罪，而二审法院则认定为无罪，并各执一词。

本案中，检察院和一审法院所依据的证据有：①被害人沈某某陈述当日凌晨4时许，被告人路某等人以查房为名强行敲开其房门，路某与汪某先后对其实施轮奸的经过；同时陈述事发后，胡某给其200元的经过。②证人孙某某证实当日凌晨4时左右，路某等人以查房为名强行敲开其与沈某某休息的5包房门，进来三人要求与其二人发生性关系，其二人不同意即遭到他们打骂。她被胡某拽至6包期间，听见沈在5包哭。事后见沈在5包哭，胡某某（舞厅领班，人称"八哥"）回来以后找了路某等人，之后，胡某强行给其与沈每人200元钱。③证人许某证实当日凌晨，其对路某、汪某讲5包还有2个女的，他们去敲5包的门，没敲开，还讲是查房的，又敲又踹，然后听见有打脸的声音和沈某某、孙某某的哭声，其路过5包，听见沈哭声并讲"不干……"。事后，胡某某因得知是她告诉路某等人5包还有小姐而发生此事，气得把她打一顿，并让她给沈、孙道歉。④证人胡某某证实当日凌晨3点多，路某、汪某等到舞厅玩，当其与家属王某有事外出返回时，刚到楼下，见孙某某伸出头哭喊"八哥，快点上来"，其赶紧上楼，见沈某某、孙某某在5包里不停地哭，当时怀疑二人被路某等人强奸了。后得知是许某告诉路某等人讲5包内有人的，他为此骂许某并打了她，撵她滚。所证情节与证人王某、吴某某证言相印证。⑤证人吴某（舞厅服务员）证实事发当日中午，其听孙某某讲有三个男的讲是查房的，敲她与沈某某睡觉的5号包房门，沈某某被他们轮奸还被打了。⑥证人胡永某证实当日早上，听吴某某讲三个男的打过小姐又强奸了小姐。问沈某某，她讲三个男的讲是查房的，敲开房门，要和她发生关系，她不愿意，她被打后又被强奸了。⑦证人沈某证实沈某某向其哭诉她在歌舞厅被人轮奸的事实。⑧证人沈言某证实沈某某对其讲她在歌舞厅被人强奸了。⑨证人杨某某（歌厅老板）证实听服务员吴某讲路某等人打了两个小姐，其很生气，为此事找过路某等人，后来听讲小姐报案了。⑩证人路某某（路某叔叔）证实得知被害人报案后，由其找到被害人就此事进行调解并给被害人钱，被害人改变了对路某强奸指控的经过。所证的内容与被害人的陈述及其他证人的证言相互印证。⑪同案犯汪某供认其与胡某、路某到富城歌舞厅玩，路某与其先后与一个小姐（沈某某）发生了性关系的事实。⑫被告人路某供认其与沈某某发生性关系等事实。

而二审法院之所以认为无罪，是出于以下两点：一是原判认定路某等人对被害人使用暴力的证据不足：①被害人沈某某陈述其被人用被子往头上捂，但另一被害人孙某某不能证明此节事实。②被害人沈某某、孙某某陈述之间不能相互印证，且与证人证言也不能相互印证。孙某某陈述"他们打我和沈某某，我和沈某某喊老八，喊一二十分钟也没人答应"。虽然证人许某也证明当时听到打脸的声音和沈某某、孙某某哭的声音，以及喊老八的声音。但被害人沈某某的陈述却从未提到过此节事实。③被害人关于被打的陈述没有其他证据印证。虽然被害人沈某某、孙某某陈述被打了，但二人在案发当日均陈述其身上没有伤。证人胡某某、梅某某、杨某也证明在案发当日没有发现二被害人有伤。④被告人路某与同案犯汪某、胡某的供述相对一致，均否认对沈某某、孙某某有殴打、胁迫、辱骂行为，也否认沈、孙有喊叫、哭的行为。二是现有证据不能认定被告人路某的行为违背了被害人的意志，且不能排除嫖娼的合理怀疑：①沈某某和孙某某均陈述，胡某某回到歌舞厅，找路某等三人后，胡某硬给其两人400元钱。但证人胡某某、王某、吴某某均没有证明给钱的情节。不仅两被害人关于给钱关键情节的陈述不一致，且没有其他证据印证。如果真如两被害人所言是强奸的话，为什么路某三人会付钱，两被害人又会收下，且至今未退出或上缴。该疑问不能得到合理的解释。②沈某某在报案时陈述是强奸，后又陈述是嫖娼，侦查机关再找其调查时，其又陈述是强奸。后检察院、公安局办案人员及汪某的辩护人找沈某某调查时，沈某某又陈述是嫖娼。虽然公安机关已经查明两被害人第一次翻证是路某家人给钱做工作的结果。但沈某某后来仍陈述不是强奸，是嫖娼。③被告人路某曾在讯问中供述，其发现沈某某腰上有疙瘩，就问是怎么回事，沈讲是梅毒，其有点害怕，不想干了，沈赶紧讲是骗你的，不是梅毒，是癣。沈某某在公安机关的询问中也陈述，其与路某发生性关系前，路某摸其身并问怎么这么多红点，其讲是梅毒。既然沈某某对路某讲其有梅毒，路某已经有点害怕，如果路某是强奸的话，这种情况下沈某某保护自己的目的已经达到，为什么又对路某讲不是梅毒是癣，使得路某继续与其发生性关系，因此，不能认定路某与沈某某发生性关系违背了沈某某的意志。

其实，本案在很大程度上是源于检法对证明标准及证据采信方面的分歧，而这种分歧也最终导致了定性方面的背离。我国《刑事诉讼法》规定的证明标准是"案件事实清楚，证据确实充分"。① 但必须注意的是，这里的"案件事实清楚，证据确实充分"，指的是基本事实清楚，基本证据确实充分，而并不要求必须对所有的证据都要收集，只要现有证据能形成一个完整的证据链条，能互相印证，并排除合理性怀疑，符合上述四个标准，就可以认定是否有罪，该定何罪。就本案而言，平心而论，二审法院改判无罪的理由其实并不充分，理由如下：

（1）对于第一点有没有使用暴力问题。虽然强奸罪并不要求一定以采用暴力手段为必要条件，但从二审法院所举理由来看，有以偏概全之嫌。二审法院对其他众多证人听到打骂声、被害人哭声的证人证言视而不见，而是在一些无关痛痒的细节方面做足文章。例如，第①②点指出沈某某与孙某某的陈诉有不一致之处，这能说明什么问题呢？孙某某被胡某拖到了另一房间，她与沈某某的陈述有一定出入是合乎情理的。何况，①是沈说了某细节而孙未提及，②是孙说了某细节而沈未提及，并不是二人陈诉有矛盾。"矛盾"必须是在对同一细节或问题的陈诉上相左，而不是说只要陈诉不是一模一样的，就是相矛盾的。第③点认为没有使用暴力，因为证人没发现被害人当时有伤。打一耳光、推一把肯定是暴力，但不见得就一定会形成伤痕。第④点理由是汪、路、胡三人都否认有殴打、胁迫、辱骂行为，都否认沈、孙二人有喊叫、哭的行为。许多与案件无关的人都证实有打骂声、哭声，而三个案犯说没有，谁的可信性大些呢？而且，令人费解的是，如果既没有殴打、胁迫、辱骂，又没有被害人喊叫、哭闹，悄悄进行的性交易或者双方自愿进行的性行为怎么会惊动这么多人以致闹得鸡犬不宁呢？

（2）终审判决认为不能认定被告人路某的行为违背了沈某某的意志并排除嫖娼的合理怀疑，其理由也令人窦然生疑。其中，第①点认为，各人关于给被害人钱的陈诉不一致，并称"如果真如两被害人所言是强奸的话，为什么路某三人会付钱，两被害人又会收下，且至今未退出或上缴"。从被害人陈诉及众多证人证言分析，认定为路某等人强奸后在歌厅老板、领班的干预下硬塞给被害人几百元试图就此平息该事件，比认定为路某等人嫖娼后赖账不成才付钱，要合情合理得多。至于被害人收下钱后未交，可能是认为自己吃了亏，对方给自己的补偿是理所当然的，或者也没足够的法律意识想到要上缴。至于第②点所提的沈某某有时提到是嫖娼一事，应联系其他细节来断定，沈某某对亲友哭诉自己被强奸并第二天就去报案，这多少说明了被害人

---

① 樊崇义. 证据法学［M］. 北京：法律出版社，2003：312 - 313.

心中的委屈与愤慨。另外，如果路某没有强奸，其家人又为什么要送钱给沈某某做思想工作让其翻证呢？第③点关于梅毒之说也不能当然地成为反驳指控的理由。沈某某在陈诉中提到谎称自己有梅毒，而没有提到自己在看到路某害怕时又赶紧说身上的红点是癣，后一句话是路某陈诉中出现的。而二审法院的推理是在路某陈诉的基础上进行的，也就是说，法院肯定了一个前提，即断定被告人路某的陈诉是真实的，而忽视了二人陈诉的关键差异。

二、强制猥亵、侮辱罪和猥亵儿童罪

1. 强制猥亵、侮辱罪与侮辱罪的界分

争议点： 行为人为报复被害人，让被害人当众脱衣裤并对其性器官进行伤害，应成立强制猥亵、侮辱罪还是侮辱罪？

【案例】被告人沈某某等四人在某公交车站附近，以同班同学徐某某在背后说她们的坏话为由，采用打巴掌、罚跪、脚踢等手段，强迫徐某某向她们磕头、吃青草，后又让徐某某脱掉衣裤，并采用发夹夹乳房、用树枝捅阴道等手段，对徐某某进行猥亵、侮辱长达近 2 小时。后经司法鉴定，已造成徐某某创伤后应激障碍。检察院以强制猥亵、侮辱罪对四被告人提起公诉。一审法院判决四被告人的行为均构成强制猥亵、侮辱罪。被告人辩护人提起上诉，辩称：被告人虽对被害人的特定性器官实施暴力，但主观上是出于报复和泄愤，并不具有获取性满足的目的，故应认定为侮辱罪而不应构成强制猥亵、侮辱罪。检察院出庭抗诉。二审法院维持了一审判决中定罪部分，对量刑部分作了改判。①

通常认为，强制猥亵、侮辱罪与侮辱罪区分的关键在于犯罪目的不同：强制猥亵、侮辱罪具有满足性刺激、性欲望的目的，而侮辱罪的目的则是为了败坏他人的人格、名誉。司法实践中，当犯罪对象是妇女，而不法侵害人的侵害行为又涉及性器官时，则往往会产生分歧。要判定是强制猥亵、侮辱罪还是侮辱罪，首先必须明了前罪中"猥亵"和"侮辱"的含义。"猥亵"，是指针对他人实施的，伤害他人性的羞耻心，违反善良的性道德观念的行为。猥亵的方式不限，只要能够侵犯他人性的自主权即可。其行为方式一般包括：①直接对他人实施猥亵行为，或者迫使他人容忍行为人或第三人对之实施猥亵行为；②迫使他人对行为人或者第三人实施猥亵行为；③强迫他人自

---

① 浙江省杭州市中级人民法院刑事判决书〔2003〕杭刑终字第 179 号。

行实施猥亵行为；④强迫他人观看他人的猥亵行为。①"侮辱"，是指对他人实施强奸、猥亵以外的其他能够伤害他人性的羞耻心的行为，如拦截他人强行进行性调戏等。②而侮辱罪是指以暴力或其他方法，公然贬低、损害他人人格，破坏他人名誉，情节严重的行为。该侮辱行为包括暴力行为侮辱、言语侮辱、文字侮辱等方式，并必须达到情节严重的程度，例如：强令被害人当众爬过自己胯下或者做其他严重有损人格的侮辱动作；当众向被害人身上泼粪便；给被害人抹黑脸、挂破鞋并强拉出去示众；多次用极为低级下流的言辞进行羞辱，致使被害人受到严重刺激而精神失常或者自杀，等等。③

　　本案中，沈某某等人开始确实是出于一种报复的目的，进行殴打、罚跪、罚磕头、强迫吃草，这些行为更多的是一种泄愤式的侮辱。然而，随着案情的发展，被告人觉得还不过瘾，又进一步强迫被害人当众脱掉衣裤，用发夹夹其乳房，用树枝捅其阴道。这时，讨论各被告人只存在报复泄愤的心理或只存在满足性刺激的心理都难以站稳脚跟。如果按照学界通常所说的，为了满足性刺激、性欲望的就归为强制猥亵、侮辱罪，不是为了满足性刺激、性欲望而仅是为了贬低他人人格、破坏他人名誉的就归于侮辱罪，这样太绝对化，也难以对本案作出充分自信的判断。因为，当时各被告人的心理状况是十分复杂的，谁又能断然认定被告人在行为指向被害人的性器官时没有满足性刺激的欲望。但要说断定行为的心理因素是倾向于性刺激、性欲望还是倾向于贬低人格、破坏名誉，这又会导致"公说公有理，婆说婆有理"，偏执一方都难以使问题得到圆满解决。但从被害人的角度来区分强制猥亵、侮辱罪和侮辱罪，则相对容易。本案中，被害人的人格受到了贬低，性的羞耻心也受到了伤害，从一重以强制猥亵、侮辱罪定罪处罚，应该更为合理，也更符合罪责刑相适应原则。

2. 男性间强制性肛交行为的司法认定

争议点：对已满 14 周岁的男性实施强制性肛交行为，应如何论处？

【案例】被告人张某某将在其院中玩耍的被害人赵某（男，7 岁）、高某某（男，7 岁）骗至家中，用口罩、袜子塞堵二人的嘴，用针线将嘴唇缝合，并用

---

① 张明楷. 猥亵罪探疑[M]//清华法律评论编委会. 北京：清华大学出版社，2000：138 – 139.
② 刘艳红. 刑法学各论[M]. 北京：北京大学出版社，2004：53.
③ 周道鸾，张军. 刑法罪名精释——对最高人民法院最高人民检察院关于罪名司法解释的理解和适用[M]. 北京：人民法院出版社，2007：457.

毛衣针捅赵某及高某某的肛门，并对赵某实施鸡奸，在鸡奸过程中，用手掐住赵某的脖子，致赵某机械性窒息死亡。后被告人张某某将赵某的尸体用碎石掩埋，第二天又将高某某弃于山上后逃跑。检察院以故意杀人罪、猥亵儿童罪提起公诉。一审法院以故意杀人罪判处被告人张某某死刑，剥夺政治权利终身，以猥亵儿童罪判处有期徒刑5年，决定执行死刑，剥夺政治权利终身。被告人以没有故意杀人为由提起上诉，二审法院裁定维持原判。①

本案被告人在实施强制性肛交行为②时，用手掐住被害人的脖子，放任了死亡结果，成立间接的故意杀人，同时，对被告人赵某、高某某实施了猥亵行为，应数罪并罚。本案在定性方面并不存在多少争议，但却由此延伸出一个立法与司法不得不面对的问题，即：不法侵害人对已满14周岁的男性实施强制性肛交行为，该定何罪？

刑法修正案（九）出台之前，此问题颇有争议。有学者指出，男性间的强制性肛交行为应当构成侮辱罪。这是值得商榷的。所谓"侮辱罪"，是指使用暴力或者其他方法，公然贬低他人人格，破坏他人名誉，情节严重的行为。③侮辱罪的客观特征之一是侮辱行为必须公然实施。何谓"公然实施"，理论界一般认为不仅要当着被害人的面，还必须当众进行或者采取其他能够使公众看到或者听到的方式进行。④而男性间强制性肛交行为往往发生在秘密场合，发生之后，不法侵害人一般慑于法律的制裁不会到处宣扬，被害人更是羞于向人提起。所以，它并不符合"公然实施"这一客观特征。另外，从主观上来讲，侮辱罪和男性间强制性肛交行为虽然在主观上都表现为直接故意，但侮辱罪在主观上还要求以贬低他人人格、损坏他人名誉为目的。如果是行为人处于开玩笑或者恶作剧造成他人难堪，或者无意识地造成他人人格、名誉受损，不能以侮辱罪论处。⑤反观男性间强制性肛交行为的主观目的，则广泛得多，可能是出于羞辱被害人的目的，也可能是出于严重打击被害人自信心或者男性优越感的目的，但更多时候是通过一种不正常的性行为来追求性刺激、满足性欲望。其侧重点不是侮辱，而是满足性欲。可见，无论是从

---

① 山西省高级人民法院刑事裁定书〔2001〕晋刑一终字第11号。
② 男性间强制性肛交行为在以前的刑法论著中也称为"鸡奸"，但"鸡奸"一词并没有体现出强制性的含义，因而逐渐被抛弃。所谓男性间强制性肛交，是指以暴力、胁迫或者其他手段，违背其他男性意志，强行将生殖器插入其肛门的行为。
③ 何秉松. 刑法教科书（下卷）[M]. 北京：中国法制出版社，2000：882.
④ 高铭暄，马克昌. 刑法学（下编）[M]. 北京：中国法制出版社，1999：853.
⑤ 王作富. 刑法分则实务研究（上）[M]. 北京：中国方正出版社，2003：1122.

行为人主观目的还是从行为的客观特征来说，二者都存在着很大的差异。

退一步来说，即使认定为侮辱罪，其量刑也存在不合理之处。刑法第236条规定，强奸妇女的，处3年以上10年以下有期徒刑；如果强奸妇女，有法定5种情形之一的，处10年以上有期徒刑、无期徒刑或者死刑。刑法第237条规定，犯强制猥亵、侮辱罪的，处5年以上有期徒刑或者拘役；聚众或者在公共场合当众犯强制猥亵、侮辱罪的，处5年以上有期徒刑。而侮辱罪的法定最高刑只有3年，不仅比强奸罪轻得多，也比对强制猥亵、侮辱罪的处罚要轻。然而根据社会学家的研究表明，男性被强制性肛交所受到的心理上的打击并不亚于女性受到强奸后的伤害，至少不亚于女性受到强制猥亵、侮辱后的伤害。

如何给男性间强制性肛交行为定性呢？我们认为，从应然性来讲，应当定罪。长期以来，人们对妇女性权利的保护投入了较大关注，而忽视了男性性的不可侵犯权利的存在。这种情形的形成当然与我国传统伦理道德中对女性和男性的性权利重视程度不同密切相关。在我国奴隶社会、封建社会，女性从属于男性，女性的人格被男性所吸收，其社会地位也取决于她的父亲、丈夫或者儿子。在古代的婚姻家庭道德中，妇女完全处于受支配地位。尽管在婚姻制度上实行名义上的一夫一妻制，但妇女必须从一而终，否则会受到来自社会甚至家人的歧视。而对于男子而言，则可以纳妾，并以青楼妓院的合法存在为补充。比较而言，男性和女性的性权利不可同日而语。在这种观念的影响下，当一对曾经发生过性关系的恋人自愿分道扬镳后，人们普遍认为该女性吃了亏。而分手后的男女所受到的来自社会舆论的压力和所面临的婚姻前景也截然不同。该女性将不得不面对别人异样的眼光和品头论足，并很难再找到一个知道自己过去的人做丈夫。而对于分手后的男子而言，情况就相对好得多。这正是社会对男性、女性性权利的注重程度不同造成的。这种观念也影响到我国的刑事立法，故而在强奸罪的刑事立法中将犯罪对象仅仅限定为女性，并认为只有男性才有可能成为强奸罪的直接正犯。随着社会的发展，这种观念已受到质疑。随着社会文明程度的提高和对个人自由选择容忍度的增大，同性恋行为从过去受人们排斥、歧视，到现在被默认、接受，甚至在某些国家开始受到法律的承认和保护，同性恋队伍有逐渐壮大的趋势，而同性恋者对其他同性进行性侵害的可能性也随之增大。当然，人们长久以来把男性排除在强奸罪犯罪对象之外，除了认为对弱势女性群体自主权应当重点保护外，还在于对"性交"一词的理解。据《大不列颠百科全书》解释：所谓性交，"是一种生殖活动，此时雄性的生殖器进入雌性的生殖器官内"。① 通常把男女生殖器相接称为自然性交行为，而把非自然性交行为如男性间强制性肛交、口交等纳入猥亵的范畴。而实际上，就医学、社会学对性行为的理解而言，性行为包括狭义的性交，也包括肛交与口交。并且，随着司法实践中形形色色的针对男性性侵害案件的不断发生，人们对男性性权利的保护也开始投入更多的关注，要求将男性列入强奸罪犯罪对象的呼声越来越高。从国外的刑事立法来看，许多国家的刑法都没有把男性排除在强奸罪的犯罪对象之外。例如法国刑法典第 222 条规定："以暴力、强制、威胁或乘人不备，对他人实施任何性进入者，无论其为何种性质，均为强奸罪。"②意大利刑法典规定的"性暴力罪"，即指"采用暴力或威胁手段或者通过滥用权力，强迫他人实施或接受性行为。"③俄罗斯刑法第 131 条规定："强奸，即对受害人或其他人使用暴力或以使用暴力相威胁，或利用受害人孤立无援的状态而与之实行性交的。"④西班牙刑法典第 179 条规定："如果性侵犯是通过阴道、肛门或者口腔等肉体途径，或者以阴道、肛门的接触进行的，构成强奸罪的，处 6 年以上 12 年以下有期徒刑。"⑤可见，对于强奸罪的犯罪对象，这些刑法典都采用"他人"一词而非"妇女"，"他人"显然也包括男性。

刑法修正案(九)正是基于上述考虑，加强人身权利保护，修改强制猥亵、侮辱妇女罪和猥亵儿童罪，扩大适用范围，同时加大对情节恶劣情形的惩处力度。具体规定为：以暴力、胁迫或者其他方法强制猥亵他人或者侮辱妇女的，处 5 年以下有期徒刑或者拘役。聚众或者在公共场所当众犯前款罪的，或者有其他恶劣情节的，处 5 年以上有期徒刑。猥亵儿童的，依照前两款的规定从重处罚。因此，对已满 14 周岁的男性实施肛交行为的，应以强制猥亵、侮辱罪定罪处罚。

---

① 大不列颠百科全书[M]. 中国大百科全书出版社，1999：237.
② 法国新刑法典[M]. 罗结珍，译. 北京：中国法制出版社，2003：65.
③ 意大利刑法典[M]. 黄风，译. 北京：中国政法大学出版社，1998：151.
④ 俄罗斯联邦刑法典释义(上册)[M]. 黄道秀，译. 北京：中国政法大学出版社，2000：352.
⑤ 张明楷，[厄瓜多尔]美娜. 西班牙刑法典[M]. 潘灯，译. 北京：中国政法大学出版社，2004：68.

第三节 侵犯人身自由权利的犯罪

本节侵犯人身自由权利的犯罪共有 17 个①，这 17 个犯罪都为故意犯罪。就刑法第 238 条至第 262 条对这些犯罪的规定来看，大多采用叙明罪状的立法模式。尽管如此，在司法实践中，对这些犯罪案件的把握和认定仍有一定难度，尤其是在罪与非罪、此罪与彼罪的界分方面，检察院和法院往往会产生分歧。这些分歧，有的源于对具体犯罪构成的解读与辨析，也有的是出于对形式公正与实质公正的选择。在侵犯人身自由权利的犯罪中，尤为高发常见的犯罪有四个，分别为：①绑架罪；②非法拘禁罪；③拐卖妇女、儿童罪；④诬告陷害罪。

一、绑架罪

1. 绑架罪与非法拘禁罪的界分——对"恩怨型""儿戏型"扣押人质案件的认定

争议点：误以为被抛弃而挟持情夫的幼女索要"青春补偿费"，成立绑架罪还是非法拘禁罪？

【案例】被告人李某在冯某某家做保姆，并照顾孩子。其间，二人发生了两性关系。冯某某曾许诺与同居女友李某某分手后娶李某为妻。后李某某因怀疑该二人有不正当两性关系，以冯某某的名义将李某解雇。李某心存不满，并于当日中午 12 点以冯某某找女儿冯某(4 岁)有事为由，将冯某从学校骗至其亲属处，后打电话以冯某的安全相要挟向冯某某索要补偿费 2 万元。当日 16 时许，公安人员接群众举报后将李某抓获归案，并在李某的带领下将冯某解救。检察院以绑架罪对李某提起起诉。一审法院以非法拘禁罪判处李某有期徒刑 2 年，理由是被告人行为不符合绑架罪实质特征，故依据 2000 年 7 月 19 日起施行的最高人民法院《关于对为索取法律不予保护的债务非法拘禁他人行为如何定罪问题的解释》，以索债(情债)型非法拘禁定罪处罚。②

① 侵犯人身自由的犯罪包括 17 个罪，分别为：1. 非法拘禁罪；2. 绑架罪；3. 拐卖妇女、儿童罪；4. 收买被拐卖的妇女、儿童罪；5. 聚众阻碍解救被收买的妇女、儿童罪；6. 诬告陷害罪；7. 强迫职工劳动罪；8. 雇用童工从事危重劳动罪；9. 非法搜查罪；10. 非法侵入住宅罪；11. 刑讯逼供罪；12. 暴力取证罪；13. 虐待被监管人罪；14. 暴力干涉婚姻自由罪；15. 虐待罪；16. 拐骗儿童罪；17. 组织乞讨罪。
② 北京市朝阳区人民法院刑事判决书〔2003〕朝刑初字第 473 号。

检察院以法院一审定性及适用法律错误为由，提起抗诉。二审法院撤销原判决，改判为绑架罪，同时认定被告人犯罪情节轻微，免予刑事处罚。[①]

在司法实践中，容易混淆的是绑架罪与非法拘禁罪的认定与辨别。二者都剥夺了他人的人身自由，侵犯了他人的人身自由权利，而二者的法定刑尤其是法定最低刑却相去甚远。因此，在面对"恩怨型""儿戏型"扣押人质案件的定性选择上，司法机关容易产生分歧，并显得格外谨慎。

这是一起典型的"恩怨型"扣押人质案件，其特点是被告人与人质及被索取方认识且有一定程度的交往。被告人按照人之常情认为对方有负于自己，从而采取扣押人质的方式索要所谓的"补偿费"。这类情形，表面上虽然符合绑架罪"扣押人质索要财物"的特点，但是从公平感或者罪刑相适应的角度来看，认定为绑架罪并判处 10 年以上有期徒刑，这显然不妥。所以，面对这种情形，司法机关有时按照非法拘禁罪起诉、判决，有时按照绑架罪起诉、判决，没有形成共识。我们认为，刑法第 239 条规定绑架罪的法定最低刑为 5 年有期徒刑，从实质条件把握绑架罪的适用，该罪设定的情形应当是那些以勒索巨额财产或者重大不法利益为目的对不特定人实施的扣押人质行为，这样才与立法中对该罪的评价（法定刑）相称。立法和司法也考虑到了这点，于是特别规定为索取债务而扣押人质的，以非法拘禁罪论处。最高人民法院的司法解释[②]也指出，对于绑架人质索取赌债、高利贷等不受法律保护的债务的行为，也仅以非法拘禁罪论处。这进一步缩小了绑架罪的适用范围。

就本案而言，对方存在恩怨，并且索要的财产绝对数额不大，与社会常理及双方的恩怨大体相称，其行为的性质和社会危害性与索取不受法律保护的债务的情形相当，以非法拘禁罪定罪处罚较为合理。公诉机关以绑架罪提起公诉，过于拘泥于法律形式，忽略了司法的实质公平。把一审法院推入了两难境地：要么定绑架罪免予刑事处罚；要么定绑架罪处 5 年以上有期徒刑。一审法院为了追求实质公平，不得不以非法拘禁罪定罪处罚。抗诉后二审判决采纳了抗诉的意见，改判构成绑架罪，但是适用刑法第 37 条规定，以犯罪情节轻微不需要判处刑罚为由免予刑事处罚。就本案的处理结果而言，既维持了法律形式又满足了实质公平的要求，似乎是两全其美。但是对这类案件一概这样定性，势必在量刑上留下一个免予刑事处罚和处 5 年以上有期徒刑

[①] 北京市第二中级人民法院刑事判决书〔2003〕京二中刑终字第 678 号。

[②] 2000 年 7 月 19 日最高人民法院《关于对为索取法律不予保护的债务非法拘禁他人行为如何定罪问题的解释》。

这样巨大的落差，使将来的同类案件的量刑不得不在这两极之间选择。这不是明智的方法，缺乏长远考虑，也难免出现量刑畸重畸轻的结果。因此，我们认为，对于类似于本案的"恩怨型"扣押人质案件，通常按照非法拘禁罪或敲诈勒索罪起诉、审判较为适宜。对于虽有恩怨，但是索要的财物数量巨大、明显超出恩怨范围的，仍可以以绑架罪定罪处罚。可能有人要问，如何把握这个尺度呢？这恰恰是需要司法人员根据人情世故、社会经验去合理把握的。其实，同样的问题也存在于为索取债务或不受法律保护的债务而扣押人质的案件中，因为有时索要的数额未必与纠纷的数额完全相等，同样需要司法人员合理判断有没有超出索债的限度。以刻板的司法方式来把立法的苛刻性放大，这不值得骄傲；相反，能以灵活的司法方式把立法的苛刻性最小化，这才是值得自豪的。就个案而言，本案的二审判决是充满智慧的，它巧妙地利用刑法第37条赋予法院的免予刑事处罚的裁量权，避免刻板、苛刻的判决。

2. 绑架罪与非法拘禁罪的界分——对"超数额索债型"扣押人质案件的认定

争议点：绑架他人并索取了超出债务的钱财的，该定何罪？

【**案例**】唐某、夏某、林某（均已判刑）采用以高价收购"蜂蜜精"特效药的欺骗手段，骗得被告人付某某现金18000元，三人各分得6000元。付被骗后向公安机关报案。一日，当唐、夏、林再次在该地区行骗时被付发现，付在扭送三人至公安机关时左手中指骨折，在群众的帮助下，只将林某扭送至公安机关，唐、夏二人逃离。林归案后，付得知行骗的另二人是唐某、夏某，并了解到唐、夏二人的住址。付的儿子和女婿等多次找唐某退钱未果。后付某某委托其表弟于某、王某某等帮忙索回被骗的钱财。某日，被告人付某某、王某某、唐某以及于某、王某、彭某某（同案犯，已判刑）等人，在得知唐某在家的信息后，租车赶至唐家，将唐某挟持并拘禁在贺某家的空房内，由付某某、唐某某等看守。几天后，在唐某之妻夏某将50000元交给王某某、于某等人后，唐被放回。王某某等人在索要50000元后，给了付某某的儿子11000元，并要求付某某不能再去找唐讨要剩余款项。案发后，检察院以绑架罪提起公诉。一审法院判决被告人王某某、付某某、唐某某等人均构成绑架罪。①被告人王某某、唐某某、付某某不服，提出上诉。二审法院改判为非

---

① 四川省广安市华蓥人民法院刑事判决书〔2003〕华蓥刑初字第68号。

法拘禁罪。① 判决生效后，四川省人民检察院通过审判监督程序向四川省高级人民法院提出抗诉，四川省高级人民法院再审裁定驳回抗诉，维持二审原判。②

"索债型"非法拘禁案在司法实践中较为常见。这些案件通常事出有因，被害方也存在一定过错，虽然从表面上看符合绑架罪的构成要件，但绑架罪的起刑点高，如果定绑架罪，民众心理无法接受，司法人员也于心不忍。为化解这一矛盾，刑法第238条第3款规定：为索取债务非法扣押、拘禁他人的，成立非法拘禁罪。由于该款法条对"债务"外延的规定不明确，容易产生分歧，于是，2000年7月19日起施行的最高人民法院《关于对为索取法律不予保护的债务非法拘禁他人行为如何定罪问题的解释》特别强调指出，行为人为索取高利贷、赌债等法律不予保护的债务，非法扣押、拘禁他人的，依照刑法第238条规定的非法拘禁罪定罪处罚。但这种规定在强调实质公正的同时也可能诱发另一种误解，因为无论是刑法理论界还是司法实务界通常认为，非法拘禁罪侵犯的法益是人身自由权，行为人必须具有非法剥夺他人自由的犯罪目的。其实，就"索债型"非法拘禁案而言，学界为避免产生不必要的纷争，对此进行了合理解说，即：非法剥夺他人人身自由是犯罪目的，而索取到债务则是犯罪动机。司法实践中，检察院和法院容易产生分歧的是：如果非法扣押、拘禁他人，索取了高于债务的钱财，是以非法拘禁罪论处，还是以绑架罪论处？

在本案处理过程中，检察院认为应成立绑架罪，理由是：①从主观上看，各被告人具有强行勒索钱财的故意，表现在：将唐某挟持走时未明确告知唐某的家人是还债；电话通知唐某的家人准备50000元，也与债务额差距悬殊。②客观上实施了绑架唐某将其扣作人质、向其亲友勒索财物的行为。③从犯罪行为侵犯的客体看，被告人将唐某扣作人质，对其实施殴打、捆绑等行为，严重侵犯了公民人身权利。另外，被告人电话索要50000元也未提及债务，且50000元只换取了唐某的人身自由，并没任何证据证明唐付二人的债权债务关系就此消除。因此，被告人的行为也同时侵犯了唐的亲友的合法财产权利，符合绑架罪侵犯的是公民人身权利和合法财产权利双重客体的规定。而再审法院则认为应定非法拘禁罪，理由是：绑架罪的构成，根据刑法的规定必须"以勒索财物为目的绑架他人"，或者以其他不法要求为目的"绑架他人

---

① 四川省广安市中级人民法院刑事判决书〔2003〕广安刑终字第83号。

② 四川省高级人民法院刑事裁定书〔2006〕川刑再终字第2号。

作为人质"。再审法院认为，本案的起因是付某某被唐某诈骗18000元，付多次追索无果，而找人追讨。王某某等人犯意的产生是在接受付某某的亲戚要求帮助追索被骗钱财之后。从共同犯罪人犯意联络和参与作案的过程看，受委托找唐追回被骗钱财是基本事实。当王某某等人得到50000元后，给了付某某的儿子11000元，并要求付等人不能再找唐某讨要剩余款项。这些事实说明，本案基本的性质是以追讨被骗钱财为目的，非法拘禁唐某，侵犯其人身自由权利，因此，认定王某某等人的行为构成非法拘禁罪并无不当。

对于本案，我们认为王某某等人应成立绑架罪。所谓绑架罪，是指以勒索财物为目的，采用暴力、胁迫或者其他方法劫持他人，或者劫持他人为人质的行为。绑架行为包括两种类型：①勒索财物型的绑架，即行为人利用被绑架人的近亲属等人对被绑架者的安危忧虑之机，迫使其在一定时间内交付赎金。②扣押人质型的绑架，即绑架人质以换取某种非法利益或者提出非法要求(偿还债务要求除外)，行为人既可以向被绑架人，也可以向他人或者组织换取非法利益或者提出非法要求。①非法拘禁罪侵犯的是被害人的人身自由，而绑架罪侵犯的不只是被绑架人的人身自由，同时侵犯了第三人的意志自由(自决权)，是一种极为严重的犯罪。本案中，王某某等人对于付某某被骗走18000元是知晓的，如果他们为索取这18000元债务而非法拘禁唐某，认定为非法拘禁是毋庸置疑的。然而事实却是，王某某等人索取了50000元，超过债务32000元。其目的和动机已不再是通过扣押唐某为人质以求为付某某索回债务、讨个公道，而变成了利用这个机会谋取非法利益、勒索钱财。其行为已超出了勒索债务的共同故意，属于非法拘禁罪与绑架罪的想象竞合犯，应从一重以绑架罪论处。至于他们初衷是为了替付某某讨回被骗的钱，这只能在量刑时予以酌情考虑，而不能改变犯罪行为的性质。至于对付某某的判罚，须视具体情况而定，若仅出于索取被骗的18000元而参与其中，以非法拘禁罪追究刑事责任是没问题的；如果是为了乘机敲一笔而参与其中，不排除成立绑架罪共犯的可能。

必须注意的是，绑架罪是一种极其严重、极其凶恶的犯罪，刑法对绑架罪规定的法定最低刑为5年有期徒刑，使之成为刑法中应当受到最为严厉处罚的犯罪之一。绑架罪通常表现为绑架人质勒索巨额赎金或者重大的非法要求。如果行为人扣押人质，索取微不足道的财物或其他不法要求，也没有造成任何后果的，可以认为情节显著轻微、危害不大，不认为犯罪。对于索债

---

① 曲新久. 刑法学[M]. 北京：中国政法大学出版社，2006：243.

型绑架，且索取财物超过债务的，应当具体分析：如果行为人认为索要的超出债务范围不大，可以仍然按照非法拘禁罪定罪处罚；如果行为人认为索要的超出债务范围过大，甚至于名为索债，实为绑架人质非法索取巨额财产，应当按照绑架罪定罪处罚。就相关立法、司法解释以及司法实践来看，为追求实质上的合理，使罪刑相适应，总的趋势是扩大非法拘禁罪的适用而缩小绑架罪的适用范围。

二、非法拘禁罪

1. 非法拘禁罪与拐骗儿童罪的认定与界分

争议点：为索取所欠工资而偷偷抱走他人婴儿构成非法拘禁罪还是拐骗儿童罪？

【案件】1997 年年底，被告人黎某某在郑某某、郑泽某兄弟班组打工约 2 个月，被郑某某克扣住工资未发，黎某某多次索要未果。同年 12 月 25 日上午，黎某某再次到工地找郑某某索要工钱时，见郑某某之兄郑泽某的儿子郑某(1 岁零 2 个月)在独自玩耍，顿起偷抱婴儿索要工资之念。黎趁四周无人将郑某偷抱走，寄放在杨某处，然后在郑某某的 BP 机上留言，以交还婴儿为条件向郑索要人民币 2000 元，郑被迫表示同意。当日下午 3 时，当被告人黎某某到约定地点取款时，被公安干警当场抓获，从其身上缴获 2000 元，随后将郑某解救出来。检察院以绑架罪提起公诉。一审法院判处被告人犯非法拘禁罪，判处有期徒刑 1 年 6 个月。[1] 一审判决宣告后，检察院以一审法院定性错误、适用法律不当、量刑畸轻为由提起抗诉。二审法院审理过程中，抗诉机关的上级检察院决定撤回抗诉。二审法院裁定准许撤回抗诉。[2]

通常情况下，非法拘禁罪与拐骗儿童罪并不难区分。非法拘禁罪一般以剥夺他人人身自由为目的，侵犯的客体是人身自由权；而拐骗儿童罪表现为采用拐骗、诱惑或者其他方法使儿童脱离家庭或监护人的行为，在司法实践中，行为人拐骗儿童通常是为了自己收养，但也不排除其他的目的，如为了奴役等。本案中，检察院与法院的分歧在于被告人胁持他人婴儿的目的和动机是什么？检察院指控被告人偷抱他人婴儿是为了勒索财物，构成绑架罪；而法院经审理查明，被告人是为了以此讨回对方所欠工资，根据刑法

---

[1]　海南省海口市振东区人民法院刑事判决书〔1998〕振刑初字第 155 号。
[2]　海南省海口市中级人民法院刑事裁定书〔1998〕海中法刑终字第 52 号。

第238条第3款的规定，认定构成非法拘禁罪。这种分歧源于对被告人主观方面因素的不同认定，即，是索取债务还是索取债务以外的财物。但本案还涉及一个十分关键的问题：婴幼儿能否成为非法拘禁罪的犯罪对象？或者再扩大一些，非法拘禁罪的对象是否还包括精神病人或者熟睡中的人？如果主张婴儿可以成为非法拘禁罪的犯罪对象，那么认定为非法拘禁罪是显然的。如果主张婴儿不能成为非法拘禁罪的犯罪对象，则似乎会陷入一种"模棱两不可"的境地，即行为人是为了索取债务而拘禁他人，如果定绑架罪于法无据；但又因为非法拘禁罪的犯罪对象不包括婴儿，所以也不能定非法拘禁罪。对于这种情况，定拐骗儿童罪就成了一种无奈但又相对合理的选择。非法拘禁罪侵犯的是被害人的人身自由，而人身自由是按照本人意愿行动的自由。对于婴幼儿而言，缺乏这种意义上的人身自由。相反，婴幼儿对家庭或监护人存在严重的依赖，使婴幼儿脱离家庭或监护人，是对婴幼儿人身权利和家长监护权的侵犯，应当成立拐骗儿童罪。拐骗行为的本质是没有征得被拐骗儿童的家庭或者监护人的同意，违背其意愿，带走儿童，故而拐骗儿童不仅包括利用蒙蔽、欺骗或者利诱等典型的拐骗手段带走儿童，还包括秘密窃取婴幼儿、以抢夺甚至抢劫等非法手段带走儿童等。无论采用哪种手段，只要发生使被拐骗儿童脱离家庭或者监护人的控制的结果，又不成立拐卖儿童罪等其他严重犯罪的，都可以以拐骗儿童罪论处。由此可见，对于"拐骗"，实际上进行了扩张的解释。

2. 非法拘禁罪与过激的一般违法行为的界分

争议点： 为挽回恋情，伙同他人挟持恋人到别墅就感情问题进行交谈，能否成立非法拘禁罪？

【案例】被告人王某与被害人苏某某于2001年认识并确定恋爱关系。2003年5月苏某某提出分手，王某多次想找苏某某谈，但苏一直回避。2003年8月某日中午，王某借得一辆车准备再找苏某某谈，并叫上符某某、张某某等一同前往苏某某所在宿舍旁等候。下午2时20分许，苏某某从家中走出，王某等人开车跟上，苏发现是王某后大喊"救命"并准备跑，王某便下车将其抱住推上车并将车开走。由于苏某某不断叫喊和拉车门、车窗，试图逃走，王某便使用手勒苏的脖子，并用苏包内的毛巾堵苏的嘴。车开到一别墅外停下，苏仍然不断哭闹，绑苏的毛巾、衣服均被挣脱，王某便让张某某找来透明胶将苏某某双手捆在胸前。捆住双手后，苏某某说车内太热，要求换个地方说话，王某就和张某某去别墅开房。房间开好后张某某就离开了。

王某返回车里让符某某把车开进别墅，在车开的过程中王对苏说好好合作不要叫喊，苏答应后王将捆在苏双手上的透明胶解开。王、苏二人来到所开房间。坐了一会儿，王提出换地方谈，二人于是从房间里出来又坐上车。不久，苏某某打开车窗跳出来，跑进一间杂货房里紧抓住防盗网不肯离去。王某让符某某先离开，自己走进杂货房与苏某某谈。下午4时40分许，闻讯赶来的王某父亲王某某将苏某某带回市内。当晚7时许，王某、张某某、符某某相继自首。检察院以非法拘禁罪对王某、符某某、张某某提起公诉。一审法院宣告三名被告人无罪。① 检察院提出抗诉。二审法院裁定维持原判。②

　　非法拘禁罪是指以拘押、禁闭或者其他强制方法，非法剥夺他人人身自由的行为。③本罪虽然不以情节严重为必要条件，但司法实践中，对于情节一般、危害不大的非法拘禁行为，一般不认为是犯罪。根据1999年9月施行的《最高人民检察院关于人民检察院直接受理立案侦查案件立案标准的规定（试行）》，国家机关工作人员涉嫌利用职权非法拘禁，具有下列情节之一的，应予立案：①非法拘禁持续时间超过二十四小时的；②三次以上非法拘禁他人，或者一次非法拘禁三人以上的；③非法拘禁他人，并实施捆绑、殴打、侮辱等行为的；④非法拘禁他人，致人伤残、死亡、精神失常的；⑤为索取债务非法扣押、拘禁他人，具有上述情形之一的；⑥司法工作人员对明知是无辜的人而非法拘禁的。法律对于司法工作人员的期待可能性要大于一般公民，而司法工作人员利用职权非法拘禁他人，其社会危害性程度也高于一般公民非法拘禁他人。既然前者必须具有上述情形才予以立案，然则一般公民非法拘禁他人，也至少要达到上述标准，才能立案追诉。

　　就本案而言，检察院与法院分歧的焦点在于：被告人的行为是否达到犯罪的程度，有否追诉的必要？从案情的发展来看，三被告人的行为从形式上与非法拘禁罪立案标准第三种情形"非法拘禁他人，并实施捆绑行为"相吻合。二审法院在裁定维持一审无罪判决中提出，"王某主观上只是要追回提出分手的恋人，无非法拘禁苏某某的主观故意，亦无非法限制他人人身权利、剥夺他人人身自由的犯罪故意，属于社会婚恋方面的过激行为，且产生的社会后果较轻。被告人符某某、张某某在主观上是为王某找回女朋友，本无非法拘禁的恶意"，并认为被告人是"违法限制他人人身自由"。这实际上

---

① 三亚市城交人民法院刑事判决书〔2004〕城刑初字第27号。

② 海南省三亚市中级人民法院刑事裁定书〔2004〕三亚刑终字第6号。

③ 曲新久. 刑法学［M］. 北京：中国政法大学出版社，2006：241.

是矫枉过正,反而使检法真正产生分歧的焦点转移了。实事求是地说,三被告人的行为就是非法拘禁他人,就是剥夺了他人人身自由,而不是仅仅停留在限制人身自由的程度上。

至于王某等人主观上有无非法拘禁苏某某的故意,这涉及目的与动机的区分。犯罪目的是指犯罪人主观上通过犯罪行为所希望达到某种结果的心理状态。犯罪动机是指刺激犯罪主体实施犯罪行为以达到犯罪目的的内心起因。二者既密切联系,又相互区别。从联系来说,二者都是行为人通过犯罪行为表现出来的主观心理活动,都反映行为人的某种需要与主观恶性程度;一定的动机总是和一定的目的相互对应,相互联系,彼此作用;一定的动机形成后,通常便会形成一定的目的,并通过一定的行为实现这种目的,满足行为人自己的动机需要。从区别来说,动机产生在前,目的形成在后;动机表明行为主体同犯罪行为之间的关系,它起到的是推动、发动犯罪行为的作用,说明行为主体实施某种犯罪行为的主观原因,而目的所揭示的是行为主体抑制的行为、结果与犯罪对象、法益之间的关系,表明行为主体对某种危害结果的追求,其作用是为确定目标和侵害程度提供指导;目的与危害结果的联系是直接的,而动机与危害结果之间的联系是间接的。①在本案中,王某的行为动机是通过面对面的交流,获得女友的回心转意;而符某某、张某某二人的行为动机则是帮助朋友王某与女友言归于好。就三人的行为目的而言,就是将苏某某拉上车控制住再说,这也从他们开车前往并将苏某某拖上车等行为可以看出。随着事态的发展,这一行为目的更加凸显,所采取的手段也更加恶劣,有效地控制住苏某某、剥夺其人身自由让其乖乖就范成了当务之急。由此可见,认定三被告人非法拘禁是没有疑问的。

对于本案的处理,我们赞成检察院对违法行为事实的认定,但不主张追诉其犯罪;赞成法院宣告被告人无罪的裁决,但不同意其理由。三被告人的行为确属于剥夺他人人身自由的非法拘禁,但只是一般的违法行为,不足以构成犯罪。在司法实践中,司法工作人员要始终记住一点:刑法是一种不得已的恶。违法行为只有达到一定的严重程度,才构成犯罪。能够用治安管理处罚法规制的,就没必要动用刑法。这也是刑法的谦抑性所在。那么,以何种理由认定不成立犯罪呢?法院通常是适用刑法总则第 13 条"但书"的规定,即"情节显著轻微危害不大的,不认定是犯罪"。但由于"情节显著轻微危害不大"只是相对于具体个罪的诉罪标准而言的,其本身并没有也不可能

---

① 刘艳红.刑法学总论[M].北京:北京大学出版社,2004:133.

有一个整齐划一的标准，草率适用，恐怕依然会在本案的处理上分歧很大。因此，将目光投向非法拘禁罪的立案标准，并结合具体案情断定其情节显著轻微，则是一个比较明智的选择，也增强了说服力。对于非法拘禁罪立案标准规定的某一情形，我们不应该孤立地看待，而应该比较其他情形进行理解和判断。应该说，非法拘禁罪的这六种情形，相互间应具有相当性。本案被告人的行为虽然是"非法拘禁他人，并实施捆绑行为"，但并不必然就成立犯罪。本案被告人对苏某某进行非法拘禁的持续时间不到 3 小时，与立案标准第一种情形的"非法拘禁持续时间超过 24 小时"相差甚远；虽有捆绑行为，但一则是暂时的权宜之计，持续时间短，程度也轻微；尽管给苏某某的人身自由带来了一定的伤害，但与立案标准第四种情形"非法拘禁他人，致人伤残、死亡、精神失常"的危害结果相比，又显然不在一个层次；再加上被告人行为动机不坏、闻讯赶来的王父及时将苏某某带回市里、被告人 3 小时后即相继自首等因素，三被告人的行为不以犯罪论处是可行的。就本案中被告人的行为而言，与其说是犯罪，不如说是一种失恋青年的过激行为；而就本案中检察院与法院的分歧而言，与其说是对非法拘禁罪犯罪构成的认定不同，不如说是对非法拘禁罪刑事立法精神的理解不同。

3. 非法拘禁罪与失职错拘的区分

争议点： 行为人误认为他人有卖淫嫖娼行为，并违法扣押、拘禁多名涉案人员，应否成立非法拘禁罪？

【案例】被告人吴某（某派出所警察）根据群众举报，认为贺某某、蔡某某有卖淫嫌疑，突击将涉嫌卖淫的贺某某、蔡某某及涉嫌嫖娼人员张某口头传唤至派出所审查。吴某向高某某（所长）汇报"抓获嫖娼现场"。高即同意对该 3 人进行盘问。被告人吴某等人当夜进行盘问，贺某某最终承认其曾向张某等 20 余人卖淫。高某某在听取吴某汇报后，同意对贺、蔡、张 3 人留置审查。蔡某某因一直否认有卖淫行为而被释放。张某承认其与贺某某有嫖娼行为后，吴某安排本所的另一工作人员到市公安法制科，会同所长高某某呈报对贺某某、张某的治安处罚裁决，因故未予办理。根据贺某某的供述，吴某带领所内其他人员，先后对涉案人员陈某某等 6 人分别进行了留置盘问，6 人均承认与贺某某发生了性关系。吴某与高某某向市公安局法制科呈报该案处罚意见，市公安局法制科和局领导审查后，依法裁决对贺某某、陈某某等人行政拘留和罚款。关于呈报的对刘某某的拘留，法制科未予批准，吴某仍将其继续关押 45 小时。吴某又带人将另一涉案人员桂某传唤至派出所进

行审查并关押(未请求高某某办理留置手续),吴某在收取桂的亲属交纳的
3000 元罚款后方将其放回。桂某被关押共计 75 小时。高某某期间在市局开
会又因病住院均不在派出所。对贺某某等 6 人,吴某均在行政拘留的期限内
收取罚款后予以释放,对张某超期拘留了 14 小时,收取 2000 元罚款后释放。
贺某某被释放后,经妇幼保健院等医疗单位检查,其处女膜完整,即告发此
案。检察院以非法拘禁罪对被告人吴某、高某某提起公诉。一审法院以非法
拘禁罪判处被告人吴某有期徒刑 1 年,缓刑 1 年,宣告被告人高某某无罪。
检察院以高某某应成立非法拘禁罪为由提起抗诉,被告人吴某不服,提出上
诉。二审法院裁定撤销原判,发回重审。原一审法院作出与原审一样的裁
决。检察院再次提起抗诉,被告人吴某再次提起上诉。二审法院裁定维持
原判。①

　　本案是一起因离奇的"处女卖淫"而牵出的刑事案件。多名涉案人员在
被留置盘问后都"交代"与贺某某发生过性关系,而贺某某实则还是处女。这
种情况的出现,让人不由自主地猜想是否被告人在审查盘问过程中对涉案人
员曾动粗进行了讯问。如果确实如此并需要考虑行为入罪的话,由于被审查
的人员都不是犯罪嫌疑人、被告人或者证人,即使动粗逼问,也无法定刑讯
逼供罪或者暴力取证罪,这时往往就会寻求行为人程序上的过错,例如是否
超期羁押对公民的人身自由有所侵犯,如果达到犯罪程度,便可以非法拘禁
罪提起公诉。该案涉及面广,对社会造成的影响也很坏,往刑事案件上靠是
还被害人和社会公众一个"说法"、消除恶劣影响的一条途径。案件关键的问
题在于被告人吴某和高某某的行为是否构成非法拘禁罪。所谓非法拘禁,是
指以非法拘押、禁闭或者其他强制方法,非法剥夺他人人身自由。拘禁必须
是非法的。拘禁的手段多种多样,如非法拘留、强行禁闭、隔离审查等。在
司法实践中,要将非法拘禁与错误的行政拘留区分开来。行政工作人员依照
法定程序拘留了涉案人员,后经查明无一般违法行为,立即予以释放,这种
情况属于错拘。如果已经经过行政机关依法决定解除强制措施,有关执法人
员仍拒不释放或者拖延释放的,则应视为非法拘禁行为。本案中,被告人吴
某根据群众举报口头传唤涉嫌卖淫嫖娼人员、留置审查盘问、根据市公安局
法制科和局领导的批示对涉案人员进行行政拘留,这些都无可非议。其违法
行为在于:①对于呈报的刘某某的拘留,法制科未予批准,但吴某仍将其继
续关押 45 小时;②未请求高某某办理留置手续,对桂某关押 75 小时;③对

---

① 湖北省随州市中级人民法院刑事裁定书〔2001〕随中刑终字第 32 号。

张某超期拘留 14 小时。这些行为不再是错拘，而是非法拘禁。根据 1999 年
9 月施行的《最高人民检察院关于人民检察院直接受理立案侦查案件立案标
准的规定（试行）》，被告人吴某的非法拘禁行为足以构成犯罪。至于高某某
是否构成非法拘禁罪的共犯，也是该案检察院和法院的主要分歧。如果说，
高某某对被告人吴某后来的非法拘禁行为一无所知，当然不能成立非法拘禁
罪的共犯。如果吴某向他汇报后他指示吴某这样做或者明知道吴某非法拘禁
涉案人员而默许，则可构成犯罪。至于高某某是在开会还是生病住院，在不
在派出所，倒是对案件定性关系不大。

三、拐卖妇女、儿童罪

1. 罪与非罪：拐卖妇女、儿童罪与借介绍婚姻、收养之机非法牟利的认定与界分

争议点：行为人受委托带妇女到外地打工，为妇女介绍婚姻并乘机非法
牟利，是否成立拐卖妇女罪？

【案件】被告人彭某某在岳父家玩耍期间，村民杨某托彭某某带他的妹
妹杨某某出去，同村的宵某某也要求同行，彭某某表示同意。尽管宵的亲人
阻止宵外出，但宵还是坚持要外出。宵、杨二人到达江苏彭某某家玩耍几日
后，彭某某认为二人进厂语言不通，在征得二人同意后，被告人就与妻子邓
某某给宵、杨二人介绍男朋友。被告人的同组村民徐某某到彭某某家相亲，
先选中杨某某，因杨某某不愿意又才选宵某某，双方均无意见。随后的一
天，彭某某带宵某某到徐家看看，宵表示同意后，彭某某找徐的母亲及姐姐
要 4400 元，徐母表示同意。徐、宵结婚当晚，徐母给彭某某现金 4200 元（扣
除原借款 200 元）。宵结婚后与丈夫一同外出做生意。后来，宵的哥哥得知
妹妹结婚之事即到徐家，打算带宵回家被追回，后经当地司法所调解，彭某
某退给宵的哥哥 1850 元。杨某某先到煤球厂做十几天活后，经彭某某委托
的顾某某介绍，与孙某某相识并同意谈恋爱。杨某某和孙某某结婚当天，彭
某某以杨某某在其家的生活费、杨某某父母的养老费及其介绍费等理由而向
孙家要现金 6700 元，经顾某某做中，孙家实际给彭某某戒指一枚（折
价 1000 元）、存折 1000 元、现金 4300 元，财物共折价 6300 元。杨某某得知
此事后找到彭某某家退回戒指一枚（折价 1000 元）、现金 4000 元。检察院以

拐卖妇女罪对彭某某提起公诉。法院判决宣告彭某某无罪。①

拐卖妇女、儿童罪是指以出卖为目的，拐骗、绑架、收买、贩卖、接送、中转妇女及儿童的行为。凡是拐卖妇女、儿童的，不论是哪个环节，只要是以出卖为目的，有上述六种行为之一的，均成立拐卖妇女、儿童罪。司法实践中，要把拐卖妇女、儿童罪与借介绍婚姻、介绍收养而索取钱财的违法行为区分开来。区分的要点在于行为人是否具有出卖妇女、儿童的目的。这既是认定拐卖妇女、儿童罪与非罪的主观标志，也是将拐卖妇女、儿童罪与收买被拐卖的妇女、儿童罪及拐骗儿童罪区别开来的关键点。

本案中，检察院以拐卖妇女罪对被告人彭某某提起公诉，是有一定理由的：杨某虽告诉被告人彭某某适当时可为他妹妹杨某某介绍婚姻在外安家，但交代过不能卖钱，而彭某某却收受了钱财，而且数量不小；被告人彭某某没有按先前的承诺为杨、甯安排工作，而是很快就张罗着把二人嫁了，且试图将所收受的钱财全部落入自己的腰包，其动机也令人生疑。但从整个案情分析，被告人仅仅是受他人之托，把妇女带到外地打工，因合理的原因为杨、甯介绍婚姻，借机索取财物，这属于违法行为，但不构成犯罪。这种行为与拐卖妇女的犯罪行为虽然都具有牟利的目的，但是牟利的内容、方法、手段及其产生的后果都是不同的。前者是介绍婚姻，妇女是自愿的，没有违背妇女的意志，行为人也没有采取欺骗或者胁迫手段；后者是行为人以欺骗、利诱或者胁迫手段实施拐骗、贩卖的行为，完全违背妇女的意志。从具体案情来看，被告人彭某某夫妇是在为杨、甯二人介绍对象，也征求了二人的意见，而杨、甯二人或者同意，或者拒绝，有充分的意志自由。另外，杨、甯二人也有行动自由。这些与贩卖被拐卖妇女的情形都是不一样的，而正是通过这些客观方面的因素和情形，我们可以合理推定被告人没有出卖妇女的目的，不成立拐卖妇女罪。

2. 此罪与彼罪：拐卖妇女、儿童罪与遗弃罪的界分

争议点： 出卖自己亲生儿女构成拐卖妇女儿童罪还是成立遗弃罪？

【案例】2004年7月，被告人邹某某(已婚未离)携带两个儿子在临川区文昌桥下靠卖淫为生，期间因照顾不周致大儿子走失。2004年8月，邹在卖淫时认识了被告人丁某某，后两人经常在一起居住。被告人邹某某与丁某某商量将小儿子吴某某卖掉，俩人好结婚生活。2004年9月，被告人邹某某、

---

① 重庆市石柱土家族自治县人民法院刑事判决书〔2005〕石刑初字第107号。

丁某某通过小敏(在逃)找到肖某某(另案处理),在肖某某的联系下,邹某某谎称家里穷、丈夫死了,将儿子吴某某卖给彭某某,议定价格18000元。彭收下吴后,于第二天将18000元钱交给邹某某等人,其中邹某某得款13000元、丁某某得款1000元、肖某某得款2000元、小敏得款2000元。事后,被告人邹某某将得款10000元存于被告人丁某某账户上,密码由被告人丁某某保管。案发后,检察院以拐卖儿童罪对邹某某和丁某某提起公诉。一审法院认定二人构成拐卖儿童罪共同犯罪,判决被告人邹某某犯拐卖儿童罪,处有期徒刑7年,并处罚金15000元;被告人丁某某犯拐卖儿童罪,处有期徒刑7年,并处罚金10000元。①

关于出卖自己亲生儿子的行为,在2000年3月20日最高人民法院、最高人民检察院、公安部、民政部、司法部、全国妇联联合发布的《关于打击拐卖妇女儿童犯罪有关问题的通知》特别指出,出卖亲生子女的,由公安机关依法没收非法所得,并处以罚款;以营利为目的,出卖未满14周岁子女,情节恶劣的,以拐卖儿童罪追究刑事责任。而2003年3月24日公安部在《关于打击拐卖妇女儿童犯罪适用法律和政策有关问题的意见》(以下简称《意见》)中,也作出了同样的规定。也就是说,出卖亲生子女的,必须符合两个条件才成立拐卖儿童罪:一是对象适格,即为未满14周岁的子女;二是情节恶劣。本案的争议点其实就在于情节是否恶劣。何为"情节恶劣",并无相关立法规定和司法解释,只能由司法工作人员综合具体案情,根据自己的审判经验、生活常理、人之常情来判断。从法院的最终判罚来看,显然是认定被告人的行为达到"情节恶劣"的程度,因为被告人出卖亲生儿子并不是出于生活困难,也不是无奈之举,而仅仅是为了得一笔钱好与情人结婚,而且是重婚。另外,法院可能还虑及被告人邹某某曾因照顾不周致使大儿子走丢,现又将小儿子卖掉,足见其对亲生骨肉未尽到监护责任,而且冷漠无情。对邹某某判处拐卖儿童罪,再对共犯人被告人丁某某也以拐卖儿童罪追究刑事责任,自然毫无争议。

也有学者指出:"根据1998年修改的《中华人民共和国收养法》第31条第2款的规定,遗弃婴儿的,由公安部门处以罚款;构成犯罪的,依法追究刑事责任。因此,遗弃婴儿的行为构成犯罪的,应按遗弃罪定罪处罚。根据该法第31条第3款的规定,出卖亲生子女的,由公安部门没收非法所得,并处以罚款;构成犯罪的,依法追究刑事责任。因此,出卖亲生子女的,也应

---

① 江西省抚州市临川区人民法院刑事判决书〔2005〕临刑初字第39号。

适用刑法第261条，按遗弃罪定罪处罚。"[①]而1999年10月27日最高人民法院《关于全国法院维护农村稳定刑事审判工作座谈会纪要》(以下简称《纪要》)在"关于拐卖妇女、儿童犯罪案件"中也曾指出："对那些迫于生活困难、受重男轻女思想影响而出卖亲生子女或收养子女的，可不作为犯罪处理；对于出卖子女确属情节恶劣的，可按遗弃罪处罚。"那么，如何来处理《意见》和《纪要》之间的关系呢？如果说《纪要》中的"亲生子女"特指已满14周岁的亲生子女，这自然与《意见》不存在冲突，但该规定出现在"关于拐卖妇女、儿童犯罪案件"这一栏下，则应将未满14周岁子女包含在内。其实，就法理分析，《意见》和《纪要》均无司法效力，只是为司法实践提出建议的文件而已，但由于不是司法解释，无法适用司法解释溯及力原则，而二者都在实践中发挥着作用，只不过一个指导的是公安机关的立案侦查工作，一个指导的是法院的审判工作。我们认为，对于出卖未满14周岁亲生子女，情节恶劣的，应以拐卖儿童罪定罪处罚。因为行为人不仅拒绝抚养，而且还将之卖出牟利，恶性更大。

在司法实践中，还要将出卖子女与送养子女区分开来。在送养子女时，接收人往往也会拿出一定数额的金钱表示感谢，而送养的父母也通常会收下。二者区别在于：出卖子女往往将目光锁定在出价高低上，而送养子女则把注意力放在接收家庭的条件及接收人的人品等方面，更多的是为了孩子着想；出卖子女有事先的价格商定，常表现出讨价还价，而送养子女往往是接收人事后的主动给付，而给付的动机更多的是出于一种内心的感激。

四、诬告陷害罪

1. 罪与非罪：诬告陷害罪与错告、一般诬告行为的界分

争议点：行为人因对干部提拔结果不满，写匿名信向有关领导和部门散发，是否成立诬告陷害罪？

【案例】2001年6月7日，某日报对市委提拔任用干部名单公示后，被告人弓某某(某市政府南大院管理处主任)对公示甲某为该市市政府机关事务管理局局长不满，因此产生写匿名信的念头。弓某某起草的匿名信主要内

---

① 周道鸾，张军. 刑法罪名精释——对最高人民法院最高人民检察院关于罪名司法解释的理解和适用[M]. 北京：人民法院出版社，2007：489.

容是：①甲某吃、喝、嫖、赌不务正业，不够提拔条件；②甲某被提拔为市政府机关事务管理局局长人选，暴露了该市在选拔干部上的腐败现象没有遏制；③某知情人士说："如不是张某某（甲某的哥们，包工头）资助20万元给某省长，某省长这次也不会为甲某出这么大的劲。"弓某某写好后让其女婿打印，装入信封向市委市政府的有关领导和有关部门发出10余份。案发后，检察机关指控其涉嫌犯有诬告陷害罪。一审法院审理认定指控被告人弓某某诬告陷害罪事实不清、证据不足，罪名不能成立，宣告被告人无罪。①检察院以原判认定事实错误、适用法律不当为由提起抗诉。二审法院裁定驳回抗诉，维持原判。②

诬告陷害罪，是指故意捏造犯罪事实，向国家机关或者有关单位作虚假告发，意图使他人受到刑事追诉的情节严重的行为。在司法实践中，对诬告陷害罪的认定，主要有两个步骤：一是将诬告与错告区分开来；二是将诬告陷害罪与一般的诬告陷害行为区分开来。诬告与错告的区分主要体现在行为人主观方面的不同，即是否有诬陷他人的主观故意：诬告是故意捏造事实，作虚假告发；而错告是由于对情况不清楚或者认识上存在片面而在控告中发生差错。诬告陷害罪与一般诬告行为的区分则在于诬告内容、诬告目的以及诬陷程度的不同，即是否捏造了犯罪事实、意图使他人受到刑事追诉并达到犯罪的程度。司法实践中，检察院和法院对诬告陷害案件处理的分歧主要体现在罪与非罪的界分上。诬告陷害罪在客观方面表现在捏造犯罪事实并向国家机关或者有关单位作虚假告发的行为。具体而言，包括以下三个方面：①捏造的一般是"犯罪事实"。本罪的主观方面必须具有意图使被诬陷人受到刑事追诉的犯罪目的，而主观方面的认定往往又依赖其捏造的事实的性质。如果捏造的是犯罪事实，则通常认定其意图使他人受到刑事追诉；如果捏造的是一般违法事实或者道德问题，则不构成本罪。②必须向国家机关或者有关单位告发。③诬告的特定对象必须明确，但并不以指名道姓为必要，如果通过告发的事实明显可看出诬告对象，也可构成本罪。

在本案中，作为司法机关，首先要查明的该匿名信所述内容是不是捏造的；其次，要判断所捏造的是不是犯罪事实，并结合其主观意图进行判定。二审法院认为信中所提的张某某资助20万给某省长，该省长给甲某出面让市委提拔一事，因缺乏相关证据，无法证实真伪。信中所提到的其他两点内

---

①　山西省长治市沁县人民法院刑事判决书〔2002〕沁刑初字第2号。

②　山西省长治市中级人民法院刑事判决书〔2002〕长刑终字第111号。

容空洞，无具体事实，均无法追究甲某的刑事责任，而且本案未造成严重后果，同时也未影响司法机关的正常活动，判定被告人的行为不构成犯罪。

在刑法学界，关于诬告陷害罪认定的争议主要集中在两个方面：一是关于所捏造事实的争论；二是关于诬陷对象的争论。关于所捏造事实的争论集中在：如果行为人没有捏造犯罪事实，但他自以为是犯罪事实并认为被诬陷人会受到刑事追诉，能否成立本罪？一种观点认为，只要有意图使他人受到刑事追诉，即使捏造的只是一般违法行为，也可成立诬告陷害罪。另一种观点认为，如果捏造的不是犯罪事实，则不能成立诬告陷害罪。后一种观点也是通说的观点。如果从 1979 年刑法第 138 条规定来看，通说观点无疑是正确的。"如果捏造的不是犯罪的事实，可能属于诽谤行为，但不可能构成诬陷罪。"①如果从 1997 年刑法第 243 条规定来看，该条规定："捏造事实诬告陷害他人，意图使他人受到刑事追究，情节严重的，处 3 年以下有期徒刑、拘役或者管制；造成严重后果的，处 3 年以上 10 年以下有期徒刑。"可见，刑法条文并没有明确规定必须捏造"犯罪事实"。这两种观点实际上反映了学者侧重于危害结果还是危害行为。不过，我们认为，从立法精神来说，如果行为人有使他人受到刑事追诉的意图，并捏造自认为会使他人受到刑事追诉的一般违法事实，情节严重的，也可构成诬告陷害罪，但出于认识的错误，可归之于犯罪未遂。关于被诬陷对象的争论集中在：被诬陷对象是否必须达到刑事责任年龄并具有刑事责任行为。与前面的观点相同，我们认为，虽然被诬陷对象没有达到刑事责任年龄并不具有刑事责任行为，但行为人认为被诬陷对象会因此受到刑事追诉，也可构成诬告陷害罪，但归于犯罪未遂。

2. 此罪与彼罪：诬告陷害罪与伪证罪的界分

争议点： 因自家的钱被盗，案发后向公安机关多报了 6 万多失款金额，并指使他人作伪证，该定何罪？

【案例】蔡某某（另案处理）在被告人金某某家玩耍时，乘人不备从金家放于卧室的手包内盗走 5000 元钱。案发后，被告人金某某伙同其妻赵某（已判刑）向公安机关谎报被盗 65200 元，并让安某某为其作证。检察院以伪证罪提起公诉，一审法院认为，被告人金某某在其数额较大的钱财被盗后，为图报复，与他人共谋故意捏造数额特别巨大的钱财被盗，向公安机关作虚假

---

① 高铭暄. 中华人民共和国刑法的孕育和诞生 [一个工作人员的札记] [M]. 北京：法律出版社，1981：186.

告发，意图使他人受到更为严厉的刑事追究，情节严重，其行为已构成诬告陷害罪，判决被告人金某某犯诬告陷害罪，判处拘役4个月。① 检察院提起抗诉，抗诉意见是：①证人不应作狭义理解，应包括被害人在内。且赵某已因伪证罪被判处了刑罚，因此金某某也应构成伪证罪。②金某某不构成诬告陷害罪，因诬告陷害罪客观上要求捏造犯罪事实，而本案犯罪事实已存在，金某某只是夸大了部分情节且金某某主观上并非意图使他人受刑事追究，而是加重他人的刑事责任，不符合诬告陷害罪的犯罪构成。③一审对金某某的同案赵某判处有期徒刑1年，缓刑2年。金某某罪责大于赵某，却只判处拘役4个月，量刑畸轻。二审法院裁定驳回抗诉，维持原判。②

　　本案涉及诬告陷害罪与伪证罪的区分。根据刑法第305条规定，伪证罪是指在刑事诉讼中，证人、鉴定人、记录人、翻译人对案件有重要关系的情节，故意作虚假证明、鉴定、记录、翻译，意图陷害他人或者隐匿罪证的行为。诬告陷害罪与伪证罪的区分具体表现在五个方面：①犯罪主体不同：伪证罪的主体为特殊主体，限于证人、鉴定人、记录人、翻译人员，后罪为一般主体。②犯罪对象不同：伪证罪的犯罪对象是犯罪嫌疑人或被告人；诬告陷害罪的犯罪对象为一般人，也包括犯罪嫌疑人和被告人。③行为发生的阶段不同：伪证罪发生在刑事诉讼过程中，而诬告陷害罪一般发生刑事诉讼之前。④行为发生的方式不同：伪证罪是通过作证、鉴定、记录、翻译的方式实施的；诬告陷害罪一般是通过书面或口头的告发检举的方式实施的。⑤犯罪的内容不同：伪证罪的内容包括两个方面：一是无中生有地增加或夸大犯罪事实，二是有中变无的隐匿罪证；而诬告陷害罪捏造的事实通常是整个案件的犯罪事实，但也不排除捏造部分犯罪事实的情形。⑥犯罪的目的不同：伪证罪的目的既可以是陷害他人，使他人被错判或重判，也可以隐匿罪证以包庇罪犯，使之逃脱应得的法律制裁；诬告陷害罪只有陷害的目的。

　　本案中，检察院认为应构成伪证罪，法院认为应构成诬告陷害罪，二者分歧的关键点在于四个方面：其一，作为伪证罪犯罪主体的证人是否是广义上的一切知道案件情况的人，也包括被害人？其二，诬告陷害能否发生在刑事诉讼过程中？其三，所捏造的犯罪事实的范围如何理解？其四，金某某和赵某是否构成共同犯罪？对于第一个问题，我们认为证人不应该包括被害人。《中华人民共和国刑事诉讼法》第42条将证人证言和被害人陈诉规定为

---

① 北京市海淀区人民法院刑事判决书〔2000〕海刑初字第1515号。
② 北京市第一中级人民法院刑事裁定书〔2000〕京一中刑终字第2211号。

不同的证据种类，证人和被害人外延间的关系也应该是全异关系，而不是真包含关系。在本案中，金某某应属于被害人。对于第二个问题，我们认为诬告陷害罪一般发生在刑事诉讼过程前，但也可能发生在刑事诉讼过程中，如一个被起诉盗窃的人在审判过程中诬告别人唆使他犯罪的，也可构成诬告陷害罪。对于第三个问题，我们认为所捏造的犯罪事实并不需要全都是虚假的，也可以是部分虚假。被告人夸大了已有犯罪事实中的部分情节，虽然对偷盗人的定罪不产生影响，但却足以影响他的量刑。对于第四个问题，既然这些钱是金某某和赵某夫妇所共有，二人应该都是盗窃案件的被害人，而且二人伙同诬陷蔡某某多偷了 60200 元，应构成诬告陷害罪的共同犯罪。一审法院定赵某为伪证罪是错误的。而且，在该共同犯罪中，被告人金某某是主犯，被告人赵某是从犯，一审法院在量刑时应区分开来。实际上，检察院抗诉法院对金某某量刑畸轻，正是由于法院没把二人当成共同犯罪而导致的量刑上的错位。至于成立诬告陷害罪需要行为人"意图使他人受到刑事追究"，这种主观上的东西通常也是通过客观方面的犯罪行为来推定的，没必要过分苛求、丝丝入扣。

五、刑讯逼供罪

1. 罪与非罪

争议点：刑讯逼供如何认定与防范？

【案例】2001 年 8 月 3 日下午，被告人王某某（北京市某公安分局民警）与民警赵某受刑侦支队的指派到某派出所审查有盗窃嫌疑的李某某等人，王某某和赵某在该派出所对李某某等进行讯问，李某某等否认有盗窃行为。因没有其他证据证实，2001 年 8 月 4 日下午，刑警中队将李某某等人一起释放。8 月 6 日，李某某在检察院对王某某进行控告，称王某某在审讯中采取刑讯逼供手段，打了其 50 多个嘴巴，还用皮带抽打他的前胸和后背。检察院以刑讯逼供罪提起公诉，一审法院以证据之间存在矛盾、证据不足为由，宣告王某某无罪。① 检察院提起抗诉。二审法院认定王某某对李某某进行了刑讯逼供，但认为情节显著轻微、危害不大，裁定维持原判主文部分，即被告人王某某无罪。②

---

① 北京市房山区人民法院〔2002〕房刑初字第 229 号。
② 北京市第一中级人民法院刑事裁定书〔2002〕京一中刑终字第 2445 号。

在本案审理过程中，法院与检察院就证据的采信、运用以及是否成立犯罪等问题上存在一定的分歧。在本案收集的证据材料中，几个公安民警、保安人员证人证实李某某被抓进派出所之前没发现其有伤或者没注意到是否有伤，另有五个证人则证实李李某某从派出所出来后有伤痕，司法鉴定也证实李某某所受损伤为全身多处软组织损伤，为轻微伤，且致伤物中有较硬的物质。只有民警赵某说没有看到李某某身上有伤。一审法院以证据间有矛盾、证据不足为由认定指控的罪名不成立，宣告被告人无罪。检察院的抗诉理由是：一审刑事判决书中对证据的采信、运用标准不符合法理和逻辑，没能对证据的真实的证明作用予以阐述，未能以完整的证据体系实事求是地进行分析，而是用以偏概全、攻其一点不及其他的方法割裂证据之间的联系。整个证据证明体系证明以下事实：李某某被交给王某某之前身上无伤，且在该派出所时，一直在王某某一人的控制之下，李某某的伤是在该派出所形成的。这个事实足以证明并只能得出李某某身上的伤是王某某刑讯逼供所致的唯一结论。二审法院经查明认定了王刑讯逼供的事实，但在认定是否构成犯罪时与检察院存在分歧，认为情节显著轻微不构成犯罪。从刑讯逼供罪的立案标准来看，根据 1999 年 8 月 6 日最高人民检察院《关于人民检察院直接受理立案侦查案件立案标准(试行)》的规定，对犯罪嫌疑人、被告人刑讯逼供，涉嫌下列情形之一的，应予立案：①手段残忍、影响恶劣的；②致人自杀或者精神失常的；③造成冤、假、错案的；④3 次以上或者对 3 人以上进行刑讯逼供的；⑤授意、指使、强迫他人刑讯逼供的。严格来说，检法的分歧在于是否属于"手段残忍、影响恶劣"。由于对于"手段残忍、影响恶劣"并没有详细具体的标准，只能通过其他案情以及危害结果来进行判断。本案中，二审法院之所以认定不构成犯罪，主要是从危害结果来考虑的，即被害人的伤为轻微伤。

刑讯逼供在中国是一个必须勇敢面对的问题。在司法实践工作中，刑讯逼供屡见不鲜，但真正被判刑讯逼供罪的案件却寥寥可数。为什么会出现这种情况？为什么刑讯逼供屡禁不止？归结起来，有这几方面的原因：其一，刑讯逼供是封建野蛮的取证方式，也是一种复杂的社会现象，有其厚重的历史沉淀。在中国封建时代，由于"无供不录案"①，口供被视为"证据之王"，因而为了获取被告人口供，刑讯逼供泛滥成灾，严刑、酷刑也层出不穷。即使到了现代文明社会，仍流毒极深。虽然我国《刑事诉讼法》第 53 条明文规

---

① 周密. 中国刑法史[M]. 北京：群众出版社，2001：227.

定,"对一切案件的判处要重证据,重调查研究,不轻信口供",但在我国司法实践中,口供在人们心目中仍占有极重要的地位。其二,刑讯逼供的犯罪嫌疑人或者被告人通常最后都难逃干系,心中有鬼加上公安司法机关长期的威严,也使得犯罪嫌疑人、被告人受到刑讯逼供不敢声张,以免得罪公安司法机关工作人员而使自己在判罚中处于不利境地。其三,许多侦查人员为了讲求效率,为了完成上级的"军令状",在当前侦查技术相对落后的情形下,往往也将犯罪嫌疑人、被告人的口供当成寻找其他证据的一个重要的甚至唯一的突破口。这种对口供的过分依赖必然导致刑讯逼供的生生不息。其四,公安司法机关相互之间存在千丝万缕的联系,民众对刑讯逼供也听多不怪,这在一定程度上纵容了刑讯逼供行为。若非因刑讯逼供导致重伤、死亡或者出现冤、假、错案引起民愤,一般很难将刑讯逼供者绳之以法。当然,从大的方面来讲,这也是刑事政策与刑事立法之间的一种冲突:是追求每一个个案的公正还是追求整个打击犯罪效率的公平。另外,对于"毒树之果",是"弃果"还是"食果",这还涉及一个证据排除规则的问题。为此,学界强烈呼吁制定刑事证据法,至少应制定包括非法证据排除规则在内的刑事证据规则。而最高人民法院也在《人民法院第二个五年改革纲要(2003—2008)》中提出:"改革刑事证据制度,制定证据规则,依法排除用刑讯逼供等非法方法获得的言辞证据。"刑讯逼供无疑有助于尽快破案,但其是建立在有罪推定的基础上的,侵犯了犯罪嫌疑人和被告人的人身权利,也容易导致如"佘祥林案"之类的冤、假、错案,应当予以否定。如果构成犯罪的,应严加查处。

第二章　侵犯财产罪

1997 年刑法第二篇分则第五章"侵犯财产罪"从第 263 条至第 276 条,共 14 个条文,规定了 12 个罪名。根据行为的客观表现以及行为人的主观目的不同,可以将侵犯财产的犯罪分为三类:①非法取得(占有)财物的犯罪,包括:抢劫罪、盗窃罪、诈骗罪、抢夺罪、聚众哄抢罪、侵占罪、职务侵占罪、敲诈勒索罪。②非法挪用财物的犯罪,包括挪用资金罪、挪用特定款物罪。③非法毁损财物的犯罪,包括故意毁坏财物罪、破坏生产经营罪。

第一节　非法取得(占有)财物的犯罪

侵犯财产犯罪中,非法取得(占有)财物的犯罪占绝大多数,这一类犯罪都是直接故意犯罪,具有非法占有财物的目的,但刑法条文中并没有将"以非法占有为目的"在罪状中一一列出,其原因在于,在这一类犯罪中,犯罪人非法占有财物的目的是不言自明、不言而喻的。由于都是目的犯,因此,在对这一类罪进行司法认定时,行为人是否具有非法占有的目的,是区分罪与非罪的一个要点,也是司法机关容易产生分歧的地方。从司法实践来看,该类犯罪中,除聚众哄抢罪外,其他 7 个犯罪都属于高发常见的犯罪。正因为如此,最高人民法院、最高人民检察院关于侵犯财产犯罪的司法解释也都几乎围绕着这几个犯罪而制定。

一、抢劫罪

1. 转化型抢劫的认定

争议点: 盗窃得手被发现并当场抓获后,为摆脱抓捕而咬了抓捕人员一口,是否成立转化型抢劫?

【**案例**】被告人江某某(20岁)趁黄某某停车等候绿灯放行之机,打开黄的摩托车尾箱,在盗得一个手袋(内有现金200元、价值1380元的联想手机、价值540元的海尔手机等物)后被治安联防队员梁某某发现。梁某某上前抓住江某某,为摆脱抓捕,江某某使用嘴咬梁的手臂,梁疼痛放手后,江某某继续逃跑,当逃至某市场附近时被抓获。检察院以抢劫罪对江某某提起公诉。法院一审认为公诉机关指控的犯罪事实基本清楚,证据充分,但认定其构成抢劫罪不当,因为被告人江某某虽然在盗窃他人财物后为抗拒抓捕而咬了抓捕人员一口,但其使用暴力程度轻微,尚不构成转化型抢劫,判决被告江某某构成盗窃罪,处有期徒刑10个月,并处罚金2000元。①检察院以一审判决定性及适用法律错误并导致量刑畸轻为由提起抗诉。二审法院撤销原判,以抢劫罪判处被告人江某某有期徒刑3年,并处罚金2000元。②

根据刑法第269条规定,犯盗窃、诈骗、抢夺罪,为窝藏赃物、抗拒抓捕或者毁灭罪证而当场使用暴力或者以暴力相威胁的,以抢劫罪定罪处罚。对于这种情形,学界通常称之为转化型抢劫,也有学者称之为"事后抢劫"或者"准抢劫"。根据2016年最高人民法院《关于审理抢劫刑事案件适用法律若干问题的指导意见》的规定,"犯盗窃、诈骗、抢夺罪",主要是指行为人已经着手实施盗窃、诈骗、抢夺行为,一般不考察盗窃、诈骗、抢夺行为是否既遂。但是所涉财物数额明显低于"数额较大"的标准,又不具有《两抢意见》第5条所列5种情节之一的,不构成抢劫罪。"当场"是指在盗窃、诈骗、抢夺的现场以及行为人刚离开现场即被他人发现并抓捕的情形。

在对该条规定进行司法适用时,应注意以下几点:其一,行为人实施盗窃、诈骗、抢夺行为,未达到"数额较大",为窝藏赃物、抗拒抓捕或者毁灭罪证当场使用暴力或者以暴力相威胁,但情节较轻、危害不大的,一般不以

---

① 广东省佛山市高明区人民法院刑事判决书〔2006〕佛明刑初字第198号。
② 广东省佛山市中级人民法院刑事判决书〔2006〕佛刑二终字第341号。

犯罪论处。其二，行为人实施盗窃、诈骗、抢夺行为，虽未达到"数额较大"，但为窝藏赃物、抗拒抓捕或者毁灭罪证当场使用暴力或者以暴力相威胁，且具有下列情节之一的，可以抢劫罪定罪处罚：①盗窃、诈骗、抢夺接近"数额较大"标准的；②入户或在公共交通工具上盗窃、诈骗、抢夺后在户外或交通工具外实施上述行为的；③使用暴力致人轻微伤以上后果的；④使用凶器或以凶器相威胁的；⑤具有其他严重情节的。即转化型抢劫犯罪的构成并不以行为人的前期行为构成犯罪为必要条件。其三，行为人实施盗窃、诈骗、抢夺行为，达到"数额较大"，又为窝藏赃物、抗拒抓捕或者毁灭罪证当场使用暴力或者以暴力相威胁的，以抢劫罪论处，即使因使用暴力致人伤亡的，依然以抢劫罪一罪论处。其四，转化型抢劫的主体为16周岁以上的自然人。根据最高人民法院关于审理未成年人抢劫案的司法解释，未满16周岁的未成年人实施盗窃、诈骗、抢夺行为，无论是否达到"数额较大"，且为窝藏赃物、抗拒抓捕或者毁灭罪证当场使用暴力或者以暴力相威胁的，不成立抢劫罪，但是，倘若其为窝藏赃物、抗拒抓捕或者毁灭罪证当场使用暴力，并致人重伤、死亡的，以故意伤害罪、故意杀人罪论处。

就本案而言，被告人江某某已满16周岁，盗窃财物数额较大，如果其行为属于"为抗拒抓捕"而"当场使用暴力"，则应以抢劫罪追究刑事责任。这里就涉及对刑法第269条规定中相关术语的理解问题。所谓"当场"，一般应理解为盗窃、诈骗、抢夺的作案现场，也包括跟踪追击过程中目力所及的范围。对于"当场"的模糊区域，例如当时追丢了，但过一会又发现了，而且就在附近，也可视为"当场"。所谓"暴力"，一般抢劫中的"暴力"指的是最狭义的暴力①，即对人行使有形力，并达到了足以抑制对方反抗的程度，但不要求直接对人的身体行使有形力。具体而言，抢劫罪中的"暴力"认定如下：①暴力的性质是对被害人的身体非法行使攻击性有形力；②暴力的对象可以是财物的占有人、持有人，也可以是妨碍劫取财物的其他人或者财物占有人在场的亲属或其他利害关系人；③暴力的程度只要足以达到抑制对方反抗的

---

① 刑事立法中的"暴力"大体有四种含义：一是最广义的暴力，包括不法行使有形力的一切情况，其对象可以是人（对人暴力），也可以是物（对物暴力）；二是广义的暴力，指不法对人行使有形力的行为，但不要求直接对人的身体行使，只要对人的身体有强烈的物理影响即可；三是狭义的暴力，指对人的身体不法行使有形力，但不要求达到足以抑制对方反抗的程度；四是最狭义的暴力，指对人行使有形力，并达到了足以抑制对方反抗的程度，但不要求直接对人的身体行使有形力。见张明楷. 刑法学［M］. 北京：法律出版社，2007：529.

程度、对其产生心理强制即可。转化型抢劫的暴力性也应与一般抢劫的暴力性相匹配,属于最狭义的"暴力"。司法实践中,转化抢劫中的暴力,必须是明显以暴力相对抗的行为,而不指单纯的挣脱、摆脱的行为,对于未达"暴力"程度,而只是比较轻微的挣扎摆脱行为,不宜认定为使用暴力抗拒抓捕,不定抢劫罪。从本案案情来看,被告人江某某被当场抓获后,为摆脱梁某某的抓捕张嘴就咬,而梁某某也因疼痛而放手,这应属于明显以暴力相对抗,属于"当场使用暴力",应以抢劫罪论处,至于有没有造成轻微伤①以上后果,涉及的只是量刑问题。

2. "入户抢劫"的认定

争议点:预谋后持刀到他人设在家中的赌局中抢劫赌资,是否为"入户抢劫"?

【**案例**】被告人于某、张某、昌某预谋找人抢劫"赌局",昌某给于某指认了欲进行抢劫的地点。后于某找到被告人金某某、冯某某进行预谋。某日,被告人张某到雷某某(另案处理)家中所设的赌局打探情况并电话通知于某。于某带领被告人金某某等人到上述地点,由被告人金某某伙同他人(均另案处理)持刀闯入雷某某家中,先后将雷某某及其女婿张某砍伤,并抢走参赌人员石某、王某人民币共计6400元。案发后,检察院以入户抢劫犯罪提起公诉。一审法院判处三人犯有抢劫罪,但认为各被告人主观上只具有抢劫"赌局"的故意,而没有入"户"抢劫的故意,虽然"赌局"设在家中,也不是入户抢劫。② 检察院以一审判决认定抢劫犯罪不属入户不当并导致量刑畸轻为由,提起抗诉。被告人冯某某不服判决,提出上诉。二审法院裁定驳回抗诉、上诉,维持原判。③

"入户抢劫"是抢劫罪的一种情节加重犯,由于其法定刑远高于一般的抢劫罪,所以在司法实践中对"入户抢劫"的认定必须非常谨慎。从立法的本意来看,之所以将"入户抢劫"的法定最低刑和法定最高刑分别规定为10年以

---

① 若所盗窃数额未达较大标准,则根据最高人民法院《关于审理抢劫、抢夺刑事案件适用法律若干问题的意见》第五点规定,是否使用暴力致人轻微伤以上后果,就成立是否以抢劫罪论处的一个重要标准,根据公安部1996年7月发布的《人体轻微伤鉴定标准》规定,"牙齿咬合致使皮肤破损"或者"肢体皮肤及皮下组织创口长度在1厘米以上,刺创深达肌层"皆属于轻微伤。

② 北京市朝阳区法院刑事判决书〔2004〕朝刑初字第1456号。

③ 北京市第二中级人民法院刑事裁定书〔2005〕京二中刑终字第429号。

上有期徒刑和死刑，是出于对公民住所及人身、财产安全的特殊保护。一方面，"户"是人们生活起居的场所，非常重要；另一方面，"户"又与外界相对隔离，当它被非法侵入时，因难以得到及时的救援而显得非常脆弱。然而，在之前的司法实践中，由于对"户"的理解不一致，容易导致量刑失衡。例如，有的将"户"仅仅理解为"公民的家庭住所"；有的认为"户"仅指居住的房屋而不包括院落，等等。①为消除对"户"理解上的分歧，2000 年 11 月通过并实施的最高人民法院《关于审理抢劫案件具体应用法律若干问题的解释》（以下简称《解释》）第 1 条明确规定，"入户抢劫"是指为实施抢劫行为而进入他人生活的与外界相对隔离的住所，包括封闭的院落、牧民的帐篷、渔民作为家庭生活场所的渔船、为生活租用的房屋内等进行抢劫的行为。2005 年 6 月最高人民法院又在《关于审理抢劫、抢夺刑事案件适用法律若干问题的意见》中指出，在认定"入户抢劫"时应注意三个问题：一是"户"的范围。即"户"指的是住所，而不是居所，其特征表现为"供他人家庭生活"和"与外界相对隔离"两个方面，前者为功能特征，后者为场所特征。一般情况下，集体宿舍、旅店宾馆、临时搭建工棚等不应认定为"户"，但在特定情况下，如果确实具有上述两个特征的，也可认定为"户"；二是"入户"的目的必须具有非法性。三是暴力或者暴力胁迫行为必须发生在户内。最高人民法院《关于审理抢劫刑事案件适用法律若干问题的指导意见》规定，认定"入户抢劫"，要注重审查行为人"入户"的目的，将"入户抢劫"与"在户内抢劫"区别开来。以侵害户内人员的人身、财产为目的，入户后实施抢劫，包括入户实施盗窃、诈骗等犯罪而转化为抢劫的，应当认定为"入户抢劫"。因访友办事等原因经户内人员允许入户后，临时起意实施抢劫，或者临时起意实施盗窃、诈骗等犯罪而转化为抢劫的，不应认定为"入户抢劫"。对于部分时间从事经营、部分时间用于生活起居的场所，行为人在非营业时间强行入内抢劫或者以购物等为名骗开房门入内抢劫的，应认定为"入户抢劫"。对于部分用于经营、部分用于生活且之间有明确隔离的场所，行为人进入生活场所实施抢劫的，应认定为"入户抢劫"；如场所之间没有明确隔离，行为人在营业时间入内实施抢劫的，不认定为"入户抢劫"，但在非营业时间入内实施抢劫的，应认定为"入户抢劫"。可见，司法解释对"入户抢劫"的界定逐渐呈收缩的态势。

---

① 最高人民法院刑事审判庭第一庭. 现行刑事法律司法解释及其理解与适用（2007 年修订本）[M]. 北京：中国民主法制出版社，2007：388.

对于本案，我们认为不应该定"入户抢劫"。如前所述，立法之所以将"入户抢劫"作为抢劫罪的情节加重犯，是出于对公民住所及人身、财产安全的特殊保护，因为公民的住所与外界相对隔离而相对脆弱。但在司法实践当中，可能存在特殊的情形，即集经营场所与生活场所为一体。对于这种情况，根据《解释》的规定，如果犯罪分子在白天进入该场所进行抢劫，由于其在营业时间是开放的，而不是封闭的生活空间，因此，不能认定为"入户抢劫"；如果犯罪分子在夜晚或者其他停止营业的时间进入该住所进行抢劫，则应当认定为"入户抢劫"。①本案件中，被告人抢劫的场所是融赌博场所与生活场所为一体，由于被告人是在其非法"营业"时进行抢劫的，且当时还有其他赌徒在内，不应将之看成一个封闭的住所，不应当认定该行为为"入户抢劫"。

3."非法占有目的"的认定

争议点：行为人醉酒后，持刀强行借钱，在搜得他人 19 元并当面清点后离去，应否以抢劫罪追究刑事责任？

【案例】被告人杨某某在餐馆酗酒后，欲回其妹夫钟某某家。在途经与钟某某同社的谭某某家时，杨敲门进入谭家（杨谭二人事先认识，但不熟悉）。杨某某称打麻将输了钱，叫谭借 100 元钱。谭称无钱，杨即拿出一把割肉刀，抓住谭的耳朵，声称不借就要割其耳朵。谭仍称无钱后，杨即对谭搜身，从谭身上搜得 19 元，当着谭的面清点并告知其是 19 元后离去。事后，被告人杨某某经其妹夫钟某某责骂，于三天后托钟某某将 19 元钱还给了谭某某。检察院以入户抢劫犯罪对杨某某提起公诉。一审法院判决被告人杨某某犯抢劫罪，依法在法定刑以下判处其有期徒刑 3 年，并处罚金 2000 元。②被告人不服，提起上诉。二审法院裁定驳回上诉，维持原判，③并报请四川省高院复核。省高院裁定撤销原一审判决和二审裁定，指定内江市中级法院对该案重新审理。④ 重审一审判处被告人杨某某犯抢劫罪，免予刑事处罚，单处罚金 2000 元。检察院抗诉称：①被告人杨某某系持刀入户抢劫；②杨某

---

① 最高人民法院刑事审判庭第一庭. 现行刑事法律司法解释及其理解与适用（2007 年修订本）[M]. 北京：中国民主法制出版社，2007：388.

② 四川省内江市资阳县人民法院刑事判决书〔1999〕资刑初字第 47 号。

③ 四川省内江市中级人民法院刑事裁定书〔1999〕内刑一终字第 26 号。

④ 四川省高级人民法院刑事裁定书〔1999〕川刑一核字第 1 号。

某无法定从轻、减轻处罚情节，其行为未造成严重后果及立案前退回所抢款项确有悔改表现，只可酌情从轻处罚，法院一审对被告人杨某某免予刑事处罚、单处罚金2000元，属量刑畸轻，适用法律不当。二审法院改判被告人杨某某犯抢劫罪，免予刑事处罚。①

抢劫罪是一种目的犯，须具有非法占有公私财物的目的。唯一例外的情况是，根据刑法第289条规定，在实施聚众"打砸抢"行为过程中，如果毁坏公私财物，即使没有非法占有的目的，对于首要分子，也以抢劫罪定罪处罚。

本案定性的关键在于被告人杨某某是否具有非法占有他人（谭某某）钱款的目的，而主观方面的非法占有目的通常是通过客观方面的犯罪行为认定的。本案的处理，可能出现三种结果：第一种是，被告人并不具有非法占有他人财物的目的，只是一种借着酒劲的强行借钱行为。对于这种情形，不宜定罪。虽然该行为有些类似于寻衅滋事罪中的强拿硬要，并且因其持械威逼搜身而显得行为情节严重，但由于没有扰乱公共场所秩序，也没有表现为多次，所以也不宜以寻衅滋事罪论处。第二种是，被告人本着借钱的目的进入谭家，在谭某某拒绝借钱后，临时起意进行抢劫。如果是这种情形，则只以一般的抢劫罪论处，而不认定为"入户抢劫"。第三种是，被告人杨某某以抢劫财物的非法目的进入谭家，当场使用暴力劫取财产，成立"入户抢劫"。按照一般人的理解，第一种结果似乎更合乎常理，因为二人事先认识，被告人敲门入户后开始也是声称借钱，搜了钱后还当面点清并告诉谭某某是19元，被告人事先醉酒导致借钱行为简单粗暴得像抢钱一样。然而，以第一种结果认定也有一个硬伤，即被告人杨某某是持着一把割肉刀进来的。因此，我们认为，查明被告人身上的这把割肉刀是如何来的，对案件的认定十分重要。如果是酗酒以前就随身带在身边的物件，则认定为酒后强行借钱行为是比较符合情理的，当然也不排除其临时起意抢劫的可能。但是，如果刀是酗酒后入户前特意拿来的，则很难说只是为了借到钱而吓唬被害人，认定为入户抢劫显得合理些。

在本案的判罚上，法院认定被告人的行为属于"入户抢劫"，但同时又认为犯罪情节轻微，后果不严重，对被告人免于刑事处罚。可能是出于司法人员公平感的考虑，因为被告人无其他从轻、减轻处罚的法定情节，谋求司法人员心中的办法就是适用刑法第37条的规定。这也是一种无奈之举。但"入户抢劫"是抢劫罪的法定加重处罚情节，法定最低刑为10年有期徒刑，

---

① 四川省高级人民法院刑事判决书〔2000〕川刑终字第506号。

一旦真认定为"入户抢劫",其恶性是很大的,因此,根据若干酌定情节得出"犯罪情节轻微"的结论,能否使人信服,存在疑问。而在认定"入户抢劫"的前提下,从 10 年有期徒刑的最低刑一下变成免于刑事处罚,落差太大,也显得十分突兀。倘若是在认定为一般抢劫的前提下,考虑犯罪情节轻微危害不大、犯罪后果不严重、被告人及时将钱送还给被害人,则免于刑事处罚就十分合理。另外,值得一提的是,重审一审法院既判决免于刑事处罚,又判处罚金 2000 元,这犯了一个适用法律的常识性错误。罚金虽是附加刑,但也是刑罚中的一种,既然免于刑事处罚,就应当包括免于附加刑的处罚。

4. 此罪与彼罪:抢劫罪与敲诈勒索罪的界分

争议点:以帮人讨债为名,敲门进入他人住宅后,索钱不成使用暴力抢取财物,并扬言先拿钱日后再具体解决此事,该定何罪?

【案例】被告人汪某某、张某某、马某某伙同夏某某(另案处理)等人,以帮所谓的"金老板"讨债为名,敲门进入被害人胡某某、肖某某住处,汪对屋内的被害人称,是"金老板"出钱叫他们来的,并要被害人交出钱财。在遭到拒绝后,张某某、马某某等人先是进行威胁,接着马某某、夏某某还动手打了胡某某和肖某某。后张某某、汪某某抢得二名被害人价值 400 元的摩托罗拉数字无线寻呼机各一只,汪还从肖某某放在床上的一件 T 恤衫的衣袋内搜到 3800 元。汪等人还对被害人扬言:"现在将钱物拿出,明晚待金老板来了一起解决。"后逃离现场。案发后,检察院以抢劫罪提起公诉,一审法院对被告人判处敲诈勒索罪。[①] 检察院以一审判决定性错误并导致量刑不当为由提起抗诉,认为应认定为抢劫罪,为入户抢劫。二审法院改判为抢劫罪。[②]

本案有两个问题需要准确认定:其一,被告人的行为是抢劫还是敲诈勒索?其二,如果被告人的行为是抢劫,是否构成入户抢劫?

第一个问题涉及抢劫罪与敲诈勒索罪之间的界分。二者都是侵犯财产的犯罪,都以非法占有为目的,都可能对被害人实施暴力。二者的区分在于:抢劫罪必须符合两个当场,即当场使用暴力或者当场以暴力相威胁,并且当场取得财物。而以当场使用暴力相威胁,要求事后取得财物的;或者以日后使用暴力相威胁,当场取得财物的;或者以日后使用暴力相威胁,要求日后取得财物的,都只能是敲诈勒索。从本案来看,一审法院之所以定性为敲诈

---

① 上海市徐汇区人民法院刑事判决书〔1998〕徐刑初字第 537 号。
② 上海市第一中级人民法院刑事附带民事判决书〔1999〕沪一中刑终字第 10 号。

勒索罪，主要是考虑到以下几个因素：①被告人谎称是"金老板"叫他们来的，首先实施的不是暴力，而是威胁；②被告人走时扬言，"现在将钱物拿出，明晚待金老板来了一起解决"。如果说，被告人只是诈以"金老板"派来拿钱为名，以不拿钱日后就"一起解决"相威胁，迫使被告人交出财物，则成立敲诈勒索罪是无可非议的。然而，从案情来看，当他们的谎言遭到被害人拒绝后，被告人先是威胁，而后对被害人当场实施了暴力，并且也当场劫取了财物，完全符合"抢劫"的特征，应以抢劫罪论处。

第二个问题则涉及"入室抢劫"的认定。本案中，被害人的住处符合"户"的特征。但是，并非所有在"户"中进行的抢劫都属于"入户抢劫"。根据最高人民法院 2005 年 6 月发布的《关于审理抢劫、抢夺刑事案件适用法律若干问题的意见》规定，认定"入户抢劫"还须同时符合另外两个特征：其一，"入户"目的的非法性。如果抢劫虽然发生在户内，但行为人不是以非法目的进入他人户内，而是在户内临时起意实施抢劫的，不属于"入户抢劫"。其二，暴力或者暴力胁迫行为必须发生在户内。就本案而言，被告人是敲门进去的，如果说果真开始只是帮人讨债的，即使后来有用暴力取得财物的行为，也不能认定其"入户"具有非法的目的，不能认定为"入户抢劫"，甚至连一般抢劫罪可能都算不上。然而从案件证据分析，"讨债"只是被告人为了非法占有他人财物的一个幌子，实则是一场有预谋的犯罪，虽然被告人是敲门进去的，却也不能排除其"入户"目的的非法性，应以入户抢劫定罪量刑。

5. 假抢劫行为的认定

争议点：为掩饰某种先前的犯罪行为，指使他人进行假抢劫，该如何认定？

【案例】被告人周某是某信用社储蓄所出纳员，在任职期间，为清偿其欠下的赌债及恐其参与赌博之事被单位发现，遂产生非法占有单位库款的目的。2000 年 12 月 5 日，周某将其经管的 3 万元库款私自带回家中藏匿。后为彻底占有此款，周某当晚便与其弟周某某共谋在储蓄所内制造库款被抢假象。次日上午，周某按预谋邀约周继某一同潜入储蓄所内躲藏至下午 3 时许。当储蓄所内仅有周某及同事江某二人时，周某某、周继某按周某的授意，在储蓄所内一卫生间外用封口胶将周某捆绑后，又进入营业室内对正在工作的江某实施捆绑、封嘴，当江某反抗时，又用刀将江左胸部刺伤（轻微伤），后二人逃离现场。案发后，检察院以职务侵占罪提起公诉。一审法院认为被告人周某的行为同时触犯职务侵占罪和抢劫罪，择一重判处被告人周某犯抢劫罪,处有期徒刑11年,并处罚金1万元。检察院以原判定性错误、适用法律不当为由提起抗诉,周某亦不服提出上诉。二审法院裁定维持原判。①

本案是一起为掩饰职务侵占罪行而引发的假抢劫案。被告人周某身为信用社工作人员,以非法占有为目的,利用职务的便利将其经营的库款据为己有,其行为构成职务侵占罪,这是没有什么争议的。法院认为周某等人还成立抢劫罪的共犯,我们对此持否定观点。抢劫罪的成立必须符合两个"当场"。而本案尽管当场使用了暴力,貌似抢劫,但库款实际上早已被周某带回家藏匿,并非当场抢得,该行为只是掩盖侵吞库款的一种手段,且周某主观故意也是利用职务之便占有库款,而不是采用暴力强占库款,因此不能以抢劫罪论处。

就司法机关而言,对犯罪行为进行评价必须"恰如其分",既不能重复评价,也不能遗漏罪行。我们认为,本案中的假抢劫行为虽然是为了掩饰先前的职务侵占罪行,二者存在一定的关联,但既不是想象竞合犯,也不是牵连犯。对于这种案件,如果在假抢劫中实施暴力造成他人伤害或者死亡的,可另行判处故意伤害罪或者故意杀人罪。就本案而言,由于被害人江某所受的伤为轻微伤,不能定故意伤害罪,但周某某与周继某在周某的授意下对江某实施了捆绑、封嘴等剥夺人身自由的行为,且具有用刀将江某左胸部刺伤的情节,可以考虑成立非法拘禁罪的共犯。

二、盗窃罪

1. 罪与非罪:盗窃罪与不当得利的界分

争议点:将他人下车时暂时遗忘在火车卧铺上的钱包据为己有,经公安人员做工作后退还,应如何定性?

【案例】被告人太史某某和旅客都某某乘同一趟列车,二人的卧铺相邻。当列车将到达沈阳北站时,都某某办理了退铺手续,并携带行李去6号车厢找同伴下车。被告人太史某某的同伴在都某某走后发现都某某将一黑色钱包遗忘在铺位上,并告诉了太史某某。太史某某遂将钱包揣入裤兜内。太史某某随后去厕所内查看,发现钱包内有人民币4300元和身份证等物品,太史某某将钱揣入腰包,将其他物品扔到车外。都某某走到4号车厢时发现钱包遗

① 四川省成都市中级人民法院刑事裁定书〔2001〕成刑终字第451号。

忘在铺位上，遂返回查找，未找到，报告了公安人员。经公安人员做工作，被告人太史某某承认了钱包被其拿走的事实，并将钱返还。检察院以盗窃罪提起诉讼，一审法院认为：都某某在办理退铺手续后到 6 号车厢找同伴下车时，未认真检查自己随身携带的物品，将钱包遗忘在铺位上，此属其自身过错，而放弃了对钱包的控制权，造成了人、物分离。被告人太史某某捡拾钱包的行为，虽具有非法占有的目的，但并不具有秘密窃取的特征，不应认定为盗窃罪。判决宣告太史某某无罪。① 检察院提起抗诉。二审法院裁定驳回抗诉，维持原判。②

本案涉及不当得利与盗窃罪之间的关系。关于"不当得利"，《民法通则》第 92 条规定："没有合法根据，取得不当利益，造成他人利益损失的，应当将取得的不当利益返还受损失的人。"暗含的前提之一是没有使用非法手段的被动"得利"，没有触犯刑法。③可见，不当得利不存在使用非法手段的问题，而只是使他人利益受到损失而自己获益没有合法依据。而盗窃罪则具有非法占有他人财物的目的，并且是采用非法手段即盗窃获得。与不当得利、盗窃罪相比较，容易混淆的是侵占罪。侵占罪是指以非法占有为目的，将代为保管的他人财物或者他人的遗忘物、埋藏物非法占为己有，数额较大，拒不交还的行为。可见，对于侵占罪来说，在侵害行为发生之前，他人财物处在行为人的合法占有之下。所以，即使先前是不当得利，如果在他人要求返还时拒不返还，也可能构成侵占罪，即认为行为人具有非法占有他人财物的目的。侵占罪与盗窃罪的区分表现在：①侵占罪的故意形成于行为人占有他人财物之后，而盗窃罪的故意形成于行为人占有他人财物之前。②侵占罪的侵害行为发生之前，行为人是合法占有他人的财产，财产处于行为人代为保管或者类似于代为保管的状态；而盗窃罪则是通过秘密窃取的方式非法占有他人财物。

对于本案涉及的物品（即钱包）的性质，存在不同的看法。一种看法认为是遗忘物，因为都某某是将包遗忘在铺位上没拿走，短暂地失去了对钱包的控制，直到走过了几节车厢才想起来，从而返回去拿包。另一种看法则认为不是遗忘物。检察院就曾抗诉称：都某某没有放弃和失去对钱包的控制权，

---

① 沈阳铁路运输法院刑事判决书〔1997〕沈刑初字第 34 号。
② 沈阳铁路运输中级法院刑事裁定书〔1997〕沈刑抗字第 17 号。
③ 张建升，阮齐林，李希慧，黎宏，杨矿生，张志勇，孟澍菲. 利用 ATM 机故障恶意取款应如何处理[J]. 人民检察，2008(4).

离开铺位仅仅几分钟的时间，就回来取钱包，根本不存在什么遗忘问题。对此，我们认为，该钱包应该属于遗忘物。所谓"遗忘物"，是指财物的所有人或者持有人将自己所持有的财物放置某处，因疏忽忘记拿走而暂时失去占有的财物。①如果说，都某某当时并没有退票准备下车，而是去餐车吃饭去了，钱包落在铺位上，而被告人将钱包揣入自己的腰包，这就是盗窃。而本案中都某某是已经退票准备下车，从生活常理来说，该钱包就是都某某不小心落下的遗忘物。有的人提出，即使都某某将钱包遗忘在卧铺上，但该卧铺在铁路部门的控制、使用下，因此，被告人仍构成盗窃罪。我们认为这种观点太牵强。这是在一种公众的、开放的场合，与遗忘在别人家里不同，如果按照这种逻辑推理，就没有什么遗忘物、遗失物了，因为领土是国家的领土，遗忘在哪都算在国家的控制范围内，任何人捡走了都算偷，这显然不合理。所以，我们认为，所谓失去控制，主要是针对物品的所有人或者持有人而言。另外，被告人的行为也不成立侵占罪，因为他并没有拒不返还。由此，宣告被告人无罪是正确的。

2. 罪与非罪、此罪与彼罪的认定与界分

争议点：（许霆案）利用 ATM 机出现故障，用银行卡恶意取款，该定何罪？

【案例】被告人许某于 2006 年 4 月 21 日晚到广州市天河区黄埔大道某银行的 ATM 机前取款。结果取出 1000 元后，银行卡账户里仅被扣了 1 元，许某遂连续取款 5.4 万元。当晚，许某回到住处，将此事告诉了同伴郭某。两人随即再次前往取款，之后反复操作多次。许某先后取款 171 笔，合计 17.5 万元，郭某取款 1.8 万元。事后，二人各自携赃款潜逃。同年 11 月 7 日，郭某投案自首，并全额退还赃款 1.8 万元。而潜逃 1 年之久的许某于 2007 年 5 月被警方抓获，赃款无法追回。检察院以盗窃罪提起公诉。一审法院以盗窃金融机构数额巨大判处许某无期徒刑。② 被告人不服提起上诉。二审法院裁定撤销原判，发回重审。原一审法院重新组成合议庭进行审理，认定：公诉机关指控许某犯罪的事实清楚，证据确实、充分，指控的罪名成立。许某盗窃金融机构，数额特别巨大，依法本应适用"无期徒刑或者死刑，并处没收财产"的刑罚。鉴于许某是在发现银行自动柜员机出现异常后产生犯

---

① 曲新久. 刑法学[M]. 北京：中国政法大学出版社，2006：265.
② 广东省广州市中级人民法院刑事判决书〔2007〕穗中法刑二初字第 196 号。

意，采用持卡窃取金融机构经营资金的手段，其行为与有预谋或者采取破坏手段盗窃金融机构的犯罪有所不同；同时从案发具有一定偶然性看，许某犯罪的主观恶性尚不是很大。根据本案具体的犯罪事实、犯罪情节和对社会的危害程度，对许某可适用刑法第 63 条的规定，报经最高人民法院核准，予以酌定减轻处罚，判决被告人许某犯盗窃罪，判处有期徒刑 5 年，并处罚金 2 万元。①

　　本案的判罚曾引发社会的巨大争议，争议的原因在于许多人认为法院判处许某无期徒刑太过严苛，民众心理无法接受，有违公平感。那么，是否检察院和法院量刑出现错误呢？从立法来看，刑法第 264 条规定："盗窃公私财物，数额较大或者多次盗窃的，处 3 年以下有期徒刑、拘役或者管制，并处或者单处罚金；数额巨大或者有其他严重情节的，处 3 年以上 10 年以下有期徒刑，并处罚金；数额特别巨大或者有其他特别严重情节的，处 10 年以上有期徒刑或者无期徒刑，并处罚金或者没收财产；有下列情形之一的，处无期徒刑或者死刑，并处没收财产：（一）盗窃金融机构，数额特别巨大的；（二）盗窃珍贵文物，情节严重的。"而根据 1998 年 3 月 26 日最高人民法院、最高人民检察院、公安部《关于盗窃数额认定标准问题的规定》（现已修改），个人盗窃公私财物"数额较大"，以 500 元至 2000 元为起点；个人盗窃公私财物"数额巨大"，以 5000 元至 2 万元为起点；个人盗窃公私财物"数额特别巨大"，以 3 万元至 10 万元为起点。由此可见，一审法院对被告人许某作出此判决的依据是：许某盗窃金融机构，数额特别巨大。可见，倘若定性成立，则判处许某无期徒刑是没有任何问题的。争议主要在以下几个问题上：其一，这种用自己的银行卡恶意取款行为是不是盗窃？其二，自动取款机能否算是金融机构？第一个问题涉及对盗窃的理解。在中国民众心中，盗窃就是偷，一定是秘密地不让人察觉地窃取。而实际上，这是对盗窃的狭义理解。盗窃罪是财产犯罪中最为常见的一种，从财产犯罪的立法精神来说，其设立是为了保护公私财物的所有权，是对财产的保护，并形成一个体系，如诈骗罪、抢夺罪等。在西方人眼里，未经许可，从他人控制下以平和的方式非法获得财产就是窃取。有人认为，被告人是用自己的有效卡取钱，并且是按照正常的程序取钱，是取款机出了毛病，没有非法的行为外在表现。这实际上还是一个对盗窃的理解问题。至于盗窃自动取款机是否属于盗窃金融机构，最高法规定的是"金融机构的经营资金"，立法的目的在于对金融机构经营资

---

① 广东省广州市中级人民法院刑事判决书〔2007〕穗中法刑二重字第 2 号。

金的保护。因此，将 ATM 机中的钱认定是金融机构的经营资金是没有问题的。

在本案的定性上，出现了四种不同的观点：第一种认为是不当得利，不构成犯罪；第二种认为成立侵占罪；第三种认为构成盗窃罪；第四种认为构成信用卡诈骗罪。对于第一种观点，我们持否定态度。根据《中华人民共和国民法通则》第92条规定，没有合法根据，取得不当利益，造成他人损失的，是不当得利。不当得利的前提是没有通过非法的方式获得不当利益。但如果虽没有通过非法方法获得该利益，但企图据为己有，且拒不交还的，可能触犯刑律而构成侵占罪。本案中，被告人许某第一次取得1000元时，其卡内只扣了1元，他是在不知情的情况下多得了999元，这可以算是不当得利。但他后面恶意取款的行为，显然是非法的，这不再是不当得利。有人认为该利益不属于被告人所有，其通过不当方式得到，因而是不当得利，这其实是混淆了不当得利的概念。同样道理，也不成立侵占罪。侵占罪的特征是合法持有，非法侵吞。其侵占的故意和行为均产生于持有他人财物之后。本案与此不符。对于法院判盗窃罪，应该说，这种判罚是没有什么硬伤的。但这也确实有让人质疑的地方，即被告人是卡的合法持有人，该卡是一张有效的卡，他是通过正常的操作程序取的钱。

对于本案，我们认为可以考虑定信用卡诈骗罪。根据刑法第196条（刑法修正案（五）第2条）的规定，信用卡诈骗行为具体表现为以下四种形式：①使用伪造的信用卡，或者使用以虚假的身份证明骗领的信用卡的行为；②使用作废的信用卡的行为；③冒用他人的信用卡的行为；④恶意透支的行为。从本案案情来看，被告人恶意取款行为其实与恶意透支行为一样。有人认为被告人用的是银行的储蓄卡，不是信用卡，这实际上是对信用卡诈骗罪中"信用卡"的一种狭隘理解。根据2004年12月29日全国人大常委会《关于〈中华人民共和国刑法〉有关信用卡规定的解释》，这里的"信用卡"，应当理解为由商业银行或者其他金融机构向社会发行的具有消费信用、转账结算、存取现金等全部或者部分功能的信用支付工具，其外在形态表现为电子卡。而所谓"恶意透支"，是指持卡人以非法占有为目的，超过规定限额或者规定期限透支，并且经发卡银行催收后仍不归还的行为。本案中，被告人许某的卡内如果有几十万，只要取的钱没有超过卡内这个数额，即使许某知道ATM机计数出了问题，也无可厚非。问题在于取的钱已大大透支还恶意取款。在这里，这张借计卡实际上有着透支的功能。而被告人携款潜逃1年。这都符合恶意透支型信用卡诈骗罪的构成要件，可以说，以信用卡诈骗罪也是没有硬伤的，其相对较轻的量刑又符合公平感。有的学者认为，ATM 机是机器，是不能被骗的，不可能构成诈骗罪。这种观点有待商榷。诈骗罪中的"诈骗"和信用卡诈骗罪中的"诈骗"，其含义并不等同，否则就无法合理解释刑法将"恶意透支"纳入信用卡诈骗罪的表现方式中，因为恶意透支行为也没有生活意义中的诈骗。

重审仍定盗窃罪，但报经最高人民法院核准适用刑法第 63 条规定予以酌定减轻处罚。如此一来，从定性上没有多大硬伤，从量刑上也似乎无悖于公平感。但该案所引发的争论仍在继续：①刑法第 63 条适用的条件是什么？适用的具体标准是什么？②重审改判被告人有期徒刑 5 年，酌定减刑的幅度从盗窃罪法定刑的第 4 档直接跳到了第 2 档，这是否合理，如何理解并适用刑法第 63 条中的"在法定刑以下减轻处罚"？能否越级进行？③对于先前已判处被告人无期徒刑的类似案件，应如何协调处理？

其实，许某案本身并不重要，重要的是通过本案所折射出来的问题。对于本案，人们看到的只是案件的冰山一角，而其背后隐藏的是立法权对司法权的限制。这类案件其实并非是偶然的。一方面，由于社会对司法的不信任，立法对司法量刑裁量权进行限制，另一方面，司法机关又必须在极其有限的司法裁量权下应对生活中千变万化、千奇百怪的案件。这就不可避免地存在着一种博弈，即立法权与司法权的博弈，而出路往往在于谋取立法对司法的制约与司法灵活处理之间的一种平衡。从司法机关所扮演的角色来看，检察机关在提起公诉时，考虑更多的是该行为是否应该入罪，该定何罪，而对于最终的量刑则考虑不多；而对于审判机关来说，在对案件判罚时，还得考虑量刑是否畸轻畸重，试图将形式公正与实质公正有效结合起来。而一旦形式公正与实质公正发生冲突，不同的司法工作人员就可能采取不同的做法，或者"守经"以追求形式公正，或者"变通"以追求实质公正。孰对孰错，涉及评价后面的价值取向问题，也不是能断然下定论的。

3. 此罪与彼罪：盗窃罪与信用卡诈骗罪的界分

争议点：用别人遗忘在 ATM 机上未取走的卡将卡内的钱取走，该定何罪？

【案例】被告人沈某某于 2005 年 1 月 23 日，在中国工商银行北京市朝阳区华威西里储蓄所，从事主冯某某遗忘在 ATM 取款机上的牡丹灵通卡里取走 3900 元，并将该卡密码更改后又到另一储蓄所内取走 12000 元。检察院以信用卡诈骗罪对沈某某提起公诉。一审法院判决被告人沈某某犯诈骗

罪，处有期徒刑 6 个月，罚金 1000 元。① 检察院提起抗诉。二审法院改判为
信用卡诈骗罪，判处有期徒刑 6 个月，罚金 2000 元。②

关于本案的处理，存在三种主要意见：①认为构成盗窃罪；②认为构成
信用卡诈骗罪；③认为构成侵占罪。对于这三种观点，首先可以排除的就是
侵占罪。侵占罪的犯罪对象包括遗忘物，这里的银行卡无疑是遗忘物，但行
为人所想占有的并不是这张卡，而是卡里的钱。而行为人将他人卡中的钱取
出来，这已不再是合法取得，而是非法取得，这不符合侵占罪以合法取得财
物为前提的特征，不能被认定为侵占罪。至于是盗窃还是信用卡诈骗，这牵
涉到一个理解的问题。如果单纯从取钱的客观行为来看，可以把它视为窃取
他人财物，那么就定盗窃罪。如果不仅考虑客观的取钱行为，还考虑到冒充
该卡合法所有人身份的因素，则可以看成是"冒用他人的信用卡"，以信用卡
诈骗罪进行论处。不赞同定信用卡诈骗罪的，主要是认为 ATM 机是机器，是
不能被诈骗的。这种观点是用传统的思维理解信用卡诈骗罪中"诈骗"的含
义。ATM 机是依靠人工设计的程序进行操作的，由于电脑技术的发达以及电
脑给生活所带来的方便，人们对电脑的依赖越来越大，电脑不像是人的工
具，而人倒仿佛成了电脑的配件。就银行工作流程来看，当一个人用伪造的
信用卡取款时，工作人员只是将卡刷一下磁，真正作出判断的是电脑，而真
正被欺骗的也是电脑程序，人用肉眼、触觉是无法判断卡是否为伪造的。而
且，立法将"恶意透支行为"也作为信用卡诈骗罪的法定情形之一，"恶意透
支行为"也没有人们生活中所理解的"诈骗"。可见，信用卡诈骗罪中的"诈
骗"的含义比生活意义上"诈骗"的含义要宽泛得多。将冒充他人身份取钱理
解成欺骗机器或者欺骗机器背后的工作人员，这并没有超过可预测的范围，
是可以被接受的。

4. 此罪与彼罪：盗窃罪与抢夺罪的界分

争议点：谎称买手机，然后以到店外试手机为名，趁事主不注意时，将
手机拿走，该定何罪？

【案例】被告人林某(系累犯)到某通信器材商店内，谎称买手机，当店
主李某某将 2 部手机交给林某后，林某以店内信号不好需要到店外试手机为
由，走出店外，趁事主不注意时，将 2 部手机拿走。被告人林某还利用上述

---

① 北京市朝阳区人民法院刑事判决书〔2005〕朝刑初字第 1548 号。
② 北京市第二中级人民法院刑事判决书〔2005〕京二中刑终字第 1835 号。

手段，在其他手机店，盗得诺基亚等品牌手机 8 部，共获得手机 10 部（共计价值人民币 11525 元）。检察院以抢夺罪提起公诉。一审法院判决被告人林某犯盗窃罪，处有期徒刑 4 年，处罚金人民币 4000 元，并责令退赔其违法所得。[①]一审判决后，检察院提起抗诉，认为原判认定被告人林某犯盗窃罪的定性不准，适用法律错误，量刑不当，应以抢夺罪定罪处罚。被告人林某在法庭审理中对其非法占有他人财物的犯罪事实供认不讳，但辩称其在犯罪过程中，为骗取他人信任而采用了放置皮包、文件袋等欺骗手段，其行为应认定为诈骗罪。二审法院裁定驳回抗诉、上诉，维持原判。[②]

就本案的定性来说，我们认为应成立盗窃罪。盗窃罪与抢夺罪都具有非法占有公私财物的目的，其侵犯的客体都是公私财产的所有权。就二者的区分而言，一般认为，盗窃是秘密窃取公私财物的行为，而抢夺是乘人不备公然夺取公私财物的行为。对于盗窃罪而言，尽管我们认为并不一定苛求"秘密窃取"，但在司法实践中，盗窃通常表现为秘密窃取或者自以为没人发现而窃取，当财物被窃取时，财物的所有者或者持有人通常是不知晓，尽管有的被害人不久就反应过来，甚至他们会很快通过自己推断或者他人提醒而将盗窃者锁定，但就财物被盗窃时的状况而言，他们通常是被蒙在鼓里的，而且这种茫然不知一般会持续一定的时间。而抢夺针对的财物通常是与被害人的身体紧密联系在一起的，而被害人也一般是在财物被抢的瞬间即明白过来。从司法实践中盗窃犯与抢夺犯得手后的表现来看，也有一定的区分：盗窃犯得手后一般会争取在被害人发现之前快步离开，而不会采取逃跑的方式引起被害人警觉；而抢夺犯得手后一般会采取逃离现场的方式以免被被害人追上。从行为人心理因素来分析，二者也有区别：盗窃犯得手后通常自认为被害人一下子发现不了；而抢夺犯得手后猜测或认定已被被害人发现了。相对于盗窃犯而言，抢夺犯显得更加"胆大妄为"。结合本案来分析，从被告人林某的角度来说，这是一场经过精心设计的"戏"，在店外试手机时，他相信店主一时半会发现不了，因此会选择在店主明白之前尽快离开，其表现的形式是一种窃取。如果他以试手机为名要出店外没有得到允许而拿着手机就跑，或者在店主的注视下拔腿就跑，那就是改偷为抢了。

有的学者认为，从立法沿革上来看，对抢夺罪、抢劫罪都规定了致人伤

---

① 北京市大兴区人民法院刑事判决书〔2006〕大刑初字第 599 号。
② 北京市第一中级人民法院刑事裁定书〔2006〕京一中刑终字第 02823 号。

亡的结果加重犯，而没有对盗窃罪规定致人伤亡的结果加重犯，这是因为抢夺行为具有致人伤亡的一般危险。而判定行为是否具有致人伤亡的可能性，必须同时具备两个条件：其一，所夺取的财物必须是被害人紧密占有的财物，即被害人提在手上、背在肩上、装在口袋等与人的身体紧密联结在一起的财物；其二，必须对财物使用了非和平的手段，即可以评价为对物暴力的强夺行为。反之，如果仅具备上述条件之一的，应认定为盗窃罪。例如，被害人乙不小心摔倒，手中的钱包掉在离他身边3米多远的地上，尽管乙眼看着自己的钱包，但由于其脚摔伤不能行走，不能捡回钱包。看到这一情形的甲拾起钱包后逃走。由于乙的钱包已经离开了乙的身体，不管甲的行为如何迅速、如何用力，都不可能造成乙的伤亡，故甲的行为不成立抢夺罪，而宜认定为盗窃罪。①我们对此有不同的观点。客观而言，该观点受到德日刑法的影响。德日现行刑法均无抢夺罪②，而把乘人不注意而夺取财物，但行为状况不足以抑制对方反抗程度的，归入到盗窃罪中。也就是说，中国刑法中的抢夺行为，在德日刑法是以夺取行为是否存在暴力性而被分解划入抢劫罪和盗窃罪的，有造成人身伤亡可能的，归为抢劫，否则，作为盗窃看待。因此，在盗窃罪的适用上，德日刑法显得更宽泛。在中国，盗窃罪与抢夺罪都是古老的犯罪，社会生活中人们对这两种犯罪行为一般都有一定的认知和分辨能力。就上面所举的这个案例而言，试想，被害人乙事后可能会懊恼地对别人说："气死我了，我眼睁睁地看着我的钱包被那人给抢跑了。"而绝对不会说："气死我了，我眼睁睁地看着我的钱包被那人给偷走了。"而且，中国刑法中抢夺罪与盗窃罪的法定刑前三档的量刑幅度和数额标准是一模一样的，没必要收缩这个扩张那个，并造成理解上的费解。在司法实践中，对于那种将放在所有人身体旁边的财物拿起就跑的行为，尽管因财物离开了被害人的身体不会造成被害人伤亡，也应该认定为抢夺罪。

本案庭审中，被告人辩称自己的行为构成诈骗罪，这是不成立的。尽管盗窃的过程中有骗的因素，但"骗"是为最后的"窃取"做铺垫的，店主也并没有因为被告人的"骗"而处分财产，因此，只能是盗窃罪。

本案颇有意思，检察院以抢夺罪提起公诉，一审法院判定为盗窃罪，而被告人则辩称是诈骗罪，各不相同。其实，这个案件本身是没有多大意思

---

① 张明楷. 刑法学[M]. 北京：法律出版社，2007：729 – 730.
② 日本刑法第236条的"强盗罪"，实则相当于我国的抢劫罪，而非抢夺罪。

的，有意思的是案件背后存在的故事。从控诉方检察院与审判方法院来说，其分歧只涉及案件的定性，而没有过多地去考虑或者纠缠于量刑问题。而从辩护方来看，则更多的是考虑罪与罪之间法定刑的轻重。原因很简单，无论是抢夺罪、盗窃罪还是诈骗罪都是数额犯，本案被告人的犯罪所得价值人民币 11525 元，这个数额相对于抢夺罪和盗窃罪而言，都属于"数额巨大"（各地抢夺罪与盗窃罪数额巨大的标准不一，审判时该数额属于数额巨大，现数额巨大标准有大幅度提高），根据刑法第 264 条和第 267 条的规定，无论是认定为抢夺罪还是认定为盗窃罪，均应处 3 年以上 10 年以下有期徒刑，并处罚金。而这个犯罪数额相对诈骗罪而言，则没有达到个人诈骗"数额巨大"即 3 万元的标准，而只能是"数额较大"，根据刑法第 266 条的规定，只能处以 3 年以下有期徒刑、拘役或者管制，并处或者单处罚金。可见，对于被告人而言，被判处抢夺罪还是盗窃罪，其法定刑都是一样的，也都比判处诈骗罪要重得多。也可以这么说，对于被告人林某而言，无论是抢夺罪、盗窃罪还是诈骗罪，都是故意犯罪，都不影响其累犯的成立，必须数罪并罚，他真正关注的是各罪的量刑幅度和法定刑的轻重以及由此可能导致的宣告刑的轻重。也正是如此，被告人及其辩护人极力突出、渲染其在犯罪过程中为骗取店主的信任而采用的放置皮包、文件等欺骗手段，试图往诈骗罪上面靠，以求获得一个相对轻的宣告刑。

5. 此罪与彼罪：盗窃罪与转化型抢劫罪的区分以及盗窃罪既遂标准的认定

争议点：行为人在盗窃得手后被随即觉察的事主拽住，为制止事主同伴报警，用手抡打了对方一下试图逃走，被当场抓获，该如何论处？

【案例】被告人董某某在某商店门口处，在进店门时故意碰了正准备出店门的被害人焦某一下，并乘机将其上衣兜内的 1 部手机（价值人民币 1120 元）盗出。焦某随即发现手机被盗，并与同伴王某拽住董某某索要手机，董某某否认。王某要打电话报警，董某某用手抡打王某头部一下后欲逃跑，被焦某的呼喊声引来的群众当场抓获。检察院以抢劫罪提起公诉。一审法院认定被告人董某某构成盗窃罪（未遂），并指出，虽然被告人窃得手机被被害人发现后有抡打王某的情节，但情节轻微，尚不构成转化型抢劫。判决被告人董某某犯盗窃罪。① 检察机关提起抗诉。北京市平谷区人民检察院的抗诉意见是：一审判决适用法律不当，量刑畸轻。北京市人民检察院第二分院的出庭意见是：董某某的行为构成盗窃罪（既遂），且情节严重，建议二审法院予以改判。二审法院裁定驳回抗诉，维持原判。②

本案涉及的第一个问题是关于刑法第 269 条的具体适用问题。刑法第 269 条规定，犯盗窃、诈骗、抢夺罪，为窝藏赃物、抗拒抓捕或者毁灭罪证而当场使用暴力或者以暴力相威胁的，依照抢劫罪定罪处罚。这里的暴力必须是明显以暴力相对抗的行为，而不指单纯的挣脱、摆脱等轻微的行为。就本案而言，被告人为阻止王某打电话报警，只是用手抢了王某一下，就如同推了王某一下一样，十分轻微，不能视同明显使用暴力进行对抗，不宜认定为是当场使用暴力抗拒抓捕，而仍应认定为盗窃罪，至于被告人为摆脱被害人而抢打的行为，只能作为一个酌定量刑情节考虑。在适用刑法第 269 条时，应考虑到抢劫罪的暴力性程度，而这种转化型抢劫也应与一般性的抢劫罪中的暴力性相匹配。同时，这种判定也可从最高人民法院 2005 年 6 月发布的《关于审理抢劫、抢夺刑事案件适用法律若干问题的意见》（以下简称《意见》）中得到佐证。

本案涉及的第二个问题是关于盗窃罪的既遂的判定标准以及对盗窃未遂的适用问题。在盗窃罪既遂标准问题上，学界有接触说、转移说、隐匿说、失控说、控制说、失控加控制说等几种观点。其中，比较流行的是失控说，即以被盗窃物品是否脱离所有人或者持有人的控制来划分既遂与未遂的界限。但在具体盗窃情形中，要具体分析：①入室、入户盗窃，小件物品以行为人放入口袋、打成包裹、拿在手里为既遂；公共场所盗窃小件物品，判断既遂的标准相同。②扒窃控制比较严格，以行为人拿在手里为既遂。③盗窃大宗物品，以行为人拿出户外、室外、偷出库房（出墙、出院）为既遂，或以放交通工具上为既遂。④商店内盗窃以将东西拿离柜台为既遂。⑤在超市等开架售货的地方盗窃商品，以拿出收银台为既遂。⑥在铁路货运过程中盗窃，通常以将特定物品拿出特定车辆为既遂。对于本案被告人，应以盗窃既遂论处。

对于盗窃罪的既遂与未遂，这里还有一个值得推敲的问题，2013 年《最高人民法院、最高人民检察院关于办理盗窃刑事案件适用法律若干问题的解

① 北京市平谷区人民法院刑事判决书〔2006〕平刑初字第 216 号。
② 北京市第二中级人民法院刑事裁定书〔2006〕京二中刑终字第 1738 号。

释》第12条："盗窃未遂,具有下列情形之一的,应当依法追究刑事责任:①以数额巨大的财物为盗窃目标的;②以珍贵文物为盗窃目标的;③其他情节严重的情形。"这是否意味着只要盗窃目标不是数额巨大的财物或者国家珍贵文物的,就只能是盗窃未遂,而不是盗窃罪(未遂)? 如果这种推理成立的话,本案由于被告人盗窃行为针对的目标是价值1120元的手机,既不是价值巨大的财物,也不是珍贵文物,那么,就只存在盗窃罪成立与否的问题,而不存在盗窃罪既遂未遂的问题。我们认为,在司法实践中,对于盗窃未遂,如果盗窃目标只是数额较大(够定罪标准),但不属于情节严重(如以巨大财物为目标等),就不宜再起诉判刑。

6. 此罪与彼罪:盗窃罪与诈骗罪的界分

争议点: 以试买戒指为名,乘售货员不备用事先准备的假戒指进行调包,该定何罪?

【案例】被告人刘某某在首饰专柜,以购买钻石戒指为名,趁售货员不备之机,用事先准备的假戒指替换了试戴在其手上的钻石女戒一枚(价值人民币12142元),后被当场抓获。检察院以盗窃罪对刘某某提起公诉。一审法院认定被告人的行为符合诈骗罪的构成要件,且数额较大,判决被告人刘某某犯诈骗罪,处有期徒刑1年,并处罚金人民币3000元。① 检察院提起抗诉,抗诉意见如下:①刘某某的行为依法应认定为盗窃罪,且属犯罪既遂状态。②原判适用法律错误,导致量刑畸轻。本案被盗窃物品价值12142元,属盗窃数额巨大,应判处3年以上10年以下有期徒刑,并处罚金。被告人刘某某在庭审中辩解称,其没有盗窃的主观故意,售货员为其试戴戒指时,由于戒指上的价签掉下来,售货员没有及时拴在戒指上,使其有机会用假戒指换钻戒,在整个过程中,售货员有疏忽大意的责任,其行为是诈骗,而不是盗窃。二审法院裁定驳回抗诉、上诉,维持原判。②

司法实践中,许多盗窃犯罪并不是纯粹的秘密窃取,也包含着采取一定的诈骗手段,或者使被害人麻痹大意以便于更容易盗窃得手,或者为进一步的盗窃创造条件。对于这些情形,司法机关必须仔细区分,做出正确判断。诈骗罪的基本构造是:行为人实施欺骗行为—对方(受骗者)产生错误认识—

---

① 北京市西城区人民法院刑事判决书〔2003〕西刑初字第294号。
② 北京市第一中级人民法院刑事裁定书〔2003〕京一中刑终字第1484号。

对方基于错误认识处分财产—行为人或第三者取得财产—被害人遭受财产损害①，而且这五个环节均有因果联系。也就是说，对于诈骗罪而言，行为人最终非法占有财物，是由于对方基于认识错误而交付的。受骗者对于这种交付是出自于内心，并且是对该财物的主动交付或者对该财物所有权的自动放弃。如果虽然被骗，但只是基于认识错误将财物交给欺骗者临时占有，例如让行为人看看或者让行为人暂时保管，随后行为人趁其不注意将财物拿走或者调包，这只能是盗窃，因为盗窃罪和诈骗罪侵犯的都是公私财物的所有权，而被骗者并没有因为这种骗而自动放弃该财物的所有权，其所有权的失去是由于行为人的盗窃行为导致的，欺骗行为只是起了一种推波助澜的作用而已。从司法实践中实际发生的案例来看，诈骗案中的被骗者往往会从诈骗者那里得到财物的"换取物"，如"金元宝""作废的外币""包治百病的灵丹妙药"等等。

就本案来说，我们认为应成立盗窃罪。虽然被告人有骗的行为，如谎称要买戒指，但这种谎言不足以使售货员主动交付戒指的所有权，售货员只是将戒指拿给被告人挑选而已。被告人得到戒指也不是依靠其"高明"的骗术，而是依靠乘人不备进行"调包"。庭审中，被告人辩称自己在看戒指时并没有盗窃的主观故意，只是因为售货员没有及时拴上掉下来的价签，才使其有机可乘进行以假换真。这不正说明被告人自己不是通过骗术得逞，而是通过偷偷"调包"得逞的吗？至于被告人是在看戒指前就早有预谋进行"调包"还是在看戒指的过程中临时起意"调包"的，并不影响盗窃罪的成立。而售货员有疏忽大意的责任更是其不能免责的理由。

7. 此罪与彼罪：盗窃罪与故意毁坏财物罪的界分

争议点：将他人摩托车偷走后，用铁锤将车部分零件砸坏，而后将车丢弃，该定何罪？

【案例】被告人李某将车主王某借给郭某某使用的摩托车（价值人民币35000元）车锁锯开，偷偷推回院内自己工作的机械加工部。李某在机械加工部用铁锤将该车的左侧大板、转向灯、前仪表盘、挡风玻璃、吸力包和电瓶砸坏（损坏物品价值人民币11800元），后李某将摩托车推出，放置在院内附近的楼群中。案发后，检察院以盗窃罪提起公诉。一审法院认为被告人李某的行为构成故意毁坏财物罪。公诉机关向法庭提供的证据材料不能证明其

---

① 张明楷. 刑法学[M]. 北京：法律出版社，2007：735.

具有非法占有的故意，被告人李某对此不予承认，故认定其犯盗窃罪的犯罪构成并不完整，不能成立，判决被告人李某犯故意毁坏财物罪，处有期徒刑2年。① 检察院提起抗诉，抗诉意见如下：①李某的行为应认定为盗窃罪，且系盗窃既遂。②李某在盗窃既遂后，对摩托车进行毁坏的行为，又构成故意毁坏财物罪。属于手段行为与目的行为的牵连犯，其手段行为构成盗窃罪，目的行为构成故意毁坏财物罪，根据牵连犯从一重处的原则，应以盗窃罪定罪处罚。③被告人李某窃取财物之后予以毁坏是处分财物的行为，同窃取财物之后将赃物卖给他人、送给他人具有同样的性质，是不可罚的事后行为。④原审被告人李某盗窃的摩托车价值35000元，系数额巨大，应处3年以上10年以下有期徒刑，一审判决量刑不当。二审法院判决撤销原一审判决，认定李某犯盗窃罪，处有期徒刑6年，剥夺政治权利1年，并处罚金人民币6000元。②

最高人民法院《关于审理盗窃案件具体应用法律问题的解释》第12条第五点规定："实施盗窃犯罪，造成公私财物毁损的，以盗窃罪从重处罚；又构成其他犯罪的，择一重从重处罚；盗窃公私财物未构成盗窃罪，但因采用破坏性手段造成公私财物毁损数额较大的，以故意毁坏财物罪定罪处罚。盗窃后，为掩盖盗窃罪行或者报复等，故意破坏公私财物构成犯罪的，应当以盗窃罪和构成的其他罪实行数罪并罚。"本案定性的关键在于认定被告人李某犯罪的动机和目的是什么。如果说被告人是出于一种报复的动机，为了将该摩托车毁损而将摩托车偷偷推回自己院内的机械加工部，继而进行毁损行为，则成立盗窃罪与故意毁坏财物罪的牵连犯，应从一重论处。倘若被告人是出于非法占有他人摩托车的目的，将车偷回来后，为了方便出卖而拆卸摩托车的零部件，在拆卸过程中损毁了摩托车的零部件，则以盗窃罪从重处罚。如果行为人先是出于非法占有的目的盗窃了摩托车，后又出于掩盖盗窃罪行等其他目的，而将摩托车故意毁损构成犯罪的，应以盗窃罪与故意毁坏财物罪数罪并罚。由此可见，本案定性决定于被告人主观上是出于非法占有的目的还是损毁的目的。

从检察院的抗诉意见来看，其第二点认为被告人的行为触犯两个罪名，但作为手段行为的盗窃罪与作为目的行为的故意毁坏财物罪相牵连，因此从一重以盗窃罪论处。这实际上是肯定了被告人李某的犯罪目的是故意毁坏他

---

① 北京市海淀区人民法院刑事判决书〔2002〕海刑初字第976号。

② 北京市第一中级人民法院刑事判决书〔2002〕京一中刑终字第2461号。

人财物而不是非法占有他人财物。而其第三点抗诉意见又认为，被告人李某窃取财物后予以毁坏是处分财物的行为，同窃取财物后销赃或者送给他人一样，是不可罚的事后行为。这实际上是肯定了被告人的犯罪目的是非法占有他人财物，而不是故意毁坏他人财物。虽然这两点抗诉意见最终的结论都是主张以盗窃罪论处，但其论据则相互矛盾。

对于最高人民法院《关于办理盗窃刑事案件适用法律若干问题的解释》中规定的"盗窃后，为掩盖盗窃罪行或者报复等，故意破坏公私财物构成犯罪的，应当以盗窃罪和构成的其他罪实行数罪并罚"，一些学者认为后一行为属于不可罚的事后行为，不另行成立故意毁坏财物罪，而应仅以盗窃罪论处。[1] 我们不赞同这种观点。"不可罚的事后行为"重点不在于它是"事后行为"，而在于该事后行为的"不可罚"。盗窃他人财物后再进行销赃与盗窃他人财物后再予以故意毁损，表面上看，"销赃行为"和"故意毁损行为"都是盗窃的事后行为，但为什么立法和司法解释将"销赃行为"作为不罚的事后行为，而将"故意毁损行为"作为可罚的事后行为，原因或许有以下两点：一是销赃行为并没有造成被偷财物的毁损，案发后该财物还可没收并返还给被害人以避免损失；而故意毁损行为则造成了被偷财物的毁损，使被害人的财物所有权或使用权受到破坏，虽然也可提起刑事附带民事诉讼要求赔偿，但从司法实践来看，经常是难以真正执行。即使能够予以赔偿，从整个社会利益的角度来说，也是一种利益的损失而不是利益的移转。二是盗窃后销赃获得金钱，这是常态，通常也是犯罪分子所设想的方式和路径，而盗窃后毁损则不符合盗窃本身应有的含义，是在不同犯意下实施的不同犯罪行为。

8. 盗窃罪罪数的认定

争议点： 因争执将他人打昏后，又乘机将其财物席卷而逃，应如何定罪处罚？

【案例】被告人李某某及其弟李某（在逃）、王某某（在逃）在出租房内，与范某某、范某因伙食费问题双方发生争执，被告人李某某即打范某某一耳光，并将范某某摔倒在地，尔后分别与李某持擀面杖猛击范某某头部。正在卧室内收拾行李的范某见状后大声呼救，王某某即冲入卧室手掐范某的颈部将范摔倒在地，并用衣物塞住范的嘴巴，被告人李某某又携擀面杖冲入范某卧室猛击范的头部数下，将范某打昏。此时，范某某欲逃出门外呼救，被李

---

[1]　张明楷. 刑法学[M]. 北京：法律出版社，2007：731.

某某发现拖回客厅并又用擀面杖击打范某某头部，将范某某打昏。尔后，被告人李某某及李某、王某某用绳子、领带捆绑范某某、范某的手脚，并用衣物堵塞二范的嘴巴，将二人拖入卧室内用席子盖住，并把地板上的血迹拖干净。被告人李某某及李某、王某某在收拾衣物时，在范某某、范某的衣物中发现人民币3500元，即当场携走范某3500元及范某某密码箱、身份证等物，尔后逃离现场。经法医鉴定：范某某头部的损伤为重伤。检察院以故意伤害罪、抢劫罪对李某某提起公诉。一审法院判处被告人李某某犯故意伤害罪，处有期徒刑10年。[1] 人民检察院提起抗诉称应以故意伤害罪与抢劫罪数罪并罚；抗诉机关的上级人民检察院在出庭履行职务时认为应以故意伤害罪与盗窃罪数罪并罚。二审法院判决李某某成立故意伤害罪和盗窃罪，数罪并罚。[2]

司法实践中，对于抢劫罪、故意杀人罪、故意伤害罪、盗窃罪之间的认定与区分，主要分为以下几种情形：①行为人为劫取财物而预谋故意伤害或者杀害他人，然后抢劫财物的，属于抢劫罪与故意伤害罪或者故意杀人罪的牵连犯，以抢劫罪定罪处罚。②行为人在抢劫过程中为制服被害人的反抗而故意杀人、故意伤人的，以抢劫罪定罪处罚。③行为人抢劫后，为了灭口、毁灭证据或者其他目的而杀害被害人的，以抢劫罪与故意杀人罪数罪并罚。④为图财（日后取得）而杀人的，定故意杀人罪。⑤故意杀害他人，将人杀害后，乘机将被害人的财物取走，以故意杀人罪与盗窃罪数罪并罚。

本案的情形与上述第五种情形相类似。对于此种将被害人打昏后乘机取得被害人财物行为的定性，存在三种不同的意见：第一种观点认为只成立故意伤害罪。理由是这是将被害人打昏后的见财起意，乘机窃取被害人财物的行为，属于故意伤害罪行为的后续行为，不单独构成犯罪，而应以故意伤害罪从重处罚。第二种观点认为应认定为故意伤害罪与抢劫罪，数罪并罚。理由是这是两种不同的犯罪行为，出于不同的犯意，二者在性质上不存在从属关系。行为人在将被害人打昏后，临时起意非法占有被害人财物，由于被害人不能反抗是行为人使用暴力行为直接造成的，因此，另行成立抢劫罪，与先前的故意伤害罪数罪并罚。第三点观点认为应成立故意伤害罪与盗窃罪，数罪并罚。我们赞成第三种观点，其理由如下：①故意伤害后见财起意，乘机窃取被害人财物行为，独立于先前的故意伤害行为，二者之间在性质上没

---

[1]　广西壮族自治区南宁市中级人民法院刑事判决书〔2000〕南市刑初字第25号。

[2]　广西壮族自治区高级人民法院刑事判决书〔2000〕桂刑终字第127号。

有从属关系，是两种性质不同的犯罪行为，也不存在牵连犯。②该行为符合盗窃罪"秘密窃取他人财物"的特征。③该取财行为不成立抢劫罪。因为抢劫罪是以暴力、胁迫或者其他方法，当场强行劫取公私财物的行为，而当行为人将被害人打昏后，已经不存在行为人可以对其施加暴力等强制手段的对象，也不需要强行抢取财物。虽然被害人不能反抗是由于先前的暴力伤害行为造成的，但先前的暴力伤害行为并不是在非法占有他人财物目的的驱使下进行的，如果既将先前的暴力伤害行为认定为故意伤害罪，又将这种暴力伤害行为作为抢劫罪中的"当场使用暴力"，实际上是对同一个行为进行了两次评价。行为人在被害人不知道的情形下将财物取走应成立盗窃罪，与先前的故意伤害罪数罪并罚。如果说，行为人先将被害人打成轻伤或者重伤，而行为人当时并没有昏过去，而只是动弹不得，然后行为人当着被害人的面将其财物非法占有，则只能是以故意伤害罪与抢夺罪并罚，而不能以故意伤害罪与抢劫罪或者盗窃罪并罚，因为这是公然夺取，不是盗窃，同时，又不能将先前的伤害行为重复评价，不成立抢劫。当然，如果被害人当时受伤害后还有行动自由，试图奋力夺回财物，而行为人又对之实施了暴力或者以暴力相威胁，将财物取走，则应以故意伤害罪与抢劫罪数罪并罚。

9. 盗窃罪共犯的认定

争议点：帮助盗窃犯找人将赃车驾离现场并开到工厂重新喷漆，构成盗窃罪共犯还是掩饰、隐瞒犯罪所得、犯罪所得收益罪？

【案例】被告人吴某某欲窃取他人机动车并找到被告人吴某（吴某某的哥哥），让吴某找人帮其开车。几天后，吴某找来宋某某，汇合被告人吴某某，由宋某某使用吴某某提供的车钥匙，将停放在某处楼下的一辆黄色夏利牌出租车（价值人民币 32360 元）驾离现场并转移至某工艺品加工厂。被告人吴某某、吴某指使他人将该车车漆改喷成红色并欲销赃。后二被告人分别被公安机关抓获。检察院以盗窃罪提起公诉。一审法院认为，被告人吴某某以非法占有为目的，秘密窃取机动车辆，数额巨大，其行为已构成盗窃罪。被告人吴某在明知吴某某所窃机动车证件手续不全的情况下，将该车销售给他人，其行为已构成销售赃物罪。判决被告人吴某某犯盗窃罪，处有期徒刑 4 年，罚金4000 元；判决被告人吴某犯销售赃物罪，处有期徒刑 1 年。① 检察院抗诉提出：一审判决以销售赃物罪判处吴某有期徒刑 1 年，定性不准，

---

① 北京市朝阳区人民法院刑事判决书〔2002〕第 441 号。

量刑不当。吴某在明知该车不属于吴某某的情况下，仍然表示同意，找人用吴某某提供的汽车钥匙将该车驾离现场。由此看出原审被告人吴某与吴某某有共同盗窃机动车的故意，并且共同实施了盗窃机动车的行为，应以共同盗窃论处。二审法院以证据不足以认定吴某与吴某某具有共同盗窃的故意为由，裁定驳回抗诉，维持原判。①

　　在区分共同犯罪与掩饰、隐瞒犯罪所得、犯罪所得收益罪②问题上，我们还可以将洗钱罪拿来一起比较。根据2006年6月29日公布施行的《中华人民共和国刑法修正案(六)》第16条的规定，洗钱罪的"上游犯罪"包括毒品犯罪、黑社会性质的组织犯罪、恐怖活动犯罪、走私犯罪、贪污贿赂犯罪、破坏金融管理秩序犯罪、金融诈骗犯罪。洗钱罪、"上游犯罪"的共犯③、非"上游犯罪"的共犯与掩饰、隐瞒犯罪所得、犯罪所得收益罪四者之间的关系如下：第一，在犯罪人双方事先存在通谋的情况下，无论是实施"上游犯罪"中的犯罪还是实施非"上游犯罪"中的犯罪，行为人犯了什么罪，就成立什么罪的共犯。第二，在犯罪人双方(假定为甲某、乙某)事先不存在通谋的情况下：①如果甲某实施了"上游犯罪"中的罪如走私武器、弹药罪，而乙某明知是走私武器、弹药犯罪的所得及其产生的收益，而予以掩饰、隐瞒其来源和性质的，乙某成立洗钱罪，而甲某则成立走私武器、弹药罪。②如果甲某实施了非"上游犯罪"中的罪如盗窃罪，而乙某明知是犯罪所得及其产生的收益而予以窝藏、转移、收购、代为销售或者以其他方法掩饰、隐瞒的，乙某成立掩饰、隐瞒犯罪所得、犯罪所得收益罪，而甲某则成立盗窃罪。由此可见，洗钱罪与共犯之间的区分在于是否事先有通谋；而洗钱罪与掩饰、隐瞒犯罪所得、犯罪所得收益罪的区分在于犯罪人一方所犯的罪是否为洗钱罪法定的上游犯罪。

---

① 北京市第二中级人民法院刑事裁定书〔2002〕京二中刑终字第1266号。

② 1979年刑法第172条规定了窝赃、销赃罪。1997年刑法第312条增加了转移、收购赃物的行为，罪名相应改为窝藏、转移、收购、销售赃物罪。2006年6月29日《中华人民共和国刑法修正案(六)》第19条对刑法第312条的罪状和法定刑均作了修改，规定："明知道是犯罪所得及其产生的收益而予以窝藏、转移、收购、代为销售或者以其他方法掩饰、隐瞒的，处3年以下有期徒刑、拘役或者管制，并处或者单处罚金；情节严重的，处3年以上7年以下有期徒刑，并处罚金。"因而，其罪名也改为掩饰、隐瞒犯罪所得、犯罪所得收益罪。

③ 为方便区分，这里的"上游犯罪"特指洗钱罪的上游犯罪，即毒品犯罪、黑社会性质的组织犯罪、恐怖活动犯罪、走私犯罪、贪污贿赂犯罪、破坏金融管理秩序犯罪、金融诈骗犯罪等，而非"上游犯罪"则指毒品犯罪、黑社会性质的组织犯罪、恐怖活动犯罪、走私犯罪、贪污贿赂犯罪、破坏金融管理秩序犯罪、金融诈骗犯罪之外的其他犯罪。

本案检察院和法院的分歧表面上来自于法律适用，而实际上来自于事实认定。检察院认定被告人吴某事先知道车不是吴某某的，却协助吴某某找人将车偷偷开走，因此构成盗窃罪共犯。而法院认定被告人吴某事先并不知道车不是吴某某的，找人协助吴某某将车开走，二人不成立盗窃罪共犯，但法院又认定吴某事后知道了车是赃物，仍协助其销赃，因此构成掩饰、隐瞒犯罪所得、犯罪所得收益罪。

三、诈骗罪

1. 罪与非罪：诈骗罪与民事违约行为的认定与区分

争议点：在承接的工程完工后，将剩余的工程材料私自销售，然后在工程竣工报表中虚增工程材料用量，欺骗发包人，应如何定性？

【案例】被告人成某某承接赣县南塘市话扩容工程施工，从电信公司借领了大量的电缆线等材料。工程架线完工后，被告人成某某通知被告人肖某某，由肖某某租车，在南塘镇市话扩容工程的工地上以退料给电信公司为借口，欺骗工地上的民工将工地上剩余的电缆线等材料搬上车，然后由肖某某将车上电缆线等材料销赃于某废品收购部。随后，被告人成某某绘制好该工程竣工文本草图，虚增了材料用量，报送电信公司。后又多次伙同被告人肖某某、肖某等用同样的方法获得赃款并分赃，其中，肖某某得赃款 47061 元，肖某得赃款 24880 元，成某某得赃款 22181 元。案发后，检察院以诈骗罪对成某某、肖某、肖某某提起公诉。一审法院认为，被告人的行为属于施工中的违约行为，该行为应由民事法律关系调整，从而宣告被告人成某某、肖某、肖某某无罪。① 检察院以一审定性错误为由提起抗诉。二审法院撤销原判，判决原审被告人成某某、肖某、肖某某成立诈骗罪。②

诈骗罪是指以非法占有为目的，用虚构事实或者隐瞒真相的方法，骗取数额较大的公私财物的行为。从主观方面来说，必须是故意的，并具有非法占有公私财物的目的。从客观方面来说，诈骗行为由四个部分组成：①实施欺骗行为，主要采取虚构事实或隐瞒真相的办法；②使被害人陷入错误；③被害人因错误而交付（处分）财物；④行为人获得财物，从而使他人蒙受财产损失。如果欺骗的对象是幼儿或者高度精神病患者等完全没有交付意思能

① 江西省赣州市赣县人民法院刑事判决书〔2005〕赣刑初字第 67 号。
② 江西省赣州市中级人民法院刑事判决书〔2006〕赣中刑二抗字第 1 号。

力的人，骗取其财物的，则以盗窃罪论处。从罪与非罪的认定与界分来看：诈骗罪与一般诈骗行为区分的要点在于诈骗的公私财物是否达到"数额较大"的标准。诈骗罪与借贷纠纷、违约行为区分的要点在于是否具有非法占有公私财物的目的，例如，在借贷纠纷中，没有非法占有他人财物的目的而拖欠贷款或者借款的，不应按诈骗罪处理；或者代人购买未按时买到货物，而货款被暂时挪作他用，但主观上并无非法占有的目的的，也不以诈骗罪处理。

在本案的审理过程中，一审法院认为，被告人在承接市话电缆架设施工中，未经总承包人及发包方电信公司许可私自与被告人肖某某串通，在施工中虚增材料并将施工中工程剩余材料出卖，违反了民事活动中的诚信原则及施工合同中的相关约定，属施工中的违约行为，是民事违法行为，应承担相应的法律责任。发包方电信公司及施工承包方王某某具有监督材料不严、初验不认真的失职行为。对短少、虚增材料所造成的损失，发包方电信公司及施工承包方王某某与被告人成某某、肖某可通过复验、审计、协商、仲裁、诉讼等手段解决。因此，被告人成某某、肖某、肖某某的行为应由民事法律关系调整。判决宣告被告人成某某、肖某、肖某某无罪。

根据《民法通则》第111条规定，违约是指当事人一方不履行合同义务或者履行合同义务不符合约定的条件。可见，对于前一种违约情形而言，其当事人的行为表现出的是一种不作为。对于后一种违约情形而言，其当事人的行为表现为真诚地履行合同义务但没有达到约定的条件，并不具有非法占有公私财物为目的。而本案中，被告人以非法占有工程中剩余电缆并进行销赃为目的，虚增材料用量，骗取电信公司，且骗取的财物数额巨大，应该构成诈骗罪。这已不是民事中的违约行为，而是一种以非法占有为目的的诈骗犯罪行为。并且相关人员的疏忽、失职不能成为免罪的理由。

2. 此罪与彼罪：诈骗罪和盗窃罪的界分（一）

争议点：冒充"仙师作法"，哄骗被害人交付"作法"时的押金，然后在骗得被害人离开后将钱偷偷拿走，该定何罪？

【案例】被告人许某某伙同林某某（在逃）窜到赵某某家，谎称赵家的火灶向置不合，不能升官发财，要"立师作法"保佑才行，但要拿出2000元钱作押金。赵某某信以为真，便拿出2000元按被告人的"旨意"用红纸包好放到桌子上作押金供被告人"作法"用。被告人在烧香"作法"过程中，又以赵某某须去洗手净身"作法"才显灵为名，骗赵某某离开现场，乘机拿走纸包内的2000元钱（空纸包照原样位置放好），然后嘱咐赵某某要七七四十九天才能拆封红包取出押金，交代完后，便逃离现场。二人后来又多次使用该方法获得赃款，共计6993元。案发后，检察院以盗窃罪提起公诉。一审法院判决被告人犯有诈骗罪。① 检察院以一审法院定性不当、适用法律错误为由提起抗诉。二审法院裁定驳回抗诉，维持原判。②

司法实践中，许多案件连偷带骗，很难把握。有人认为，判定是盗窃罪还是诈骗罪的关键在于看哪一个起的作用大些。这种观点有一定道理，但不尽然。本案就是如此。虽然行为人装神弄鬼、大费周章，骗得被害人的信任并交付现金，而盗窃只是一瞬间的事，但本案应定盗窃罪，而不是诈骗罪。原因在于，被害人虽然被骗交付现金，但只是交给被告人做"押金"以求"神仙"保佑，并没有因为受骗而处分该现金，没有因为受骗而放弃对该现金的所有权，被告人最终取得现金靠的是乘被害人被骗离开现场而偷偷"窃取"。假设被害人是因为受欺骗而用该现金去换取被告人的"圣水"，被告人拿着骗得的钱"全身而退"，则成立诈骗罪。可见，在行为人已经取得财产的情况下，盗窃罪与诈骗罪区别的关键在于被害人是否基于被骗后的认识错误而处分财产。如果不存在这种情形，则不能构成诈骗罪。这里的"处分"一定不要狭义地理解成"交付"，如借给行为、托行为人保管、交付行为人使用等，而必须是被害人自己放弃对财物的控制与占有，通常是放弃财物的所有权。

3. 此罪与彼罪：诈骗罪与盗窃罪的界分(二)

争议点：设立圈套，引被害人将钱包拿出，而后将钱从包中偷走，该定何罪？

【案例】被告人冉某趁王某某与妻子在汽车站看站牌时，故意当着他的面捡起一个刚扔下的装有一叠钱的信封，并让他别作声，说会分给他一些。这时，其同伙(在逃)故意从后面追过来，对他们说："我丢了8000元钱，你们捡到没有？"王某某说没有。被告人冉某假装主动打开自己钱包给那个同伙看以表清白。王某某的妻子也让王某某掏出钱给他们看，以表清白。王就掏出上衣兜里的7150元钱让对方看。冉某故意接过钱看了一眼，对其同伙说："不是你的钱。"边说边用一张报纸给他包钱并塞到他怀中，然后转身快步离去。随后醒悟过来的王某某在周围群众的帮助下，将冉某抓获，其同伙

① 广西壮族自治区浦北县人民法院刑事判决书〔1995〕蒲刑初字第67号。
② 广西壮族自治区钦州市中级人民法院刑事裁定书〔1996〕钦刑终字第5号。

逃走。检察院以盗窃罪对冉某提起公诉。一审法院以诈骗罪判处被告人冉某有期徒刑 1 年 6 个月，罚金 3000 元。检察院以一审判决定性错误为由提出抗诉。二审法院裁定驳回抗诉，维持原判。[①]

对于一审法院的判决，检察机关认为案件定性有误，理由是：被告人冉某虚构捡钱、丢钱的事实，使事主为了证明自己的清白而将自己的钱交给冉某核实，其主动交付只是为了让对方看一看，时间上具有暂时性，财产的占有权没有转移给冉某，没有丧失对钱的控制，财物最终失去控制是被告人采取调包的方式秘密窃取的结果，冉某取得财物的手段是偷而不是骗。而被告人冉某虽对检察院指控的基本事实不持异议，但对检察院指控的罪名提出异议，辩称其与同伙起意是以调包的方法骗钱，不是盗窃，而且钱也是事主自己拿出来的。二审法院认为，控辩双方对本案的主要事实没有异议，关键是对该事实如何定性，从被告人供述的预谋过程到其实施的犯罪手段，都符合诈骗罪的犯罪构成，事主将自己的钱款交给冉某是基于冉某与其同伙虚构事实，欺骗事主造成的，不是冉某采取秘密窃取的方式取得，应认定被告人冉某的行为构成诈骗罪。

这一案件与前面的案件其实类似，司法实践中，对于此类案件，法院习惯于以诈骗罪论处，但严格来说，本案应成立盗窃罪。虽然这个作案过程都充斥着诈骗手段，被害人王某某也确实因为轻信被告人而陷入认识错误，但王某某并未基于认识错误而处分财产，放弃 7150 元的所有权，他只是把钱包拿给被告人看以示清白。从被告人方面来说，他使用欺骗手段只是骗得被害人将钱包拿出来给他看，为他进一步通过秘密窃取钱包里面的钱创造了条件，提供了可能，但他真正最终非法占有被害人的钱，靠的并不是骗，而是偷。

4. 此罪与彼罪：诈骗罪与合同诈骗罪的界分

争议点：以非法占有为目的，虚构单位与他人达成买卖的口头协议，提货后逃逸，构成诈骗罪还是合同诈骗罪？

【案例】被告人秦某某化名秦某，为谋取非法利益，以虚构的"韩丽装饰制品有限公司"的名义，向上海某塑料厂以明显高于市场价的价格订购塑料窗帘配件。双方对货物名称、规格、数量、价格、交货日期等事项达成口头协议，并约定了付款期限。两个月后，被告人秦某从该厂提取价值人民币

---

① 北京市第一中级人民法院刑事裁定书〔2002〕京一中刑终字第 3398 号。

52500 元的塑料窗帘配件 15000 套，将货物用于抵债后逃逸。案发后，检察院以诈骗罪对秦某提起公诉。一审法院判处被告人犯合同诈骗罪。检察院以一审法院定性错误为由提出抗诉。二审法院驳回抗诉，维持原判。①

合同诈骗罪是指以非法占有为目的，在签订、履行合同过程中，骗取当事人财物，且数额较大的行为。合同诈骗罪是现行刑法增设的新罪名，在1979 年刑法和单行刑法中均没有规定这一罪名。在过去的司法实践中，根据1996 年最高人民法院《关于审理诈骗案件具体应用法律的若干问题的解释》规定，利用经济合同进行诈骗的，以诈骗罪论处，诈骗数额以行为人实际骗取的数额认定，合同标的数额可以作为量刑情节予以考虑。鉴于这类犯罪比较严重，又不同于普通的诈骗罪，所以 1997 年刑法将它单独做了规定。根据现行刑法第 224 条规定，合同诈骗罪包括以下五种行为：①以虚构的单位或者冒用他人名义签订合同骗取对方当事人财物的行为；②以伪造、变造、作废的票据或者其他虚假的产权证明作担保，诱骗对方当事人与其签订、履行合同，从而骗取他人财物的行为；③没有实际履行能力，以先履行小额合同或者部分履行合同的方法，诱骗对方当事人继续签订和履行合同，骗取他人财物的行为；④收受对方当事人给付的货物、货款、预付款或者担保财产后逃匿的行为；⑤以其他方法骗取对方当事人财物的行为。

司法实践中，需要注意的是合同诈骗罪与合同纠纷、合同欺诈行为之间的区分。区分合同诈骗罪与合同纠纷的要点在于行为人在主观上是否具有非法占有对方当事人财物的目的，在客观上是否利用经济合同实施骗取对方当事人数额较大的财物的行为。区分合同诈骗罪与合同欺诈行为的关键在于主观目的不同：前者是以诈骗钱财为目的，后者虽然主观上也有诈欺的故意，但不具有非法占有他人财物的目的，其目的是为了进行经营，并借以创造履约能力。②而对于诈骗罪与合同诈骗罪之间的关系，通常认为二者是一般与特殊的法条竞合关系，属于包容竞合，在适用上采取特殊优于一般原则。

本案检察院和法院的分歧聚焦在对合同诈骗罪中"合同"的理解上。检察院抗诉认为，合同诈骗罪侵犯的客体是国家对合同的管理制度，在客观上仅限于在签订、履行合同过程中进行诈骗的行为。从立法所使用的"签订"一词来看，合同诈骗罪的合同应理解为是书面合同，而被告人秦某骗取被害单

① 上海市第一中级人民法院形式裁定书〔2001〕沪一中刑终字第 654 号。
② 周道鸾，张军. 刑法罪名精释——对最高人民法院最高人民检察院关于罪名司法解释的理解和适用[M]. 北京：人民法院出版社，2007：393.

位财物的方法是利用双方口头达成的协议，未以任何书面形式签订合同，故其行为不符合合同诈骗罪利用签订书面合同的方式进行诈骗的构成要件，只能以诈骗罪定罪处罚。法院则认为，秦某的行为符合刑法第 224 条的规定，构成合同诈骗犯罪。该刑法条文规定，以非法占有为目的，在签订、履行合同过程中，骗取对方当事人财物达到一定数额的行为构成合同诈骗罪。虽然"签订"一词意指书面合同，但在上述法律条文中，"签订""履行"属并列关系，而不是递进关系，刑法第 224 条并未对履行行为所依据的合同形式作出规定，因此被履行的合同可以是口头合同，也可以是书面合同。

我们认为，从刑事立法精神来看，合同诈骗罪规定在刑法第三章第八节"扰乱市场秩序罪"中，不仅侵犯他人财产所有权，而且侵犯国家合同管理制度，破坏社会主义市场经济秩序。可见，合同诈骗罪中的"合同"，主要是经济合同，而不是与社会主义市场经济秩序无关的合同如有关身份关系的合同或者赠与合同、劳务合同等。本案中，被告人以虚构的单位与被害单位签订的是买卖合同，买卖合同中除了一些特殊的买卖合同如拍卖合同、招标投标合同之外，其他买卖合同可以是书面合同，也可以是口头合同。

就案件而言，被告人秦某以非法占有为目的，虚构事实，隐瞒真相，以虚构的单位的名义与被害单位订立口头协议，在被害单位按约定履行合同时，秦某从被害单位将合同约定的部分窗帘配件提走并逃逸，完全符合合同诈骗罪的犯罪构成。合同诈骗是诈骗的一种特殊形态，在发生法条竞合现象时，选择适用特别法条，即以合同诈骗罪定罪处罚。其实，就本案而言，犯罪数额是 52500 元，虽然关于合同诈骗罪中"数额较大"、"数额巨大"的标准还没有相关立法或司法解释，但司法实践中，对于合同诈骗罪中的犯罪数额标准，都是参照诈骗罪来认定的。因此，秦某的犯罪数额属于"数额巨大"，而从诈骗罪与合同诈骗罪的法定刑来看，对于诈骗数额巨大的，都是处 3 年以上 10 年以下有期徒刑，并处罚金。检察院和法院虽然在犯罪定性上有分歧，但单纯从量刑上来说，实在是殊途同归。而对于被告人来说，定诈骗罪还是合同诈骗罪，其实无关紧要。

5. 此罪与彼罪：诈骗罪与信用卡诈骗罪的界分

争议点：拾到他人丢失的活期存折，冒用失主的名义将存折里的存款取出占为己有，应如何定性？

【案例】被告人高某某、段某某夫妇到储蓄所存款时，在营业台上捡到张某某丢失的活期存折一张，内存有人民币 60000 元。高、段二人于当日将存折内的 60000 元以张某某之名分两次取出，并于几日后以高某某个人的名义将该款存入农村信用社。当公安人员 10 天后找高某某、段某某询问情况时，二被告人承认将张某某名下的 60000 元取出，并将 60000 元钱及利息交给公安人员。检察院以诈骗罪对高某某、段某某提起公诉。一审法院判决被告人高某某、段某某无罪。① 检察院以一审判决适用法律错误为由提起抗诉。二审法院撤销原判，判决高某某犯诈骗罪，处有期徒刑 3 年，缓刑 3 年，罚金 1000 元；判决段某某犯诈骗罪，判处有期徒刑 3 年，缓刑 3 年，罚金 1000 元。②

　　本案一审法院之所以认定被告人无罪，除了对情节轻微方面的考虑外，还考虑到该行为与金融诈骗犯罪中的任何一个犯罪的犯罪构成都不符合。因为银行存折一般被认为是一种金融凭证而不是信用卡，因此，不能以信用卡诈骗罪论处；而金融凭证诈骗罪是指使用伪造、变造的委托收款凭证、汇款凭证、银行存单等其他银行结算凭证，骗取财物的行为，这里的存折既不是伪造的，也不是变造的，所以也不能以金融凭证诈骗罪定罪处罚。二审法院也考虑到了这点，但却认定该行为符合侵犯财产犯罪中诈骗罪的犯罪构成。其实，被告人冒用他人活期存折与信用卡诈骗罪中冒用他人信用卡的行为是非常接近的，只不过，在人们的通常理解中，卡是卡，存折是存折，二者并不相同。而实际上，从功能上来说，卡与存折并无多大区别，现在的存折也是带磁的，到银行的时候也需要刷卡，而且，在银行实际存取结算工作中，存折和卡是可以换用的，只不过卡比存折更方便携带、转账、取款而已。从信用卡诈骗罪的立法精神来说，应将存折包含在信用卡之内。只不过，如果定信用卡诈骗罪，6 万元的诈骗数额属于数额巨大，根据刑法第 196 条的规定，进行信用卡诈骗活动，数额巨大或者有其他严重情节的，处 5 年以上 10 年以下有期徒刑，并处 5 万元以上 50 万元以下罚金。这种处罚是非常重的。而 6 万元的犯罪数额对于诈骗罪而言，虽然也是数额巨大，但根据刑法第 266 条规定，其法定最低刑为 3 年。3 年是有期徒刑中能否适用缓刑的临界点，所以司法机关对这种情况非常小心。二被告人在本案中有自首情节，又将 6 万元及利息全部退出，如果以信用卡诈骗罪定罪，宣告刑最少都是 5 年，还要并处至少 5 万元的罚金，这似乎与公平感不符。二审法院采用银行存折不是信用卡的一般观点，以诈骗罪判处被告人缓刑，是容易让人接

① 北京市延庆县人民法院刑事判决书〔2001〕延刑初字第 279 号。
② 北京市第一中级人民法院刑事判决书〔2002〕京一中刑终字第 427 号。

受的，也可以说是司法机关为追求一种实质上的公平而作出的有利于被告人的解释与选择。

6. 诈骗罪共犯的认定

争议点：受托人在知道他人诈骗委托人的情况下，依然伙同他人一道行骗并分赃，是否成立诈骗罪共犯？

【案例】被告人赵某与被告人何某某系高中同学。1993 年 3 月上旬，赵某负责定向募集某房地产股份有限公司法人股股票的业务。何某某受所在单位职工委托请赵某帮忙买该法人股，赵某谎称每股 1 元的法人股已发行完，如要购买只能从认购单位调剂一些过来，但调剂的单位要赚一些钱，价格在每股 1.5 元至 2 元之间。3 月 12 日上午，何某某在认购职工的催促下，打电话询问赵某，赵某告知已有 20 万元左右的法人股调剂回来。何某某即对职工讲每股 1.5 元的法人股还有，并向要认购的 20 余名职工收取现金 18.9 万元（包括何本人 2400 元）。当天下午 3 时多，何某某与厂长吴某某等五人赶到赵某的办公室，赵某继续欺骗他们说股票是调剂回来的，按每股 1.5 元收款，其中 0.5 元须返回原认购单位。由于时间已晚，款来不及入银行，经赵某提议，何某某留下办手续，其他人先返回。当晚，赵某与何某某讲明这次的法人股不是调剂回的，价格还是每股 1 元。次日上午，何某某按每股 1 元的价格认购了 12.6 万股的法人股，差额款 6.22 万元（已减去属于何某某的 800 元）被二人瓜分，赵某分得 4.3 万元，何某某得 1.92 万元。后来单位职工了解真相，要求退差额款，何某某找赵某商量退款，赵某坚持不退，并打电话给厂长吴某某，说每股 1.5 元是自愿的，让其作认购职工的工作，同时谎称尽量追回差额款。案发后，检察院提起公诉，指控赵某犯受贿罪，指控何某某犯包庇罪。一审法院认定二被告人成立诈骗罪共同犯罪，判决赵某犯诈骗罪，处有期徒刑 4 年；何某某犯诈骗罪，处有期徒刑 2 年，缓刑 2 年。[①]检察院以量刑畸轻为由提起抗诉。被告人赵某不服提出上诉。二审法院驳回上诉，但采纳抗诉意见，撤销原判，判决赵某犯诈骗罪，处有期徒刑 5 年；何某某犯诈骗罪，处有期徒刑 2 年。[②]

受贿罪是指国家工作人员利用职务上的便利，索取他人财物，或者非法收受他人财物为他人谋取利益的行为。受贿罪侵犯的客体是国家工作人员职

[①]　浙江省金华市婺城区人民法院刑事判决书〔1994〕婺刑初字第 110 号。
[②]　浙江省金华市中级人民法院刑事判决书〔1994〕金中刑终字第 116 号。

务行为的廉洁性。本案中，被告人赵某采取的不是索取贿赂的方法，也没有收受他人送来的贿赂，而是以虚构事实、隐瞒真相的方法，致使认购单位职工多交购买法人股的钱，并非法占有了这部分差额款，完全符合诈骗罪的特征，应以诈骗罪论处。对于被告人何某某来说，虽然并不是一开始就参与赵某诈骗犯罪的预谋，但当赵某告知其真相时，诈骗罪还没有成立，不存在事后包庇的问题，而是二人达成了通谋，分工合作进行了这场诈骗，并于事成之后进行了分赃，属于诈骗罪共犯。将二人分别认定为受贿罪和包庇罪，不仅在犯罪行为定性上出现错误，而且还否定了二人犯罪前有通谋的事实。

7. 量刑情节：诈骗罪"情节特别严重"的认定与适用

争议点：伙同他人诈骗数额巨大的财物并进行分赃，在归案后由于同伙在逃，致使10多万赃款未能追回，是否属于诈骗罪"情节特别严重"情形之一？

【案例】被告人黄某某伙同黄某、郑某某、黄志某（均已判刑）、黄爱某（在逃）、阿唐（在逃）等人，冒充中国银行工作人员，采取用作废的秘鲁币冒充欧元假意兑换人民币的手段，骗得被害人安某某人民币167000元，后被查获。一审人民法院认为，被告人黄某某构成诈骗罪，且诈骗数额巨大，依法应予以惩处。鉴于被告人黄某某曾经供称在共同诈骗犯罪中只分得赃款人民币2万元，目前没有证据证明所有赃款均是黄某某挥霍致使赃款无法返还，因此，可不认定被告人黄某某诈骗犯罪情节特别严重。检察院以一审判决量刑畸轻为由提起抗诉，称：①黄某某为诈骗罪共犯，应以其参与共同诈骗的数额167000元认定其犯罪数额；②根据法律规定，诈骗数额在10万元以上，又挥霍诈骗财物，致使诈骗的财物无法返还的，应认定为有特别严重情节，应在10年以上有期徒刑的量刑档裁量刑罚；③司法机关曾与被告人家属联系退赔事宜，均被拒绝，排除了赃款被追回的可能性。① 二审法院经审理认为：黄某某与其他犯罪人均为共同正犯，对所实施的全部犯罪共同承担责任，鉴于黄爱某、阿唐等共犯未到案，被骗款项是否最终无法返还尚不确定，故驳回抗诉，维持原判。②

本案处理中，被告人黄某某成立诈骗罪共犯，这在检察院和法院之间并没有分歧。但被告人黄某某的犯罪行为是否属于"情节特别严重"，则关系到

---

① 北京市西城区人民法院刑事判决书〔2006〕西刑初字第523号。
② 北京市第一中级人民法院刑事裁定书〔2006〕京一中刑终字第2812号。

最终量刑。在中国，对于共同诈骗犯罪，是以行为人参与共同诈骗的数额认定其犯罪数额，而不是以行为人实际分赃的数额来认定的，也就是说黄某某的犯罪数额是 167000 元，而不是 2 万元。根据最高人民法院《关于审理诈骗案件具体应用法律的若干问题的解释》第 1 条、2011 年最高人民法院、最高人民检察院《关于办理诈骗刑事案件具体应用法律若干问题的解释》的规定，个人诈骗公私财物 3 万元以上的，属于"数额巨大"，这也就意味着被告人黄某某犯诈骗罪，并且诈骗数额巨大。接着，该条又规定："个人诈骗数额在 10 万元以上，又具有下列情形之一的，也应认定为'情节特别严重'：①诈骗集团的首要分子或者共同诈骗犯罪中情节严重的主犯；②惯犯或者流窜作案危害严重的；③诈骗法人、其他组织或者个人急需的生产资料，严重影响生产或者造成其他严重损失的；④诈骗救灾、抢险、防汛、优抚、救济、医疗款物，造成严重后果的；⑤挥霍诈骗的财物，致使诈骗的财物无法返还的；⑥使用诈骗的财物进行违法犯罪活动的；⑦曾因诈骗受过刑事处罚的；⑧导致被害人死亡、精神失常或者其他严重后果的；⑨具有其他严重情节的。"检察院认为，由于赃款无法追回，推定为被挥霍，因此被告人黄某某符合该规定中的第五种情形，属于"情节特别严重"，应处 10 年以上有期徒刑。

这里存在几个对该规定第五点情形的理解问题：其一，能否把所有的 167000 元无法返还的责任全部推在只分赃 2 万元的被告人黄某某身上？其二，这里的"无法返还"是否只有在"所有"赃款都返还了才能得以排除？其三，如何认定财物无法返还是由于被告人挥霍所致？其四，如果行为人将诈骗的钱全部挥霍了，但其亲属将自己的私房钱拿出来填补这个"窟窿"，是否应该接受，其合理依据是什么？如何排除罪责他负的嫌疑？

对于共同犯罪，我国司法实务中一贯奉行"一部行为，全部责任"的处理原则。这种原则反映到本案中就是：其一，被告人黄某某的犯罪数额必须以参与共同诈骗的数额认定；其二，被告人黄某某与其他任何一个共犯一样，负有返还或偿还所有被共同诈骗的财物的法定义务。对于第一点，无论是理论界还是实务界都没有争议，对此最高人民法院《关于审理诈骗案件具体应用法律的若干问题的解释》第一点也有明确规定。对于第二点，类似于《民法通则》中规定的连带责任和追偿权，即将被告人与被害人在财产关系上视为负有连带责任的债务人和债权人之间的关系。每个被告人都负有偿还所有犯罪所得的责任，而偿还后的被告人有向其他被告人追偿的权利。不过，我们认为，刑法和民法是必须严格区分开来的。民法中的债权债务关系只是一种经济上的纠纷，但刑法中财产的返还问题则牵涉到量刑幅度的改变问题。从被害人财产权保护的角度以及行为人主观恶性、社会危害性程度来考虑，对于第五点的理解应该是行为人骗得公私财物后恶意挥霍，导致所有公私财物无法返还。如果行为人返还了自己分赃所得的财物，就不能适用这一种规定。对于"挥霍"的认定，司法上一般是通过"无法返还"来推定的，但必须根据具体情况来具体看待，不能将诈骗后又丢失导致公私财物无法返还也打上"挥霍"的标签。至于亲属将自己的合法财产拿出来代替返还的情形，司法实务中几乎都会接受，甚至会主动找到行为人家属做工作，这主要是从对被害人受损财物进行及时弥补的角度来考虑的，而要究其合法依据，恐怕是把这种代交的财物视为行为人向其亲属"借"的。至于行为人以后是否归还，那是他们自己的事，司法机关也不会为此作出担保什么的。而一旦其亲属不代交，就会在法定量刑幅度内作为酌定情节予以从重处罚，求得平衡。

四、敲诈勒索罪

1. 罪与非罪的界分

争议点：行为人怀疑他人是拐走自己情妇的"人贩子"，为逼"人贩子"出来，到其家里吵闹、威胁并强行牵走家畜，应否成立敲诈勒索罪？

【案例】被告人聂某某与有夫之妇岳某某非法同居两年多。1995年1月，聂某某外出打工，岳某某在聂家生活艰难，便请该村村民冯某某将其送回家乡。冯某某先后两次帮岳某某卖掉聂某某家的小麦90余公斤，用作路费。1995年9月，岳某某带上聂家中的电风扇、衣服、餐具等，在冯某某的接应下，离开聂家回到家乡。冯惧怕聂家找其要人，便躲起来不露面。聂某某回家后见家中粮食和财物不见并得知是冯某某将岳送走的，便认为冯是"人贩子"，多次到冯家要人，并以要杀人、要拼命等语言相威胁，还向派出所报告，要求解决。在问题未得到解决、冯某某未回家的情况下，聂某某便强行牵走冯家耕牛、生猪各两头，共计价值3900元，销售后得款3700元。检察院以敲诈勒索罪对聂某某提起公诉。一审法院判决宣告被告人聂某某无罪。①检察院以一审法院定性错误、适用法律不当为由，提起抗诉。二审法院裁定驳回抗诉，维持原判。②

敲诈勒索罪与非罪的界分主要包括以下几种情形：一是不具有非法占有

---

① 四川省南部县人民法院刑事判决书〔1996〕南刑初字第229号。
② 四川省南充市中级人民法院刑事裁定书〔1996〕南中刑终字第123号。

他人财物的目的的，不构成犯罪。具体而言，包括：①行为人为了追回自己被他人非法取得的合法财物，而对财物非法持有人威胁或者要挟，迫使其返还的，不以犯罪论处；②行为人为了催促对方当事人偿还已到期而拒不偿还的债务，而实施威胁、要挟方法，迫使其返还的，不定犯罪。但是，即使在上述两中情形中，行为人超过其应得数额，索要其他财物，如果超出部分达到数额较大的标准的，可以本罪论处。二是敲诈勒索公私财物，尚未达到数额较大的，不构成犯罪。① 三是敲诈勒索公私财物，但情节显著轻微，危害不大的，不构成犯罪。

　　如果孤立看待被告人聂某某的行为，很容易认定为敲诈勒索罪。因为他实施了威胁、非法占有了冯家的财物（耕牛、生猪各两头）、非法所得达到"数额较大"的标准。但综合全案，我们认为被告人的行为不应以犯罪论处。理由如下：①聂某某主观上不具有通过威胁、要挟等非法手段非法占有他人财物的目的。从案情来看，冯某某将岳某某送走后躲了起来，聂某某回家后发现"人财两空"，其在不明真相的情况下，误认为冯某某是"人贩子"。其多次去冯家闹，以要杀人、要拼命等言语相威胁，并非出于非法占有冯家财物的目的，而是为了逼出冯某某，让事情有个交代。②情节显著轻微，危害不大。本案本是一种邻里纠纷，被告人聂某某出于要冯某某交出岳某某和赔偿其财产的目的，曾向派出所报告要求解决此事，只是因为冯某某迟迟不露面，而有关部门也未作处理，在此情况下，聂某某便采取了强行牵走冯家的牛和猪进行变卖的过激行为，这只是一种民事上的侵权行为，不应当作为犯罪受到刑罚处罚。况且，冯某某在整个事件中也是有过错的。法院判决宣告无罪合情合理。

---

① 现行刑法制定后的几年内，一直没有司法解释对敲诈勒索罪中敲诈公私财物"数额较大""数额巨大"的标准予以明确规定。为正确执行刑法，2000 年 5 月 12 日，最高人民法院公布了《关于敲诈勒索罪数额认定标准问题的规定》，考虑到实施敲诈勒索犯罪往往有一个较长的过程，被害人可以报案，便于司法机关及时破获，而且不少被害人也有一定过错，因此，《关于敲诈勒索罪数额认定标准问题的规定》将敲诈勒索罪的数额标准定得略高于盗窃犯罪；同时由于敲诈勒索犯罪还具备对被害人实施精神上威胁、强制的特征，故而敲诈勒索犯罪的数额标准低于诈骗犯罪。根据《关于敲诈勒索罪数额认定标准问题的规定》，敲诈勒索公私财物"数额较大"以 1000 元至 3000 元为起点；敲诈勒索公私财物"数额巨大"以 1 万元至 3 万元为起点。参见：最高人民法院刑事审判庭第一庭. 现行刑事法律司法解释及其理解与适用[M]. 北京：中国民主法制出版社，2007：422 − 423.

2. 罪与非罪："非法占有目的"的认定

争议点：愤怒于他人与自己妻子通奸，对其进行踢打，并以剁其手指相威胁限令其交来5000元作为离婚后给妻子的生活费，行为人是否具有非法占有的目的并成立敲诈勒索罪？

【案例】被告人杨某某得知其妻与某烟草公司潘某某长期关系暧昧，有不正当的两性关系，便叫其妻打电话约潘某某来其家中。潘到杨家里，问有什么事。被告人杨某某叫潘跪下。杨追问了潘与其妻几次发生不正当两性关系的事，并让潘写成文字。在潘述说过程中，杨非常气愤，用手、脚和带壳的匕首打踢了潘几下，并威胁潘："你（该）相信我剁掉你一个指头，把你的耳朵割掉点。"最后，杨某某限令潘于当天下午5点拿5000元人民币交给杨，作为杨与其妻离婚后给其妻的生活费，并威胁：如不准时交出人民币，就要收拾潘。当天下午5时，潘某拿5000元人民币到杨家放于茶几上。检察院以敲诈勒索罪对杨某某提起公诉。一审法院认为被告人杨某某主观上没有非法占有5000元的犯罪故意，客观上也并未将此款占为己有，其行为属于一般违法行为，判决宣告杨某某无罪。① 检察院提起抗诉。二审法院认为：杨某某主观上无非法占有财物的故意，行为虽有一定违法性，但情节显著轻微，不构成犯罪。裁定驳回抗诉，维持原判。②

检察院和法院关于本案的分歧主要在于被告人是否具有"非法占有"他人财物的目的。

与其他侵犯财产罪的刑事立法一样，刑法第274条也并未在刑法条文中明确指出敲诈勒索罪须以非法占有为目的，这种"以非法占有为目的"只是对敲诈勒索犯罪人主观方面的一种推定。"非法占有"是否包括使第三人非法占有的情形？答案是肯定的。在实际发生的敲诈勒索案中，虽然绝大部分行为人都是以自己非法占有为目的，但也不排除以由第三人非法占有为目的的情况。例如，甲某为给过60大寿的岳父送贺礼，以揭发某电器公司老板走私相要挟，让其于岳父生日那天将一台超清晰液晶彩电和一台冰箱送去。虽然不是行为人自己实际占有，但仍可以构成敲诈勒索罪。从敲诈勒索罪的基本结构来看，应该是：对他人实施威胁或者要挟—对方产生心理恐惧—对方基

---

① 云南省江川县人民法院刑事判决书〔1994〕江法刑初字第7号。
② 云南省玉溪地区中级人民法院刑事裁定书〔1994〕玉刑在终字第9号。

于恐惧心理处分财产—行为人或者第三人非法取得财产—被害人遭受财产损失。①从敲诈勒索罪的立法精神来看,其目的主要是为了保护公私财物的所有权不受到非法侵犯。而无论该被敲诈勒索的财物是被行为人自己非法占有,还是被第三者占有,对于被害人而言,其财物所有权都受到了一样的不法侵害。由此可见,本案被告人杨某某具有非法占有的目的,其以剁手指等进行威胁,也属于敲诈勒索。不过,尽管我们对一审法院认定被告人不具有非法占有他人财物目的的认定持反对意见,但在对被告人杨某某敲诈勒索行为的处理上,也同样倾向于不以犯罪论处。理由主要是:被告人本是婚姻关系中的受害人,打骂潘某某情有可原;潘某某本身有过错,问心有愧;被告人并没有企图将勒索来的钱作为自己的"损失费",而是考虑作为离婚后妻子的生活费,其主观恶性不大;整个案件没有产生严重后果,社会危害性不大。

3. 此罪与彼罪:敲诈勒索罪与抢劫罪的界分

争议点:对被害人进行索要5000元现金不成,当场抢取其仅有的400元现金及其他随身的贵重物品,让被害人日后拿5000元现金来换,该定何罪?

【案例】被告人杨某某伙同郝某、张某某经预谋后,由杨某某将被害人黄某某带至郝某的暂住地(谎称是杨的居所),杨黄二人发生了性关系。这时,郝、张二人手持铁棍、铁尺走进来,向黄某某要5000元,黄某某想要逃跑,张某某用铁棍对被害人黄某某进行威胁。黄交出400元人民币后,三被告人又将黄的物品摩托罗拉CD928型手机一部、金项链一条、金戒指一枚(共价值人民币3382元)及身份证拿走,要求被害人第二天携带5000元人民币换取上述物品。被害人当晚到公安机关报案,将杨、郝、张三人抓获。检察院以抢劫罪提起公诉。一审法院判处三被告人犯敲诈勒索罪。②检察院抗诉提出:被告人杨某某、郝某、张某某犯抢劫罪,一审判决定性和适用法律错误并导致量刑畸轻。二审法院裁定驳回抗诉,维持原判。③

抢劫罪与敲诈勒索罪都以非法占有公私财物为目的,在客观方面都可以使用威胁方法和手段,二者的区别在于:抢劫犯罪中的威胁只能是以当场使用暴力相威胁,即,如果被害人不满足犯罪行为人的要求,该暴力就会当场实施。而敲诈勒索犯罪中威胁的内容范围则广得多,尽管敲诈勒索犯罪威胁

---

① 张明楷. 刑法学[M]. 北京:法律出版社,2007:722.
② 北京市丰台区人民法院刑事判决决书〔1999〕丰刑初字第999号。
③ 北京市第二中级人民法院刑事裁定书〔2000〕京二中刑终字第435号。

的内容也可包括实施暴力，但一般是威胁在将来某个时间实施。特殊情况下，行为人也可能威胁当场实施暴力，但必须是要求将来某个时间取得财物。总之，抢劫罪的成立一般必须符合两个"当场"，即当场使用暴力或者以暴力相威胁胁迫并当场劫取财物，而敲诈勒索罪的成立不符合两个"当场"。

从本案来看，被告人杨某某有预谋地将被害人黄某某骗到郝某的暂住地后，伙同郝某、张某某向黄某某索要 5000 元。在黄某某试图脱身时，被告人张某某用铁棍对被害人进行威胁。这种威胁应该认定为以当场使用暴力相威胁，因为被告人手中就拿着铁棍、铁尺等凶器。并且，正因为这种威胁，迫使黄某某交出 400 元人民币。三被告人在当场劫取了 400 元后，又当场劫取了黄某某价值 3382 元人民币的物品（手机、金项链、金戒指）以及身份证。这一切都符合抢劫罪两个"当场"的特征，符合抢劫罪的犯罪构成，应认定为抢劫罪。法院之所以会判决敲诈勒索罪，恐怕是认为三被告人的目的是非法占有黄某某的 5000 元现金，而被告人当场并没有得到这 5000 元现金。还有一个原因是，三被告人将被害人的物品拿走后，扬言要被害人第二天用 5000 元来换。我们认为这是对敲诈勒索犯罪中威胁、要挟内容的误解。敲诈勒索犯罪中的"威胁"一般是指以将要杀害、伤害等暴力相威胁，使对方产生恐慌而答应交出财物；敲诈勒索犯罪中的"要挟"则一般指以揭发隐私、告发犯罪、毁坏名誉等非暴力方法使对方产生恐惧。因此，敲诈勒索罪的特征是以恐吓取财，是通过对他人心理的强制，使他人因害怕或恐惧而交付财物。而本案被告人行为不符合敲诈勒索罪这一特征。三被告人将被害人的首饰和身份证抢走，要求用 5000 元现金来换，这不是敲诈勒索罪中的"威胁"，也与敲诈勒索罪中的"要挟"内容不相符合。首饰本就是用钱买的，况且价值还不到 5000 元，抢走了还可以买。身份证被抢走了也可以再办一个。即使把这种称为以非暴力内容"要挟"，也不可能使被害人因此产生心理恐惧，除非首饰和身份证中藏着一个巨大的秘密，足以使被害人心理产生恐慌。平心而论，三被告人之所以要费此周折，要求被害人来日用 5000 元现金来换，无非是想直接拿到现钞而不愿费气力将首饰销赃换钱。由此可见，检察院以抢劫罪提起公诉是正确的。更何况，三被告人开始还抢劫了被害人 400 元现金，如果说这 400 元现金也是用来敲诈勒索"要挟"的内容，从而使被害人产生恐惧，这显得有些荒谬。

4. 敲诈勒索罪的犯罪形态

争议点：被害人因受敲诈勒索而报案，在公安人员授意下假装前往送钱，犯罪人将钱就地隐藏，但离开现场不久就被跟踪的公安人员人赃俱获，是否成立敲诈勒索罪既遂？

【案例】被告人张某某与被告人刘某某相遇后，由张某某起意，并提供受害人张某手机及住宅电话号码，二人商定敲诈张某2万元。2000年1月，被告人刘某某多次给张某打电话，并伙同张某某给张某打电话，进行恐吓、敲诈，后又由刘某某起草一封恐吓信，由张某某投放于张某家内。同年2月某日，被告人刘某某打电话让张某在当日下午5时把钱送到某公司院内厕所里，同时给被告人张某某打传呼，张因病未回话。张某报警后将用红布包包着的2万元现金按时送到刘指定地点，刘发现张送钱走后，即赶到该厕所内，当发现放于石棉瓦下的钱包后，便拿起藏放于该厕所的便池内，当被告人刘某某从厕所回到其妻开的美发厅后，被公安人员抓获。公安人员根据刘某某的交代，在厕所便池内提取现金2万元，IC卡一张。刘某某归案后如实供述了伙同张某某进行敲诈勒索的犯罪事实，张某某在家中被抓获。检察院以敲诈勒索罪提起公诉。一审法院认定二被告人的行为构成敲诈勒索罪(未遂)，依法从轻处罚。[①] 检察院以被告人的行为已成为犯罪既遂为由提起抗诉。被告人均不服上诉。被告人刘某某的辩护人提出：被告人刘某某的行为属于犯罪未遂；被告人刘某某是从犯并有立功表现。被告人张某某的辩护人提出：被告人张某某应属于犯罪中止；被告人张某某只给受害人打过一次恐吓电话，应属从犯。二审法院驳回上诉，采纳抗诉意见，认定被告人行为成立敲诈勒索罪既遂，撤销原判，进行改判。[②]

本案的处理从表面上看关乎三个争议问题：第一，被告人刘某某的行为是否构成敲诈勒索罪既遂？第二，被告人刘某某是否有立功表现？第三，被告人张某某是否成立犯罪中止？

就第一个问题而言，我们持肯定意见。敲诈勒索罪是指以非法占有公私财物为目的，以对被害人实施威胁或者要挟的方法，强索公私财物，数额较大的行为。[③]敲诈勒索罪是目的犯，但其成立并不以犯罪目的已经达到为必

---

① 邢台市桥东区人民法院刑事判决书〔2000〕邢东刑初字第47号。
② 河北省邢台市中级人民法院刑事判决书〔2000〕邢刑终字第177号。
③ 曲新久. 刑法学［M］. 北京：中国政法大学出版社，2006：259.

要。然而从犯罪完成形态来说，敲诈勒索罪是一种财产犯罪，以敲诈到财物为既遂。在司法实践中，对于像本案这种情形，即被告人的胁迫行为使被胁迫人产生了心理恐惧后，被胁迫人告知警察，警察为了逮捕行为人而让被胁迫人前往约定地点交付财物的，是否属于敲诈勒索罪的既遂，学界存在不同的见解。持否定意见的人认为，敲诈勒索罪中的被胁迫者必须有处分财产的行为，而这种情况下的"交付财产"并不是处分财产的行为，只是协助警察逮捕罪犯的行为，因此，行为人只能成立敲诈勒索罪未遂。①我们不赞成这种观点。敲诈勒索罪是财产犯罪的一种，将其规定为犯罪，是为了保护公私财物的所有权不受到犯罪的侵犯。司法实践中，敲诈勒索罪既遂状态的典型情形是被胁迫人因为行为人的威胁或者要挟而产生恐惧心理，并基于此恐惧心理而处分财物即将财物交付给行为人，失去对财物所有权的占有。即使后来由于案件被破获该财物被返还，或者犯罪行为人良心发现又将敲诈勒索的财物主动返还，被害人最终并没有失去该财物的所有权，但这并不影响敲诈勒索罪既遂的成立。受胁迫人报案后为协助警察而交付财物以求"引蛇出洞"，尽管与敲诈勒索罪既遂的典型情形不同，但这也会使被胁迫人的财产所有权置于一个相对危险的境地。如果说在行为人就要取得财物时被抓获，则只成立敲诈勒索罪未遂。如果行为人已经实际控制了财物，即使后来被抓，财物得以返还，也应以敲诈勒索罪既遂来定。如果说，只要是为了协助警方交付财物就只能构成犯罪未遂，那万一警察的"引蛇出洞"计划出了差错，"蛇"跑掉了，"饵"也没了，这依然是敲诈勒索罪未遂，似乎说不过去。在本案的审理中，一审法院认为，由于被告人刘某某被公安机关及时抓获，其索要的现金未能到手，属于犯罪未遂，依法减轻处罚，这是对事实的认定出现差错而导致适用法律错误。从案件发展来看，被告人刘某某到指定地点某公司院内厕所里取钱时，因担心被人发现，于是将到手的钱投放在便池内，以便无人时再取走。刘某某已经得到、隐藏并控制了赃款，并直到回到其妻开的美发厅才被抓获，应属于犯罪既遂。

　　第二与第三个问题实际上都牵涉到一个相同的问题，即被告人刘某某和张某某是否成立敲诈勒索罪共犯。共同犯罪是指两人以上共同故意犯罪，其在犯罪构成要素上的主要特征表现为：犯罪主体的非单一性、犯罪客体的同一性、犯罪主观方面的共同的犯罪故意、犯罪客观方面的协同一致的犯罪行为。本案被告人张某某和刘某某从预谋到实施犯罪，相互联系，相互配合，

①　张明楷. 刑法学［M］. 北京：法律出版社，2007：722.

都表现得非常积极，足以成立敲诈勒索罪共同犯罪。刘某某归案后交代了伙同张某某进行敲诈勒索的犯罪事实，这并不是立功，因为共同犯罪案件的犯罪分子揭发同案犯共同犯罪以外的其他犯罪，经查证属实的，才具有立功表现。公安机关根据刘某某的交代将张某某抓获，这算不上"协助司法机关抓捕其他犯罪嫌疑人（同案犯）"，因此也不成立立功。至于第三个问题，由于两被告人是共同犯罪，根据"一部既遂，全部既遂"的通说，张某某也成立犯罪既遂。对于共同犯罪而言，即使部分共犯自己主动放弃犯罪，也不应当成立犯罪中止，而必须有效地阻止其他罪犯的犯罪行为，有效地防止犯罪结果的发生，才成立犯罪中止。况且，当刘某某让被害人张某送钱到指定地点并随后给张某某打传呼时，张某某是因为患病没听到而未能回话，其主观上并没有自动放弃犯罪的意图。

五、职务侵占罪

职务侵占罪在司法实践中并不少见，检察院与法院在职务侵占案的分歧上主要集中在两点：一是犯罪主体的认定，具体而言是关于职务侵占罪与贪污罪的界分。关于犯罪主体的认定，主要是就贪污罪主体的认定而言，我们会在贪污贿赂罪中具体分析，这里先一带而过。二是犯罪目的的认定，具体而言是关于职务侵占罪与挪用资金罪的认定。

1. 此罪与彼罪：职务侵占罪与挪用资金罪的界分

争议点：将货款截留后挥霍一空，是否足以认定具有"非法占有"的目的，以职务侵占罪论处？

【案例】被告人张某某受聘任海南口腔医院业务员，主要负责牙科业务，具体工作是将牙模由海南口腔医院做成型后送给客户，同时将货款收回上交医院。张某某于1999年12月至2000年4月间，先后从海南口腔医院领出价值30195元的牙模牙具，销售给客户，但只将货款中的14390元上缴医院，余款用作个人高消费，被挥霍一空。当单位向他催收时，他欺骗医院说款未收齐。2000年5月，张某某的家属代其退还了全部赃款。检察院以职务侵占罪提起公诉。一审法院认为，从作案手段上看，被告人张某某并没有掩盖医院资金已被挪用的事实，其目的并不是非法占有，而系挪用单位资金，且超过3个月未还的部分未达到"数额较大"，属于情节显著轻微，判决宣告张某某无罪。检察院提起抗诉指出，海南口腔医院业务条款结算制度规定：业务员收到货款后，24小时内必须上缴公司，否则以侵占追究。张某某明知故犯，且经医院多次催收后无动于衷，并在4个月内将15805元挥霍一空，应成立职务侵占罪。二审法院裁定驳回抗诉，维持原判。①

职务侵占罪和挪用资金罪都是一种职务犯罪，二者区分的要点在于犯罪目的的不同：职务侵占罪以非法永久占有单位财产为目的，而挪用资金罪以非法挪用单位财产为目的，只是一种暂时的占有。因此，认定行为人是否具有非法占有的目的，是认定职务侵占罪与非罪、界分职务侵占罪与关联罪的关键所在。

"以非法占有为目的"是非法取得（占有）型财产犯罪的共同特征，这里的"占有"是指永久占有，而不是暂时拥有，其所侵犯的客体是单位财产的所有权。司法实践中，较为困难的是对"非法占有目的"与"非法挪用目的"的区分。目的的判断依赖于客观行为，通常根据行为人有无弄虚作假、冲平账目的行为来判断。如果有弄虚作假、冲平账目、掩盖资金踪迹的行为，通常认为具有非法占有的意图，否则认为只是为了暂时挪用。倘若虽进行弄虚作假，如用假合同掩盖挪用资金的亏空，使账面平衡，但由于该假合同的存在，使钱款的去向在财务账目上仍有据可查，则仍看作是"挂账"而不是"销账"，仍认定行为只具有非法挪用的目的②。如果行为人挪用资金后采取虚假发票平账、销毁有关账目等手段，使所挪用的资金难以在单位财务账目上反映出来，且没有归还行为的，则推定其行为具有"非法占有"的目的，以职务侵占罪论处。

检察院和法院对本案的分歧存在两个方面：一是被告人张某某的主观目的是"非法占有"还是"非法挪用"；二是是否属于"情节显著轻微"。从案情分析，被告人张某某将部分销售款截留，但并没采取销账的方式，因为他从海南口腔医院领取多少牙模牙具，是有记载的，这可根据行价得知所售货款的大致金额，而其上缴医院的货款也是有记载的，二者之间的差价有据可查，这也可从医院后来向他催收可看出单位是知道该向谁讨要的。虽然被告人张某某总是谎称这些款由于客户的原因没有收齐，但这仅相当于"挂账"而已。公诉机关认定其职务侵占罪的理由主要有两点：一是单位业务条款结算制度明确规定收到货款后必须在24小时内上缴公司，否则以侵占追究，而张某某明知故犯；二是张某某将截留的货款用于高消费挥霍一空，并在单位催要后无动于衷。这种理由并不充分：其一，单位的业务条款结算制度中"以

<hr />

① 海南省海口市中级人民法院刑事裁定书〔2001〕海中法刑终字第10号。
② 阮齐林，康瑛. 刑法案例研习教程〔M〕. 北京：高等教育出版社，2005：171.

侵占追究"中的"侵占"存在歧义，占有所有权和占有使用权都可理解为占有。而如果单独理解为"侵吞"，则该制度规定并不合理，况且，也没有法律效力。其二，挥霍也是挪用中"用"的一种特殊方式，它不同于卷款潜逃。其三，被告人"无动于衷"不是有钱不还，而是客观上已不具有退还的能力。因此，认定为挪用资金比认定为职务侵占更为合理。

法院在认定其行为属于非法挪用资金的同时，又认为行为人情节显著轻微，不以犯罪论处，这涉及法院对此类案件的审判习惯，各地并不一致。根据刑法第 272 条规定，挪用资金数额较大的，处 3 年以下有期徒刑或者拘役。本案法院宣告被告人无罪，可能更多的是从最终的危害结果来考虑，即单位没有受到损失，因为家属已代为退还全部赃款。虽然严格来说，家属代为退还并不是行为人的定罪量刑情节，但实践中一直是采用这种潜规则，并发挥着重要作用，应予尊重。检察院认为应当定罪，可能更多的是就该行为的性质而言。不过，就我们看来，本案被告人不足以认定为情节显著轻微，应予以定罪，但可考虑最终的结果而适当从轻处罚。注意，"但书"规定是立法赋予司法机关的一种较大的裁量权，且没有一个具体、统一的标准，能否适用，必须综合全案，谨慎对待，这涉及司法的公正。

第二节　其他侵犯财产的犯罪

非法挪用型财产犯罪案件中，挪用资金案相对高发常见，司法实践中关于挪用资金罪的分歧多数集中在与挪用公款罪的区分中，少数集中在与职务侵占罪的区分中。前者主要围绕犯罪主体是否属于"国家工作人员"，我们会在后面的贪污贿赂犯罪中详细阐述，后者主要围绕犯罪目的是"非法挪用"还是"非法占有"，本章第一节的职务侵占罪中已提及，此不再赘言。挪用特定款物案件出现不多，其认定主要是注意挪用的用途，如果将特定款物挪作其他公用，则成立本罪；如果将特定款物挪作个人所用，则以挪用公款罪从重处罚。

非法毁损型财物犯罪案件中，故意毁坏财物案较为常见。故意毁坏财物的手段方法多种多样，其认定要注意几点：①所毁损的必须是不属于自己所有的财产，对于将夫妻共有财产毁损的不宜定罪，对于夫妻一方将已进行财产公证的归另一方所有的财产故意毁损的，一般也不宜定罪，即使要定罪，在处罚上也应与一般的故意毁损财物案区别开来。②主观上必须是故意，过失毁损不成立犯罪。同时还必须对动因进行合理评价，例如甲使用暴力将乙的手表抢过来摔坏，则不能认为摔为抢劫的事后行为而定抢劫罪，而必须整体评价为故意毁坏财物罪。③对于使用放火、爆炸等危险方法故意毁坏财物的，必须以不危害公共安全为限，如果足以危害公共安全，即使是焚烧、炸毁自己所有的财物，也可以危害放火罪、爆炸罪论处。对于是否危害公共安全的判断，在司法实践中，不要凭感觉进行评价和判断，必须具体化为"对人的安全"和"对物的安全"，如果不足以危及不特定多人的生命、健康，而对物也不可能造成重大财物损失，就不能因为既危及人又危及物就理所当然地以危害公共安全的犯罪追究刑事责任。

一、故意毁坏财物罪

1. 罪与非罪：故意毁坏财物罪的成立要件

争议点： 丈夫未经妻子同意，将夫妻共有的房子私自卖出，已收取房款但尚未办理过户手续，妻子一怒之下将房子毁坏，是否成立故意毁坏财物罪？

【案例】1997 年年初，被告人乔某与其夫白某某开办一塑料厂。因白某某办厂欠债案，其所在县法院将白某某与乔某所共有的位于某小区 11 号楼的 112 室（尚未办房产证）查封、扣押。1998 年 2 月 23 日，白某某为偿还债务，在未征得其妻乔某同意的情况下，以 59000 元的价格将房子卖给李某某。李某某将房款交到该法院执行庭，法院执行庭收到楼房款后，将房子钥匙交给买房人李某某（李某某于 1999 年 4 月案发后办理了该房屋的所有权证）。乔某回家用钥匙开门时未打开，后与其兄乔某某找到白某某，方知丈夫已将房卖掉。被告人乔某要求白某某偿还购房时欠其兄乔某某的钱，在未得到满意的答复下，1998 年 2 月 27 日，乔某持铁锹、斧子到该房子，将门砸坏，进入室内，又将室内玻璃、窗帘、壁布等砸坏，所损坏的物品价值 5100 元。检察院以故意毁坏财物罪对乔某提起公诉。一审法院判决被告人乔某无罪。①检察机关以一审定性错误为由提起抗诉。二审法院裁定驳回抗诉，维持原判。②

在本案的处理上，一审法院认为：白某某与乔某在婚姻存续期间所欠债务应共同偿还，白某某未征得被告人乔某同意，将属于夫妻共有并经常居住的房屋卖掉偿还债务，于法无据。由于白的过错，乔某将属于夫妻共有的室

---

① 北京市延庆县人民法院刑事附带民事判决书〔2000〕延刑初字第 76 号。
② 北京市第一中级人民法院刑事附带民事判决书〔2000〕京一中刑终字第 1747 号。

内物品砸毁，故被告人乔某的行为不构成故意毁坏公私财物罪。二审审理过程中，检察院抗诉称：白某某通过法院卖出并交付房产，虽然当时还没有办理房产证，但该房屋的所有权实际上已经转移，应属于他人财产，乔某的行为应构成故意毁坏财物罪。抗诉机关的上级机关出庭支持抗诉，也提出意见：被告人乔某毁坏房屋财物时，其房屋所有权已经转移，因为该房屋买卖的行为不仅是公民个人之间的民事行为，也包括司法行为；该房产买卖当天得到了原房产单位的认可，并出具了办理房产证的证明材料，之所以未能办理过户手续，是因为该手续是后续行为，故可视为该房产成交，所有权已转移；买房人李某某通过法院购买扣押、查封的房是善意、有偿取得，应予维护；买房人现已居住 2 年有余，并于 1999 年 4 月正式办理了房产证，故一审认定买卖无效，不合情理。

由此可见，检察院和法院的分歧在于认定房子买卖合同是否已生效的问题上。如果说该房子的买卖合同已生效，则房子及里面的财物归张某某所有，被告人故意毁坏他人财物，数额较大，可成立故意毁坏财物罪。否则，该房子和房子中的财物仍属于乔某和白某某夫妻共有财产，被告人乔某故意毁坏财物的行为不构成犯罪。根据《中华人民共和国合同法》第 44 条规定："依法成立的合同，自成立时生效。法律、行政法规规定应当办理批准、登记手续生效的，依照其规定。"房子的买卖合同必须在办理房子过户手续后才生效。李某某是 1999 年 4 月才办理了该房屋的所有权证，可见，被告人行为时该买卖合同还没有发生法律效力，房产还属于白、乔二人的夫妻共同财产，被告人乔某的行为不成立犯罪。当然，即使合同当时已经生效，鉴于案发的特殊情形，我们也主张对被告人不以犯罪论处或者免于刑事处罚。

二、破坏生产经营罪

1. 破坏生产经营罪与盗窃罪的界分

争议点：出于泄愤报复，窃取公司价值 17859 元的计算机软件加密狗，使公司电脑系统不能正常运转，该定何罪？

【案例】被告人郝某某原系美国出版在线集团公司北京代表处（以下简称美国出版在线公司）职员，后被辞退。2001 年 9 月 3 日 18 时许，被告人郝某某因对被辞退不满，在美国出版在线公司办公室内，从计算机上窃取 6 个计算机软件加密狗，共计价值人民币 17958 元，致使公司电脑系统不能正常运行。郝某某后被查获归案，赃物已起获发还。案发后，检察院以盗窃罪对郝某某提起公诉。一审法院以破坏生产经营罪判处郝某某有期徒刑 1 年 6 个月。① 检察机关提起抗诉，认为被告人的行为同时触犯盗窃罪与破坏生产经营罪，属于想象竞合犯，应以盗窃罪论处。二审法院裁定驳回抗诉，维持原判。②

破坏生产经营罪是指以泄愤报复或者其他个人目的，毁坏机器设备、残害耕畜或者以其他方法破坏生产经营的行为。③破坏生产经营的手段是多种多样的，如果采用的是毁坏机器设备、残害耕畜的手段，需要注意破坏生产经营罪与故意毁坏财物罪之间的区分。如果采取的是其他方法如盗窃，则要注意破坏生产经营罪与盗窃罪之间的区分。破坏生产经营罪与盗窃罪区分的关键在于犯罪目的的不同：破坏生产经营罪是以泄愤报复或者其他个人目的，而盗窃罪则是以非法占有他人财物为目的。盗窃通常是"损人利己"，而破坏生产经营罪则通常是"损人不利己"。如果用毁坏财物的手段或者盗窃的手段破坏生产经营，则成立想象竞合犯，从一重论处。

对于本案的审理，一审法院认为：软件加密狗是计算机软件权利人为保护其合法权益而采取的技术防范措施，其价值主要体现在对计算机软件的保护上，加密狗本身并无实际使用价值，也卖不出钱来；本案证据表明，被告人郝某某因被公司辞退，心怀不满，采用盗窃公司计算机软件加密狗的手段，达到破坏公司正常的生产经营秩序，目的不是为了非法占有所窃的软件加密狗，但其行为造成了美国出版在线公司的计算机无法正常运行，并有可能给公司造成巨额经济损失，故其行为应以破坏生产经营罪定罪处罚。而检察机关则抗诉称：本案系盗窃罪与破坏生产经营罪之想象竞合犯，应择一重处；一审法院混淆"价值"和"作用"，认为"加密狗的价值主要体现在对计算机软件的保护上"，其本身并无实际使用价值，从而得出被告人的目的不是非法占有加密狗的结论，这并不正确，因为其前提就不能成立。

其实，本案检法分歧的焦点并不在于破坏生产经营罪与盗窃罪的界分，而在于被告人窃取加密狗的行为是否另行构成盗窃罪。如果构成盗窃罪，则是盗窃罪与破坏生产经营罪的想象竞合犯，从一重以盗窃罪论处，依其价值数额巨

---

① 北京市海淀区人民法院刑事裁定书〔2002〕海刑初字第 76 号。

② 北京市第一中级人民法院刑事裁定书〔2002〕京一中刑终字第 734 号。

③ 周道鸾，张军. 刑法罪名精释——对最高人民法院最高人民检察院关于罪名司法解释的理解和适用[M]. 北京：人民法院出版社，2007：534.

大在 3 至 10 年之间量刑；如果不构成盗窃罪，则只能以破坏生产经营罪论处，处 3 年以下有期徒刑、拘役或者管制，情节严重的，处 3 至 7 年有期徒刑。

对于该案件，我们认为不成立盗窃罪，只能以破坏生产经营罪追究刑事责任。盗窃罪具有非法占有公私财物的目的，根据常理，犯罪人通过盗窃手段对公私财物进行盗窃，是因为该财物对自己有使用价值，表现出一种"损人利己"，这也从刑法关于盗窃罪的罪状可以看出。刑法第 264 条并没有将"以非法占有为目的"在罪状中明示出来，并不是说"以非法占有为目的"在盗窃罪定性中不重要，而是因为这种"非法占有"的目的在盗窃犯罪中是不言而喻的，而这种不言而喻又是根据生活常理来判定的。因此，对于盗窃罪中"非法占有"目的的认定，也可合理运用生活常理、常情。检察院指出，该软件加密狗有使用价值，但这种使用价值是相对于公司的计算机系统而言的，对于被告人而言，该软件加密狗本身毫无意义。本案被告人将一个对自己毫无用处的软件加密狗从公司计算机上窃取，是为了使该公司的计算机系统陷入瘫痪以达到泄愤报复的目的，这是很明显的，只不过他采取的手段是"窃取"。如果因为他"窃取"了软件加密狗就认定被告人一定具有非法占有的目的，有些牵强。将软件"窃取"后控制在自己的手里并不等同于具有非法占有的目的。例如，为了使心脏病突发的病人找不到急救药而死亡，偷偷将该急救药拿走，虽然也表现出"窃取"的手段并已经占有（或控制）了急救药，并不能就此认定行为人是为了非法永久占有该急救药。对于目的犯，应该是目的产生在前，然后在该目的的支配下去产生犯罪行为。我们设想一下，该案被告人先产生了非法占有一个对自己毫无用处的软件加密狗的目的，然后在这种目的的支配下"窃取"了该软件加密狗，这种设想有些离谱。是因为有目的，所以实施了该行为；而不是因为存在该行为，所以有该目的。可见，对于该案件，应该整体评价，而不要将各行为肢解开来，并赋予它们各自不同的目的，并进而认定为构成数罪。实际上，该案无非就是被告人出于泄愤报复的目的，将该软件加密程序从公司计算机中"剪切"（或"卸载"）后存入自己的 U 盘，使系统不能运转，最后破坏了生产经营，只能成立破坏生产经营罪。

第三章　贪污贿赂罪

在 1979 年刑法中，贪污罪归属于侵犯财产罪（第 155 条），而贿赂罪归属于渎职罪（第 185 条）。随着我国改革开放的不断深入和市场经济的进一步展开，腐败现象日趋严重，已经成为社会的一颗毒瘤，其主要的表现形式有两种：一是贪污，二是贿赂。为了突出对贪污贿赂犯罪的打击，1997 年刑法将其规定为独立的一类犯罪。现行刑法中的贪污贿赂犯罪一共包括 12 个罪名，可分为广义的贪污犯罪和贿赂犯罪两大类。① 12 个罪名中，最为常见高发的有 3 个，分别为：贪污罪、挪用公款罪、受贿罪。由于实践中司法机关在这三种犯罪的认定及其他相关问题上存在理解与适用方面的诸多分歧，因而关于贪污贿赂犯罪的司法解释几乎都是针对这三种犯罪而制订的。

第一节　贪污犯罪

贪污犯罪，是指国家工作人员利用职务上的便利，侵吞、窃取、骗取或者以其他手段非法占有公共财物的行为。贪污犯罪的行为主体应该是国家工作人员；客观行为与结果为利用职务上的便利，侵吞、窃取、骗取或者以其他手段非法占有公共财物。贪污犯罪的责任形式为故意，并具有非法占有的目的，即明知自己的行为侵犯了职务行为的廉洁性、会发生侵害公共财产的结果，并且希望或者放任这种结果的发生。

---

① 贪污犯罪包括：1. 贪污罪；2. 挪用公款罪；3. 私分国有资产罪；4. 私分罚没财物罪；5. 巨额财产来源不明罪；6. 隐瞒境外存款罪。贿赂犯罪包括：1. 受贿罪；2. 单位受贿罪；3. 行贿罪；4. 对单位行贿罪；5. 单位行贿罪；6. 介绍贿赂罪；7. 对有影响力的人行贿罪。

一、贪污罪

1. 共同贪污中"个人贪污数额"的计算

争议点：共同贪污犯罪中首犯、主犯、从犯的"个人贪污数额"分别如何计算？

【案例1】被告人王某某、梁某某身为国家工作人员，于1997至2000年间，利用各自担任会计、出纳的职务之便，采取填制补助表时只填写阿拉伯小写数字，报领导签批同意后，再涂改补助表上的小写数字，并写上大写数额的手段，贪污公款15笔共60900元，王、梁二人各分得30450元。另外，被告人王某某个人还于2001至2002年间，采取同样手段，侵吞公款18546元。检察院以贪污罪对王、梁二人提起公诉。一审法院认定被告人王某某犯贪污罪，个人贪污数额为48990元，处有期徒刑3年，缓刑3年；被告人梁某某犯贪污罪，个人贪污数额为30450元，处有期徒刑2年，缓刑2年。[1] 检察院提起抗诉，认为共同贪污犯罪中"个人贪污数额"应为共同贪污数额，一审判决适用法律错误。二审法院改判被告人王某某犯贪污罪，个人贪污数额为79346元，处有期徒刑6年；被告人梁某某犯贪污罪，个人贪污数额为60900元，处有期徒刑5年。[2]

【案例2】被告人周某某身为国家金融机关工作人员，于1994至1995年间，伙同被告人卞某某，利用周某某担任储蓄所经办员的职务便利，采用盗取储户资料，使用伪造的身份证件，进行虚假挂失冒领的手段，侵吞储户存款本息合计美元14027.08元（按当日美元汇率计算，折合人民币115536.80元）。周某某从中获取赃款2000美元，其余12027.08美元被卞某某挥霍。1995年5月4日，周某某离岗逃逸。经网上追逃，于2004年2月被抓获，根据其供述，卞某某也被抓获归案。周某某家属帮助退赃款1.7万元。检察院以贪污罪对周、卞二人提起公诉。一审法院判决被告人卞某某犯贪污罪，处有期徒刑11年，并处没收个人财产3万元；被告人周某某犯贪污罪，处有期徒刑6年，并处没收个人财产1万元。[3] 检察院提起抗诉，认为对二被告人应按照共同贪污总数额处罚，被告人周某某应在有期徒刑10年以上量刑。二审法

---

① 海南省临高县人民法院刑事判决书〔2004〕临刑初字第68号。
② 海南省海南中级人民法院刑事判决书〔2004〕海南刑终字第154号。
③ 北京市海淀区人民法院刑事判决书〔2004〕海法刑初字第1228号。

·245·

院认为二人不是情节严重的主犯，属于共同正犯，不应按贪污总数额处罚，裁定驳回抗诉，维持原判。①

"个人贪污数额"作为对贪污罪的定罪处刑标准，首先出现在1988年全国人大常委会《关于惩治贪污罪贿赂罪的补充规定》（以下简称为《补充规定》）中。该《补充规定》第2条第2款规定："二人以上共同贪污的，按照个人所得数额及其在共同犯罪中的作用，分别处罚。对贪污集团的首要分子，按照集团贪污的总数额处罚；对其他共同贪污犯罪中的主犯，情节严重的，按照共同贪污的总数额处罚。"根据这一规定，在共同贪污中，只有贪污集团的首犯和其他共同贪污犯罪中情节严重的主犯才对贪污总数额承担刑事责任，从犯或情节不严重的主犯只需根据其在共同犯罪中的作用，对其个人分赃所得数额承担刑事责任。因此，当时在共同贪污犯"个人贪污数额"问题上，检察院与法院的分歧通常集中在主犯、从犯身份的认定以及是否为"情节严重"的主犯两个方面。1997年刑法删除了《补充规定》该款规定，虽然总则第26条有关于首犯和主犯的处罚规定，但并未对共同贪污犯罪中从犯的处理作出明确规定。为消除分歧，达成共识，2003年11月最高人民法院在《全国法院审理经济犯罪案件工作座谈会纪要》第2点指出："刑法第383条第1款规定的'个人贪污数额'，在共同贪污犯罪案件中应理解为个人所参与或者组织、指挥共同贪污的数额，不能只按个人实际分得的赃款数额来认定。对共同贪污犯罪中的从犯，应当按照其所参与的共同贪污数额确定量刑幅度，并依照刑法第27条第2款的规定，从轻、减轻处罚或者免除处罚。"也就是说，在共同贪污犯罪中，组织者、指挥者的"个人贪污数额"是其组织、指挥共同贪污的总数额，而其他主犯和从犯的"个人贪污数额"是按照其参与的犯罪数额认定，同时为了加以区分对主、从犯的处罚，根据总则第27条规定，对于从犯应当从轻、减轻处罚或者免除处罚。

上述两个案件中，检察院以相同的理由进行抗诉，而二审法院对抗诉意见或采纳，或驳回，并不一致。就案例1而言，被告人王某某、梁某某身为国家工作人员，各自利用自己职务上的便利，共同贪污了60900元公款，作用相当，二人都应对贪污总数额承担刑事责任。至于被告人王某某个人另行贪污的18546元，由其个人负责。因此，检察院的抗诉意见以及二审法院的判罚是正确的。对于这一类能明确认定各被告人都参与贪污犯罪的案件，要注意的是共犯人地位的认定，即是否为从犯，因为这涉及刑法第27条的适用

---

① 北京市第一中级人民法院刑事裁定书〔2004〕京一中刑终字第2635号。

问题，关乎作为从犯的被告人的量刑。就案例 2 而言，二审法院驳回抗诉，仍认定各被告人应以各自所得的贪污数额定罪处罚，其依据的标准是《补充规定》的相关规定，而不是 1997 年刑法和《全国法院审理经济犯罪案件工作座谈会纪要》的相关规定。我们不能断然认定二审判决是犯了法律适用的错误。因为这涉及刑事司法解释的溯及力问题。2001 年 12 月 17 日起施行的最高人民法院、最高人民检察院《关于适用刑事司法解释时间效力问题的规定》明确指出："对于司法解释实施前发生的行为，行为时没有相关司法解释，司法解释实施后尚未处理或者正在处理的案件，依照司法解释的规定办理；对于新的司法解释实施前发生的行为，行为时已有相关司法解释，依照行为时的司法解释办理，但适用新的司法解释对犯罪嫌疑人、被告人有利的，适用新的司法解释；对于在司法解释施行前已办结的案件，按照当时的法律和司法解释，认定事实和适用法律没有错误的，不再变动。"该案发生在《补充规定》颁布以后 1997 年刑法施行以前，适用当时的《补充规定》办理。因此，如果能认定被告人周某某和卞某某不属于情节严重的主犯的，不能以共同贪污的数额定罪处罚，而只需对个人所得数额承担刑事责任。

2. 贪污犯罪中"利息"的理解与适用

争议点： 将存入银行的公款本金及其所生利息一并侵吞，该利息款应否计入个人贪污数额？

【案例】锦州铁路分局骆驼营水泥厂于 1988 年经厂领导研究决定设立小金库，并决定由被告人杨某某经管小金库款。该厂于 1988 至 1990 年间，先后多次以发奖金等手段提取现金 35 万余元，至 1994 年 8 月扣除各项支出后，小金库仍存有 16.4 万余元（均系定期储蓄存单）。同年 8 月中旬，当原厂长王某某找杨某某询问小金库还有多少钱时，杨某某谎称小金库中只有 9 万余元。不久，杨某某将自己掌管的小金库中面额 60630 元的 7 张定期储蓄存单（其中，4 张已到期，3 张未到期，共生利息 25000 元），装入一个信封后转移到其母亲家中藏匿，占为己有。案发后，7 张存单全部被收缴并已返还给原单位。杨某某案发后有立功表现。检察院以贪污罪提起公诉。一审法院认定被告人杨某某犯贪污罪，贪污数额 60630 元，判处有期徒刑 6 年。① 检察院提起抗诉，认为利息款 25000 元应计算在贪污数额内，贪污数额为 85630 元。二审法院对抗诉意见予以支持，改判被告人杨某某犯贪污罪，处

① 辽宁省锦州铁路运输法院刑事判决书〔1995〕锦刑初字第 17 号。

有期徒刑 6 年 6 个月。①

1993 年 12 月最高人民法院在《关于贪污、挪用公款所生利息应否计入贪污、挪用公款犯罪数额问题的批复》(简称为《批复》)中指出："贪污、挪用公款(包括银行库存款)后至案发前,被贪污、挪用的公款所生的利息,不应作为贪污、挪用公款的犯罪数额计算。但该利息是贪污、挪用公款行为给被害单位造成实际经济损失的一部分,应作为被告人的非法所得,连同其贪污、挪用的公款一并依法追缴。"在本案的处理过程中,检察院与一审法院的分歧源于对该《批复》中"利息"一词的不同理解。本案中,25000 元是面额 60630 元的 7 张定期储蓄存单所生的利息,这一点毋庸置疑。但这个"利息"并不是《批复》中所提的"利息"。《批复》中所提到的"利息"是由被贪污或被挪用的公款所生的利息,其存在是以贪污或者挪用公款的行为的存在为前提的,在司法实践中,通常表现为行为人贪污公款或者挪用公款后,将该公款以定期或者活期的方式存入银行所获取的利息。本案的情形与此不同。被告人杨某某着手贪污之前,该利息已经存在,是归单位所有的一种合法收益,属于单位公款中的一部分。杨某某利用职务的便利,将单位存款及其因存入银行而产生的收益一并非法侵吞,其贪污的数额应为 85630 元而不是 60630 元,检察院的抗诉正确。

3. 侵吞公款利息行为的定性

争议点:将公款存入银行,侵吞利息,属于贪污还是挪用公款营利?

【案例】1993 年和 1995 年,琼山市财政局和海南省财税厅分别拨款 7 万元和 10 万元给永兴法庭建设法庭办公大楼。由于一时找不到地皮,时任永兴法庭庭长的被告人冯某某便将此两笔款分别以永兴法庭名义以定期和活期的形式存入信用社。被告人冯某某利用其经手和管理该法庭账目和钱款的便利,对法庭定期、活期存款利息采取收入不入账的手段,隐瞒法庭存款利息收入,长期侵吞法庭公款利息 17482 元归个人及家庭使用,并且,冯在移交法庭财务账目时,为掩盖法庭定期、活期利息收入不入账的作弊行为和侵吞事实,在没有任何凭据的情况下,私自找到营业所的工作人员,按 17 万元的活期利率计算,虚列利息收入 9380.40 元,提供虚假的会计信息。检察院以贪污罪、挪用公款罪对冯某某提起公诉。一审法院认定被告人并没有利用职

---

① 辽宁省沈阳铁路运输中级法院刑事判决书〔1995〕沈刑终字第 5 号。

务之便非法占有利息款的目的，判决宣告被告人冯某某无罪。① 公诉机关提起抗诉。二审法院判决被告人冯某某犯贪污罪，处有期徒刑1年。②

司法实践中，经管公款的国家工作人员利用职务便利，将公款存入银行并侵吞所生利息的案件时有发生。如何定性？必须结合前期行为和后期行为综合判断。实践中，大致有以下几种情形：一是贪污公款后将公款存入银行。对于这种情形，应以贪污罪论处，犯罪数额为存入银行前已经侵吞的公款数额，贪污款所生利息不计算在犯罪数额内，而只须作为非法所得予以追缴。二是挪用公款后将公款存入银行以侵吞利息。这种情形在司法实践中比较常见。其手段是利用职务便利非法挪用公款存入金融机构，其目的是非法获取利息。对于这种情形，我们把它归入挪用公款进行营利活动，构成犯罪的，以挪用公款罪论处，犯罪数额为存入银行前已经挪用的公款数额，挪用款所生的利息同样不计算在犯罪数额内，而作为非法所得予以追缴。三是根据工作的需要将公款存入银行，利用职务的便利侵吞部分利息。它与第一、第二种情形的区别在于其先前的存款行为并不违法，其所存入银行的公款也不是赃款。为了预防这种违法犯罪行为的发生，一般不允许将公款以国家工作人员个人的名义存入银行，或者即使以个人名义存入银行，也必须有明账，且其支出必须符合规定。正因为如此，全部侵吞公款利息的情形很少发生，利用定期存款与活期存款利率的差额或者利用单位的不知情而采取虚列假账的手段侵吞部分公款利息的情形相对较多。对于这种情形，侵吞利息数额达到一定犯罪标准的，应以贪污罪论处，因为利息是公款所生收益，已成为公款的一个组成部分，其所有权归单位所有。贪污数额为所侵吞的利息款的数额。由此可见，本案属于第三种情形，被告人成立贪污罪，检察院的抗诉和二审法院的判罚正确。

4. "非法占有目的"的认定（一）

争议点：为获得取保候审，指使他人挪用公款打点关系，而后从财务账上报销，该定何罪？

【案例】被告人余某某系某卫生院副院长，1995年年底至1996年4月，余某某在未见患者的情况下，超剂量出售麻醉药品杜冷丁，造成涉案贩毒人员将毒品向外地贩卖。1996年5至7月，余某某被县公安局以涉嫌贩卖毒品

① 海南省琼山市人民法院刑事判决书〔2000〕琼山刑初字第26号。
② 海南省海南中级人民法院刑事判决书〔2001〕海南刑终字第30号。

收容审查 84 天。余某某在会见同事张某某和配偶杨某某等人时，要求他们用公款向有关办案人员请吃送礼说情，以获取取保候审。余某某取保候审后将张某某等人请吃送礼花费的 13109 元单据，由余某某签字从本单位财务账上报销，另有赊欠款 8620 元，由余某某借公款偿还后，将单据在单位财务账上报销，合计报销 21729 元。案发后，余某某将此款全部退出。检察院以贪污罪对余某某提起公诉。一审法院审理认为，余某某违法超剂量出售杜冷丁是为本单位谋取非法利益，属于单位犯罪；余某某在财务账上的报销款全部用于偿付请吃送礼花费，个人没有占有。余某某的行为不符合贪污罪的构成要件，属于违反财经纪律的行为。判决宣告无罪。① 检察院以一审法院定性错误、适用法律不当提起抗诉。二审法院判决余某某犯贪污罪，处有期徒刑 2 年，缓刑 3 年。②

　　是否具有非法占有公款的目的，不仅是区分贪污罪与非罪的关键，也是区分贪污罪与挪用公款罪的要点之一。"非法占有目的"的认定，在司法实践中主要是通过看账来认定，即是"挂账"还是"销账"（也称为"平账"）。如果是"挂账"的，通常认为是挪用公款；如果是"销账"，则往往认定行为人具有非法占有公款的目的，至少反映了行为人有这种想法或倾向，通常以贪污论处。其实，是"挂账"还是"销账"，并非区分挪用公款罪与贪污罪的法律要点，二者区分的要点依然是主观目的的不同，即行为人以挪用为目的的，成立挪用公款罪；行为人以非法占有为目的的，成立贪污罪。这里对"挂账"和"销账"的区分，只是认定犯罪目的的要点，或者说是实务操作上的要点。因为行为人在实施犯罪中，其想法可能处于不断变化之中，不能仅仅依靠他的口供断定。他内心的想法，只能根据客观要件来确定，在某种意义上讲，这也算是一种推定。除了普通的情形外，还有特殊的情况，即尽管账是挂着的，没有做假账，但依然推定行为人具有非法占有目的，可定贪污罪，这主要有以下几种情形：①根据《最高人民法院关于审理挪用公款案件具体应用法律若干问题的解释》第 6 条的规定，行为人"携带挪用的公款潜逃的"，对其携带挪用的公款部分，以贪污罪定罪处罚；②有证据证明行为人有能力归还所挪用的公款而拒不归还，并隐瞒挪用的公款去向的，以贪污罪定罪处罚；③行为人截取单位收入不入账，非法占有，使所占有的公款难以在单位财务账目上反映出来，且没有归还行为的，以贪污罪定罪处罚。

---

① 河南省驻马店地区上蔡县人民法院刑事判决书〔1998〕上刑初字第 55 号。
② 河南省驻马店地区中级人民法院刑事判决书〔1998〕驻刑终字第 68 号。

　　本案被告人余某某为了获得取保候审，指使他人动用公款 21729 元向有关办案人员请吃送礼说情，这是典型的挪用公款进行非法活动的行为。如果被告人余某某取保候审后自掏腰包将所挪用的公款归还，只涉嫌构成挪用公款罪，不认定为具有非法占有公款的目的。但是被告人余某某在取保后，利用职务便利，签字将所花公款从本单位财务账上报销，进行"平账"，这已不再是出于挪用公款的目的，而是变相侵吞公款，应以贪污罪论处。对于先前的挪用公款行为，通常将之作为贪污罪的手段牵连，不另行定罪并罚。至于一审法院认为被告人余某某个人没有实际占有公款的无罪宣告理由，是对"非法占有"的一种误解。贪污罪所侵犯的客体是国家工作人员职务行为的廉洁性和公共财产的所有权，只要国家工作人员利用职务上的便利，侵吞、窃取、骗取或者以其他非法手段占有公共财物的，无论是国家工作人员自己实际占有，还是由第三人实际占有，都不影响贪污罪的成立。

5. "非法占有目的"的认定(二)

　　争议点： 三角债务中，擅自虚增单位债务，以获取自己在单位的集资款，是否成立贪污罪？

　　【案例】1997 年，被告人陈某某被聘任为安徽省水产公司淮南分公司经理(同年底，淮南市运输总公司欠水产公司 418299.59 元)。1999 年，王某、任某某合伙为水产公司收购和加工龙虾，2000 年双方清算债务时，水产公司共欠王某 73539.80 元。王某要求将其债权转至淮南市运输总公司，被告人陈某某同意后提出在王某的债权上再增加 2 万元，要来后冲抵其在单位的集资款。双方协商后，由水产公司财务科长许某某手书账务清单，并将协议打印成文(金额为 93539.80 元)，加盖单位公章，将该债权转至淮南市运输总公司。后王某从淮南市运输总公司分批取款 58000 元，陈某某多次向王某索要 2 万元，均未果。截至案发，陈某某未将该 2 万元从其单位集资款账上销账。检察院以贪污(未遂)罪对陈某某提起公诉。一审法院判决宣告被告人陈某某无罪。[1] 检察院提起抗诉。二审法院裁定驳回抗诉，维持原判。[2]

　　对于本案的定性，检察院认为，被告人陈某某在王某的债权上虚增了 2 万元后，时隔近 4 年没有将该 2 万元从其单位集资款账上销账，表明其主观上具有非法占有公款的目的。而且，财务科长许某某按陈某某的口述，手

---

① 安徽省淮南市田家庵区人民法院刑事判决书〔2004〕田刑初字第 233 号。

② 安徽省淮南市中级人民法院刑事裁定书〔2005〕淮刑终字第 5 号。

书清单，将债权转移给运输总公司，并协议成文，加盖公章，这实际上都是陈某某个人意志的体现，被告人陈某某利用职务之便，虚构债务，将本单位2万元债权据为己有的行为，完全符合贪污罪的构成要件，应以贪污罪论处。而法院则认为，被告人陈某某在王某的债权上虚增了2万元，其目的是为了冲抵其在单位的集资款。从主观上来看，陈某某是想借机抽回自己在单位的集资款，而非套取公款。在客观方面，单位确实还有2万多的集资款尚未返还给陈某某。对于检察院指出的陈某某在虚增2万元后历时4年都未在单位财务账目上冲减集资款的情节，陈某某辩称，虽然虚增了2万元，但王某要来58000元后，并未实际支付给他2万元，自然也没有将账目核销。

可见，检察院和法院虽然都主要从客观事实出发来认定被告人陈某某的主观目的，但结论却截然相反。我们认为，本案认定的要点在于，被告人陈某某虚增单位对王某2万元债务的行为是否足以认定其具有非法占有这2万元的目的。如果水产公司对陈某某的2万元的债务并不存在，或者如果王某实际支付了陈某某2万元后陈某某仍然隐瞒这一事实而历时4年没有在单位财务账目上冲减集资款，则认定其具有非法占有公款的目的是比较合理的。而就案情而言，仅仅根据被告人陈某某有虚购对王某债务的行为就认定其具有非法占有的目的，并不充分，这并不能排除陈某某试图在单位拖欠自己债务的情形下借机绑定债务，将自己在单位的集资款抽回来以实现自己债权的合理怀疑。而且，从案情其他方面来看，王某、许某某对这事是知情的，陈某某也没有采取做假账的手段在单位财务账目上平账故意隐瞒2万元，这更为被告人不具有非法占有目的提供了佐证。至于陈某某没有将账目核销，被告人辩称因为钱没有到手，债权没有得到实现，这是比较合理的解释，这一情形也同样不足以认定陈某某具有非法占有公款的目的。

6. 公共财产及非法占有的认定

争议点：将应当上交财务处统一管理的"会员费"作假截留，成立本部门"小金库"并予以其他公用，该如何论处？

【案例】国家体育总局机关工会为落实全民健身计划，成立了健身指导委员会。被告人孙某某于1999年兼任游泳俱乐部和健美操俱乐部的负责人。根据国家体育总局机关党委印发的相关通知，游泳俱乐部的成员（限于国家机关正式干部）须交会员费每人100元，办游泳证费用400元。1999至2000年，孙某某共从会员个人处收取人民币23300元。2000年4月，国家体育总局规定各俱乐部将会费交财务二处统一管理，各俱乐部经费的管理和使用要做到收支两条线，各俱乐部不得存放现金。孙某某找到主管财务的秘书长杨某，提出不想交这笔钱，想存银行以便俱乐部随时使用，杨某没有同意。后孙某某找到训练局场馆处会计吴某某，让吴先后两次给其开具了4张连号的共计23300元的国家体委训练局收据。孙某某将其中2张附在呈报的《二〇〇〇年游泳俱乐部活动情况汇报》的后面，以证明其从会员个人手里收的钱都交到了训练局游泳馆，用于办证费用。实际上，收取的23300元现金一直在孙某某手中。据健身俱乐部财务明细账记载及孙某某称，1999年、2000年游泳俱乐部搞活动有5次使用现金的情况，事后这些费用都已由健身指导委员会予以报销。经群众举报，2001年7月，国家体育总局监察局二次找孙某某谈话，孙某某交出23300元。检察院以贪污罪对孙某某提起公诉。一审法院以证据不足为由宣告被告人孙某某无罪。① 检察院提起抗诉。二审法院以现有证据不能充分证明被告人主观上具有非法占有公款的故意，裁定驳回抗诉，维持原判。②

贪污罪的成立必须具备四个条件：一是主体必须适格，即必须是国家工作人员或者受国家机关、国有公司、企业、事业单位或者人民团体委托，管理、经营国有财产的人员。这点主要将贪污罪与职务侵占罪区分开来。二是必须利用职务上的便利。这点主要将贪污罪同盗窃罪、诈骗罪等区分开来，即使国家工作人员窃取或者骗取了公共财物，但如果没有利用职务上的便利，而只是利用工作便利的，只能以盗窃罪、诈骗罪追究刑事责任。三是行为人是否具有非法占有公共财产的目的。这一点是区分贪污罪与挪用公款罪的要点之一。四是贪污数额是否达到5000元（特定情况除外，即个人贪污数额不满5000元，但情节严重的，也可以贪污罪论处），这是区分罪与非罪的关键。

从本案来看，被告人孙某某是国家工作人员，利用职务上的便利将收取的会员费控制在自己手中，涉案数额达到23300元。被告人是否成立贪污罪，主要有两个问题需要准确认定：其一，该会员费是否为公共财产？其二，被告人将这笔钱控制在自己手中，其主观目的是什么？对于第一个问题，答案是肯定的。关于"公共财产"的范围，刑法第91条明确规定包括以下财产：①国有财产，即国家所有的财产，包括国家机关、国有公司、企业、国有事业单位、人民团体拥有的财产，以及国有公司、企业、国有事业单位在合资企

---

① 北京市崇文区人民法院刑事判决书〔2002〕崇刑初字第132号。
② 北京市第二中级人民法院刑事裁定书〔2003〕京二中刑终字第66号。

业、股份制企业中的财产及其控股的公司的财产；②劳动群众集体所有的财产；③用于扶贫和其他社会公益事业的社会捐助或者专项基金的财产。对于在国家机关、国有公司、企业、集体企业和人民团体管理、使用或者运输的私人财产，以公共财产论。从本案来看，游泳俱乐部从属于国家体育总局机关工会成立的健身指导委员会，会员均为国家机关正式干部，其按照国家体育总局机关党委规定所收取的会费应属于公共财产，是公款。对于这一点，本案无论是检察院还是一审、二审法院均没有分歧，一致认定为公款。对于第二个问题，应当按照主客观相一致的原则，综合全案具体判断和认定行为人主观上是否具有非法占有公款的目的。本案被告人孙某某隐瞒了公款没有上交的事实，也采取了欺骗的手段，但根据现有证据，被告人孙某某没将公款上交的情况，吴某某等人均知晓，这属于"瞒上不瞒下"的情形。而且，被告人孙某某先后5次使用该款项搞活动，属于公用，虽然最终由健身指导委员会予以报销，但均有财务明细账记载。这种情形，实际上就是国有单位的一些部门挪用公款设立本部门的"小金库"。从现有证据来看，并不能证明被告人有非法占有公款的目的，不能认定为贪污罪。虽然严格来说，这是一种挪用公款的行为，但这并不属于挪用公款归个人使用，故而也不能以挪用公款罪论处。该款不属于用于救灾、抢险、防汛、优抚、扶贫、移民、救济等特定款物，虽挪作其他公用，也不能以挪用特定款物罪追究刑事责任。可见，不能认定被告人成立犯罪。

7. 身份与"利用职务便利"的认定

争议点： 停薪留职后的国家工作人员能否利用职务的便利成立贪污罪？

【案例】被告人周某1988年调到海口市司法局公证处工作，1993年5月办理了为期2年的停薪留职手续后，仍在公证处兼作英语翻译。1994年5月7日，公证处主任陈某某交代公证处人员王某某、符某某等人将存在银行椰树门办事处的公证费13.5万元港币取出，将款带到南洋商业银行海口分行（以下简称南洋银行），尔后陈某某又打电话交代符某某等人在南洋银行等周某办理存款手续。不久周某赶到银行，由周办理了存入13.5万元港币的手续，户名为周某，并预留了周某的签名，存折由周某保管。同年5月11日，陈某某交4.5万元港币给公证处内勤何某，交代何某和周某一起将款拿去南洋银行，由周某办理存款手续。后被告人周某与何某将4.5万元港币存入原先存入13.5万元港币的存折内。不久，陈某某交代周某将存折交由何某保管。1994年10月，被告人周某向南洋银行以存折丢失为由申请存折挂失补办了新存折。周用该新存折先后 6 次将 18 万元港币取出，据为己有。检察院以贪污罪对周某提起公诉。一审法院判决被告人周某成立盗窃罪。① 检察院提起抗诉。二审法院改判周某犯贪污罪。②

贪污的手段各种各样，侵吞、窃取、骗取是三种常见的方式。在以窃取的方式进行贪污时，必须符合三个条件：一是主体必须适格，即行为是国家工作人员或者受委托经管国有资产的人员；二是必须是利用职务上的便利进行窃取；三是窃取的对象是公共财产。贪污罪是一种职务犯罪，如果行为人虽然具有国家工作人员身份，也窃取了公共财产，但没有利用职务上的便利，则不能成立贪污罪，而以普通的盗窃罪追究刑事责任。这与骗取型贪污罪和诈骗罪的区分是异曲同工的。

本案检察院和法院的分歧在于对被告人周某行为时的主体身份以及是否利用了职务上的便利存在理解与认定的差异。从案情来看，周某是在办理停薪留职后犯罪的。国家工作人员停薪留职后是否还是国家工作人员？我们对此持肯定意见。所谓"停薪留职"，是指单位职工因某种原因在一段较长时期内不能在岗，而与单位签订权利义务合同，保留其编制和职务，不移动人事关系，享受基本工资和相关福利待遇，并参与单位的年终考核评估，但不享受岗位津贴，待停薪留职的原因消失后，再返回单位继续在岗工作的情形。可见，被告人周某虽然办理了停薪留职的手续，但并未丧失国家工作人员的身份。至于周某有没有"利用职务上的便利"，这涉及案件事实的认定。从案情来看，被告人周某停薪留职后，仍在公证处兼任英语翻译，并实际受单位领导委派从事公务。周某开户时预留其签名作为取款确认根据，后来周某虽然将存折交由公证处保管，但公证处凭该存折是无法将款取出的，18 万元港币实际上还是由周某控制。周某以存折丢失为由欺骗银行换发新存折，后又背着公证处偷偷将该款取出非法占有，应认定其利用了职务上的便利，成立贪污罪。

8. 贪污罪主体的认定

争议点：村基层组织人员能否成立贪污罪？

【案例】被告人张某某于 1984 年参加长青乡举办的会计培训班成绩合格，毕业后被郑郢村聘用，经长青乡人民政府同意，担任该村出纳会计。

---

① 海南省海口市中级人民法院刑事判决书〔2000〕海中法刑初字第 55 号。

② 海南省高级人民法院刑事判决书〔2000〕琼刑终字第 133 号。

2003 年 10 月，被告人张某某在任长青乡郑郢村出纳会计期间，采取收入不入账、记假账等手段套取现金，侵吞蚌埠市高新区征用郑郢村银河屠宰厂土地补偿款 137067.75 元。2002 至 2004 年期间，被告人又趁长青乡郑郢村"一户一表"电表改造机会，采取收入不记账的方式，将收取村民交纳的用于电表改造的费用中的 130720 元占为己有。2004 年 2 月，被告人张某某在发放蚌埠市水利工程西沟征地的土地补偿费时，发现主管会计余某某将实发金额 877.80 元累计误记为 8778 元，库存现金多出 7900.20 元，被告人张某某隐瞒不报，将此款连同收取的其他余款计 8051.76 元以村长王某某名义存入银行，未向领导汇报。2004 年 4 月，被告人张某某在准备将账交乡里，到交通银行长征路支行销户时，发现账上被银行划付法院 36390.31 元作为执行费。被告人未将该款记入财务账而将交通银行特种转账付出传票取回，交村长王某某签批，做账再次付出将该款侵吞。检察院以贪污罪对张某某提起公诉。一审法院判决被告人张某某成立职务侵占罪。[①] 检察院提起抗诉，认为被告人应成立贪污罪。二审法院裁定驳回抗诉，维持原判。[②]

司法实践中，检察院和法院之间关于贪污罪与职务侵占罪的分歧通常集中在对行为人主体身份的认定上。这不仅涉及对被告人的定罪量刑，而且涉及司法机关在受理案件时的分工：贪污案由检察机关直接受理，职务侵占案由公安机关直接立案侦查。这种分歧源于多方面的原因。从我国关于"国家工作人员"概念立法规定中，我们可以发现这一概念一直处在不断变化中。1979 年刑法制订时的第 33 条规定："本法所说的国家工作人员是指一切国家机关、企业、事业单位、人民团体和它们的附属机构依照法律从事公务的人员。"1979 年刑法第 83 条后来将之简化为"本法所说的国家工作人员是指一切国家机关、企业、事业单位和其他依照法律从事公务的人员"。条文所说的"其他"，理解起来可以包括民主党派、人民团体等。"依照法律"，是指依照从事公务的法律依据，至于是经过选举的或者任命、聘用的，在所不问。"从事公务"是指办理国家政治、法律、财政、经济、外交、国防、文化、教育、科学技术等事务。[③]3 年后，《关于严惩严重破坏经济的罪犯的决定》中又将 1979 年刑法第 83 条的规定加以处理："本决定所称国家工作人员，包括国家各级权力机关、各级行政机关、各级司法机关、军队、国营企业、国家事业

---

① 安徽省蚌埠市禹会区人民法院刑事判决书〔2005〕禹刑初字第 23 号。
② 安徽省蚌埠市中级人民法院刑事裁定书〔2005〕蚌刑终字第 100 号。
③ 高铭暄. 中华人民共和国刑法的孕育和诞生[M]. 北京：法律出版社，1981：130.

机构中工作的人员，以及其他各种依照法律从事公务的人员。"这就增加了"国家工作人员"的范围。随着经济与政治体制改革的不断深化以及市场经济体制的逐渐确立和全面发展，受贿现象增多，且形态各异，为了遏制贿赂犯罪，我国又先后通过几部司法解释，对"国家工作人员"作出诠释。长此以往，导致在"国家工作人员"认定问题上意见不一。1997 年刑法的颁布，才又一次在刑事立法上统一了"国家工作人员"的范围，但仅过了 3 年，全国人大常委会又将"国家工作人员"的范围扩大到村民委员会等基层组织人员。

长期以来，围绕"国家工作人员"概念的内涵和外延，一直争论不休，其中具有代表性的有三种观点：其一，最高人民法院的身份论，即"国家工作人员"不仅应当行使管理职权，而且强调必须具有国家工作人员身份；其二，最高人民检察院的职能论，即强调国家工作人员的行政管理职能；其三，现行刑法提出的公务论，即将身份论与职能论结合起来，强调为"从事公务的人员"。然而，随着社会的发展变化，"公务"一词的理解又存在不同的看法，尤其是那些在国家控股、参股企业中从事管理工作和其他事务的人员，是否属于国家工作人员，这让司法机关非常头疼。考虑到社会发展的多端变化，1997 年刑法与 1979 年刑法一样用"其他"这样的弹性语言来查漏补缺。而随后出现的关于"国家工作人员"的相关解释则起了一个打补丁的作用。但从总的来看，我国关于"国家工作人员"下的定义是一个外延性的定义。具体而言，贪污罪的主体包括以下两类：

第一，国家工作人员。"国家工作人员"的范围，具体又包括以下四种：

(1)国家机关中从事公务的人员，即各级国家权力机关、行政机关、司法机关和军事机关中从事公务的人员。根据有关立法解释的规定，在依照法律、法规规定行使国家行政管理职权中从事公务的人员，或者在受国家机关委托代表国家行使职权的组织中从事公务的人员，或者虽未列入国家机关人员编制但在国家机关中从事公务的人员，视为国家机关工作人员。根据有关司法解释，中国证券监督管理委员会干部、镇财政所在编干部、受委派承担了监管职能但还未被公安机关正式录用的狱医、合同制民警、属于工人编制的镇工商所长、工人等非监管机关在编监管人员、企业事业单位的公安机构在改革过程中的工作人员、海事局及其分支机构的工作人员，在履行政府行政公务活动时，视为国家机关工作人员。此外，在乡(镇)以上中国共产党机关、人民政协机关中从事公务的人员，属于公务员，司法实践中也视为国家机关工作人员。

(2)国有公司、企业、事业单位、人民团体中从事公务的人员。

（3）国家机关、国有公司、企业、事业单位委派到非国有公司、企业、事业单位、社会团体从事公务的人员。《全国法院审理经济犯罪案件工作座谈会纪要》指出，所谓"委派"，即委任、派遣，包括事前、事中的任命、指派、提名、推荐，也包括事后的认可、同意、批准等多种形式（但不包括单纯的事后备案）。不论被委派的人之前的身份如何，只要是接受上述国有单位委派，代表其在非国有单位、社会团体中从事组织、领导、监督、管理等工作的，即视为国家工作人员。如国家机关、国有公司、企业、事业单位委派在国有控股或者参股的股份有限公司从事组织、领导、监督、管理等工作的人员，应当以国家工作人员论；国有公司、企业改制为股份有限公司后原国有公司、企业的工作人员和股份有限公司新任命的人员中，除代表国有投资主体行使监督、管理职权的人外，不以国家工作人员论。司法实践中，受委派从事公务的人员主要是指在国有控股或者参股的有限责任公司、股份有限公司、中外合资企业、中外合作企业中对国有资产负有监管职责的人员，通常为董事长、董事、监事、总经理等高级管理人员。通常，这些人员不能由国有单位直接任命，而必须通过董事会的聘任，国有单位通常只具有推荐或者提名的权利，"推荐"和"提名"本身就是国有单位行使人事权的表现，也意味着被推荐、提名者负有代表国有单位监管国家资产的使命，即使之后国有单位推荐、提名的人须经过董事会的决定程序并最终受聘，也不能改变其是受国有单位委派从事公务的性质。因此，在司法实践中，不能因涉案人员的职务是经混合所有制单位的有关组织机构选举、聘任、决定，就简单地认定其不属于受委派从事公务的国家工作人员，不具备贪污罪的主体资格。①

（4）其他依照法律从事公务的人员。刑法第 93 条第 2 款规定的"其他依照法律从事公务的人员"既不属于国有单位工作人员，也不是受国有单位委派从事公务的人员，但行使了国家管理职能。"其他依照法律从事公务的人员"应当具有两个特征：一是在特定条件下行使国家管理职能；二是依照法律规定从事公务。具体包括：①依法履行职责的各级人民代表大会代表；②依法执行审判职责的人民陪审员；③协助乡镇人民政府、街道办事处从事行政管理工作的村民委员会、居民委员会等农村和城市基层组织人员；④其他由法律授权从事公务的人员，如履行特定手续被聘为特邀检察员的人员等。另外，根据相关立法解释，村民委员会等村基层组织人员协助人民政府从事下列行政管理工作，属于"其他依照法律从事公务的人员"：①救灾、抢

① 周道鸾，张军. 刑法罪名精释(第三版)[M]. 北京：人民法院出版社，2007：810.

险、防汛、优抚、扶贫、移民、救济款物的管理；②社会捐助公益事业款物的管理；③国有土地的经营和管理；④土地征用补偿费用的管理；⑤代征、代缴税款；⑥有关计划生育、户籍、征兵工作；⑦协助人民政府从事的其他行政管理工作。该立法解释中的"村民委员会等村基层组织人员"，主要指村党支部、村委会以及村经联社、经济合作社、农工商联合企业等掌管村经济活动的组织的人员。①

对于"从事公务"的理解，《全国法院审理经济犯罪案件工作座谈会纪要》指出，所谓"从事公务"，是指代表国家机关、国有公司、企业事业单位、人民团体等履行组织、领导、监督、管理等职责。公务主要表现为与职权相联系的公共事务以及监督、管理国有财产的职务活动，如国家机关工作人员依法履行职责，国有公司的董事、经理、监事、会计、出纳人员等管理、监督国有财产等活动，属于从事公务。那些不具备职权内容的劳务活动、技术服务工作，如售货员、售票员等所从事的工作，一般不认为是公务。简单而言，即从事公务，而不是仅仅从事劳务。

第二，受国家机关、国有公司、企业、事业单位或者人民团体委托，管理、经营国有财产的人员。这类也是贪污罪主体和受贿罪主体的区别所在，因为受贿罪的主体仅限于"国家工作人员"，即贪污罪主体外延真包含受贿罪主体外延。"受国家机关、国有公司、企业、事业单位或者人民团体委托，管理、经营国有财产的人员"，主要是指"以承包、租赁等方式，管理、经营国有公司、企业，或者其中的某个车间、工程队、门市部等，以承包人、租赁人的身份等，在承包、租赁合同约定的时间、权限范围内，管理、经营国有财产的人员。这部分人在受委托，以承包、租赁等方式管理、经营国有财产前，可以是工人、农民或者从事其他职业或者待业的人员"。②这部分人成立贪污罪，其非法占有的必须是"国有财产"，即国家所有的财产，包括国家机关、国有公司、企业、国有事业单位、人民团体拥有的财产，以及国有公司、企业、国有事业单位在合资企业、股份制企业中的财产及其控股的公司的财产。

针对本案的处理，检察院与法院的分歧在于对被告人张某某身份的认定，即被告人张某某是否属于刑法第93条第2款规定的"其他依照法律从事公务的人员"，或者更具体地说，作为被郑郢村聘用并经长青乡人民政府同

---

① 黄太云. 立法解读：刑法修正案及刑法立法解释[M]. 北京：人民法院出版社，2006：199.
② 周道鸾，张军. 刑法罪名精释（第三版）[M]. 北京：人民法院出版社，2007：811.

意担任该村出纳会计的张某某，是否为"协助乡镇人民政府从事行政管理工作的村基层组织人员"？被告人张某某是村基层组织人员，这是毋庸置疑的。关键在于，被告人是否协助乡镇人民政府从事行政管理工作？从案情来看，被告人张某某虽然侵吞的是土地补偿费，但该土地补偿费已转入村委会账户，且属于村集体所有，不存在继续分配的问题，张某某在该具体征地中也没有协助管理的行为，其侵吞的也是集体财产，应成立职务侵占罪而非贪污罪。至于侵吞村民因电改交的费用，因村集体收取电改造费用的行为不具有行政管理性质，且该费用通常属于村委会的集体财产。因此，被告人张某某不成立贪污罪，而只能以职务侵占罪论处。

9. 此罪与彼罪：贪污罪与挪用公款罪的界分

争议点：以每月压款的手段将所收公款截留用于个人欠款，并以白条缓交，并最终未能归还公款，该定何罪？

【案例】房山烟草公司是国有独资经营企业。1999年8月，该公司聘任某村村民被告人高某某担任该公司红金叶分公司副经理并全面主持工作。1999年8月至2001年3月间，高某某利用职务之便，以每月压款的手段将销售所得部分烟款截留用于归还个人欠款等，以白条缓交，并对烟草公司谎称因客户住所远，交通不便，资金一时难以收回，先后拖欠该公司烟款60余万元。在公司的追要下，高某某承认欠款，出具了欠条，制定了还款计划，但未能归还。检察院以贪污罪对高某某提起公诉。一审法院判决被告人高某某犯挪用资金罪，处有期徒刑7年。[①] 检察院提起抗诉，认为应以贪污罪论处。二审法院裁定驳回抗诉，维持原判。[②]

在本案的处理问题上，检察院和法院不仅在被告人身份问题，即其是国家工作人员还是非国家工作人员问题上发生分歧，而且在被告人主观上是具有非法占有钱款的目的还是挪用钱款的目的问题上发生分歧。并且，解决第一个问题是解决第二个问题的前提和基础。

就第一个问题而言，法院认为被告人高某某只是国有公司"临时聘用"的人员，应认定为非国家工作人员，这不正确。被告人高某某虽然是农民，即使被国有公司聘用后也不是当然的国家工作人员，但因其在国有公司中代表国有公司从事管理国有财产的职务活动，其从事的是公务，而不是单纯的劳

---

① 北京市第一中级人民法院刑事判决书〔2002〕京一中刑初字第2961号。
② 北京市高级人民法院刑事裁定书〔2003〕高刑终字第17号。

务，应属于国有公司中从事公务的人员，是"准国家工作人员"，即以国家工作人员论。其先前农民的身份并不影响其从事公务的性质，也并不因为是"临时聘用"（事实上直至案发已任职近 2 年）而否定其"准国家工作人员"的身份。

就第二个问题而言，被告人高某某是否具有非法占有公款的犯罪目的，需要结合全案进行分析。行为人是侵吞还是挪用，如前所述，在司法实践中司法机关主要通过看账来认定，看属于"挂账"还是"销账"。如果是"挂账"，通常认为是挪用公款；如果是"销账"，则往往认定行为具有非法占有的目的。如果开始表现的是一种挪用，但后来携款潜逃，或者有能力归还所挪用的公款而拒不归还，并隐瞒公款去向的，则认定行为具有非法占有的目的，以贪污罪定罪处罚。从本案案情分析，被告人高某某虽然以每月压款的手段将销售所得部分烟款截留于归还个人欠款等，并谎称因客户住所远，交通不便，资金一时难以收回，先后拖欠该公司烟款 60 余万元，但他一直打有白条，没有"销账"行为，公司对于还有多少钱没有收上来也一直是知晓的，并且，在公司的追要下，高某某还出具了欠条，并制定了还款计划。这一切都不足以认定高某某具有非法占有公款的目的，认定其挪用公款归个人使用（还个人欠款）相对合情合理。当然，至于行为最后的定性，还得考察被告人没有归还该款是出于何种原因，如果有证据证明其有能力归还而不归还，隐瞒公款去向，则以贪污罪论处，处 10 年以上有期徒刑或者无期徒刑，可以并处没收财产；情节特别严重的，处死刑，并处没收财产。如果是出于客观原因不能归还，则属于"挪用公款数额巨大不退还"即"挪用公款数额巨大，因客观原因在一审宣判前不能归还"，处 10 年以上有期徒刑或者无期徒刑。

10. 此罪与彼罪：贪污罪与私分国有资产罪的界分

争议点： 将国有资产私分，但与职工私分比例悬殊，该定何罪？

【案例】1997 年 7 月至 2001 年 8 月，被告人鲁某某在担任国有公司绍兴市机床集团公司总经理兼党委书记期间，利用职务上的便利，伙同被告人陈某某、周某某、傅某某、任某某等，采用虚开发票、虚列聘用人员工资等方法，先后 6 次从公司财务支出现金 407086 元，除去劳务费等费用，将其中的 366700 元以奖金的形式进行私分。其中鲁某某、傅某某、任某某参与了全部犯罪，分别分得赃款 118000 元、42100 元、42800 元；陈某某参与其中的 5 次，分得赃款 89500 元；周某某参与其中的 4 次，分得赃款 37800 元。检察院以贪污罪提起公诉。一审法院判决各被告人成立私分国有资产罪。检察院提起抗诉，认为应成立贪污罪，理由是：①私分国有资产罪谋取的是单位的非法利益，而被告人鲁某某个人决定，代表的是个人的意志和少数人的利益，是为了满足个人的私欲，达到非法侵吞公共财产的目的；②虽然绍兴机床集团公司全体或绝大部分人员分到了"奖金"，但分配比例悬殊，五被告人得款达 90%，其实质是为了个人和少数人得到绝大部分的利益；③私分国有资产罪的一个显著特征是集体私分的公开性，而本案中并没有公开性可言，没有公开分配方案与分配数额，实质上是以单位"分奖金"名义掩盖五被告人侵吞国有财产的共同贪污犯罪。二审法院裁定驳回抗诉，维持原判。①

私分国有资产罪是 1997 年刑法增设的新罪名。实行社会主义市场经济以来，由于新旧体制的交换，管理环节不够严密，导致国有资产大量流失，其中，以集体名义私分国有资产是重要形式之一。对一人或者数人秘密侵吞国有资产的行为，由于刑法明确规定了贪污、盗窃等犯罪，所以行为人要达到非法占有国有资产的目的，往往要冒很大的风险。而以单位集体的名义，将国有资产分给单位的每一个人，在 1997 年刑法出台以前，通常认为是单位的不正之风，也很少对单位领导和有关责任人员定罪。集体私分国有资产，实质上是以公开的形式，集体侵吞国有资产。现行刑法将该行为入罪，既反映了立法者维护国有资产的决心，也反映了人民群众对各种形式的腐败、非法占有国有资产行为的深恶痛绝。②

私分国有资产罪，是指国家机关、国有公司、企业、事业单位、人民团体违反国家规定，以单位名义将国有资产集体私分给个人，数额较大的行为。在司法实践中，对本罪的认定，须注意的是本罪是"以单位的名义"，由单位决定的。具体来说，有以下几个要点：其一，主体适格，必须是国有机关、国有公司、企业、事业单位或者人民团体。其二，由集体研究决定，或者由领导或主要负责人决策。其三，有一定的分配方案和标准。其四，单位基本上人人有份。其五，不说完全平均分配，但分配多或分配少是根据职务高低或者工作业绩好坏来衡量的。这与犯罪分赃不同。分赃是以犯罪人在犯罪中的作用来分的。本罪在司法实践中通常表现为一种"瞒上不瞒下"，在单位内部是众所周知的，而且一般还有账目，例如谁领了多少，签个名什么的。这都反映了单位行为的组织性。

然而，司法实践中，通常会出现这种情形，即单位少数领导在研究决定

---

① 浙江省绍兴市中级人民法院刑事裁定书〔2002〕绍中刑终字第 177 号。

② 周道鸾，张军. 刑法罪名精释(第三版)[M]. 北京：民法院出版社，2007：841.

分配方案时，将其中一部分国有资产以众所周知的分配方案，以职务高低或者工作业绩为标准，私分给单位成员（包括领导自己），而另一部分则以不为外界知道的方案由几个作出决策的领导进行私分。对于这种案件，应根据私分的对象不同，分别以私分国有资产罪与贪污罪论处，数罪并罚。对于本案的处理，也应在认定事实的基础上进行准确的判罚。如果分配比例悬殊，但该分配方案是按照职务高低或者工作业绩来进行的，该分配方案在单位内部公开，职工也接受的，则只能以私分国有资产罪一罪论处。倘若属于前面所假设的情形，对于负有直接责任并另行私分国有资产的领导或负责人，以私分国有资产罪和贪污罪数罪并罚，而不是一概而论。

11. 此罪与彼罪：骗取公款型贪污罪与诈骗罪的界分

争议点：虚构名目，套取公款并挥霍，而后又用伪造的发票平账，该定何罪？

【案例】被告人彭某某（化名付某）原系对外经济贸易大学教务处教材科职工。在负责订购教材工作期间，彭某某以购买教材的名义先后从对外经济贸易大学领取转账支票2张。彭将该转账支票交给习某，并通过习某套取现金共计14万余元据为己有并挥霍，后彭又用部分伪造的发票在本单位平账。案发后，北京市朝阳区检察院以诈骗罪对彭某某提起公诉。一审法院判决被告人彭某某成立职务侵占罪，处有期徒刑7年。[1] 朝阳区检察院抗诉称被告人是事业单位职工，不构成职务侵占罪的主体，其利用为学校买教材的工作之便，骗取书款，应成立诈骗罪。北京市二分检支持抗诉，但提出对被告人应以贪污罪论处。二审法院改判彭某某犯贪污罪，处有期徒刑11年，并处没收财产1万元。[2]

通常，对贪污罪与诈骗罪的区分主要是看有没有国家工作人员的身份，但是，国家工作人员通过诈骗的手段非法占有公共财产不一定以贪污罪论处，也可能成立诈骗罪。对于国家工作人员骗取公共财产的行为，如何定性，关键看国家工作人员骗取公共财产是否"利用了职务上的便利"。如果利用了职务上的便利，则成立贪污罪；如果没有利用职务上的便利，而只是利用工作上的便利，则成立诈骗罪。所谓"利用职务上的便利"，是指行为人利用本人职务范围内主管、支配、使用和具体负责经营、管理公共财物所形成

---

① 北京市朝阳区人民法院刑事判决书〔1999〕朝刑初字第481号。
② 北京市第二中级人民法院刑事判决书〔1999〕京二中刑终字第818号。

的便利条件。利用职务上的便利，不等于只能直接占有本人主管、经手或者使用的财物。例如，国家工作人员因公出差后报销差旅费，属于职务行为。若使用假票据乘机骗取、冒领非本人经管的公款，也为贪污。而如果国家工作人员报销私人医药费，乘机涂改收据，骗取公款，由于不是因公务报销，未利用本人职务上的便利，则只能以诈骗罪追究刑事责任。[①]对于本案的处理，检察院和法院的分歧主要集中在两个方面，一是行为人主体身份问题；二是是否利用了职务上的便利。被告人彭某某是事业单位工作人员，属于国家工作人员，不符合职务侵占罪的主体要件。被告人是负责订购教材工作的人员，也是以购买教材的名义骗取单位转账支票并最终非法占有公款的，这与其职务紧密相关，应认定为利用了职务上的便利，成立贪污罪。

12. 此罪与彼罪：贪污罪与受贿罪的界分

争议点： 司法工作人员以本部门要赞助费为名截留他人部分执行款，然后侵吞，该定何罪？

【案例】被告人乔某某、张某某原系法院审判员。2000年间，乔某某在案件执行过程中，将依法扣押的被执行人财物作价变卖，并利用职务之便，将其中的变价款5万多元挪用归个人使用。2002年5月，被告人乔某某将此款退还。另外，乔、张二人以为本部门要赞助费为名，从应发给申请执行公司的执行款中，截留4万余元交给该庭内勤赵某某，以赵某某的名义存入银行。张某某擅自将存折从内勤取出并欲占为己有。后张某某又主动将存折交还院领导。检察院以乔某某犯受贿罪、挪用公款罪，张某某犯受贿罪，对二人提起公诉。一审法院判决被告人乔某某犯挪用公款罪，处有期徒刑1年8个月；判决被告人张某某犯贪污罪，为犯罪中止，免予刑事处罚。[②] 检察院提起抗诉，认为乔、张二人向申请执行公司索要4万余元的行为成立受贿罪。乔某某提起上诉，认为一审法院认定其犯挪用公款罪证据不足。二审法院裁定驳回抗诉、上诉，维持原判。[③]

在本案的处理过程中，对于被告人乔某某挪用公款的行为，检法不存在分歧。本案的分歧在于：其一，被告人乔某某、张某某二人以要部门赞助费为名，从应发给申请执行公司的执行款中，截留4万余元的行为是否构成犯

① 周道鸾，张军. 刑法罪名精释（第三版）[M]. 北京：人民法院出版社，2007：808.
② 北京市宣武区人民法院刑事判决书〔2003〕宣刑初字第85号。
③ 北京市第一中级人民法院刑事裁定书〔2004〕京一中刑终字第165号。

罪？检察院对此认为乔、张二人索取他人财物，成立受贿罪共犯。而法院则认为该行为并不成立犯罪，因为该款并没有被乔、张二人非法占有，而是放入本庭的"小金库"中。其二，张某某擅自将存折从内勤取出并欲占为己有的行为该如何定性？检察院认为张某某的行为是受贿罪的事后行为，不另行构成犯罪，而只需对张某某以受贿罪定罪处罚；而法院则在否定检察院对二被告人指控成立受贿罪的基础上，认定张某某成立贪污罪，属于犯罪中止。可见，检察院和法院的第二个分歧源于第一个分歧。

本案中，被告人乔某某、张某某二人作为司法机关工作人员，依法执行判决结果本是分内之事，责无旁贷。然而，二人却借执行之机，从应发给申请执行公司的执行款中，强行截留4万余元作为所在庭的"赞助费"。倘若二人是以要"赞助费"为名，利用职务的便利，强行截取他人执行款，归个人所有的，可视为索贿，成立受贿罪共犯。如果没有利用职务的便利，但实施威胁或者要挟方法强索的，可以敲诈勒索罪追究刑事责任。但从本案实际案情来看，二人只是将执行款截留后交给所在庭的内勤赵某某，并以赵某某的名义存入银行，实际上是入账存入本庭的"小金库"中。这种行为与受贿罪、敲诈勒索罪的犯罪构成并不符合，因此，只能认定为一般违法行为，而不成立犯罪。在这个基础上，对被告人张某某的非法占有行为就有了认定的前提和基础。贪污罪是国家工作人员利用职务上的便利，侵吞、窃取、骗取或者以其他手段非法占有公共财产的行为。那么，既然乔、张二人擅自截取申请执行公司执行款的行为为非法行为，则该执行款属于非法所得，其所有权应归申请执行的公司所有。那么，该执行款还属于贪污罪对象中的"公共财产"吗？根据刑法第91条规定，"公共财产"包括以下财产：①国有财产；②劳动群众集体所有的财产；③用于扶贫和其他社会公益事业的社会捐助或者专项基金的财产。对于在国家机关、国有公司、企业、集体企业和人民团体管理、使用或者运输的私人财产，以公共财产论。可见，该截取的执行款应作为在国家机关管理中的私人财产，以公共财产论。被告人张某某利用职务的便利侵吞该执行款的行为，成立贪污罪。然而，法院在正确认定被告人张某某的行为成立贪污罪的同时，认定为犯罪中止，并依照刑法第24条第2款的规定，认为属于没有造成损害的中止犯，予以免除处罚，这有待商榷。《全国法院审理经济犯罪案件工作座谈会纪要》指出，贪污罪"应当以行为人是否实际控制财物作为区分贪污罪既遂与未遂的标准"。根据这一《纪要》精神，我们认为，对于张某某的侵吞执行款的行为，应认定为贪污罪既遂，至于他很快就又将取出的钱交给领导，这只能作为一种酌定的量刑情节来看待，不影响对贪污罪既遂的认定。

13. 贪污罪的既遂标准

争议点：利用职务的便利侵吞账外公款的存单，是否成立贪污罪既遂？

【案例】被告人饶某某系国家工作人员，其在担任华益公司财务主管期间，利用职务的便利于1997年从该公司会计霍某某处要走了由霍一直保管的157万余元账外资金的存单由自己保管。1998年饶某某调到燕化石油化工股份有限公司化工一厂财务处工作后，将此存单带走，未向下任交接，也未向化一厂和华益公司领导汇报。2003年燕山纪委对华益公司违规、违纪问题进行调查时，饶某某向纪委交代了该事实，并上交了该定期存单。另外，被告人饶某某在任华益公司财务部主任期间，还指示会计霍某某保管1997年年底1998年年初华益公司集资款利息133万余元，不上华益公司的正式账。1998年5月、8月饶某某指示霍某某从该笔账外资金中取出部分款用于公用，剩余114万元余元一直由霍某某存在银行。1998年8月霍某某也调到化工一厂工作。其间，霍曾多次向饶请示对此款如何处理，饶让霍继续保管。2001年霍某某买断工龄，将该款拿到其家中保存。2003年饶某某通知霍某某向公司纪委交款后，霍某某向组织做了交代，并将自己手中的集资利息款1143538元，上交到公司纪委。检察院以贪污罪对饶、霍二人提起公诉。一审法院判定饶某某贪污157万元，以贪污罪（未遂）处有期徒刑4年，宣告霍某某无罪。[①] 房山区法院提起抗诉，抗诉理由是：①饶、霍二人共同贪污114万元公款，为共同犯罪；②饶另外贪污157万元，属于犯罪既遂。北京市人民检察院第一分院支持房山区检察院第一点抗诉理由，但认为饶贪污157万元为未遂。被告人饶某某提起上诉。二审法院裁定驳回抗诉、上诉，维持原判。[②]

在对本案的处理中，检察院和法院的分歧在于两个方面：一是被告人饶某某与霍某某是否成立贪污114万元公款的共犯？二是被告人饶某某贪污157万元公款的行为是犯罪既遂还是犯罪未遂？

第一方面的问题涉及案件事实的认定。检察院认为，二被告人明知这114万元是账外资金，仍一直控制在手中，使公司失去了对该公款的占有、使用权，二人实际上是以暗示的方法表明对该笔公款共同占有故意。而法院则认为，对于华益公司形成的114万元账外资金，被告人霍某某作为会计只

---

① 北京市房山区人民法院刑事判决书〔2004〕房刑初字第175号。
② 北京市第一中级人民法院刑事裁定书〔2004〕京一中刑终字第2772号。

是按照被告人饶某某的意思对该笔资金进行保管，且在自己工作变动时及变动后多次向饶某某请示对此款如何处理，且在保管期间曾按照饶某某的意思取出该款用于公用，证明霍某某没有非法占有的故意和客观行为。被告人饶某某表示继续让霍保管，证明二人对此款没有非法占有的共谋，是一种相互制约、相互监督的关系，二人谁也不能将此款占为己有，二人对此款的行为违反了财务管理的行政法规，但并不构成犯罪。比较而言，法院的理由更为充分，因为仅凭现有证据是不能认定二人对 114 万元公款有共同非法占有的故意的，这也符合无罪推定的原则和要求。

第二个方面的问题涉及贪污罪的既遂标准问题。贪污罪是一种以非法占有为目的的财产性职务犯罪，是一种直接故意犯罪，存在未遂形态。对于贪污既遂与未遂的区分问题，主要有四种观点：一是"得到说"，即以行为人是否实际取得公共财物作为区分贪污既遂与未遂的标准；二是"失控说"，即以财物所有人或者持有人是否失去对公共财物的控制为区分标准；三是"控制说"，即以行为人是否取得对财物的控制权为区分的标准；四是"失控加控制说"，即只有公共财物的所有人或者持有人失去对公共财物的控制并被行为人实际所控制，才能成立贪污罪既遂。为达成共识，最高人民法院在《全国法院审理经济犯罪案件工作座谈会纪要》指出："贪污罪是一种以非法占有为目的的财产性犯罪，与盗窃、诈骗、抢夺等侵犯财产罪一样，应当以行为人是否实际控制财物作为区分贪污罪既遂与未遂的标准。"同时还指出："对于行为人利用职务上的便利，实施了虚假平账等贪污行为，但公共财物尚未实际转移，或者尚未被行为人控制就被查获的，应当认定为贪污未遂。行为人控制公共财物后，是否将财物据为己有，不影响贪污既遂的认定。"可见，"控制公共财物"与"实际取得公共财物"并不等同。根据《纪要》的规定，被告人饶某某利用职务的便利，一直将 157 元公款存单长期私存，如果说饶某某是可以通过存单随时将公款实际取得的，这属于控制了公款，至于被告人饶某某最终有没有实际将公款取出据为己有，并不影响认定其贪污既遂。

14. 贪污罪的缓刑适用问题

争议点：贪污数额巨大且无任何从宽处罚的法定情节，能否适用缓刑？

【案例】被告人巴某某被中国建筑一局（集团）有限公司委派到北京瑞安合营建筑有限公司任副总经理，主持该公司的全面工作。2001 年 5 月间，被告人巴某某利用职务上的便利，伙同他人（另案处理）采用虚增装修电气人工费、材料费等方法，并以假发票、假人工费平账的手段，将公款 34 万余元私分，被告人巴某某分得 10 万元据为己有。在对巴某某采取强制措施期间，其主动供述了司法机关尚未掌握的伙同他人共同贪污 34 万余元的犯罪事实，经查证属实。检察院以贪污罪提起公诉。一审法院经审理认定被告人巴某某犯贪污罪成立，并具有自首情节，判决巴某某犯贪污罪，处有期徒刑 3 年，缓刑 4 年，并处没收财产 10 万元。① 检察院以一审判决适用法律不当，量刑畸轻为由提起抗诉。二审法院改判巴某某犯贪污罪，处有期徒刑 5 年，并处没收个人财产 5 万元。②

　　缓刑不是一种独立的刑种，从裁量是否执行所判刑罚的意义上说，缓刑是一种量刑制度；从刑罚执行的意义上说，缓刑也是一种刑罚执行制度。虽然缓刑是有条件地不执行所判决的刑罚，但在司法实践中，被判处缓刑往往成为被告人和辩护人积极追求的法律效果，这已是不争的事实。就缓刑的适用条件而言，其实质标准是：暂不执行所判刑罚，犯罪人也确实不致再危害社会。而判定被告人是否不致再危害社会的主要标准则是犯罪人的犯罪情节和悔罪表现。"犯罪情节"和"悔罪表现"都是比较广泛而模糊的规定，在司法实践中的把握容易产生随意性，甚至出现重复的评价。例如，如果被告人有自首的情节，则在对案件本身进行量刑时，会根据刑法第 67 条第 1 款的规定从宽处罚，进行第一次评价。而一旦宣告刑为 3 年以下有期徒刑或者拘役，可能又会将自首作为被告人的一种"悔罪表现"考虑适用缓刑，进行第二次评价。甚至在定基准刑时都会自然而然地将之考虑进去。为了防止这种滥用缓刑的危险，针对贪污贿赂犯罪，最高人民法院在 1996 年 6 月通过《关于对贪污、受贿、挪用公款犯罪分子依法正确适用缓刑的若干规定》中，对审理贪污、受贿、挪用公款案件适用缓刑问题，曾作了较为明确的规定③，但由于1997 年刑法对贪污罪无论是起罪数额还是法定刑，都作了很大的变动，刑法

---

① 北京市丰台区人民法院刑事判决书〔2003〕丰刑初字第 1446 号。
② 北京市第二中级人民法院刑事判决书〔2004〕京二中刑终字第 227 号。
③ 最高人民法院《关于对贪污、受贿、挪用公款犯罪分子依法正确适用缓刑的若干规定》对审理贪污、受贿、挪用公款案件适用缓刑问题，作出如下规定：一、国家工作人员贪污、受贿数额在 2000 元以上不满 1 万元，犯罪情节较轻，能主动坦白，积极退赃，确有悔改表现的，可以适用缓刑。二、国家工作人员贪污、受贿 1 万元以上的，除具有投案自首或者立功表现等法定减轻情节的以外，一般不适用缓刑。国家工作人员贪污、受贿数额 1 万元以上不满 5 万元，根据案件具体情况，减轻处罚在有期徒刑 3 年以下量刑的，一般不适用缓刑；对其中犯罪情节较轻，积极退赃的，且在重大生产、科研项目中起关键性作用，有特殊需要或者有其他特殊情况的，可以适用缓刑，但必须从严掌握。三、对下列贪污、受贿、挪用公款犯罪分子不适用缓刑：（一）犯罪行为使国家、集体和人民利益遭受重大损失的；（二）没有赃款，无悔改表现的；（三）犯罪动机、手段等情节恶劣，或者将赃款用于投机倒把、走私、赌博等非法活动的；（四）属于共同犯罪中情节严重的主犯，或者犯有数罪的；（五）曾因经济违法犯罪行为受过行政处分或刑事处罚的；（六）犯罪涉及的财物属于国家救灾、抢险、防汛、优抚、救济款项和物资，情节严重的。

修正案（九）及 2016 年最高人民法院、最高人民检察院《关于办理贪污贿赂刑事案件适用法律若干问题的解释》对法定刑与对应数额做了更大程度上的调整，一般情况下，3 万元为数额较大起点，20 万元以上为数额巨大，300 万元以上为数额特别巨大。因此，严格按照该《规定》适用缓刑，已经不太合适。但该《规定》多少可以对现在的贪污等案件缓刑适用提供借鉴。司法实践中，对于贪污案件的缓刑适用问题，通常会在很大程度上取决于宣告刑是否达到缓刑的适用条件，即犯罪数额在 20 万元以下，或者虽然犯罪数额在 20 万元至 300 万元之间，但具有自首、立功、从犯等减轻处罚情节。

本案发生在 2001 年，根据司法解释的溯及力，如果被告人巴某某不是首犯或者情节严重的主犯，则应按照 1988 年全国人大常委会《关于惩治贪污罪贿赂罪的补充规定》第 2 条第 2 款规定，以其个人所得数额及其在共同犯罪中的作用进行处罚，即其贪污数额为分赃所得的 10 万元。而按照 1997 年刑法第 383 条的规定，其基准刑至少为 10 年有期徒刑。由于被告人有自首情节，根据刑法第 67 条规定，"对于自首的犯罪分子，可以从轻或者减轻处罚。其中，犯罪较轻的，可以免除处罚"。从本案来看，适用从轻或者减轻处罚是比较合理的。从一审法院和二审法院的判决来看，虽然都因自首情节对被告人进行了减轻处罚，但一审法院从贪污罪法定刑的第一档直接跳到第三档，而且还适用缓刑，量刑明显畸轻。当然，至于基于自首、立功等情节可以"减轻处罚"到什么程度，是否可以越级减轻处罚，因刑法并没有明确规定，所以容易产生分歧。到底如何量刑才算合理，除了综合全案案情外，还必须根据司法审判经验，与其他适用缓刑的案件，尤其是类似案件，进行比较，避免量刑上的失衡。当然，最好的办法，是像 1996 年《关于对贪污、受贿、挪用公款犯罪分子依法正确适用缓刑的若干规定》一样，根据刑法的有关规定，并结合当前审判工作实际，对贪污贿赂等案件的缓刑适用作出明确的规定。

15."两块牌子，一套班子"单位中双重主体身份的认定

争议点：在国有和非国有两个不同性质公司中任职，是否当然地具有国家工作人员和非国家工作人员两种不同的身份？

【案例】被告人邵某某系国有独资公司上海机械设备公司工作人员。2000 至 2001 年间，邵受单位委托参加了第 87、88、89 届中国出口商品交易会，邵某某采取侵占多申报的参展摊位费、侵占其他单位使用本单位摊位的支付费用等手段，侵吞公款近 5 万元。另外，1999 年 9 月，邵将其负责的出口货运业务指定由环亚（上海）国际货运公司承运，并提出环亚公司每运出一

只集装箱，需支付给自己回扣 100 美元，后又提出大集装箱回扣每只增加 50 美元。1999 年 9 至 2000 年 10 月间，邵某某共收取回扣 5 万余元。2000 至 2001 年，邵某某代表单位多次收购上海中轻罗东不锈钢制品有限公司的产品供应外销，为此，收取该公司给予的好处费 4800 元。检察院以贪污罪、受贿罪对邵某某提起公诉。一审法院判决被告人邵某某犯贪污罪、受贿罪，处有期徒刑 13 年，并处没收财产 2 万元。① 被告人不服提起上诉。二审法院判决认为，邵某某委托环亚公司承运货物，绝大多数是以上海斯迈克有限公司的名义进行，该公司为非国有公司，因此，邵某某以该公司名义开展的业务应认为系受斯迈克公司的委托经营，其身份为公司、企业人员，收受环亚公司 5 万余元应成立公司、企业人员受贿罪。收受轻罗东公司的 4800 元虽为受贿，但未达法定受贿罪的标准，不以受贿罪论处。改判邵某某犯贪污罪和公司、企业人员受贿罪②，处有期徒刑 7 年，并处没收财产 1 万元。③ 上海市人民检察院按照审判监督程序提起抗诉指出，上海机械设备有限公司投资控股组建了非国有性质的斯迈克公司，二者是控股与被控股关系。上海机械设备公司要求下属以斯迈克公司名义开展业务，是帮助被控股公司提高创汇能力的单位行为，因此，邵某某开展的业务中虽有部分以斯迈克公司名义进行，但不能改变其国有公司工作人员从事公务的主体身份的认定，应成立受贿罪。上海市高级人民法院判决被告人邵某某犯贪污罪、受贿罪，决定处有期徒刑 8 年，并处没收财产 1 万元。④

行为人是否可能同时具备国家工作人员和非国家工作人员身份，并因分别利用职务的便利而触犯不同的罪名呢？这在司法实践中是出现过的。就本案的原二审判决结果而言，也从侧面肯定了这种情形的存在。本案的焦点问题在于：在两个不同性质公司中任职的被告人邵某某，是否就当然地具有国家工作人员和非国家工作人员两种不同的身份？这里值得注意的是，行为人具有或者不具有国家工作人员的身份，并不始终取决于其所在的单位是国有单位还是非国有单位，而取决于行为人是否代表国有单位从事公务。例如，被国有单位委派到非国有单位从事公务的人员，也以国家工作人员论。"从

---

① 上海市静安区人民法院刑事判决书〔2002〕静刑初字第 6 号。
② 1997 年刑法称之为公司、企业人员受贿罪，主体限于公司、企业工作人员。2006 年 6 月 29 日公布并施行的《中华人民共和国刑法修正案（六）》第 7 条将公司、企业人员受贿罪犯罪主体扩大为"公司、企业或者其他单位的工作人员"。现今，该罪改称为"非国家工作人员受贿罪"。
③ 上海市第二中级人民法院刑事判决书〔2002〕沪二中刑终字第 344 号。
④ 上海市高级人民法院刑事判决书〔2003〕沪高刑再终字第 2 号。

事公务"是国家工作人员的共同特征,但由于刑法没有明确"从事公务"的含义,加上公务内容、范围的广泛性以及形式上的多样性,因此容易产生理论分歧并影响司法认定。即使《全国法院审理经济犯罪案件工作座谈会纪要》指出:"从事公务,是指代表国家机关、国有公司、企业、事业单位、人民团体等履行组织、领导、管理、监督等职责。公务主要表现为与职权相联系的公共事务以及监督、管理国有财产的职务活动。"但依然没有对"公务"作出一个明确的界定。根据《全国法院审理经济犯罪案件工作座谈会纪要》相关规定,在司法实践中,对于是否属于受委派从事公务的人员的认定,应从三方面来把握:"一是委派不问来源,不论行为人在受委派以前是否具有国家工作人员的身份,也不论行为人是委派单位或者接受委派单位的原有职工,还是为了委派而临时从社会上招聘的人员(如农民),都能成为国有单位委派人员。二是委派的形式多种多样,既可以是事前或事中的提名、推荐、指派、任命,也可以是事后的认可、同意、批准等,但应当注意的是,单纯的事后备案行为不属于受委派从事公务的人员。三是受委派后必须代表国有单位在非国有单位从事组织、领导、监督、管理等职责。"①

在本案中,被告人邵某某是在以上海斯迈克有限公司的名义开展业务活动过程中收取贿赂的,而上海斯迈克有限公司虽然是由国有独资公司即上海机械设备有限公司投资控股组建的,但其性质属于非国有公司。这是否意味着被告人邵某某具备国家工作人员和非国家工作人员双重身份,并且是以其非国家工作人员的身份,利用职务上的便利收取贿赂的呢?这涉及受贿行为的定性,而这也是检察院和二审法院的分歧所在。从案情来看,上海机械设备有限公司和上海斯迈克有限公司虽然一个是国有公司,一个是非国有公司,但后者是由前者投资控股组建的,在实际的工作运行中,是"两块牌子,一套班子"。二审法院及被告人的辩护人认为,邵某某在以上海斯迈克公司名义进行业务活动时,其利用的不是国家工作人员的身份,而邵某某利用其代表上海斯迈克公司对外开展业务的职务之便收取贿赂,所侵犯的客体也只能是非国有公司工作人员职务行为的廉洁性,应成立公司、企业人员受贿罪(即非国家工作人员受贿罪)。严格来说,这种推理并不正确。如前所述,在非国有单位任职,并以非国有单位名义开展业务,并不理所当然就不具有国家工作人员的身份。正如检察院抗诉意见中所指出的,上海机械设备有限公

---

① 最高人民法院刑事审判第一庭. 现行刑事法律司法解释及其理解与适用[M]. 北京:中国民主法制出版社,2007:543.

司投资控股组建了上海斯迈克公司，二者是控股与被控股关系。上海机械设备公司之所以要求被告人邵某某在内的下属以斯迈克公司名义开展业务，为的是帮助被控股公司提高创汇能力的单位行为，而下属工作人员的工作也受上海机械设备公司的委托和主管，接受上海机械设备公司的考核与奖惩，并不存在受上海斯迈克公司委托的事实。被告人邵某某虽在开展业务中多次以斯迈克公司名义进行，但为受上海机械设备有限公司的委托，而不是受斯迈克公司的委托，并不能因此改变对其国有公司工作人员主体身份的认定，其收受贿赂也是建立在利用国有公司工作人员从事公务的职权便利基础之上的，应以受贿罪论处。当然，假如事实上被告人确是被上海机械设备公司委派到上海斯迈克公司从事公务的话，即使以斯迈克公司名义从事业务活动，其身份依然是以国家工作人员论。这与司法实践中那种一方面在国有公司任职，另一方面又在非国有公司中兼职且不是被国有公司委派从事公务，同时具备国家工作人员身份和非国家工作人员身份的情形不同。

二、挪用公款罪

1979 年刑法只在第 126 条规定了挪用特定款物罪，而没有规定挪用公款罪，通常对于一般挪用公款的行为，只是给予党纪政纪处分。1985 年最高人民法院、最高人民检察院在《关于当前办理经济犯罪案件中具体应用法律的若干问题的解答（试行）》中，对挪用公款归个人使用的几种情形，规定以贪污罪追究刑事责任，这虽然对打击挪用公款犯罪行为起到一定的惩治作用，但混淆了贪污与挪用的行为性质界限，从严格的法治原则来看，很不妥当。全国人大常委会于 1988 年 1 月 21 日颁布实施的《关于惩治贪污罪贿赂罪的补充规定》正式确立了挪用公款罪的罪名，同时规定，只有"挪用公款数额较大不退还"，才成立贪污罪。1997 年刑法对挪用公款罪进行了刑事立法，并从主体范围、法定刑等方面对挪用公款罪相关法律规定进行了修改和完善。① 随着社会主义市场经济改革的继续深入，司法实践中挪用公款案呈上升趋势。在对挪用公款案进行处理的过程中，检察院与法院对相关问题的分歧依然存在，主要表现在对挪用公款罪与非罪的认定、对挪用公款罪与挪用资金罪及贪污罪的界分、对"挪用公款""归个人使用""挪用公款进行营利活动"等相关术语的理解与适用，以及挪用公款共犯问题等方面。

---

① 王作富. 刑法分则实务研究（下）[M]. 北京：中国方正出版社，2003：1938.

1. "挪用公款超过 3 个月未还"的理解与适用

争议点：挪用公款超过 3 个月，案发前归还本金，但没有将利息归还，可否不以犯罪论处？

【案例】 被告人刘某某于 1993 年 5 月下旬，利用担任内江市中医院计财科科长的职务之便，采用收入现金不入银行等手段，挪用公款 2 万余元给亲友私用。同年 11 月被告人退还该款本金。1998 年 8 月群众书面举报。1999 年 1 月 25 日，检察机关决定立案侦查。检察院以挪用公款罪提起公诉。一审法院认为被告人刘某某虽挪用公款数额较大超过 3 个月，但在案发前已全部归还，可不认为是犯罪，判决宣告被告人刘某某无罪。检察院提起抗诉，认为根据两高相关规定，挪用公款不作为犯罪处理必须具备数额较大、超过 3 个月但在案发前归还本金和利息的条件。刘某某在案发前只归还了其挪用公款的本金，而未归还挪用公款的利息 200 元，不具备不按犯罪处理的条件，应作有罪判决，原判适用法律有错误。二审法院认为被告人刘某某挪用公款的行为情节显著轻微，危害不大，不宜以犯罪论处，裁定驳回抗诉，维持原判。[①]

根据刑法第 384 条规定，挪用公款罪在客观方面有三种情形：①挪用公款归个人使用，进行非法活动的；②挪用公款归个人使用，数额较大，进行营利活动的；③挪用公款归个人使用，数额较大，超过 3 个月未还的。在对第三种情形的理解问题上，一种观点认为必须同时具备"超过 3 个月"和"未还"（即在案发前仍未归还）两个条件；另一种观点认为只要挪用"超过 3 个月"，就构成犯罪。对于第一种观点，存在一定的缺陷。如果说，只要在案发前归还了被挪用的公款就不成立犯罪，则会推理得出这么一种结论："犯罪分子越狡猾，犯罪手段越隐蔽，只要在案发前还了，挪用 10 年、8 年都不构成犯罪；有些案发得早，也可能刚过了 3 个月就案发了，反而构成犯罪了。"[②]但如果是第二种观点所理解的，"未还"一词则显得多余，是一种技术过剩。针对这种分歧，1998 年 5 月 9 日施行的最高人民法院《关于审理挪用公款案件具体应用法律若干问题的解释》第 2 条规定："挪用正在生息或者需要支付利息的公款归个人使用，数额较大，超过 3 个月但在案发前全部归还

---

① 四川省内江市中级人民法院刑事裁定书〔2000〕内刑二终字第 2 号。

② 最高人民法院刑事审判第一庭. 现行刑事法律司法解释及其理解与适用［M］. 北京：中国民主法制出版社，2007：558.

本金的，可以从轻处罚或者免除处罚。给国家、集体造成的利息损失应予追缴。"可见，只要利用职务的便利挪用数额较大公款的时间超过了3个月就构成犯罪，至于在案发前是否归还，只是一个酌定量刑情节而已。对于该条只指出"从轻处罚"和"免除处罚"，而没有规定"减轻处罚"，对此作出的理解是，"因为案发前已经归还不是一个法定减轻情节，是一个酌定的量刑情节，如果减轻处罚的话，要报最高人民法院核准，不符合修改后的刑法第63条关于减轻处罚规定的原意。所以，可以从轻处罚，也可以免除处罚，而没有规定减轻处罚"①。

就本案的处理而言，检察院和法院分歧的焦点在于：被告人挪用公款超过3个月并在案发前归还了本金，是否符合不以犯罪论处的条件。一审法院依据1989年最高人民法院、最高人民检察院《关于执行〈关于惩治贪污罪贿赂罪的补充规定〉若干问题的解答》第2条第一项规定，判决被告人无罪。而检察院同样以这一项规定为由提起抗诉，认为该《解答》第2条第一项规定，必须在案发前全部归还"本息"，才可不认为是犯罪，而本案中被告人案发前只归还了本金而没有归还利息，故而不能宣告无罪。二审法院采纳了检察院的抗诉理由，但最终仍宣告被告人无罪，只是其所依据的是刑法"但书"的规定，认为被告人挪用公款情节显著轻微，危害不大，不以犯罪论处。可见，检察院的分歧不在于事实认定，而在于具体法律的适用。

2. "公款"的认定

争议点：将质押物卖出后进行挪用是否属于挪用公款？

【案例】被告人张某在担任中国银行黑龙江省分行信用卡处信控科副科长期间，为林某某办理信用卡便利透支30万元贷款业务时，林将本单位一台吉普车交到银行作贷款质押。在办理有关贷款质押手续过程中，林提出想将该车卖掉，让张帮助联系买主，车价不能少于30万元。张某为林办完有关贷款手续后，林将车交到银行存放。后来，张某既没有请示单位领导，也未告知林某某，即通过中间人云某将车卖出，并于当日将卖车款31.5万元存到以其弟张某某名义办理的信用卡账户上，张某从该信用卡中提取现金18万元存入其个人股票账户上用于股票交易活动，后将卖车款31.5万元归还到林某某的信用卡账户上。案发后，检察院以挪用公款罪对张某提起公诉。一审

---

① 最高人民法院刑事审判第一庭. 现行刑事法律司法解释及其理解与适用[M]. 北京：中国民主法制出版社，2007：558.

法院认为被告人张某将本单位客户用作贷款质押物的汽车变卖后挪用卖车款进行营利活动，因车主事先有委托卖车的意思表示，且该车作为质押物在质押期间所有权没有转移到银行，故张某挪用的不是银行资金，判决张某无罪。检察院提起抗诉，认为将质押的车擅自卖出并挪用该车款属于挪用公款，应以挪用公款罪论处。二审法院改判被告人张某犯挪用公款罪，处有期徒刑 5 年。①

　　本案检察院和一审法院的分歧在于对挪用公款中"公款"的理解。公款包括归国有单位所有的资金和行为人被国有单位委派到非国有单位从事公务的非国有单位所有的资金。从资金状态来看，包括已在单位入账处在单位控制之中的资金，也包括应当收归单位所有尚未入账的资金。②公款的典型表现形式是货币，除此之外，股票、债券、国库券等有价证券及金融凭证也属于公款。那么，挪用公款罪的对象是否包括公物呢？对此，1989 年 11 月 6 日最高人民法院、最高人民检察院《关于执行〈关于惩治贪污罪贿赂罪的补充规定〉若干问题的解答》中曾经规定："挪用公物归个人使用，一般应由主管部门按政纪处理，情节严重，需要追究刑事责任的，可以折价按挪用公款罪处罚。"这种规定受到了批评。1998 年 4 月 6 日最高人民法院在《关于审理挪用公款案件具体应用法律若干问题的解释》中规定，对于挪用救灾、抢险、防汛、优抚、扶贫、移民、救济等特定款物归个人使用的，可按挪用公款罪追究刑事责任。2003 年 3 月 6 日最高人民检察院在《关于国家工作人员挪用非特定物能否定罪的请示的批复》中进一步指出："刑法第 384 条规定的挪用公款罪未包括挪用非特定公物归个人使用的行为，对该行为不以挪用公款罪论处。如构成其他犯罪的，依照法律的相关规定定罪处罚。"可见，挪用公款罪的对象一般是公款，特殊情形下挪用公物也可成立本罪，但只限定为特定公物即用于救灾、抢险、防汛、优抚、扶贫、移民、救济等特定物。值得注意的是，我们所说的挪用非特定公物不构成挪用公款罪，是指国家工作人员直接利用该非特定公物的使用价值的情形，③ 例如挪用公车归个人使用等，如果国家工作人员将非特定物如公车卖掉后再挪用车款归个人使用的，应视为挪用公款，以实际销售公物所得的数额计算挪用公款数额。

　　在本案一审审理中，法院认为该车属于质押物，所有权不归国有银行，

---

①　黑龙江省哈尔滨市中级人民法院刑事判决书〔1997〕刑抗字第 1 号。

②　王作富. 刑法分则实务研究（下）［M］. 北京：中国方正出版社，2003：1941.

③　王作富. 刑法分则实务研究（下）［M］. 北京：中国方正出版社，2003：1943.

张某擅自将车卖掉,该售车款不属于国有银行的公款,因此,不是挪用公款罪的对象,不成立犯罪。检察院与二审法院则认为,根据刑法第91条规定,在国家机关、国有公司、企业、集体企业和人民团体管理、使用或者运输中的私人财产,以公共财产论。虽然作为质押物的汽车所有权并未转移到国有银行,但在质押期间银行对质押物负有管理义务,应视为公物,被告人将视为公物的汽车擅自卖掉,所得的款应视为在银行管理下的公款。被告人将该款挪用进行炒股,应以挪用公款罪论处。检察院的抗诉意见与二审法院的判罚是正确的。

3. "挪用"与挥霍的关系

争议点:将挪用的公款用于炒股、赌博是否属于"挥霍"?是否转化为贪污罪?

【案例】被告人张某某身为国家工作人员,利用其担任国有公司出纳员兼管理员的职务之便,采取收入不入账的方法,多次将本公司销售钢材所得货款共计73万余元挪作私用,并先后进行炒股和赌博。案发后检察机关追回10万元,仍有63万余元不能退还。检察院以贪污罪、挪用公款罪对张某某提起公诉。一审法院判决被告人张某某犯挪用公款罪,处无期徒刑,剥夺政治权利终身。[①] 检察院提起抗诉,认为被告人张某某挪用公款后将其中63万余元挥霍一空,其目的已由最初的非法使用转化为非法占有,应成立贪污罪。二审法院裁定驳回抗诉,维持原判。[②]

挪用公款罪与贪污罪的区分主要在于两个方面:一是主观故意内容不同。前者是以非法挪用为目的,暂时占有公款,准备将来归还;后者是以非法占有为目的,即将公款永久占有,没有以后归还的意图。二是客观行为方式不同。前者是非法借用,因此总会留下"挪用"的痕迹,进行挂账,没有平账或销赃,甚至留下借条,有迹可循;而后者通常采用各种手段掩饰或者隐瞒贪污行为,进行平账或销账。对于挪用公款不退还的,1997年刑法第384条规定,挪用公款数额巨大不退还的,以挪用公款罪处10年以上有期徒刑或者无期徒刑。这里的"不退还",仅指行为人因客观原因在一审宣判前不能退还的情况。如果行为人有能力归还而不归还,例如携款潜逃的,推定为行为人已由"非法挪用"的目的转化为"非法占有"的目的,以贪污罪论处。

---

① 内蒙古自治区包头市中级人民法院刑事判决书〔2000〕包刑初字第33号。
② 内蒙古自治区高级人民法院刑事裁定书〔2000〕内刑终字第251号。

2003 年 11 月 13 日《全国法院审理经济犯罪案件工作座谈会纪要》就挪用公款转化为贪污的认定问题，具体指出："挪用公款是否转化为贪污，应当按照主客观相统一的原则，具体判断和认定行为人主观上是否具有非法占有公款的目的。在司法实践中，具有以下情形之一的，可以认定行为人具有非法占有公款的目的：①根据《最高人民法院关于审理挪用公款案件具体应用法律若干问题的解释》第 6 条的规定，行为人'携带挪用的公款潜逃的'，对其携带挪用的公款部分，以贪污罪定罪处罚；②行为人挪用公款后采取虚假发票平账等手段，使所挪用的公款已难以在单位财务账目上反映出来，且没有归还行为的，应当以贪污罪定罪处罚；③行为人截取单位收入不入账，非法占有，使所占有的公款难以在单位财务账目上反映出来，且没有归还行为的，应当以贪污罪定罪处罚；④有证据证明行为人有能力归还所挪用的公款而拒不归还，并隐瞒挪用的公款去向的，应当以贪污罪定罪处罚。"

就本案而言，检察院把被告人将挪用的公款用于炒股、赌博定性为"挥霍"，从而认为被告人具有非法占有公款的目的，单就这种推理而言，并不充分，必须对被告人不能归还公款的行为进行具体分析。如果仅仅是由于被告人将挪用的公款进行炒股、赌博而亏空了，客观上没有能力归还，也没有采取平账等手段，则应视为被告人挪用公款进行营利和非法活动，应以挪用公款罪追究刑事责任，不能仅仅因为被告人将其中 63 万余元公款因炒股、赌博等投机行为亏空无法归还就在判罚上呈现客观归罪的倾向。其实，这也涉及挪用公款罪的立法背景与立法精神。由于贪污罪的法定刑非常高，国家工作人员一旦犯案，涉案金额通常是 10 万元以上，如果只要是非法挪走并使用就认定为侵吞并以贪污罪论处，则至少在 10 年有期徒刑以上量刑，这显得非常严厉。司法实践中，对于职务犯罪的国家工作人员，一旦定罪，都意味着其先前所有的努力和奋斗毁于一旦，往日引以为傲的名誉、地位也将不再拥有，如果扩大贪污罪的适用，显得严苛，也不利于犯罪人最终的改造和回归社会。因此，从全国人大常委会于 1988 年 1 月 21 日颁布实施的《关于惩治贪污罪贿赂罪的补充规定》正式确立了挪用公款罪的罪名，规定只有"挪用公款数额较大不退还"才成立贪污罪，一直到 1997 年刑法对挪用公款罪进行了刑事立法，规定"挪用公款数额较大不退还"在无充分证据证明国家工作人员具有非法占有公款的情形下，依然以挪用公款罪论处，可以说对贪污罪的适用一退再退，这种立法的倾向实际上就是以挪用公款罪来缓解贪污罪的严苛，缩小贪污罪的适用。因此，在司法实践中，虽然贪污也须以挪用公款为前提，挪用也具有"非法使用"的成分，甚至行为人是将公款进行挥霍，但只要没有足够证据证明其主观上具有非法占有公款的目的，就推定为其仅仅是为了挪用公款，以挪用公款罪论处，这也是对挪用公款罪立法精神、立法倾向的一种呼应。

4. "个人决定以单位名义挪用公款，谋取个人利益"的理解与认定

争议点：事先没有约定，国家工作人员个人决定以单位名义为他人挪用公款，并收取他人事后给予的贿赂，是否以受贿罪与挪用公款罪数罪并罚？

【案例】金华市人民政府为扶持金华市民营企业，由金华市财政局和其他八家民营企业共同出资成立金华市惠成民营企业担保公司。2001年4月金华市财政局委派被告人王某担任惠成担保公司董事长、法人代表。2001年11月至2002年6月间，金华市杨盛灯饰公司的杨某见在承建工程过程中，因需较大资金，遂找王某帮忙。王某在未征得公司其他董事同意的情况下，超越职权，擅自决定以单位名义将惠成民营担保公司公款650万元分五次借给金华市杨盛灯饰公司使用。期间，为表示感谢，杨某见曾送给王某2000元购物券及海鲜、水果等物并为王某支付了550元住宿费。共计2550元。王某在检察机关对其以挪用公款罪立案审查时，主动交代了司法机关尚未掌握的收受贿赂31550元的犯罪事实。检察院以挪用公款罪、受贿罪对王某提起公诉。一审法院认为认定王某挪用公款谋取个人利益的证据不充分，不成立挪用公款罪。判决被告人王某犯受贿罪，处有期徒刑1年6个月，追缴受贿款31550元，上缴国库。[1]检察院提起抗诉。二审法院判决王某犯挪用公款罪、受贿罪，数罪并罚。[2]

根据全国人大常委会《关于〈中华人民共和国刑法〉第384条第1款的解释》的规定，"以个人名义将公款供其他单位使用的""个人决定以单位名义将公款供其他单位使用，谋取个人利益的"，均属于挪用公款"归个人使用"。在司法实践中，认定是否属于"以个人名义"，不能只看形式，而要从实质上把握。对于行为人逃避财务监管，或者与使用人约定以个人名义进行，或者借款、还款都以个人名义进行，将公款给其他单位使用的，应认定为"以个人名义"。"个人决定"既包括行为人在职权范围内决定，也包括超越职权范围决定。"谋取个人利益"，既包括行为人与使用人事先约定谋取个人利益实际尚未获得的情况，也包括虽未事先约定但实际已获取了个人利益的情况。其中"个人利益"，既包括正当利益，也包括不正当利益；既包括财产利益，也

---

① 浙江省兰溪市人民法院刑事判决书〔2003〕兰刑初字第74号。
② 浙江省金华市中级人民法院刑事判决书〔2003〕金中刑二终字第134号。

包括非财产利益，但这种非财产利益应当是具体的实际利益，如升学、就业等。

本案检察院以挪用公款罪对王某提起公诉，是认定王某"个人决定以单位名义将公款供其他单位使用，谋取个人利益"。一审法院没有采纳检察院的指控意见，理由是：认定被告人"谋取个人利益"的证据不充分。从本案证据来看，王某收受杨某见送来的2000元购物券及海鲜、水果等物及为他支付的550元住宿费，属于虽未事先约定，但事后实际获取个人利益的情形，这种情形与王某挪用巨额公款的"仗义"行为是有着直接的紧密联系的，应视为"谋取个人利益"，成立挪用公款罪。

在这里还有一个问题值得探讨。在挪用公款罪的罪数问题上，通说认为，因挪用公款而向他人索取、收受贿赂构成犯罪的，应当实行数罪并罚。① 我们认为不能一概而论。不妨假设这样一种情形：国家工作人员个人决定以单位的名义将公款挪用给其他单位使用，事先没有约定但事后收取了其他单位送来的贿赂款，因为事先没有约定，所以必须事后实际获得贿赂款即谋取个人利益，才能成立挪用公款罪，因此，该国家工作人员事后收取贿赂款即谋取个人利益是成立挪用公款罪的一个要件，进行了一次评价。倘若该贿赂款达到5000元，又成立受贿罪，数罪并罚，这相当于将国家工作人员收受贿赂即挪用公款罪中的谋取个人利益又进行了一次评价。并且，就挪用公款行为来说，实际上也进行了两次评价，既是挪用公款罪中的挪用行为，又是受贿罪中为他人谋取利益行为。因此，对于这种特殊情形，我们认为应属于想象竞合犯，从一重论处，而不是数罪并罚。

5. 挪用公款罪共犯的认定

争议点：公款的使用人与公款的挪用人成立挪用公款罪共犯的条件是什么？

【案例1】被告人熊某某被国有企业北京二毛纺织集团委派担任北京拓扑毛纺有限公司执行董事。1995年年初，被告人王某某（时任北京拓扑毛纺有限公司总经理）向熊某某等提出要求公司为其解决个人住房问题。经该公司董事长刘某某等人同意，王某某从该公司财务处先后借取共计150万元，购买公寓一套。其间，熊某某让王某某用拓扑公司的公款也为其购买公寓两套，后王某某为熊某某办理了购房手续，且两套公寓分别以熊某某妻子和妻妹的名义购买，为此，拓扑公司支付了203万余元。后被告人熊某某、王某

---

① 周道鸾，张军. 刑法罪名精释[M]. 北京：人民法院出版社，2007：820.

某将各自所购公寓予以出租，租金占为己有。案发后尚有人民币90余万元未归还。检察院以挪用公款罪共犯对熊某某、王某某提起公诉。一审法院判决被告人熊某某犯挪用公款罪，判处有期徒刑12年；被告人王某某无罪。①检察院提起抗诉，认为王某某与熊某某应成立挪用公款罪共犯。二审法院裁定驳回抗诉，维持原判。②

【案例2】被告人高某某找到某国有银行工作人员被告人陈某，提出贷款用于个人收购粮食。陈某告知收购粮食贷款不能贷给个人，只能贷给收购粮油的国有企业，让其找白辛粮库想办法。此后，陈某、高某某等一同来到该粮库，陈某对该粮库主任被告人刘某某讲，高某某要用一笔贷款，想用白辛粮库的账户将款贷出，到收购期再将款给粮库返回。刘某某表示同意，并提出白辛粮库也需要一部分款。不日，高某某持陈某填写的100万元贷款指标批准通知单，与刘某某指派的白辛粮库会计王立文一同到银行营业所办理了白辛粮库贷款100万元的抵押贷款手续，高某某陆续将款提出后，返给白辛粮库20万元，其余80万元归其个人使用。几个月后，高某某又在陈某的帮助并征得刘某某的同意下，再次以白辛粮库的名义、账户贷款190万元，其中74.5万元返给白辛粮库，其余115.5万元由高某某个人使用。至案发前，高某某归还白辛粮库贷款共计65万元，尚欠130.5万元及利息341682元。被告人刘某某向检察机关举报后，检察机关立案侦查，并追缴被告人高某某进口、国产小轿车3辆、麻袋10万余个及房产、现金等，折合人民币1646690元（含利息）退还白辛粮库。检察院以挪用公款罪对陈某、高某某、刘某某提起公诉。一审法院判决陈某犯违法发放贷款罪，免予刑事处罚，并处罚金1万元；宣告被告人高某某、刘某某无罪。③检察院提起抗诉，认为三被告人为挪用公款罪共犯。二审法院判决陈某、高某某、刘某某均成立挪用公款罪，分别判处有期徒刑7年、5年、3年。④

上述案件检察院和法院的分歧均在于对挪用公款罪共犯的认定。根据刑法第384条规定，挪用公款罪的成立条件之一是挪用公款"归个人使用"⑤，

---

① 北京市第一中级人民法院刑事判决书〔2002〕京一中刑初字第2462号。

② 北京市高级人民法院刑事裁定书〔2003〕高刑终字第88号。

③ 内蒙古自治区兴安盟中级人民法院刑事判决书〔1999〕兴刑初字第32号。

④ 内蒙古自治区高级人民法院刑事判决书〔2000〕内刑终字第301号。

⑤ 2002年4月28日全国人大常委会《关于〈中华人民共和国刑法〉第384条第1款的解释》对"挪用公款归个人使用"的含义问题，解释如下：（一）将公款供本人、亲友或者其他自然人使用的；（二）以个人名义将公款供其他单位使用的；（三）个人决定以单位名义将公款供其他单位使用，谋取个人利益的。

其中一种常见的情形就是"将公款供本人、亲友或者其他自然人使用"。而在司法实践中，使用公款的人对该公款的来源一般是知晓的，如果因此而将使用公款的人认定为挪用公款罪共犯，打击面太宽。鉴于此，1998年5月9日施行的最高人民法院《关于审理挪用公款案件具体应用法律若干问题的解释》第8条规定："挪用公款给他人使用，使用人与挪用人共谋，指使或者参与策划取得挪用款的，以挪用公款罪的共犯定罪处罚。"因此，公款使用人与公款挪用人构成共犯主要包括两种情况：一是使用人与挪用人共同策划挪用公款，然后由使用人自己使用该公款；二是使用人指使挪用人挪用公款。对于那些没有指示或者参与策划挪用公款的人，即使其知道这是公款，仍然使用的，不成立挪用公款罪的共犯。对于那些情节严重的，可考虑定以掩饰、隐瞒犯罪所得、犯罪所得收益罪。[1]另外，如果行为人指使国家工作人员挪用公款给第三人使用，则行为人可以成立挪用公款罪的共犯，尽管不是行为人自己使用。

案例1中，被告人王某某没有指使熊某某挪用公款为自己购房，其取得公寓是通过正常途径向公司提出要求并经公司领导集体决定的。而被告人也没有指使熊某某或者与熊某某共同策划挪用公款以熊某某妻子、妻妹的名义购买公寓，而是在熊的授意下去挪款买房的，作为非国家工作人员的王某某并不成立挪用公款罪的共犯。而案例2中，虽然开始是国家工作人员被告人陈某提出挪用公款的方案，但被告人高某某与被告人刘某某都参与其中的策划，并且高、刘二人都使用了非法挪用的公款，应成立挪用公款罪的共犯。

三、私分国有资产罪、私分罚没财物罪

1."私分"的理解

争议点：将罚没财物截留后发放补贴是不是私分罚没财物？

【案例】1993至1996年间，佛冈县公安局根据该县的财政政策对下属各派出所实行经费包干，干警工资由该局发放，其他一切费用在各派出所上缴罚没款和行政性收费的30%至40%（浮动）返拨款中解决。1993年8月至1994年8月，被告人何某某任佛冈县公安局石角分局局长兼城南派出所所长期间，在城南派出所办案办公正常经费得不到保证的情况下，与被告人谢某

---

[1]　最高人民法院刑事审判第一庭. 现行刑事法律司法解释及其理解与适用[M]. 北京：中国民主法制出版社, 2007：564.

某、黄某某等人商量，决定在单位内设立"小钱柜"，将应上缴的部分罚没款、行政性收费、退赃款、保证金进行截留，连同赞助款等收入"小钱柜"，用作补充办公、办案、建设、购置设备等办公经费和发放派出所干警各项补助等开支。1994年1月至1995年4月城南派出所向全所干警发放生活、节日、夜班、加班等补助共9次(按干警出勤情况发放)，共计120801元，其中何某某共领款13626.40元，谢某某、黄某某分别共领款13616.40元。被告人朱某某接任所长后，与被告人谢某某、黄某某、崔某某共同商量，继续设立"小钱柜"，用于补充办公费用和向该所干警发放各项补贴，先后发放各项补贴40次(基本按干警出勤情况发放)，共426950元，其中朱某某、谢某某、黄某某、崔某某各领取41277元，何某某接受城南派出所的补贴27977元。检察院以私分罚没财物罪提起公诉。一审法院判决宣告各被告人无罪。① 原公诉机关提起抗诉。二审法院裁定驳回抗诉，维持原判。② 判决发生效力后，广东省高检提起抗诉。广东省高院裁定驳回抗诉，维持原判。③

私分罚没财物罪，是指司法机关、行政执法机关违反国家规定，将应当上缴国家的罚没财物，以单位名义集体私分给个人的行为。在司法实践中，对本罪的认定，须注意的是本罪是"以单位的名义"，由单位决定的。具体来说，有以下几个要点：其一，犯罪主体必须是国有机关、国有公司、企业、事业单位或者人民团体。其二，由集体研究决定，或者由领导或主要负责人决策。其三，有一定的分配方案和标准，通常是根据职工职务高低或者工作业绩好坏来私分。其四，单位基本上人人有份。

对于本案，检察院认为各被告人将罚没财物进行了私分，且每人所得数额大，情节严重，造成了恶劣的社会影响，其行为依1988年全国人大常委会《关于惩治贪污罪贿赂罪的补充规定》第1条第1款构成贪污罪，依1997年刑法第396条第2款规定，成立私分罚没财物罪，根据从旧兼从轻的原则，对原审被告人的行为应以私分罚没财物罪定罪处罚。法院则认为，各被告人不按照有关规定将罚没款、行政性收费全部上缴后再从返拨款中开支，而是商定将部分应上缴的罚没款、行政性收费、退赃款、保证金进行截留，连同赞助款等收入"小钱柜"，又从"小钱柜"支出补贴办公办案经费和发放干警的各项补助，是属于违反财经纪律的行为。由于派出所从"小钱柜"支出发放

---

① 广东省佛山县人民法院刑事判决书〔1998〕佛刑初字第14号。
② 广东省清远市人民法院刑事裁定书〔1998〕清中法刑终字第40号。
③ 广东省高级人民法院刑事裁定书〔2001〕粤高法审监刑再字第15号。

的各项补贴主要是按照干警出勤情况平均发放，各被告人没有借机故意侵吞公款的行为，而且"小钱柜"中有赞助款等非罚没款的部分，因此，各被告人的行为不构成犯罪。检察院和法院在罪与非罪上的分歧源于对"私分"一词的理解与认定。将罚没财物截留后发放补贴是不是"私分"？"私分"是否以主观上非法占有为要件？我们认为，对于"私分"，应结合主客观方面加以认定，即在主观上具有非法侵占的故意，客观上具有私分的行为。对于主观故意的认定，通常要从客观方面来认定，例如伪造假账目，巧立名目，进行私分。实践中，很少有单位会不做账就直接私分给单位职工的，因为分给的人员多，影响大，容易案发，故单位通常会寻找财务制度的漏洞，找出一些看似合理的理由，例如实际没有加班而以"加班费"名义进行私分，或者虽然有加班，但虚报加班次数，或者扩大加班费发放数额。所以，要认定是否属于私分罚没财物罪或者私分国有资产罪中的"私分"，首先必须看其私分的"理由"和"依据"，即要考察行为背后的因素，如果属于巧立名目、弄虚作假，借发放各种报酬为名进行私分罚没财物或者国有资产的，也应以犯罪论处。可见，对于这种情况，必须首先对其账目进行严格审计，再作出准确判断。

2. "国有资产"的认定

争议点： 国有单位根据与主管部门的相关协议，在完成利润基数后将自留的"小金库"资金进行私分，是否成立私分国有资产罪？

【案例】被告人单某某在任赤峰水电段（属于通辽铁路分局内部的一个单位）段长、被告人任某某在任赤峰水电段多种经营部经理期间，二人依据本段的《集体合同》及各种管理、奖惩制度、考核办法，从保存在多种经营部的账外账中，发放各种奖金、补贴共73笔，合计136万余元。其中单某某单独签批 975751.05 元；任某某单独签批 22280.00 元；二人共同签批 212407.30 元；无人签批 157580.00 元。单某某个人所得 22788.00 元；任某某个人所得 14129.00 元。检察院以私分国有资产罪对单某某、任某某二人提起公诉。一审法院判决认为，二被告人签批支出的资金其中部分系根据企业的有关文件规定所留的自有基金，并按照企业的授权，按照本单位日常内部奖惩规定和管理制度发放。公诉机关指控被告人单某某、任某某犯私分国有资产罪事实不清，证据不足，指控的犯罪不能成立，宣告二被告人无罪。[1]检察院抗诉称：一审判决认定事实有错误。"小金库"的资金是运营水电费的

---

[1]　通辽铁路运输法院刑事判决书〔2000〕通刑初字第 19 号。

收入,是国家投资产生的收益,是国有资产。并且,一审判决确认被告人签批支出的是"小金库"的资金,却回避了是否为国有资产,回避了授权部门,回避了奖金的来源及上级的有关规定,属于使用证据有错误。二审法院裁定驳回抗诉,维持原判。①

私分国有资产罪,是指国有机关、国有公司、企业、事业单位、人民团体,违反国家规定,以单位名义将国有资产集体私分给个人,数额较大的行为。

本案首先要澄清的问题是:"小金库"的资金是否为国有资产?参照《国有资产产权界定和产权纠纷处理暂行办法》《国有企业财产监督管理条例》《事业单位国有资产管理暂行方法》等相关规定,国有资产是指国有单位占有、使用的,依法确认为国家所有,能以货币计量的各种经济资源的总称,包括国家拨给国有单位的资产,国有单位按照国家规定运用国有资产组织收入形成的资产,以及接受捐赠和其他经法律确认为国家所有的资产,其表现形式为流动资产、固定资产、无形资产和对外投资等。②本案中,赤峰水电段及多种经营部属于通辽铁路分局内部的一个单位,系全资国有企业,其水电费的运营收入,包括该段"小金库"中的资金,都属于国家投资生产的收益,应属于国有资产。关于这一点,检察院的抗诉是正确的。至于是否违反国家规定进行了私分构成犯罪,这主要是事实的认定问题。司法实践中,为了促进生产,增长经济,通常国有企业的主管部门会与该国有企业或其中的某个单位签订经济承包责任制合同,如果完成了一定的利润基数,则超出部分留给该单位作为自留资金,设立所谓的"小金库",而且该"小金库"中的资金通常并非全部用于向职工发放,而是部分用于职工奖励或集体福利事业,部分用于发展生产。对于用于职工奖励的资金如何发放,会规定一定的发放比例和发放标准。如果单位严格按照这种比例和标准对职工进行奖励或者发放福利,则不宜认定为私分国有资产;如果违反规定,弄虚作假,巧立名目进行私分,达到数额较大标准③的,可以私分国有资金罪追究单位直接负责的主管人员和其他直接责任人员的刑事责任。

---

① 沈阳铁路运输中级人民法院刑事裁定书〔2000〕沈刑终字第24号。
② 张明楷.刑法学[M].北京:法律出版社,2007:868.
③ "数额较大"是成立私分国有资产罪的必要条件,指的是集体私分国有资产的总数额,而非个人分得的数额。根据最高人民检察院1999年9月16日施行的《关于人民检察院直接受理立案侦查案件立案标准的规定(试行)》,涉嫌私分国有资产,累计数额在10万元以上的,应予以立案。在最高人民法院作出司法解释以前,这一立案数额标准可供法院审理此类案件时参考。

3. 此罪与彼罪：私分国有资产罪与贪污罪的界分

争议点：国有单位某部门的所有三名工作人员伙同私分国有资产，是成立私分国有资产罪还是以贪污罪论处？

【案例】1998 年 12 月至 2003 年 5 月间，大悟县教育局人事科原正式工作人员仅被告人李某某（科长）、张某某（副科长）、刘某某（副科长）三人。期间，大悟县教育局人事科利用办理全县教师职称评审、教师年度考核、公务员年度考评、职称聘书、教师资格换证等业务代收费之机，采取抬高收费标准、搭车收费、截留应缴资金的手段，筹集资金，设立"小金库"。"小金库"资金除用于科里公务开支外，每年春节前后，由科长李某某组织科里人员将小金库账目进行对账后，以科室补助、年终福利等名义六次私分给人事科工作人员，并记录入账，私分款总额为 120300 元，原审被告人李某某、张某某、刘某某各分得 40100 元。检察院以贪污罪对李某某、张某某、刘某某三人提起公诉。一审法院判决三被告人均成立贪污罪。① 检察院以被告人张某某、刘某某不符合适用缓刑条件为由提起抗诉。被告人李某某、刘某某不服判决提起上诉。二审法院改判三人成立私分国有资产罪，判处李某某有期徒刑 2 年，缓刑 2 年，罚金 20000 元；判处张某某有期徒刑 1 年，缓刑 1 年，并处罚金 10000 元；判处刘某某有期徒刑 1 年，缓刑 1 年，并处罚金 10000 元。②

本案检察院和二审法院的分歧在于对于三被告人是以贪污罪论处，还是以私分国有资产罪论处。集体私分国有资产，实质上是以公开的形式，集体侵吞国有资产，与贪污罪一样，对国家资产所有权进行了严重侵犯。在 1997 年刑法出台之前，对于私分国有资产的案件，有的也以贪污罪论处。即使现在，依然将私分国有资产罪纳入广义的贪污犯罪中。这一立法，既体现了国家保护国有资产、打击集体侵吞国有资产犯罪行为的决心，同时也避免了贪污罪适用的严厉性，与挪用公款罪、私分罚没财物罪的立法一样，缓解了贪污罪的过量适用，体现了"疏而不漏""严而不厉"的思想和理念。尽管都属于广义的贪污犯罪，但二者存在一定的区别：①私分国有资产罪只侵犯了国有资产的所有权，而贪污罪同时还侵犯国有资产以外的其他公共财物的所有权。②私分国有资产罪的犯罪行为是公开的，而贪污罪的犯罪行为是秘

---

① 湖北省孝感市大悟县人民法院刑事判决书〔2004〕悟刑初字第 21 号。

② 湖北省孝感市中级人民法院刑事判决书〔2004〕孝中刑终字第 96 号。

密的，不为人所知的；③私分国有资产罪的犯罪主体是国有单位，而贪污罪的犯罪主体是国家工作人员以及受国有单位或人民团体委托，管理、经营国有财产的人员。司法实践中，对于由国有单位内设机构实施的涉嫌私分国有资产的案件，由于内设机构的工作人员人数较少，是成立私分国有资产罪还是贪污罪共犯，非常难区分。二者区分的关键在于该私分国有资产行为是公开的还是秘密的，而所谓的"公开"与"秘密"的判断标准通常是看是否入账，入账的为私分国有资产罪，不入账或者销账的为贪污罪共犯。而且，这里的"账"并非仅限于单位内设机构内部公开的"分配方案"，而应该是可向单位财务部门、审计部门公开的账目。

第二节　贿赂犯罪

贿赂犯罪，包括受贿罪、单位受贿罪、利用影响力受贿罪、行贿罪、对单位行贿罪、单位行贿罪、介绍贿赂罪。贿赂犯罪的保护法益是国家工作人员职务行为的不可收买性，也可以说是国家工作人员职务行为与财物的不可交换性。

一、受贿罪

1. 以借用款物为名索取或非法收受贿赂的认定

争议点：借款与受贿如何认定与区分？

【案例1】1990年，被告人王某经人介绍认识挂靠贵阳朝阳建筑工程队搞工程的汤某某，双方以后有往来。1993年2月，被告人王某任贵阳市房地产管理局公房处副处长兼该局房地产综合开发公司副经理。同年8月，汤某某个人付款向中国汽车工业进出口贵州公司购买一辆小轿车（该车未办理过户手续，户主仍是中国汽车工业进出口贵州公司），该车由被告人王某使用。同年11月，被告人王某利用职务之便将其任职的公司价值200余万元的商住楼工程发包给汤某某承建。1994年4月，汤某某因意外事故死亡。之后，汤某某的妻子吴某某多次向王某提出要回该车，王某以该车属朝阳建筑工程队所有予以拒绝，并将该车还给朝阳工程队队长王某某，由王某某出具收据一张。2个月后，被告人王某又将该车取回自用。1995年4月，王某停薪留职到贵州亚泰房地产开发公司（非国有公司）任总经理。同年8月，被告人王某以60000元的价格将该车私自卖给杨某，该车的户主也由中国汽车工业进出口贵州公司过户到杨某名下，购车款 60000 元被王某取出挥霍。案发后，被告人王某将该车从杨某手中赎回交到检察机关。检察院以受贿罪对王某提起公诉。一审法院判决被告人王某无罪。① 检察院提起抗诉。二审法院撤销原判，判决被告人王某犯受贿罪，处有期徒刑 10 年，剥夺政治权利 3 年。②

【案例 2】1993 年 4 月，海南省财税厅商贸处成立了海南财海实业开发总公司（简称财海公司），被告人周某某任该公司总经理、法人代表。财海公司成立后，海南财源房地产开发公司（简称财源公司）总经理王某某找到周某某，提出双方合作。由于周某某对王某某不熟悉，便向某领导请示并得到首肯。于是，当王某某第二次找周某某要求合作时，周表示同意，并问怎么合作。王某某说其有一海外大厦项目，预算为 4000 万元人民币，已经有 2000 万元人民币，若财海公司再投入 2000 万元人民币，就可以完成，并称如果双方合作成功，对财源公司是很大的支持，周某某也会有好处。周某某答应。1993 年 4 月间，周某某将海南省财税厅预算处下拨的 2000 万元转到财源公司，并签订了合作合同。事后，王某某先后三次交给周某某四本存折，分别以"周某""周某某"为户名，共计 80 万元。周某某将其中的 10 万元用于交房改款、子女上学及零用等，70 万元用于购买国库券。检察院以受贿罪对周某某提起公诉。一审法院因被告人先供述是受贿，后又称为借款，且证人王某某的证词也前后变化，又未能出庭作证等情形，认定案件事实不清，证据不足，宣告被告人周某某无罪。③ 检察院提起抗诉。二审法院撤销原判，判决周某某犯受贿罪，处有期徒刑 15 年，剥夺政治权利 5 年。④

受贿罪是一种古老的犯罪。自古以来，受贿犯罪手段就不断翻新，给立法和司法带来很大的困难。在对受贿案件的处理中，司法机关会发现有部分受贿行为是以"借款"的名义存在的。如果是合法的民间借贷行为，即使债务方是国家工作人员，而且债务方与债权方存在一定的利害关系，也不能当然地认定为受贿。但在有些情况下，这种"借贷"只是"挂羊头，卖狗肉"，名义上是"借贷"，实际上是行贿受贿。实践中，国家工作人员借款情况比较复杂，例如，有的确实是因为生活急需而借款，甚至没有书面借款合同；有的虽有借款的书面手续，但不存在任何正当的借款事由；有的虽在正当、合理

① 贵阳市南明区人民法院刑事判决书〔1998〕南刑初字第 461 号。
② 贵州省贵阳市中级人民法院刑事判决书〔1998〕筑刑二终字第 67 号。
③ 海南省海口市中级人民法院刑事判决书〔1999〕海中法刑初字第 6 号。
④ 海南省高级人民法院刑事判决书〔2000〕琼刑终字第 26 号。

的情况下借款，但事后有归还能力和条件，却没有归还的行为及意思表示。①
为了有助于对这种犯罪行为准确进行打击，2003 年 11 月最高人民法院《全
国法院审理经济犯罪案件工作座谈会纪要》指出："国家工作人员利用职务上
的便利，以借为名向他人索取财物，或者非法收受财物为他人谋取利益的，
应当认定为受贿。具体认定时，不能仅仅看是否有书面借款手续，应当根据
以下因素综合判定：①有无正当、合理的借款事由；②款项的去向；③双方
平时关系如何、有无经济往来；④出借方是否要求国家工作人员利用职务上
的便利为其谋取利益；⑤借款后是否有归还的意思表示及行为；⑥是否有归
还的能力；⑦未归还的原因，等等。"虽然司法实践中的此类案件错综复杂，
具有很大的迷惑性，但《全国法院审理经济犯罪案件工作座谈会纪要》对以借
款为名索取或者非法收受财物行为的认定提出了可行性建议和思路。

在案例 1 的审理过程中，一审法院认为，由于本案关键证人汤某某在案
发前已经死亡，被告人王某在庭审中否认收受贿赂车辆，只承认是借用。因
此，尽管被告人王某于同年 11 月曾利用职务的便利将其任职的公司价值
200 余万元的商住楼工程发包给汤某某承建，为汤某某谋得利益，但不能就
此认定王某成立受贿罪。另外，被告人王某后来将车私自处理给杨某，但由
于此时王某已经不是国家工作人员，其处理该车的行为应该视为民事侵权行
为，不构成犯罪。可见，法院在认定被告人对车辆是借用还是非法占有的问
题上，是因为缺乏汤某某的证人证言，从而以证据不足实行无罪推定的。而
检察院则提起抗诉，认为被告人王某应以受贿罪定罪处罚。理由是：①汤某
某购车是在王某被任命为市房管局公房处副处长之后进行的，是汤某某瞄准
王某的工程发包权而进行的感情投资，而事实上他也很快得到回报，于同年
11 月即获得 200 多万元工程的承建权，而且是王某利用自己职务上的便利为
其谋取的利益。二人的行为是典型的权钱交易行为。②王某尽管在庭审中翻
供说该车是借用的，但其在检察院立案侦查过程中曾多次供述是汤送与他
的。另外，王某将车占有、使用，最后擅自处置的行为，也证明其不是借用。
③当时车辆虽然没有过户到王某名下，但这不是王某不能过户，而是其不愿
过户，因为王某深知如果过户，一旦罪行败露，过户手续就是他受贿的铁证。
而实际上，办不办过户一点也不影响他对车的实际占有，后来他将车卖掉后
顺利过户就说明了这点。可见，检察院和法院对案件定性的分歧在于现有证

---

① 最高人民法院刑事审判第一庭. 现行刑事法律司法解释及其理解与适用[M]. 北京：中国民主法
制出版社，2007：546.

据能否足以证明被告人王某对该车辆是收受贿赂进行非法占有。

从法理上来看，我国《刑事诉讼法》规定的证明标准是"案件事实清楚，证据确实充分"。一般认为，"案件事实清楚，证据确实充分"可作如下理解：其一，据以定案的证据均已查证属实；其二，案件事实均有必要的证据予以证明；其三，证据之间、证据与案件事实之间的矛盾得到合理的排除；其四，对案件事实的证明结论是唯一的，排除了其他的可能性。以上四点必须同时具备，才能认为是达到了案件事实清楚，证据确实充分的标准。[①] 但这里必须注意的是，"案件事实清楚，证据确实充分"，指的是基本事实清楚，基本证据确实充分，而并不要求必须对所有的证据都要收集，只要现有证据能形成一个完整的证据链条，能互相印证，并排除合理性怀疑，符合上述四个标准，就可以认定是否有罪，该定何罪。在本案二审法院审理中，将目光投向了一个被忽视的重要证人：朝阳工程队队长王某某。虽然王某某出示的收条上载明："贵阳市朝阳工程队借给王某同志使用的小车，因王某同志现不需要继续借用，故我队正式收回，如今后需借用，再办理借用手续，此车与任何人毫无关系。"但王某某的证言却是："我写收条的目的是为了讨好王某，让吴某某不再找王某的麻烦，但实际上王某不接受这张收条，又退给了我，我想王某是担心我真的把这辆车收回去，但这辆车是汤某某送给王某的，我想收也收不回去，这辆车不是朝阳工程队的，是汤某某自己的钱买的。"如此一来，就证明王某在为非法占有该车伪造借用证据。再联系前面的证据，就形成一个完整的证据链条，案件事实大体如下：汤某某为了获得工程承建权等利益，特意自掏腰包买了一辆车送给王某。王某为了避免留下受贿的证据，没有办理过户手续。三个月后，王某即投桃报李，利用职务的便利使汤某某获得了该公司价值200余万元的工程承建权。汤某某因意外事故死后，迫于汤妻吴某某讨回车辆，谎称车是朝阳建筑工程队的，并让王某某出示一张虚假的收条，不久王某即将车取回，并最终处分车辆，将售车款又挥霍掉。当然，也存在一种可能，即汤某某为讨好王某而买车借给王用，后王某见汤死后，便产生非法占有该车的念头。但这种设想不具有合理性，因为作为房产局领导、实权在握的王某，即使自己没车，使用公车的机会是非常多的，没多大必要去借汤某某私人的车用，而且一用几年。并且，设定为借用，则对于王某"借用"车后不久就利用职务便利为汤某某谋得工程承建权，最终又

---

① 樊崇义. 证据法学[M]. 北京：法律出版社，2003：312 – 313.

作假将车处理掉等证据，也不能得到合理排除，而显得牵强附会。

值得一提的是，对被告人王某的判罚不同，还波及汤妻吴某某的利益。如果如一审法院所认定的，王某不成立犯罪，但有民事侵权行为，则该涉案车辆须返还给汤某某的法定继承人吴某某。倘若定王某为受贿罪，则该车辆为赃物，则须被依法没收，上缴国库。因此，对于吴某某来说，追究被告人王某的刑事责任反而对自己经济上不利。

案例2 被告人周某某在审理中曾翻供说是向王某某借款，而不是收受贿赂，而王某某也在证词中前后有变化。这非常正常，因为是收受贿赂还是借款，不仅对被告人周某某而言利益攸关，确定是否成立受贿罪，而且对证人王某某，也可能有切身关系，如果确定王某某是为了谋取不当利益而向周某某送钱，则涉嫌行贿罪。对于司法机关而言，即使二人的供述是一致的，都说是一种债权债务关系，也不能就此轻信，而必须根据案件的其他情况对该借贷关系的真实性进行审查。根据2003年11月最高人民法院《全国法院审理经济犯罪案件工作座谈会纪要》所指出的，首先看是否存在书面借款手续，如果有书面借款手续，再根据借款事由、款项去向、双方平时关系如何、有无经济往来、出借方是否要求国家工作人员利用职务上的便利为其谋取利益、借方是否利用职务便利为出借方谋取利益、借款后是否有归还的意思表示及行为、借方是否有归还的能力、借方未归还借款的原因等因素进行综合判断。

从本案案情来分析，周某某与王某某于1993年4月相识，在周某某利用职务便利为王某某拨款后不到一个月，王某某即给了周某某一本金额为30万元的银行活期存折，而且在户名上还将周某某的名字搞错了，并且又在后来的几个月内给了周50万元的存款存折，并且如此数额巨大的借款，竟然没有书面的借款手续或借款凭证，这对于两个相识不到半年的人而言，认定是借款，显然与生活常理不符合。从该钱款的用途来看，也没有迹象表明周某某借这么多钱是为了急用，他将其中的10万元用于交房改款、子女上学及零用等，而另外的70万元则用于购买国库券，这也不符合一般借款的用途特征，再加上周某某先前利用职务便利为王某某谋取利益以及王某某先前的承诺，一条事后受贿的证据链条非常完整，足以认定被告人受贿的犯罪事实。对于司法机关而言，在证据的认定与采用上，一定要综合各种因素、全局把握，不能因为被告人的口供前后不一致就断然否定其他已认定的证据。即使没有被告人的口供，但犯罪事实清楚，证据确实充分的，一样可以定罪处罚。

2. 斡旋受贿的认定

争议点：斡旋受贿中"利用本人职权或者地位形成的便利条件"以及"不正当利益"应如何理解与认定？

【案例】2000 年 7 月，山西太原百信药业有限公司（以下简称百信药业）董事长聂某某找到时任国家药监局机关报《中国医药报》主任编辑的被告人刘某某，请其帮助百信药业在国家药监局申报两种进口药品的代理权。刘某某找到国家药监局政策研究处的申某，由聂某某出面请申某吃饭，申某向聂某某介绍了申报程序。此后，百信药业将申报材料由刘某某转交给药监局受理办。申报手续被受理后，刘某某又通过国家药监局主管部门的工作人员，采取不正当手段获取该药品审批情况及评审药品的专家名单，并泄露给百信药业。在此过程中，被告人刘某某以需要打点相关人员为名，向百信药业索取钱财。2000 年 11 月间，聂某某派人送给刘某某 5 万元；同年 12 月底，聂某某又派人送给刘某某美金 6000 元（按照当时的国家外汇牌价计算，共折合人民币 49 620 元）。2001 年 5 月，由于百信药业代理进口药品的申请最终没有被国家药监局批准，根据聂某某的要求，被告人刘某某将 6000 美金退还。2002 年 6 月，刘某某被查获归案。检察院以受贿罪对刘某某提起公诉。一审法院判决被告人刘某某犯受贿罪，受贿金额 99620 元，判处有期徒刑 6 年。[①]被告人不服上诉，认为自己没有利用职务、地位形成的便利条件；没有为他人谋取不正当利益；美金 6000 元在案发前已退还，应从涉案款中扣除。原公诉机关提起抗诉，后撤诉。二审法院经审理认定刘某某犯受贿罪，判处有期徒刑 5 年。[②]

斡旋受贿[③]是受贿的一种特殊态。刑法第 388 条规定："国家工作人员利用本人职权或者地位形成的便利条件，通过其他国家工作人员职务上的行为，为请托人谋取不正当利益，索取请托人财物或者收受请托人财物的，以受贿论处。"按照现行刑法的规定，"斡旋受贿"的成立需要满足四个积极条件：①主体必须是国家工作人员；②国家工作人员利用的是本人职权或者地位形成的便利条件；③为请托人谋取的是不正当利益；④为请托人谋取的不

---

① 北京市海淀区人民法院刑事判决书〔2004〕海法刑初字第 16 号。
② 北京市第一中级人民法院刑事判决书〔2004〕京一中刑终字第 3076 号。
③ 由于斡旋受贿是间接地利用职务的便利，因而有的学者冠之以"间接受贿"。不过，我们认为，既然"斡旋受贿"已为刑法理论界和司法实务界所熟悉和接受，其本身也没有歧义，就没必要字斟句酌换成另一种称呼，以免产生理解上的混乱。

正当利益是通过其他国家工作人员职务行为实施的。同时，"斡旋受贿"的成立还必须满足两个消极条件：①国家工作人员没有实施在请托人和其他国家工作人员之间的介绍贿赂行为；②其他国家工作人员没有收受贿赂。值得注意的是：斡旋受贿以受贿论，但不属于刑法第 385 条所规定的利用职务的便利，而是利用没有隶属或者制约关系的人的职务便利。

在本案二审审理过程中，上诉人（一审被告人）曾提出三点上诉理由：第一，没有利用职务、地位形成的便利条件；第二，没有为他人谋取不正当利益；第三，美金 6000 元在案发前已退还，应从涉案款中扣除。其中前两点是作无罪的辩护，而第三点则是倘若法院认定成立受贿所作的量刑上的辩解。

我们认为，首先，上诉人的第一点上诉理由不能成立。斡旋受贿刑事立法中的"利用本人职权或者地位形成的便利条件"，是指斡旋受贿的行为人即受托人与被其利用的国家工作人员之间虽然在职务上没有隶属或者制约关系，但行为人利用了本人职权或者地位产生的影响和一定的工作联系。在司法实践中，二人关系基本上存在以下几种情形之中：①单位内不同或者同一部门的国家工作人员之间，即单位同事之间；②有工作联系的不同单位的国家工作人员之间，通常为同行之间；③上下级单位没有职务上隶属或者制约关系的国家工作人员之间。要注意的是，如果行为人虽然是国家工作人员，但并没有利用本人职权或者地位形成的便利条件，则不成立斡旋受贿。从本案案情来看，被告人刘某某系国家药监局机关报《中国医药报》主任编辑，具有相当的职权和地位，他受聂某某的请托，所找的人也是国家药监局主管部门的工作人员，应认定为利用了本人职权或者地位形成的便利条件。

其次，上诉人的第二点上诉理由不能成立。对于斡旋受贿中"不正当利益"的含义，刑法理论与司法实务中曾有过分歧。为消除分歧，1999 年 3 月 14 日最高人民法院、最高人民检察院《关于在办理受贿犯罪大要案的同时要严肃查处严重行贿犯罪分子的通知》对此作了明确规定："'谋取不正当利益'，是指谋取违反法律、法规、国家政策和国务院各部门规章规定的利益，以及要求国家工作人员或者有关单位提供违反法律、法规、国家政策和国务院各部门规章规定的帮助或者方便条件。"1999 年 9 月最高人民检察院在《关于人民检察院直接受理立案侦查案件立案标准的规定（试行）》附则中又作了统一规定："本规定中有关贿赂案中的'谋取不正当利益'，是指谋取违反法律、法规、国家政策和国务院各部门规章规定的利益，以及谋取违反法律、法规、国家政策和国务院各部门规章规定的帮助或者方便条件。"根据这一规定，"不正当利益"就包括两种：一是违反法律、法规、国家政策和国务院各部门规章规定的利益；二是违反法律、法规、国家政策和国务院各部门规章规定的帮助或者方便条件。本案中，被告人刘某某通过国家药监局主管部门的工作人员，采取了不正当手段获取了处于保密状况下的该药品审批情况及评审药品的专家名单，违反了相关规定。事实也是如此，据参与评审专家证实，百信药业所申报的药品存在许多明显问题，若走正常途径，根本无法顺利通过评审，获得两种进口药品在中国地区的总代理权。作为专业医药经销商，百信药业之所以通过付钱款求助于被告人刘某某，正是基于其试图利用刘某某的职务和地位形成的影响、关系，通过其他国家工作人员职务上的便利，走非正常途径，从而达到药品申报成功的目的，刘某某受贿后意图为他人谋取利益的不正当性是非常明显的。至于最终申报没有通过，没有谋取到不正当利益，并不影响斡旋受贿的成立，应以受贿罪论处。

最后，上诉人的第三点理由成立，退还的 6000 元美金应从受贿数额中扣除。

3. 干股受贿问题的认定

争议点：涉嫌受贿的案件中，如何认定国家工作人员所接受的股份为干股？

【案例】2001 年，被告人廖某有意承包赣县小垒煤矿（属于赣县经济贸易委员会会下属的国有企业）斜井，通过被告人袁某某（龙南县煤炭局副局长）与被告人李某某（赣县经济贸易委员会主任）、宗某某（赣县经济贸易委员会副主任兼小垒煤矿矿长）系同学、校友的关系，经袁介绍认识了李、宗二人。廖某为求得袁某某在协调关系、提供技术等方面的帮助，承诺事成之后给袁某某一点技术股份。同年 3 月，以廖某为代表的股东与小垒煤矿签订了斜井承包协议并开始从事煤炭生产活动。一日，廖某、袁某某等人请李某某、宗某某吃饭，商定在廖某等人承包斜井期间，除廖某本人及袁某某每人 10 万元技术股外，分别送给李某某、宗某某每人 10 万元干股。后因其他股东反对，降到每人各 6 万元股份并参与分红。2002 年 11 月，廖某等人把斜井承包权转给他人时，6 万元股份的分红为 12 万元，廖某等人给袁某某技术股本金及分红 18 万元，并将李某某、宗某某的干股本金及分红共 36 万元交由袁某某保管。由袁某某将钱转交给李某某、宗某某各 18 万元。经查，小垒煤矿采矿许可证 1999 至 2004 年圈定矿区范围不包括斜井。检察院提起公诉，指控李某某、宗某某、袁某某犯受贿罪，指控廖某犯行贿罪。一审法院经审理认为，被告人李某某、宗某某犯受贿罪，受贿数额以其收取的股金 6 万元计算，红利12万元具有不确定性，属违法所得，应予没收。被告人袁某某利用同学身份介绍廖与李、宗认识，并协商承包斜井事宜，属正常的民事行为，其后接受斜井承包人的股份，提供技术服务的行为，并非为他人谋取不正当利益。公诉机关指控被告人袁某某犯受贿罪的罪名不能成立。被告人廖某按照相关部门对招商引资企业的要约，与其他股东协商后的承包行为，属正当经营行为，不具有谋取不正当利益的目的，不构成行贿罪。判决李某某犯受贿罪，判处有期徒刑5年，没收财产40000元；宗某某犯受贿罪，判处有期徒刑5年，没收财产40000元；被告人袁某某无罪；被告人廖某无罪。①检察院提起抗诉，认为：①李某某、宗某某、袁某某三人成立受贿罪共犯；②应以受贿人最后实际得到的金额计算受贿数额；③廖某应成立行贿罪。被告人李某某、宗某某提出上诉。二审法院裁定驳回抗诉、上诉，维持原判。②

近年来，随着行贿受贿方式、手段越来越隐蔽，准确认定行贿受贿事实，依法惩治行贿受贿犯罪活动也变得更加艰难。为了达成共识，解决新类型受贿案件的政策、法律界限和处理标准，2007年7月8日，最高人民法院和最高人民检察院联合出台了《关于办理受贿刑事案件适用法律若干问题的意见》(以下简称《意见》)，对以交易形式收受贿赂、收受干股等十个问题③提出了认定、处理意见。该《意见》是司法机关在总结司法实践经验的基础上所提出来的，具有极大的实践价值和指导意义，也使得隐蔽的行贿受贿行为更加难以遁形。

本案检察院与法院的分歧主要集中在两个方面：其一，被告人廖某是否成立犯罪？其二，被告人袁某某是否成立受贿罪？

就第一个分歧而言，有两个问题必须首先澄清：第一，廖某等人合伙是一种什么性质？如果是合伙企业，则归《中华人民共和国合伙企业法》调整，为谋取不正当利益而行贿的，成立单位行贿罪。如果是个人合伙，则归《中华人民共和国民法通则》调整，为谋取不正当利益而行贿的，成立行贿罪。

---

① 赣州市赣县人民法院刑事判决书〔2004〕赣刑初字第69号。

② 江西省赣州市中级人民法院刑事裁定书〔2005〕赣中刑二抗字第1号。

③ 2007年7月8日最高人民法院、最高人民检察院《关于办理受贿刑事案件适用法律若干问题的意见》就办理受贿刑事案件具体适用法律的十个问题提出了意见：一、关于以交易形式收受贿赂问题；二、关于收受干股问题；三、关于以开办公司等合作投资名义收受贿赂问题；四、关于以委托请托人投资证券、期货或者其他委托理财的名义收受贿赂问题；五、关于以赌博形式收受贿赂的认定问题；六、关于特定关系人"挂名"领取酬金问题；七、关于由特定关系人收受贿赂问题；八、关于收受贿赂物品未办理权属变更问题；九、关于收受财物后退还或者上交问题；十、关于在职时为请托人谋利，离职后收受财物问题。

第二，在李某某与宗某某成立受贿罪的前提下，廖某是否当然成立行贿罪？我们认为并非如此。受贿罪与行贿罪不是对合犯，这是由二罪的构成要件决定的。所谓"受贿罪"，是指国家工作人员利用职务上的便利，索取他人财物，或者非法收受他人财物为他人谋取利益的行为。这里的"利益"，既可以是正当利益，也可以是不正当利益。而所谓"行贿罪"，是指为行为人谋取不正当利益，给予国家工作人员以财物的行为。因此，若甲某为谋取正当利益，给予国家工作人员乙某财物，而乙某收受财物后，利用职务上的便利，为甲某谋取利益，则乙某成立受贿罪，而甲某不成立犯罪。另外还有一种情形：若国家工作人员乙某向甲某索贿，而甲某被勒索给予乙某财物，最终没有获得不正当利益的，乙某成立受贿罪，而甲某无罪。在本案中，对于廖某，无论是以行贿罪论处，还是以单位行贿罪论处，都必须具备"谋取不正当利益"这一要件。所谓"谋取不正当利益"，是指谋取违反法律、法规、国家政策和国务院各部门规章规定的利益，以及要求国家工作人员或者有关单位提供违反法律、法规、国家政策和国务院各部门规章规定的帮助或者方面条件。而行贿罪或单位行贿罪主体对"谋取不正当利益"必须具有明知。就本案案情及相关证据来看，虽然2004年10月国家煤矿安全监察局根据小垄煤矿采矿许可证矿区范围拐点坐标和矿井采掘工程平面图可知，小垄煤矿二号井（斜井）不在矿区范围内，但2001年小垄口煤矿将斜井承包出去时，廖某等人对斜井是否在矿区范围内并不知晓。该承包活动作为赣县有关政府主管部门的招商引资项目，得到了当地政府的认可。廖某等人2001年取得斜井承包权，得到了政府主管部门赣县经贸委的批准。因此，虽然廖某等人给予国家工作人员财物是客观事实，也属于行贿，但并不是为了谋取不正当利益，不构成犯罪。

就第二个分歧而言，首先要澄清的问题是：袁某某所得的技术股是否属于干股（或称空股）？关于收受干股问题，《意见》指出："干股是指未出资而获得的股份。国家工作人员利用职务上的便利为请托人谋取利益，收受请托人提供的干股的，以受贿论处。进行了股权转让登记，或者相关证据证明股份发生了实际转让的，受贿数额按转让行为时股份价值计算，所分红利按受贿孳息处理。股份未实际转让，以股份分红名义获得利益的，实际获利数额应当认定为受贿数额。"就本案所掌握的证据来看，虽然袁某某所得的与李某某、宗某某的都是技术股，但李某某与宗某某并没有技术投资，实质上是干股的性质。而证据表明被告人袁某某在廖某等人承包斜井期间，提供了一定的技术服务，因此，应认定为是技术股，因此，被告人袁某某并没有收受贿赂。那么，检察院为什么指控袁某某也犯有受贿罪呢？其理由是袁某某与李某某、宗某某成立受贿罪共同犯罪。受贿罪是职务犯罪，非国家工作人员不能单独构成受贿罪，但根据刑法关于共同犯罪的规定，非国家工作人员可以作为国家工作人员的共犯而构成受贿罪。《全国法院审理经济犯罪案件工作座谈会纪要》就共同受贿罪的认定明确指出："根据刑法关于共同犯罪的规定，非国家工作人员与国家工作人员勾结，伙同受贿的，应当以受贿罪的共犯追究刑事责任。非国家工作人员是否构成受贿罪共犯，取决于双方有无共同受贿的故意和行为。"并就具体情况，指出：①国家工作人员的近亲属向国家工作人员代为转达请托事项，收受请托人财物并告知该国家工作人员，或者国家工作人员明知其近亲属收受了他人财物，仍按照近亲属的要求利用职权为他人谋取利益的，对该国家工作人员应认定为受贿罪，其近亲属以受贿罪共犯论处。②近亲属以外的其他人与国家工作人员通谋，由国家工作人员利用职务上的便利为请托人谋取利益，收受请托人财物后双方共同占有的，构成受贿罪的共犯。③国家工作人员利用职务上的便利为他人谋取利益，并指定他人将财物送给其他人，构成犯罪的，应以受贿罪定罪处罚。就这几种情形，2007年7月8日最高人民法院、最高人民检察院出台的《关于办理受贿刑事案件适用法律若干问题的意见》也明确规定："国家工作人员利用职务上的便利为请托人谋取利益，授意请托人以本意见所列形式，将有关财物给予特定关系人①的，以受贿罪论处。特定关系人与国家工作人员通谋，共同实施前款行为的，对特定关系人以受贿罪的共犯论处。特定关系人以外的其他人与国家工作人员通谋，国家工作人员利用职务上的便利为请托人谋取利益，收受请托人财物后双方共同占有的，以受贿罪的共犯论处。"本案中，袁某某为《纪要》《意见》中所提及的李某某、宗某某"近亲属以外的人"或"特定关系人以外的人"，虽然介绍了廖某和李、宗二人认识，最后李、宗二人也收受贿赂构成受贿罪，但袁某某并没有收受请托人廖某财物后与李、宗双方共同占有，因此，不成立受贿罪的共犯。不过，对于被告人袁某某，如果确实是为实现行贿受贿在行贿人廖某与国家工作人员李某某、宗某某之间进行引见、沟通、撮合，促使行贿与受贿得以实现，情节严重的，可以刑法第392条的介绍贿赂罪追究刑事责任。但如果仅仅是利用其同学关系，引荐双方认

---

① 2007年7月8日最高人民法院、最高人民检察院《关于办理受贿刑事案件适用法律若干问题的意见》指出："本意见所称'特定关系人'，是指与国家工作人员有近亲属、情妇（夫）以及其他共同利益关系的人。"

识，并没有促使行贿受贿实现的意图，则不成立犯罪。这涉及案件事实的正确认定。

4. 因受贿又犯其他罪的数罪并罚问题

争议点： 收受贿赂后利用职务便利为在押人员多次申报"外劳"，致使在押人员实际脱离监管，该定何罪？

【案例】被告人周某在担任成都监狱二监区监区长期间，于 1999 年 4 至 5 月，当其装修住房时，被该监区服刑重犯冯某某获知后，为多获得外劳机会和早日出狱，冯便委托其朋友刘某某免费为周某装修了价值 4917 元的强化木地板，又委托朋友叶某送给周某价值 40216 元的高档家具一套。期间，冯某某还为二监区联系了多个"外劳"业务。为此，周某于 1999 年 7 月至 2000 年 6 月申报多名服刑罪犯"外劳"时，申报了冯某某"外劳"，并经过监狱领导审批同意，冯某某得以陆续出监"外劳"。冯某某在"外劳"期间，周某让外劳点监管干警安排冯某某主要负责对外联系业务，而没在"外劳点"参加劳动。在此期间，冯某某一度脱离监管在外单独活动，从 1999 年 12 月开始便在某股份公司从事经商活动并领取工资，后又担任该公司企划发展部经理，直至 2000 年 6 月被检察机关抓获。周某在归案后如实供述了受贿事实，并退出了全部受贿赃款。检察院以私放在押人员罪与受贿罪对周某提起公诉。一审法院判决被告人周某犯受贿罪，处有期徒刑 3 年，缓刑 5 年。① 检察院以被告人还犯有私放在押人员罪为由提起抗诉。二审法院判决周某犯受贿罪、私放在押人员罪，决定执行有期徒刑 4 年。②

本案的处理必须面对两个问题：第一，被告人周某是否成立私放在押人员罪？第二，如果被告人周某成立私放在押人员罪，是否需要与受贿罪数罪并罚？对于第一个问题，我们认为周某应成立私放在押人员罪。所谓"私放在押人员罪"，是指司法机关工作人员私放在押的犯罪嫌疑人、被告人或者罪犯的行为。③ 所谓"私放在押人员"，是指擅自、非法地将在押人员释放使其逃出监管机关控制范围的行为。监控范围既包括看守、关押在押人犯的固定场所，也包括押解的途中，还包括监管场所以外的劳动、作业的地方。既包括经常性的关押场所，也包括临时性的场所。本案被告人受贿后，利用职务

---

① 成都市金牛区人民法院刑事判决书〔2001〕金牛刑初字第 220 号。
② 四川省成都市中级人民法院刑事判决书〔2001〕成刑终字第 332 号。
③ 高铭暄，马克昌. 刑法学 [M]. 北京：北京大学出版社，高等教育出版社，2000：658.

上的便利，使在押人员冯某某以"外劳"①为幌子，实际脱离监控范围达1年之久，冯某某甚至还担任了某公司企划发展部经理，被告人周某应成立私放在押人员罪。对于第二个问题，答案也是肯定的。虽然被告人周某私放在押人员冯某某，是一种受贿后为冯谋取不当利益的行为，但该行为触犯了其他罪名，根据全国人大常委会《关于惩治贪污贿赂罪的补充规定》第5条第2款规定，"因受贿而进行违法活动构成其他罪的，依照数罪并罚的规定处罚"。

5. 受贿罪主体的双重身份的认定

争议点：行为人同时在国有单位和非国有单位任职，是否当然具备国家工作人员和非国家工作人员两种身份？

【案例】被告人王某某系中国石化胜利石油管理局审计处滨海审计分处审计员、中国石化胜利油田有限公司审计处滨海审计分处审计员。被告人在对油田存续公司所属单位进行审计时，利用职务的便利，非法收受王某某行贿现金5500元，为其谋取利益；在对油田上市公司所属单位进行审计时，利用职务的便利，非法收受他人行贿现金及购物卡、购物券，共计金额16000元，为他人谋取利益。检察院以受贿罪提起公诉。一审法院经审理认为，被告人所属的中国石化胜利石油管理局审计中心与中国石化胜利油田有限公司审计处属于一套机构、两个牌子，在对油田存续公司所属单位进行审计时，行使的是中国石化胜利石油管理局审计中心的职能；在对油田上市公司所属单位进行审计时，行使的是中国石化胜利油田有限公司审计处的职能。认定被告人王某某犯有受贿罪（受贿金额5500元）和公司、企业人员受贿罪（受贿金额16000元），鉴于被告人归案后能主动坦白交代，且自愿认罪，积极退赃，犯罪情节轻微，免予刑事处罚。② 检察院提起抗诉。二审法院裁定驳回抗诉，维持原判。③

受贿罪的主体仅限于国家工作人员，而不包括受国有单位或者人民团体委托管理、经营国有财产的人员。根据刑法第93条规定，国家工作人员包括

---

① "外劳"是指在押人员依照规定在监狱等在押场所之外（如农场等）从事劳动，通常会划出警戒线，一旦外劳的在押人员未经允许脱离警戒线固定的范围的，视为脱逃。
② 东营市河口区人民法院刑事判决书〔2004〕河刑初字第87号。
③ 山东省东营市中级人民法院刑事裁定书〔2004〕东刑二终字第30号。

四类人员：①在国家机关中从事公务的人员；②在国有公司、企业、事业单位、人民团体中从事公务的人员；③国家机关、国有公司、企业、事业单位委派到非国有公司、企业、事业单位、社会团体中从事公务的人员；④其他依法从事公务的人员。在司法实践中，随着大量的国有公司、企业改制为股份有限公司，关于主体身份的认定更加复杂化。《全国法院审理经济犯罪案件工作座谈会纪要》针对这种情况指出："国家机关、国有公司、企业、事业单位委派在国有控股或者参股的股份有限公司从事组织、领导、监督、管理等工作的人员，应当以国家工作人员论。国有公司、企业改制为股份有限公司后，原国有公司、企业的工作人员和股份有限公司新任命的人员中，除代表国有投资主体行使监督、管理职权的人外，不以国家工作人员论。"但《全国法院审理经济犯罪案件工作座谈会纪要》所指出的是只具有一种主体身份的情形，而实践中，行为人可能既在国有单位工作，又在非国有单位从事某种业务，是否因此同时具有国家工作人员和非国家工作人员双重身份，需要作出准确认定。本案处理中，检察院和法院的分歧也正集结于此。

法院认为，被告人王某某所属的中国石化胜利石油管理局审计处与中国石化胜利油田有限公司审计处属于一套机构、两个牌子，在对油田存续公司所属单位进行审计时，行使的是中国石化胜利石油管理局审计中心的职能；在对油田上市公司所属单位进行审计时，行使的是中国石化胜利油田有限公司审计处的职能，故被告人对油田上市公司所属单位进行审计时，行使的是中国石化胜利油田有限公司审计处的职能，其分别利用不同的职务之便收受贿赂，为他人谋利，应分别成立受贿罪与公司、企业人员受贿罪（现改为"非国家工作人员受贿罪"）。检察院则认为，虽然被告人所属的上级单位中国石化胜利石油管理局审计处与中国石化胜利油田有限公司审计处属于一套机构、两个牌子，但是被告人所在的胜利石油管理审计中心滨海审计分处仍然只是一套班子、一个牌子，是国有公司、企业，并且具有对上市公司进行审理的职能，被告人是国家工作人员，只能成立受贿罪。对于此类案件，首先要正确认识的是，行为人是完全可能同时具备国家工作人员和非国家工作人员两种身份的，但并不是只要同时在国有单位和非国有单位任职，就一定具备两种身份。如果行为人虽然同时在非国有单位任职，但属于受国有单位委派从事公务的人员，或者是代表国有投资主体行使监督、管理职权的人员，则依然只具有国家工作人员一种身份。

6. 量刑情节的适用：受贿罪中数额巨大与情节轻微的并存与适用

争议点： 对于受贿数额巨大并不存在从宽处罚法定情节的行为人能否适用刑法第37条规定免于刑事处罚？

【**案例**】被告人贾某某原系国务院法制办法规司司长。1993年5月，贾某某被聘请成为国家中药品种保护审评委员会（简称审评委员会）委员。贾某某利用上述职务便利，在参与审评委员会对南京金陵制药（集团）有限公司（简称金陵制药）生产的"脉络宁注射液"申请国家中药品种保护进行审评等工作的过程中，对金陵制药生产的"脉络宁注射液"获得国家中药品种保护给予了帮助，并于之前就曾为解决金陵制药与河南淅川制药厂就生产"脉络宁注射液"产生的纠纷提供了帮助。1998年年初至1999年3月，贾某某先后收受该公司董事长江某某（另案处理）以"入股分红"名义给予的贿赂款共计人民币44万余元。在江某某被查获后，贾某某曾向其所在文化部有关领导交代了以其妻时某某名字在北京金保康药业有限公司入股并分红等情况。赃款现已全部追缴。检察院以受贿罪对贾某某提起公诉。一审法院经审理认定被告人贾某某成立受贿罪，但鉴于其在被立案侦查前曾向所在单位领导交代了部分事实，在被逮捕前将赃款全部退缴等具体情节，认定其犯罪情节轻微，判决免予刑事处罚。① 北京市一分检以一审判决量刑明显失当为由提出抗诉。北京市检察院出庭支持抗诉。被告人贾某某以没有利用职务便利为由提起上诉。二审法院裁定维持原判。②

在本案的处理中，检察院和法院在定罪上达成共识，均认为被告人贾某某成立受贿罪，受贿数额为44万余元，但在量刑方面则存在很大分歧。检察院认为被告人受贿数额巨大，且没有任何从宽处理的法定情节，应当判处10年以上有期徒刑；而一审、二审法院则认为被告人犯罪情节轻微，判决免予刑事处罚。从法律逻辑学的角度来说，法院认为对被告人应免予刑事处罚，检察院认为不应免予刑事处罚，二者观点截然相左，根据矛盾律，二者不可能同时为真，其中必有一假。为什么检法在基本犯罪事实、行为定性、

---

① 北京市第一中级人民法院刑事判决书〔2003〕京一中刑初字第102号。
② 北京市高级人民法院刑事裁定书〔2004〕高刑终字第98号。

犯罪数额都没有分歧的情况下，在量刑问题的分歧和落差这么大？仔细一看，我们就会发现，二者所侧重的根据并不相同。检察院的量刑根据是刑法分则第383条、第386条的相关规定，即受贿数额巨大的，应处以10年以有期徒刑或者无期徒刑，可以并处没收财产；情节特别严重的，处死刑，并处没收财产。而法院的量刑根据是刑法总则第37条相关规定，即对于犯罪情节轻微不需要判处刑罚的，可以免予刑事处罚。这种分歧关乎量刑情节的认定与中国的量刑制度。

所谓"量刑情节"，通常是指人民法院在依法对犯罪分子裁量决定刑罚时所需要考虑的，据以决定刑罚轻重或者免予刑罚处罚的各种事实情况。[1] 量刑情节一般分为法定情节和酌定情节两种，也可根据法律规定方式不同，分为分则中针对某种犯罪规定的重要情节和总则中规定的一般量刑情节。[2] 例如，本案检察院量刑根据的第383条中的"情节特别严重"即属于前者，而本案法院量刑根据的第37条中的"犯罪情节轻微"即属于后者。但无论是第383条的"情节特别严重"，还是第37条的"犯罪情节轻微"，刑法都没有关于其标准的明确规定，使得法定量刑的具体适用具有一定的酌定因素，因此，就容易引发检法对犯罪情节认定的差异，并最终造成对量刑的分歧。就量刑情节的通常分类的法定情节与酌定情节而言，酌定情节所引发的量刑分歧更大。所谓"酌定情节"，又称"裁判情节"，是指不是法律明文规定的，而是根据刑事立法的精神和司法实践经验抽象概括出来的、在量刑时酌情考虑的情节。中国刑法理论认为酌定情节通常有：①犯罪人的一贯表现；②犯罪动机；③犯罪后的态度；④犯罪的手段；⑤犯罪对象的情况；⑥犯罪时的环境和条件，特别是当时的政治、经济形势和社会治安状况等。这些酌定情节相当于法官量刑时具体考虑的要点或者思路。从主客观方面划分，犯罪人的一贯表现、犯罪动机、犯罪后的态度是反映犯罪主观恶性程度的要点；犯罪的手段、犯罪对象的情况、犯罪时的环境和条件等是反映犯罪人客观危害程度的要点。从过去责任和将来责任的角度划分，犯罪动机、犯罪的手段、犯罪对象的情况、犯罪时的环境和条件等，是反映已然犯罪情况的要点；犯罪

① 高明暄，马克昌. 刑法学[M]. 北京：中国法制出版社，1999：470.
② 阮齐林. 中国刑法上的量刑制度与实务[M]. 北京：法律出版社，2003：42.

人的一贯表现、犯罪后的态度是反映犯罪人犯罪危险性的要点。①量刑过程中，如何认定个案中情节特别严重、情节严重、情节较轻、情节轻微、情节显著轻微，不同的法院、不同法官通常有不同的量刑习惯和量刑尺度，如何把握这个量刑的尺度，往往决定于该地区或该法院的量刑习惯以及法官的个性。这就使得酌定情节在个案中到底扮演什么样的角色具有不确定性。

就本案而言，被告人作为国务院法制办法规司司长，知法犯法，受贿金额达 44 万余元，超过"数额巨大"最低标准达 34 万余元，在不考虑其他犯罪情节的前提下，即使判处有期徒刑，在法定刑②幅度"中线"即 150 个月以上判罚，也是比较合理的。受贿数额巨大是不是犯罪情节严重的一种表现？这是一个值得研究的问题。虽然，我国在量刑上有客观化倾向，导致难以充分考虑犯罪人的主观恶性和人身危险性，但作为客观表现之一的犯罪数额的多少却又从一定程度上反映出了犯罪人主观恶性的大小。法院最终对被告人免予刑事处罚，依据是刑法总则第 37 条规定："对于犯罪情节轻微不需要判处刑罚的，可以免予刑事处罚，但是可以根据案件的不同情况，予以训诫或者责令具结悔过、赔礼道歉、赔偿损失，或者由主管部门予以行政处罚或者行政处分。"该规定中，什么情况才属于"犯罪情节轻微"，以及是"可以"还是"不可以"免予刑事处罚，对其判定都存在酌定因素，给了法院自由裁量的余地。法院认为被告人情节轻微不需要判处刑罚的理由主要有两点：一是全部退赃；二是被立案侦查前曾向所在单位领导交代了部分事实。全部退赃和向所在单位领导交代了部分事实反映的是被告人犯罪后的悔罪态度。然而这里的"交代了部分事实"比较模糊。根据检察院抗诉表明，被告人在案发前未如实供述犯罪事实，这也是被告人没有被认定为自首的原因。毫无疑问，法院的这两点判罚理由都是真实的，但问题在于，仅有这两点真实的理由是否成立"情节轻微"并足以证明该受贿 44 万余元的被告人不需要判处刑罚？这里存在一个合理性评价问题。我们不妨从刑法总则相关规定上对该案作一个假设：假设被告人是尚未完全丧失控制自己行为能力的精神病人，并且是犯罪未遂，还具有自首情节和一般立功表现，则根据刑法第 18 条第 3 款、

① 阮齐林. 中国刑法上的量刑制度与实务[M]. 北京：法律出版社，2003：69.
② 这里的"法定刑"指的是狭义法定刑，即与某种犯罪的具体情节相适应的量刑幅度。参见：阮齐林. 中国刑法上的量刑制度与实务[M]. 北京：法律出版社，2003：12.

第 23 条第 2 款、第 67 条、第 68 条第 1 款，由于这些法定从宽处罚情节都是"可以从轻或者减轻处罚情节"，因此，纵使再多，也不能免除刑事处罚。那么，法院所列举的两点理由能比同时具备上述四点理由更充分吗？这让人产生疑问。我们再从刑法分则相关规定来看，对于受贿罪，刑法第 386 条明确规定根据受贿所得数额及情节，依照第 383 条规定处罚①，其第三档量刑幅度规定："个人受贿数额在 5000 元以上不满 1 万元，犯罪后有悔改表现，积极退赃的，可以减轻处罚或者免予刑事处罚，由所在单位或者上级主管机关给予行政处分。"根据法律规定和司法实践经验，只有对于个人受贿数额不大（5000 元以上不满 1 万元），且有悔改表现、积极全部退赃的初犯或者偶犯，才给予免予刑事处罚。这也表明，虽然是具有悔改表现并全部退赃的初犯或者偶犯，倘若个人受贿数额超过 1 万元，除非还有其他可以或者应当免除刑事处罚的情节，否则不能予以免除处罚。

由此可见，法院在本案的判罚上，虽然定性准确，但是量刑畸轻。其对被告人免予刑事处罚虽然理由真实，但是并不充分，违反了充足理由律。

7. 受贿罪与巨额财产来源不明罪的关联

争议点： 在查处受贿案件过程中，对于部分财产来源不明，该如何处理？

【案例】1994 至 2005 年，被告人王某某在担任中共河南省漯河市委书记、河南省委常委、郑州市委书记、河南省人大常委会副主任期间，利用职务上的便利，为他人谋取利益，并利用职权和地位形成的便利条件，通过其

---

① 刑法第 386 条并没有明确规定受贿罪的法定刑，而是套用刑法第 383 条即贪污罪的法定刑，这就意味着受贿罪的法定刑与贪污罪的法定刑是一样的。具体而言，应该这样表述："对犯受贿罪的，根据情节轻重，分别依照下列规定定罪处罚：（一）个人受贿数额在 10 万元以上的，处 10 年以上有期徒刑或者无期徒刑，可以并处没收财产；情节特别严重的，处死刑，并处没收财产。（二）个人受贿数额在 5 万元以上不满 10 万元的，处 5 年以上有期徒刑，可以并处没收财产；情节特别严重的，处无期徒刑，并处没收财产。（三）个人受贿数额在 5000 元以上不满 5 万元的，处 1 年以上 7 年以下有期徒刑；情节严重的，处 7 年以上 10 年以下有期徒刑。个人受贿数额在 5000 元以上不满 1 万元，犯罪后有悔改表现，积极退赃的，可以减轻处罚或者免予刑事处罚，由所在单位或者上级主管机关给予行政处分。（四）个人受贿数额不满 5000 元，情节较重的，处 2 年以下有期徒刑或者拘役；情节较轻的，由其所在单位或者上级主管机关酌情给予行政处分。对多次受贿未经处理的，按照累计受贿数额处罚。刑法修正案（九）及 2016 年最高人民法院、最高人民检察院《关于办理贪污贿赂刑事案件适用法律若干问题的解释》对受贿犯罪法定刑与对应数额做了更大程度上的调整，一般情况下，3 万元为数额较大起点，20 万元以上为数额巨大，300 万元以上为数额特别巨大。

他国家工作人员职务上的行为，为请托人谋取不正当利益，先后54次非法收受李某某、河南鸿基房业有限公司等7人或单位给予的财物，共计折合人民币634.4807万元。另外，被告人王某某夫妇自参加工作至案发，其家庭共拥有人民币1497万元、美元80万元、港币16万元以及价值18.0880万元的房产等财产，共计折合人民币2193.2321万元。其用于家庭生活开支等消费性支出共计人民币13.9327万元。除查实王某某及其妻子拥有工资、奖金等家庭合法收入人民币49.1889万元，受贿犯罪所得折合人民币634.4807万元，违纪所得折合人民币633.4万元，共计折合人民币1371.0696万元外，对剩余差额部分的财产890.0952万元，被告人王某某不能说明财产的真实合法来源。检察院以受贿罪、巨额财产来源不明罪对王某某提起公诉。法院认定被告人王某某犯有受贿罪和巨额财产来源不明罪，鉴于王某某能够坦白有关机关未掌握的其受贿大部分罪行，赃款已被追缴，有一定的悔罪表现，对其受贿犯罪应当判处死刑，但可不必立即执行，作出如下判决：①被告人王某某犯受贿罪，判处死刑，缓期2年执行，剥夺政治权利终身，并处没收个人全部财产；犯巨额财产来源不明罪，判处有期徒刑5年。决定执行死刑，缓期2年执行，剥夺政治权利终身，并处没收个人全部财产。②追缴在案的被告人王某某犯罪所得财物共计人民币1524.5759万元，上缴国库。①

巨额财产来源不明罪是贪污贿赂犯罪中非常特殊的一种，在司法实践中，单独以巨额财产来源不明罪追究刑事责任的案件几乎没有，通常是与受贿罪、贪污罪相伴而生。

巨额财产来源不明罪从设立起就引起广泛争议，有人从实体法角度出发认为这是有罪推定，有人从诉讼法角度出发认为这是举证责任倒置，将举证责任不恰当地转移到了被告人一方。其实，像这样的立法是必要的，也是十分重要的，其重要性体现在：立法时，要适当考虑很多犯罪案件在证明上的困难。在经济犯罪中，有些犯罪如洗钱罪，从立法层面上来说，似近乎完美，但由于各种现存制度的漏洞，却给司法安排了一个不太可能完成的任务，导致很难对洗钱罪进行证实，所以司法实践中，判定洗钱罪的案件几乎没有，这就形成了立法与司法的落差和脱节。巨额财产来源不明罪是为加强惩治腐败的违法犯罪行为而专门规定的。官员应有申报财产的义务，责令其对可疑财产进行说明，这并无不合理之处，国外也有相关的规定。巨额财产来源不明案件往往有两种情形：一是在查处行为人贪污受贿等犯罪过程中，发现行

---

① 引自北大法律信息网。

为人尚有来源不明的巨额财产；二是发现行为人有来源不明的巨额财产，以此为关口进行司法介入，一查处，最终发现果然有贪污受贿等犯罪行为。如果行为人说明或者经查处证明该财产是贪污或者受贿犯罪所得，则以贪污罪或者受贿罪追究刑事责任；如果部分财产已查明是贪污、受贿犯罪所得，部分财产来源不明的，数罪并罚。巨额财产来源不明罪一个非常重要的特点是举证责任倒置，即司法机关只需要证明行为人拥有的财产或者支出明显超出其合法收入，差额巨大；而由行为人本人对该财产的合法来源予以说明，如果行为人不说明，或者虽然说了但证实是虚假的，则认定构成犯罪。其中不能说明来源合法，也包括本人所声称的财产来源无法查证属实的情况。①从一定程度上来说，这是一种非常必要的立法技术，也给司法带来了可行性。

本案例中，被告人王某某除受贿犯罪所得外，对 890 余万元不能说明其合法来源，应以巨额财产来源不明罪与受贿罪数罪并罚。

二、单位受贿罪

1. 贪污罪、单位受贿罪与受贿罪的认定与界分

争议点：以改善单位办公条件为名，收受其他单位赞助款，而后将该赞助款侵吞，该定何罪？

【案例】被告人邓某某（梧州市地方税务局税政一科科长）、吴某某（副科长）、陈某某（科员），自 1995 至 2000 年间，以改善本科室办公条件为由，应对方减免税款以及其他便利的要求，共收受 21 个单位的赞助款共 889300 元。另外，2000 年 12 月，吴某某等人受命检查梧州电信公司固定资产投资方向调节税，吴某某计算出该公司应交税款为 400 多万元，并告知电信公司，后向邓某某汇报。电信公司主任曾某某为了得到税收减免，与邓某某协商税款减免问题，二人谈妥由电信公司缴纳 200 多万元税款，另外按减免部分的 10% 即 20 万元赞助给税政一科。同月 29 日，电信公司曾某某将 20 万元交给邓某某，邓独自占有 10 万元，并将另外的 10 万元交给吴某某占有。邓某某、吴某某分得这 20 万元后，没有向局领导汇报，也没有告知税政一科的其他人。检察院以单位受贿罪和受贿罪提起公诉。一审法院判决被告单位梧州市地方税务局税政一科及三被告人犯单位受贿罪。②检察院抗诉认为，邓某某

① 阮齐林，康瑛. 刑法案例研习教程[M]. 北京：高等教育出版社，2005：182.
② 广西壮族自治区梧州市郊区人民法院刑事判决书〔2001〕郊刑初字第 38 号。

经手收受电讯公司 20 万元赞助费，邓某某、吴某某各分得 10 万元，应构成受贿罪。二审法院裁定发回重审。重审法院判决被告人邓某某、吴某某犯贪污罪，各判处有期徒刑 10 年；宣告梧州市地方税务局税政一科与被告人陈某某无罪。① 重审判决后，公诉机关提出抗诉，被告人邓某某、吴某某提出上诉。二审法院判决梧州市地方税务局税政一科犯单位受贿罪，罚金 40 万元；邓某某犯贪污罪、单位受贿罪，处有期徒刑 12 年，并处没收财产 3 万元；吴某某犯贪污罪、单位受贿罪，处有期徒刑 8 年，并处没收财产 2 万元；陈某某犯单位受贿罪，处有期徒刑 1 年 6 个月，缓刑 2 年。②

　　本案的判罚可谓一波三折，从一审到一审重审再到二审，出现三种不同的判罚，涉及单位受贿罪、受贿罪、贪污罪三个不同的罪名，分歧颇大。

　　单位受贿罪是指国家机关、国有公司、企业、事业单位、人民团体，索取、非法收受他人财物，为他人谋取利益，情节严重的行为。单位受贿罪是一种单位犯罪，根据刑法第 391 条第 2 款规定，犯单位受贿罪的，对单位判处罚金，并对其直接负责的主管人员和其他直接责任人员，处 3 年以下有期徒刑或者拘役，即实行双罚制。实践中，对于单位内设机构受贿以单位受贿罪论处的，由于该内设机构的工作人员通常不多，切记不要不分具体情况对所有的工作人员一律以单位受贿罪论处，而必须是仅对其直接负责的主管人员和其他责任人员追究刑事责任。另外，如果行为人打着单位的名义，实际上是收取贿赂后没有入账，而是非法占有或者内部私分的，应以受贿罪论处。至于受贿罪与贪污罪的区分，主要在于行为对象不同：受贿罪非法占有的是其他单位或者私人所有的财物，而贪污罪非法占有的是本单位的公共财产以及在本单位管理、使用或者运输中的私人财产。

　　就本案来说，能否以单位受贿罪论处，主要看税政一科对所收贿赂款是否入账。如果没有入账，而是收取后内部私分，则属于以单位名义进行受贿，应以受贿罪共犯论处。如果将收受的贿赂款入账，则又分为两种情形：其一，入账后没有内部私分，则以单位受贿罪论处，但必须认定被告人陈某某是否为"其他直接责任人员"；其二，入账后进行了内部私分，则以贪污罪论处。电信公司交来的 20 万元，如果已经入账，则属于单位受贿的非法所得，最终应予以追缴上交国库，属于公共财产。被告人邓某某、吴某某利用职务的便利窃取私吞，应以贪污罪共犯论处。被告人陈某某是梧州市地方税

---

① 广西壮族自治区梧州市郊区人民法院刑事判决书〔2002〕郊刑重字第 1 号。
② 广西壮族自治区梧州市中级人民法院刑事判决书〔2002〕梧刑初字第 168 号。

务局税政一科科员，赞助款889300元入账后没有被内部私分，被告人陈某某属于单位受贿罪中的"其他责任人员"。当然，如前所述，如果该贿赂款没有入账，则视为被告人邓某某、吴某某打着单位的名义所进行的受贿，应以受贿罪论处。

第四章 妨害社会管理秩序罪

妨害社会管理秩序罪由刑法分则第六章加以规定，内容共九节，涉及条文从刑法第 277 条至第 367 条，所涉罪名约 125 个（截至刑法修正案（八）），是我国刑法分则十章中罪名数最多的一章。社会管理秩序内容包罗万象，但是由于在刑法分则其他章节中已经将国家安全、社会公共安全、市场经济秩序、与人身和财产相关的秩序、国防军事和国家机关活动等社会秩序进行了规定。因此，本章罪是排除上述犯罪之外的狭义的社会管理秩序。

从形式分类上看，以同类客体进行归类，本章罪包含扰乱公共秩序、妨害司法、妨害国（边）境管理、妨害文物管理、危害公共卫生、破坏环境资源保护、走私、贩卖、运输、制造毒品、组织、强迫、引诱、容留、介绍卖淫、制造、贩卖、传播淫秽物品九类犯罪。

从性质上看，本章罪名多数属于法定犯。也就是说，本章罪名多数从价值取向上出于社会规制和控制的需要，而不是违背了人类共同的基本道德观念。因此，此类罪具有不同于传统自然犯的特征。正如储槐植教授曾慨叹的我们已经进入了"法定犯时代"，本章罪正为法定犯的研究提供了很好的样本。而法定犯由于其往往并不违背人类基本道德的特性，所以为其有效发挥作用带来了重大的挑战。对法定犯的掌握除了从立法本意出发更好地把握其入罪的尺度和分寸之外，还需要我们进一步研究如何将其内化，以为其更好地受到遵守寻求更为有力的依据。

第一节 扰乱公共秩序罪

扰乱公共秩序罪是本章中内容最为庞杂的一节罪。这并不奇怪，因为公共秩序在狭义的社会管理秩序中无疑是最为庞大的一部分。本节罪名从刑法

第 277 条至第 304 条，共包含 40 个罪名。包括妨害公务罪，煽动暴力抗拒法律实施罪，招摇撞骗罪，伪造、变造、买卖国家机关公文、证件、印章罪，盗窃、抢夺、毁灭国家机关公文、证件、印章罪，伪造公司、企业、事业单位、人民团体印章罪，伪造、变造居民身份证罪，非法生产、买卖警用装备罪，非法获取国家秘密罪，非法持有国家绝密、机密文件、资料、物品罪，非法生产、销售间谍专用器材罪，非法使用窃听、窃照专用器材罪，非法侵入计算机信息系统罪，非法获取计算机信息系统数据、非法控制计算机信息系统罪，提供侵入、非法控制计算机信息系统程序、工具罪，破坏计算机信息系统罪，扰乱无线电通信管理秩序罪，聚众扰乱社会秩序罪，聚众冲击国家机关罪，聚众扰乱公共场所秩序、交通秩序罪，投放虚假危险物质罪，编造、故意传播虚假恐怖信息罪，聚众斗殴罪，寻衅滋事罪，组织、领导、参加黑社会性质组织罪，入境发展黑社会组织罪，包庇、纵容黑社会性质组织罪，传授犯罪方法罪，非法集会、游行、示威罪，非法携带武器、管制刀具、爆炸物参加集会、游行、示威罪，破坏集会、游行、示威罪，侮辱国旗、国徽罪，组织、利用会道门、邪教组织、利用迷信破坏法律实施罪，组织、利用会道门、邪教组织、利用迷信致人死亡罪，聚众淫乱罪，引诱未成年人聚众淫乱罪，盗窃、侮辱尸体罪，赌博罪，开设赌场罪，故意延误投递邮件罪。

一、妨害公务罪

1. 妨害公务罪与非罪的界限

争议点：妨害公务行为构成本罪的尺度把握。

【案例】2014 年 7 月 8 日 13 时许，被告人戴一某无证驾驶摩托车行至天津市和平区南京路与河北路交叉口被执勤交警李一某拦检时，对交警李一某辱骂殴打，后又对赶至现场处警的民警王一某等人辱骂，并持手机砸民警王一某面部，后被民警当场抓获归案。经法医鉴定，民警王一某面部软组织损伤程度为轻微伤，右腕部损伤程度不鉴定为轻微伤。案发后，被告人戴一某的亲属代为赔偿民警王一某人民币 3 万元。作案工具小米牌手机一部已扣押在案。法院判决如下：①被告人戴一某犯妨害公务罪，判处有期徒刑 6 个月，缓刑 1 年；②将收缴的作案工具小米牌手机一部予以没收。①

本案是把握妨害公务罪入罪尺度的一个典型案例。本罪的行为描述包含

---

① 天津市和平区人民法院〔2015〕和刑初字第 0092 号。

在本罪前 3 款的情形中，即暴力、威胁阻碍国家机关工作人员依法执行职务、阻碍全国人民代表大会和地方各级人民代表大会代表依法执行职务、在自然灾害和突发事件中阻碍红十字会工作人员依法履行职责。这里对于暴力、威胁的尺度把握是关键。由于本罪最高只能处 3 年有期徒刑，这就决定了本罪中的暴力和威胁应是一般的暴力和威胁。暴力的内容包括人身袭击和身体强制，暴力的尺度应当足以阻碍执行职务，但是未达到造成身体重伤及以上的程度。如果达到这样的程度，则以本罪处理并不恰当，而应以故意杀人罪或故意伤害罪等罪名来进行定罪处罚。威胁则只要能够达到使对方产生畏惧心理不敢依法执行职务的程度即可。本案中戴一某对交警李一某辱骂殴打，后又对赶至现场处警的民警王一某等人辱骂，并持手机砸民警王一某面部，民警王一某面部软组织损伤程度为轻微伤，右腕部损伤程度不鉴定为轻微伤。其伤情程度符合本罪的入罪要求。

此外，还要将本罪中所涉及的暴力和威胁与群众出于对某些管理措施不理解而对国家工作人员进行的谩骂以及争吵和拉扯相区别。如果这种谩骂、争吵中并无威胁的成分，或者威胁较为轻微，并未达到能够形成心理强制的程度，则不应当以犯罪处理。如果是一般性的拉扯行为，并未达到对人身的强制的程度，也不应当以犯罪来进行处理。

此外，关于本罪第 4 款中故意妨碍国家安全机关、公安机关依法执行国家安全任务的，由于此类工作事关重大，所以并不要求使用暴力、威胁方法，只要有一般性的阻碍行为，且造成严重后果即可入罪。从类型上划分，本罪前 3 款是行为犯，第 4 款是结果犯。也就是说，前 3 款中的犯罪只要有妨害公务的行为即可，而第 4 款则要求造成了严重的后果。并且本罪并未要求妨害公务的行为达到预期的妨害公务的目的，这是需要特别予以注意的。

2. 妨害公务罪的罪数问题

争议点：妨害公务同时抢走执法设备是否同时构成抢劫罪或者聚众哄抢罪？

【案例】1999 年 11 月，被告人江某某等人合伙购买了卷烟机和接嘴机用于制售假烟。后在联合执法部门有查处风声的时候，江组织人将设备转移。在此过程中，该设备被联合执法部门查获。江某某得知后，以每人 50 元的报酬聚集数百名不明真相的群众，拦截、围攻打假车辆，并将执法人员拉出驾驶室殴打，趁机抢走制假机器。之后，江某某等人又鼓动他人四处寻找打假队的摄像和照相资料，意图毁灭证据。当有人在执法车辆上找到取证用的照相机和摄像机时，江某某等人将其抢走并砸坏，并在执法人员进行制止时，再次对执法人员进行殴打，经鉴定受伤执法人员为轻微伤。本案一审法院认定江某某等人构成聚众哄抢罪，判处江某某有期徒刑 10 年，并处罚金 1 万元；二审认定江某某构成妨害公务罪，判处有期徒刑 3 年。①

　　本案的争议焦点在于本案应当如何定性。本案中的基本行为中，江某某等人明知对方执行公务而聚众拦截且打伤执法人员，并抢走制假机器，而且砸坏执法用的照相机和摄像机，符合妨害公务罪的构成特征。但是抢走并砸坏执法取证用的摄像机和照相机不应构成抢劫罪或聚众哄抢罪，因为这两个罪名都以非法占有为目的，而在本案中被告人将其砸坏是为了销毁证据，因此从目的上看并不符合这两个罪。本案一审中以聚众哄抢罪定罪量刑并不恰当，但是被告人砸坏摄像机和照相机的行为，符合故意毁坏财物罪的犯罪构成。只是在本案的行为中，故意毁坏财物罪与妨害公务罪属于牵连犯关系，应从一重处断。因此，最终以妨害公务罪进行定罪量刑是恰当的。

　　假如本案中被告人殴打执法人员致使重伤或者死亡应当如何处断？这种情况属于一行为触犯数法益，为想象竞合犯，应从一重处断，以故意伤害罪或者故意杀人罪论处。

二、招摇撞骗罪

1. 招摇撞骗罪与冒充军人招摇撞骗罪的界限

　　争议点：招摇撞骗罪的主体假冒的范围和本罪所侵犯的法益范畴及其入罪分寸的把握。

　　【案例】被告人沈某于 2013 年 5 月至 2014 年 5 月间，谎称自己是现役军人，并借此骗取了被害人周某的信任，以恋人关系与其交往。沈某于 2013 年 11 月至 2014 年年初，冒充现役军人，以疏通关系、帮忙介绍被害人郑某乙的儿子入伍为由，先后在苏州市吴中区胥口镇采香泾村蒋巷上、木渎镇石码头等地骗得被害人郑某乙人民币合计 2 万元。沈某于 2014 年 5 月 6 日上午，以暂时赊账为由，骗得被害人郑某乙价值人民币 220 元的软云烟一条。综上，被告人沈某冒充军人，欺骗他人感情，又骗取他人财物合计价值人民币 20220 元。事发后，被告人沈某主动向公安机关投案，并如实供述了上述事

---

① 中华人民共和国最高人民法院刑事审判第一、二、三、四、五庭. 中国刑事审判指导案例（妨害社会管理秩序罪）[M]. 北京：法律出版社，2012：34 - 35.

实。法院认为，被告人沈某冒充军人招摇撞骗，其行为已构成冒充军人招摇撞骗罪。被告人沈某犯罪后自动投案，并如实供述自己的罪行，系自首，可以从轻或减轻处罚。判决沈某犯冒充军人招摇撞骗罪，判处有期徒刑10个月。[①]

招摇撞骗罪所冒充的主体为国家机关工作人员，指的是国家权力机关、行政机关、审判机关、检察机关等机关工作人员。司法实践中，冒充警察和军人较为常见。由于我国刑法第372条单独规定了冒充军人招摇撞骗罪。因此，冒充军人之外的国家机关工作人员构成招摇撞骗罪。而冒充军人则构成冒充军人招摇撞骗罪。但是，如果冒充的非国家机关工作人员，而是大款、富二代、高干子女、公司董事长经理，或者是教授学者等不构成本罪。另外，所骗取的内容也较为广泛，包括一定数额的财物，也包括荣誉称号、待遇、职位、学位、经济待遇、城市户口、感情等各种利益。

骗取爱情能否构成本罪存在一定的争议。有学者认为以假冒身份骗取爱情，实质上是利用假冒身份进行炫耀，属于道德品质问题，为了避免打击面过大，不应以本罪论处。[②] 笔者认为对此应具体分析。如果属于假冒身份，以真诚处男女朋友的目的与女性交往，不应以本罪论处。但是如果是以玩弄女性为目的，假借身份，先后或同时与多名女性发生性行为或者同居，此种情形对于国家机关威信和形象有较大破坏，应认为构成本罪。

本案中沈某冒充军人，原审法院认为其骗取了周某的感情，同时骗取郑某财物的行为构成冒充军人招摇撞骗罪。这里应当对骗取周某感情进行具体分析，如果不是以玩弄女性为目的先后或同时与多名女性交往，则不应当认定为骗取感情。在具体的行为方式上，招摇撞骗罪和冒充军人招摇撞骗罪没有本质区别。

认定本罪时，要侧重关注在冒充国家机关工作人员的身份同时有无骗取对方某些利益的行为，如果纯粹出于虚荣，自称是某某国家机关工作人员而并没有骗取对方利益的情形就不应当认为构成犯罪。

2. 招摇撞骗罪与诈骗罪的界限

争议点：冒充国家工作人员骗取财物的同时又骗取其他非法利益应当如何定罪处罚？

---

① 苏州市吴中区人民法院刑事判决书〔2015〕吴刑二初字第0045号。

② 王作富. 刑法分则实务研究(中)[M]. 北京：中国方正出版社，2010：1163.

【案例】1999年4月被告人李某某谎称自己是陕西省法院处级审判员，可以帮助郭某某的儿子安排工作，骗取郭的信任，与郭非法同居几个月；1999年7月，李某某谎称自己是陕西省法院刑庭庭长，从周某某处骗取制服两套；又以能帮助安排工作为名骗取邵某某人民币4000元；1999年8月，李某某骗取王某某信任与其非法同居；1999年9月又骗取郭某某玉枕一个，项链一条(价值240元)。西安市碑林区法院认为，被告人李某某冒充人民法院法官，骗取他人信任，多次骗取他人钱财以及其他非法利益，情节严重，其行为构成招摇撞骗罪，判处有期徒刑4年。①

　　本案中被告人李某某既有骗取他人财物的行为也有骗取除财物外的其他利益的行为。有学者认为招摇撞骗罪以骗取除了财物外的利益为主，而以骗取财物为辅；诈骗罪则只是骗取财物的行为。甚至还有极端的观点认为，招摇撞骗罪所骗取的是财物之外的利益。这样的观点对解决司法实践中的争议问题并无帮助，而且从法益的角度来看，招摇撞骗对国家机关的威信损害较大，而冒充国家机关工作人员骗取财物所造成的损害尤甚。因此应当认为，招摇撞骗罪本身对骗取的对象并无特定限制，是包括财物在内的各种利益。司法实践中犯本罪的犯罪嫌疑人也往往骗取各种可骗的利益，并不会刻意回避骗取财物。从定性上，在进行招摇撞骗罪时骗取财物的行为，同时也触犯了诈骗罪的规定，在事实上属于法条竞合。在此时，应依据特别法优于一般法，适用招摇撞骗罪更为适合。

　　但是在招摇撞骗时骗取财物，应注意其财物数额的限制问题。由于本罪属于扰乱社会秩序，对国家机关的威信和正常活动有重大的损害，因此，在构成本罪时，骗取财物的数额并不要求达到诈骗罪那种数额较大的程度。而且由于考虑到本罪的最高刑期为有期徒刑10年，而诈骗罪中规定诈骗数额特别巨大的处10年以上有期徒刑或者无期徒刑，并处罚金或者没收财产。就刑罚所能涵盖的范围而言，诈骗罪的范围是更为宽泛的。从周延刑法范畴的角度出发，应当认为招摇撞骗罪所能骗取的财物价值数额应当未达到50万元，②如果超出此范围，应以诈骗罪论处更为适当。

① 中华人民共和国最高人民法院刑事审判第一、二、三、四、五庭. 中国刑事审判指导案例(妨害社会管理秩序罪)[M]. 北京：法律出版社，2012：30 - 31.

② 2011年3月1日最高人民法院、最高人民检察院《关于办理诈骗刑事案件具体应用法律若干问题的解释》第1条之规定，50万元以上应当认定为数额特别巨大。

三、非法使用窃听、窃照专用器材罪

1. 非法使用窃听、窃照专用器材罪的认定

争议点：非法使用窃听、窃照专用器材罪与侵犯商业秘密罪、非法获取国家秘密罪的界限及本罪的适用问题？

【案例1】2012 年 2 月初，被告人李某、杨某、刘某在麻阳苗族自治县（以下简称麻阳县）一餐馆用餐时，共同谋划在麻阳县委胡某某书记办公室安装窃听、窃照设备，利用偷拍领导的隐私及违纪视频来要挟领导达到提拔的目的。同年 3 月 6 日，被告人李某、杨某在麻阳县的海尔电器专卖店购买了与胡某某办公室同样型号的"沁园"牌饮水机。当晚，被告人李某、杨某、刘某三人将窃听、窃照设备安装在购买的饮水机内。随后，被告人李某利用在麻阳县委值班之机偷配了胡某某办公室的钥匙，并伙同被告人杨某秘密进入胡书记办公室，将上述安装有窃听、窃照设备的饮水机与胡某某办公室的饮水机进行了调换。三人通过该手段获得了胡某某与人交流的视频资料。三被告人经商议后，于同年 10 月 17 日下午，由被告人李某找到胡某某，并将相关视频通过 MP4 播放给胡某某看，同时向胡某某提出了解决三被告人政治待遇的非法要求。当晚，胡某某向怀化市国家安全局报案，后被告人李某、杨某、刘某先后被公安机关抓获。法院以被告人李某、杨某、刘某犯非法使用窃听、窃照专用器材罪，分别判处有期徒刑 1 年 8 个月。①

【案例2】2014 年 6 月，被告人叶某通过百度搜索从王某丁（另案处理）处以 550 元每套的价格买来窃听、窃照专用器材，用于提供给驾驶证理论考试的考生作弊使用。考试过程中考生通过针孔式摄像头和微型麦克风将考题传输给王某丁，王某丁通过无线耳塞向考生传输答案。期间，驾校教练汤某、楼某甲、杨某等人给被告人叶某介绍考生，被告人叶某向每个考生收取费用并分成。至 2014 年 9 月 4 日，被告人叶某提供该器材给考生王某乙、楼某乙等数十人考试时使用，累计非法获利 3 万余元。被告人叶某犯非法使用窃听、窃照专用器材罪，判处有期徒刑 7 个月，缓刑 1 年。②

本罪侧重于惩罚非法使用窃听、窃照专用器材的行为，要求造成严重后果，而侵犯商业秘密罪、非法获取国家秘密罪则更强调商业秘密和国家秘密

---

① 湖南省怀化市鹤城区人民法院〔2013〕怀鹤刑初字第 89 号。
② 浙江省诸暨市人民法院〔2015〕绍诸刑初字第 176 号。

受到侵犯。前者强调行为本身，后者更强调侵犯的特定对象，对手段无特定要求，既可以使用了窃听、窃照专用器材，也可以未使用。在现实中，如果行为人使用了窃听窃照专用器材侵犯了商业秘密或者国家秘密，应属于想象竞合犯，从一重处断。这里要特别强调的是，由于当今科技的发展，手机和数码产品日益缩微化且使用广泛，不应将一般的手机等数码产品都认定为窃听窃照专用器材，而应当予以限缩解释。既然本罪名强调了专用器材，应当是经专业部门鉴定为属于本罪所指的特定专用器材的非法使用才可入罪。

案例1中，被告人李某、杨某、刘某非法使用窃听、窃照器材，获得了胡某某与人交流的视频资料，并以此要挟胡某某，要求解决三被告人政治待遇，犯罪性质恶劣，构成非法使用窃听、窃照专用器材罪。

案例2中，被告人使用窃听、窃照专用器材，供驾考考生舞弊使用从中获利，因案件审理在刑法修正案(九)生效之前，可认定为非法使用窃听、窃照专用器材罪；如果发生在刑法修正案(九)生效之后，应认定为组织考试作弊罪。

但笔者认为，案例2中的适用方式并不恰当。首先，由于本罪的行为方式所限，只有对在考试中使用了窃听、窃照专用器材的人才能依照本罪来进行惩处，如果不属于此种情况则无法定本罪。其次，从客体上看，本罪侵犯的是国家对于窃听、窃照专用器材的使用管理制度，而在考试中作弊的行为更多的侵犯的是国家考试的秩序和考试公平。因此，还是应当设立专门的罪名，对在大型考试中组织舞弊的行为予以定罪处罚，这样才更为恰当。我国立法者已经看到这一点，刑法修正案(九)第25条为：

在刑法第284条后增加一条，作为第284条之一：

"在法律规定的国家考试中，组织作弊的，处3年以下有期徒刑或者拘役，并处或者单处罚金；情节严重的，处3年以上7年以下有期徒刑，并处罚金。

为他人实施前款犯罪提供作弊器材或者其他帮助的，依照前款的规定处罚。

为实施考试作弊行为，向他人非法出售或者提供第1款规定的考试的试题、答案的，依照第1款的规定处罚。

代替他人或者让他人代替自己参加第1款规定的考试的，处拘役或者管制，并处或者单处罚金。"

该条规定对于我国考试管理秩序的维护将起到积极的作用。

四、聚众扰乱社会秩序罪

1. 聚众扰乱社会秩序罪与非罪

争议点：聚众扰乱社会秩序行为入罪的尺度把握。

【案例】2014年年初，方某某(已判决)以榆阳区大河塔镇方家畔煤矿造成粉尘污染和房屋塌陷为由，多次组织榆阳区大河塔镇方家畔村村民开会，被告人李某和方某某甲(已判决)积极参与。村民会上确定全村每二十人选出一个代表，制定出阻挡方家畔煤矿生产及上访方案，如有人被抓每人每天500元补偿，被打伤后医药费全包并每人每天补偿300元等制度。2014年5月8日，在方某某组织、策划下，被告人李某和方某某甲积极参与，全村村民非法聚众阻挡准备生产的方家畔煤矿，直至同年5月15日才散去。经榆阳区价格认证中心鉴定造成方家畔煤矿共计损失为2130497.67元(其中间接损失1775150.47元)。被告人李某犯聚众扰乱社会秩序罪，判处有期徒刑2年，宣告缓刑3年(缓刑考验期从判决确定之日起计算)。①

本罪扰乱社会秩序是一个较为广义的概念。但是由于刑法第290条2款规定了聚众冲击国家机关的犯罪，第290条第3款规定了扰乱国家机关工作秩序罪，第290条第4款规定了组织、资助非法聚集罪，第291条规定了聚众扰乱公共场所和交通秩序的犯罪及编造、故意传播虚假信息罪。因此，本罪的社会秩序应排除上述5罪所指的场合，而侧重于公司、企业、事业单位、社会团体的工作、生产、营业、教学、科研秩序。而且本罪的扰乱活动要求达到情节严重或者造成了严重损失。对于因为待业下岗或者生活困难等原因到有关部门抗议、示威、请愿的，如果没有达到情节严重或者损失严重的程度，不应当以犯罪处理。而且即使达到情节或者损失要求，法律也只惩罚首要分子和积极参加者而不处罚一般参加者。前述案例中，被告人李某积极参加扰乱煤矿生产经营秩序的活动，造成了煤矿重大的损失，理应定罪处罚。

在我国司法实践中，应当注意侧重考虑聚众扰乱社会秩序的理由。对于那些有正当理由，寻求途径发泄情绪的，应首先考虑采取正当调解的方式予以解决。如果确实属于情节严重或者造成重大损失才能予以定罪处罚，而且在量刑时应当对其正当理由的因素予以考虑。但是对于那些无理取闹，聚众闹事，如我国近年频发的"医闹"行为，不应姑息，应依照法律予以从重惩处。

---

① 陕西省榆林市榆阳区人民法院〔2015〕榆刑初字第00214号。

五、聚众斗殴罪

1. 聚众斗殴罪与非罪

争议点：聚众斗殴行为入罪的尺度把握以及持械的认定。

【案例】2014年10月28日晚，高某（另案处理）在淮安市淮阴区开明中学附近因琐事与陈某求、李某某、刘某发生口角，高某在离开现场后，因心怀愤懑遂遂电话联系陈某求并与陈某求、李某某等人发生争吵，双方约定斗殴。后高某纠集被告人朱某某和章某某、陈某某（均另案处理）参与斗殴，被告人朱某某应陈某某要求带上砍刀。2014年10月29日凌晨，被告人朱某某与高某、章某某、陈某某到达淮安市淮阴区黄河广场后，高某持匕首先后将陈某求、李某某、刘某捅伤，陈某某持砍刀追赶恐吓受伤的陈某求、李某某，被告人朱某某与章某某对刘某拳打脚踢。经鉴定，陈某求的损伤程度为重伤二级，李某某、刘某的损伤程度均为轻微伤。本院认为，被告人朱某某持械积极参与聚众斗殴，其行为已构成聚众斗殴罪。淮安市淮阴区人民检察院指控罪名成立，本院予以支持。被告人朱某某与他人共同故意犯罪，属共同犯罪，被告人朱某某在共同犯罪中起次要作用，系从犯，依法应当减轻处罚；其主动投案，并如实供述犯罪事实，系自首，可以从轻处罚。被告人朱某某认罪、悔罪，适用缓刑不致再危害社会，依法可以宣告缓刑。判决如下：被告人朱某某犯聚众斗殴罪，判处有期徒刑2年，缓刑3年。①

聚众斗殴是我国司法实践中一类常见犯罪。关于其入罪尺度的把握有诸多需要注意之处。首先，关于聚众的认定。一般聚众斗殴是多人参与的，但是关于其人数的下限不无争议。通常理解，三人为众，但是一般斗殴至少有对立的双方，那么是要求每一方都是三人以上，还是要求对立双方人数之和达到三人即可。笔者认为，虽然并不常见，但是应当认为双方人数之和为三人即达到聚众斗殴的人数下限。但是该种情况下，应当注意双方是属于故意进行的互殴，还是两人围打一人，一人自卫形成的互殴，后者不应属于聚众斗殴，更接近于防卫行为。

其次，本罪是行为犯，并不要求造成严重后果，只要是首要分子或者积极参加者就可以构成本罪。而且根据本罪第2款规定，如果聚众斗殴致人重伤、死亡，要按照故意伤害罪和故意杀人罪定罪处罚。因此，本罪所能容纳

---

① 江苏省淮安市淮阴区人民法院〔2015〕淮少刑初字第00010号。

的伤害程度至多为轻伤，否则将以他罪处罚。

再次，本罪是从1979年刑法中的流氓罪中分解出来的。因此，本罪一般是出于争霸一方或者抢占地盘，以及为了报复他人或者寻求刺激等流氓动机。因此，要将本罪与因为邻里纠纷、民事纠纷以及因为村寨之间土地、山林、水源等产权纠纷引起的殴斗区分开来。这些情形一般不得以本罪论处。如果造成重伤、死亡等后果的，可以故意伤害罪和故意杀人罪来论处。

最后，本罪中持械聚众斗殴是加重犯的情节之一。持械主要是使用棍棒、刀具以及各种枪支武器进行斗殴。持械是要求在斗殴的过程中使用或表露性持有，并不过问该器械的来源，无论是自己有备携带的、现场捡拾的还是从对方手中抢来的，都算持械。而且这个持械也不要求在斗殴中实际攻击了对方，只要造成威胁态势就可以认定为持械。在另一陆某、葛某等聚众斗殴案中，被告人之一葛某声称自己所持刀具是从对方手中抢来的，被告人之一王某提出其系受陈某之邀到菲比酒吧，本人无打架的主观故意；在现场，因对方有人先打自己，其才拳击对方，后因打不过对方，才随着其他人跑到陈某甲的车上拿了一把鱼头刀，用以自卫，因对方没有人再对其殴打，其就将刀放回车内。① 该案中，葛某和王某的辩解意见都没有受到法院的认可。笔者认为这是正确的，因为说到实质，持械惩罚的是"持"的状态，这种"持"本身就达到了威慑的效果，就已经足够了。持械斗殴也是斗殴常见的严重情节之一，在本案中，朱某某携带砍刀到达现场，但是在斗殴过程中由陈某某持刀追砍他人，而朱某某则使用拳脚攻击对方。本罪中的持械，应是在斗殴过程中持械，只是携带"械"到现场而一直没有使用，或者也没有表露自己持械的，不应认定为持械斗殴。因此，朱某某不属于持械参与斗殴，原审法院认定朱某某属于持械斗殴并不恰当。

六、寻衅滋事罪

1.寻衅滋事罪与非罪

争议点：寻衅滋事罪中随意殴打他人行为入罪的尺度把握。

【案例】2014年8月24日晚，被告人罗某甲、罗某乙、何某某等人在本区奉城镇88酒吧跳舞时，被告人罗某甲因与李某甲发生肢体碰撞而发生冲突，继而罗某甲殴打被害人李某甲，被告人罗某乙、何某某等人见状亦上前

① 安徽省马鞍山市中级人民法院〔2015〕马刑终字第00046号。

殴打被害人李某甲及劝架的被害人李某乙，致被害人李某甲左额部皮肤软组织挫伤及双侧颈部皮肤划伤、被害人李某乙颈部皮肤划伤。经鉴定，二被害人所受伤均已构成轻微伤。法院认为，被告人罗某甲、罗某乙、何某某结伙随意殴打他人，致二人轻微伤，情节恶劣，其行为均已触犯刑律，构成寻衅滋事罪，三被告人分别处刑期8个月。①

　　寻衅滋事罪的入罪情节之一为随意殴打他人，情节恶劣。由于本罪也是从1979年刑法流氓罪中分解出来的，所以这里的随意殴打是指在为了取乐发泄、填补精神空虚、耍威风或者寻求精神刺激等流氓动机的支配下做出的。而这里的殴打他人很明显有对他人身体进行伤害的故意，因此本罪与故意伤害他人造成他人轻伤的行为在伤害他人身体的主观故意上无区别，不同之处只在于动机上。因此，这种情形事实上属于法条竞合。本罪属于特别法的规定，只要具备流氓动机则优先适用本罪的规定。

　　从本罪殴打他人所造成的伤害程度上看，本罪至多只能处置造成他人轻伤程度的情形，如果超出轻伤范畴，造成他人重伤或者死亡结果的，应当以故意伤害罪、故意杀人罪定罪处罚。在实践当中，如果犯罪嫌疑人使用了枪支、棍棒、管制刀具等武器对他人进行殴打，要特别注意分辨犯罪嫌疑人的行为有无分寸和尺度，如果使用上述武器，对他人要害部位进行伤害，即使由于某种原因未造成重伤或者死亡的结果，也已经符合了故意伤害罪或者故意杀人罪未遂的犯罪构成。根据《最高人民法院、最高人民检察院关于办理寻衅滋事刑事案件适用法律若干问题的解释》，此时依照处罚较重的犯罪定罪处罚。

　　本案中，被告人罗某甲、罗某乙、何某某结伙随意殴打他人，致人轻微伤，没有超出轻伤范畴，应以寻衅滋事罪定罪处罚。

2. 寻衅滋事罪与抢劫罪、故意毁坏财物罪的区别

争议点：寻衅滋事罪中强拿硬要、任意损毁、占用公私财物的认定。

【案例】2009年1月16日16时许，被告人张某甲与鄄城县彭楼镇彭楼村村民彭某、麻寨村村民袁某某、王集村村民陈某某（均已判刑）等人酒后在临商路西、麻寨路口修车时，因陈某某随地小便与龙翔加油站老板刘某丙发生争执。当日18时许，在陈某某、彭某等人纠集下，被告人张某甲等人到该加油站随意打砸，强行拿走该加油站现金人民币2900元，并将前来劝阻的彭

---

① 上海市奉贤区人民法院〔2015〕奉刑初字第119号。

楼镇陶庄村民张某乙打伤；后又到加油站附近彭楼镇糖牛楼村村民周某经营的超市，殴打周某和正在超市买东西的彭楼镇陶庄村民张某丁，并从周某手中夺取现金人民币 32 元。经法医鉴定，张某乙的损伤程度属轻伤二级。法院判决被告人张某甲犯寻衅滋事罪，判处有期徒刑 2 年。①

本罪中的强拿硬要、任意损毁、占用公私财物的行为与抢劫罪、故意毁坏财物罪非常容易混淆。本罪与抢劫罪的区别主要在动机上，本罪是出于流氓动机而强行索要或者是随意占有，抢劫罪是出于非法占有公私财物的动机，其目标直指占有财物，本罪更为强调通过占有财物显示力量。因此，从具体方式上看，本罪也可能使用暴力或者威胁，但是其暴力或者威胁的手段和方式应当是弱于抢劫罪的，而且往往并不像抢劫行为那样，抢完直接逃走，以逃避法律追究。甚至本罪中的"抢"完之后还要大肆炫耀，以显示威风和力量。此外，按照司法解释的精神，对于未成年人使用或者威胁使用轻微暴力强抢少量财物的行为，一般不宜以抢劫罪定罪处罚，其行为符合寻衅滋事罪的，可以本罪处罚。

本罪中任意损毁公私财物与故意毁坏财物罪的外在形态很相似。本罪主要是具有流氓动机，而故意毁坏财物罪则更多是出于泄愤、报复或者其他动机和理由。笔者认为本罪与故意毁坏财物罪之间同样存在交叉竞合的问题，而且本罪和故意毁坏财物罪的认定由于两罪定罪数额的差别显得非常重要。本罪任意损毁公私财物价值 2000 元以上即为情节严重，而故意毁坏财物罪则要求造成公私财物损失 5000 元以上方可立案追诉。因此，认定分属于不同的罪名将直接决定能否以犯罪来论处的问题，而且在刑期的比较上，本罪明显重于故意毁坏财物罪。因此，相比较而言，本罪属于重法同时也是特别法，当形成法条竞合时，别无选择的应当优先适用本罪。

本案中，张某甲因与人发生争执任意损毁财物，抢夺现金，殴打被害人，优先适用寻衅滋事罪。

七、组织、领导、参加黑社会性质组织罪

1. 组织、领导、参加黑社会性质组织罪与非罪

争议点：黑社会性质组织的含义与认定。

【案例】2005 至 2007 年间，同案人张某、罗某（均已判刑）分别纠合同案

①　山东省菏泽市人民法院〔2015〕菏刑一终字第 44 号。

人张某、杨某、苏某、沈某、李某(均已判刑)等一批社会闲散人员，通过经营生猪私宰场、收取保护费、开设赌场等方式，逐渐积累起一定的经济实力，纠集起一批违法犯罪人员。其间，被告人黎某伙同同案人张某、罗某、李某、黄某(均已判刑)等人在本市海珠区仓头村果林内开设生猪私宰场，从中牟利。2007年下半年开始，同案人张某、罗某纠集并指使同案人张某、杨某、苏某、沈某等人，统一配发了迷彩服和木棍等装备，假借工商部门打击生猪私宰的名义，强行抢走其他私宰经营者的生猪，打压其他私宰经营者。后又与广州市工商行政管理局海珠分局屠管大队原大队长杨某(因受贿罪、行贿罪已被判刑)合作组建了"打击私宰肉专业队"，除正常配合工商部门打击生猪私宰行动外，还继续假借工商部门打击生猪私宰的名义，指使手下人员强抢其他私宰经营者的生猪，以此打压其他私宰经营者，实现对广州市海珠区新滘一带私宰肉市场的垄断控制，逐步形成了以同案人张某、罗某为首的黑社会性质组织。2007年年底至2008年年初，同案人张某、罗某为使其垄断、控制猪肉市场合法化，以获取更大的经济利益，在杨某的协调与支持下，纠合在当地拥有一定市场猪肉配送权和一定势力的被告人黎某及同案人白某、李某、黄某共同出资入股，从原经营者刘某手中接手经营广州市海珠区辉和肉品经营部(以下简称辉和公司)，后又将同案人陈某、邓某吸纳入该公司，并推举同案人白某为公司总协调人，由同案人肖某担任法定代表人。至此，被告人黎某与同案人张某、罗某、白某、黄某、李某、陈某、邓某以辉和公司为依托，逐步控制了海珠区龙潭、东峻、赤沙、仓头、北山、上冲、路路发、凤发等八个市场的猪肉配送权，并雇请同案人李某担任公司经理，同案人黄某担任公司会计，同案人朱某管理位于龙潭竹木市场的办公室。与此同时，同案人张某、罗某继续组织同案人张某、杨某、苏某、沈某、赵某等人假借工商部门打击生猪私宰的名义，采取强抢私宰经营者的生猪、打压其他私宰经营者的方式，控制海珠区部分私宰猪肉市场，以保证辉和公司所控制市场的猪肉供应。此外，该组织还通过同案人罗某、凌某纠集人员采用摆场、展示力量等手段，排挤打压其他具有猪肉配送资格的公司，争夺海珠区放心肉市场。通过上述手段，该组织攫取了巨额经济利益，仅从2008年8月至2009年12月，辉和公司共取得生猪经营收入总额达38317928元人民币，经营利润达6886688元人民币，其中被告人黎某从中分得利润1049473.67元人民币。黎某犯参加黑社会性质组织罪，判处有期徒刑1年6个月，缓刑2年。①

----

① 广东省广州市中级人民法院〔2014〕穗中法刑一终字第681号。

本罪属于典型的行为犯，并不需要有实际的犯罪行为，只要有组织、领导、参加黑社会性质的组织行为就构成本罪。那么关键问题就在于如何认定是否属于黑社会组织。我国最高院和全国人大常委会先后对黑社会性质组织的特征进行了归纳，它们对黑社会组织应具有组织性、经济性、暴力性的特征取得一致，只在是否要求具有"保护伞"问题上有所分歧。最高院认为通过贿赂、威胁等手段，引诱、逼迫国家工作人员参加黑社会性质组织活动，或者为其提供非法保护是一个必备条件；而全国人大常委会则认为既可以利用国家工作人员包庇或者纵容犯罪，也可以通过实施违法犯罪活动形成相应的控制力。因此，在后者那里保护伞只是一个选择性条件。由于后者属于立法解释，因此应以后者为准。该意见已经正式列入我国刑法第 294 条。在现实的黑社会组织中，虽然拉拢官员是其实现控制力的一种常见手段，但是也不能排除一些黑社会组织并没有采取该手段，而是用暴力或其他方式形成其控制力。如果我们固守"保护伞"特征，将在认定一些黑社会性质犯罪时自缚手脚，而且也不便于对一些黑社会组织的早期和规模尚未壮大的阶段予以认定和打击。

本案中张某、罗某（均已判刑）分别纠集一批社会闲散人员，通过经营生猪私宰场、收取保护费、开设赌场等方式，逐渐积累起一定的经济实力；纠集起一批违法犯罪人员，统一配发迷彩服和木棍等装备，假借工商部门打击生猪私宰的名义，强行抢走其他私宰经营者的生猪，打压其他私宰经营者。后又与有一定职位的国家工作人员合作组建了"打击私宰肉专业队"，除正常配合工商部门打击生猪私宰行动外，还继续假借工商部门打击生猪私宰的名义，指使手下人员强抢其他私宰经营者的生猪，以此打压其他私宰经营者，实现对广州市私宰肉市场的垄断控制，逐步形成了以同案人张某、罗某为首的黑社会性质组织。因此本案中张某和罗某所组织的团体已经完全具备了反社会性、人数众多、高度组织化、犯罪手段激烈、追求经济利益且寻求保护伞等黑社会组织的特征。

此外由于我国罪名设置的问题，还需要区分黑社会组织和恐怖组织，对后者的组织、领导和参加活动构成组织、领导、参加恐怖组织罪。恐怖活动组织与黑社会性质组织相比最突出的特点在于它具有强烈的政治目的，这一点是后者不具备的。即使有些黑社会性质的组织发展到一定的规模和程度后，为了某种目的有意地参与政治或者试图影响政治，但其最终目往往仍是获取经济等利益，而恐怖组织所寻求的政治诉求是其存在的最终目的。此外，恐怖组织的暴力性更为突出和强烈，往往都是采取爆炸、放火、投放危险物质、劫持、绑架、杀人等能够引起公众强烈恐慌的方式进行。

此外，还有必要对本罪与组织、领导传销活动罪予以区分。后罪组织、领导传销活动，也包括组织领导传销组织。传销组织在构建和运作的过程中也会有非法拘禁、故意伤害等暴力方式的介入，也会形成较大的规模，且组织严密、经济性目的突出。因此，两种组织间具有一定的相似性。其显著的区别在于，传销组织虽然形成严密的组织，但是其构成金字塔式的销售模式，以此方式获利，取财方式中骗的成分居多，虽然有时可能也具有暴力特征，但是并不突出。二者差别还是较为明显的，这里特别要注意在传销活动名义掩盖下的黑社会组织的出现。另外在入罪的范围上，本罪中组织、领导、参加都构成犯罪。组织、领导传销活动则只限于组织和领导，这是由于传销组织往往规模巨大，涉案人数众多，出于控制打击范围的需要未将参加者予以入罪。

八、传授犯罪方法罪

1. 传授犯罪方法罪与非罪

争议点：传授犯罪方法罪入罪尺度。

【案例】被告人林某某于 2014 年 7 月底、8 月初的一天，应被告人肖某某的要求，以言语讲解的方式向被告人肖某某传授利用木马病毒窃取公司财务人员的 QQ 号码，然后将该号码中公司老板的 QQ 号码删除，同时将其实施诈骗所用的 QQ 号码伪装成公司老板的 QQ 号码，再在 QQ 上冒充公司老板让公司财务人员转账或汇款实施诈骗的犯罪方法。后被告人肖某某利用该犯罪方法实施诈骗，骗取被害人李某人民币 1010860 元。被告人林某某犯传授犯罪方法罪，判处有期徒刑 2 年 6 个月。①

传授犯罪方法罪在客观表现上是传授给他人犯罪的技巧、方法、经验等内容。这些内容具有特定性，有些内容只能用于犯罪活动，如伪造货币、掏包扒窃等，如果是此类内容，只要有传授的行为即构成犯罪；而有些内容并不具有特定性，其本身也是一种技能，例如，武术学校的老师传授给学生擒拿格斗的技能，被学生用于故意伤害他人，或者师傅传授给学生如何配钥匙开锁，而被学生用于入室盗窃。此时，如果传授者并不具有本罪的故意则不能以犯罪来论处。当然，如果行为人以合法办班的形式来掩盖其传授犯罪方

---

① 江苏省苏州市相城区人民法院〔2015〕相刑二初字第 00023 号。

法的实质,则不影响成立本罪。前不久在央视播出的节目中,有地方专门办学习班教授学生如何调制表面上符合国家标准的油品,以逃避国家检验,并收取高昂的学习费用。这样的行为都可以本罪论处。

此外,本罪是行为犯,重点强调行为人的传授方式而并不强调被传授人的学习程度。即使被传授人并未学会也不影响本罪的既遂,但是如果属于情节显著轻微的情况可不以犯罪论处。例如另一案件中张某某是某电厂的电工,一天其朋友李某问他怎样能使电表不转,以节省电费,张某某碍于情面告知其接电线的方法。李某回家之后,由于没搞明白,所以未成功。此种情况下,行为人属于被动传授犯罪方法,而且次数只有一次,未从中获利,也未对社会造成实际危害。这样的情况当属于情节显著轻微,不以犯罪处理。当然,本罪虽然是行为犯,但因为传授犯罪方法本身需要一个较长的过程,所以如果传授行为中主要的内容并未完成,也可能成立本罪的未遂。

在传授方法罪的传授范围上,有观点认为本罪只能传授那些以直接故意心态进行的犯罪行为,但是也无法完全排除某些过失犯罪存在传授犯罪方法的问题,例如,在交通犯罪中,行为人的逃逸方法就可能由传授犯罪方法罪的行为人所传授。① 笔者认为,这样的看法是比较有见地的,既然法条当中并未做这种限制,就应当留有一些余地以利于司法实践的运作。

本案中,被告人林某某以言语讲解的方式向被告人肖某某传授利用木马病毒骗取财物,构成传授犯罪方法罪。

2. 传授犯罪方法罪与教唆犯罪的界限

争议点: 如何认定传授犯罪方法罪的共犯。

【案例】2014 年年初,被告人朱某某通过网络 QQ 认识了一名招收学习盗车技术徒弟的桂林市阳朔县人莫某某(另案处理)和一名想学盗车技术的"南宁人",后被告人朱某某带领该"南宁人"在桂林市阳朔县向莫某某学习了盗车技术。公诉机关针对指控提供了被告人的供述,证人的证言及相关书证等证据。公诉机关认为:被告人朱某某明知他人将要实行传授犯罪方法犯罪,并积极提供帮助、创造便利条件,其行为触犯了《中华人民共和国刑法》第 295 条之规定,犯罪事实清楚,证据确实、充分,应当以传授犯罪方法罪追究其刑事责任。

---

① 孟庆华. 妨害社会管理秩序罪的重点疑点难点问题判解研究[M]. 北京:人民法院出版社,2005:207-208.

被告人朱某某犯传授犯罪方法罪，判处有期徒刑9个月。①

传授犯罪方法罪本身是一个独立的罪名，而教唆犯罪则是共犯的一种形态。在客观表现上，前者是将自己的犯罪经验和方法传授给他人，并不要求引起他人的犯罪决意，而后者也可能告知对方一些犯罪方法，但是其主要体现为引起了对方的犯罪决意。由于共犯中间接正犯的规定，被教唆的对象应具有刑事责任能力，否则不成立共同犯罪，而本罪并无这样的要求，无论对方成年与否，精神状况如何都能成立本罪。但是从现实的角度出发，传授犯罪方法罪的行为对象应具有一定的理解能力或者有依据被传授的内容进行犯罪的可能性。否则有可能成立对象不能犯，不具有社会危害性，则无法按照犯罪来处理。从定性的角度，由于传授犯罪方法罪是独立的罪名，所以不再定他罪，而且即使对多人多次传授多种犯罪方法，也只能依照本罪一罪来处理。而教唆犯罪则要依据其教唆的内容进行具体考虑，如果教唆多人多次进行不同的犯罪，则应当进行数罪并罚。

当然，如果明知他人进行传授犯罪方法的行为而为之提供条件、创造机会，或者进行教唆的，也可以与行为人构成共同犯罪。在本案中，朱某某为他人学习犯罪方法提供帮助、创造便利条件的行为，属于帮助犯，与莫某某构成传授犯罪方法罪的共犯，所以本案定性准确。

另外，在有些情况下，行为人的行为兼有传授犯罪方法和教唆犯罪。犯罪嫌疑人包某招募了6名儿童，最大的11岁，最小的6岁。他教授给这些儿童扒窃手段和方法，在培训结束后还带领这些儿童到繁华路段现场实习。其中一名儿童扒窃现金达5000余元。② 该案中，包某培训这些儿童的行为构成传授犯罪方法罪，带这些儿童去闹市扒窃，属于教唆他人犯罪，成立盗窃罪的间接正犯。因此，包某应以这两罪数罪并罚。

九、聚众淫乱罪

1. 聚众淫乱罪与非罪

争议点：聚众淫乱罪的入罪尺度把握。

【案例】被告人刘某为满足精神空虚，通过互联网和电话等手段散布聚众淫乱的信息，多次组织多名男女聚众性交，被告人黄某也多次参与。其中

---

① 河南省开封市龙亭区人民法院〔2015〕龙法刑初字第9号。
② 李少平，朱孝清，李伟. 公检法办案标准与适用[M]. 北京：人民法院出版社，2014：2211.

被告人刘某向参与聚众淫乱的男子收取 200 元至 300 元作为开房、打车和吃饭的费用。其二人的具体犯罪事实如下：2013 年 10 月 5 日，被告人刘某组织多名男女在维也纳酒店深圳福华路店 1813 号房进行聚众淫乱，被告人黄某参与并与其中两名男子性交。2013 年 11 月 3 日，被告人刘某组织多名男女在维也纳酒店深圳福华路店 1119 号房进行聚众淫乱，被告人黄某参与并与其中两名男子性交。2013 年 11 月 10 日，被告人刘某组织了张某、饶某两名男子，被告人黄某带了王某锋一名男子，一共三男二女共五人，在维也纳酒店深圳福华路店 2005 号房进行聚众淫乱，后被公安民警当场查获，现场抓获被告人刘某、黄某和参与聚众淫乱的张某、饶某、王某锋。被告人刘某犯聚众淫乱罪，判处有期徒刑 9 个月。被告人黄某犯聚众淫乱罪，判处有期徒刑 7 个月，缓刑 1 年 6 个月。①

聚众淫乱罪理解的难点之一在于如何理解淫乱。淫乱一词具有一定的时代特征，要依据社会的现实状况予以具体的分析。淫乱的方式上不仅包括传统的性行为，也包括鸡奸、手淫、口淫、足奸等非常规的满足性欲的方式。从参与的主体上看，人数应至少为三人，但是不应局限于异性，也包括三个以上的同性所参与的淫乱行为。但是随着时代的发展，人们的性观念处于不断变化之中。本罪的聚众淫乱一般也在较为私密的环境中进行，因此，笔者认为应当对本罪入罪予以谦抑化，只有那些强烈伤害人们性道德和观念的情况才应予以定罪处罚。本罪主要处罚聚众淫乱的首要分子或者三次以上参与聚众淫乱活动的才予以立案追诉。对于那些偶尔参与，且总次数不到三次的不应追诉。

在认定本罪时，要区分本罪与强奸罪和卖淫类的犯罪。强奸罪侵犯的是妇女的性的自决权，要采取暴力威胁手段奸淫妇女的才能构成；本罪的参与者都属于自愿参与。而卖淫类的犯罪中，淫乱只能是获利的手段，而获利才是目的。本案中，刘某虽然向参与聚众淫乱的男子收取 200 元至 300 元作为开房、打车和吃饭的费用，但是数额较小，而且主要用于辅助淫乱活动的开销，因此并不具有获利目的，只能以本罪来论处。如果有些组织聚众淫乱的行为人收取了较高的参与淫乱的费用，且已经大大超出辅助性的需要，则与组织卖淫罪构成竞合，应从一重罪处罚。

如果有幼女参与聚众淫乱，且有人与幼女发生性行为，则可能构成多个罪。如果该幼女自愿参与聚众淫乱，与之发生性行为的对象可能构成聚众淫

---

① 广东省深圳市福田区人民法院〔2014〕深福法刑初字第 730 号。

乱罪和强奸罪；如果该幼女被引诱参加聚众淫乱，引诱其参与并与其发生性行为的人，可能构成聚众淫乱罪、引诱未成年人聚众淫乱罪和强奸罪，这两种情形都应予以数罪并罚。

十、盗窃、侮辱尸体罪

1. 盗窃、侮辱尸体罪与非罪

争议点：盗窃、侮辱尸体入罪尺度把握，单纯抛弃尸体能否构成侮辱尸体罪？

【**案例**】2014 年 6 月 17 日 14 时许，被害人郭某某到被告人池某某位于石狮市祥芝镇南墩 29 号一楼的租住处欲与被告人池某某发生性关系，因突发疾病，倒在被告人池某某的床上。后被告人池某某锁上房门离开。当晚20 时许，被告人池某某返回租住处时，发现郭已经死亡，便打电话告知被告人余某某。次日 21 时许，被告人余某某赶到石狮并借了一辆三轮港田车。同月 19 日 1 时许，被告人池某某、余某某用三轮港田车将郭的尸体载到石狮市蚶江镇大厦村沿海路段水闸处抛弃，后将郭的摩托车、手机及沾有被害人郭某某血迹的被套等丢弃在不同地方。经鉴定，郭某某符合情绪兴奋诱发高血压心脏病死亡。本院认为，被告人池某某、余某某共同将他人尸体抛弃，伤害死者亲属感情，破坏社会风俗传统，其行为均已构成侮辱尸体罪。被告人池某某犯侮辱尸体罪，判处有期徒刑 10 个月。被告人余某某犯侮辱尸体罪，判处有期徒刑 9 个月。①

本罪的理解和把握中首先要把握何为尸体。关于如何理解本罪中的尸体，理论和实务界颇多争议。首先，能够达成共识的是完整的尸体本身符合本罪的犯罪对象。其次，对于尸体的一部分能否构成本罪的犯罪对象存有争议。比较合理的观点应当认为尸体的一部分也应包含于本罪犯罪对象范围内，例如，在发生空难或者车祸等场合，被害人尸体往往并不完整，对该不完整尸体进行盗窃或者侮辱也构成本罪。而且对完整的尸体进行切割式的盗窃本身就是侮辱尸体的一种手段，至少可以构成侮辱尸体罪。当然如果盗取的部分非常有限，则能否构成盗窃尸体罪尚有商榷的余地，例如，类似于鲁迅先生的小说《药》中描述的用馒头擦取人血的行为。再次，本罪中的尸体是否包括尸骨。在司法实践中，惯例是以本罪定罪处罚的。广东一起案件中，

---

① 福建省石狮市人民法院〔2015〕狮刑初字第 529 号。

四名被告人连续两三个晚上在两个墓地盗得一百多个人体颅骨和六副完整的人体骸骨。四人最终被定了盗窃尸体罪。① 但是尸体能否包括尸骨，从解释的角度确实不无疑问。有学者认为本罪的尸体是指能够辨认出形廓的遗体，不包括随岁月流逝而腐化剩下的骨骼。② 该种观点不无道理，但是从社会现实状况出发，将尸体狭义理解为未腐败的尸体将使得现实中许多案件失去适用本罪的依据，而且将尸骨扩张理解为尸体并未明显超出人们常识中对尸体的把握和理解，而对尸骨的盗窃和侮辱同样严重地损害了其亲属和社会公众的感情，所以将尸骨解释为尸体也是合理的。最后，骨灰能否解释为尸体。这一点理论界和司法实践基本存在共识，尸体经过火化成为骨灰其性状已经发生了本质变化，不应当认为骨灰包含在尸体范畴内。当然，也存在持极端扩张解释观点的学者认为骨灰也可算为尸体。对此，笔者难以赞同。我国刑法修正案(九)第 31 条中已经对本罪进行了修改。将刑法第 302 条修改为："盗窃、侮辱、故意毁坏尸体、尸骨、骨灰的，处 3 年以下有期徒刑、拘役或者管制。"如果该条顺利通过，将解决上述争议。但是依照该修正案，也可看出立法者认为尸体以狭义理解更为适宜。

从本罪行为方式上看，盗窃尸体并不难理解，关键是如何把握侮辱，由于对盗窃尸体本身有单独规定，因此，侮辱应是盗窃之外的直接对尸体所做的亵渎、贬损、毁损等行为以及采取违反民族或宗教习俗的方式处理尸体的行为，并且要具有侮辱尸体的色彩方能定罪处罚。本案中，池某某与被害人存在不正当男女关系，如果他们之间的事情被人发觉后果严重，在此情形下，其被迫采取抛尸的行为以逃避责任。从期待可能性的角度，我们很难要求池某某联系被害人家属采用正当方式处理尸体，而且其只是抛尸行为，侮辱尸体的故意和客观表现都不明显。因此，笔者认为，该案以侮辱尸体罪进行定罪处罚并不适当。

2. 盗窃、侮辱尸体罪共犯形态

争议点：盗窃、侮辱尸体共犯的明知如何把握。

【案例】2013 年 3 月份的一天，长子县宋村乡高家洼村村民张某某让被告人赵某某帮其找一副女性尸骨，为其丈夫粟某某的小爸"配阴婚"。赵联系被告人冯某某，冯称其有一副尸骨，二被告人商定以 3500 元交易该副尸骨。

---

① 李少平，朱孝清，李伟. 公检法办案标准与适用[M]. 北京：人民法院出版社，2014：2246.

② 王作富. 刑法分则实务研究(中)[M]. 北京：中国方正出版社，2010：1294.

后赵告知张尸骨需4000元，并收取了张100元订金，同时商定剩余的3900元在尸骨装棺下葬后支付。2013年4月3日，被告人冯某某携带其从襄垣县北底乡北底村一坟地盗窃的尸骨，同被告人赵某某一起来到粟某某的小爸坟前交易时被接报的公安人员当场抓获。被告人冯某某犯盗窃、侮辱尸体罪，判处有期徒刑8个月。被告人赵某某犯侮辱尸体罪，判处拘役6个月，缓刑1年。①

本罪涉及共犯的问题。本案中赵某某、冯某某显然属于共同犯罪，由于二人明知尸体的用途是配阴婚，因此就侮辱尸体构成共同犯罪并无争议，关键是赵某某是否构成盗窃尸体罪。在案情中并未交代他对冯某某盗窃尸体有参与的故意，但是由于在社会现实生活中尸体属特别物品，除了盗窃之外，并无合法途径可以获得。赵某某对冯某某只能通过盗窃来获取尸体是明知的且持放任心态，因此二人构成共犯，都应构成盗窃、侮辱尸体罪（现已修改为盗窃、侮辱尸骨罪）。甚至最初委托人张某某都有盗窃、侮辱尸体的明知和故意，同样应当定罪处罚。

十一、赌博罪

1. 赌博罪与非罪

争议点：赌博罪入罪尺度的把握。

【案例】2014年7月27日至2014年7月30日，被告人刘某某、孙某某、王某某组织参赌人员，在承德县某某棋牌室赌博，三被告人从中抽头渔利并按5∶3∶2分成。2014年7月30日16时许，参赌人员在赌博过程中被承德县公安局查获，现场查获郭某、张某某等26名参赌人员、赌资8700元、赌具牌九一副。法院认定，三名被告人犯赌博罪，各自被判处有期徒刑1年、缓刑1年，并处罚金人民币1万元整。②

赌博罪入罪包括两种情形。第一种情形要求以营利为目的，聚众赌博。根据司法解释，聚众赌博包括组织三人以上赌博，抽头渔利数额累计达到5000元以上的；组织三人以上赌博，赌资数额累计达到5万元以上的；组织三人以上赌博，参赌人数累计达到20人以上的；组织中华人民共和国公民10人以上赴境外赌博，从中收取回扣、介绍费的。本案中赌资数额相对较

---

① 山西省长子县人民法院〔2015〕长刑初字第20号。
② 河北省承德县人民法院〔2015〕承刑初字第00093号。

小，但是符合组织 20 人以上参与赌博，因此应当以赌博罪定罪处罚。

需要注意的是不以营利为目的，进行带有少量财物输赢的娱乐活动，以及提供棋牌室等娱乐场所只收取正常的场所和服务费用的经营行为等，不以赌博论处。该规定是符合我国城市和农村现状的，我国各地在近些年涌现的棋牌室数量惊人，但是只要未从事赌博，进行的是以娱乐为主的活动，不宜以犯罪论处。这种在棋牌室进行的娱乐活动虽然也收取费用，但是其是按照人数或者娱乐的时间收取，而赌博是依据赌资的数额按照一定的比例进行收取，其差别还是比较明显的。在这里要特别防范那些以娱乐为名义掩盖赌博实质的现象。而且即使是开办这种棋牌室，如果明知有赌徒在其中进行赌博而持放任态度的，有可能构成开设赌场罪。

特别需要注意的是前述第三项，组织三人以上赌博，赌资数额累计达到 5 万元以上的，同样构成本罪。这里主要惩罚的是组织者，按照此条规定，那些打麻将、玩扑克的娱乐活动，如果累计涉及数额巨大的金钱，同样可能构成犯罪。这里需要考虑的是，如果甲乙丙丁四人为固定麻友，四人分别多次组织打麻将，那么计算数额时是只按照每个人组织的活动的数额计算，还是四人的可以进行累积计算。不同的计算方式，差别巨大。笔者认为，还是应该各自计算比较公平，例如甲只按照他组织的赌博活动中涉及的数额来计算。这样更符合立法的精神，也更符合我国宽严相济的刑事政策。

入罪的第二种情形为以赌博为业，主要指的是经常从事赌博活动，靠赌博所得为其生活主要来源，也就是我们通常说的赌棍。概括来说，赌博罪惩罚的是赌头和赌棍，而不惩罚一般参与人员，即使参与的次数较多，但是只要尚未达到赌棍的状态就不需要以本罪定罪处罚。而对于赌头，如果没有抽头渔利等行为，也就缺乏了本罪要求的营利目的，也无法以本罪定罪处罚。

2. 赌博罪与其他罪的界限

争议点：赌博罪与诈骗罪的区别。

【案例】2012 年 1 月 4 日，被告人梁某某伙同龙某某（已判刑）、"锋仔"（另案处理）经事先商量窜至井冈山市，找到被害人李某某欲骗其钱财。次日，被告人梁某某、龙某某将被害人李某某骗至泰和县锦泰酒店客房内，引诱李某某用扑克牌"赌大小"的方式与龙某某赌博，赢取了龙某某人民币 50000 元的空头数。龙某某要求李某某拿出现金人民币 50000 元才能将所赢的钱拿走，因李某某身上没有这么多现金，被告人梁某某遂唆使李某某将其所有的赣 DU2468 号车以人民币 30000 元当在泰和县城 6 号通讯典当店。回到客房后，被告人梁某某与龙某某引诱李某某继续赌博，在赌博过程中，被告人梁某某设局将被害人李某某当车款人民币 30000 元骗走。被告人梁某某犯诈骗罪，判处有期徒刑 1 年，并处罚金人民币 2 万元。①

赌博行为的本质是概率的比拼，其中不乏一些心理性的诈术等娱乐技巧。这些技巧具有一定的欺骗性，但是本质上对赌博结果并无控制力。所以，如果是设圈套引诱他人参加赌博，并在赌博中使用欺骗方式即出千或者使用某些专用工具来控制赌博结果的，应当以诈骗罪论处。特别是以该种方式诈骗，往往事先就带着骗的目的，而且在过程中也使用了能控制赌博结果的手段。正如本案中梁某某事先与同伙有共谋，之后在赌博过程中将被害人车款骗走，其诈骗色彩浓厚。因此定诈骗罪定性准确。但是需要注意的是，如果行为人设圈套诱骗他人参加赌博，但是在赌博中未使用能控制赌博结果的手段，则仍应当以赌博罪定罪处罚。

那些在路边进行的诈术和象棋残局赌博的行为与此有些类似，但仍需要认真分析，如果属于能控制结果的，例如猜牌、猜大小、用磁铁作弊，这类行为更接近诈骗，但是如果是设象棋残局等方式赌输赢的，由于不能控制赌博结果，如果符合赌博罪的入罪条件，应以赌博罪定罪处罚。

第二节　妨害司法罪

妨害司法罪，是指违反法律规定，使用各种方法妨害国家司法机关正常诉讼活动，破坏国家司法权的行使，情节严重的行为。我国刑法从第 305 条到第 317 条规定了妨害司法罪，共规定了 17 个罪名。包括伪证罪，辩护人、诉讼代理人毁灭证据、伪造证据、妨害作证罪，妨害作证罪，帮助毁灭、伪造证据罪，打击报复证人罪，扰乱法庭秩序罪，窝藏、包庇罪，拒绝提供间谍犯罪证据罪，延时、隐瞒犯罪所得、犯罪所得收益罪，拘捕执行判决、裁定罪，非法处置查封、扣押、冻结的财产罪，破坏监管秩序罪，脱逃罪，劫持被押解人员罪，组织越狱罪，暴动越狱罪，聚众持械劫狱罪等。

---

① 江西省泰和县人民法院〔2015〕泰刑初字第 25 号。

一、伪证罪

1. 伪证罪与非罪

争议点：伪证罪入罪尺度的把握。

【案例】2013 年 4 月 29 日 23 时许，贾某乙(已判)与被告人贾某甲等人饮酒后，驾驶承载着被告人贾某甲的浙 j×××××号吉利美日牌轿车，在位于台州市路桥区路桥街道石浜村的雷霆溜冰场门口倒车时，与徐某驾驶的电动自行车发生碰撞，造成徐某受伤(未达轻伤)、两车损坏的道路交通事故。经检测，贾某乙血液中的酒精含量为 150mg/100ml，属于醉酒驾驶。但在公安交警调查事故时，贾某乙辩称在事故发生后被交警查获前曾经饮酒，并要求被告人贾某甲为其作虚假证言。被告人贾某甲明知贾某乙在事故发生后未饮酒，仍按贾某乙的要求向公安机关作虚假证言，称贾某乙在事故发生后与自己在一起，并目睹其饮酒，企图帮助贾某乙逃避法律责任，妨害了司法机关的正常活动。2014 年 5 月 6 日，贾某乙被本院以危险驾驶罪判处拘役 2 个月，并处罚金人民币 4000 元。被告人贾某甲犯伪证罪，判处拘役 3 个月。①

本罪的主体为证人、鉴定人、记录人、翻译人。该四类主体中，鉴定人、翻译人争议不大，都属于因为在鉴定或者语言方面存在特殊技能，得以参与刑事诉讼的人。而在证人和记录人的范围上都有一些小的争议。证人一般指的是除当事人外向司法机关陈述自己经历或知悉案件真实情况的人。只要知道案情，不属于存在某些缺陷不能做证人的情况都可以成为案件的证人。

存有争议的是，被害人能否成为伪证罪的主体，从对案件的重要程度来看，被害人陈述的重要程度甚至要重于证人证言，如果证人能够因为伪证行为入罪，那么被害人作伪证没有理由不受到同样的惩处。② 这也是我国一些学者坚持的观点，但是该看法并不周延。我国刑法第 243 条规定了诬告陷害罪，即捏造事实诬告陷害他人，意图使他人受刑事追究，情节严重的情形构成本罪。诬告陷害罪中包含了一部分案件被害人在刑事诉讼中作伪证诬告他人的情况，因为该罪并未限制诬告陷害的场合，当然可以包括刑事诉讼过

---

① 浙江省台州市路桥区人民法院〔2015〕台路刑初字第 138 号。
② 王作富. 刑法分则实务研究(中)[M]. 北京：中国方正出版社，2010：1311.

程，所以在该情况下，被害人诬告陷害他人，意图使他人受刑事追究的构成诬告陷害罪。但是如果是相反的情况，被害人违背事实，否认自己的法益受到侵害的情况就是诬告陷害罪无法解决的，此时应以伪证罪定罪处罚。这种解释方式虽然解决了法律适用的问题，但是对于被害人定位的问题解决得并不理想。笔者认为被害人作伪证的情形，主要还是体现了对司法权的破坏。因此应在适当的时候通过修正案的形式将被害人列入伪证罪的主体。

此外，在记录人的定位上也有争议。记录人，是指在司法机关对案件进行侦查、起诉和审判的过程中，为调查、搜查、询问证人及被害人或者审讯被告人担任文字记录的人。具体来说包含公安机关、国家安全机关的侦查人员、人民检察院和人民法院的书记员。由于他们做虚假记录同样会对诉讼造成比较大的影响，因此也被列入了伪证罪的主体。这是不适合的，首先，本罪罪名为伪证罪，应是证人或者与证人有同等地位的人才能以本罪论处，而鉴定人、翻译人基本上具有等同于证人的地位，在国外一些国家其诉讼地位就是证人。而上述记录人属于司法工作人员，从范畴上存在疑问。其次，作为司法工作人员的记录人如果有前述行为是借助职权做出的行为，与伪证罪的差别也较大。最后，对司法工作人员的此类犯罪行为已经有了规定。刑法第397条规定了滥用职权罪，第399条规定了徇私枉法罪。因此，虽然我们当前仍应当尊重法律的规定，但是还是应当将记录人剔除出伪证罪的主体较为合适。当然，还是应当对刑法第399条进行修改，将这些司法辅助人员也都纳入才更为合适。

此外，在本罪的行为方式上，要求行为人有作伪证的故意。如果证人是如实根据自己的记忆或者经验做陈述，即使事后被证明与案件的客观事实不一样，也不能认定为犯罪。鉴定人、记录人和翻译人如果是因水平或者工作疏忽提供了不科学或者不合实际的鉴定结论、记录或者翻译的，不构成伪证罪。此外，刑事被告人和犯罪嫌疑人对与自己有利害关系的情节做虚假陈述的，也不构成犯罪。这是出于对人类自我保护本性的容忍。① 否则估计大多数的犯罪嫌疑人和被告人在他罪之外都要同时以伪证罪进行并罚了。

本案例为一个构成伪证罪的典型案例，贾某甲向公安机关作虚假证言，称贾某乙在事故发生后与自己在一起，并目睹其饮酒，企图帮助贾某乙逃避法律责任，妨害了司法机关的正常活动，当然构成伪证罪。事实认定和运用

① 阮齐林. 刑法学[M]. 北京：中国政法大学出版社，2010：685.

法律本身无争议，但是颇值得回味之处在于，贾某乙实行了主行为被判拘役两个月，贾某甲只是对这样一种较轻微的犯罪行为作伪证，所处刑期却为3个月。虽然二人并非共同犯罪，刑期也无必然联系，但是从朴素的公平观出发还是让人觉得多少有些失衡。

二、窝藏、包庇罪

1. 窝藏、包庇罪与非罪

争议点：窝藏、包庇罪入罪尺度的把握。

【案例】2014年7月13日上午，被告人张某驾驶一辆白色东风本田牌小轿车载着朋友陶某某、邹某某、陈某某等人，从奉新县上富镇到达奉新县冯川镇华林广场某饭店吃饭。席间陶某某喝了白酒并情绪激动，之后陶某某来到饭店门口，看见在旁边观看的武某某，便用随身携带的匕首朝武某某身上一阵乱捅（后抢救无效死亡）。站在旁边的被告人张某目睹了陶某某作案过程。尔后，陶某某立即叫被告人张某驾车带其逃离现场，被告人张某遂用遥控钥匙将其驾驶的本田小轿车打开，并坐上驾驶室，但因紧张未能将车启动，坐在副驾驶室的陶某某便下车坐进驾驶室，被告人张某则下车进入车辆后排座位，随后陶某某驾驶该车逃离了案发现场。途中，被告人张某按照陶某某的意思将陶某某捅人之事告知了范某，并得知范某将安排人员前来接走陶某某。之后被告人张某将陶某某送至罗市镇冶城诊所包扎，并与陶某某分开。被告人张某犯窝藏罪，判处有期徒刑2年，缓刑3年。①

本罪是典型的故意犯罪，要求行为人明知对方是犯罪分子而予以提供窝藏或者包庇的帮助，这种窝藏具体包括提供处所、财物或者帮助其逃匿；包庇则要求作假证明包庇。因此，本罪要有积极的作为才能构成，单纯的知情而不予以检举揭发，也没有给予积极的帮助的行为不构成犯罪。除非知晓他人的犯罪情节涉及间谍犯罪行为，在有关机关向其调查和收集证据时，予以拒绝，构成拒绝提供间谍犯罪证据罪。就本罪而言，我国古代有亲亲得相隐匿的传统，这是较为人性化的规定，国外也有免除近亲属作证义务的规定。我国似乎也应当考虑对此做一定的修正，减少行为人在人性和法律之间的挣扎。

本罪所认定的犯罪人，包括明知对方被采取了强制措施，或者正在被通

① 江西省奉新县人民法院〔2015〕奉刑初字第28号。

缉、抓捕的犯罪嫌疑人或者是正在服刑的罪犯，或者知道对方有犯罪行为的情况。本案中张某就是直接目睹了陶某某的作案过程，之后仍然为其提供交通工具，并进行通风报信帮助陶某某逃匿，因此其构成窝藏罪并无疑义。但是通常状况下，并不要求了解对方犯了什么罪，以及是否真正构成犯罪。因为这在法院判决之前是无法认定的，只要大致上知道对方属于逃犯，可能有犯罪行为即可。当然，如果最后证明行为人不构成犯罪，那么窝藏罪本身就失去了存在的空间，因为其本身是帮助犯罪人逃匿的附属性行为，并不具有独立可惩罚性。

而且非常明显的是，本罪只是为逃犯逃避法律惩罚提供帮助的下游犯罪，犯罪人对于逃犯的上游犯罪并未参与也无事先的通谋，如果存在参与上游犯罪或事先通谋的情况，之后又帮助隐匿的话应当构成上游犯罪的共犯而非本罪。

2. 包庇罪与伪证罪的区别

争议点：如何区分包庇罪和伪证罪的适用条件。

【案例】2014 年 7 月 20 日 16 时 30 分许，刘某无证驾驶临时号牌为鲁 Q ×××××的海马 M3 轿车，在莒新线通龙掌村的交叉路口和一辆电动自行车发生交通事故。被告人王某为使无证肇事驾驶人刘某逃避法律追究，向公安机关作假证明，供述自己是肇事驾驶人以包庇刘某，妨害了诉讼程序的顺利进行。被告人王某犯包庇罪，判处有期徒刑 1 年，缓刑 2 年。[①]

包庇罪和伪证罪在一些情况下容易混淆。包庇行为在某些情况下也是伪证行为。包庇罪范围更广，包括未决犯和已决犯，而伪证罪全部为未决犯。而从主体角度看，伪证罪的主体是四类特殊主体，而包庇罪中行为人只能以证人或者提供情况的人或者其他一般身份进行包庇的犯罪行为。如果并非证人身份，而只是一般的提供情况的人，那么就只能认定为包庇罪了。但是如果以证人身份进行包庇则同时也构成伪证罪，属于法条竞合。

此外，关于包庇罪和伪证罪的发生时间存在一定的争议。有学者认为，司法实践中，司法机关在立案之后向了解案情的人进行调查取证的，一般把被调查取证的人视为证人，此时作假证明的为伪证行为。在立案之前，了解案情的人或者自称了解案情的人作假证明包庇他人的，属于包庇行为。[②] 笔

---

① 山东省莒南县人民法院〔2015〕莒刑一初字第 149 号。

② 阮齐林. 刑法学［M］. 北京：中国政法大学出版社，2010：692.

者认为此种观点值得商榷。从包庇罪的法条描述上,本罪只强调作假证明包庇这一点,并未对包庇的阶段做出任何的限制。理论上,包庇行为的发生时间非常广泛,包括刑事诉讼开始前,也包括刑事诉讼进行过程中,更包括刑事诉讼结束之后。所以人为将其时间段划分开的做法并不符合立法者本意。而立案前后的划分,虽然时间点很明确,但是却并不合理。因为侦查行为具有一贯性,既可能发生在立案前也可能发生在立案准备过程中。因此笔者认为包庇行为也可以发生在立案之后,即刑事诉讼阶段中。此时,如果有人以作证的方式进行包庇属于伪证罪和包庇罪的法条竞合。依照特别法优于一般法的情形,优先适用伪证罪,但是如果属于情节严重的,应当处重刑的量刑区间,可依据重法优于轻法的原则,适用包庇罪。这样既避免了硬性划分的尴尬,同时也能更好地处置二者的应用关系。

本案中,王某向公安机关作假证明,顶替刘某承担责任,此时王某并非证人身份,因此,从主体的角度只能定包庇罪。但是如果王某以证人身份在该诉讼中出现,则应当定伪证罪。

三、掩饰犯罪所得、犯罪所得收益罪

1. 掩饰犯罪所得、犯罪所得收益罪与非罪

争议点:掩饰犯罪所得、犯罪所得收益罪入罪尺度的把握。

【案例】2014 年 4 月 1 日 13 时许,被告人张某来到呼和浩特市回民区恒诺建材凯唯装饰城伺机作案,趁装饰城 C 区 2 楼 202 号天聚阁门业商铺无人之机,从商铺内的推拉门柜中窃取郝某某的灰色三星 300E43 型笔记本电脑一台,经鉴定价值人民币 2110 元。作案后张某逃离现场,后以 400 元价格销赃给刘某某,被告人刘某某收购后以 500 元转手倒卖他人,现已退赔销赃款。2014 年 4 月 17 日 14 时许,被告人张某来到呼和浩特市回民区通达建材城维家惠家居建材城伺机作案,其趁建材城维家惠办公西楼二楼西区二号办公室无人之机,翻窗入内窃取王某某放在沙发旁小桌上的黑色华硕 A41i 型笔记本电脑一台,经鉴定价值人民币 1210 元。作案后逃离现场,后以 600 元的价格销赃给刘某某,赃物现已追缴并发还失主。被告人刘某某犯掩饰、隐瞒犯罪所得罪,判处罚金人民币 6000 元。①

掩饰犯罪所得、犯罪所得收益罪是控制抢劫、盗窃、抢夺、诈骗、绑架、

---

① 呼和浩特铁路运输法院〔2015〕呼铁刑初字第 15 号。

敲诈勒索、招摇撞骗、贪污、贿赂、侵占、挪用等犯罪手段非法获取财物进行顺利洗白或者隐匿的重要罪名。它属于其他获取财物类犯罪的下游犯罪。关于本罪有诸多需要注意的内容。

首先，本罪作为他罪的下游犯罪，与其上游的各种犯罪之间并不存在事先的通谋。如果是事先商量好为其提供掩饰或销赃的服务，则构成上游犯罪的共同犯罪，不再以本罪论处。而且要注意本罪应为上游犯罪人之外的他人实施的，如果是上游犯罪人自己进行销售赃物或者其他掩饰行为，属于不可罚的事后行为，只以其所犯的上游犯罪进行处理，不再涉及本罪，否则有一罪多罚的嫌疑。而从主观的故意上，并不要求本罪行为人明确知晓上游犯罪人的犯罪内容，只要他对要求其掩饰或者隐瞒犯罪所得的财物明知其来源于犯罪即可。这一点可以根据以下几个因素综合判断：①犯罪时间和地点。例如行为人在深更半夜或者在偏僻之处销售物品。②价格。为了快速脱手赃物，上游犯罪人往往会以极低的价格进行甩货。③物品的性质和特征。例如限制流通物或者禁止流通物。例如铁轨或者假币、毒品、枪支等特殊物品。对于此类物品有学者认为应区分对待，当该物品有对应的持有类犯罪时应以该持有犯罪进行定罪处罚。但是如果不存在相应的持有犯罪，仍然以本罪来定罪处罚。① 笔者认为不能一概而论。如果已经达到持有入罪的标准，例如持有假币要求达到数额较大，则应当以相应的持有类犯罪入罪。而本罪属于行为犯，入罪门槛较低，因此如果虽然涉及上述特殊物品，但是未达到相应的持有类犯罪的入罪标准，则仍应以本罪论处。当然，如果不存在相应的持有类犯罪，则应当以本罪来论处。④上游犯罪人的一贯表现。本案中刘某某在很短的时间内以 400 元和 600 元的价格两次低价售卖笔记本，其价格和售卖的频率都是反常的。当然可以推知其所持财物为犯罪所得，因此本案中刘某某具有相应的明知。

其次，对于本罪中的犯罪所得和犯罪所得收益的理解应有所限制。第一，法条中明文提示为犯罪所得，那么对于并非犯罪所得，而是违法行为所得，应如何认定？该问题以往有些学者不加区分，认为都可作为本罪来论处？但是这样的观点并不妥当，会极大地扩张本罪的打击范围，而且有违背罪刑法定的嫌疑，因此，对该问题的理解应限于犯罪所得。第二，是否所有犯罪所得的隐匿掩饰都能构成本罪？如果犯罪所得或犯罪所得收益本身不是犯罪对象，应如何论处？这里应当加以区分，本罪设立的目的是对于那些以财物

---

① 王作富. 刑法分则实务研究(中) [M]. 北京：中国方正出版社，2010：1349.

为犯罪对象的犯罪类型的下游犯罪进行处置，而不是对所有犯罪的下游犯罪进行处分。本罪的前身是窝藏、转移、收购、代为销售赃物罪，虽然在刑法修正案(七)中改为本罪名，但是其立法本意并无大的变化。因此，本罪所掩饰和隐瞒的仍是通过上游犯罪所直接获得的财物而已，而不能做过于宽泛的理解。举例来说，如果甲请乙重伤某人，然后送乙一辆摩托车作为报酬，乙将摩托车销售给丙变现。这里即使丙对摩托车的来源是清楚的，也不宜认定丙的行为属于本罪。① 这里应当采用限缩解释对本罪的入罪范围进行一定的限制。否则本罪将有可能成为所有犯罪的下游犯罪，这并不恰当。

第三节　妨害国(边)境管理罪

妨害国(边)境管理罪是刑法分则第六章第三节规定的犯罪，是指违反国(边)境管理法规，破坏国(边)境管理秩序，依法应当受到刑罚处罚的行为。刑法从第318条至第323条规定了8个罪名，具体包括：组织他人偷越国(边)境罪，骗取出境证件罪，提供伪造、变造的出入境证件罪，出售出入境证件罪，运送他人偷越国(边)境罪，偷越国(边)境罪，破坏界碑、界桩罪，破坏永久性测量标志罪。

一、组织他人偷越国(边)境罪

1. 组织他人偷越国(边)境罪与非罪

争议点：组织他人偷越国(边)境罪入罪尺度的把握。

【案例】2012年9月8日，同案人范某才(已判刑)在越南境内的弄兰街招到楼某甲等8名越南人欲往中国务工，碰到被告人黄某甲也招了楼某戊等12名越南人，范某才就对被告人黄某甲说其弟范某青在广西梧州承包种植桉树，可以找人到那里打工，老板给砍草费每亩95元，请越南人去做每天60元，可以赚钱，被告人黄某甲听后认为合算，就决定与范某才合伙。被告人黄某甲先带自己找到的12名越南人走向中越边境，范某才在弄兰街给自己找到的8名越南人预付了部分工钱后带着他们走向中越边境，到中越边境越南一侧跟被告人黄某甲带的人汇合后，范某才给被告人黄某甲找来的12名越南人中的11人预付了部分工钱，然后被告人黄某甲返回弄兰街要了

---

① 李少平，朱孝清，李伟. 公检法办案标准与适用[M]. 北京：人民法院出版社，2014：2310.

摩托车后直接回自己家收拾衣服等行李，20 名越南人由范某才和被告人黄某甲的妻子熊某带领经中越边境 499 号界碑旁边便道进入中国境内，并往范某才家的方向走，当离范某才家 2 公里，时被告人黄某甲骑摩托车赶到与大家汇合，范某才打电话联系车辆欲将越南民工送往梧州，但是找不到合适车辆，于是被告人黄某甲遂联系广西那坡县百都街司机黄某乙，然后由黄某乙开中巴车将这 20 名越南人及范某才、被告人黄某甲运送到广西那坡县坡荷乡那池村平恩屯三叉河水库路口的黄某丙家住下。2012 年 9 月 9 日 14 时许，范某才和被告人黄某甲带领这 20 名越南人从黄某丙家附近路段搭乘由广西那坡县开往广东省惠州市的大巴车时，车辆行车不久即被那坡县公安边防大队巡逻民警拦截，查获范某才和被告人黄某甲带领的 20 名越南人。被告人黄某甲犯组织他人偷越国境罪，判处有期徒刑 3 年，并处罚金 5000 元。①

本罪是集中体现为组织他人进行偷越国（边）境的行为。根据 2002 年最高院《审理偷越国（边）境刑案解释》第 1 条规定：领导、策划、指挥他人偷越国（边）境或者在首要分子指挥下，实施拉拢、引诱、介绍他人偷越国（边）境等行为的，属于刑法第 318 条规定的组织他人偷越国（边）境。根据该解释，本罪的惩处对象既包括直接的组织者也包括在组织者的指挥下有拉拢、引诱或者介绍行为的人。而且应当以此为限度，如果只是一般性的使对方知情，对方自愿加入偷越活动中来，则不能构成本罪。本罪中的偷越方式多种多样，既包括不在规定的口岸或者关卡偷越，也包括以假证件或者其他蒙骗手段在关口蒙混入境，有时还包括骗取出境证件偷越。无论采取何种手段，只要组织他人非法越境即构成本罪。如果行为人是在他人央求下，出于私情为个别人偷越国（边）境提供帮助，一般不宜认定为犯罪。

本案中黄某甲和范某才合伙共同组织他人偷越中越边境到中国打工，构成组织他人偷越国境罪的共同犯罪。比较值得研究的是司机黄某乙，他是否构成本罪的帮助犯。案件中并未明示其对黄某甲和范某才的犯罪行为是否知情，但是可以推知本案中黄某乙对黄、范二人组织他人偷越国境应当是明知的，其作为司机对于自己车上来路不明的 20 名越南人应当能够推知是偷越国境过来的。但是黄某乙介入本案的时间节点非常重要，他是在黄、范二人已经将 20 名越南人带入国境之后才开中巴帮助运送的。本罪应属行为犯，

---

① 广西壮族那坡县人民法院〔2015〕那刑初字第 12 号。

黄、范二人组织他人成功偷越国境之后就已经危害了国(边)境的管理秩序，从而构成本罪的既遂。黄某乙在本案既遂之后介入，已经不具备构成共同犯罪的时间条件，也无法构成承继的共犯。但是，其行为可以构成对黄、范行为的事后帮助，如果情节严重，可探讨能否构成窝藏罪。

此外，刑法第322条规定了偷越国(边)境罪，因此偷越国(边)境行为本身独立成罪，而本罪可以看作该罪的共犯，但是这两个罪的关系应属于对合犯，由于法律已经对它们各自规定了罪名，因此不再从共犯的角度追究其责任，以免造成一罪多罚的后果。

刑法第321条还规定了运送他人偷越国(边)境罪。本罪中如果存在组织者，那么组织者应构成组织他人偷越国(边)境罪，这两个罪在此时成立必要共犯。同样的，因为刑法中已经各自有相应的罪名存在，因此，运送行为只能构成运送他人偷越国(边)境罪，而不能成立组织他人偷越国(边)境罪的共犯。

第四节 妨害文物管理罪

妨害文物管理罪是指违反国家文物管理法规，破坏国家对文物的正常管理活动。刑法从第324条至第329条规定了文物管理罪，共规定了10个罪名。具体包括：故意损毁文物罪，故意损毁名胜古迹罪，过失损毁文物罪，非法向外国人出售、赠送珍贵文物罪，倒卖文物罪，非法出售、私赠文物藏品罪，盗掘古文化遗址、古墓葬罪，盗掘古人类化石、古脊椎动物化石罪，抢夺、窃取国有档案罪，擅自出卖、转让国有档案罪等。

一、故意损毁文物罪

1. 故意损毁文物罪与非罪

争议点：故意损毁文物罪入罪尺度的把握。

【案例1】2014年8月13日，被告人肖某甲为了修房，在明知其家旁边的古城墙系全国重点文物保护单位的情况下将其损毁。同年9月25日，被告人肖某甲被××县公安局××派出所抓获归案，并如实供述了自己的犯罪事实。被告人肖某甲犯故意损毁文物罪，判处有期徒刑1年，缓刑1年，并处罚金 1 万元。①

【案例2】被告人钱某在石家庄市桥东区大经街民生路南三巷指使他人将省级文物保护单位——石家庄日本宪兵司令部旧址损毁约 6 米。自 2011 年 7 月 7 日石家庄市文物局下达停止侵害通知书后，仍继续损毁该建筑。经鉴定：日本宪兵司令部旧址南侧建筑已经严重损毁，院落格局及楼梯已不复存在。按补砌的文物现状共损失文物建筑面积约 280 平方米，后果严重。被告人钱某自愿认罪。判决被告人钱某犯故意损毁文物罪，判处罚金人民币 40 万元（已缴纳）。②

本罪所涉及文物为国家保护的珍贵文物或者被确定为全国重点文物保护单位、省级文物保护单位的文物。根据《文物藏品定级标准》的规定，文物可分为珍贵文物和一般文物。本罪所涉及文物为珍贵文物，即国家一级、二级、三级文物。如果故意损毁未达到本等级的文物不能构成本罪。从主观认知上，并不要求行为人对于文物等级或者属于哪个等级文物保护单位的文物有明确的认知，因为文物鉴定是一个较为复杂和专业的问题。许多行为人也并不具备相应的专业知识。而且中华文明博大精深，行为人通常无法掌握全面的信息，如果要求有这种明确的认知才能入罪，则会放纵大量的犯罪。行为人只要知道其损毁的对象属于国家保护的文物即可。案例 1 中，被告人肖某甲对古城墙系全国重点文物保护单位的情况是明知的，其破坏行为当然构成本罪。但是即使他缺乏这种明确的认知，只要知道其属于文物，对其有损毁行为也构成本罪。

此外，本罪和故意毁坏财物罪在一定条件下容易混淆，两个罪在一些情况下会构成法条竞合。但是显然本罪应属于特殊法，特殊法应优于一般法适用。本罪要求对所毁损的对象为文物是明知的，如果没有这一点将无法以本罪入罪，而只能定故意毁坏财物罪。另外，故意毁坏财物罪要求达到数额较大或者情节严重的程度，而本罪无此要求，因此入罪门槛更低。这些是容易被忽略的。

案例 2 定性没有问题，之所以将其专门加以介绍，是因为笔者认为该案量刑存在一定的问题。该案中钱某破坏的日本宪兵司令部旧址建筑面积达 280 平方米，同时，在已经接到停止侵害通知书的情况下仍然继续损毁该建

---

① 湖南省永顺县人民法院〔2014〕永刑初字第 254 号。
② 河北省石家庄市中级人民法院〔2014〕石刑终字第 00283 号。

筑，情节比较恶劣。造成这样严重的损失，同时还有较为恶劣的情节，却被判处了单处罚金，虽然数额不低，但是笔者认为这是不恰当的。应在判处自由刑实刑的基础上并处罚金较为适当，这样才能起到较好的一般预防和特殊预防效果。

二、倒卖文物罪

1. 倒卖文物罪与非罪

争议点：倒卖文物罪入罪尺度的把握。

【案例】2010 年 8 月，被告人卢某某认识的刘姓男子(具体身份不详)要卢某某给他介绍人卖一墓志铭，卢某某遂联系本村卢某乙(已判刑)，几日后，经卢某乙介绍，卢某某以 58000 元将 2 件唐代杜楚客墓志铭倒卖给刘某臣(已判刑)，卢某某付给卢某乙 4000 元介绍费，自己留下 4000 元，将剩余50000 元交给刘姓男子。案发后，被贩卖的唐代杜楚客墓志铭被追缴，经陕西省文物鉴定委员会鉴定：该墓志铭属国家一级文物。2013 年 1 月 21 日，卢某某因涉嫌倒卖文物罪被西安市公安分局网上追逃，其于 2014 年 8 月7 日在公安航天分局投案。被告人卢某某犯倒卖文物罪，判处有期徒刑 3 年，缓刑 5 年，并处罚金 3 万元。①

倒卖文物罪指的是倒卖国家禁止经营的文物，这就需要对国家禁止经营文物的范围有所界定。按照我国《文物保护法》第 51 条的规定："公民、法人和其他组织不得买卖下列文物：①国有文物，但是国家允许的除外；②非国有馆藏珍贵文物；③国有不可移动文物中的壁画、雕塑、建筑构件等，但是依法拆除的国有不可移动文物中的壁画、雕塑、建筑构件等不属于本法第 20 条第 4 款规定的应由文物收藏单位收藏的除外；④来源不符合本法第50 条规定的文物。"而《文物保护法》第 50 条规定："文物收藏单位以外的公民、法人和其他组织可以收藏通过下列方式取得的文物：①依法继承或者接受赠与；②从文物商店购买；③从经营文物拍卖的拍卖企业购买；④公民个人合法所有的文物相互交换或者依法转让；⑤国家规定的其他合法方式。文物收藏单位以外的公民、法人和其他组织收藏的前款文物可以依法流通。"结合这两条，我们可以较准确地把握国家禁止经营文物的范围。

倒卖的含义一般是指为了赚取差价而进行买入卖出的行为。本案例中，

---

① 陕西省西安市长安区人民法院〔2014〕长安刑初字第 00572 号。

卢某某倒卖国家一级文物，从中赚取差价，构成倒卖文物罪。在司法实践中，特别要注意防范文物商店或者文物拍卖企业以合法经营的形式，倒卖国家禁止买卖的国有文物或者非国有馆藏珍贵文物等不得买卖的文物，这样的行为仍应构成倒卖文物罪。

第五节　危害公共卫生罪

危害公共卫生罪，是指违反国家对公共卫生的管理活动，严重危及或损害公民生命、财产安全，依法应受刑罚处罚的行为。刑法从第 330 条至第 337 条规定了危害公共卫生罪，共规定了 11 个罪名，包括妨害传染病防治罪，传染病菌种、毒种扩散罪，妨害国境卫生检疫罪，非法组织卖血罪，强迫卖血罪，非法采集、供应血液、制作、供应血液制品罪，采集、供应血液、制作、供应血液制品事故罪，医疗事故罪，非法行医罪，非法进行节育手术罪，妨害动植物防疫、检疫罪等。

一、非法组织卖血罪

1. 非法组织卖血罪与非罪

争议点：非法组织卖血罪入罪尺度的把握及其与相关罪名的关系。

【案例】2014 年 8 月 11 日，被告人朱某得知同月 14 日本区某街道社区生活服务中心将组织有偿献血活动后，与被告人陈某、陈某某合谋，通过网络发布招募信息，组织人员参与卖血，并欲从卖血者所获"营养费"中抽头牟利。2014 年 8 月 14 日上午，被告人朱某、陈某、陈某某将 10 名通过上述方法招募的卖血者带至本区某街某号社区生活服务中心，并发放登记表格、带领排队卖血。在等候卖血过程中，被告人朱某、陈某、陈某某被公安机关抓获。三名被告人到案后均如实供述上述犯罪事实。三人犯非法组织卖血罪，各自被判处有期徒刑 7 个月，并处罚金人民币 1000 元。[①]

有学者认为，从实践角度来看，组织他人卖血一般都是出于谋取非法利益的目的。如果不是出于谋取非法利益的目的，而是在组织卖血过程中违反有关规定的，一般不以犯罪论处。[②] 该观点值得商榷。在法律条文的描述

---

① 上海市徐汇区人民法院〔2014〕徐刑初字第 1291 号。
② 周道鸾，张军. 刑法罪名精释（第四版）[M]. 北京：人民法院出版社，2013：839.

中，我们看不到有相关的以牟利为目的的要求。同时根据相关司法解释：非法组织他人出卖血液，涉嫌下列情形之一的，应予立案追诉：①组织卖血三人次以上的；②组织卖血非法获利 2000 元以上的；③组织未成年人卖血的；④被组织卖血的人的血液含有艾滋病病毒、乙型肝炎病毒、丙型肝炎病毒、梅毒螺旋体等病原微生物的；⑤其他非法组织卖血应予追究刑事责任的情形。① 这几种情形中，只有第二种要求获利 2000 元以上，其余的应予立案的情形包括多次组织他人卖血、组织未成年人卖血和被组织卖血人血液中包含艾滋病病毒等致病微生物的情形。足见本罪除了惩罚典型的为获利犯本罪的情形之外还要处罚虽未获利，但是对公众用血安全和献血者人身健康有较大危害的情形，因此在本罪中将意图获利作为主观要件之一是不恰当的。

实践中的非法组织往往是未经过卫生行政主管部门审批或者未取得卫生行政管理部门合法的单采血浆许可证，近年通过网络非法组织卖血的现象也有所增加。但是要注意区分本罪与非法组织献血的行为，后者不应以犯罪论处。

本罪显然是行为犯，只要有组织行为即可达成既遂，这里并不要求被组织者成功出卖血液。有学者认为本罪不存在既遂的问题，笔者对此并不赞同。虽然本罪的组织行为是行为犯，不要求造成某种后果，但是组织本身是一个过程，可能需要引诱、雇佣、招募、纠集、串联、欺骗等手段，组织、指挥、领导他人进行或者控制他人进行卖血活动。本罪中的组织是一个过程，如果组织未成，也有犯罪未遂的成立空间。

本罪第 2 款规定，如果有非法组织他人出卖血液的行为，对他人造成伤害的，依照故意伤害罪的规定定罪处罚。对被伤害的人包括哪些存在一定的争议，有些学者认为包括卖血者和使用血液者。首先，卖血者是应当包含在内的。通常是卖血者由于长期卖血导致身体伤害，或者由于患有疾病等原因，献血导致身体受伤害。其次，争议主要集中在是否包括受血者。笔者认为，应当区分不同的情况予以认定。受血者身体造成损害是由于卖血者血液存在某些病毒，如果组织献血者明知卖血者有疾病仍然组织其献血，这时就已经放任该献血者的血液对任意受血者的身体进行伤害，这时应当构成故意伤害罪。但是如果组织者并不知道其组织的献血者有这些病症，那么即使造成了受血者身体伤害，其后果与故意伤害罪仍然相去甚远，这种情况下不能

---

① 最高人民检察院、公安部关于公安机关管辖的刑事案件立案追诉标准的规定（一）（公通字〔2008〕36 号）。

以故意伤害罪定罪处罚。关于伤害的程度也存在一定争议。较为有力的观点认为，这里的伤害仅指重伤害，如果轻伤仍应以本罪论处。这是为了避免在造成轻伤的情况下，以故意伤害罪论处可能带来的刑罚轻重倒挂，即既有组织卖血又造成人轻伤，仅以故意伤害罪处断，只能处3年以下有期徒刑，轻于以非法组织卖血罪论处的刑期。所以，应当赞同这样的观点。

组织他人卖血的人在实践中一般被称为"血头"或者"血霸"。他们在不具有血液采集、供应许可资格或者未受有关血液采供部门的指派或委托的情况下，擅自以招募、雇佣、救济、诱骗等方法，安排、控制多人出卖血液。由于刑法中另行规定了强迫卖血罪，因此本罪中的组织行为中不应包含强迫方式，如果采取了暴力、威胁等强迫方式则构成强迫卖血罪。这里要注意分辨，该暴力、威胁行为的程度，从本质上说，组织卖血是卖血人自愿参与，而强迫卖血是卖血人不愿意参与被强制要求参与。因此，该暴力威胁只要达到违反卖血人的意愿的程度，就应当以强迫卖血罪论处。此外，如果在组织卖血的过程中遇到被组织者抗拒，仍采取强迫方式进行的状况，则应当以组织卖血罪和强迫卖血罪数罪并罚，因为这里的组织和强迫是两种在刑法中有单独规定的行为，不存在包含或其他关系，应当并罚。

本案中，社区生活服务中心将组织有偿献血活动，却被被告人朱某、陈某、陈某某非法利用，招募卖血者排队卖血，欲抽头牟利，因为没有采取强迫的方式进行，故仅构成非法组织卖血罪。

二、医疗事故罪

1. 医疗事故罪与非罪

争议点：医疗事故罪入罪尺度的把握及其与相关罪名的关系。

【案例】2014年7月23日上午9时20分许，被告人王某、施某在马鞍山市花山区"团结西医内科诊所"内接诊被害人田某。被告人施某在没有询问田某病史的情况下，对王某开具的注射林可霉素1.8克等内容的处方笺审核无异，并誊抄签名。随后，未取得执业医生资格的王某按照处方笺内容予以配药、输液。在输液约40分钟后，被害人田某突发异常情况，口吐白沫、面色发紫，神志不清，王某遂拨打120急救电话并与施某一起将田某送至市中心医院救治。当日11时29分，田某因抢救无效死亡。王某当即拨打110报警，施某在明知王某报警的情况下仍在现场等候并向调查单位如实交代了犯罪事实。被告人王某犯非法行医罪，判处有期徒刑3年6个月，并处罚金

30000 元。被告人施某犯医疗事故罪，判处有期徒刑 1 年 6 个月，宣告缓刑 2 年。①

本罪是典型的过失犯罪。犯罪主体为医务人员，包括取得相应资格从事医疗实践工作的各级各类卫生技术人员。本罪与一般医疗事故的区分是最困难的，二者从主观上都存在过失，从主观层面基本上很难分辨，并且都存在严重不负责任的客观表现。其区分主要在于后果的不同，构成本罪必须符合刑法要求的造成就诊人死亡或者严重损害就诊人身体健康的后果，而一般医疗事故未达到此种严重程度。当然，病人的病情状况是一个前提，病情与疾病本身的自然转归常有密切的关联。有时因为病重或者复杂，抑或已处晚期，责任者的过失只是处于非决定性的地位，甚至处于偶合地位时，认定过失与本罪严重后果间的因果关系时要尤为慎重。这里尤其要注意的是，本罪中的严重不负责任主要体现为一种心态上的过失，而不是那种技术上的欠缺。如果是由于自身技术水平或者经验不足导致严重后果，应属于医疗技术事故。

医疗事故罪与非法行医罪的区分原本较为明晰：二者在主体构成上区分较大，一个是医务人员，一个是未取得医生职业资格的人；从犯罪主观方面区别也较为明显，本罪是过失犯罪，而非法行医罪则是故意犯罪；此外，从后果上看，本罪要求致使病人死亡或者严重损害身体健康的后果，而非法行医则要求情节严重即可入罪，造成健康严重损害或者死亡的后果则属于加重情节。本案涉及共犯的问题，是一起较为典型的案例。在该案中王某无医生资格，施某为医务人员。首先，施某存在严重的过错，在没有询问病情的情况下就给被害人开药；其次，未取得医生资格的王某按照处方笺内容予以配药、输液。在二人共同作用下，造成了被害人死亡的后果。本案中，王某的行为虽然构成了非法行医，但是从责任分担上，王某的行为是施某行为的辅助行为，而且该案中王某即使具有医务人员资格，他也只是施某的助手，他的义务只是按照医生的处方笺的内容配药和输液，未必会对医生的处方进行实体审查。因此，本案属于王某的故意犯罪和施某的过失犯罪共同配合导致的犯罪结果发生，该种竞合在我国的共同犯罪领域并不被认为是共同犯罪，要按照他们各自的行为进行定罪，因此本案定性上没有问题。只是在量刑的角度，起到次要作用的被告人王某犯非法行医罪，判处有期徒刑 3 年 6 个月，并处罚金 30000 元，而起到主要作用的被告人施某犯医疗事故罪，判处有期

---

① 安徽省马鞍山市花山区人民法院〔2014〕花刑初字第 00306 号。

徒刑 1 年 6 个月,宣告缓刑 2 年。这种量刑结果明显不当,有轻重倒置的嫌疑。在司法实践中,更主要的应根据行为人所起的作用大小来区分责任,有无身份对于构成何种罪名意义较大,但是不应成为有身份者的"护身符"。

而且应当重视的是,在司法实践中,这种有医务人员身份的人和无医生资格的人共同参与犯罪,除了类似本案中的各自有明显的故意和过失之外,还可能存在多种复杂的情况。例如有医务人员身份的人和无医生资格的人有共同故意,他们也可能会构成非法行医罪的共犯;或者有医务人员身份的人和无医生资格的人有共同过失,前者可能构成本罪,后者只能构成过失致人死亡罪或者过失致人重伤罪;或者有医务人员身份的人存在故意,无医生资格的人存在过失的情形,前者可能构成故意杀人罪或者故意伤害罪,后者构成过失致人死亡罪或者过失致人重伤罪。具体的罪名会根据犯罪中呈现的复杂形态而有所不同,要根据具体的案情具体分析。

第六节　破坏环境资源保护罪

破坏环境资源保护罪,是指违反国家环境、资源保护法规,故意或者过失地对国家保护的环境、资源加以污染或破坏,危害或者足以危害环境、资源以及人民的生命、健康或重大公私财产的行为。刑法从第 338 条至第 446 条规定了破坏环境资源保护罪,共规定了 15 个罪名,包括污染环境罪,非法处置进口的固体废物罪,擅自进口固体废物罪,非法捕捞水产品罪,非法捕猎、杀害珍贵、濒危野生动物罪,非法收购、运输、出售珍贵、濒危野生动物、珍贵、濒危野生动物制品罪,非法狩猎罪,非法占用农用地罪,非法采矿罪,破坏性采矿罪,非法采伐、毁坏国家重点保护植物,非法收购、运输、加工、出售国家重点保护植物、国家重点保护植物制品罪,盗伐林木罪,滥伐林木罪,非法收购盗伐、滥伐林木罪。

一、污染环境罪

1. 污染环境罪与非罪

争议点: 污染环境罪入罪尺度的把握及其与相关罪名的关系。

【案例】2014 年 4 月 25 日,熊某某(另案处理)联系被告人金某某,要金某某负责联系倾倒废水的地点。金某某联系了肖某某、李某某(两人均另案处理)商量倾倒废水的一些事项。随后,金某某等人确定了将湘潭市雨湖区响塘乡寒婆塘附近作为倾倒废水的地点。2014 年 4 月 26 日至 5 月 5 日,在"李某某"(具体情况不明)、熊某某的指示下,由金某某负责带路(其中一次由金某某安排妻子张某某带路)、肖某某、李某某提供倾倒地点,曾某某、彭某某驾驶小货车,分别在湘潭市雨湖区响塘乡寒婆塘一山坡土坑及寒婆塘附近的生活垃圾临时存放地点倾倒约 15 车 44 桶工业废水,共计 44 吨。经湖南省环境监测中心站监测,废水 pH 值为 12.74,含苯 4.147mg/L。金某某犯污染环境罪,判处有期徒刑 1 年 6 个月,并处罚金 3 万元。①

本罪的主观方面存在较大争议。本罪前身的罪名为重大环境污染事故罪,从该罪名来看,将污染的后果视为事故,应属于过失犯罪。而本罪的新罪名为污染环境罪,从罪名上不易分辨本罪属于故意还是过失。但是从刑法修正案(八)对本罪的修正来看,只是对罪状稍有修改,对刑期并无改变,而本罪即使造成特别严重后果,最高刑期也只为 7 年,这与我国其他过失类犯罪刑期设置方式类似。因此,本罪的主观方面只能为过失,包括疏忽大意的过失和过于自信的过失。本罪的主观层面,对于违反国家规定排放有害物质为有意为之,但是对于所发生的严重污染环境的后果为过失。如果是客观上由于技术条件所限或者因为设备不良、突发自然灾害等因素所引发的放射性废物、或含传染病病原体的废物或者有毒物质及其他危险废物泄露的事故,不应以犯罪处理。

在现实中,这种排放、倾倒或者处置有放射性的废物、含传染病病原体的废物、有害物质或者其他有害物质的行为,往往发生在公共领域,如果对所处置的有害物质对外界的重大危害是希望或放任其发生,其主观罪过是非常恶劣的,已经超出了本罪的范围,应当按照投放危险物质罪或者以危险方法危害公共安全来定罪处罚。在我国现有司法实践中,这种处置方式仍比较少见。应当结合行为人选择的犯罪地点、时间及其一贯表现等多种因素来认定其主观方面,这样能够得出更为客观的结论。在我国当代社会,环境污染已经成为一个严重的问题,对于此类犯罪应当正确定性,予以严厉处罚,特别注意不要使污染环境罪成为那些主观恶性极大的犯罪行为的护身符。

本案中,金某某明知是工业废水,却不按正规渠道处理,私自倾倒,对环境造成污染,但因没有证据证明已实质危害到公共安全,故应认定为污染环境罪。

---

① 湖南省湘潭市人民法院〔2015〕潭中刑终字第 68 号。

二、盗伐林木罪

1. 盗伐林木罪与非罪

争议点：盗伐林木罪入罪尺度的把握及其与相关罪名的关系。

【案例】2013 年 12 月左右，被告人崔某甲多次至安庆曼图林业有限公司承包经营管理的五河镇妙道山村闻坳林场八斗畈山场盗砍林木合计 6.463 立方米，折合立木蓄积 10.77 立方米。被告人崔某甲犯盗伐林木罪，判处拘役 4 个月，并处罚金 3000 元。[①]

盗伐林木罪主要的疑难问题在于如何认定本罪的盗伐问题。本罪中的盗伐是未依法取得砍伐权而擅自砍伐的行为。这里的擅自砍伐包括没有取得采伐许可证而砍伐，以及虽然取得了采伐许可证但是超出许可范围和数量而砍伐非本单位所有或者非本人所有的森林或者其他林木的。按照最高院的解释，擅自砍伐本单位或者本人承包经营管理的森林或者其他林木的也构成本罪。这里的司法解释立场较为鲜明，对于那些自己有所有权的林木的砍伐，如果属于越权（超越采伐许可证许可）的，也构成滥伐林木罪。

此外，根据相关解释，偷砍他人房前屋后、自留地种植的零星树木，数额较大的，依照盗窃罪定罪处罚。足见本罪所侧重保护的客体是国家对森林资源的保护管理制度以及国家、集体或公民对林木的所有权。对于已经枯死的树木进行盗伐，应当构成盗窃罪。因为已经枯死的树木本身已经无法发挥调节气候、改善环境等作用，对其砍伐并不会影响国家对森林资源的保护，但是其仍属于财物，因此，仍应构成盗窃罪。出于同样的理由，对于已经被伐倒的树木的窃取也不能构成盗伐林木罪，而只能构成盗窃罪。如果同时有两种行为，则应当数罪并罚。如在某案例中，某甲、乙二人为盖新房而到某国有林场所属的山林中盗伐林木约 10 立方米，期间因为觉得木料不够，又于某日从该林场放在公路旁的某堆木头中偷运走木材 5 立方米。这一案件中，二人应当以盗伐林木罪和盗窃罪数罪并罚。[②]

本案中，崔某甲没有取得采伐许可证而多次盗伐他人林木，构成盗伐林木罪。

---

① 安徽省岳西县人民法院〔2015〕岳刑初字第 00037 号。

② 李少平，朱孝清，李伟. 公检法办案标准与适用[M]. 北京：人民法院出版社，2014：2607.

第七节 走私、贩卖、运输、制造毒品罪

走私、贩卖、运输、制造毒品罪，是指明知是毒品而故意违反国家禁毒管理法规，予以走私、贩卖、运输、制造的行为。本节罪名涉及刑法第 347 条至第 357 条，共有 12 个罪名。具体包括：走私、贩卖、运输、制造毒品罪，非法持有毒品罪，包庇毒品犯罪分子罪，窝藏、转移、隐瞒毒品、毒赃罪，走私制毒物品罪，非法买卖制毒物品罪，非法种植毒品原植物罪，非法买卖、运输、携带、持有毒品原植物种子、幼苗罪，引诱、教唆、欺骗他人吸毒罪，强迫他人吸毒罪，容留他人吸毒罪，非法提供麻醉药品、精神药品罪等。

一、走私、贩卖、运输、制造毒品罪

1. 走私、贩卖、运输、制造毒品罪与非罪

争议点：走私、贩卖、运输、制造毒品罪入罪尺度的把握。

【案例】2015 年 2 月 16 日，被告人姜某某与吸毒人员赵某某通过电话联系约定进行毒品交易，并谈妥了价格。后赵某某向姜某某的农行卡账户汇入1100 元，姜某某将毒品甲基苯丙胺（冰毒）事先用黄山烟盒包装好，将毒品放在禹会区新怡绿洲大门右侧亿发久商行门口台阶上，而后电话通知了赵某某。嗣后，赵某某到指定的地点取毒品时被当场抓获。经蚌埠市公安司法鉴定中心鉴定，查获的毒品为甲基苯丙胺，重 2.8 克。被告人姜某某犯贩卖毒品罪，判处有期徒刑 1 年，并处罚金人民币 3000 元。①

毒品犯罪是世界各国犯罪领域打击的重点犯罪之一。我国涉毒犯罪中以走私、贩卖、运输、制造毒品罪为核心形成了颇有规模的涉及毒品犯罪罪名群。本罪已经成为我国毒品类犯罪处罚的一个标杆，近年来，在我国死刑应用逐步减少的大背景下，本罪成为应用死刑的判决"大户"之一。本罪在应用中仍有一些争议问题。本罪惩罚了四种行为，包括走私毒品、贩卖毒品、运输毒品和制造毒品。这四种行为涉及毒品从制造出来到流入市场的全过程，对其予以严厉惩处是正确的。但是在司法实践中，毒品犯罪呈现了日益专业化、分工复杂化的趋向。很多案件中，幕后老板往往隐藏很深，容易被抓住

---

① 安徽省蚌埠市禹会区人民法院〔2015〕禹刑初字第 00116 号。

的多数是走私、运输、贩卖的"马仔"。由于本罪本身处罚较重，而且根据我国惩处本罪的惯例，即使对于"马仔"也要处以严厉的惩罚，与幕后老板并无实质区分。这样从根本上并不符合我国宽严相济的刑事政策。现实中，"马仔"往往只是从犯，很多是出于谋生的需求，从中赚取微薄的利益而已，对他们几乎与幕后老板同等对待和处罚并不公平。同时，也容易导致这些"马仔"出于孤注一掷、铤而走险的心态与公安人员以命相搏，这并不利于从内部瓦解毒品犯罪集团。因此，笔者认为相对于幕后老板及主使者，对这些单纯从事走私、运输和贩卖的"马仔"应处更轻的刑罚，对他们适用死刑要特别谨慎。

由于毒品犯罪的隐秘性，很多毒品犯罪中都有居间行为的存在。即有的吸毒者要依靠居间人介绍才能购得毒品，有的贩毒者通过居间人介绍得以将毒品卖给吸毒者。这种情形应当根据居间人所起的作用具体分析。如果居间人并非以营利为目的，为吸毒者居间介绍或者代购只是为了帮助吸毒者吸食毒品，则不以贩卖毒品罪处罚，只在其行为能够构成持有毒品罪时以该罪处罚。但是如果居间人明知他人有贩毒等行为，而提供居间帮助其拓宽销路的，则不管自身获利与否都应当构成贩卖毒品罪。

此外，在司法实践中以贩养吸也是一种常见的状况。有很多吸毒者在吸毒资金产生困难的情况下，为了保证毒品来源，都会采取以贩毒利润保证自己毒资来源的方式维持吸毒。这时往往对行为的性质本身和贩卖数量都难以认定。这时应当综合各种证据，对吸毒者的吸食和贩卖行为予以区分。将能够认定贩卖获利的部分从其购买的毒品中剥离出来。在数量认定上也是如此，对其购买后吸食掉的部分不能认定为贩卖的数量。

本案是一个贩卖毒品的典型案件。司法实践中的案例往往更为复杂，特别是犯罪主观层面的证明是个难题，毒品犯罪的行为人往往都知悉其行为的严重后果，因此犯罪人都会有推脱责任的行为。如走私、运输毒品的行为人声称不知道自己所带的物品为毒品，或者以贩养吸的犯罪人声称自己所持毒品全是为自己吸食所用的等情形，所以在很多情况下需要对行为人的犯罪行为进行推定。有下列表现有助于认定行为人具有这种明知和故意：行为人采取隐蔽方式携带毒品，例如较为典型的体内藏毒，或者是将毒品藏入轮胎等非常隐蔽的地方，行为人无法抵赖其不知晓其携带的为毒品；当海关或者缉毒人员对其进行检查、盘问时抗拒检查或逃跑或者有异常表现。这些对判定犯罪人具有主观明知有很大的帮助，另外还要结合其他证据予以佐证，这样才能准确认定案件事实。当根据现有证据和正常逻辑无法推知行为人具有对毒品的明知和犯罪故意时则只能做出对行为人的有利推定。

二、非法持有毒品罪

1. 非法持有毒品罪与非罪

争议点：非法持有毒品罪入罪尺度的把握。

【案例】2015 年 2 月 1 日，被告人李某龙为吸食毒品到同心县韦州镇加油站附近，从韦州一姓马的男子处以 4000 元购买海洛因。后公安民警在韦州镇移动公司门口抓获李某龙，从其上衣左边口袋里搜出一小包白色粉块状毒品海洛因 10 克（经吴忠市公安局刑事科学技术研究所鉴定检出海洛因）、一部用于联系毒品交易的白色长亿米牌手机。经对被告人李某龙采用吗啡试剂盒尿检，结果呈阳性。被告人李某龙犯非法持有毒品罪，判处有期徒刑 1 年 2 个月，并处罚金 2000 元。①

本罪的基本定位是其他毒品类犯罪的一个补充性罪名，因此，最终被定性为本罪的情形主要是持有数量较大的毒品，往往已经超出吸毒者吸食自持的合理数量，而且无法证明其持有的毒品不是以进行其他犯罪为目的或者作为其他犯罪的延续。例如，如果是为走私、贩卖或运输而持有，只要按其主犯罪行为定罪即可，持有即被主犯罪行为吸收，不再单独定非法持有毒品罪。而对于持有的理解也是较为灵活的，首先，持有的来源不影响本罪成立，无论是购买的、捡拾的、交换的或者赠与的，甚至是祖辈留下来的，都可以构成本罪，本罪主要强调的是一种实力控制的状态。其次，持有是事实上的支配，至于支配的具体方式如何也不影响持有的成立，行为人可以将毒品随身携带，也可以藏在特定的地点，或者交给第三人保管，都不影响持有的成立。但是如果是交第三人保管，要看第三人是否明了其保管的东西是毒品，只要有这种明知，也构成本罪，而且二人可以成立共同犯罪，但是如果没有明知则不能构成犯罪。当然，由于持有本身是一种事实支配，因此虽然对持有时间没有特别的限制，但是对于持有时间过短的不应当以犯罪论处。此外，本罪构成犯罪还要求持有毒品的数量达到一定的标准，根据法律要求，持有鸦片要求至少超过 200 克，持有甲基苯丙胺或海洛因要求达到 10 克以上或者其他毒品数量较大的才能构成本罪。

此外，对于吸毒者持有毒品的问题。吸毒者往往都持有一定数量的毒品，以供自己吸食之用。在处理中，要看吸食者持有毒品的数量，如果已经

---

① 宁夏回族自治区同心县人民法院〔2015〕同刑初字第 66 号。

达到本罪入罪标准，即使只是供本人吸食的，也构成本罪。但是在数量认定上，应以查获的毒品数量为准来进行定罪量刑，已经被吸食的部分不再进行计算。否则很可能导致一些长期成瘾者因为吸食的毒品数量庞大而入罪，这是违背法律本意的，而且很容易导致本罪的打击面扩大，将刑法本来不直接干预的吸毒行为也变相地以犯罪来处理。出于同样的理由，对于确实属于吸毒者，不应当将每次少量购买毒品供吸食的数量都累计为持有的数量，否则也会导致多数吸毒者都能够以本罪来入罪的局面，这也是违背立法目的的。但是对于吸毒者之外的人，如果确有多次持有毒品，且每次单独数量不足以定本罪，但是累积数量已经达到本罪入罪标准的，可以进行累计计算。

本案中，被告人李某龙为吸食毒品而购买海洛因，持有海洛因 10 克，持有毒品数量达到定罪标准，构成非法持有毒品罪。

三、引诱、教唆、欺骗他人吸毒罪

1. 引诱、教唆、欺骗他人吸毒罪与非罪

争议点：引诱、教唆、欺骗他人吸毒罪入罪尺度的把握。

【**案例 1**】被告人王某余与魏某某通过手机微信相互认识对方，但二人未曾谋面。2014 年 1 月 4 日晚，王某余通过手机约魏某某到沈巷街道鲤鱼饭店吃饭。酒后二人在沈巷街道梦之湾宾馆发生性关系，后王某余离开并同胡某某一道从沈巷街道购得冰毒。王、胡二人和魏某某乘车来到沈巷镇八角村委会张村附近，王某余先用烫吸的方式在车内吸毒，其吸毒后欺骗魏某某称"吸了这东西能够解酒"，并教魏某某进行吸食。魏某某信以为真，便按照王某余的说法，吸食了几口，王某余乘机与她发生性关系。胡某某在二人发生关系后，也在车内与魏某某发生性关系，魏某某没有拒绝。接着王某余又让胡某某将魏某某带到董某某家，在董家卧室三人又先后与魏某某发生性关系。被告人王某余犯欺骗他人吸毒罪，判处有期徒刑 6 个月，并处罚金5000 元。①

【**案例 2**】2014 年 8 月 29 日，被告人黄某声称可以吸食毒品，将廖某婷、廖某云带至广州市白云区人和镇高增村停车场一屋内，与多人共同吸食氯胺酮等毒品，后被公安人员抓获，并被缴获毒品氯胺酮 57.22 克、摇头丸 42.4 克。

---

① 安徽省芜湖市鸠江区人民法院〔2015〕鸠刑一初字第 00075 号。

被告人黄某犯引诱他人吸毒罪，判处有期徒刑7个月，并处罚金1000元。①

　　本罪是毒品类犯罪中的一个重要环节性犯罪。如果没有行为人的引诱、教唆、欺骗等行为，很多被害人也许不会进入吸毒者的行列，因此本罪是今后控制毒品犯罪的重要环节之一。本罪中的引诱、教唆、欺骗一般没有特定的限制，可以是未成年人，也可以是成年人，可以是未吸过毒的人，也可以是已经吸过毒但已经戒毒的人。对未成年人的引诱、教唆、欺骗其吸毒的行为是刑法打击的重点。多数学者认为尚在吸毒者，不能成为本罪的犯罪对象。但是笔者认为不能一概而论，对于尚在吸毒者，如果其毒瘾较大，即使不进行引诱、教唆和欺骗的行为也会自发参与吸毒，这时没有前述的犯罪行为表现当然不属于犯罪。但是在许多情形下，他们也会成为本罪的犯罪对象，例如对一个一贯吸食软性毒品的人，引诱、教唆、欺骗其吸食冰毒；或者对虽然在吸毒但是已经有戒毒倾向的人进行引诱、教唆或者欺骗；或者是对一个不愿意吸食其他类型或者新类型毒品的人，引诱、教唆、欺骗其吸食这些毒品等等。对于上述情形难道不应当予以刑事打击和惩处吗？笔者认为答案是明显的，本罪的犯罪对象也应包括尚在吸毒者。

　　本罪中的引诱、教唆、欺骗行为包括很多具体方式，从本罪在法条中的设置上来看，立法者将强迫他人吸毒单独规定为独立的罪名，因此本罪中引诱、教唆、欺骗都未达到影响他人意志自决的程度，如果使用了暴力、威胁或者其他手段使他人吸毒，则应当以强迫他人吸毒罪定罪处罚。

　　对于司法实践中屡有发生的在火锅、麻辣烫等食品中掺入罂粟壳磨成的粉以进行提香，引诱客人反复光顾的情形，有学者认为应以本罪论处。② 从立法者的本意出发，本罪主要打击的还是那些引诱、教唆、欺骗他人吸食常规毒品的行为，而在他人食品中掺入罂粟壳粉的行为，其行为目的不是欺骗他人吸食毒品。笔者认为，该种情形实质上构成了生产、销售有毒有害食品罪与本罪的法条竞合③，按照生产、销售有毒有害食品罪进行惩罚更符合立法的目的，而且其量刑重于本罪，因此这种行为应以生产、销售有毒有害食品罪进行惩罚更为适当。

　　另外，本罪的既遂标准也存在争议。有学者认为本罪只有被引诱、教

---

①　广州市白云区人民法院〔2015〕穗云法刑初字第 279 号。

②　王作富. 刑法分则实务研究（下）[M]. 北京：中国方正出版社，2010：1607.

③　但是这种法条竞合较为特殊，不应当依照传统的特殊法优于一般法以及重法优于轻法的标准进行断处。这是因为，该种竞合完全是由于社会关系的繁复而导致的，各罪名之间的联系并不明显，这时应当探求立法的目的，依照立法目的本身来寻求更为合理和准确的处断方式。

唆、欺骗的人实际吸食、注射了毒品才能构成本罪的既遂。也有学者认为只要行为人实施了引诱、教唆、欺骗的行为即可构成既遂,如果事实上他人未吸毒则可以作为量刑时的酌定情节考虑。笔者较为赞同后一种看法,本罪的罪名描述中并未提出他人吸食、注射毒品才构成犯罪的要求,本罪界定为行为犯较为适当,这有利于加大对此类犯罪打击的力度。

案例1中,王某某购得冰毒,在魏某某不知道是毒品的情况下,欺骗魏某某称"吸了这东西能够解酒",并教魏某某进行吸食,符合欺骗他人吸毒罪的构成要件。案例2中,黄某声称可以吸食毒品,引诱多人共同吸食,符合引诱他人吸毒犯罪的构成要件。

第八节 组织、强迫、引诱、容留、介绍卖淫罪

组织、强迫、引诱、容留、介绍卖淫罪是指行为人出于故意,组织、强迫、引诱、容留、介绍他人卖淫,有伤风化,扰乱社会秩序的行为。刑法从第358条至第367条规定了7个罪名,包括组织卖淫罪,强迫卖淫罪,协助组织卖淫罪,引诱、容留、介绍卖淫罪,引诱幼女卖淫罪,传播性病罪,嫖宿幼女罪。

一、组织卖淫罪

1. 组织卖淫罪与非罪

争议点:组织卖淫罪入罪尺度的把握及其与相关罪名的界限。

【案例】2012年11月份,被告人向某勇等人出资在拉萨市娘热路"藏北大厦"院内注册成立了"男爵养生会馆",法人为向某均(另案处理),其中被告人向某勇占87%的股份,其余人员占有3%~5%的股份不等。2012年11月至2014年1月16日,该会馆以招募、容留的手段,先后纠集、控制并管理20余名卖淫女,在该会馆内为他人提供性服务,从事卖淫行为,并按照事先制定的标准收取价位不等的"服务费"。至案发前,该会馆营业收入1000万余元。该案的判决如下:①被告人向某勇犯组织卖淫罪,判处有期徒刑6年,并处罚金8万元人民币;②被告人向某阳犯协助组织卖淫罪,判处有期徒刑3年,并处罚金2万元人民币;③被告人倪某民犯协助组织卖淫罪,判处有期徒刑3年,并处罚金2万元人民币;④被告人李某全犯协助组织卖淫罪,判处有期徒刑3年,并处罚金2万元人民币;⑤被告人李某刚犯协助

组织卖淫罪，判处有期徒刑3年，并处罚金2万元人民币。①

首先，在对卖淫范围的把握上，应当扩张解释传统的卖淫观念。传统卖淫仅限于女性为男性有偿提供性服务。而在当今社会，对卖淫的理解早已趋于多元化，有男性为女性提供有偿性服务的，也有男性为男性提供有偿性服务的，甚至也包括女性为女性提供有偿性服务的，在人妖文化发达的国家和地区也不乏人妖为男性或女性提供有偿性服务的状况。因此，卖淫的核心应当理解为有偿性服务，而由哪种主体向哪种对象提供都不影响卖淫的实质。

在我国刑法中，单纯的卖淫行为不构成犯罪，而组织行为会构成本罪。组织卖淫是指以招募、雇佣、强迫、引诱、容留等手段，控制多人从事卖淫的行为。本罪的主体是卖淫的组织者，有时为一人，有时为多人。在确定是否构成犯罪之时要区分是组织行为还是互相纠集帮助的行为，组织行为本质上有控制和安排等成分在里面，如果都为卖淫者，只是为了传递信息，互相掩护，并没有固定的组织策划者，也没有互相控制的成分，那么不应当认定为构成本罪。

此外，在本罪的认定上是否需要以营利为目的也存在一定的争议。有学者认为由于卖淫本身必须是有偿性服务，因此组织卖淫必定具有营利目的，即使没有直接牟利也会间接谋取某些利益。笔者认为，该观点有一定的局限性。尽管在传统和现实中，多数组织卖淫者确实具有营利目的，但是也不能排除现实当中有人出于满足精神空虚的心理要求或是追求腐朽、糜烂的生活方式而组织他人卖淫。既然在法条当中并未明示营利的目的，我们在解释法条时除非极其必要，否则不应当套上额外的入罪条件，这样会使得司法实践中的工作人员在一些特殊的情形下陷入被动之中。

在此罪与彼罪的认定上要注意本罪与强迫卖淫罪的界限。本罪中的组织卖淫中，被组织的人都是自愿参与卖淫的，即使存在轻微的强迫的行为也未达到违背他人意志的程度。如果行为人采取暴力、胁迫等其他手段，违背他人意志，强迫他人卖淫，则构成强迫卖淫罪，这是需要特别予以注意的。而且刑法在本条刑罚区间的设置上，组织卖淫只有达到情节严重的程度才会被判处10年以上有期徒刑，而其余被判处10年以上有期徒刑的四种情形都是强迫他人卖淫的。从中可以看出，本罪的加重犯着重惩罚的是强迫卖淫罪。因此，本罪中如果存在轻微强迫，要进行具体分析，分辨清楚其是否达到了违背他人意志的程度，这对于争议情形的定性至关重要。

____

① 西藏自治区高级人民法院〔2015〕藏法刑一终字第6号。

　　此外，组织卖淫和协助组织卖淫要进行具体区分，看其起到的作用到底如何。本案例中向某勇注册成立会馆，用招募、容留的手段，先后纠集、控制并管理20余名卖淫女，在该会馆内为他人提供性服务，其余人等协助他组织卖淫活动，因此本案定罪较为准确。在此类案件中，关键要分清到底是组织行为还是协助组织的行为，协助行为出于从属地位，受到组织者的领导、指挥和支配，在主观上也缺乏控制多人卖淫的目的，处于较为次要的地位。但是在司法实践中，有可能会出现某些分工复杂的卖淫集团，出现多个层级，例如总的组织者指挥、遥控分组织者去组织他人卖淫，这时对于处于多个层级中的中间层级的应如何认定，是一个重要问题。处于中间层级的人，相对于其上层处于协助的地位，相对于其下层又处于组织者的地位。笔者认为，除了最低层级的协助组织者，其余比他们层级高的都可以组织卖淫罪来定罪。但是在具体量刑上还是应当区分其所起到的作用大小来进行具体的考量。从具体处置上，理论上讲组织卖淫和协助组织卖淫构成共同犯罪，但是由于刑法中已经将其各自规定了特定的罪名，因此，不再依照共同犯罪进行处理，只按照其各自罪名论处即可。

二、引诱、容留、介绍卖淫罪

1. 引诱、容留、介绍卖淫罪与非罪

　　争议点：引诱、容留、介绍卖淫罪入罪尺度的把握。

　　【案例】被告人邓某自2013年9月承租位于武汉市武昌区体育馆路26号雅新轩宾馆副楼经营足疗城，被告人万某受雇管理足疗城的经营活动。2014年9月18日1时许，被告人万某在该足疗城应顾客钟某、林某的要求，介绍女青年孙某、余某与其二人进行性交易，并提供由邓某在雅新轩宾馆登记付费的客房给上述四人使用，公安民警检查时将上述人员当场抓获。被告人邓某犯容留卖淫罪，判处有期徒刑11个月，并处罚金人民币1万元。被告人万某犯容留卖淫罪，判处管制1年，并处罚金人民币1万元。[①]

　　引诱、容留、介绍卖淫是充当淫媒的主要形式。引诱，是以某些利益勾引、拉拢、唆使他人卖淫；容留是为卖淫者提供性交易的场所或者某种方便；介绍是在卖淫者与嫖客之间进行联络沟通，牵线搭桥，以使得卖淫行为得以顺利进行。本罪在入罪时要特别注意行为对象的差别，例如本罪的引诱，是

---

① 湖北省武汉市武昌区人民法院〔2015〕鄂武昌刑初字第00213号。

引诱他人卖淫，而非引诱他人嫖娼。那么单纯引诱他人嫖娼者在一些公共场合的拉客行为就不能构成本罪，否则的话，卖淫者本人如果有引诱他人的行为也会构成本罪，这和我国刑法并未直接处罚卖淫行为是冲突的，会演化为变相处罚卖淫者。此外，这里的介绍卖淫也有同样的问题，介绍卖淫主要是替卖淫者寻找、介绍嫖客，其关系较为稳固，而且一般有营利性；而介绍嫖娼则往往与卖淫者无联系，主要是与嫖客接触，并无固定，相对而言，介绍嫖娼可罚性较差，因此还是应当对其加以区分，单纯介绍嫖娼不能构成犯罪。所以对于"拉皮条"的行为并不是一律构成犯罪，要进行具体分析，其中符合引诱、介绍卖淫的可以构成本罪，否则并不能构成犯罪。

此外，依据刑法第361条规定，旅馆业、饮食服务业、文化娱乐业、出租汽车业等单位人员，利用本单位条件引诱、容留、介绍他人卖淫的，可以构成本罪。本案例中被告人万某就是利用经营足疗城的便利，容留他人卖淫，因而构成本罪。

本罪的容留行为值得研究，在毒品类犯罪中也有一个类似罪名，容留他人吸毒罪。容留他人吸毒或者卖淫，需要有相应的明知，即知道或者应当知道他人是从事吸毒或者是卖淫行为仍为其提供处所或者提供方便，当有这种明知时即可认定本罪，如果缺乏这种明知则不能入罪。

三、传播性病罪

1. 传播性病罪与非罪

争议点：传播性病罪入罪尺度的把握及其与相关罪名的界限。

【案例1】2014年11月5日1时许，被告人丛某在青岛市李沧区九水路鸿运祥商务酒店122房间，收取赵某300元嫖资后，在明知自己患有梅毒的情况下，与赵某发生性关系，后被民警查获。被告人丛某犯传播性病罪，判处有期徒刑8个月，并处罚金人民币5000元。[①]

【案例2】2011年11月16日，被告人倪某甲到湖南省疾病预防控制中心就诊，被确诊患有艾滋病。2014年8月以来，被告人倪某甲明知自己患有艾滋病仍从事卖淫活动，并于2014年8月18日22时许，在宁远县山水时尚酒店与嫖客蒋某实施卖淫嫖娼活动，被公安民警当场查获。被告人倪某甲犯传

---

① 山东省青岛市李沧区人民法院〔2015〕李刑初字第228号。

播性病罪,判处有期徒刑 1 年,并处罚金人民币 5000 元。①

在司法实践中,传播性病罪要求行为人对自己患有性病、梅毒等严重性病具有明知,在此前提下又进行了卖淫嫖娼的行为才能构成本罪。如果并非卖淫嫖娼,明知自己有上述性病而与他人发生性关系则不应以犯罪论处。而且本罪是典型的行为犯,并不要求造成对方感染了严重性病的后果,只要进行了性交易就构成了本罪的既遂。如果双方都患有严重疾病,且双方对自己情况都明知,双方都构成传播性病罪;如果只有一方明知自己患有严重性病,则明知的一方可以构成本罪。在案例 1 和案例 2 中被告人丛某和倪某都是明知自己患有严重性病而从事卖淫活动,因此应当构成传播性病罪。

本罪在理论上有一定争议之处在于行为人明知自己有严重性病又进行卖淫嫖娼能否同时构成故意伤害罪。有学者认为此种情形下,构成故意伤害并无疑义。笔者认为该观点有可商榷之处。明知自己有严重性病而与他人发生性行为,即使出于报复他人、仇恨社会的目的,也能够被包容到本罪中,而以故意伤害论处存在诸多理论障碍。首先,带有严重性病卖淫嫖娼,本身在形态上与传统对他人身体的直接伤害差距甚远。其次,即使患有严重性病,疾病传播的概率仍然比较低,有统计表明,男性携带艾滋病毒与女性性交,传播概率仅为千分之二,女性携带艾滋病毒与男性性交传播概率仅为千分之一,这样的比率要达到伤害的目的事实上是比较难的。再次,要证明病毒传播具有刑法上的因果关系难度较大。即使发生性行为之后,对方患上了相应的性病,也很难排除其不是由于其他方式传播所得。因此,笔者认为以不认可此种情况构成故意伤害罪为宜,可直接以传播性病罪处罚。

第九节 制作、贩卖、传播淫秽物品罪

制作、贩卖、传播淫秽物品罪,是指违反有关法律规定,制作、贩卖、传播淫秽物品的行为。本节罪涉及刑法第 363 条至第 367 条,共 5 个罪名。包括制作、复制、出版、贩卖、传播淫秽物品牟利罪,为他人提供书号出版淫秽书刊罪,传播淫秽物品罪,组织播放淫秽音像制品罪,组织淫秽表演罪。

---

① 湖南省宁远县人民法院〔2015〕宁法刑初字第 52 号。

一、制作、复制、出版、贩卖、传播淫秽物品牟利罪

1. 制作、复制、出版、贩卖、传播淫秽物品牟利罪与非罪

争议点：制作、复制、出版、贩卖、传播淫秽物品牟利罪入罪尺度的把握及其与传播淫秽物品罪的界限。

【案例1】2014年10月开始，被告人赖某从一名男子处（另案）购买1749个视频文件（经鉴定，其中1350个为色情淫秽视频）后，在佛山市顺德区容桂街道马岗灯光市场经营的摊档，提供淫秽视频的目录册给客人挑选，并用电脑将淫秽视频复制到客人的手机内存卡内，每个收费人民币0.5～1元。2014年11月6日21时许，赖某在该摊档复制39个视频（经鉴定，其中38个为色情淫秽视频）到龚某的内存卡、复制16个视频（经鉴定，全部为色情淫秽视频）到张某的内存卡，收取了相应费用后，赖某被公安人员抓获。被告人赖某犯复制淫秽物品牟利罪，判处有期徒刑6个月，并处罚金人民币1000元。①

【案例2】2012年12月开始，被告人左某在合肥市庐阳区合肥某职业技术学校上学期间建立群号为3××2的男同性恋QQ群，之后在该群里上传并放任群成员上传各种淫秽视频供群成员下载观看，被告人孙某、李某、苏某在该QQ群中担任管理员，明知群内主要传播淫秽视频仍予以帮助管理、放任视频传播。被告人孙某、李某、苏某分别建立QQ群，上传并放任群成员上传淫秽视频供群成员下载观看。四被告人均系被抓获归案。庭审中，公诉人出示的证据有受案登记表、立案决定书、归案经过、户籍信息、被告人供述、证人证言、电子数据资料等。公诉机关认为，被告人左某、孙某、李某、苏某建立、管理主要用于传播淫秽物品的QQ群组，传播淫秽音像，其行为均已构成传播淫秽物品罪。被告人左某、孙某、李某各自被判处犯传播淫秽物品罪，判处拘役6个月，缓刑1年。被告人苏某犯传播淫秽物品罪，判处拘役5个月，缓刑10个月。②

对于淫秽物品的认定需要我们有时代性的眼光和视野。总体上要求淫秽物品必须与性相关，而且属于违法物品，即不属于描写男女正当情爱的作品、宣传有关人体生理医学知识的科学著作以及有艺术价值的带有情色内容

---

① 广东省佛山市顺德区人民法院〔2015〕佛顺法刑初字第1049号。
② 安徽省合肥市庐阳区人民法院〔2015〕庐刑初字第00119号。

的作品。至于有些学者强调的所谓诲淫性特征应予以去除，诲淫性指的是能够挑逗、刺激人的不健康性欲的特征。该标准不具有可操作性，健康和不健康的性欲更难以区分。司法实践中，因为读《废都》等作品进行犯罪的案例也有发生，但是并不能因此说该作品就是淫秽物品。因此，不必要进行这种额外的界定。只要与性相关且属于违法物品即可认定为淫秽物品。在司法实践中对于是否属于淫秽物品的认定还需要经过专门的鉴定人员的鉴定。

本罪列举了五种行为方式，包括制作、复制、出版、贩卖、传播淫秽物品的行为，只要有其中某一种或某几种行为，即可按照本罪论处，而且即使有几种行为，也只按照一罪来论处。案例1中，赖某依靠向客人内存卡复制色情淫秽视频牟利，因此构成复制淫秽物品牟利罪。

此外，本罪特别强调牟利的目的。这里的牟利应做广义理解，既可以是金钱和财物，也可以是其他物质性利益。而是否具有牟利目的也是区分本罪和传播淫秽物品罪的主要特征。因此，必须认真加以把握。

案例2中的行为是典型的传播淫秽物品罪。传播淫秽物品罪在我国台湾司法实践中出现了一种新的倾向。由于现在已经进入互联网时代，我国台湾警方在查处"李宗瑞迷奸案"时，对于一些在网络上单纯下载该案迷奸视频的人也进行了抓捕和惩罚。其理由是，现在互联网的下载工具几乎都是互动式的，也就是在下载的同时也在上传该视频，因此也是一种传播行为，也要入罪。笔者认为这种看法值得商榷。首先，虽然这些下载软件几乎都有共享功能，但是这是软件本身的自带功能，下载人并无传播该视频给他人的目的，甚至很多使用该软件的人并不明确这种共享的功能；其次，从执法的现实性上，这种视频在互联网上往往短期内就有几十万甚至上百万的下载量，按照这种逻辑来执法要对这几十万甚至上百万的人都进行抓捕，否则就有典型的选择执法的嫌疑，这是违反法律基本的公平正义原则的。因此，传播淫秽物品还是应当有明确的传播目的才能定罪处罚，不能任意扩张其惩处范围。尽管互联网时代给了我们一些新的认识犯罪的思路，但是仍不应任意地突破传统刑事法律的基本原理。

在互联网时代，淫秽物品的传播找到了更为便捷的途径。但是笔者认为，在这种情况下更应慎重把握本罪所要求的情节严重的要件。对于在亲戚朋友间偶尔相互传播淫秽物品的，或者通过微信等途径只在特定小范围内传播淫秽物品的行为不应以犯罪来论处。对于那些在博客等公众可访问的界面上分享淫秽物品的界面的，也应结合其主观故意和实际点击和下载量来确定是否属于情节严重。如果确实属于情节严重的，可以本罪来论处。

第五章 危害公共安全罪

危害公共安全罪是一个概括性的罪名，这类犯罪侵犯的客体是公共安全，客观表现为实施了各种危害公共安全的行为，它同侵犯人身权利的杀人罪、伤害罪以及侵犯财产的贪污罪、盗窃罪等有显著的不同，危害公共安全罪包含着造成不特定的多数人伤亡或者使公私财产遭受重大损失的危险。

以危险方法危害公共安全罪，是指使用与放火、决水、爆炸、投放危险物质等危险性相当的其他危险方法，危害公共安全的行为。客观方面表现为，以其他危险方法危害公共安全的行为；其他方法表现如私设电网、驾车冲撞人群等。主体是一般主体。

第一节 用危险方法危害公共安全的犯罪

危害公共安全罪是一个概括性的罪名，这类犯罪侵犯的客体是公共安全，客观表现为实施了各种危害公共安全的行为，它同侵犯人身权利的杀人罪、伤害罪以及侵犯财产的贪污罪、盗窃罪等有显著的不同，危害公共安全罪包含着造成不特定的多数人伤亡或者使公私财产遭受重大损失的危险。

用危险方法危害公共安全罪，是指使用与放火、决水、爆炸、投放危险物质等危险性相当的其他危险方法危害公共安全的行为。其客观方面表现为用其他危险方法危害公共安全的行为，其他方法包括私设电网、驾车冲撞人群等；其主体是一般主体。

一、放火罪

1. 此罪与彼罪：间接故意的放火罪与失火罪的认定与界分

争议点：不作为方式能否成立放火罪？

【案例】1999 年 4 月 14 日 11 时许，被告人文某在攀枝花苏铁自然保护区附近捕鸟。为撵出藏在草丛中的鸟，文某用打火机点燃山草，火势蔓延后，被告人文某扑救未果，便逃离现场，没有向任何单位和消防部门报告火情，致使火势蔓延，大火越过防火围墙，烧进保护区，烧毁攀枝花苏铁一万余株，造成直接经济损失 479.6 万元。检察院以放火罪对文某提起公诉。一审法院认定被告人文某犯失火罪，处有期徒刑 6 年。[①]检察院提起抗诉。二审法院改判被告人文某犯放火罪，处有期徒刑 12 年，剥夺政治权利 2 年。[②]

　　本案分歧的焦点在于被告人文某在主观方面是间接故意还是过于自信的过失。一审法院之所以认定为是失火罪，有三方面的原因：其一，被告人文某为将鸟赶出草丛而点燃山草，并非有意放火危害公共安全；其二，火势蔓延后，被告人有积极扑救的行为；其三，被告人扑救未果后之所以离开现场，是因为自信围墙能挡住大火。检察院和二审法院认为，被告人为捉鸟而在保护区附近点燃山草，主观上虽然不是有意制造火灾，没有放火的直接故意，但被告人于禁火期在禁火区内点燃山草，当火情发生时，被告人即因其先前的行为负有灭火、消除危险的特定义务。被告人在扑救未果后，竟离开现场，不向任何组织和消防部门报告，不履行其特定义务，听任火灾发生，造成国家财产的巨大损失。被告人明知在攀枝花的干季禁止一切野外用火，也明知在干燥的季节里野外用火可能造成火灾，却对其可能造成的危害后果持放任态度，在主观上为间接故意。因此，应认定为放火罪。

　　放火罪与失火罪的区分关键在于主观方面的不同。就失火罪而言，行为人的点火行为往往是"故意"的，但这里的"故意"只是生活意义上的"故意"，即"有意识地去做"，它不等同于刑法学上作为罪过形式之一的"故意"。失火罪的主观方面是相对于危害结果而言为过失，或者是因疏忽大意而对危害结果没有预见，或者是虽然预见而轻信能够避免。在最终造成严重后果的场合，点火时心理态度的认定非常关键，如果明知点燃山草会引起火灾，而放

---

① 四川省攀枝花中级人民法院刑事判决书〔1999〕攀刑初字第 75 号。
② 四川省高级人民法院刑事判决书〔2000〕川刑一终字第 56 号。

任该火灾发生的，为间接故意；如果因疏忽大意没有预见或者虽然预见但轻信能够避免火灾的，为过失。

那么，是不是只要行为时主观方面为过失，就一定不成立放火罪呢？并不一定。例如，甲某在做物理实验时因疏忽大意造成实验室的桌子着火，如果甲某能够及时灭火却听之任之，则构成放火罪。可见，放火罪是完全可能以不作为方式成立的。其实，就本案而言，检法的分歧并不纠缠于文某点火时的心理态度，而在于他逃离现场后未向有关组织和消防部门报告的心理状况的准确认定。如果被告人是认为火势不会越过防火围墙烧毁保护区内的树木，从而觉得没必要向消防部门报告，则成立失火罪；如果被告人明知火势蔓延会越过防火围墙，为了自己不被发现从而最终逃避罪责，不向消防部门报告，听之任之，则成立放火罪。我们认为，认定其主观上的放任，是相对合理的。因为，在当时火势开始蔓延的情况下，被告人只想尽快扑灭大火，可见，他对于防火围墙是否能挡住大火，并没有信心。他的离开是因为凭自己的力量不能扑灭大火，而不是自信大火不会越过防火围墙。他最终没有向任何单位和消防部门报告，认定其是不想因此暴露肇事者身份的情形相对合理，认定其是因为相信大火不会造成严重损害从而觉得没必要大惊小怪去报告比较牵强。因此，认定其主观上是间接故意，成立放火罪，是正确的。至于抗诉机关所诉称的"事后，被告人文某指使其同事伪造现场，企图掩盖罪行"，对认定是放火罪还是失火罪并没多大作用，即并不影响定罪，而只是量刑中应予考虑的情节。

透过本案，我们还可进一步深入到另一种相似案情的探讨中去。假设本案中，大火确实被防火围墙有效地挡住，而没有烧毁保护区内的林木造成严重后果，被告人该定何罪？对于这种情形，由于被告人主观上不是直接故意，故不能成立放火罪（未遂）；又因为没有造成严重后果，所以也不成立失火罪。我们认为，虽然没有造成严重后果，但烧毁公私财物数额较大或者有其他严重情节的，如果足以认定其主观具有间接故意，可考虑适用故意毁坏财物罪。

2. 此罪与彼罪：放火罪与故意伤害罪的认定与界分

争议点：出于报复，将汽油泼向特定对象，但造成不特定多人伤害的结果，成立放火罪还是故意伤害罪？

【案例】1997年4月28日13时许，被告人孙某某（霸州市邮电局辛章支局局长）发现村民张某某在邮局院内照明线杆上拉接电源线，便上前制止并发生争吵，张某某打了孙某某一记耳光。随后，张某某的妻子王某某闻讯赶来与孙某某厮打，被他人拉开。下午 17 时许，孙某某驾车途经张家小卖部门口时，又与王某某及其小姑张某发生口角厮打，孙某某从车上取下装有 8 公升汽油的塑料桶，边与王某某、张某厮打，边向二人身上泼汽油。王某某、张某跑进小卖部，孙某某追入并继续向二人身上及屋内泼洒汽油，并在划第一根火柴被他人打掉后，点燃第二根火柴，引起大火，将王某某、张某二人烧成重伤，并造成在场劝阻的李某某、王某和孙某某本人程度不同的烧伤，同时烧毁屋内价值 6000 多元的财物。案发后，孙某某投案自首。检察院以放火罪对孙某某提起公诉。一审法院判决被告人孙某某犯故意伤害罪，处有期徒刑 6 年个月。[1] 公诉机关提起抗诉。二审裁定维持原判。[2] 河北省高检按照审判监督程序抗诉，省高院改判为放火罪，判处被告人孙某某有期徒刑 12 年，剥夺政治权利 2 年。[3]

放火罪与以放火的方式实施的故意伤害罪、故意杀人罪的区分在于犯罪行为是否危及公共安全。关于公共安全的含义和标准，存在"多数说""不特定说""不特定多数说"等不同的观点。我们认为，公共安全即不特定多人的生命、健康、重大公私财产的安全，但是，"针对多人"不简单等同于"针对不特定人"。危害公共安全的主要内容是危害"不特定多人"的生命、健康，但其重心在"不特定性"而不在于"多人"，而且这里的不特定性，不是行为针对对象的不特性，而是行为可能危及对象的不特定性、不可预测性。因此，如果行为人用放火的方式烧向特定房屋内的多数人，即使最终只有一人被烧伤，也认定为危害了公共安全；或者，如果行为人用放火的方式烧向某一个特定的人，但该放火行为可能危及其他不特定人的生命、健康的，即使最终被烧伤的是其意图烧伤、烧死的特定者，也认定为危害了公共安全，应以放火罪论处。

本案源于日常纠纷，出于报复，被告人孙某某犯罪行为直接指向的是特定的二人，即王某某与张某。就被告人孙某某主观方面来看，其对王某某、张某二人有伤害的直接故意，但同时对在场的其他人的生命、健康以及房屋财产安全的危害持放任的态度。从案发现场来看，小卖部西有邻居，东隔胡同为居民区，孙泼洒汽油纵火的行为足以危及公共安全，而事实上也造成严

---

[1]　河北省廊坊市霸州市人民法院刑事附带民事判决书〔1997〕霸刑初字第 130 号。

[2]　河北省廊坊市中级人民法院刑事附带民事裁定书〔1998〕廊刑终字第 12 号。

[3]　河北省高级人民法院刑事判决书〔1999〕冀刑再终字第 62 号。

重后果，认定为放火罪是正确的。

二、投放危险物质罪

1. 此罪与彼罪：投放危险物质罪与故意毁坏财物罪的认定与界分

争议点：以投毒的方式将他人饲养的家畜毒死后盗走出售的，该定何罪？

【案例】犯罪嫌疑人郭某、杨某、王某（均系农民）自 1998 年 12 月至 1999 年 2 月间，采取白天踩点、晚上翻墙入户的办法，先后 10 次进入农户院内，将事先混有氟乙酰胺（俗称老鼠药）的猪饲料倒入猪槽内，使猪中毒后再将中毒的猪盗出拉回住处，屠宰后在本地和周边地区销售，部分自食。期间，先后毒死并盗走中毒生猪 23 头，价值达 11700 元。一审法院在开庭审理时，对本案犯罪嫌疑人的行为究竟应定何罪出现分歧，争论的焦点主要集中在是构成投放危险物质罪还是故意毁坏财物罪。①

投放危险物质罪与故意毁坏财物罪从表面上看都可能在客观上通过投放危险物质的方式，造成对财产所有权人财产权益的侵害，两者区分的关键点在于犯罪嫌疑人的行为是否危害公共安全。根据我国刑法理论通说，"公共安全"是指不特定多数人的生命、健康和重大公私财产安全。结合上文对公共安全的分析，从本案的犯罪客体来看，郭某、杨某、王某的行为足以危害不特定多数人的生命、健康和重大公私财产安全。本案中郭某、杨某、王某投放的物质是氟乙酰胺，根据《农药安全使用规定》，氟乙酰胺属高毒农药，这种农药只要接触极少量就会引起中毒和死亡。本案中，虽然售后的死猪没有造成严重的后果，但这种行为足以危害到不特定多数人的生命、健康安全。根据我国刑法第 114 条的规定，只要是实施了危害公共安全的行为，不论是否造成人身伤亡或使财物遭到重大损失，均应认定为投放危险物质罪。因此，郭某、杨某、王某符合投放危险物质罪的构成要件，应按投放危险物质罪定罪量刑。

2. 犯罪停止形态：投放危险物质罪的中止问题

争议点：甲在投毒后发生严重危险但在严重结果发生前防止结果发生的，是否构成犯罪中止？

---

① 陈兴良. 刑法案例教程[M]. 北京：中国法制出版社，2007：165.

【案例】正在建筑工地上做饭的甲听到有人在和其丈夫吵架，出于报复的目的，将毒药放入第二施工队的晚餐中，后来甲听丈夫说与其争吵的是第一施工队的人，此时的甲顿生悔意，飞奔去第二施工队驻地，见已有一人因吃了晚餐出现头晕、恶心的症状，甲当时即告诉大家晚餐中有毒，并将中毒的工人送往医院紧急治疗，没有造成严重的后果。对于这一案件的处理，检察院认为甲自动有效地防止了犯罪结果的发生，应成立犯罪中止，且甲还符合自首的条件，应对甲免除处罚。但法院却认为甲不成立犯罪中止，由于其具备自首的条件，可以从轻处罚。①

我国刑法主要是依据第 114 条和第 115 条两个条文对投放危险物质罪进行定罪量刑，从法条字面表述可以看出，严重危害结果（致人重伤、死亡或者公私财产遭受重大损失）的发生与否决定着法定刑是否升格。行为尚未造成严重后果的，适用第 114 条，处 3 年以上 10 年以下有期徒刑；致人重伤、死亡或者公私财产遭受重大损失的，适用第 115 条，处 10 年以上有期徒刑、无期徒刑或者死刑。对于在投毒后发生严重危险但在严重结果发生前防止结果发生的行为的定性，刑法学界主要有以下几种观点：一是认为成立犯罪既遂，适用刑法第 114 条，行为人防止严重危害结果发生的行为作为量刑情节予以考虑。这一观点的主要理由在于，当行为已经产生具体危险时，完全符合第 114 条所规定的犯罪构成，此时行为已经既遂，既遂之后的行为不可能发生中止的问题。第二种观点认为这种行为成立第 115 条实害犯的犯罪中止，由于已经产生具体危险，刑法第 114 条已经被完整实现，此时已经构成危险犯的既遂，故没有成立第 114 条犯罪中止的余地。但是严重危害结果毕竟没有发生，行为人出于中止犯罪的意思，自动有效地防止犯罪结果的发生，应当成立刑法第 115 条规定的结果加重犯的中止。第三种观点认为，在尚未造成严重后果的情况下，行为人自动中止犯罪，避免了严重后果的发生，该行为成立第 114 条所规定的危险犯的犯罪中止，适用刑法第 114 条以及总则关于中止犯的处罚规定。笔者赞同第三种观点，理由在于：首先，刑法对犯罪中止与犯罪未遂的评价并不是采用同一标准，既遂以行为是否符合刑法分则规定的全部要件为标准，中止以是否自动防止犯罪结果的发生为标准。从逻辑上讲，分类标准的不统一，可能造成外延的重叠，因此，犯罪既遂与犯罪中止完全有可能并存。其次，从刑法理论来看，行为人实施了投放危险物质的行为并出现危险状态后，又主动采取措施有效消除危险的，符合

① 阮齐林, 康瑛. 刑法案例研习教程[M]. 北京：高等教育出版社, 2005：237.

犯罪中止的四个条件，即时间性、自动性、客观性、有效性。其三，从刑事政策来看，认定危险犯既遂后仍可成立犯罪中止，有巨大的社会意义。它会鼓励行为人采取积极的措施尽力防止危害结果的发生，从而使社会免受侵害，使刑法的作用从事后的消极惩罚转变为事前的积极防范，这符合设立危险犯的立法初衷。刑法之所以将危险的出现而不待实害结果出现时就将其作为犯罪予以打击，目的就在于强调这种行为的社会危害性，竭力防范实害结果的出现，避免两败俱伤。因此，将上述行为认定为犯罪中止无疑更符合立法原意。综上所述，对本案中甲在严重结果发生前自动防止其发生的行为，应认定为犯罪中止，适用刑法第 114 条以及总则关于中止犯的规定。

三、以危险方法危害公共安全罪

1. 此罪与彼罪：以危险方法危害公共安全罪与敲诈勒索罪的认定与界分

争议点：故意造成车辆"碰瓷"后，或者报告交通部门处理从而获取"赔偿"，或者通过私了勒索他人财物，是以敲诈勒索罪论处还是以危险方法危害公共安全罪论处？

【案例】被告人李某等 31 人故意驾车跟随外地来京车辆，乘外地车辆并线的一刹那，加速上去进行"碰瓷"。等事故发生后，或者采取报交通部门处理从而获取赔偿，或者通过私了索取赔偿。李某等人先后采取该方法"碰瓷"200 多次，涉案金额达 10 余万元。案发后，检察院以敲诈勒索罪提起公诉，后又以以危险方法危害公共安全罪变更起诉。法院判决被告人李某等人成立以危险方法危害公共安全罪。[①]

"碰瓷"是近年来在北京等大都市新出现的一种犯罪手段，指的是行为人利用交通规则，跟踪外来的车辆，在外来车辆并线的一刹那，猛然加大油门冲上去，造成车辆之间的轻微碰撞，然后或者报告交通部门处理以获得"赔偿"，或者通过私了索取他人财物。在本案的审理中，被告人对检察院所指控的事实供认不讳，但认为不成立以危险方法危害公共安全罪，其理由是：①从主观上讲，被告人驾车撞击他人车辆，制造交通事故，目的是勒索钱财，并无危害公共安全的主观故意；②从客观上讲，被告人每次作案针对的对象都是特定的人，并没有造成危害不特定多数人人身、财产安全这一严重后果，因此，被告人的行为不符合以危险方法危害公共安全罪的构成要件特

---

① 北京市朝阳区人民法院刑事判决书〔2007〕朝刑初字第 1669 号。

征。检察院当初以敲诈勒索罪提起公诉，或许也是出于这几方面的考虑：首先，被告人的主观目的是为了钱财；其次，在这些"碰瓷"事故中，有许多起是直接与被害人私了，索取钱财；再次，虽涉案200多起，但没有一起造成不特定多人伤亡或者造成不特定财产重大损失的严重后果。对此案件，我们主张以以危险方法危害公共安全罪论处，理由如下：①以危险方法危害公共安全罪是一种危险犯，不以实际造成严重后果为成立犯罪的必要条件，严重后果的形成只是一种加重情节。②被告人所采用的是具有危险性的犯罪方法。这种方法之所以危险是由该方法本身及犯罪行为发生时所处的环境所决定的。受到撞击的车辆可能在城市道路上失去控制进而造成不特定多人的死伤或者造成公私财产的重大损失，尽管在已实施的200多起"碰瓷"事故中没有出现这种情况，但这种危险性是现实存在的。③以危险方法危害公共安全罪并不是目的犯，行为人的动机或者目的可以多种多样，但只要其所采取的方式足以危及公共安全，就可以成立该罪。④虽然行为人每次针对的对象是特定的车辆，但该行为却对不特定人或物的安全造成严重威胁，属于危害公共安全。⑤在200多起"碰瓷"事故中，其中一部分是通过报告交管部门处理获得"赔偿"的，并无通过威胁、要挟使被害人产生恐惧而交付财物，不符合敲诈勒索罪的犯罪构成。退一步来说，即使200多起案件全部都是在"碰瓷"后通过威胁或要挟的方法索取被害人财物进行"私了"，也属于敲诈勒索罪与以危险方法危害公共安全罪的想象竞合犯，应从一重以以危险方法危害公共安全罪定罪处罚。

对于这种危害公共安全的犯罪形式，交管部门应引起高度重视，加大监控力度，对于曾经发生过"碰瓷"事故的车辆，需要详细记录在案，一旦该车辆"碰瓷"事故发生比较频繁，则涉嫌以危险方法危害公共安全，应予以关注。

2. 此罪与彼罪：以危险方法危害公共安全罪与重大责任事故罪、强令违章冒险作业罪的区分

争议点：发生在安全生产领域中致人重伤、死亡或者公私财产造成重大损失的行为应怎样定性？

【案例】河南平顶山市新华区四矿为一私营煤矿，被告人李某某、韩某某分别担任厂长与技术安全副厂长。2009年年初平顶山市新华区煤炭工业局先后多次到该矿进行安全检查，在检查中发现存在瓦斯传感器（俗称瓦斯探头）滞后、断线、位置不当等安全问题，并责令被告人限期整改。同年3月20日，河南省安全生产领导小组下发文件明确该矿为停工停产整改矿井，按照规定，整改期间每班最多入井 23 人，禁止生产。但被告人在明知该矿属于煤与瓦斯突出、存在重大安全隐患的情况下，不仅不采取措施解决瓦斯超标问题，反而多次要求瓦斯检查员在瓦斯超标时不报警，制作虚假瓦斯报表，并违规强令大批工人下井采煤。2009 年 9 月 5 日，矿井因瓦斯传感器无法正常预警，使瓦斯浓度达到爆炸界限，因电缆短路产生高温火源引发瓦斯爆炸，致使 76 人死亡、2 人重伤、4 人轻伤的结果。一审法院经审理认为被告人犯有以危险方法危害公共安全罪。但是被告人李某某及其辩护人认为其构成重大劳动安全事故罪，被告人韩某某认为其构成重大责任事故罪，两人均不服一审判决，提出上诉。①

以危险方法危害公共安全罪与强令违章冒险作业罪、重大责任事故罪、重大劳动安全事故罪在性质上都属于危害公共安全的犯罪，一般情况下，这几个罪名比较容易区分。但当行为发生在矿山、矿井等生产领域时，就会产生一定的争议。传统上对于生产作业人员或管理人员的违章行为导致人员伤亡或财产损失结果的，都是按事故犯罪处理。但随着经济的发展，一些矿主为谋取暴利，无视法律、逃避监管，给国家和社会造成了难以估量的损失。对这种行为按事故犯罪处理已经明显不合时宜。刑法理论上通常认为，以危险方法危害公共安全罪与强令违章冒险作业罪、重大责任事故罪、重大劳动安全事故罪在以下几个方面存在不同。首先，从主观罪过上来看，以危险方法危害公共安全罪是故意犯罪，而重大责任事故罪等事故犯罪为过失犯罪，两者责任形式不同。其次，从行为外在的表现形式来看，以危险方法危害公共安全罪是指采取放火、决水、爆炸、投放危险物质等以外的危险方法。需要说明的是，由于刑法条文并没有明确规定本罪的具体行为结构和方式，导致"其他危险方法"没有限定范围。理论上一般认为，根据同类解释规则，"其他危险方法"应仅限于与放火、决水、爆炸、投放危险物质相当的办法。单纯造成多数人心理恐慌或者其他轻微后果的，不得认定为以危险方法危害公共安全罪，如果行为符合其他犯罪构成，以其他犯罪论处更符合罪刑相适应原则，应按其他犯罪处理，不得认定为以危险方法危害公共安全罪。而重大责任事故罪等事故犯罪则是指在生产过程中，违反安全生产规定，造成重大伤亡后果。最后，从对犯罪结果的要求上来看，以危险方法危害公共安全罪既可以是危险犯，也可以是实害犯，只要行为人的行为对公共安全造成危险，即使没有产生危害结果，也被认为构成犯罪。而重大责任事故罪等事故

① 河南省平顶山市中级人民法院〔2010〕平刑初字第 93 号。

犯罪则必须导致重大伤亡或其他严重后果才构成犯罪。

具体结合本案事实，从客观行为来看，被告人李某某等人的行为实质上是破坏井下安全作业系统，将矿工置身于高瓦斯环境而无瓦斯预警防护设备的高度危险之中，并强迫工人下井作业，在极大的程度上提高了发生瓦斯爆炸的可能性，将潜在的危险转化为现实的危险。其行为的高度危险性与放火、决水、投放危险物质具有相当性，并导致了不特定或多数人伤亡、重大财产损失的严重后果。从主观心态来看，被告人对严重危害结果的发生虽说不持确定希望的态度，但被告人为追求煤炭生产的巨额利润，在明知矿井存在严重安全隐患的情况下，多次不顾安全生产管理部门责令停工整改、严禁下井作业的警告，仍然执意实施高度危险性的行为，而且被告人也不采取任何避免危害结果发生的措施，这说明其主观心理上认为实现追求利润的目的比防止事故结果的发生更加重要，其为谋取暴利不顾矿工死活，对危害结果不希望发生的心态转化为听之任之的放任心态，属于间接故意。综上所述，被告人李某某、韩某某的行为构成以危险方法危害公共安全罪，一审法院的判决是有道理的。

四、过失以危险方法危害公共安全罪

1. 此罪与彼罪：过失以危险方法危害公共安全罪与过失致人死亡罪的认定与界分

争议点：在村间路段酒后驾驶无证机动车辆发生撞车事故，造成他人伤亡结果，应成立以危险方法危害公共安全罪，还是成立交通肇事罪或者过失致人死亡罪？

【案例】2000年9月28日，被告人沈某某酒后无证驾驶二轮摩托车载着童某某行驶，在西湖村路段与被害人刘国某驾驶的二轮摩托车（无证驾驶，载着刘丽某）交会时发生碰撞，造成刘国某死亡，沈某某、刘丽某受伤。检察院以过失以危险方法危害公共安全罪对沈某某提起公诉。一审法院判决被告人沈某某成立过失以危险方法危害公共安全罪，判处有期徒刑10个月，缓刑1年。① 一审刑事判决后，当事人均未上诉。一审附带民事部分判决后，当事人均上诉。一审刑事判决生效后，二审法院在对民事部分审理中，一并对刑事部分进行审查，认为一审刑事判决定性错误，全案发回重审。原一审法

---

① 福建省漳州市长泰县人民法院刑事附带民事判决书〔2000〕泰刑初字第132号。

院再审认为被告人成立过失致人死亡罪，判处有期徒刑 3 年。被告人上诉，二审裁定维持原判。①

从主观上看，过失以危险方法危害公共安全罪与过失致人死亡罪都是出于过失；从客观上看，过失以危险方法危害公共安全罪可能造成他人死亡的结果，而过失致人死亡罪必须造成他人死亡的结果。二者一个属于危害公共安全罪一个属于侵犯公民人身权利罪，界分的关键在于是否危害公共安全。通说认为，在因驾驶机动车过失造成死亡的情形下，是成立以交通肇事罪、过失以危险方法危害公共安全罪，还是过失致人死亡罪，通常是看行为是否发生在公共交通管理的范围之内。根据最高人民法院 2000 年 11 月 21 日的《关于审理交通肇事刑事案件具体应用法律若干问题的解释》第 8 条规定，在实行公共交通管理范围内发生重大交通事故构成犯罪的，以交通肇事罪定罪处罚；在公共交通管理的范围外，驾驶机动车辆或者使用其他交通工具致人伤亡或者致使公共财产或者他人财产遭受重大损失，构成犯罪的，分别以重大责任事故罪、重大劳动安全事故罪或者过失致人死亡罪论处。二审法院之所以认为应成立过失致人死亡罪，正是以该解释明确规定为依据的。此案在2001 年审判，定过失致人死亡罪是可以理解的。而原一审判决之所以认定为过失以危险方法危害公共安全罪，恐怕更多的是从被告人酒后驾车的行为对公共安全所形成的危害来考虑的，因为这种行为会危及不特定多人的生命、健康。

但我们认为，如果此案放在今天，认定为交通肇事罪的可能性更大。虽然案发的村间道路不属于公共交通管理范围，但作为一条用于交通运输的道路，其实质和作用与公共交通管理范围内的道路没什么区别，而作为机动车驾驶司机，同样必须遵守必要的交通规则，例如机动车必须上牌照、不能酒后驾车、要小心驾驶等。而且，虽然这只是一条村间马路，人流量不能和国道、省道相提并论，但它还是承担了一定的运输、交通任务，车来人往，被告人酒后驾车，势必危及公共安全，最终造成人员伤亡的重大事故，认定为交通肇事罪是完全可以接受的。其实，根据《中华人民共和国道路交通安全法》第 77 条规定："车辆在道路以外通行时发生的事故，公安机关交通管理部门接到报案的，参照本法有关规定办理。"这一规定实际上确立了对于在公共交通管理范围以外发生的交通肇事行为，构成犯罪的，依然应当按照交通肇事

① 福建省漳州市中级人民法院刑事判决书〔2001〕漳刑再终字第 2 号。

罪追究肇事者的刑事责任。这说明交通管理部门的职责范围有所扩大，而在刑法上则表现为交通肇事罪有扩大适用的态势。

司法实践中，在此类案件的定性上比较混乱。通常的情况是：如果是交通管理部门接到报案并进行相关处理的，会作为交通肇事案来处理，构成犯罪的，认定为交通肇事罪的可能性很大；如果是公安机关接到报案并予以立案的，最终通常会被认定为过失致人死亡罪。我们认为，有必要对如何定性加以明确规定。如果是在交通运输过程中因交通肇事造成严重后果，构成犯罪的，无论是否发生在公共交通管理范围内，都以交通肇事罪定罪处罚。如果发生在机关、厂矿、学校、住宅小区等相对封闭的场合，因生产作业或练习开车等原因而发生严重后果的，以重大责任事故罪、重大劳动安全事故罪或者过失致人死亡罪论处。

第二节　破坏公共设备、设施危害公共安全的犯罪

破坏公共设备、设施危害公共安全的犯罪主要有破坏交通工具罪，指破坏火车、电车、汽车、船只、航空器，足以使其发生颠覆、毁坏危险，尚未造成严重后果或者已经造成严重后果的行为。本罪的客体是交通运输安全。如果破坏的只是交通工具的一般性辅助设施，不影响行驶安全，不构成本罪。

一、破坏交通工具罪

1. 此罪与彼罪的界分：破坏交通工具罪与故意毁坏财物罪的区分

争议点：对正准备投入使用的大客车进行破坏，并足以使其发生倾覆、毁坏的危险，应成立破坏交通工具罪还是故意毁坏财物罪？

【案例】被告人黄某某因客运线路经营问题与被害人马某产生矛盾而欲行报复，2013年2月8日18时许，被告人黄某某来到佛山市禅城区某停车场，见被害人马某的车牌号为粤E15×××、粤YB1×××的两辆大型客车停放在停车场内，遂用剪刀剪断粤E15×××大型客车底部的部分线路，将泥沙塞进粤YB1×××大型客车尾部的机油管道，导致粤E15×××大型客车无法打火启动、粤YB1×××大型客车于2013年1月搭载45名乘客在高速公路上行驶时突然熄火无法启动。案发后，一审法院认为被告人黄某某构成破坏交通工具罪，但被告人黄某某及其辩护人不服一审判决，认为被告人

的行为应构成故意毁坏财物罪，并以此为由提出上诉。①

通常情况下，破坏交通工具罪与故意毁坏财物罪比较容易区分，真正的难点在于行为人以破坏交通工具的方式实施犯罪行为时构成何罪。根据我国刑法理论的观点，并非任何破坏交通工具的行为都构成破坏交通工具罪，只有破坏行为足以引起交通工具发生倾覆、毁坏的危险时，才认为成立破坏交通工具罪。所谓"倾覆"，是指交通工具翻倒、沉没、坠毁等；所谓"毁坏"，是指造成交通工具严重变形不能使用乃至报废、性能丧失等；"危险"就是指倾覆、毁坏的现实可能性。至于如何判断破坏行为是否足以使交通工具发生倾覆、毁坏危险，多数学说见解认为，不能仅凭破坏物品的价值、破坏的程度或效果来判断，更应关注所破坏部位的功能，是否对行车安全有重大的影响等。例如，交通工具的引擎系统、刹车系统，因与其是否能够平稳、安全运行具有直接关系，破坏这些部位，哪怕只是损坏刹车片上的一颗螺丝，都可能使交通工具发生倾覆、毁坏的危险。但是，毁坏门窗或者将交通工具的外壳刮花，即使损害相当严重，也不足以导致交通工具发生倾覆、毁坏的危险。当然，此行为可能构成故意毁坏财物罪。

具体结合本案的行为事实，被告人黄某某为报复被害人马某，对马某停在停车场但随时准备投入运营的两辆大型客车实施破坏行为，用剪刀剪断粤E15×××大型客车底部的部分线路，将泥沙塞进粤YB1×××大型客车尾部的机油管道，导致这两辆大型客车行驶运营存在重大的安全隐患，其行为足以导致客车发生倾覆、毁坏的危险，严重威胁不特定或多数人的生命财产安全。法院一审判决被告人黄某某构成破坏交通工具罪是合法合理的。

第三节　违反枪支、弹药、爆炸物及核材料管理的犯罪

违反枪支、弹药、爆炸物及核材料管理的犯罪，是指违反法律规定，非法制造、买卖、运输、邮寄、储存枪支、弹药、爆炸物及核材料的行为。本罪为选择性罪名。行为人只要实施了非法制造、买卖、运输、邮寄、储存枪支、弹药、爆炸物及核材料的行为之一，就可以构成本罪，如果行为人同时实施了其中两种以上的行为，也只构成一罪，不适用数罪并罚。

---

① 〔2014〕佛中法刑一终字第 93 号。

一、非法储存爆炸物罪

1. 此罪与彼罪的界分：非法储存爆炸物罪与非法携带危险物品危及公共安全罪的区分

争议点： 行为人将他人生产过程中未用完的合法取得的爆炸物进行私自储存，并非法携带进公共场所，应成立非法储存爆炸物罪还是非法携带危险物品危及公共安全罪？

【案例】2002 年 2 月，被告人孔某驾船在湖南省衡南县协助他人进行水下工程施工爆破。在工程完工后，孔某私自将施工后剩余的 20 根炸药存放在自己的船上，2002 年 3 月 5 日下午，孔某将载有炸药的船开进岳阳七里山码头装尿素，后因争生意与岳阳市水运公司职工发生矛盾，并随即拿出 3 根炸药相威胁，公安机关闻讯赶到将事情平息。经查被告人孔某存放的炸药共计 3.85 千克，内含硝酸铵和 TNT 成分，岳阳楼区检察院以非法储存爆炸物向法院起诉，岳阳楼区法院一审判决被告人的行为构成非法携带危险物品危及公共安全罪。①

由于枪支、弹药、爆炸物具有巨大的杀伤力和破坏力，故刑法将有关涉及枪支、弹药、爆炸物的犯罪行为规定为危害公共安全的犯罪，并且在性质上基本都属于抽象危险犯，成立相关犯罪不需要发生具体的危险。非法储存爆炸物罪，是指行为人违反国家规定，未经有关单位批准，私自收藏或存放爆炸物的行为。根据最高人民法院 2001 年 5 月 15 日公布并于 2009 年 11 月 16 日修正后的《关于审理非法制造、买卖、运输枪支、弹药、爆炸物等刑事案件具体应用法律若干问题的解释》的规定，"非法储存"是指明知是他人非法制造、买卖、运输、邮寄的枪支、弹药而为其存放的行为，或者非法存放爆炸物的行为。这一规定对于正确区分储存、持有、携带等相关行为具有重要意义。

从本案的犯罪事实可以看出，被告人孔某是将他人在工程建设中未用完并合法取得的炸药私自存放，显然不符合上述司法解释规定的非法储存的前提条件，因此不构成非法储存爆炸物罪。但行为人将他人在生产过程中未用完的炸药私自藏匿，并非法携带进出公共场所，危及不特定或者多数人生命、健康和公私财产重大安全，符合刑法中关于非法携带危险物品危及公共

---

① 最高人民法院指导性案例第 368 号。

安全罪的构成要件，即违反法律、法规，携带枪支、弹药、危险物品进入公共
场所或交通工具，危及公共安全，情节严重。故公诉机关所指控的罪名不成
立，一审法院的判决是正确的。

第四节 重大安全事故的犯罪

重大安全事故的犯罪，是指违反有关安全管理的规定，因而发生重大伤
亡事故或者造成其他严重后果的行为。本罪侵犯的客体是不特定或者多数人
的生命、健康安全和重大公私财产的安全。本罪的主体为一般主体。

一、交通肇事罪

1. 此罪与彼罪：交通肇事罪与故意杀人罪的认定与界分

争议点：为避免被检查，以高速强行逆行闯关，造成他人死亡，该定
何罪？

【案例】1994 年 7 月 19 日 8 时许，有数名武警战士和收费站工作人员正
在顺济桥收费站检查走私车辆。陈某某酒后以每小时 80 公里以上车速驾驶
摩托车由北向南驶近收费站时，发现顺行站口有人查车，因害怕所骑的无牌
证摩托车被查扣，欲从当时无人无车的东边逆行车道上强行通过。摩托车行
驶到距离收费站北端还有 45 米时，收费站工作人员发现陈某某要冲关，即高
声呼喊并示意其停车。陈某某没有停车，仍以每小时 80 公里以上的速度逆
行从东边车道冲过北端检票亭。当摩托车行驶到距南端检票亭约 20 米时，
站在西边车道南端顺行出口处外侧检票亭附近的武警战士游某某等人听到喊
声，从该处向东边车道跑去，准备拦截闯关的陈某某。游某某向东跑出大约
10 余米，即在收费站南端检票亭外约 2 米、东边车道顺行入口处的中间与逆
行高速驶来的摩托车相撞。陈某某与摩托车一起倒地滑出 30 多米，陈某某
当即昏迷。游某某被摩托车撞击后又被向南拖了 10 余米，撞在路边的防护
栏上后又弹回路中。游某某被送往医院抢救无效，于凌晨 3 时许死亡。经法
医鉴定，游某某系被钝物碰撞致全身多处软组织损伤，颅底骨折出血，左腿
大股骨、左腔腓骨粉碎性骨折，引起休克死亡。检察院提起公诉。一审法院
判决陈某某犯以驾车的危险方法致人伤亡罪，判处死刑，剥夺政治权利终
身。被告人不服上诉，二审法院撤销原一审判决，改判陈某某犯交通肇事

罪，处有期徒刑 7 年。①最高人民检察院以审判监督程序向最高人民法院提起抗诉，认为陈某某成立间接的故意杀人罪。最高人民法院裁定驳回抗诉，维持原判。

交通肇事罪与故意杀人罪都可能造成被害人的死亡，其区别主要在于主观方面。交通肇事罪是过失犯罪，肇事人违反交通事故通常是故意的，但对于造成他人死亡的后果则是一种过失的心理态度；而故意杀人罪是故意犯罪，行为人对他人的死亡后果持希望或者放任的态度。司法实践中，交通肇事罪与间接故意杀人罪的区分比较困难，需要综合案发当时的各种情况进行认定。

最高人民检察院认为，陈某某明知收费站有执勤人员检查，为逃避检查，拐往逆行车道，仍高速强行冲关，致使前方执行检查任务的武警战士游某某被撞致死。陈某某明知自己的行为可能会造成被害人死亡的危害后果，但却采取了放任的态度，致使被害人被撞致死的结果发生，其行为已构成故意杀人罪。最高人民法院则认为，陈某某从当时无人无车的逆行车道上实施冲关行为是故意的，其故意的内容是为了逃避检查和扣车；陈某某当时无法预料到游某某会突然出现在逆行车道上进行拦截，在他发现后，车速和距离已经决定了相撞是不可避免的。因此，无法认定陈某某对将游某某撞死的严重后果事先在主观上持有明知或者放任的心理态度。陈某某违反交通法规，酒后高速驾驶摩托车，为逃避检查逆行冲关，以致发生将突然跑至公路中间拦截违章行车的执勤武警战士撞伤致死的严重后果，其行为构成交通肇事罪，且情节特别恶劣。可见，检法关于本案产生分歧的焦点在于被告人对造成他人死亡结果的心理态度。检察院认为被告人是一种放任的心理态度，而法院认为被告人是一种过失的心理态度。

就本案而言，陈某某为了逃避军警人员检查和扣车，在当时无人无车的逆行车道上冲关，将试图拦截的军警人员撞死，自己也身受重伤。如果陈某某确实没有发现路面有人，在无人的路面上试图强闯无人执守的路障而高速行驶，这种危险的行为确实不足以认定对造成的死亡结果存在间接故意。我们注意到公诉机关的抗诉理由和法院的裁定理由存在细微的差别。检察院的抗诉理由是，"被告人陈某某明知收费站有执勤人员检查，为逃避检查，拐往逆行车道，加大车速强行冲关，致使前方执行检查任务的武警战士游某某被撞致死。陈某某明知自己的行为可能会造成被害人死亡的危害后果，但却采

---

①　福建省高级人民法院刑事判决书〔1996〕闽刑终字第 675 号。

取了放任的态度，致使被害人被撞致死的结果发生。其行为已构成故意杀人罪。"这理由似乎只是"抽象地"说明被告人足以预见到收费站有人，仍高速强行冲关且事实上也撞人致死，属于放任他人死亡成立间接故意杀人。法院的裁决理由是："被告人陈某某为逃避检查，拟从当时无人无车的东边逆行车道强行通过"，被告人事实上当时未见行车路线上有人，"陈某某当时无法预料到游某某会突然出现在逆行车道上进行拦截，在他发现后，车速和距离已经决定了相撞是不可避免的"。所以认定对发生撞人结果是出于过失。我们赞成法院的观点。本案中，要认定被告人具有间接故意，应当是对具体的行为产生的具体结果的明知和放任，至少要求被告人已经见到行车路线有人且试图强行通过，并以这种高度危险的行为方式造成他人死亡结果。倘若没有这样具体现实的认识，仅仅根据动机恶劣、行为方式高度危险，不足以认定行为人对行为结果具有间接故意。

2. 此罪与彼罪：交通肇事罪共犯与包庇罪的认定与界分

争议点：乘车人在车辆司机交通肇事后，帮助司机将发动不了的车推走，逃离事故现场，又陪同司机将车喷漆、换灯罩，掩盖车辆肇事痕迹，乘车人该定何罪？

【案例】被告人时某某驾车送许某某回家，张某某、刘某某、高某某（另案处理）随车同行。车行驶途中，由于车左前灯不亮，且因正下雪而路面状况较差，时某某在看电流表时，汽车将正骑自行车相向而行的被害人吴某某撞伤。时某某见状即准备下车抢救，许某某对其进行劝阻，又唆使时某某驾车逃离，后时某某等人上车。因车发动不了，许、张、刘、高四人又下车推车，逃离事故现场。后时某某发现反光镜被撞掉，又开车返回现场将反光镜等物拾走。然后，他们连夜赶到县城，将车喷漆、换灯罩，掩盖车辆肇事痕迹。次日凌晨，被害人吴某某被发现送入医院抢救，后不治身亡。经交警队认定，时某某负事故全部责任。检察院以交通肇事罪对时某某提起公诉，以包庇罪对许某某、张某某、刘某某提起公诉。一审法院认定四人成立交通肇事罪共犯。公诉机关提起抗诉。二审法院裁定维持原判。①

2000年11月21日最高人民法院《关于审理交通肇事刑事案件具体应用法律若干问题的解释》（以下简称《解释》）第5条规定："'因逃逸致人死亡'，是指行为人在交通肇事后为逃避法律追究而逃跑，致使被害人因得不到救助

---

① 江苏省淮阴市中级人民法院刑事裁定书〔2000〕淮刑一抗字第3号。

而死亡的情形。交通肇事后，单位主管人员、机动车辆所有人、承包人或者乘车人指使肇事人逃逸，致使被害人因得不到救助而死亡的，以交通肇事罪的共犯论处。"

关于作为过失犯罪的交通肇事罪能否成立共犯的问题，学界对此质疑颇大，认为有悖共犯理论。最高人民法院对此作出的解释是："不可否认，司机肇事引发交通事故是过失的，对肇事行为不存在按照共犯处罚的问题。但是，鉴于刑法第 133 条将这种故意实施的行为规定为交通肇事罪加重处罚的情节，而且在肇事后逃逸的问题上，肇事人主观上是故意的，其他人指使其逃逸，具有共同的故意，当然符合共犯的构成条件。"①我们在这里无意对该问题进行深究，而只想按照现有的司法解释认定本案中许某某等人是否成立交通肇事罪的共犯。从《解释》第 5 条的规定来看，成立交通肇事罪的共犯，必须符合一定条件：其一，主体必须是单位主管人员、机动车辆所有人、承包人或者乘车人；其二，前提是必须是被指使人发生了交通肇事；其三，上述人员实施了指使肇事人逃逸的行为；其四，因肇事人被指使逃逸，导致受伤的被害人得不到救助而死亡。本案中，前两个条件是明显符合的，就其中的被告人许某某而言，他实施了指使肇事司机逃逸的行为，符合第三个成立条件，是否成立共犯，关键在于是否同时符合第四个条件。最高人民法院在《解释》第 5 条的理解与适用问题上认为："'因逃逸致人死亡'，是指行为人在交通肇事后为逃避法律追究而逃跑，致使被害人因得不到救助而死亡的情形。这一规定强调的是'被害人因得不到救助而死亡'，主要是指行为人主观上并不希望发生被害人死亡的后果，但是没有救助被害人或者未采取得力的救助措施，导致被害人死亡的情形。"可见，这里的"因得不到救助而死亡"，并不限于被害人自始至终没有得到任何救助，也包括因肇事人逃逸导致被害人没能得到及时、有效的救助而死亡的情形。本案中，肇事司机具有逃避法律追究的故意，这可从其事后将肇事车辆喷漆、换灯罩等一系列行为反映出来，并且，因其逃逸导致被害人吴某某没能得到及时的救助，直到第二日凌晨才被送到医院抢救，最终救治无效死亡，足以认定其成立交通肇事罪，并具有因逃逸致人死亡的情节。许某某应成立交通肇事罪的共犯。至于他们喷漆、换灯罩的行为，属于认定其逃避法律追究的表现，不应认定为另行成立帮助毁灭证据罪，否则就进行了双重评价。就张某某、刘某某而言，是否也

---

① 最高人民法院刑事审判第一庭. 现行刑事法律司法解释及其理解与适用(2007 年修订本) [M].
北京：中国民主法制出版社，2007：237.

成立交通肇事罪的共犯，涉及对"指使"一词的理解。"指使"具有主动性，通常表现为劝阻肇事司机救人、教唆肇事司机逃逸，如本案中许某某的行为即为"指使"，如果张、刘二人并没有表现为积极的指使行为，也没有为许某某的指使行为帮腔，而仅仅是在逃逸过程中协助推推车，跟随肇事司机去了趟给车辆喷漆、换车罩的场所，我们认为不应认定为交通肇事罪的共犯。

在本案的处理中，检察院提出许、张、刘三人应定包庇罪的抗诉意见，法院对此持否定意见，其理由是："在许、张、刘三人实施教唆、帮助时某某逃逸时，被害人吴某某尚未死亡，作为交通肇事罪成立的必要条件即一人死亡的结果尚未发生，且在逃逸之前时某某是否应当负交通事故的全部责任不能确定，故在当时的情况下时某某尚未构成交通肇事罪，三人由于实施教唆、帮助的对象尚不属于包庇罪所要求的'犯罪的人'，因此不具有包庇罪的构成要件。"这有一定道理。

3."交通肇事后逃逸"的认定

争议点：交通肇事造成他人受伤后，离开肇事现场，20分钟后到派出所投案，被害人后因抢救无效死亡，肇事人是否成立"交通肇事后逃逸"？

【案例】被告人张某在未取得驾驶证的情况下，于2004年8月28日20时50分左右，酒后驾驶报废的无牌照客车，将正在路边行走的被害人安某某撞倒。张某未停车，离开现场至其家门外，后于当日21时15分左右到派出所投案，说自己撞了人，请赶紧去救人。与安某某同行的师某某在事发后用手机报警，安某某被送往医院抢救，后因抢救无效死亡。检察院以交通肇事罪提起公诉。一审法院认定被告人成立交通肇事罪，但不属于交通肇事后逃逸，同时认定被告人为自首，以交通肇事罪判处有期徒刑2年6个月。检察院认为被告人的行为成立交通肇事后的逃逸，提起抗诉。二审法院裁定驳回抗诉，维持原判。①

在对本案的处理中，检察院和法院的分歧在于：检察院主张被告人的行为成立"交通肇事后逃逸"，而法院则对此持否定观点。对"交通肇事后逃逸"的认定与否，关系到对被告人的量刑。如果成立"交通肇事后逃逸"，则法定的量刑幅度为3年以上7年以下有期徒刑；如果不成立"交通肇事后逃逸"，则法定的量刑幅度为3年以下有期徒刑或者拘役。

根据2000年11月21日施行的最高人民法院《关于审理交通肇事刑事案

---

① 北京市第一中级人民法院刑事裁定书〔2005〕一中刑终字第3441号。

件具体应用法律若干问题的解释》(以下简称《解释》)第 3 条规定:"'交通运输肇事后逃逸',是指行为人具有本解释第 2 条第 1 款和第 2 款第一至五项规定的情形之一①,在发生交通事故后,为逃避法律追究而逃跑的行为。"本案的被告人既无驾驶资格又是酒后驾驶机动车辆,并当场造成一人重伤,负事故全部责任,因此完全符合《解释》第 2 款第一、第二项规定,并且,被告人肇事后离开了现场。是否能认定为"交通运输肇事后逃逸",关键在于其离开事故现场的行为是否为"为逃避法律追究而逃跑"?《解释》将认定交通肇事后逃逸的目的条件规定为"逃避法律追究",这给司法实践带来了认定上的困难。司法实践中,大多数肇事者逃跑的目的是为了逃避法律追究,但也有少数肇事者逃跑的目的是为了避免受到被害人家属、朋友及围观群众的当场殴打,也有的虽然当时逃离了现场,但很快向组织报告或者向公安机关投案,愿意接受法律的处理和制裁。因此,我们认为,对于行为人肇事后离开现场的情形,不能一概而论认定其目的是"为逃避法律追究",即不能不加区分认定为"交通肇事后逃逸",而必须结合案发当时的情形以及行为人事后的表现来加以准确认定。

　　本案中,被告人张某在肇事后没有停车,离开了现场。检察院认为,根据《中华人民共和国道路交通安全法》的有关规定,交通肇事后,停车报案、救助伤者既是基本道德又是法定义务。本案被告人在发生交通事故后没有尽到上述任何一项义务,其逃避法律义务的行为就是一种逃避法律追究的行为。根据主客观相统一的原则,被告人从逃离现场到投案自首虽然只是间隔短短 20 多分钟,但其客观行为已经明确反映其主观故意是逃避法律追究在先,投案自首在后。而法院则认为,被告人虽有肇事后离开现场的行为,但并不能认定其是为了逃避法律追究,这可从被告人在短时间内即到派出所投案得到佐证。可见,同样是对被告人离开肇事现场时主观方面的认定,检察院是以肇事人在事中的客观表现即是否有停车报案、救助伤者的行为来认定

---

① 《解释》第 2 条第 1 款规定:"交通肇事具有下列情形之一的,处 3 年以下有期徒刑或者拘役:(一)死亡一人或者重伤三人以上,负事故全部或者主要责任的;(二)死亡三人以上,负事故同等责任的;(三)造成公共财产或者他人财产直接损失,负事故全部或者主要责任,无能力赔偿数额在 30 万元以上的。"第 2 款规定:"交通肇事致一人以上重伤,负事故全部或者主要责任,并具有下列情形之一的,以交通肇事罪定罪处罚:(一)酒后、吸食毒品后驾驶机动车辆的;(二)无驾驶资格驾驶机动车辆的;(三)明知是安全装置不全或者安全机件失灵的机动车辆而驾驶的;(四)明知是无牌证或者已报废的机动车辆而驾驶的;(五)严重超载驾驶的;(六)为逃避法律追究逃离事故现场的。"

的，而法院则是以肇事人在事后的客观表现来认定的。我们认为，对于本案，不应作为"交通肇事后逃逸"来认定。"交通肇事后逃逸"，是修订后刑法关于交通肇事罪增加规定的加重处罚情节。在司法实践中，因为交通肇事后逃逸行为往往导致被害人无法得到救助、损失无法得到赔偿、使案件查处难度加大等后果，危害性较大，所以立法规定应依法对之予以严惩，这也是立法精神所在。本案中，被告人肇事后离开现场时的心理状况，或许连他自己都说不清楚，害怕、慌乱恐怕是占了很大部分的。但被告人在很短的时间内即到派出所投案，并一进派出所就说自己撞了人，赶紧去救人。由此可见，其行为没有导致被害人无法得到救助，没有使案件难以查处，也可见社会危害性不大，不应适用第二档量刑幅度。况且，在被告人离开现场的主观目的的认定存在合理怀疑的情况下，也应作出有利于被告人的解释和认定，不认定为具有逃避法律追究的目的，不属于"交通肇事后逃逸"。

二、危险驾驶罪

1. 罪与非罪的区分：危险驾驶罪中"道路"范围的认定

争议点： 在地下公共停车场醉酒驾驶机动车是否构成危险驾驶罪？

【案例】2011年5月10日20时许，被告人刘某某的朋友葛某驾驶刘某某的小轿车，送酒后的刘某某回到广州市海珠区新港中路某花园地下负二层停车场，由于葛某未将车完全停入车位，被告人刘某某与其发生争吵，葛某将车钥匙还给被告人刘某某后离开现场，被告人刘某某遂驾驶该车由北往南倒车（根据公安机关现场勘验的道路交通事故现场图显示，移动约一个半车位），导致车尾碰撞停车场的消防栓，造成该车及消防栓损坏。后被告人刘某某与该地下停车场管理员祝某因消防栓损坏的赔偿事宜发生争执，祝某报警，被告人刘某某于当日20时许在广州市海珠区新港中路某小区门口被公安人员抓获。经鉴定，被告人刘某某血液样品中检出乙醇（酒精）成分，其含量为132mg/100mL。[1]

刑法第133条第1款规定："……在道路上醉酒驾驶机动车的，处拘役，并处罚金。"危险驾驶罪是典型的行为犯，对于醉酒驾驶的行为人来说，并不要求必然造成致人重伤、死亡或者使公私财产遭受重大损失等危害后果，亦不要求情节恶劣或者进入法定的客观危险状态为要件，只要在"道路"上驾驶

---

[1] 广东省广州市海珠区人民法院〔2011〕穗海法刑初字第454号。

机动车，且血液中酒精含量大于或等于 80mg/100ml（公安部规定的立案标准），即构成犯罪。那么此处的"道路"如何理解？是否就是指狭义的马路抑或还包括其他空间区域？这涉及犯罪空间条件的认定，也涉及入罪前提的认定。

"道路"从其本身词义上理解就是地面上供人、车通行的部分，即供各种车辆和行人通行的基础设施，按其使用特点分为城市道路、小区道路、厂矿道路、林区道路及乡村道路等，但是否所有人、车可至的地方都必须纳入刑法上的"道路"范畴，值得研究。《中华人民共和国道路交通安全法》对"道路"的界定是："公路、城市道路和虽在单位管辖范围但允许社会机动车通行的地方，包括广场、公共停车场等用于公众通行的场所。"刑法中的危险驾驶罪与交通肇事罪侵犯的是同类犯罪客体，都属于违反交通法律法规的犯罪，而交通肇事罪中对"道路"的认定来自于《中华人民共和国道路交通安全法》的规定，因此，应理解危险驾驶罪中的"道路"与《中华人民共和国道路交通安全法》对"道路"的界定是一致的。

虽然本罪不要求以发生任何从重情节或危害后果为构成要件，但从立法原意上来看，危险驾驶罪作为刑法第二章危害公共安全罪的范围，构成本罪必须具有危及公共安全的危险性，如果不能达到危害公共安全的程度，即使行为人有醉驾或追逐竞驶的行为，也不构成本罪，如在私人车库、人迹罕至的荒漠、草原、森林等公众很少或不可能涉足的特定空间，即使实施危险驾驶行为，亦不会危及公共安全，当然也就不可能构成危险驾驶罪，因此，这些区域的道路就不宜作为刑法上的"道路"来认定。除此之外的诸如城市道路、小区道路、厂矿道路、林区道路及乡村道路等狭义上的"道路"以及广场、公共停车场开车区域等，都可以纳入刑法上的"道路"范畴。

本案中，被告人刘某某在自己居住小区的地下停车场醉酒驾驶，但该地下停车场并非专属其个人，亦非只停放其个人的车辆，车位分别属于不同的业主，由小区全体业主共同使用，属于公共停车场，众多的车辆在此出入通行和停放，被告人刘某某的醉酒驾驶行为完全有危及不特定多数人的安全的可能，故该公共停车场属于《中华人民共和国道路交通安全法》中规定的"虽在单位管辖范围但允许社会机动车通行的地方"的"道路"。因而公诉机关指控被告人刘某某在此醉酒驾车，构成危险驾驶罪，法院予以确认。

2. 此罪与彼罪：危险驾驶罪与以危险方法危害公共安全罪的区分

争议点：如何根据"追逐竞驶"的具体情形判断行为人构成危险驾驶罪或以危险方法危害公共安全罪？

【案例】 北京市密云县人民法院经公开审理查明：被告人彭某某于2011年5月11日12时许，在北京市密云县密溪路阳光大桥红绿灯处，因侯某某（另案处理）驾驶红色宝来轿车（京 N919M1）别挡了被告人彭某某驾驶的白色桑塔纳2000型轿车（京 PH1Q86），后二人驾车在密溪路高速追逐、相互别挡，驶入北京市密云县溪翁庄镇溪翁庄村内仍然相互追逐，行驶至溪翁庄镇中学路口时，二人在别挡过程中，两车同时撞上停靠在路边的杨某某驾驶的帕萨特（领驭）轿车（京 GPV987），造成三车损坏。被告人彭某某下车后又手持砖头将侯某某驾驶的红色宝来轿车的前挡风玻璃砸坏。经价格鉴定，帕萨特（领驭）轿车损坏修复价格为人民币28000余元，白色桑塔纳2000型轿车损坏修复价格为人民币4800余元，红色宝来轿车损坏修复价格为人民币6300元。[①]

该案公安机关以以危险方法危害公共安全罪移送检察院审查起诉，检察院以危险驾驶罪起诉。在审理过程中，对于被告人彭某某的追逐竞驶行为，应定性为以危险方法危害公共安全罪还是危险驾驶罪，存有争议。以危险方法危害公共安全罪和危险驾驶罪侵犯的客体都是公共安全，行为方式都带有公共危险，但是，追逐竞驶构成的危险驾驶罪具有如下特征：

第一，危险驾驶罪是危险犯。

（1）从危险性质上讲，危险驾驶罪属于抽象危险犯。在刑法学理论上，以对法益发生侵害的危险作为处罚根据的犯罪，是危险犯。危险犯的社会危害性表现在行为虽未造成实际的损害结果，但使法益面临威胁，足以使不特定或者多数人的生命、健康和重大财产安全陷入危险。危险犯又分为具体危险犯和抽象危险犯。具体危险犯是指以发生侵害法意的具体危险作为构成要件要素的犯罪，抽象危险犯是指行为本身包含了侵害法益的可能性而被禁止的情形。驾驶行为本身具有很大的潜在风险，驾驶人在违反道路交通法规的情况下，发生严重后果的概率被大大提高，这使得危险驾驶成为一种高度危险的行为，这种行为一经实施就已经造成法益处于危险的状态，危险驾驶行为本身的危险性足以直接认定犯罪成立。由此可见，危险驾驶罪属于抽象危

---

① 北京市密云县人民法院〔2011〕密刑初字第322号。

险犯。具体到本案中，被告人彭某某与侯某某在公共道路上多次追逐竞驶、互相别挡，此种行为对道路上其他不特定多数人的生命健康和财产安全具有较大的抽象危险性，理应定罪。

（2）从危险程度上讲，危险驾驶罪不具有以危险方法危害公共安全罪的社会危害性。以危险方法危害公共安全罪，是指故意以放火、决水、爆炸、投毒及其他与之相当的危险方法危害公共安全的行为。对此罪中"以其他危险方法"应做严格解释，不能任意扩大其适用的范围，只有行为人实施危害公共安全前的行为所采用的危险方法与放火、决水、爆炸、投毒的危险性相当，且行为的社会危害性达到相当严重的程度，才能按照以危险方法危害公共安全罪论处。本案中彭某某与侯某某在追逐竞驶过程中，虽然在一定程度上会造成一些社会公众的恐慌，并最终造成两车相撞并撞坏他人车辆的恶劣后果，但是其社会危害性远不及放火、决水、爆炸、投毒等行为。

（3）从危险主动性上讲，危险驾驶罪不具有"加害性"。以危险方法危害公共安全的行为，行为人的目的往往是为了损害他人的生命健康安全，具有明显的"加害性"。行为人对可能发生的危害后果虽然很难控制和预料，但行为人能够控制自身的安全。而危险驾驶行为一般不具有这种"加害性"特征，它的危险性来自行为本身而不是"加害性"。被告人彭某某与侯某某追逐竞驶，仅仅是斗气，并没有想加害对方以及他人，内心里也并不希望造成恶劣后果。况且，被告人彭某某在追逐竞驶的状态下，自身也置于危险之中，不仅对他人的生命健康安全无法掌控，对自己的安全也无法控制，属于在侥幸心理下试试的危险驾驶行为。

第二，危险驾驶罪的主观方面为间接故意。

以危险方法危害公共安全的行为，在主观方面表现为犯罪的故意。即行为人明知其实施的危险方法会危害公共安全，会发生危及不特定多数人的生命、健康或公私财产安全的严重后果，却希望或者放任这种结果发生。这里既包括直接故意，又包括间接故意。本案中，被告人彭某某明知自己的危险驾驶行为对道路交通与行人安全有高度的危险，且可能发生危害社会的结果，但是他本身并不希望危害结果发生，只是对危险驾驶行为所引起的危险状态或危险结果持放任的态度，所以，被告人彭某某的心理状态是间接故意而不是直接故意。

第三，追逐竞驶构成的危险驾驶罪是情节犯。

对于追逐竞驶行为，刑法修正案（八）规定："在道路上驾驶机动车追逐竞驶，情节恶劣的，或者在道路上醉酒驾驶机动车的，处拘役，并处罚金。"

由此可见，追逐竞驶只有达到"情节恶劣"的程度，才构成危险驾驶罪。一般的追逐竞驶行为，不能认定为犯罪。一般认为，在道路上驾驶机动车追逐竞驶的"情节恶劣"包括如下情形：①酒后、吸食毒品后在道路上驾驶机动车追逐竞驶的；②无驾驶资格追逐竞驶的；③在道路上驾驶非法改装的机动车追逐竞驶的；④以超过规定时速50%的速度追逐竞驶的；⑤在车流量大、行人多的道路上追逐竞驶的；⑥多人或者多次追逐竞驶的；⑦追逐竞驶引起严重交通堵塞或者公共恐慌的；⑧使用伪造、变造或者其他机动车号牌，或者故意遮挡、污损、不按规定安装机动车号牌的；⑨因追逐竞驶受过行政处罚，又在道路上追逐竞驶的；⑩其他应当认定为情节恶劣的情形。

对照上述"情节恶劣"的情形，其一，被告人彭某某多次追逐竞驶。被告人彭某某在北京市密云县密溪路阳光大桥红绿灯处，因侯某某驾驶红色宝来轿车对其进行别挡，之后二人驾车在密溪路、溪翁庄镇溪翁庄村内、溪翁庄镇中学路口等多处路段高速竞驶，二人多次相互别挡。其二，被告人彭某某超速50%追逐竞驶。被告人彭某某在限速70迈的路段车速最高达到110迈，侯某某在限速50迈的路段车速大约为70~80迈，二人均超速50%以上，驾驶速度太快，危险性更高。其三，因追逐竞驶造成较大财产损失。被告人彭某某与侯某某行驶至溪翁庄镇中学路口时，二人在别挡过程中，两车同时撞上停靠在路边的杨某某驾驶的帕萨特轿车，造成三车损坏。被告人彭某某下车后又手持砖头将侯某某驾驶的红色宝来轿车的前挡风玻璃砸坏。经鉴定，此次事故造成三车实际损失人民币39100元，损失数额较大。综上，被告人彭某某的行为显然属于情节恶劣的情形，法院对其以危险驾驶罪定罪是正确的。

第六章 破坏社会主义市场经济秩序罪

　　破坏社会主义市场经济秩序罪是指违反国家经济管理秩序，严重破坏社会主义市场秩序的经济违法行为。我国的经济犯罪绝大部分包含在破坏社会主义市场经济秩序罪中。本类犯罪的客体是我国社会主义市场经济秩序。其客观方面表现为违反国家经济管理法规，在市场经济运行或者经济管理活动中进行非法经济活动，严重破坏社会主义市场经济秩序。本类犯罪的主观方面，对于绝大多数具体犯罪来说是出于故意，即认识到自己的行为违反国家经济管理法规，破坏社会主义市场经济秩序而依然实施，希望或者放任一定的危害社会的结果发生。其中一部分犯罪还具有牟利的目的、非法占有的目的或者其他目的。犯罪主体包括自然人和单位，涉及单位作为主体的犯罪有61条，是刑法中单位犯罪最多的章节。

第一节 生产、销售伪劣商品罪

　　生产、销售伪劣商品罪包括生产、销售伪劣产品罪，生产、销售假药罪，生产、销售劣药罪，生产、销售不符合安全标准的食品罪，生产、销售有毒、有害食品罪，生产、销售不符合标准的医用器材罪，生产、销售不符合安全标准的产品罪，生产、销售伪劣农药、兽药、化肥、种子罪，生产、销售不符合卫生标准的化妆品罪。本罪的客体是复杂客体，即国家对产品质量的监督管理制度、市场管理制度和广大用户、消费者的合法权益。

1. 生产销售伪劣产品行为同时触犯多个罪名的认定

　　争议点：生产销售伪劣产品的行为，在同时触犯非法经营罪以及假冒注册商标罪等侵犯知识产权犯罪的情况下，如何定罪？

【案例】被告人胡某某与唐洪某某同设立地下工厂，非法经营食盐，购买无产地、无合格证、无使用说明的"碘盐"，大量仿制海口盐业公司具有注册商标权的"晶山牌"碘盐包装袋和防伪标识，雇用他人私自加工"食用碘盐"120吨，批发销售给个体商户，销售金额14.64万元。检察院以生产、销售伪劣产品罪提起诉讼，法院判处非法经营罪。

本案二被告人生产、销售的碘盐属于不含碘的伪劣碘盐，销售金额较大，构成了生产、销售伪劣产品罪；二被告人还将其生产的碘盐假冒成海口盐业分公司具有注册商标权的"晶山牌"碘盐进行销售，构成了假冒注册商标罪；同时，食盐属于国家专营、专卖产品，未经许可生产、销售，情节严重的行为也构成了非法经营罪。如何定罪？2002年最高人民检察院《关于办理非法经营食盐刑事案件具体应用法律若干问题的解释》第4条规定："以非碘盐充当碘盐或者以工业用盐等非食盐充当食盐进行非法经营，同时构成非法经营罪和生产、销售伪劣产品罪、生产、销售不符合卫生标准的食品罪、生产销售有毒、有害食品罪等其他犯罪的，依照处罚较重的规定追究刑事责任。"2001年最高人民法院、最高人民检察院《关于办理生产、销售伪劣商品刑事案件具体应用法律若干问题的解释》第10条的规定："实施生产、销售伪劣商品犯罪，同时构成侵犯知识产权、非法经营等其他犯罪的，依照处罚较重的规定定罪处罚。"根据上述规定，本案案情以非法经营罪处刑较重，法院改变检察院指控罪名，以非法经营罪定罪是准确的。

第二节　走私罪

走私罪包括走私武器、弹药罪，走私核材料罪，走私假币罪，走私文物罪，走私贵重金属罪，走私珍贵动物、珍贵动物制品罪，走私国家禁止进出口的货物、物品罪，走私淫秽物品罪，走私废物罪，走私普通货物、物品罪。

1. 罪与非罪：走私犯的认定

争议点：在代理转口贸易中未如实报关的行为，是否构成走私？

【案例】中油管道物资装备总公司委托中海贸经济贸易开发公司办理向美国劳雷工业公司订购8套"气动管线夹"由美国经中国再运至苏丹的转口手续，并与该公司第九经营部经理宋世璋签订了委托代理合同。当日，宋某某又代表中海贸经济贸易开发公司与劳雷公司签订了购货合同。期间，宋某某在中国海外贸易总公司低报货物价值，办理了价值6.4万美元的机电产品进口审批手续，后又模仿劳雷公司经理签字，伪造了货物价值为 6.4 万美元的供货合同及发票，并委托华捷国际货运代理有限公司办理报关手续，由该公司负责在北京提货并运至天津新港后再转口到苏丹。在办理报关过程中，宋某某按 6.4 万美元的货物价值缴纳了进口关税、代扣增值税共计人民币 24 万余元。检察院以被告单位中海贸经济贸易开发公司、被告人宋某某犯走私普通货物罪向北京市第二中级人民法院提起公诉，法院审理认为，宋某某不如实报关的行为属违法行为，但依海关有关规定，货物转口对国家不产生税赋，且宋某某垫缴的 24 万元税款按有关规定货物出口后不产生退税，公诉机关出示的证据材料亦不能证实宋某某不如实报关的违法行为可获取非法利益，故指控宋某某具有走私犯罪的主观故意并造成偷逃税款 77 万余元的危害结果均证据不足，对中海贸经济贸易开发公司及宋某某作出无罪判决。①

1997 年刑法修订后，对走私普通货物罪在构成要件上不再要求主观上出于牟利目的，即不是出于牟利目的而从事走私活动的，也可构成走私普通货物罪。但是，行为人是否出于牟利目的，其行为是否会给国家税收造成损失仍应成为区分走私普通货物活动中一般违法行为与犯罪行为的主要界限。行为人为进行转口贸易，将普通货物暂时转运进境，形式上虽采用了不如实报关的手段逃避了海关监管，但由于客观上不可能偷逃税款，给国家造成税收损失，因此一般不宜认定为走私普通货物罪。对犯罪构成要件进行实质解释，不仅仅停留在形式化的理解，既是现代社会对司法机关在认定犯罪过程中的必然要求，也是避免对罪刑法定原则机械理解的要求，检察院在这方面囿于诉讼职能使然往往不太重视，习惯从刑法分则条文机械界定犯罪构成要件。

实践中，应注意划清走私活动中一般违法行为与犯罪行为的界限。走私普通货物罪的犯罪客体不仅包括海关监管制度，还包括偷逃税款对国家造成的财产损失。认清行为是否可能对国家税款造成损失，是区分走私普通货物罪罪与非罪的关键。根据 1993 年海关总署发布的《中华人民共和国海关法行政处罚实施细则》的有关规定，对逃避海关监管，运输、携带、邮寄不属于国家禁止进出口的物品、国家限制进出口或者依法不应当缴纳关税的货物、物品，运输暂行进出口货物，过境、转运、通运货物进境的行为属于违反海关监管规定的行为，不属于走私行为。本案中，宋某某为进行转口贸易，在报关过程中低报货物价值，进口货物后又出口至境外使用，其意图是将暂行进口的货物再运出境，及时交货，实际并未产生进口税赋，未对国家税收产生

---

① 　王明. 经济犯罪名案精析[M]. 北京：群众出版社，2003：28.

实际损失,其行为虽属违法行为,但依海关有关规定其行为不应认定为走私行为,不构成走私普通货物罪。

第三节 妨害对公司、企业的管理秩序罪

妨害对公司、企业的管理秩序罪是指违反公司、企业管理法规,在公司、企业的设立、经营、清算过程中妨害公司、企业的管理秩序的行为。主要罪名有:虚报注册资本罪,虚假出资、抽逃出资罪,欺诈发行股票、债券罪,提供虚假财会报告罪,妨害清算罪,公司、企业人员受贿罪,对公司、企业人员行贿罪,非法经营同类营业罪,为亲友非法牟利罪,国有公司、企业、事业单位人员失职罪,国有公司、企业、事业单位人员滥用职权罪,徇私舞弊低价折股、出售国有资产罪等。

1. 此罪与彼罪:挪用公款罪与虚报注册资本罪的区分

争议点:怎样认定公款的使用权被侵犯?

【案例】1997 年 10 月,被告人薛某某(山东省黄金工业局局长、党委副书记)与山东万通企业有限公司总经理邢某(另案处理)商议二人成立私有公司(信通公司),确定以薛某某之子、邢某之母的名义各出资 50% 作为公司股东和发起人申请注册登记,并在工行济南历下支行文化西路分理处为信通公司开设了验资账户。薛某某指使黄金公司财务部部长李某在该支行开设了一个临时账户,从本公司开出两张收款人为信通公司的 200 万元转账支票,将 400 万元划入该临时账户,并将两张银行进账单交给了邢某。邢用该进账单及虚假的"流动资金资信证明"和其他有关验资所需的资料到山东广信会计师事务所办理验资。同年 12 月 9 日,该会计师事务所到银行查询时,工作人员通过微机打出了有 400 万元的资金余额表,据此,认为信通公司注册资金全部到位,出具了验资报告。随后,邢向山东省工商行政管理局申请成立信通公司,并于 12 月 15 日取得公司登记,工商行政管理机关向其核发了《企业法人营业执照》。12 月 22 日,工行济南历下支行工作人员通过银行内部划转将 400 万元从临时账户划回黄金公司基本账户。该 400 万元在临时账户停留 21 天,黄金公司损失利息 3990 元。检察院指控薛某某犯挪用公款罪,法院判决认定虚报注册资本罪。①

---

① 刑事审判参考[M]. 北京:法律出版社,2001(10):1.

　　本案中，李某设立的临时账户是黄金公司与工行济南历下支行协商后开办的，黄金公司划入其临时账户400万元，并非划入信通公司在该分理处开设的"验资账户"。尽管银行进账单的收款人是信通公司，但其实质是欺骗公司登记机关的虚假证明；该笔公款并未实际划入信通公司，其始终在黄金公司实际控制下。信通公司所持的银行进账单，不具有货币或票据的支付或结算功能，不会对400万元的公款造成任何风险。虽然注册公司的活动也属于挪用公款罪中的"营利活动"，但该400万元公款控制权并未发生转移达到被"挪用"，公款的使用权并未被非法侵犯，因此，被告人薛某某的行为不符合挪用公款罪的行为特征。被告人薛某某伙同他人，以黄金公司临时账户上的银行进账单，冒充其申报设立的信通公司的个人出资，并且使用该虚假的银行进账单等资料，欺骗公司登记主管部门，骗取了公司登记并取得了企业营业执照，虚报注册资本数额巨大，应构成虚报注册资本罪。值得注意的是，2014年全国人民代表大会常务委员会讨论了对公司的适用范围问题，解释如下：刑法第158条、第159条的规定，只适用于依法实行注册资本实缴登记制的公司。也就是说，实行注册资本认缴登记制的公司及相关人员在法律修订前实施虚报注册资本的行为，尚未依照当时的法律定罪处罚的，不再追究相关单位和直接责任人的刑事责任。

2. 罪与非罪：非法经营同类营业罪的认定

　　争议点：如何正确认识非法经营同类营业罪中的特殊主体？

　　【案例】嘉陵－本田发动机有限公司系中国嘉陵工业股份有限公司（国有公司）与日本本田株式会社等额出资组建的合资公司，被告人杨某某系该公司主管销售零件和售后服务的营业部副部长。2000年7月，在销售任职公司指定某型机油的过程中，杨以其母赖某某等人的名义注册成立重庆嘉本物资销售公司，并以所任职公司营业部的名义，委托嘉本物资销售公司销售该机油，并指定汇款直接汇入嘉本物资公司账户，共计向嘉陵－本田发动机有限公司的用户销售机油1684件，获利11万余元。检察院以非法经营同类营业罪起诉，法院以被告人职务不属国有公司经理为由宣告无罪。[①]

　　根据刑法规定，非法经营同类营业罪是特殊主体犯罪，必须是国有公司、企业的董事、经理才构成本罪。国有公司、企业指的是必须出资人（股东）全部为国有的公司、企业，即使是国家控股的股份有限公司，国有资产占

---

① 　刑事审判参考［M］. 北京：法律出版社，2002(4)：1.

多数的有限责任公司也不能认定为国有公司。本案中，被告人杨某某虽然利用职务之便，实施了经营与其任职的公司业务范围同类的经营活动，从中获取了非法利益，但由于其系中外合资公司的部门副经理，所在公司并非国有公司，所以不符合非法经营同类营业罪的主体要件，不构成非法经营同类营业罪。

3. 罪与非罪：签订、履行合同失职被骗罪的认定

争议点：怎样认定签订、履行合同失职被骗罪中的"严重不负责任"？

【案例】被告人孔某某在担任中国商业对外经济技术合作公司总经理期间，与北京侨佳鑫经贸有限公司经理杨某某签订了代理进口协议，并让进出口部经理何某(已判刑)具体办理。何某没有按照有关规定，对侨佳鑫公司的资金来源、经营情况等进行严格审查，在报请孔某某批准时，称其已对侨佳鑫公司所有情况按规定进行了审查。后孔某某违反国家进出口贸易的有关规定，先后在杨某某提供的 100 余份伪造的海关进口货物报关单等单证的代理购汇合同上签字，导致杨某某从银行骗购巨额国家外汇。检察院认为孔某某严重失职构成签订、履行合同失职被骗罪，一审法院亦以该罪判决，而二审法院审理认为孔某某应负失职责任；但其行为不属于刑法规定的渎职行为，犯罪情节显著轻微危害不大，尚不构成签订、履行合同失职被骗罪。①

此类犯罪检法的分歧往往在于对行为人客观失职行为的定性上，是属于一般的失职还是构成应予刑法评价的渎职，其界限具有一定模糊性，给司法留下了一定自由裁量的空间。检察院基于公诉立场，对于是否构成渎职犯罪掌握的门槛较低，而法院同时考虑辩方立场，往往比检察院认定的标准更高一些，在此情况下，检法冲突难以避免。本案被告人孔某某是否履行了自己应负的职责，是其构成签订、履行合同失职被骗罪与否的关键。作为中商公司的总经理兼法人代表，他有对公司业务经济上有无风险、是否符合政策规定及业务部门的具体操作进行审查、审批、监督的。事实上，孔某某也履行了上述职责，但未能认真地履行。由于对下属业务部门工作的过于信任，未能察觉部门经理何某违反有关进口业务代理规定进行的违规操作，以至于造成国家利益遭受重大损失的后果，孔某某应负领导责任。但其行为不符合刑法第 167 条规定的"严重不负责任"情形。

---

① 朱平. 无罪判例名案精析[M]. 北京：群众出版社，2004：286.

第四节　破坏金融管理秩序罪

随着商品交换、经济交易的发展，金融的公共信用日益增强，刑法通过保护金融的公共信用，以保障交易安全和金融秩序。破坏金融管理秩序类的犯罪，侵犯的客体是国家的金融管理秩序，客观方面表现为行为人实行了违反金融管理秩序的行为，任何已满16周岁、具有刑事责任能力的自然人，均可能成为本罪的主体。

1. 此罪与彼罪：持有假币罪和出售假币罪的适用

争议点：如何认定出售假币罪？

【案例】1999年，被告人梁某某、丁某某为非法牟利，经过共谋，将他人持有的100张假美元运输到异地准备出售，被公安干警当场抓获。检察院以持有假币罪提起公诉。法院判决出售假币罪（未遂）。

持有型犯罪是立法设置的一种堵漏性质的罪名，是在为了防止犯罪分子逃脱处罚而对一些严重犯罪在无法查明其主观犯罪目的情况下才以此类罪名定罪，从法定刑上看此类罪名明显轻于相关非单纯持有同类物品的罪名。在司法实践中，只有在无法查明其主观犯罪目的的情况下才能适用，否则容易导致轻纵犯罪的结果，本案证据表明二被告人系以出售为目的而实施的持有、运输行为，应当认定为出售假币罪（未遂），检察院只看到客观持有行为而忽略了行为人主观犯罪目的的查明，是导致检法冲突的原因之一。

2. 此罪与彼罪：持有、使用假币罪与购买假币罪的适用

争议点：如何正确认定购买假币罪？

【案例】2001年2月，被告人张某某在乘火车途中购得总面额1万余元的假人民币。到达重庆后，被告人张某某同甲、乙、丙共谋，提出用假人民币买商品来换取真人民币，张某某与甲、乙、丙到某商店用一张面额一百元的假人民币购买香烟一包，获取真人民币95元。嗣后，被告人张某某一伙又到另一商店使用假币时被抓获，共计查获假人民币106张。检察院以持有、使用假币罪提起公诉。法院判处购买假币罪。

购买、持有、使用假币三种行为可以互为独立，刑法规定了独立的罪名。本案中，被告人实施了购买、持有、使用三种行为，三种行为在客观上存在牵连关系，购买与使用构成了手段与目的关系，而持有既是购买的结果，又

是使用的手段,分别与购买构成原因、结果关系,与使用构成手段、目的关系。其中,通过使用,把假钱换成真钱是被告人实施一系列行为的最终目的,属于牵连犯,在刑法分则没有特别规定的情况下,一般采取从一重罪处断的原则。从购买假币罪与持有、使用假币罪的法定刑来看,购买假币罪的处罚要重于持有、使用假币罪,所以 2000 年最高人民法院《关于审理伪造货币等案件具体应用法律若干问题的解释》中规定:"行为人购买假币后使用,构成犯罪的,依照刑法第 171 条的规定,以购买假币罪定罪,从重处罚。"因此,根据该《解释》的规定,本案中被告人张某某购买假币后持有、使用的行为应以购买假币罪定罪,从重处罚。

3. 罪与非罪:持有、使用假币罪的认定

争议点:持有、使用假币罪如何认定?

【案例】被告人周某某购得假币 5600 元,邀约一起打工同住的李某等人共同外出使用。后周某某与李某多次到外地使用假币,均未使用出去,每次均是周某某携带所有假币,使用时交给李某一张 100 元的假币供其使用,所需车旅费、生活费均由周某某支付。检察院指控李某构成持有、使用假币罪。法院判决认定李某无罪。

对于本案,首先从使用假币罪分析,二人形成共犯没有问题,但由于假币多次均未使用出去,而且累计数额也没有达到数额较大的定罪起点,二被告人不构成使用假币罪;其次从持有假币罪考察,被告人周某某系所有假币的购买者和实际持有者,在外出使用过程中,均是由周某某携带保管,只是在使用时才交给李某一张面额 100 元的假币,故本案 5600 元假币的实际所有、掌控只属于周某某,李某与之只有使用假币的共谋和行为,并不构成周某某假币的共同持有人,因而应做无罪宣告。

4. 罪与非罪:伪造货币罪的认定

争议点:如何计算伪造货币罪的犯罪数额?

【案例】1999 年 8 月,王某某(在逃)对被告人李某某说:"我这里有 5 万余元的假人民币半成品,你拿回家加上银线,付给你加工费 50 元。"随后,当李某某在家中加工假币时,被派出所干警当场抓获,查获已伪造出的假人民币 142 张,面额 14200 元,未装银线的半成品假人民币 360 张。检察院认为已伪造出的假人民币 142 张和未加上银线的假人民币半成品 360 张,均应算作李某某伪造货币的数额,其中 360 张假币半成品应视为未遂。法院认为被

告人伪造货币的数额，应以已装上金属线的 142 张、面额 14200 元计算，其余 360 张假人民币半成品，不应计入犯罪数额中。

2001 年最高人民法院《全国法院审理金融犯罪案件工作座谈会纪要》指出：伪造货币的，只要实施了伪造行为，无论是否完成全部印制工序，即构成伪造货币罪；对于尚未制造出成品，无法计算伪造、销售假币面额的，或者制造、销售用于伪造货币的版样的，不认定犯罪数额，依据犯罪情节决定刑罚。本案中，被告人家中查获的尚未装上金属线的 360 张假人民币，属于半成品，虽然证据证实可以计算出面额，但综合本案案情，被告人李某某是从他人处领取印制好的假人民币半成品，采用手工方式伪造出假币的，这部分半成品并非其本人制造，且其伪造货币的目的是挣取加工费 50 元钱，伪造出的假人民币也未流通，其主观恶性较小，犯罪造成的损害不大，如果将这部分半成品计入犯罪数额，本案则达到"数额特别巨大"，依法应当在 10 年以上有期徒刑、无期徒刑、死刑档次内量刑，那么明显量刑畸重，所处刑罚与所犯罪行不相适应，因此从罪刑均衡角度出发，法院判决不认定此部分犯罪数额的结论应当说是恰当、合理的。

5. 此罪与彼罪：非法吸收公众存款罪与集资诈骗罪的区分

争议点：如何认定集资诈骗罪中的"非法占有目的"？

【案例】1995 年 3 月至 1996 年 11 月间，被告人高某以高额"尾息"为诱饵，利用"经济互助会"的形式，采取"会书"承诺的方法，先后"邀会"41 组，共非法集资总金额 3404.285 万元，扣除"放会"款，高某共非法占有他人"上会"款 181.685 万元。此外，1993 年 6 月至 1996 年 12 月期间，被告人高某接受他人同类型的"邀会"，共"上会"600 组，"上会"总金额 5840.3803 万元，得会总金额 5703.8285 万元；高某还以周转会款为名，以高息为诱饵，骗取他人现款 53.8 万元，后称无力偿还，以会款充抵 46.09 万元，另有 7.71 万元未能归还。检察院、一审、二审法院均认定其构成集资诈骗罪。最高人民法院复核改判非法吸收公众存款罪。

非法吸收公众存款罪与集资诈骗罪的本质区别在于行为人是否具有非法占有目的，这也是本案定性的关键，检法对此问题认识不一发生分歧的频率较高。对于非法占有目的的认定，应坚持主客观相一致的原则，既要避免单纯根据损失结果客观归罪，也不能仅凭被告人自己的供述，应结合案情综合判断。应注意两点：一是不能仅凭较大数额的非法集资款不能返还的结果，就推定行为人具有非法占有目的；二是行为人将大部分资金用于投资或生产经营活动，而将少量资金用于个人消费或挥霍的，不能仅以此便认定为具有非法占有目的。本案被告人在"炸会"后尚有 177 万余元集资款无法返还的主要原因是高某利用"邀来"的会款去"上会"，其他会首尚欠其会款 136 万余元，形成了连环的非法债权债务关系，并非是其主观上有非法占有他人会款拒不返还的目的，从其收到"邀会"款后，将其中的绝大部分款项用于"放会""上会"且没有携款逃跑、挥霍大部分集资款等行为事实看，应当认定高某"邀会"的目的在于通过用邀来的会款去上他人同类型的"邀会"营利，主观上只是一种占用营利的故意，并非非法占有目的。此外，本案证据证实当地参加"经济互助会"的会首和会民对于"经济互助会"的运作方式均有明知，被告人高某在非法集资的过程中没有使用虚构事实、隐瞒真相诈骗的方法。综上，被告人行为属于变相吸收公众存款，严重扰乱了金融秩序，应认定为非法吸收公众存款罪。

6. 此罪与彼罪：诈骗罪与擅自设立金融机构罪

争议点：如何认定擅自设立金融机构罪？

【案例】被告人李某某私刻印章、非法制作批复、委托书、任命书等文件，未经批准、欺骗他人准备设立中华商业银行，从他人处借款 20 万元，用于支付场地费、发工资、购买办公用品等。检察院以诈骗罪提起公诉。法院判决其构成擅自设立金融机构罪。

分歧产生的原因在于对行为人虚构事实隐瞒真相获取他人钱财是否具有非法占有目的的认识不同。被告人李某某明知未经中国人民银行批准不能设立商业银行，却以设立银行为名采用伪造公文、批复等手段到处筹集资金，虽然被告人实施了虚构事实隐瞒真相的行为，但从本案证据看，其主观故意可能是非法占有他人钱款，也可能是通过设立金融机构非法运作而牟利，从其资金使用情况看，后一种可能更大，因此应以擅自设立金融机构定性。

第五节 金融诈骗罪

金融诈骗罪包括集资诈骗罪、贷款诈骗罪、票据诈骗罪、金融凭证诈骗罪、信用证诈骗罪、信用卡诈骗罪、有价证券诈骗罪、保险诈骗罪。本罪侵犯的客体是国家正常的金融管理秩序和资金的所有权，在客观上表现为使用虚构事实、隐瞒真相的诈骗方法骗取银行或者其他金融机构、他人的资金，并且数额较大。

1. 罪与非罪：贷款诈骗罪的认定

争议点：如何正确区分贷款诈骗罪与贷款欺诈在主观方面的界限？

【案例】升宏公司（郭某某为该公司法定代表人、董事长），向银行贷款人民币300万元，申请书中所列企业财务状况等项目，均如实填写。提交银行的资产负债表、损益表中的数字，部分为会计推算和虚构。北京市大栅栏工商实业总公司为该贷款申请出具了不可撤销担保书。后升宏公司将贷款人民币195万余元用于糊涂楼饭庄及本公司的经营，余款人民币104万余元以个人名义购买了房产两套作为公司的固定资产。1997年12月16日，郭某某将该房产抵押给中国金谷国际信托投资有限责任公司，以升宏公司的名义贷款人民币200万元用于公司经营。升宏公司贷款人民币300万元后，先后支付银行贷款利息及罚息7次，共计人民币50万余元，于1998年1月停止付息。1997年6月1日贷款期满，银行分别给升宏公司和担保单位大栅栏工商实业总公司发出贷款到期催收函，两公司均复函表示同意履行还款及全额担保还款义务。因升宏公司和糊涂楼饭庄在贷款逾期前后经营不善，资金周转发生困难，郭向银行表示因经营资金困难暂无还款能力，待经营好转收回资金后再还款。银行向公安机关报案案发。检察院指控认为被告人郭某某主观上有非法占有国有资产故意，客观上实施了诈骗银行贷款拒不归还的行为，应构成贷款诈骗罪。法院宣告无罪。

本案中，升宏公司的多次贷款均是为饭庄的经营所用，升宏公司在贷款时提供了有效担保。贷款到期后，因公司经营管理不善等等客观原因致使贷款不能按期归还，但升宏公司曾表示尽快归还贷款本息。据此，被告人郭某某代表公司提出贷款请求系单位行为，不应视为个人行为；在取得贷款后，郭用其中人民币100万余元以个人名义购买了房产，其余贷款用于单位经营，而后把房产抵押给金融机构以公司名义再次贷款用于企业经营的支出，亦不应认定为被告人郭某某个人挥霍贷款。检察院指控被告人郭某某犯贷款诈骗罪的证据不足，指控的犯罪不能成立。综合本案中贷款的使用、不能归还贷款的原因以及郭某某对偿还贷款的主观态度等事实来分析，并不能证实郭某某在申请贷款的过程中以及取得贷款之后具备"非法占有贷款的目的"，检察院主张郭某某主观上具有"非法占有目的"并构成贷款诈骗罪，显然是未能正确区分贷款诈骗罪与贷款欺诈在主观方面的界限，而法院认定郭某某因主观上不具备"非法占有目的"而不构成贷款诈骗罪，则准确地把握了两者主观方面的界限。

2. 罪与非罪：贷款诈骗罪的认定

争议点：如何认定贷款诈骗罪中的"非法占有目的"？

【案例】被告人张某某编造谎言，以虚假产权证明重复作抵押，以流动资金不足为由，到期不能归还从秦皇岛市农业银行贷款200万元。检察院以贷款诈骗罪起诉，法院认为虽然被告人以欺诈手段获取银行贷款，亦未按照合同约定使用贷款，但其将贷款用于购买固定资产和期货投资，并积极寻找偿还贷款的途径，认定其有非法占有目的证据不足，宣判无罪。

刑法意义上的非法占有目的，并不仅指意图使财物脱离相对人而非法实际控制，而且指意图非法所有，即使用、收益、处分。认定行为人是否具有非法占有目的，不能单纯地因行为人使用一定欺诈手段获取贷款或贷款到期不能归还，就认定行为人主观上具有非法占有银行贷款的目的，而应坚持主客观相一致的原则，对行为人贷款时的履约能力、取得贷款手段、贷款使用去向、无法归还的原因进行综合分析，这样才能准确判断。本案中被告人贷款时是具有履约能力的，贷款后并无挥霍、恶意处分或者携款潜逃的行为，而是将款用于经营活动，只是由于资金未及时周转而导致到期未能按时还款，据此综合判断本案应属于贷款纠纷而非犯罪行为。

随着市场经济的发展和金融活动领域的扩大，贷款不能归还的风险也可能加大，贷款纠纷也会增加。因此，要准确区分贷款诈骗与贷款纠纷的界限。特别应当注意的是，对于合法取得贷款后，没有按规定的用途使用贷款，且到期没有归还贷款的，不能以贷款诈骗罪定罪处罚；对于确有证据证明行为人不具有非法占有目的，却因不具备贷款的条件而采取了欺骗手段获取贷款，案发时有能力履行还贷义务，或者案发时不能归还贷款是因为意志以外的原因，如因经营不善、被骗、市场风险等，也不应以贷款诈骗罪定罪处罚。总之，在处理具体案件的时候，对于有证据证明行为人主观上不具有非法占有目的的，就不能单纯地以不能归还贷款而按金融诈骗罪论处，否则就是客观归罪。

如何认定行为人主观上具有"非法占有目的"，应当坚持主客观相一致的原则，既要避免单纯地根据损失结果客观归罪，也不能仅根据被告人自己的供述，而应当根据案件具体情况具体分析。最高人民法院2001年《全国法院审理金融犯罪案件工作座谈会纪要》在总结司法实践经验基础上，对金融诈骗犯罪中非法占有目的的认定提出了明确的意见："对于行为人通过诈骗的方法非法获取资金，造成数额较大资金不能归还，并具有下列情形之一的，可以认定为具有非法占有的目的：①明知没有归还能力而大量骗取资金的；②非法获取资金后逃跑的；③肆意挥霍骗取资金的；④使用骗取的资金进行违法犯罪活动的；⑤抽逃、转移资金、隐匿财产，以逃避返还资金的；⑥隐匿、销毁账目，或者假破产、假倒闭，以逃避返还资金的；⑦其他非法转移资金、拒不返还的行为。"同时强调，"在处理具体案件时，对与有证据证明行为人不具有非法占有的目的的，不能单纯地以财产不能归还就按金融诈骗罪处罚"。这对于实践中认定贷款诈骗案件的主观目的具有重要的指导意义。

3. 此罪与彼罪：金融凭证诈骗罪与挪用资金罪的区分

争议点：如何认定金融凭证诈骗罪中的"非法占有目的"？

【案例】被告人乌某、李某、杨某经预谋后，于 2000 年 11 月至 2001 年 7 月期间，采取由乌某以支付高额利息为诱饵，诱使李某昌等人到华夏银行北京知春支行、北京月坛北街支行办理定期存款，由李某、杨某分别利用担任上述支行营业员的职务便利，向李某昌等人提供虚假的华夏银行储蓄存单，后使用真实储蓄存单，采取"冲正业务"等手段，将存款人存入银行的资金非法转出归个人使用，并采用循环挪用，以后次存款归还前次存款的方法，归还了以前挪用的人民币共计 1020 万元，其余人民币 440 万元被用作支付高额利息及被乌某归还债务、借与他人使用等。检察院以三被告人构成金融凭证诈骗罪提起公诉，一审法院亦以金融凭证诈骗罪对三被告人定罪，二审法院改判挪用资金罪。

银行工作人员与外部人员相勾结，将储户存入银行的资金非法转出归个人使用，既可以是金融凭证诈骗罪的客观行为，也可以是挪用资金罪的客观表现，两罪在此情况下的区分就在于主观上是否具有非法占有的目的。本案中，储户的存款已经进入银行大账，储户与银行的债权债务关系已经成立。被告人利用职务上的便利，对银行电脑中的存款数据进行修改，使储户的存款在银行大账上消失，进而转交他人使用的行为并不影响储户凭真实有效的存单向银行主张权利；而且，杨某、李某伙同乌某为归还前次挪用存款未能归还所造成的亏空，再以后笔挪用款项顶还前笔挪用款项，其行为属于连续挪用银行存款，客观上有归还存款的行为，难以认定被告人主观上存在非法占有存款的故意，因此，被告人的行为不符合金融凭证诈骗罪的犯罪构成要件，检察院的指控、一审法院定金融凭证诈骗罪明显不当。

对于实践中多发的金融机构工作人员与外部人员相勾结，利用职务便利挪用所在单位资金归个人使用的，《全国法院审理金融犯罪案件工作座谈会纪要》明确规定：“对于利用职务上的便利，挪用已经记入金融机构法定存款账户的客户资金归个人使用的，或者吸收客户资金不入账，却给客户开具银行存单，客户也以为将款已存入银行，该款却被行为人以个人名义借贷给他人的，均应认定为挪用公款罪或者挪用资金罪。”据此，法院采取了较为保守的立场，这与最初金融犯罪案件频发的时期相比，其在定性上趋于理性，不再不分情况只要没有到期还钱就定诈骗，对此应予肯定。可似乎检察院比法院在定罪习惯上变更得要慢一些，其原因可能在于金融诈骗罪刑罚更重，以之定罪更能凸显检察院追诉犯罪的职能的发挥。

4. 此罪与彼罪：金融凭证诈骗罪与诈骗罪

争议点：银行送款单（回单）是否属于金融凭证？

【案例】2002年，被告人李某持伪造的存款额为48亿美元的中国银行送款单（回单），谎称能够为中高技投资有限公司投资，与该公司代表人刘某（另案处理）签订投资合作协议，之后刘某代表中高技投资有限公司与山东大正实业有限公司等单位签订投资合作协议，骗取交纳的巨额调汇费，李某从中分得人民币88万元。检察院以金融凭证诈骗罪对李某提起公诉，法院判处诈骗罪。

本案分歧的焦点在于被告人实施诈骗活动的工具——伪造的中国银行送款单（回单）是否属于金融凭证，如果是则构成检察院指控的金融凭证诈骗罪，否则应以诈骗罪定罪。银行送款单（回单）是否属于金融凭证在刑法第194条中没有明确列出，根据该条第2款明确列出的“委托收款凭证、汇款凭证、银行存单等其他银行结算凭证”，结合该条第1款对票据的规定，构成金融凭证应具备以下特征：①应属于中国人民银行《有价单证及重要空白凭证管理办法》中所指的“重要空白凭证”，依据该规定这些重要空白凭证一经有关单位填写金额并签章，即可行使支付功能；②这些单证的用途是通过银行进行金融支付结算业务；③这些凭证如果有效，即代表了一定金额的货币价值，银行见证就应进行相应的支付行为。本案中李某伪造的中国银行送款单（回单）是银行收到储户移送的一定金额的货币后，开具给储户用以证明银行实际收到上述款项的单证，不能用于结算，银行不会见单即付，所以该银行送款单不具备金融凭证诈骗罪中金融凭证的特点，以之为工具进行的诈骗行为不能构成金融凭证诈骗罪。此案中检察院指控罪名不准确，与检察院对相关银行单据知识掌握不熟有一定的关系。

5. 此罪与彼罪：盗窃罪与金融凭证诈骗罪

争议点：伪造借记卡骗取银行钱款的行为如何定性？

【案例】2001 年 11 月，被告人王某某把拍摄探头黏在杭州市某大酒店附近的 ATM 机上方，并隐藏在房间里偷看客户取款时的密码，毛某某则在 ATM 机周围拾捡客户扔掉的条单。根据窃取到的密码和银行卡号，两人制造了大约 30~40 张中国银行借记卡。后王某某又授意被告人柴某某在网上查询银行卡的信息，利用银行卡的排列规律进行编码碰撞，再用磁卡复写机制造伪卡。王某某利用上述两种方式，使用大量伪造的借记卡在银行 ATM 机上连续提款，共提款人民币 100 余万元。公诉机关指控盗窃罪，法院认定为金融凭证诈骗罪。

本案的争议在于被告人伪造借记卡骗取银行钱款的行为如何定性。从刑法理论上讲，区分不同占有型财产犯罪的性质，关键是看行为人取得财物所采用的手段。正是由于取得财物手段的刑事违法性才导致对该行为的刑事否定评价和责任诉追。盗窃罪与诈骗类犯罪的本质区别在于客观行为不同，盗窃罪是采用秘密窃取的手段取得公私财物；诈骗类犯罪是以虚构事实、隐瞒真相的欺骗手段，使财物所有人、管理人产生错觉，"自愿"交出财物。本案被告人的行为可分成两个阶段：采用摄像、电脑查询等方式秘密窃取银行储户的储蓄信息资料；根据窃来的储户信息资料伪造银行卡，在银行 ATM 机上提款。就第一阶段的行为而言，行为人所窃取的银行储户的储蓄信息资料本身并不具有经济价值，取得这些信息只是为其下一步非法占有银行钱款创造必要条件。第二阶段利用这些信息伪造银行卡，欺骗银行 ATM 机中的电子识别系统发出允许提款的指令。行为人从银行 ATM 机中取得钱款时对他人的财产所有权造成危害，这时就构成刑事犯罪了。第二阶段的行为才是行为人取得银行钱款实现其非法占有目的，刑法予以否定评价并标定违法性质的关键行为，显然，这种行为对财物保管者——银行 ATM 机而言，并不具有秘密性的特征，而具有虚构事实、隐瞒真相，诱使银行 ATM 机的电子识别系统"自愿"交付钱款的欺骗性特征。因此，其行为符合诈骗犯罪的本质特征，不应认定为盗窃罪。因为作为犯罪工具的借记卡是银行卡之一，具有消费信用和转账结算等功能，属银行结算凭证，被告人伪造并使用该银行借记卡在银行 ATM 机上连续骗取提款的行为，符合金融凭证诈骗罪的构成要件，应认定为金融凭证诈骗罪。

6. 此罪与彼罪：合同诈骗罪与票据诈骗罪

争议点：法条竞合情形下如何准确适用合同诈骗罪与票据诈骗罪？

【案例】刘某某伙同他人于2001年4至8月，采用冒充北京天虹博宇贸易有限公司的"张总"，与北京鑫同创商贸公司等单位签订虚假的购货合同，并使用天虹博宇公司的空头支票、假银行汇票支付货款的手段，骗取多家单位货物，价值共计人民币53万余元。检察院以合同诈骗罪起诉，法院判决则认定构成票据诈骗罪。

根据刑法对票据诈骗罪与合同诈骗罪的构成要件规定，两罪都是刑法规定的诈骗型犯罪，在犯罪构成上存在一定的交叉竞合关系，形成了法条竞合，其适用的基本原则是特别法优于一般法、重法优于轻法，这已经成为刑法理论和司法实践中的共识，本案中法院改变检察院的指控罪名后，检察院没有抗诉，这就表明了检察院对于法院的这种观点和立场的认同。对于利用虚假票据结算、支付来履行合同义务，骗取对方当事人的行为，应根据特别法优于一般法、重罪优于轻罪的原则进行定罪。从票据诈骗罪与合同诈骗罪的关系来看，可以将票据诈骗罪视为特殊法，将合同诈骗罪视为一般法，因为在刑法第三章破坏社会主义经济秩序罪中第五节金融诈骗罪规定的集资诈骗罪、贷款诈骗罪、票据诈骗罪、金融凭证诈骗罪、保险诈骗罪等诈骗罪中，当事人之间大多形成了一定的合同关系或者存在行为人利用合同进行诈骗的情况，犯罪发生在签订、履行合同过程中是这些诈骗犯罪的共性特征，所以可以将这些特殊诈骗犯罪视为合同诈骗罪的特殊法。从票据诈骗罪与合同诈骗罪的法定刑来看，刑法对合同诈骗罪与票据诈骗罪的法定刑设置均以诈骗"数额较大""数额巨大或者有其他严重情节"和"数额特别巨大或者有其他特别严重情节"为各个量刑档次的依据，其中在"数额较大""数额巨大或者有其他严重情节"两个档次中，合同诈骗罪的法定刑比票据诈骗罪的法定刑都要轻；在"数额巨大或者有其他严重情节"中，票据诈骗罪规定有死刑，而合同诈骗罪没有死刑设置。所以票据诈骗罪的法定刑要重于合同诈骗罪，对此情况应以票据诈骗罪定罪处罚。

7. 此罪与彼罪：贷款诈骗罪与合同诈骗罪

争议点：对单位骗贷行为如何处理？

【案例】被告人张某某在任北京新时尚实业有限公司法人代表期间，使用无效的工矿产品购销合同，并编造虚假的公司财务报表与北京市商业银行九龙山支行签订借款合同，骗取银行贷款人民币 260 万元，用于归还公司及个人债务。检察院认为其构成贷款诈骗罪，法院判决认定为合同诈骗罪。

现行刑法第 193 条将贷款诈骗罪的主体限于自然人，而实践中对单位骗贷行为如何处理，1997 年刑法修订之初，在理论上和司法实践中都存有一定争议。根据单位骗贷的主客观特征，可以看出单位骗贷在一定情况下是符合合同诈骗罪犯罪构成的，在现行立法将单位排除出贷款诈骗罪的主体的情况下，对符合刑法第 224 条规定的合同诈骗罪构成要件的单位骗贷行为，按合同诈骗罪定罪处罚，是符合罪刑法定原则要求的。对此，最高人民法院 2001 年 1 月 21 日印发的《全国法院审理金融犯罪案件工作座谈会纪要》（以下简称《纪要》）中进行了明确："对于单位实施的贷款诈骗行为，不能以贷款诈骗罪定罪处罚，也不能以贷款诈骗追究直接负责的主管人员和其他直接责任人员的刑事责任。对于单位十分明显地以非法占有为目的，利用签订、履行借款合同诈骗银行或其他金融机构贷款，符合刑法第 224 条规定的合同诈骗罪构成要件的，应当以合同诈骗罪定罪处罚。"虽然《纪要》不是司法解释，但其对全国法院审判实践的影响程度不言自明，检察院对法院出台的有关规范性文件历来关注，自该《纪要》公布之后，在单位骗贷的刑法处理问题上应当说已经消除了检法冲突的法律前提。

本案中，被告人张某某使用无效的工矿产品购销合同，编造虚假财务报表，与银行签订借款合同归还公司及个人债务，符合刑法第 224 条规定的合同诈骗罪构成要件，法院以合同诈骗罪对被告人张某某处罚是正确的。

8. 此罪与彼罪：贷款诈骗罪与违法发放贷款罪

争议点：贷款诈骗罪主观要件的认定。

【案例】李某某受某县城城镇信用社主任指定，在负责审查和办理贷款业务过程中，收受贿赂，擅自冒用他人名义，采取提供虚假贷款担保、私刻印章、变造身份证号码等方法，通过信用社戚某某、谢某违法向不符合贷款条件的多个单位和个人发放贷款，造成信用社 13 万元贷款不能收回。检察院以贷款诈骗罪起诉，而法院判决认定其构成违法发放贷款罪。

在金融诈骗犯罪实践中发生了大量金融机构的内部人员与外部人员相互勾结、互相配合诈骗金融机构财产的案例，这种内外勾结的作案手法大大提高了金融诈骗犯罪的成功率，并使得金融机构的正常防范机制失去有效作用，严重威胁国家金融安全。刑事司法中对此类内外勾结犯罪是否成立共同犯罪以及共同犯罪的定性问题囿于理论的聚讼和司法解释的不一，实践中尚存在一定的误区和争议，检法之间在定性上的分歧在所难免。

本案中，被告人李某明知对方不符合发放贷款的对象条件，却帮助对方虚构贷款人和进行虚假贷款担保，致使对方骗贷成功，给信用社造成经济损失，其行为从客观上便利了他人骗贷行为的实施，为其犯罪的完成提供了条件和帮助。但是否构成共同犯罪，还必须根据其在主观上是否具有共同的犯罪故意。本案的证据并没有直接证明被告人李某具有与他人共谋进行贷款诈骗的故意，所以是不能认定其构成贷款诈骗的共犯的。对李某行为的定性只能从其自身的渎职违法性质出发，法院认定为违法发放贷款罪是准确的；而检察院以贷款诈骗罪起诉，忽视了构成共犯的主观要件的证明，在没有充公证据证明存在共同犯罪故意情况下以共犯指控容易导致起诉罪名的不准确。

9. 此罪与彼罪：诈骗罪与信用卡诈骗罪

争议点：借记卡是否属于刑法规定的信用卡诈骗罪中信用卡的范围？

【案例】被告人沈某群于 2005 年 1 月 23 日，在工商银行北京市朝阳区华威西里储蓄所，使用事主冯某某遗忘在 ATM 取款机中的牡丹灵通卡从该 ATM 取款机中取走人民币 3900 元，并将密码更改后，于当日持该卡到工商银行劲松三区储蓄所柜台取走人民币 12200 元。检察院认为被告人沈某群利用银行卡进行诈骗，其行为应当以信用卡诈骗罪追究刑事责任，一审法院认为，银行借记卡不是信用卡，故对被告人利用借记卡实施的犯罪行为，不能依照法律或者立法解释中关于信用卡的有关规定定罪处刑，判决被告人沈某群犯诈骗罪，后二审法院改判信用卡诈骗罪。

本案中检法冲突的焦点在于借计卡是否属于刑法规定的信用卡诈骗罪中信用卡的范围。依照 2004 年 12 月 29 日全国人大常委会《关于〈中华人民共和国刑法〉有关信用卡规定的解释》，刑法规定的"信用卡"，是指由商业银行或者其他金融机构发行的具有消费支付、信用贷款、转账结算、存取现金等全部功能或部分功能的电子支付卡。立法机关的意图很明确，就是通过立法解释进一步扩大刑法规定的"信用卡"的范围，即针对银行或者其他金融机构发行的具有消费支付、信用贷款、转账结算、存取现金等功能的电子支付卡的犯罪，都属于应当受到刑事追究的信用卡犯罪。故我国刑法中的信用卡既包括国际通行意义上具有透支功能的信用卡，也包括借记卡（储蓄卡）。在司法实践中，对使用借记卡诈骗犯罪案件的处理，在全国人大常委会的法律解释之前很不统一，有的按照信用卡诈骗罪定罪处刑；有的按照金融凭证诈骗罪定罪处刑；还有的按照诈骗罪定罪处刑。全国人大常委会的法律解释出台后，由于该解释已将借记卡列入了刑法规定的信用卡的范围，所以应按照立法解释的规定处理此类案件，本案中的银行借记卡依照上述解释应当认定为"信用卡"，被告人沈某群冒用他人银行借记卡的行为，即属于冒用他人信用卡的行为，应当以信用卡诈骗罪追究其刑事责任。

第六节　危害税收征管罪

危害税收征管罪的客体是国家的税收征管秩序，本类罪行的主观方面只能是故意。包括逃税罪，抗税罪，逃避追缴欠税罪，骗取出口退税罪，虚开增值税专用发票，用于骗取出口退税抵扣税款发票罪，虚开发票罪，伪造、出售伪造的增值税专用发票罪、非法出售增值税专用发票罪，非法购买增值税专用发票、购买伪造的增值税专用发票罪，非法制造、出售非法制造的用于骗取出口退税、抵扣税款发票罪，非法制造、出售非法制造的发票罪，非法出售用于骗取出口退税、抵扣税款发票罪，非法出售发票罪，持有伪造的发票罪等。

1. 此罪与彼罪：虚开用于抵扣税款的发票罪和偷税罪（现已改为逃税罪）

争议点：如何正确区分虚开抵扣税款发票罪和逃税罪？

【案例】被告人芦某兴为少缴应纳税款，先后从自己承租的远航公司以及北仑甬兴托运站等5家运输企业接受虚开的表明营业支出的联运发票、浙江省宁波市公路集装箱运输专用发票等运输发票共53张，并将上述发票全部入账，用于冲减其以旭日公司名义经营运输业务的营业额，合计偷逃各种税款548371.21元，且偷逃税额占其应纳税额的30%以上。为帮助其他联运企业偷逃税款，被告人芦某兴还将接受的专用发票的发票联共53张提供给多家企业用于虚开，虚开的运输发票均已被以上接受发票的运输企业用以冲减营业额，实际合计偷逃税款335867.92元。检察院认为被告人虚开运输发票构成虚开用于抵扣税款的发票罪，法院则认为非增值税纳税义务人由于不存在抵扣税款问题，不能以虚开抵扣税款发票罪定罪处罚，而以偷税罪做出判决。

这种由于立法不明造成的检法两家对于刑法第205条规定之罪的构成要件的理解分歧，在理论界也存有很大争议。检察院认为虚开抵扣税款发票罪属于行为犯，只要有虚开的行为就构成本罪，而法院则从立法意图出发，进行了系统的解释，认为必须还要有主观上的偷骗税款的故意才可构成。

刑法第205条虽然没有规定目的要件，但虚开抵扣税款发票罪规定在危害税收征管罪中，根据立法原意，应当具备偷骗税款的故意。被告人虽然实施了虚开抵扣税款发票的行为，但主观上不具有偷骗税款的目的，亦未实际造成国家税收损失的，与虚开抵扣税款发票罪的社会危害性具有本质区别，不能以本罪论处。因此，虚开抵扣税款发票罪是行为犯，只要行为人实施了虚开用于抵扣税款的发票，就可构成犯罪，至于是否已将发票用于抵扣税款，不影响虚开抵扣税款发票罪的成立。但如果行为人没有抵扣税款的故意，即使实施了虚开抵扣税款发票的行为，也不能以虚开抵扣税款发票罪定罪处罚。本案被告人芦某兴所承租的企业以及接受芦某兴虚开运输发票的企业，不是增值税的纳税义务人，其虚开的发票不能作为申报抵扣税款的依据，其为自己虚开和为其他交通运输企业虚开可以用于抵扣税款的运输发票，在客观上因无申报抵扣税款的资格，既没有也不可能用于抵扣税款，其主观是为了少缴应纳税款，而不是为了抵扣税款，因此不能对被告人芦某兴以虚开抵扣税款发票罪定罪处罚。

当然，检察院作为控方，从诉讼中证明责任角度来说，增加法律没有明文规定的要件无疑会加重取证负担，增加败诉的风险，因此以法无明文规定为由不承认这个构成要件是可以理解的。但应当说，法院对于该罪的解释是有理论依据和符合立法本意的，对这样一个重罪做出一定的限制解释对于保证刑罚手段，准确惩罚犯罪，并合理控制刑罚介入社会生活的范围和强度是有积极意义的。

第七节　扰乱市场秩序罪

扰乱市场秩序罪，是指违反国家经济管理法规，在市场经济运行或者管理活动中进行非法经济活动，严重破坏社会主义经济市场秩序的行为。包括13种具体犯罪，即损害商业信誉、商业声誉罪，虚假广告罪，串通投标罪，合同诈骗罪，组织、领导传销活动罪，非法经营罪，强迫交易罪，伪造、倒卖伪造的有价票证罪，倒卖车票、船票罪，非法转让、倒卖土地使用权罪，提供虚假证明文件罪，出具证明文件重大失实罪，逃避商检罪等。

1. 罪与非罪：合同诈骗罪的认定

争议点：如何区分合同诈骗罪与合同纠纷？

【案例】被告人蒋某明经宋某阁介绍，以新龙公司名义与万利红木厂陈某签订了一份购买花梨原木的购销合同。合同订立后，蒋某明支付了20万元定金。后宋某阁、蒋某明私下要求陈某将本应发给新龙公司的原木直接发给宋某阁联系好的幸福营销部和东张供销社，由该两单位代销。除了新龙公司支付了100万余元木材款和宋某阁支付了10万元木材款外，余款80多万元一直没有支付给万利红木厂。幸福营销部和东张供销社销售出的原木货款除了汇给新龙公司的60万余元外，其余部分由两被告人支配处分。检察院认为二被告人的行为构成合同诈骗罪，法院认为属于因客观原因未能完全履行合同而产生的经济纠纷，判决无罪。

本案涉及合同诈骗与合同纠纷的区分问题，是否具有非法占有目的系区别民事违法行为与刑事犯罪行为的界限，二者如何认定，在司法实践中出于自由裁量的原因，常常容易产生不同认识，不但涉及全案证据事实的综合判定是否准确，而且涉及司法者理念中对刑法谦抑性的深刻理解以及对社会生活的现实解读。本案二被告人签订合同的行为系新龙公司的单位行为，新龙公司系真实合法的企业且具有履行合同的能力；虽然蒋某明在签订合同中以公司经理名义联系业务，但并非虚构事实，新龙公司对此予以认可，这种做法也是当前市场经济活动中的常见情形；从合同货款支付情况看，定金加上支付的款项已有100万余元，拖欠货款的原因只是由于货物数量、质量发生问题而与陈某发生纠纷，宋某阁、蒋某明才拒绝支付货款，所以本案系一起典型的民事合同违约纠纷案件。在定案时，不能仅仅抓住某些事实片断来下结论，应当综合全案客观分析才能准确区分纷繁复杂的合同纠纷与合同诈骗犯罪的界限，准确实现刑法介入社会生活的范围和目的。

2. 罪与非罪：合同诈骗罪共犯的认定

争议点：如何认定合同诈骗罪的共犯？

【案例】被告人王某清受崔某清、崔某柱（北京鑫广源芦荟种植总公司负责人）聘用担任北京鑫广源芦荟种植有限公司大兴分公司负责人，先后与78名芦荟种植户签订芦荟种植回收合同，收取种植户母苗质保金共122万余元，全部转入总公司被崔某清、崔某柱骗走。对于王某清是否与崔某清、崔某柱构成合同诈骗的共犯，检察院认为其成立合同诈骗罪的共犯，而法院认为其客观上虽然参与了该公司的经营活动，但只是受聘按总公司要求行事，并不清楚崔某清、崔某柱开办公司经营芦荟业务的真实目的，亦未从中获取利益，故不能认定其具有共同犯罪的故意，宣判无罪。

对于共同犯罪的成立，主观上必须有共同的犯罪故意，具体的认定在实践中往往是通过客观行为的分析推断出的，不能仅仅从客观上具有形式上的参与犯罪行为就一概推定构成共犯，而应当综合全案进行科学分析，本案被告人受聘担任分公司负责人，只是按月拿有限的工资，按照总公司要求从事有关业务活动，所收取资金也是即刻转入总公司账户，自己并未从中牟利，确实难以认定存在与本案犯罪嫌疑人的共谋。

3. 此罪与彼罪：抢劫罪和强迫交易罪

争议点：抢劫罪和强迫交易罪的区别？

【案例】被告人龙某军等人以每瓶2元的价格购得96瓶八宝粥，在公路中拦截并强行登上深圳开往重庆的卧铺车，手持铁棒、柴刀，威胁强迫车上的乘客以20元的价格各购买一瓶八宝粥，后又拦截另一辆长途卧铺车，在强行出售八宝粥时被当场抓获。检察院以抢劫罪起诉，认为系以出售八宝粥为名，行抢劫财物之实，法院则认为构成强迫交易罪。

抢劫罪与强迫交易罪在客观上均有使用一定暴力威胁手段取得他人钱财的表现，但行为人的主观目的动机具有质的差别。强迫交易罪惩治的是交易过程中的犯罪，侵犯了正常市场交易秩序，其动机目的在于非法获取高额交易利润；而抢劫罪属于赤裸裸地非法强行占有他人财产。一般情况下，两罪区分相对容易，但在一些具有交易表象的行为个案中，准确区分就不那么容易了。这时，是否存在交易行为是区别不同罪名的一个关键，而判断的标准不能仅凭被告人供述，应从是否存在真实交易物、交易能否客观实现、是否具有交易意向等综合分析。如果根本不存在交易物，或者差额巨大、使人无法接受，或者仅具有象征性的交易物品，但价值低廉或系伪劣产品，威胁手段严重仍以交易为名强迫他人购买，则就应认定为抢劫。本案即属于一种典型的发生在交易过程中的犯罪行为，虽然被告人等具有持凶器威胁的行为特征，但其动机从预谋过程看仍属于谋取高额利润，尽管交易价格差额巨大，但每瓶价格仅20元乘客仍可接受，事实上大部分乘客均购买了，犯罪总数额不大且无其他严重情节，从社会客观危害考察，以强迫交易罪定罪较为恰当，能够罚当其罪。检察院仅注重案发的时间地点、携带凶器、言语威胁等情节，忽视了被告人的主观动机及出售八宝粥这一交易事实的存在，指控罪名有误。

4. 倒卖车票罪的既未遂犯罪形态的认定

争议点：以牟利为目的购买大量车票尚未售出的行为如何认定？

【案例】被告人刘某场、李某华为倒卖火车票牟利，采取每张加价手续费的办法，购买大量火车票，在宾馆被公安机关当场抓获。倒卖车票尚未卖出的是否属于未遂检法认识不一致。检察院认为构成犯罪未遂，而法院认为倒卖车票情节严重即构成犯罪，是否加价出售不是构成既遂的要件。

对于以牟利为目的购买大量车票尚未售出的行为如何认定，不但在司法实践中存在争议，而且理论界也有不同看法，有的认为构成未遂，有的认为应认定既遂。从"倒卖"一词的本义考察，倒卖在于转手贩卖牟利，理应包括买进行为，从倒卖车票罪侵害的客体出发，是否最终售出实现牟利的目的，对本罪保护的客体已经造成侵害，并且结合实践中此类犯罪的实际侦破情况看，大多都是在身上或住处查获大量车票，故从有效惩治此类犯罪角度看，将这种行为解释为既遂是有一定道理的。1994年《最高人民法院关于适用〈全国人大常委会关于禁毒的决定的若干问题〉的解释》中将以贩卖为目的而非法收买毒品的行为规定为贩卖毒品，体现了同一意旨。

本案中，对于刘某场、李某华以贩卖为目的的非法购买火车票，情节严重，虽购买火车票尚未卖出，仍然构成倒卖车票罪。

参考文献

[1]张明楷. 犯罪构成体系与构成要件要素[M]. 北京：北京大学出版社，2010.

[2]张明楷. 刑法学(第四版)[M]. 北京：法律出版社，2013.

[3]张明楷. 未遂犯论[M]. 北京：法律出版社，东京：成文堂联合出版，1997.

[4]张明楷. 刑法分则的解释原理[M]. 北京：中国人民大学出版社，2004.

[5]张明楷. 猥亵罪探疑[M]//清华法律评论编委会. 清华法律评论. 北京：清华大学出版社，2000.

[6]高铭暄，马克昌. 刑法学(第四版)[M]. 北京：北京大学出版社，高等教育出版社，2010.

[7]高铭暄. 新编中国刑法学[M]. 北京：中国人民大学出版社，1998.

[8]高铭暄. 中华人民共和国刑法的孕育和诞生[一个工作人员的札记][M]. 北京：法律出版社，1981.

[9]高铭暄，马克昌. 刑法学(下编)[M]. 北京：中国法制出版社，1999.

[10]陈兴良. 刑法哲学(第二版)[M]. 北京：中国政法大学出版社，2000.

[11]陈兴良. 共同犯罪论[M]. 北京：中国社会科学出版社，1992.

[12]陈兴良. 刑法案例教程[M]. 北京：中国法制出版社，2007.

[13]赵秉志. 犯罪停止形态适用中的疑难问题研究[M]. 长春：吉林人民出版社，2001.

[14]甘雨沛. 犯罪与刑罚新论[M]. 北京：北京大学出版社，1991.

[15]宋英辉，吴宏耀. 刑事审判前程序研究[M]. 北京：中国政法大学出版社，2002.

[16]最高人民法院刑事审判一庭、二庭. 刑事审判案例[M]. 北京：法律出版社，2002.

[17]刘之雄. 犯罪既遂论[M]. 北京：中国人民公安大学出版社，2003.

[18]中国社会科学院语言研究所词典编辑室. 现代汉语词典[M]. 北京：商务印书馆，1979.

[19][意]贝卡里亚. 论犯罪与刑罚[M]. 黄风，译. 北京：中国大百科全书出版社，1997.

[20]马克昌，莫洪宪. 近代西方刑法学说史[M]. 北京：中国人民公安大学出版

社,2008.

[21][奥]路德维希·冯·米瑟斯.自由与繁荣的国度[M].韩光明,潘琪昌,李百吉,等,译.北京:中国社会科学出版社,1995.

[22]马克昌.刑罚通论[M].武汉:武汉大学出版社,2011.

[23]马长生.变革时期的刑法理论与实践[M].北京:法律出版社,2013.

[24]席卫东.自首和立功制度探微[M]//丁慕英,等.刑法实施中的重点难点问题研究.北京:法律出版社,1998.

[25]周振想.自首制度的理论与实践[M].北京:人民法院出版社,1989.

[26]周加海.自首制度研究[M].北京:人民公安大学出版社,2004.

[27]韩忠谟.刑法原理[M].北京:中国政法大学出版社,2002.

[28]何秉松.刑法教科书(上卷)[M].北京:中国法制出版社,2000.

[29]曾宪信,江任天,朱继良.犯罪构成论[M].武汉:武汉大学出版社,1988.

[30]王政勋.正当行为论[M].北京:法律出版社,2000.

[31]马克昌.犯罪通论[M].武汉:武汉大学出版社,1991.

[32]苏惠渔.刑法学[M].北京:中国政法大学出版社,1994.

[33]赵长青.新编刑法学[M].重庆:西南师范大学出版社,1997.

[34]王作富.中国刑法研究[M].北京:中国人民大学出版社,1988.

[35]周道鸾,张军.刑法罪名精释——对最高人民法院最高人民检察院关于罪名司法解释的理解和适用(第三版)[M].北京:人民法院出版社,2007.

[36]王作富.刑法分则实务研究[M].北京:中国方正出版社,2003.

[37]蔡枢衡.中国刑法史[M].北京:中国法制出版社,2005.

[38]阮齐林.中国刑法上的量刑制度与实务[M].北京:法律出版社,2003.

[39]刘艳红.刑法学总论[M].北京:北京大学出版社,2004.

[40]樊崇义.证据法学[M].北京:法律出版社,2003.

[41]刘艳红.刑法学各论[M].北京:北京大学出版社,2004.

[42]何秉松.刑法教科书(下卷)[M].北京:中国法制出版社,2000.

[43]大不列颠百科全书[M].北京:中国大百科全书出版社,1999.

[44]法国新刑法典[M].罗结珍,译.北京:中国法制出版社,2003.

[45]意大利刑法典[M].黄风,译.北京:中国政法大学出版社,1998.

[46]俄罗斯联邦刑法典释义(上册)[M].黄道秀,译.北京:中国政法大学出版社,2000.

[47]张明楷,[厄瓜多尔]美娜.西班牙刑法典[M].潘灯,译.北京:中国政法大学出版社,2004.

[48]曲新久.刑法学(修订版)[M].北京:中国政法大学出版社,2006.

[49]周密.中国刑法史[M].北京:群众出版社,2001.

[50]最高人民法院刑事审判庭第一庭.现行刑事法律司法解释及其理解与适用(修订本)

[M]. 北京：中国民主法制出版社，2007.

[51]何秉松. 刑法教科书[M]. 北京：中国法制出版社，2007.

[52]阮齐林，康瑛. 刑法案例研习教程[M]. 北京：高等教育出版社，2005.

[53]黄太云. 立法解读:刑法修正案及刑法立法解释[M]. 北京：人民法院出版社，2006.

[54]樊崇义. 证据法学[M]. 北京：法律出版社，2003.

[55]中华人民共和国最高人民法院刑事审判第一、二、三、四、五庭. 中国刑事审判指导案例(妨害社会管理秩序罪)[M]. 北京：法律出版社，2012.

[56]孟庆华. 妨害社会管理秩序罪的重点疑点难点问题判解研究[M]. 北京：人民法院出版社，2005.

[57]李少平，朱孝清，李伟. 公检法办案标准与适用[M]. 北京：人民法院出版社，2014.

[58]周道鸾，张军. 刑法罪名精释(第四版)[M]. 北京：人民法院出版社，2013.

[59]王明. 经济犯罪名案精析[M]. 北京：群众出版社，2003.

[60]朱平. 无罪判例名案精析[M]. 北京：群众出版社，2004.

[61]最高人民法院刑事审判一庭、二庭. 刑事审判参考[M]. 北京：2002(1)

[62]刘凌梅、司明灯. 我国刑法中自首制度司法适用若干问题研究[M]//姜伟. 刑事司法指南[M]. 北京：法律出版社，2002.

[63]龙兴盛. 经济违法行为刑事制裁介入度研究[M]. 北京：法律出版社，2015.

[64]Torsten Sellin. The Penalty of Death[M]. London：SAGE Publications Inc，1980.

[65]李斌. 可罚未遂之框定[D]. 中国政法大学硕士论文，2005.

[66]龙宗智. 诱惑侦查：在合法与非法之间[N]. 检察日报，2000 - 01 - 20(3).

[67]高铭暄. 论四要件犯罪构成理论的合理性暨对中国刑法学体系的坚持[J]. 中国法学，2009(2).

[68]陈兴良. 论犯罪的对合关系[J]. 法制与社会发展，2001(4).

[69]黄祥青. 盗窃罪的认定思路与要点[J]. 人民司法，2014(7).

[70]戴有举. 转化型抢劫罪若干问题探讨[J]. 人民检察，2003(2).

[71]陈凌. 论事后抢劫的既遂与未遂[J]. 人民检察，2005(2).

[72]徐丽萍，李海用. 正确认识转化型抢劫罪的适用条件及犯罪形态[J]. 经纪人学报，2005(2).

[73]周少华. 现行刑法中的转化犯之立法检讨——兼论刑法规范的内部协调[J]. 法律科学. 西北政法学院学报，2000(5).

[74]马滔. 诱惑侦查之合法性分析[J]. 中国刑事法杂志，2000(5).

[75]杭正亚. "警察圈套"：律师进行合法辩护的新思路[J]. 中国律师，2001(6).

[76]阮齐林. 金融财产控制的特点与侵犯财产罪的认定[J]. 法学，2001(8).

[77]赵丰琳，史宝伦. 共犯过限的司法认定[J]. 人民检察，2000(8).

[78]曾赛刚. 从犯与帮助犯的关系分析——以对刑法第 27 条第 1 款的理解为基础[J]. 台声. 新视角，2005(2).

[79]王作富,庄劲.共同犯罪与构成身份新论[J].人民检察,2003(11).

[80]张华.自首制度的若干司法疑难问题探讨 以若干起涉及自首情节的案例为视角[J].法律适用,2005(6).

[81]李志平.论道路交通肇事犯自首的标准[J].中外法学,1992(6).

[82]季黎明.对立功认定中争议问题的探析[J].人民检察,2003(8).

[83]韦宝镇.判决生效前立功、漏罪或新罪程序问题研究[J].中国刑事法杂志,2000(5).

[84]赵志华.立功制度的法律适用[J].国家检察官学院学报,2003(4).

[85]杨子良.论关联犯罪[J].中国刑事法杂志,2000(4).

[86]李英.张某的行为属自首还是立功表现[J].检察实践,2004(3).

[87]赵志华.立功制度的法律适用[J].国家检察官学院学报,2003(4).

[88]刘源远.揭发同案犯犯罪行为在特定情况下应以立功论处[J].人民检察,2003(7).

[89]邵维国,周学华.论刑法中立功的发展趋势及其完善[J].长春师范学院学报,1999(6).

[90]利子平.防卫过当罪过形式探讨[J].法学评论,1984(2).

[91]刘刚.论防卫过当的成立及其罪过形式[J].经济与社会发展,2006(7).

[92]张建升,阮齐林,李希慧,黎宏,杨矿生,张志勇,孟澍菲.利用 ATM 机故障恶意取款应如何处理[J].人民检察,2008(4).